九五獨白

一位民國史學者的自述

蔣永敬——著

▲蒋永敬（1999年5月26日在政大）

自序

我生長在動亂時代，也是一個複雜的時代。我於民國十一年（西曆一九二二）農曆四月初十日（西曆五月六日）。出生於安徽省定遠縣的一個農村，那時的家鄉是在軍閥的統治之下。戰爭不斷。余出生之日，正逢直奉戰爭。一個月十天後（六月十六日），陳炯明叛孫中山於廣州，孫蒙難永豐艦（中山艦）。不意余在三十五年後（一九五七），進入國民黨黨史會工作，竟與這段歷史和史料，成為不解之緣；更於八十二年後（二〇〇四），參觀中山艦，親身體驗其史跡。

談到所謂動亂時代，自我出生到一九四九年離開中國大陸前的二十七年時光中，歷經內戰和抗戰。抗戰前的內戰，是在童年時期，當過難童。八年抗戰和戰後國共內戰，身臨其境，當過難民，或參與其事。這兩段歷史，也是我後來研究的範圍，並有論文發表及專著出版。

談到所謂複雜時代，余自一九四九年定居台灣以來，迄有六十八年，生活雖稱安定，但社會極為複雜，尤其是國家認同，族群矛盾，統獨分歧，民粹囂張等諸種問題，鬧得社會不寧，人心離散。就國家認同而言、余為中華民國之國民，自中共政權建立以後，即認中華民國已亡；台獨亦否認中華民國，稱為「外來政權」，余被列為「外省」族群，視為「傾中」而「不愛台」。中共改革開放後，至大陸探親，則被稱之為「台胞」。余處此環境，至覺尷尬。余究竟何所屬？曾作「打油」以自嘲：

> 舊地（大陸）又重遊，來看老朋友；故國變客地，一切我無有。江山雖美好，可惜非我留：老家是何處？兩岸的「行走」。

不論如何，余既定居台灣，即為台人，余之後代子孫，亦皆為台人。此與早期閩南、客家人之移民台灣，只有先後之不同耳。豈可不「愛台」哉！余有所感，必形之於文。余在年滿八十歲時（二〇〇二），有回憶錄《浮生憶往》之作。迄今十有五年，余之虛齡亦由八十而至九五矣。在此十五年間，余之腦力、體力尚堪使用，且學會使用電腦，用之撰文，較之手寫，方便多矣！故在此一時期，能有多篇論文及數種專著之完成，實受電腦之賜也。同時亦續撰《浮生憶往》及勤寫日記。記述余之所見、所感、所思，達數十萬言，然多蕪雜。人生如「白駒過隙」，如能留下痕跡，實亦不虛此行。因此利用電腦之便，將《浮生憶往》及其續作、日記，加以修正、整理，題曰《九五獨白》。意思是：「九五老翁，自彈自唱」。

今重閱《浮生憶往》〈自序〉，頗覺汗顏，為保其原貌，節錄部分如次：

余自幼年而至老年，轉瞬八十年矣（今則九十五年）。回憶往事，不無飄浮不定失落無根之感。自幼年至十五歲（一九二二年五月至一九三七年六月），生長於一貧窮落後之農村，軍閥戰亂，南北戰爭，常波及余之家鄉；災荒頻仍，盜匪猖獗，乃余家鄉之常態；鄉人逃荒、避難，成為生活之一部分。十五歲至二十七歲（一九三七年七月至一九四九年五月），經八年抗戰與四年國共內戰，余生活於戰亂之中，逃難、流亡、求學、從軍，遠離家鄉，輾轉各地，而至「避秦」來台。二十七歲至今八十歲（一九四九年六月至今二〇〇二年），已有五十三年矣（現為六十八年）。且已「成家立業」，應為第一代之「台人」。但在「本土化」的聲浪下，余則被分類為「外省人」，屬於「少數族群」。然至大陸，則又列為「台胞」，較之稱「外省人」（外人）似為親切。實際為「邊緣」之人。

余究竟何所屬？思之頗為迷惑。以國籍言，乃為中華民國之國民，然自一九四九年中華人民共和國成立以後，認為中華民國已亡。在台灣，名為中華民國政府，而其執政當局（陳水扁政府）時思消滅之。可謂名存實亡。就黨籍言，余自一九四一年元旦加入三青團為團員，隨黨團之合併而為國民黨員，迄有六十餘年（現為七十六年），國共內戰時期，應屬中共之「反派」。今雖改革開放，倡導「第三次國共合作」，然其「國共戰爭」或「國共鬥爭」之史劇或史著，仍劃分敵我，揚共抑國，貶國褒共。余常向大陸友人言，如無當年國民黨，即無今日之共產黨：國民黨完蛋，「一個中國」與「和平統一」亦完蛋矣。

國民黨經其主席李登輝十二年（一九八八年至二〇〇〇年）之摧殘，實已遍體鱗傷，而奄奄一息矣。余之專業，為研究中華民國史及國民黨黨史，今台灣執政當局在「去中國化」的政策下，否定此史；大陸方面在修此史時，列為「前朝史」。而余之史著或史觀，在兩岸均將成為「反面」或「末流」之物矣。余面臨如此尷尬境遇，能無失落與飄浮之感乎！

余之在台六十八年是怎樣度過的？最初六年（一九四九至一九五五）純為生活而工作，從軍文人員而黨工，而至機關「小吏」，耗費時光，乏善可陳。就學政治大學兩年（一九五五至一九五七），走入正道，進入治學途徑。國民黨黨史會二十一年（一九五七至一九七八），中間留美一年（一九六六至一九六七），在良師益友啟迪下，從事史學工作與研究，尚有心得，並有著作發表。執教政治大學十三年（一九七八至一九九二），學以致用，教學相長；最堪告慰者，余所指導之學生，多有「青出於藍」者矣。退休二十四

年（一九九二至今二〇一六），退而不休，著作大增。余之《浮生憶往》〈自序〉曰：

> 退休以後，無工作之勞形，有自由之時空，閱愛閱之書，寫愛寫之文，作愛作之事，遊愛遊之地，自由自在，海闊天空，所謂「退而不休」是也。整理舊作，增補修訂，編著成書；如有心得或新的資料，或應學術會議之邀，常有論文發表。雖有「冷飯」，「佐料」亦多，溫故知新，得以自糾前失。總計退休後之作，佔余前三十六年著作中極重要之部分，即以論文一項而言，自一九六五年十二月至二〇〇一年十二月的三十六年中，計發表論文一二二篇，退休前二十七年為六十七篇，退休後的前期九年（一九九二至二〇〇一）則為六十五篇。但後者不無應景之作，非如前者之循規蹈矩也。
>
> 退休後旅遊大陸各地，亦為余所愛好之活動。欣賞各地風光，訪識大陸學界，辯難切磋，交換心得，容有不同意見，多能互相尊重，兼容並蓄，互補不足。應邀演講或作會議報告，亦能暢所欲言而無阻礙。以文會友，至樂之事也。

退休的後期十五年（二〇〇二至二〇一六），亦如前期九年。最重要者有《國民黨興衰史》及其增訂本、《蔣介石與國共和戰》（與劉維開合著）以及《蔣介石、毛澤東的談打與決戰》等著的出版，並有《孫中山與辛亥革命》及《孫中山與胡志明》的修訂。發表的論文亦有多篇。

總之，屆此「九五」之齡，留下一點痕跡，於願足矣。

蔣永敬，二〇一六年十一月於新北市淡水水世紀。

目次

01 家世及故鄉

（一）先世考查

余蔣氏祖先，何時定居余出生之故鄉安徽省定遠縣東鄉池河鎮之西約四公里之四戶蔣，以及祖先從何處移來，以余年幼即離家鄉，所知甚少，經過多年變亂，資料文物多已無存，一九九〇年七月及一九九七年四月，余曾兩度返鄉探之，均無所獲。近年得自舊金山蔣開惠先生來信及資料，謂定遠、鳳陽蔣氏的祖先來自福建長樂嶼頭，時在明代，至今有二十三世。開惠先生極為熱心，曾親往定遠考證，然以蔣姓族譜毀於文革，幸得一幅布制的「世系掛圖」，與長樂嶼頭蔣姓族譜對證有相符字樣。

余故鄉名為四戶蔣者，顯係定居之初有四戶蔣姓人家，並分為四村，曰北戶、東戶、南戶、山下。至余幼年，亦僅此四村，應即原有之村也。可知定居四村之蔣姓年代顯非久遠。幼聞祖輩言，洪楊亂後，廬舍為墟，田地無主，插草為標，先佔者有。如此言確實，則四戶蔣之建村，應在洪楊亂平以後也。時間當在一八六〇年代，距余出生年代，不過六十年耳。在余童年時，蔣姓四村，不過十家，人口不足百人。村名四戶蔣者，可能在建村之始，僅有蔣姓四戶。經數十年，增至十戶。北戶蔣姓仍僅一家，有田數千畝，為吾鄉之大地主，同村十餘家皆其佃戶，均係外來而非姓蔣。東戶蔣姓三家，可能經過分居而成三家，皆自耕農，其中兩家衰落。南戶蔣姓三家，即余出生之村也。余祖父兄弟三人，已分居。余祖父行二，居村之東首，大伯祖居西首，三叔祖居山下。中間一戶蔣姓，是否在曾祖輩時分出，不詳，其家道已衰落。山下蔣姓亦三家，除三叔祖外，僅知為同宗。吾鄉屬皖北，處江淮之間，津浦鐵路未設前，為江淮間之通道，在臨淮關之南數十里，係戰略要地，太平天國末期，淮軍與太平軍及捻匪在此屢屢交戰，人口大量流失。祖輩常言動亂情形。按建村布局，似應戰略需要，四村互為犄角，各戶置有鳥槍及土砲。相距百步，聲息相通，地勢較高，視野廣闊。至建村之前，此處有無村落；又為何姓所居？依余回憶在童年時代，常於村之後園發現瓦片及碗片，足證此處原係村落並有住民。至於是否為蔣姓所居？憶吾童年，每逢清明節日，必隨父輩祭掃祖墓多處，除曾祖之墓外，尚有遠祖之墓，見其墓碑刻有某某「鎮國公」字樣。此亦證明在曾祖輩以前已為蔣姓所居。且可能有軍功。

四戶蔣無家譜，據祖輩云：家譜落在江蘇高郵之蔣垻。真實性如何，余常思往訪之，迄未能也。唯見廳堂供有祖宗牌位一方，木質白漆，記有祖先名氏，在吾祖父輩之前，列

有六代，一代應為定居此處之始祖。祖輩約生於一八六〇年代，如每代以二十五年至三十年計，距祖輩則應有一五〇年至一八〇年之間。應在一六八〇年至一七一〇年間定居此間，則在清康熙年間。

四戶蔣之蔣姓如為康熙年間移此，則此之前又來自何處？據蔣開惠先生之考證，原鳳陽府之鳳陽、定遠兩地之蔣姓，始於明代。明洪武十三年（一三八〇）有蔣禮（字汝文）者，自南京應天衛調鳳陽中都留守司鳳陽右衛。蔣禮有五子，依次為閆、清、建、極、復。而定遠有蔣集鄉之蔣姓，即蔣禮次子蔣清的後裔。

定遠縣的蔣集稱南蔣集，鳳陽縣的蔣集稱北蔣集，前者有蔣姓萬餘人，後者有八千餘人。如加上散居定遠各地者，則為數更多矣。至四戶蔣之祖先，是否源自蔣集，在無進一步的文證前，開惠先生的考證，不無可取也。

（二）幼年家庭

余能記憶幼年往事者，不出四戶蔣之生活範圍。稍長，亦不出十華里之周圍。余生於民國十一年，歲次壬戌，農曆四月十日，即西曆公元一九二二年五月六日。今余身分證及一般文書所記之生日，均為農曆。父諱成謀字仲智，生於清光緒二十三年，歲次丁酉，西元一八九七年。母宛氏，少父兩歲，生於光緒二十五年，歲次已亥，一八九九年。祖父諱良業，長余約五十歲，約生於一八七〇年代。祖母氏陳，約在余五、六歲時去世，祖父約在民國二十三、四年去世。祖父兄弟三人，在余幼年時已分居，各有田地百餘畝，稱小康。大伯祖所分者均良田，有自用水塘數方，可供灌溉養殖，人口少，故較富裕，其地自耕、佃耕各半。三叔祖人口少，其地大半佃耕，餘僱工自耕，生活優裕，每餐有肉食，此為農村生活所少見者。余父兄弟三人，妹一人，父居長，畢業於縣城高等小學，此在當時受此教育者為數不多。祖父權威至大，父輩及家人見之，均輕手輕足，無敢大聲者。其飲食單獨供應，並備甜點。吸鴉片及高級煙絲。余幼年時最樂聞其呼喚，必分享肉食或糕粿也。余家田地均自耕，有耕牛三頭，僱長工二人，供食宿，年工資約銀元十元左右。長工單身無家，以僱主之家為家。余家有一朝姓長工，呼之為「老朝」，終身未娶，自余幼年即在吾家，多年未曾離去。某日，余隨祖母在廚房，不知何事，祖母云小孩子不可以，余問祖母何謂小孩子？祖母曰未娶妻者是也。余曰「老朝」未娶妻亦算小孩子乎？祖母笑不可抑。此余童年印象最深之事也。祖父及伯叔祖父均曾就讀私塾，兩叔亦然，皆識字不多。父為四戶蔣唯一知識份子，文筆書法俱佳，族中或親友如契約或有關文書事宜，均請為之代勞。家中耕作多由二叔偕長工為之，三叔則揀輕活去幹，父甚少耕作，常出外應酬，祖父斥之，無敢申辯。母與嬸母妯娌三人，農忙時均到田間工作，早出晚歸，至為辛苦，祖母忙於炊事及往返田間供送飲食，婆媳之間未見有不愉快之情事。祖母既慈，彼等亦順。二嬸氏黎，見二叔工作最重，吾父不事農作，至為不平，不時嘀咕，以吾母為出氣對象，母則忍之。三嬸氏姚，

年較輕，與人無爭。父之么妹，長余三歲，余稱之為老姑，與余偶有爭執，祖母常責彼而護余。二叔有二子，即永昌、永華，余排行一，永昌小余數月，排行二，永華小余三歲，排行三。三叔無所出，收養一女，乃三叔祖之外孫女也。余父母生余後，曾生子女數名，皆夭折。蓋當時農村醫葯條件極差，兒童死亡率至高，能保命者，亦云幸矣。

曾祖輩以前情況，全無所知，亦無家譜，唯見廳堂案首供有祖宗牌位一方，木質白漆，記祖先名氏，每年春節前，父以毛筆正楷重抄一次。除夕祭祀。年初一，依長幼次序向之跪拜。牌位所記已故祖先名氏。祖父在時，自曾祖父母以前向上排列，余所能記憶者，則有六世，男者有名，女無名而記其父家姓氏，例如祖母之父家姓陳，則記陳氏而已。高祖以上之名氏，余全無記憶，惟每世均有一共同之字為之區分，牌位中所記六世之區分，依次為：應、廷、德、文、國、有。有字即余曾祖輩名有聲，妣吳氏。國字為高祖輩。應字以前如何，不復有記矣。祖父以下各世區分亦分六字，即：良、臣、永、安、家、邦。邦以下則無矣。依此區分，良為余之祖父輩，取名良業，大伯祖良書，妣姜氏，三叔祖良佐。臣為父輩，余父取名成謀，以成代臣，何也？其入民國已廢君臣乎？二叔成榮，三叔成銘。余為永輩，取名永敬，惟父原為余取名永隆，小學、初中時均用此名，余見許多商店招牌亦用之，覺其不雅，自就讀高中後改用今名。余之子侄輩皆用安，余之三子依次為世安、正安、定安。亦有將安字列上者。家為余之孫輩，世安之子名家立，為余所取，立、為余之乳名大立；何以取名「大立」？經查農曆，是日為立夏之日。正安子女取名佳宏、佳芸，以佳代家，其母依命理者計筆劃而取之。家之下代為邦，故鄉之後代當可不變。惟佳宏、家立以後如何，不可知矣。且邦字以後，即無下文。傳統已變，繼續定字分輩，恐無可能。以後將無定制矣。

四戶蔣之東戶、南戶、山下三村蔣姓相若年齡之輩分多為良、成、永三代，惟今良輩已無，而已延至安、家輩，且更有邦輩者。惟當年北戶之蔣姓一家輩分特高，在余童年時，其家祖孫三代為文、國、有三輩，有輩年齡與余相若，輩分高余三代，與曾祖輩相當。國字輩年齡與余父相若，僅知其別字星舫，性極吝嗇而忠厚，綽號「小甩子」，無用之意，為吾鄉之大地主，地方官吏常敲詐之，彼則守財如命，拾行人丟棄之煙蒂，捲之自吸並販賣。為防盜匪，家中置自衛長短槍十餘支，僱家丁十餘，人各一槍，築碉樓一所，高數層。其女有新，子尊一，抗戰初期與余中學同學，數年前，聞曾在定遠中學任教。星舫不知下落，田產早為中共沒收矣。

余家為大家庭，人口眾多，有祖父母、父母、叔嬸各二、老姑、余及永昌、永華、三叔之女欒子，計十三人，另長工二人或三人。為防土匪，家置自衛長短槍四支，短槍曰自來得，俗稱盒子砲，義大利製，可連發十彈，由父使用之。長槍一為德製毛瑟，俗稱套桶子，祖父用之；一為日製三八式，俗稱大蓋子，二叔用之；一為漢陽造七九步槍，俗

稱小緊口或湖北條子，三叔用之。長槍皆為步槍，裝彈五發。每槍備彈約百餘發。抗戰初期，民間槍枝組成抗日自衛隊，係自動參加，有事集合，無事回家，編為支隊，下分大、中、分、小各隊，比照正規軍之團、營、連、排、班等級，父任中隊長，人槍近百。未久，中共新四軍來，自衛隊解散，所有槍支多入新四軍之手矣。

余家有耕地百餘畝，完全自耕，收成分春、秋二季，春季以小麥為主，秋季以稻為主。以數量計，為四與一之比，麥年收約六十石，稻年收二百餘石。每石十斗，每斗十五斤（舊秤），約十公斤。此外尚有多種雜糧，如大麥、玉米、高粱、芋頭、花生、芝麻、豆類，以及棉花、蔬菜等，並飼養豬、雞、鵝、鴨等家畜。惟常遇旱、澇、蝗蟲災荒，尤以旱災較多，農村多是靠天吃飯，如天久不雨，禾苗枯死，稻之收成無望，即須改種其他雜糧，如高粱、玉米、綠豆、芋頭等類，遠遜於稻之價值矣。惟麥之收成較少受到天候影響。蝗災極為可怖，發生於春夏之際，如急風驟雨，烏雲蔽日，所過之處，農作物一掃而光，青翠田野頓時變為光禿荒地。余童年時，曾遇蝗災兩次，參加驅蝗，人人出動，鳴鑼打鼓，焚草發出濃煙，而效果未彰也。荒年糧價即昂，飢民即多，惟民性善良，尚未見有搶糧事件，窮者離鄉謀生，名曰「逃荒」，實即行乞。北戶蔣星舫家存糧極多，趁糧貴時出售，大發其財，故其財產不斷累積，對災民則無救濟。誠屬為富不仁。

余家除農耕外，並作榨油業，有木製榨油機一部，用兩支粗大木幹，一置地面，一架其上，中間相距數尺，一頭置以活動木塊，一頭置一木滾，繫以粗大皮繩，四人分為兩組，轉動木滾，收縮皮繩，使上方大木下壓，愈壓愈緊，油即榨出。榨壓前，須將榨油原料製成餅狀多塊，放在兩大木幹之間，經過榨壓，油即流入槽中，轉流入桶。鬆回皮繩，取出餅塊，即為完工。每榨一次，可出油數十斤。餅作家畜飼料；如為花生餅，人亦可食。榨油原料則有多種，最貴重者為純芝麻油，味香；次為花生或豆油；次再為菜籽或棉花子油。通常以數種原料混合。附近居民或小販常來購油，有以原料交換者，由父經營之。

池河鎮每隔五日，逢四、九（農曆）開市，名曰「趕集」，余家有一攤位在一鮑姓商店門外。余家用品多向其店購買，余家米糧由其經銷，由其記帳，定期結算，彼此信任。每逢趕集之晨，父即以馬馱油運之攤位，客戶多為舊識，貨完收攤。余童年曾隨父趕集，只覺人多熱鬧，事物新奇，極為羨慕鎮上生活。故父雖不從事耕作，然其負責油之營業，對家庭之貢獻，實不亞於躬耕也。

使余難忘者，祖母之去世也，祖母愛余至深，余童年時不離其左右。某日，祖母提一壺水經過庭院，余忽見其跌倒地上，面頰跌傷出血，急被救起，惟見家人悶悶不樂，謂老人不能摔跤。其時祖母不過五十餘歲，當時已視為老年矣。從此常有不適，似為時不過一年，臥病不起，家人繞其病榻，聞到哭聲，面覆以布，余亦守其旁。似在晚間，余頻至院中小便，天空月明星稀，有淒涼之感，蓋值深秋也。家

中原備有棺木一具，松木製成，漆以朱色，此已備之有年，每年油漆一次。入殮之時，家人益為悲慟，余聞釘棺之聲，心為之跳。棺停客廳，弔者不斷，每日筵席多桌，識與不識，隨意入席，所謂流水席也，如是者多日，直至出殯入土為止。子女尚須守七，即滿四十九天（七乘七）以後，始恢復正常活動。舉喪隆重，消耗亦巨，有因此而舉債變賣田產者。祖父去世余雖有十二、三歲，印象反較模糊。舉喪隆重不下於祖母之喪。約數年，父叔三人分家析產，此事約在民國二十八、九年間。一般分家析產，常不免發生爭吵。父與兩叔分家時，仍甚友善也。

（三）童年生活

民初皖省由軍閥統治，皖系倪嗣沖統治較久。倪死，由其部將張文生、馬聯甲繼之，皖人頗反馬，民國十二年六月三日馬在皖城安慶槍殺學生，是為「六三」慘案。父為躲避軍閥之迫害，走上海。晨離家門，余剛學爬，追至門外。此為父常為樂道之事。幼年曾隨家人躲避兵災，曰「逃反」。迨歸來，雞犬無留矣。民國十六年（一九二七）春，革命軍經吾鄉，民多歡迎而助之。軍隊列隊報數點名，余在旁觀之。見列中一兵動作有誤，持馬鞭之軍官以鞭拍其帽。官兵無有擅入民家者。彼借用余祖父之軟床抬病兵送鎮上醫治，歸還時，贈余糖果一包為謝。今查資料，此應屬李宗仁之第七軍也。次年，北伐軍再過境時，與民眾關係即顯疏遠矣。余見一軍人攜有鴉片及吸食工具至余家偷吸。此顯為收編之降軍，漸有腐化之象矣。北伐前，吾鄉無匪；北伐後，兵散為匪，兵匪有別，人民須防匪；稍有家產者，即購備自衛槍支。民苦於兵匪，常歎民國不如滿清，南洋不如北洋。鄉人稱革命曰「南洋」，軍閥曰「北洋」。

余開始識字，約在北伐以後，應在民國十八年（一九二九），教師黎先生，二嬸母之兄長，余呼之為大舅，家境衰落，頗健談，嗜鴉片，常與祖父聊天，陪其玩紙牌，故可分享其鴉片，作食客。彼教余方塊字，以彩色紙裁成小方塊，每塊寫一字。同時學習者有永昌，然彼成績不佳。其後由父教余等讀書，課本為《三字經》、《百家姓》、《千字文》、《幼學瓊林》等，皆能背誦。繼而讀小學課本，初為文言，後為語體，讀之甚易，數分鐘即背誦一課，父煩之，即放學。父關心國事，訂閱上海報紙，自裝耳機，聽電台廣播。某日閱報歎曰：從此國家多難矣。余當時不知何所指。及今思之，蓋指九一八事變也。上海有蔣佩霖者，與父同宗，在東棉洋行任職，為日本設在上海之商業機關，與父常通信，西式信紙信封，鋼筆字，極秀麗。父用中式信紙信封，毛筆字，亦秀。余亦隨之習大小字，某年春節寫春聯，余為後園小樓書一對聯曰「後樓雖小，可避匪災」。父顧而樂之。彼亦常自鳴其學生時代作文之佳句，而受師之讚賞。蔣佩霖之母自上海來吾家，留數月之久，衣著入時，呢絨質，攜有金懷錶，對余甚友愛，回上海時，依依不捨。及今思之，應為民國二十一年（一九三二）上海一二八戰役避難而來也。上海之蔣家，成為余童年之美夢。民三十七年（一

九四八）冬，余自瀋陽到上海，其母已故，彼夫婦住一閣樓小房，曰亭子間，無固定職業，生活所需賴其妻為人梳洗，迥異余童年之美夢。

父不耐教，由全村合聘一王姓塾師，學童約十名。從不缺席，學識較父為遜，有食古不化之意味，教余讀《四書》、《古文觀止》、《左傳》等書，余對《孟子》尤有興趣，可全書背誦，曰「包本」。讀書多大聲朗誦，有一學生為北戶佃農之子，其聲至大，然全年只誦「子曰學而時習之」一句，既不識其字，師亦不問。某次，余犯規，王師以戒尺打余手心，余抗之，父見之，不予責。王師對余不再管束，背後則道余短，適見余至，即停止。余曰：背後道人短，非大丈夫之作為。彼無言。某次，余在後園樹上捉一小鳥，置之書桌抽屜，不意飛出，落在另一同學桌上，此同學乃余之么舅。師明知係余之鳥，不敢責余，而罰余么舅。么舅心不服，暗中怪師吃軟怕硬。惟余對師仍恭順，不願為特殊生。

鄰村高劉成立短期小學，校長劉煥章，吾鄉之名人。父請劉為余改作文，批改至詳。余竟在批改處寫「滿紙塗鴉」。父怒甚，嚴責之。此時余尚從王師。蓋父嫌王師太舊，難以適應時代，希余學習新知，而余竟不懂事也。

高劉成立短期小學，約在民國二十三、四年間，吾鄉政治稍漸清明。在此之前，民苦於匪，多賴人民自衛。有一時期，紅槍會極為盛行。吾鄉來一「教師」，教人法術，云可刀槍不入。即以黃紙畫符，擺上香案，口中念念有詞，燃成灰燼，和水飲之。會眾飲後，信之不疑，頓顯勇氣百倍，爭相加入。某次，有一村莊被匪圍攻，會眾手執紅槍（梭形，矛頭裝以木柄，飾以紅纓）向匪衝去，匪發槍迎擊，有應聲而倒者，會眾一轟而散。吾鄉之匪常出沒池河以東之山中，曰岱山。有一大首領姓蔣，多呼之為「三條腿」。因「蔣」之下部形似三支腿故也。吾縣歷任縣長貪瀆者多，剝削人民，曰「刮地皮」。然亦偶有優良者，有葛昆山者，治匪極嚴，每逢池河「趕集」之日（每旬兩日），必綁出匪一或二人，斬首示眾，人稱「葛小刀子」。其後，余至國民黨黨史會工作時，在史料中始知葛氏曾參加辛亥革命及討袁護法。又有孫克寬者，清廉簡政，民多戴之。民五十七年（一九六八），余至台中東海大學歷史系兼課，在餐會中遇之，通姓名後，知即當年吾縣之「父母官」也，述余少年對彼之敬仰，因之倍感親切。孫氏精於道教哲學，時任東海大學歷史系教授。彼與葛兩人皆皖籍，一為革命黨人，一為學者出身，其能關心民疾，誠非一般官僚可比。

02 就讀學校及抗戰避難

（一）小學與初中

民國二十五年（一九三六）夏，余虛齡十五，身材高大似成人，父送余至池河鎮，請一戴姓教師為余補習算術，先識阿拉伯字母，再學加減乘除。有長余數歲之王克孝（後名效東）者，亦準備考池河小學，其祖父出身兩江師範，教其算術有年，余因亦向克孝學算術，為時約兩月。迨入學考試，余報考五年級，彼報六年級。考畢，校長張華儂口試，態度親切，要余讀六年級，余曰恐跟不上，彼曰試讀之。發榜，余列六年級正取榜首，克孝列試讀生。彼諷余曰：青出於藍而勝於藍。學校門房老工友，可管學生，為人正直，學生多畏之，對余獨友善，謂余誠實謙虛。其實余非自謙，而實自卑也。入學後，各科月試成績尚不落後，惟對算術缺乏自信。該科教師楊越凡在課堂出題，要學生即答，題難，皆不能答，及問余，余即說出答案，然不會列式也。楊大悅，對余讚賞有加。余深受鼓勵，學習興趣益濃。全班同學約二十人，余來自農村，為鎮上同學取樂欺侮之對象，呼余為「土狗」。鄰座同學張其尚，年齡、身材均高大，功課不佳，考試時，向余求助，對余保護備至，欺余者多畏之。校長對校務頗改革，多聘優良教師。國文教師朱鳴崗字子鳳，兼教美術、勞作，多才多藝，風度翩翩。每月必步行百華里外之滁州理髮一次，多奇之。自然科教師謝杰三兼教音樂，與余有親戚關係，余寄住其家，房屋寬大，家富有，屬「地主階級」，其胞兄任法官，以清廉聞名。池河大橋數年前因水災被沖斷，政府為備戰，築公路，派工程師來修橋，徵用杰三宅園牆之石材，訴之公堂，送還石材，轟動鄉里。蓋鄉人素畏官，過去類此事件，無敢抗爭者。杰三音樂課教唱〈棠棣之花〉，為弱者鳴不平，有階級鬥爭意味。抗戰時期，參加新四軍，組織民兵，與政府軍抗。中共執政後，任蕪湖師範大學副校長，而其本身學歷為鳳陽師範學校畢業，高中程度。一九九三年十月余至蕪湖訪晤之，已離休，八十餘歲。客廳懸有朱鳴崗字畫，詢其情況，謂在「解放」後，曾任北京藝專校長，已離休居福州。抗戰勝利後，一度至台灣任教，旋返大陸。余恍然謝、朱至池河小學任教時，均已加入中共矣。而朱每月藉理髮去滁州，可能另有任務。余當時均茫然也。一九九七年十月余去合肥參加「陳獨秀思想研討會」，遇蕪湖師大友人，云謝已去世矣。

余讀池河小學一年畢業，考入安徽省立滁州中學初中一年級，約千餘人報名，取一五〇名，初一分三班，至二年級時將淘汰一班，競爭至烈，學雜費亦昂，非農村子弟所能負

擔。余之印象最深者，英語教師金延直，為校長金延生之兄長，以余班為實驗，採直接教學法，上課不說中語，比手劃足。每週五小時，既無視聽設備，又無練習機會，全班五十人，聽得一頭霧水。考試準備，仍賴英漢辭典，方能了解。今日思之，此種教育政策及方式，殊有可議之處。以貧窮落後的國家，而施貴族式的教育，大違教育機會均等之原則，更未顧及社會之實際需要。

余入滁中時，抗戰已發生。二十六年（一九三七）八、九月間，淞滬戰事激烈，滁州尚無戰爭景象，物價較戰前稍漲。某日，日機忽來空襲，在滁中附近投彈，吾等躲入簡單之防空壕，聞爆炸聲，女生有嚇哭者。十二月初，日軍逼南京，學期提前結束。

（二）家鄉陷敵開始避難

余離校返鄉，抵池河，鄉人紛問戰事，余答聞丹陽已陷。今查郭廷以編《中華民國史事日誌》：我軍退出丹陽係在十二月三日。又誌：十二月十九日滁州失陷；二十七年（一九三八）一月二十八日津浦南段敵軍北犯，在池河被拒退，戰事劇烈。三十一日，日軍陷定遠、池河。是日，適為農曆春節。吾村四戶蔣因在公路旁，在前一日之春節除夕，全村開始「逃反」，向數里外（南向）之偏僻鄉村親友家中避難。余全家扶老攜幼，牽牛荷物，行至五公里外之壩面毛村。是日風雪交加，至該村時，已是黑夜。猶記日軍攻池河前，先犯藕塘，余有潘姓親戚家在其附近，家中留有青壯年看守，不意夜晚忽來日兵進駐，彼等躲入牛房屋頂草料中，為日兵發現，全遭殺害。池河之守軍為李宗仁之廣西軍，稱第五路軍。與日軍作戰時，余尚在四戶蔣，距戰場不過三、四公里，見日軍飛機低空投彈掃射，來往不斷，如入無人之境。砲聲大而密，機槍聲清脆，步槍有回音，兩響。我軍無飛機支援，砲聲小而疏，步機槍聲沉而濁。交戰約兩日，我軍退走，余亦舉家「逃反」矣。池河及定遠縣城為日軍所據，兩地相距二十餘公里，每晨有日軍裝甲車數輛由東向西駛往縣城，傍晚準時駛回。每晨及晚均可遙見其往返。此時吾鄉已成無政府狀態。而鄉民尚能謹守秩序，親友間之互助，尤見密切。留在陷區之居民，為數眾多，多逃避日軍，當地之政府官員，則不知其去向矣。

多日不見政府軍，對外間消息，一無所知。某日，忽來約一連之廣西軍，便衣長大褂，槍及彈以衣覆之，攜挖土工具。天漸黑，至公路旁挖溝壕，偽裝掩蓋之，人留壕中。余等知次晨必有戰鬥，乃拭目以待。日軍裝甲車數輛果依時而至，車隊甫畢，槍聲大作，前後左右攻擊者不止一處，日軍在包圍中，憑車還擊。戰至午後，槍聲漸稀，見有日機飛臨上空，我軍撤走，似未見我軍有傷亡者。鄉民知日軍次日必來掃蕩，多事先隱匿。次晨果聞日軍槍聲，沿途縱火燒屋，聞有婦女不及逃避被姦者。吾家故居房屋被燃火，燃未久，由長工潛回撲滅之，案上一古銅香爐被取走。日軍來時，余隨父母躲入河谷中，槍彈越頂而過，聞嗖嗖聲，伏地不敢動，幸無傷亡。亦云險矣。

余隨家人不僅躲避日軍，夜間又須防匪。家中自衛槍支隨身攜帶。此時余亦可用槍。某晚鄰村有匪搶劫，匪向該村開槍發出火光，余與永昌即向火光放槍，匪竟逃走，鄰村得救。余舅家姓宛，其村曰崗宛，小康之家，自衛武器為鳥槍土砲，築有圍牆、碉樓。某夜有匪，適余二叔是夜留崗宛，隨身攜三八式步槍，有彈百餘發，匪在村外放槍呼開門，二叔守碉樓，對匪之放槍火光處發槍，猛射而不知節彈，槍管見赤。蓋心慌而欠沉著故也。舅輩燃放土砲，一片火光，足可嚇人，匪不敢近。父在別村聞槍聲，偕十餘人持槍往救，距匪尚遠，即鳴槍示威，匪聞槍聲逃走。蓋父等鳴槍，在使二叔及舅家知有救援，但亦不願與匪接戰而有傷亡也。余隨父母常居舅家，不敢回故居。偶有廣西軍便衣隊來鄉，接近池河，以望遠鏡觀察日軍，余亦隨往。此時可謂軍民一體。某日，來一批身材高大之政府軍，駐宿舅家，有一營長夫婦，均乘馬，其妻亦軍服，年輕貌美。宿一夜，即北開。今查資料，應參加台兒莊會戰之西北軍也。事在二十七年（一九三八）春。

二十七年秋，日軍撤離池河及定遠縣城，余隨家人回原居，池河居民亦漸回鎮。惟全鎮房屋均毀，居民多因陋就簡搭建臨時住所，市場逐漸恢復交易活動。劉煥章住其情婦張寡婦家，設塾教課，有學生數人，王克孝及余亦從之。市面公開出售嗎啡毒品，吸食者眾。張投劉之所好，充分供劉吸之，愈吸愈多，癮足講課，然以中毒深，全身浮腫而卒。此日本毒化政策使然也。

（三）戰時臨中流亡學生

民國二十八年（一九三九）春，安徽有臨時中學多所之設立，收容戰區失學青年，王克孝入三臨中（在合肥古河），余不知也。暑假回鄉，告余定遠縣府招考地方行政人員送省訓團受訓，結業後回縣服務，可任鄉鎮長。余與克孝往報考，隨到隨考，余被錄取，克孝落第。克孝云：縣西吳家圩有十一臨中之設，可考師範科。余考慮求學重於做事，乃與克孝往報考。須初中畢業資格。余資格不合，由縣府證明有同等學力程度。余原名永隆，常見商店以此為名，嫌其不雅，改名永敬。亦是隨到隨考，錄取。克孝以三臨中簡師班資格轉入。蓋當時教育政策，重在搶救失學青年，量重於質。師範科為公費待遇，學雜伙食服裝等費全免，余始有此就學機會。時安徽教育廳長方治，國民黨CC系要員，其大辦臨中，亦為防止中共之吸收青年，否則，一如戰前貴族式的教育，吾等亦可能加入中共行列矣。當時中共新四軍已到吾鄉展開活動。今據大陸出版之《安徽現代史》附錄之〈大事記〉民國二十八年（一九三九）七月一日記云：

> 新四軍江北部隊整編為第四、第五支隊和江北游擊隊。在江北指揮部的領導下，第四支隊（徐海東為司令員）開闢以定遠藕塘為中心的皖東津浦路西抗日根據地。

藕塘距吾故居約十餘華里。新四軍工作人員不時出入吾村。吾村有一理髮師（俗稱剃頭的）二十餘歲，人極守分，家有寡母及妹共三人，事母至孝。新四軍組織理髮工會，要其出任理事長，彼驚恐躲避。吾鄉亦有男女青年加入其歌唱、話劇等隊而引以為樂者。余戚有一梅姓青年，名曰梅墨林，突為新四軍所處決，鄉人不勝驚恐。民間自衛槍枝亦為新四軍收取。余家槍枝如何被其收取，以余就學十一臨中，不知其詳。事後聞叔父言，已被「老四」（民間稱新四軍曰「老四」）「借去」。

十一臨中第二學期（一九四〇年春）開學未久，學校全體師生突整裝出發，隨廣西軍撤往壽縣，云新四軍來攻。各負行李，夜間徒步跋涉，疲乏不堪，同班廖君站立而眠，推之不動，亦有就地坐眠喚之不醒者。倉促狼狽之狀，於此可見。廣西軍由一少將旅長率領，其名龍炎武，濃眉，呢絨軍裝，腰掛左輪手槍，軍容亦整。此旅長以後逃難來台，聞在台北某鄉公所任小職員。

今據《安徽現代史》之〈大事記〉，新四軍在定遠與廣西軍之衝突係在是年三月間。其記云：

> 一九四〇年三月四日，李品仙指使第十、十二游擊隊向新四軍江北指揮部發動進攻，挑起摩擦。十一日（一說上旬），新四軍第四、第五支隊主力在定遠大橋地區痛擊來犯頑軍二千多人，活捉縱隊副司令以下一千餘人，擊退了頑軍進攻，保衛了皖東津浦路西的抗日根據地。
>
> 三月十七日，定遠抗日民主政府成立，這是華中敵後第一個民主政府。

前記大橋地區距十一臨中所在地吳家圩約五十華里，在藕塘之西南、吳家圩之東南。其記李品仙軍向共軍進攻，以余當時所見，係桂軍自行逃走也。

全校師生安全撤至壽縣城，借縣中上課，設備完整，戰前標準。校長孫秉南，壽縣人，以地利之便，諸多困難為之克服。畏日軍攻縣城，遷往鄉間，借民房為校舍。壽縣為安徽富庶之區，文風亦盛，人文薈萃，近代名人如狀元孫家鼐、革命要人柏文蔚、帝制六君子之一孫毓筠、軍人鮑剛等，皆壽人也。壽人性強好鬥，某日，余與同學數人，在一池邊樹下看書，見有主僕二人爭吵，主人怒曰：「你再頂嘴，我即揍你」。僕大聲曰：「揍就揍，龜生敢動」。意即你打即打，還手就是烏龜（王八）所生。色厲內荏，不失幽默。余等大笑，二人爭吵亦止。暑期過後，十一臨中再遷壽縣之隱賢集，濱淠河之東，對岸有西隱賢集，屬霍邱縣。河中可行船，船靠東岸，東集人眾而繁榮。校舍利用廟宇，周圍有廣闊空地，加建臨時教室多間，並有操場。師範科住廟宇，教宿同室。無桌椅及床舖。每生攜一小凳及木板一方，天晴在戶外樹下上課，天雨則在宿舍內。舍之地面舖草，再覆以被或草蓆，作臥舖。無課本，以油墨印之講義代之。至三年級時，全科有三班，共約百人。師生關係密切。每班有

導師。軍訓教官王鵬翼對學生極嚴，態度嚴肅，多畏之，好訓話，言必稱湯恩伯將軍。某晚訓話，罰余全班立正聽訓，語多斥責，忽隊中有一同學喊「揍」，全班應之。王驚恐而退，多日未出現，聞請調職未准。再出現時，態度大變，見同學即哈腰點頭，威信全失。余班導師馬漢鼎授教育心理，言及如何瞭解學生心理及輔導學生，獎勵重於懲罰，尤忌懲罰多數，免激眾怒難犯，光線、氣候不佳，亦不宜懲罰學生。師範科雖為公費，校長孫秉南謂不敷，仍要學生補繳部分費用，余等內心雖有不平，然亦無可如何。放寒暑假須回家籌款，同時亦無伙食供應，亦不得不離校也。校距家約三百餘華里，全賴步行，須三、四日，走鄉村小道，常約數人結伴同行，偷越日軍所據之淮南鐵路。路東即為新四軍地區，沿途如有同學家，可留宿。否則須住小店。某次寒假回家，夜間忽來新四軍進駐，平靜無聲，極有紀律，對人民極友善，見長輩稱老伯或大娘，借物必完好歸還，離去必內外打掃清潔。白天化裝外出，晚歸開會。余在內房入睡，聞另室各兵開會報告工作，謂某家人口多寡，經濟情況、職業背景等，聞之悚然。常聞鄉民有被地方共幹拘捕者，指為漢奸、國特，狀至嚴重。其家屬四出活動，託人央求，討價還價，罰款罰糧，民怨至深。而共黨在必要時，處罰飽受民怨之地方幹部，以平民忿。而此被處罰者，不過奉命行事而已。而所罰之款糧，則入共黨之囊矣。寒假畢，余與同學數人步行回校，夜宿淮南路東附近一農家，被褥多蝨，不能昧，晨起趕路，經一桃花林，一望無際。余等穿越此林，乘小船過瓦埠湖，船與水平，然不知險也。宿小飯舖，供餐，限菜不限飯。同學梅筱峰嫌菜少，乃大量食飯，一般一、二大碗即飽，梅食九碗半，余等呼之為「九碗半」。其後梅自大陸逃至香港入教會，升至牧師，繼至台北市潮州街教會為牧師。常向人吹牛彼對中共深有了解。某日，有一調查局人員向余調查梅之背景。余云彼為余數十年之老友，從未懷疑有何問題也。此調查人員係政大畢業，曾聽余課，稱余為「老師」。事後，余告梅曰：以後切勿亂吹。

余最後一次返鄉，約在三十年底或三十一年初（一九四一至一九四二），太平洋戰爭已發生，往返均經淮南路下塘埠，駐有偽政權軍隊，稱「鬼變子」。知余來自政府區，願自動保護，一再表明降敵非所願，仍願聽從政府報效國家。護送余等出日偽區。經吳家圩，駐有新四軍，見有「歡迎八路軍南下」標語。要道有兒童隊站崗，回報部隊來盤查，並未留難。至一故識友人家，見其頗為驚慌。知不可留，向東行，至一王姓同學家，同學未歸，其父留食宿，款以驢肉。行一日，至家中，村中駐有偽軍，中有一人為余童年之玩伴，余戲呼之為「鬼變子」。彼怒，向余頭頂之上空鳴槍，余驚嚇離去。十數里外駐有新四軍，互不相犯，皆向人民收稅或捐款。父不敢鄉居，至十數里外之三合集，四人合夥開一布店，取名「四民布店」，另一涵意即「三民主義」加一「難民主義」。余至其店，突來一日兵，以日語指余，余故作鎮靜，父友以日語答，離去。余問其故，謂要余做工，云為店員而止。余經此數事，從此約五十年未再返鄉。然常做

返鄉噩夢，深悔自投羅網，亟思脫身，正急難間，驚醒是夢，大為慶幸。

國共鬥爭漸入校園，民二十九年（一九四〇），十一臨中有三民主義青年團之成立，余班同學孫君任幹部，臂帶團章，頗神氣，要余入團，從之，三十年（一九四一）元旦，宣誓加入，校長孫秉南為校團之首，聞其過去曾加入中共而自新，對全校師生講話大唱反共。余班同學闞克定盱眙縣人，年稍長，寒假返鄉回校，指其為共諜，被拘，並開除之。同學有認為校長在求表功者，多同情於闞。三十一年夏，屆畢業，集霍邱縣城會考，平時成績不佳者鼓動罷考，事態嚴重，校方懼擴大，採志願參加以分化之。同學屬淪陷區者多，無家可歸，希求畢業，可獲分發任教，鼓動者陷於孤立，僅極少數放棄會考。

03 就讀大專青年從軍

（一）絃歌不輟抗戰精神

民國三十一年（一九四二）夏余在十一臨中師範科畢業後，可分發小學任教。安徽雖屬戰區，然日軍僅據點線，鄉村地區除新四軍外，餘皆政府政令所及。其時實行新縣制，每鄉鎮均設完全小學，曰中心學校，就學率反較戰前為高。農民願子女入學，教師待遇以糧計算，不受物價波動影響，反較後方地區為優。惟余希望能讀大學，此乃一種虛榮心，亦為青年普遍之夢想。安徽戰時省會設立煌，在大別山區，有臨時學院，一年制。是年改為三年制師範專科學校，培養中學教師。余考入數學科。讀師範三年，對幾何、代數有興趣，習得推理、分析、綜合諸法，解決難題，其樂無窮。惟須埋頭學習，全力以赴。嫌其艱苦，乃改入教育科，大為輕鬆，有充分時間閱愛讀之書，如孫本文之《社會學原理》，胡適之《中國哲學史大綱》及商務印書館《萬有文庫》中之《進化論》、《互助論》等，皆為愛讀之書。數學科有一同學不僅數學佳，其他各科亦優，全校論文競賽得第一。與余相處甚得，借余艾思奇之《科學概論》（可能為其《大眾哲學》之別名），讀之印象深刻，如被洗腦，頓感人類渺小。多年後不斷思索此友，究為何方高手？有時推測可能為中共地下黨，然當時無作此想。

學校有三青團部，余任其宣傳股長，出壁報，常撰文，同學諷余為「作家」。同學中有吸香煙者，常請余吸之，久而上癮，因與家中隔絕，無接濟，頗窮困，吸而不自購，曰「伸手牌」。同學云：「煙酒不分家」，央余吸之。表面拒吸，心實癢癢。偶有工讀收入，必還報。來台後，煙癮甚大，每日約吸三十支以上，成經濟上重要負擔，戒之多次未果。民六十一年（一九七二）在黨史會受杜元載等一干人之氣，戒之。迄未再吸矣。

皖省文風尚盛，學校學風亦佳，教授中頗有知名學者。校長劉迺敬、教授劉繼萱等，均為同學所敬重，常作學術演講或辦辯論會，同學受益非淺。上課時，教授鼓勵學生隨堂筆記。余有時將教授之講詞紀錄整理後送其校正。學校亦重視學生課外活動，如演講、論文及體育等競賽。戰區有此絃歌不輟之聲，亦抗戰精神之表現也。

（二）敵犯立煌「雞飛狗跳」

戰時安徽部分地區劃入第五戰區，省會設立煌，主席先為李宗仁，繼為廖磊，後為李品仙，均桂系將領。民三十二年（一九四三）元旦，日軍進犯立煌，未見守軍抵抗，軍、

政、民等倉促逃走。在黑夜中，余隨眾循山路向北逃，背負行李，徒步跋涉至霍邱隱賢集，此為余讀十一臨中時常遊之地。集之小學有一戴姓教師，為余之池河同鄉，介紹余至其友人家住食。此人為當地之「龍頭」，廣交遊，講義氣。鄉公所指其有「共黨」嫌疑，要捉拿之，彼一面躲避，一面上呈文申辯，余為之捉刀，幾成「訟棍」矣。鄉長為當地人士，與戴為友，亦不願真捉拿之。顯為奉命行事，放出風聲，促其躲避了事。不久回家無事。數年後，聞此君遣散家屬，至定遠藕塘新四軍部報到，知余故居不遠，頻打聽余之情況。蓋此時余已從軍遠赴雲南矣。

日軍掃蕩立煌後，即自行離去。余等亦返校，校舍全燬於火，寄居民家。學校忙於重建，泥巴竹披為壁，剖竹為瓦，迅即復課。十一臨中校長孫秉南趁省府官員劫後歸來時，又屆農曆年關，備棉被衣物食品等數十擔，浩浩蕩蕩，雇伕送至立煌，由彼親自護送，分贈有關官員，雪中送炭，受者多稱其「義」。吾等流亡學生，認其為「馬屁」之術也。

敵竄立煌，省主席暨集團軍總司令李品仙適去重慶，事後蒞校講話，責大家過於驚恐，只顧逃命，如同「雞飛狗跳」，教授劉繼萱持正不阿，以為軍人守土有責，不自反省，反辱學界為「雞狗」。辭職以示抗議，同學請留之。李撤換教育廳長方治，認係CC系搗亂。方離立煌，同學郊送之，以示不平。戰時稱蔣委員長為最高領袖，李宗仁像與蔣像並列，人多不服。桂軍在皖，抗戰初期，表現至佳，自二十八年以後，幾無作戰，軍紀亦漸腐敗，辦企業公司，實為走私。皖北為湯恩伯戰區，皖南屬顧祝同戰區，交通點線為日軍所據，再有偽軍及中共新四軍，一省五「公」，民益苦矣。

民國三十二年（一九四三）夏，師專改制為安徽學院，朱佛定任院長，各科皆改為系，唯教育科仍舊，甚失望也。其實就業機會較優，虛榮心作祟也。余之經濟狀況益窘，學膳雜等費雖全免，然其他必要零用費用均缺，賴工讀補助，課餘抄寫講義，用鋼針筆在鋼板刻蠟紙，以滾筒黏油墨印之。抗戰時物價不斷高漲，生活愈來愈苦，主食為粗糙米飯，副食以黃豆加鹽煮之，偶有肉食，曰「打牙祭」。衣土布，著草鞋，以草麻或舊布編成。維持溫飽而已。照明以瓦碟盛菜油，用棉捻燃之，一豆燈光，晚自修人手一盞，亦奇觀也。

(三) 青年從軍赴滇入伍

民國三十三年（一九四四）八月，我軍守衡陽苦戰四十七天，城陷。軍長方先覺發出最後電報，誓與城共存亡，余大感動。對在皖之桂系軍人益為失望。其高級將領喜弄文舞墨，以示風雅，軍長張淦來校演講，倡「唯手」論。李品仙喜講「六藝」教育。似尚言之成理。蓋頗以「儒將」自任也。十月，有全國十萬知識青年從軍運動，「一寸山河一寸血，十萬青年十萬軍」口號，頗具號召作用，同學報名參加者約六、七十名，佔全校同學約百分之十，余亦與焉，並有軍訓教官及職員加入，合全皖中學生有數百名。為鼓勵青年從軍，報章大力讚揚，捧之過高，乃不免自認特殊，趾高氣

揚，不守秩序，社會亦縱容之，愈為狂妄。此種現象，各地皆有之。皖院同學尚自制，輿論視為典範。實際一如往昔，守份而已。同學好友為余餞行。凡可用之物分贈之，最受歡迎者為余之筆記，余有一《生物學》抄本，圖文並全，贈一友好，為之讚賞不已。出發時，皖院從軍者單獨編隊而行。時值冬季，各負行李，徒步跋涉，日行七、八十華里，經河南省之固始、新蔡、汝南、上蔡，近平漢路，路由日軍控制。日暮，吾等至路之附近村落停留，即有軍隊來會合，軍隊領先，耳伏鐵軌之上，敵火車來可測知，以便及時疏散潛伏。無敵車來，迅越鐵路，屏息急走。余見軍隊身先冒險，既感且愧。經唐河至南陽，休息數日，參觀諸葛武侯故廬。此地以玉石出名，刻一圖章以為紀念，攜之多年。來台後，嫌其字不美，要匠工磨之重刻，石過硬，中途而罷，更不美矣。仍存之。是年四、五月間，日軍發動一號作戰，首入河南，守軍湯恩伯部潰不成軍，軍民關係極劣，天災人禍，震驚中外。余過其境，相距不過半年，尚無荒涼之感，人民亦尚友善。余友劉岱教授數年前告余，彼時尚為初中學童，曾列隊歡迎吾等過境，對從軍青年學生不勝敬慕。彼亦有此志向，但以年齡不足。當時新聞封閉，河南災情，尚無所悉。南陽亦顯繁榮，國人更生力量之強，概可想見。由南陽乘軍用汽車出發，多山地，過秦嶺，山更險，下車步行，遇美軍，向余等翹大拇指，示友好。經藍田至西安，住三青團部，受親切之接待。負責接待者為三青團書記洪同，皖人。西安報紙盛讚吾等守紀自重。春節後，乘美軍運輸機飛昆明。經成都新津機場稍有停留。至昆明北較場營房，編入青年遠征軍第二〇七師六二一團第二營機槍連為列兵，接受入伍訓練。連之軍官云：學生極易訓練，各項動作一教即會，不若徵來新兵之訓練吃力也。實際戰時學生，多曾受過軍事基本訓練，對軍中生活，迅可適應。師長即為守衡陽之名將方先覺，頗得軍心。入伍訓練畢，蔣委員長來檢閱並訓話，印象最深刻者四句：「你們都是我的學生，你們都是我的子弟，我有前途，你們即有前途」。當時聽之，頗感親切，不覺其充滿「個人崇拜」之觀念。

入營時，換發新裝，為機織斜紋布，寢具亦多換新。原在立煌新發之土布棉衣被，自送市場售之，售款上餐館一次即完。昆明市甚繁榮，物價全國最高，人民貧富懸殊，產鴉片，窮人亦多吸之。夜間外行者常被劫，士兵之槍亦有被劫者，傳係龍雲（滇省主席及滇軍首領）軍隊所為。余等入營時即被告誡。軍中階級雖嚴，士兵極受尊重，假日或操畢，均可外出自由活動，依時作息，不覺其苦。官兵之間，可自由交談。生活較學校為優，有肉食，且供應香煙。假日余曾至西南聯大訪友，在昆明市郊，茅草矮屋，學生生活簡陋，求學精神不衰，亦有從軍派往印度受訓者。

（四）移駐曲靖調任政工

部隊移駐曲靖，一團駐曲靖附近之馬龍外，另兩團及師部駐曲靖營房。接受美軍武器裝備及訓練。在一次實彈演習中，有一士兵頭部中彈，血肉模糊，軍帽脫落一旁。余見

▲安徽學院定遠同學歡送從軍宋劍鳴（前排左第四，1944年1月11日），10月從軍者有本人（後左二）、劉廷訓（後右一）、馮寒冰（後右六）

之並無驚慌，演習如故。事後連開追悼會，連政工室訓導員要余撰祭文。時余已由士兵調為政工室幹事，少尉級。訓導員為上尉級，與連長階位同。彼為湖南衡陽人，為重慶復興關蔣經國主持之三青團幹部學校政工班所派，蔣時任青年軍總政治部主任。青年軍各師中上級政工人員皆出自幹校由其派任。職權較一般部隊之政工人員為大，有「太子監軍」意味。吾連訓導員之年齡、經驗，似較余為淺，余任士兵時，要余助其工作，旋薦為幹事，參加師政工班講習，教官多為師之中上級政工人員，年齡、經驗與余相若。當時基層政工人員缺乏，幹校政工班者多任中上級，其低層則從士兵中大專程度者挑選。繼而連訓導員亦不敷用，乃調余為團戰車防禦砲連訓導員，繼又調為同團第一營第一連訓導員。余不知調動原因。蓋前者為特種兵，訓導員為少校編階；後者為步兵，上尉編階，少尉代之不致懸殊也。余在此連任職最久。直至三十五年（一九四六）十月在瀋陽退伍為止，亦由少尉而中尉、上尉。不兩年連升三級，實無制度可言。幹校者升之更高，多為中、上校級。均黑官也。

吾連連長崔儒才及排長三人，均為軍校畢業，與余相處甚洽，士兵多陝西藉，中學生為多。連政工幹事出身戰幹團，年齡較余稍長，似甚油滑，陝西人。某晨，營房牆壁貼有反政府標語，毛筆書寫。為師部揭去，少有知者。時師長已易羅又倫（後改友倫），逐日集軍官至師部寫毛筆字，鮮有知其用意者。繼而吾連幹事被拘。此乃余之部屬，往見師長詢原因。羅曰：汝年輕單純，非汝所知也。事後始聞標

語事，彼之筆跡相似故也。余尚往拘留所慰問之。旋被釋回連，向余力陳冤枉。後離軍，不知所之。

二〇七師轄六一九、六二〇、六二一等三個團，另有直屬部隊工兵營、輜重營、搜索連、通訊、衛生等單位。團轄三營，戰砲、迫砲各一連。營轄四連，步兵連三，機槍連一。連分三排，排分三班，每班十二人，步兵每班有輕機槍一挺，餘為步槍及衝鋒槍。機槍連為重機槍。連訓導員配衝鋒槍，勤務兵一，徵兵而來，初來者為一四川農民，咳嗽吐痰，潛逃。繼來者陝西籍，忠誠樸實，隨余由雲南而東北，余待之如手足。

二〇七師駐昆明及曲靖時，除六二〇團及部分直屬部隊外，皆駐曲靖營房。似為唐繼堯或龍雲時代所建，昆明、曲靖兩營房之格局相似，顯應一旅兩團編制之需要。一師三團之編制，則不敷用矣。營房之格局，為一大四合院，院為大操場，供全營房士兵操練及集合之用。正門向昆明，其餘三面有偏門。師司令部及其直屬單位靠近正門。師政治部及軍需處與司令部相遙對。兩邊為兩團之團部及所屬各營連。六一九團在司令部之左，六二一團在其右。余屬六二一團第一營第一連，靠政治部之左，依次為機槍連、迫砲連、戰砲連、第二連、團部及第二、第三營各連。每營及連各佔二層樓房兩棟，作辦公之用，兩連合用一棟。樓之後為士兵宿舍及餐室，一連一棟，旁有浴廁，後為廚房，均平房。各棟宿舍之間有空地，供各連集合點名之用。連辦公室及連排長臥室在一樓，面對士兵宿舍。營部在二樓，對各連宿舍。各連訓導員室及康樂室在二樓，對大操場。

師長原為方先覺，後為羅又倫。六二一團長為劉少峰。師政治部主任初為葛建時，繼為謝嗣昇。科長有潘振球、歐陽勛，團督導員為許功鋭，第一營督導員為冉炎。機槍連訓導員為王成德，余為第一連訓導員，第二連傅偉成，到東北後由幹事孫燦升任之，第三連為余名謙。安徽學院同學從軍任連訓導員者馮寒冰，其他任幹事者亦有數人。余印象較深者為王成德，辦公室及臥室與余同一樓廈，輔仁大學及幹校研究部畢業，初為少校，到東北後升為上校，調師政治部任科長。來台後，升至少將。在二〇七師時，余由少尉升少校，皆為其「老搭擋」。接替王之連訓導員職務者，為其幹事張迺東。復員後，入清華大學地質系。據王前數年告余，彼乃中共地下黨員。在東北時，與余甚接近，與同營政工人員五人曾合照，今尚保存之。其後來台者有潘振球及歐陽勛，潘先後任台中二中及成功中學校長、教育廳長、救國團主任、國史館長；歐陽留美後任政大教授及校長。許功鋭投中共，任天津政協委員，數年前云在報上見余名，接其來信，知馮寒冰在上海。馮與余同縣，同時從軍，勝利後即離軍入安徽大學。數年前，余經上海往訪之，生活艱苦，云曾加入民盟。在校及從軍時，性善變，上海有妻室及子女。上海相晤時，其夫人謂余曰：蔣介石撤退時，將黃金運往台灣，致台胞富有，而大陸人民窮困。使余啼笑皆非也。與余同時自安徽學院從軍者，有汪慧佛、張正春、馬欽民等。慧佛勝利後離軍入安大，率父及弟增智逃至香港調景嶺，余友

江堅有一好友胡元度，派在香港工作，由江之介紹，胡助其來台，任中學教師及國中校長，退休後病卒。增智入軍法學校，後任少將軍法官，現業律師。正春隨軍至東北，來台入台大補修學分畢業，任國中校長，退休後赴美定居。欽民隨軍至東北，曾被俘，來台任教中學。多年無聯絡。在二〇七師復員者，有荊知仁，入東北大學，在政大政研所畢業，任政大教授，為憲法專家，任國大代表，曾簽名反對修憲，旋又支持修憲，追隨國民黨「當權派」。友人有不以為然者。

04 抗戰勝利隨軍出關

（一）出滇開赴東北

民國三十四年（一九四五）八月十日晨，知日本投降消息，營中之美軍首得消息，對空鳴槍，狂歡示慶。我軍繼之。余至營房外對河流放槍，魚即翻身浮起，攜回佐餐。既而奉令整裝出發，以為往受日軍投降，大為興奮，車行至一山隘，即露天紮營，佈崗要道，檢查來往車輛，防龍雲之異動也。龍自民國十六年（一九二七）統治雲南，對國府中央保持不即不離關係。中央調其職，實即削藩。防其有變，臨之以兵，迫其離滇。事畢回營，準備出滇，師長分批召集軍官，宣讀軍令軍法。崔連長謂余曰：此「先教而誅」也，宜慎之。全師乘卡車出發，多高山峻嶺，車隊蜿蜒繞山而行。路極險，有落山谷車毀人亡者。至貴州安順後，路漸平坦。安順物價亦廉。貴州馳名之特產，有黃果樹之柑，玉屏之簫。至貴陽，參觀苗族居處及生活，甚友善。車向貴陽東行，經貴定、鎮遠、玉屏，入湖南境之晃縣、芷江、邵陽，經湘鄉至長沙，始見大隊徒手日軍，沿路邊而行，垂頭喪氣，視昔日之野蠻殘暴，適成強烈對比。然國人甚少以殘暴報復之。蔣中正之寬大宣示，被釋為「以德報怨」，則又過當矣。數年前，余曾在《歷史月刊》為文辨正之。

連訓導員之職責，司連之文化康樂活動，指導士兵座談會，講解時事。對連之經費有監察權。行軍至長沙後，接觸都市生活，非如營房之單純矣。余住連部，與連長同行止。各排官兵有向余反應連長生活不檢（宿妓）並吃空缺。余即報告團政工主官。如何處理，余不知也。惟見連長向余訴苦，謂經費如何不敷。司經費之特務長，乃連長之親信，謂余曰：訓導員之薪餉及伙食費係政工系統，彼不便管，此顯對余之報復。各排長要余隨排生活行動，乃輪流至各排與士兵共同生活，反受歡迎。連長孤立不安，責特務長，央余回住連部。此事據余推測，連長可能受輕微警告而已。蓋生活不檢，在軍人中不足為異；吃空缺，積習已久，上下皆有之，青年軍亦所不免，惟限雜兵，不及從軍之戰鬥兵。其時二〇七師軍紀堪稱最優者，尚有此弊，他軍可想而知。

部隊由長沙換乘輪船至漢口，再換江輪至安慶，登岸暫駐，至三青團訪友。此時即有皖院從軍同學獲准離軍復學者。某晨，吾連士兵汲井水，見當地駐軍奪一老嫗所汲之水，勸解之，起口角。其兵即回，邀來同夥多人向吾連對準機槍，余亟出面解釋誤會，始免發生事端。此批桂軍駐皖多年，軍紀敗壞，欺民似成習慣，人民敢怒而不敢言，所謂「秀才遇了兵，有理說不清」，視兵之欺民，不足為奇。台

灣民國三十六年（一九四七）發生之「二二八」事件，非特例也。至上海駐久之，因候蘇聯軍隊之撤退而調東北。余初至上海，首次見此繁華都市。駐江灣之日式房舍，以壁櫥為舖。乘電車或計程車往市區，亦首次之經驗。至商務印書館購精裝之大學叢書多冊，收款及收據以纜輸送，頗奇之。其時上海物價甚廉，凸顯軍人待遇之優，初至東北亦然。其後愈來愈劣矣。

上海市民亦顯受不良軍紀之苦，紛電蔣中正要求吾師留滬，願負軍餉。蔣召羅師長嘉勉之。羅在蔣之心目中自有不同。其名原為又倫後改友倫，聞為蔣之所賜。此殊榮也。

美軍登陸艦載吾師離滬，人與物皆消毒，噴DDT，有受辱感覺。至秦皇島上岸，乘火車出山海關，皆敞車，極寒冷，至白旗堡下車，駐民宅，榻為火炕，頗溫暖，主人業釀酒，甚和善，不見青壯婦孺，避戰禍也。瀋陽蘇軍尚未撤離，吾師向盤山方向活動，所過皆鄉村，駐前先查戶口，居民皆自動拿出戶口名簿，人不在者戶主說明之，惟少見青壯之人，顯然有避軍隊「拉夫」之恐懼。軍需供應無缺，食物豐盛，與居民共享，視吾等為「王師」。某夜，忽聞密集槍聲，窗外彈光明耀。連長自炕上急滾而下，蹲地握槍向外作射擊狀，余與彼同炕，亦下炕持槍備戰。俄而電話鈴響，知敵（中共軍）騷擾，放信號彈。各排均有電話來，報告情況。余等駐處之民家，僅一母一媳一女三人，其女視連長為「大官」，領軍餉時，表現多金，欲嫁之。余知連長素好色，不願此女未來不幸，密告其母謂軍人生活不定，宜慎之。余見兩人眉來眼去，別時尚在僻處幽會也。

（二）快速部隊歸來復員

蘇軍撤離瀋陽，余偕部隊入城，全城漆黑，吾連駐瀋陽二女高，原為張學良所創之同澤女中，甚豪華，大理石地板，光澤奪目。有一年輕之男教師，要求加入吾連當兵，告以不允，彼糾纏不捨，乃介紹至錦州之吾師新兵訓練營。未久在市區遇之，彼曰已離營，太苦吃不消。吾連移防渾河北岸，地曰小河沿，駐一廟宇中。橋之對岸為中共軍。某日，余與士兵在戰壕察看對岸橋頭之中共哨兵，余囑兵瞄準其頭射擊之。竟一擊而中，餘皆逃走。余等過橋察看，已無敵蹤。蓋其新兵不堪一擊也。吾兵之水準可以概見。其時吾師已編入新六軍，今查郭廷以之《中華民國史事日誌》，略可印證吾師行動之日程，摘錄如次：

民國三十五年（一九四六）一月二十日，新六軍開始登陸秦皇島。

一月二十六日，新六軍在秦皇島登陸完畢。

三月十二日，夜十二時瀋陽俄軍撤盡。

三月十三日，國軍第二十五師進駐瀋陽，共軍襲擊南郊，被拒退（仍據渾河南岸）。

三月十五日，瀋陽國軍接收渾河南岸之變電所，將共軍驅走。（可能為吾連士兵一槍之效）

▲上左：出關登陸秦皇島留影（1946年1月）
上右：207師621團第1營第1連同人，左1永敬，2張仁傑（排長）、崔儒才（連長）
下：207師621團第1營政工人員（1946年4月，瀋陽）。
左起：余名謙（第3連）、張迺東（機槍連）、傅偉成（第2連）、王成德（政治部），孫燦（第2連）、永敬（第1連）

余隨軍至東北及入瀋陽，應在上列之時日。駐小河沿時，忽有一當地人士，向余密報某處有一共諜。即率兵帶回連部調查，彼承認不得已曾為之工作，現已無關。連長予以優待而釋之。連內官兵不服，云其受賄。余即向上級呈報，營長召集全營官兵集合，宣布連長之失，並予查辦。連長承認受賄，吐出賄款了事。按此連長一再犯錯，屢受庇護，軍紀漸弛。

約在初夏，吾連移駐瀋陽鐵西區，工廠林立，機器多被蘇聯拆卸運走，廠房空空，連同辦公空屋，滿貼各機關接收封條。街道擺滿地攤，為待遣日僑所設，瓷器、衣飾、照像機、收音機等，琳琅滿目，茶室、料理，多日本情調。時鼠疫流行，人心浮動，充滿劫後景象。不久（應在五月十九日我軍收復四平街之後），吾團赴鐵嶺，往法庫、康平一帶掃蕩共軍。部隊渡河時，秩序頗亂，團長急而跳腳。幸無共軍來襲，否則後果堪虞。所到之處，共軍即退。農村地主之土地、耕牛等，已經中共沒收分配。受分配者隨共軍撤走，留下地主，噤若寒蟬。如何處理善後，無人負責。余等召集鄉民茶會，聽其意見。第三連訓導員余名謙，中央大學數學系生從軍者，演講甚長，述三民主義如何完美，民多不懂。國民黨工作人員隨軍而來，似忙接收。往開原途中，見地方民兵捉雞搜糧，形同土匪。云此民軍為馬占山所部。至北豐，當時曰西安，見一新兵由前線敗退歸來，尚洋洋得意。吾營第二連訓導員孫燦，浦口人，忠黨愛國，生活嚴肅，陣亡，無兄弟姊妹，未婚，遺寡母一人，余等哀之。某夜共軍來攻，聞砲聲隆隆，共軍退走。團長吹牛曰：吾以平射砲嚇退敵人。此砲乃攻城之用，用以對人，牛刀割雞也。時軍隊已呈虛矯腐敗之象，尤其高級將領，頗有不務正業者，辦大學者有之，辦報者有之。吾師政治部辦有親愛社，即招待所也。蔣經國曾臨參觀。其後王成德向余談及主持親愛社者，為吾營原訓導員冉炎，盜賣日人留下物資。

自北豐回瀋陽，已屆深秋，青年軍其他各師在六月初已開始復員，惟吾師須延期，調往南口，編為快速部隊，經北平，得遊故都名勝。由居庸關至八達嶺，火車推動而上，設計者詹天佑，中國之第一批留美學生也。瞻其銅像，念其貢獻，蓋憤戰火之無情。迨回師瀋陽，已屆初冬，奉令復員。多有繼續留營升任軍官者。負責承辦復員業務者為一參謀，核發經費，態度蠻橫，對復員者動輒怒斥之。此與從軍時之受歡迎情形，大異其趣。此人在雲南曲靖時，與余同營，任營附，態度謙和。今則態度大變，對過去相識者，亦多不理不睬。聞此人頗得師長信任。余深慨小人得志之如此。此事在余復員時，留有難忘之印象。

05 就學東大與任職公教

（一）在學一年拜訪女友

余在安徽學院從軍時，已讀教育科三年級，按規定優待一學期，可獲畢業。然「大學學士」之夢未醒，故在復員時，即申請入東北大學教育系四年級。二〇七師同時復員分發入東大及其他大學者，尚有多人。復員就學可享受公費、生活津貼，亦屬「天之驕子」。時東大已自四川三台復員回瀋陽北陵原址，原為張學良所建，設備至佳，教師分配有洋房式宿舍。同學多住校，宿舍有暖氣設備。余之宿舍分配在某棟三樓長形房間，靠近樓梯，兩人合住，余遷入時，已有一同學先住入，床近窗口，位置較佳。余之床位近門及走道，位置較差。然較戰時學校條件，實有天壤之別矣。使余最難堪者，此位室友性格孤僻之至，余遷入向其招呼並請教其姓名時，彼竟不理。後向人打聽，彼讀歷史系四年級，江蘇人，四川三台復員而來。其時學生來源有三：一類為後方復員者，自視較高；二類為日偽區學校轉入者；三類為青年軍復員者。後者兩類之入學，多分發而來，為第一類者所輕視。余屬第三類，仍著軍服，被視為「丘八」之流。此君對余不理，顯有成見。余亦偶見此君與友人有說有笑，益增余之自卑。此君與余同室兩學期，未交一語，余僅就寢時回宿舍。及今思之，當時如此之蠢，誠是不可思議，如向校方請換宿舍，不亦得乎。此君後來台，在中學任教。在台同學錄中有其姓名，曰王慶毅。

教四同學僅四人，餘三人姓名，迄今未忘，即高煥文、白常占、任秉彝也。皆日據時期學校轉來，相處融洽。高後來台，在台南任教，後經商，政大會計系教授高造都之侄。白為富家子，與余相處甚得，常邀余等至其家雀戰，教四四人，正不須他約。任屬學者型，較同情中共，其鄉為共黨佔據，特回鄉了解，失望而返。教三同學有十餘人，一、二年級較多。教育系屬文學院，院長陸侃如，其夫人東大教授馮沅君，均著名之文學家。校長臧啟芳，國民黨CC系，繼為劉樹勛，原工學院院長，無黨派。教育系主任趙石萍極受同學敬重，與教授臧廣恩、史國雅等，對同學之課業及生活均甚關注。講師吳振芝中央大學歷史系畢業，年輕貌美，衣著考究，授西洋史，初任教，準備充分，講課滔滔不絕。余在上海商務印書館購有中譯厚冊《西洋史》，行軍時不忘閱讀。課考時，筆記與書本印證，吳對余試卷大為讚賞，深受鼓勵，「丘八」自卑，一掃而空。來台後，彼在台南成功大學歷史系任教，余在政大歷史系兼任，歷史學會年會中見之，即自我介紹，述當年東大事，不勝欣喜。其時余在國父

紀念館孫逸仙圖書館藏書中閱讀一本關於青年學生運動之出版物，似為情治機關編印。云吳在中大歷史系學生時「思想左傾」。吾不敢告知吳老師，恐其驚恐。臧廣恩師亦來台，初在台灣師範學院（後改師大）執教，繼至東京任中華學校校長及拓殖大學教授，後舉家移民舊金山，已卒多年。民四十八年（一九五九）與余合著《日本華僑教育》，由僑委會出版。其時日本有養樂多飲料之推出，日商托臧師覓台灣代理，攜台多瓶，分贈友人，約余合作代理台灣市場，頗有「秀才造反」之意味。其後陳重光竟成台灣之「養樂多大王」。

臧廣恩師有紳士之風，授《教育哲學》，三、四年級合選。同學至其家中上課，臧師母款以茶點。其時文桂就讀教三，同選此課，因此相識，尚無交往也。東大男女同學交往，較為開放，女生宿舍距校門及餐廳近，每室三或四人，常有男生爭為女生服務，送熱水或購物，亦多空忙一場。余與白常占談男女同學之交往，白提議往女生宿舍拜訪于文桂，余從之。宿舍有暖氣，出汗，余曰「熱」，乃安徽土音，彼等不解，余至窘，愈冒汗。由白說明，乃解，請余等寬大衣。經此尷尬場面，從此乃練國語發音。一九九〇年，余回定遠家鄉探親，鄉人多土語，余亦有不解者矣。

與白訪畢告辭，文桂表示歡迎常來。以後再訪，白即藉故事忙，促余獨往。某晚，余往訪，其室友湊錢請客，文桂要余赴校門外小攤販購零食，以為招待。余囊中羞澀，不免有「大男人主義」。余曰：「余不食零食，誰食誰買」。文桂窘甚。余之不善奉承，與爭相「跑腿」者迥異，亦暗合「欲擒故縱」之術也。交往久，情漸生，不見則有失落之感，彼此或有同感。往往不期而遇，交談為樂。彼常打籃球，余旁觀，要余加入。余曰余擅躲避球，不擅籃球。問何謂躲避球？余要其拋球來，乃逃而躲避之。其後余每觀球，趁余不防向余拋球，偶接之。曰：此繡球也。某日晚餐後，相偕在校外溪畔散步，忽聞男女二人大聲爭吵，互罵「混蛋」，近視之，乃同學印斗如、李一潔夫婦也。印、李後至台，常往還。

▲瀋陽北陵與文桂（1947年春）

▲四十四年後（1991年9月）舊地重遊

▼東北大學教育系畢業師生合影（1947年6月，瀋陽）
前排左起1、2趙石萍夫婦，3、4史國雅夫婦。
後排左起1高煥文，2永敬，3白常占，4任秉彝。

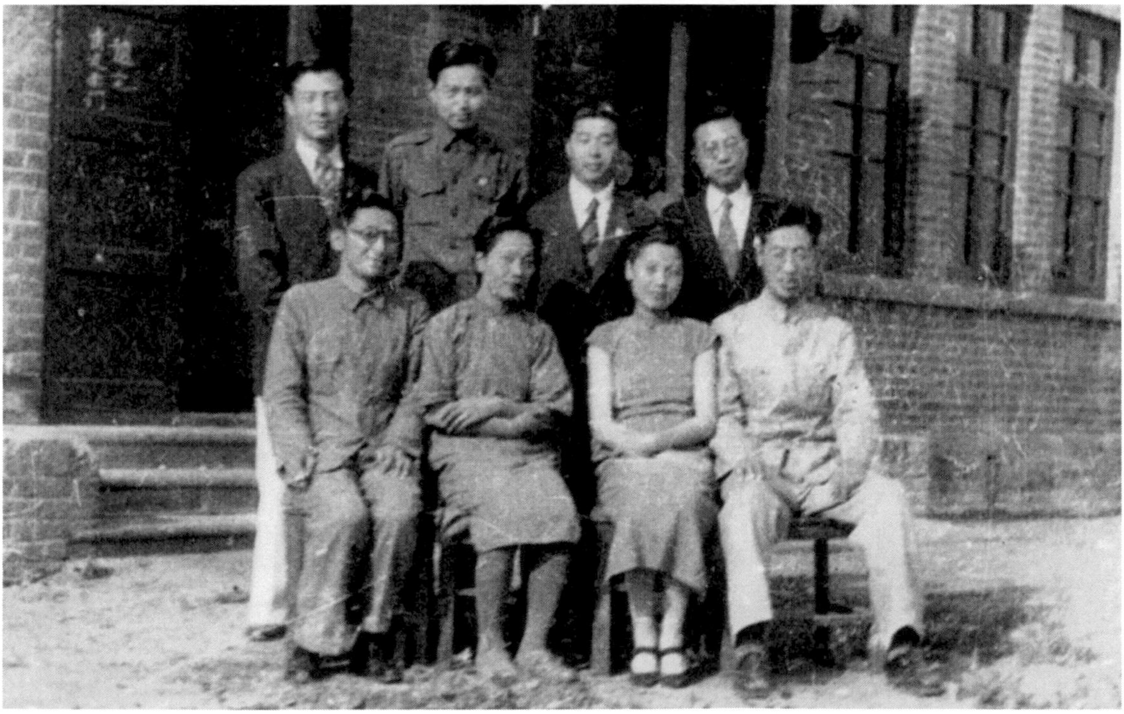

（二）結束學潮被當砲灰

東大亦受全國學潮之影響，三十六年（一九四七）夏，左派學生以「反內戰」、「反飢餓」為口號，進行罷課。左、右兩派對立，右派居於劣勢，中立者希有安定求學環境，惟多沉默無力，且懼左派攻訐。青年軍復員同學置身事外，不偏左右。罷課多日，有不耐者，欲謀復課，而又不敢公開倡導。將開班代聯會，教四同學舉余為代表，希余支持復課，且云君為青年軍，左派不敢與君鬥。開會時，余見各班代表頗多青年軍者。代聯會主席實為罷課運動之首，見情勢不利，首先主動提議復課，立獲一致贊同。此主席滿面縐紋，顯為富有鬥爭經驗之共派職業學生。彼竟利用機會為校方立一大功，訓導長夏某從此倚為保護神，出入相隨。青年軍被舉為班聯代表者，以余班級最高，且曾為政工官，左派或認為此次復課，可能係余主動。其實余亦為被動舉出者，受友之託支持復課而已。亦可能為右派暗中運用，以余等為砲灰而不自知。此事不久，余自東大畢業，趙石萍師兼瀋陽師專校長，余隨往任教，授《教育概論》及《三民主義》。

某晚，余至東大女生宿舍訪文桂，室友均在，夏訓導長與代聯會主席等忽來查舍。過去從無此舉，顯係有備而來。夏忽大聲指余曰：汝為何人？竟敢擅入女生宿舍！似撲余而來。余見來勢兇兇，恐驚動鄰室，鬧成笑話，走至舍外。蓋彼故意大聲喧嚷，驚動眾人，要余難堪也。待彼等至舍外，余向之說明余係畢業不久之某人，並非閒雜人等；不准擅入此舍，如係新的規定，余實不知，因過去並無此禁令也。余縱有錯，訓導長不應大聲動怒。彼見余有質問之意，更怒，呼校警要拘余，代聯會主席會為之助威。余曰余與趙石萍師有約，彼家即在附近，待余向之交代，即隨你去。彼等聞余舉出趙師，即行離去。余遂至趙師處說明經過。趙師云：或有後續動作。次日，夏見趙師，謂余犯規，要開除余之學籍。趙曰：縱有犯規，亦不致到開除學籍程度；且已畢業離校，已非在校學生，何能開除？彼曰：註銷之。趙曰：有此法令乎？彼無以答。事後，趙師告余經過。並問如何得罪夏訓導長，致有此大仇。余曰余亦不知，惟見代聯會主席似有恨余之意。趙遂不語。蓋知此中必有隱情也。最使余難堪者，次晨學校閱報欄出現大字報，謂余夜入女生宿舍，為訓導人員查出云云。此大字報迅為教育系同學張立民（右派）揭走。

時國共雙方在東大均有職業學生，東大且為共方學運之重心。國方職業學生身分多為公開，唯恐他人不知，多招搖，愛出鋒頭，屬明鬥型。共方者多隱蔽，唯恐他人知之，幕後操縱，屬暗鬥型。中立及被操縱者多不自覺而附隨之。東大自因復課而使代聯會主席趁機立功後，其訓導處幾為共方勢力所控制，成為助共反國之工具矣。東北國民黨屬CC系統，齊世英、臧啟芳等皆其著者。臧以色彩過濃，而致東大校長須以無黨派者劉樹勛代之。臧師廣恩師亦CC系，彼為東大教授，亦為哈爾濱特別市教育局長，惟後者未能接收就任耳。某日，臧師問余是否為國民黨員。余曰余為三青團員，繼即表示對國民黨不滿，大罵CC。臧師默然。余當時

實不知臧師為CC系。時黨團鬥爭至烈，余自命屬團方而鄙黨方。今日思之，當時之表現，誠甚幼稚。其後又何嘗不然！余顯為共方鬥爭目標之一，其另一可能原因，為余任教瀋陽師專授《三民主義》，乃全校一年級共同必修科，亦國民黨黨義教育。以劉脩如編著之《三民主義》為教本。余純為教書而教書。然在共方視之，此國民黨之宣傳教育，授此課者，必有政治任務。余在師專之氣氛，亦有壓力之感。東大之事，與此或有關連，顯為製造緋聞，使余難以立足。果如此，實對余誤判高估矣。

（三）參與選務祕密開票

余自東大畢業至瀋陽師專任教，時為民國三十六年（一九四七）下半年。瀋陽情勢，已極嚴重。茲就郭編《史事日誌》列舉數則如下：

> 民國三十六年六月一日，瀋陽學生遊行，反對內戰。瀋陽戒嚴，並趕築工事。
>
> 八月六日，陳誠自南京抵瀋陽。（按局勢更為嚴重）。
>
> 八月二十九日，陳誠繼熊式輝任東北行轅主任。（按為最後救急猛藥）。
>
> 十月二十四日，東北國軍損失十五團。
>
> 十一月十八日，東北戰況弛緩，瀋陽解嚴。（共軍第六次攻勢結束）。
>
> 十二月十二日，東北共軍林彪部發動第七次攻勢，主力趨遼西。
>
> 十二月十七日，東北共軍林彪部進至瀋陽外圍三十公里地帶。
>
> 十二月二十七日，瀋陽外圍激戰。
>
> 民國三十七年（一九四八）二月二十九日，陳誠到上海，入醫院（已請辭職）。

陳誠離瀋，救急猛藥已完全失效。衛立煌繼之，更是無藥可救。余雖身居危城，尚無危感，乃因糊塗無知之故也。

余在瀋陽師專任教時，並在瀋陽市選舉事務所任宣傳股長。其時全國首次辦理國大代表、立法委員、監察委員選舉。前兩者由人民投票直接選舉，後者由省或院轄市議會議員投票選舉之。實際辦理選務者，為選舉事務所總幹事，由民政局長張建中兼任之，下設兩科，一為選務科，由民政局戶政科原班人馬兼辦；一為事務科，分庶務、宣傳兩股，新設。科長姓楊，為市長金鎮所介，庶務股長房君為張所定，余為宣傳股長，係為市新聞處長洪同所推薦。余與洪素不相識，余在東大畢業時，為謀職向洪自薦，洪曰彼處無缺，待有機會當為設法。余以為只是應付語。旋趙師接長師專，隨之。迨選舉事務所成立，洪通知余往任職。市府距師專甚近，後者按時上課即可，兩不相妨。宣傳股之職掌，為選舉法令之宣達，選舉新聞之發佈等。張招待記者會之準備及聯絡，多由余負責。張在記者會中之發言及問題之解答，余多事先有

所準備或臨時提供資料，使能應付裕如。余因頗受張之信任。瀋陽被圍，糧源不濟，市長派楊科長隨軍搶購食糧，余代其科長職務。選舉提名，多事先內定；亦有自行登記參選者，然當選機會不多。有一盛粧少婦，參選國代，常來事務所拉攏關係，知余有雀戰興趣，邀余去其家，余曰囊中空空如也。此乃實情，彼或以余為「笨蛋」，從此不見其來矣。

國代、立委選舉，人民多參加投票。開票係在夜間進行，不准參觀。庶務股長房君謂余曰：彼奉命做票；有馬虎者，將做成之票，成本投入票箱。幸係祕密開票，未出問題。最後為監委選舉，張局長當選。來台，住台北市安東街，與余有往還。

（四）回任軍職困在危城

民國三十七年（一九四八）初，東北情勢益危，物價飛漲，余食無定所，有無處存身之感，惟有回到部隊，團體行動，反較安全。時二〇七師仍駐瀋陽，余離部隊後，與軍中舊友不時見面。原同營之連訓導員王成德相處有年，此時已調師政治部（改名政工處）第一科長，掌組訓，乃政工之重心。挽予相助，以少校政治教官職銜在該科工作，王他往，余即代其職務。回軍後，見官兵之生活與精神，大不如前。伙食品質尤差，有見飯即愁者。今在舊物中忽發現七十年前（民三十七年四月至三十九年五月）余與文桂之片段日記，讀之不勝汗顏。摘其要者，以反映當年生活及觀念之片段。三十七年四月四日（星期日）在瀋陽東大營之日記：

早晨六時許，司令部的官佐，一共乘了四輛卡車和三輛小卡車（中型吉普），到東陵去開週會。集會對於我並沒有什麼興趣，為了本身職責與命令，不能不去湊湊數。誰知進了集合場，耽擱了一天的時間。

我們政工處伙食團，到了營房來，已經四、五天，至今還沒有解決，官長還是吃著士兵的副食，士兵當然不高興。這種原因，當然是辦事務的人，不負責任，對上一味逢迎，對事可以一律不管，照樣可以「吃的開」。我們沒有法子說話，也不願去說話，因為說話是「越權」的行為。

當年之「牢騷滿腹」者，非余一人也。再摘四月五日（星期一）兩段日記：

劉君興業今晨乘機去平，因為昨天回來太遲，無法到街上去送送他，心中頗引為憾。

王、張、牛諸同仁，今天開始到營房來，老苗因為當天未能趕到營房，並請了兩天假，副處長很不滿意，就發了場大脾氣。老苗決心請長假不幹。這件事我萬分同情。結果處長再三慰留。他只有暫時不走；但是他願把三月份工作報告辦完後再決定走。他的作風，我很贊成。

余等屬軍中文職人員，比較自由。要離職者，無辭職之

規定，易詞曰「請長假」。老苗文筆頗佳，其職責，專作工作報告，自喻為「說謊專家」，牢騷滿腹，辦公室內公開談論「國民黨必敗」。日記中所記劉君興業係請准「長假」離職者。此時平瀋火車不通，賴空中運輸，返航空位多，可買票搭乘。王即王成德，為輔仁大學及幹校研究部畢業，平時手不釋卷，為余之好友。張為張容德，政工處科長，西南聯大及幹校畢業。牛，忘其名，亦幹校畢業，皆為蔣經國之門生。政工處長為謝嗣昇，曾任幹校教授。副處長姓陳，忘其名，為謝處長之內弟。老苗與余屬「雜牌軍」。

閱當年日記，其時余在軍中，好像很有點「辦法」。三十七年四月六日（星期二）日記：

> 本（政工）處的伙食問題，因為無人願過問，所以我不得不加設法，所以決定少用兩個士兵，每月可以多出一百斤米，四十萬元的副食，再加上處長原來津貼的一百斤米，把這些東西完全加到十四位官長的副食裡面去。結果這個辦法已獲批准。此外每人再繳五萬元。指定專人負責辦理。我想以後營養問題，可能好得多了。
>
> 昨天有六個人來應考連指（指導員），依成績評定結果，錄取了三名。未錄取的三名，以處長名義介紹到撫順守備政工處張秘處設法安插。

部隊「吃空缺」問題，視為違法、貪污，政工人員有監督之責。今為同仁伙食問題，竟不知利害而出此歪主義。雖獲「批准」，余亦不能無責。此時物價之高漲，誠屬驚人，每一士兵副食，月為二十萬元。日記中之張秘，政校畢業，曾主持二〇七師政工隊，人極精幹，成立四維劇團，演平劇，聘名人田漢指導，水準甚佳。來台後，助余紀忠創辦《徵信新聞》，即後之《中國時報》。

戰局急趨惡化，物價飛漲。據郭編《史事日誌》：

> 四月二十七日，大批難民擁至瀋陽。瀋陽糧價飛漲。五月十日，高粱米每斤三萬元；五月十五日，漲至四萬元；六月二十七日，為六萬元。七月十六日，為十一萬元，麵粉約為二十萬元（一斤）。

司令部人員亦在準備作戰中，余等須接受戰鬥訓練。日記有記：

> 四月六日，晨五時半起，開始正式上操場，學習各種武器使用，步槍基本教練講的很好。
>
> 四月七日，早晨六時許即開始打靶，一直弄到了九時才回營。我因為左目無法合攏，所以三槍無一發命中，這更是減低我射擊興趣。
>
> 四月十四日，晨操投擲手榴彈，最初甚為惶恐，見每人均投一枚，乃由惶恐而發生興趣。輪到我投擲時，亦愉快而投出爆炸。

四月二十三日，決定在檢閱時參加。故參加檢閱與刺槍，有許多人跟著在裡面混，跟著別人亂弄一起，真是笑痛我肚子。刺槍完畢後，乃離開操場，沒有參加射擊與投擲手榴彈。

五月四、五日，余偕國防部派來之人到撫順校閱部隊。九日有追記：

四日，本（政工）處的張科長同我陪同國防部派來之點驗組到撫順各部隊單位去校閱。該日午后余到第四團，張到第五團。在第四團時，見到過去的很多熟人。該團第三營在救兵台已遭共匪包圍，聞全營均瓦解，營長崔儒才被俘。過去老友，遭此慘局，不禁憫然！次日，閱第九團，該團在予印象中是最壞的一團，在親目看到時，並不太好，士兵現顯得特別可憐，官長顯得非常萎靡。

身處危境，有如釜底游魚，隨時有被烹之虞。然在當時，無此警覺。每逢假日或有空。即往東大探視文桂或訪友。錄日記數則如下：

四月十日（星期六），午後四時乘車去瀋，車上人異常擁擠，五時半抵東大，于（文桂）在宿舍。晚，偕于在校內散步。于說：數月未曾晚間在校外閒走。

四月十一日（星期日），十時與于、連枝（姓趙，文桂室友）教四張女士及我四人，到北市場新明照像館，于等照畢業相片。我只照了一張二寸半身。原來我不打算照，由於于再三促之，為不使她掃興，所以也就照了一份二寸半身。

連枝、于及我三人，在小館吃油餅、豆漿。十二時許到李強甫（皖同鄉，黑龍江省府會計長）家中，適已飯畢，遂下麵條吃。她們（于等）去大光明看電影，我在李宅雀戰。五時回東大。

四月十二日（星期一），晨七時四十分登車返營，適接方釗（定遠同鄉，在物資局）來信，云即日內飛平，未及送行，心中至抱歉。午，忽接方君電話，知其尚未起飛，遂約定晚間到其住處。四時，冒雨去瀋，自經理室領到三月份補薪二十餘萬元，遂為之餞行，復合影。（次晨復往送行）。

有警覺性者，皆紛紛離瀋，以脫離虎口，方君其一也。羅師長之秘書廖祖述，中央大學從軍者，原由重慶復興關幹校政工班分發而來，曾在瀋陽為羅辦《新報》。與余點頭之交而已。此時亦要脫離虎口，羅似不願放行；除非覓得適當替人，方能脫身。換言之，即找「替死鬼」也。未意余被看中，四月十六日之日記：

十二時左右，廖君祖述忽然來找我，覺得非常突然，

他要我到外面去，向我談及要向羅軍長又倫推薦我擔任二〇七師司令部中校秘書；並兼副官處某科科長，要我寫自傳一篇，以備送給軍長看。這件事的成功與否，我卻視為淡然。因為我已決定回家（故鄉），但願它不會成功，亦即得之不喜，失之不憂。同時司令部生活，並不如政工處的自由。

余之反應，似非真正「糊塗」。惟余之「決定回家」，係另有原因。羅曾召余談話，顯因余之表現可能欠佳，乃無下文。廖後來台，官至中將，任總政戰部執行官，王昇之大將。已故。

余之一度決定離瀋，係因余與文桂之感情有「告吹」之可能。其間「冷戰」，為時月餘。至五月底，突有轉變。六月一日之日記：

于的態度轉變了，她以前對我態度，使我簡直不明白，星期六至星期一（五月二十九日至三十一日）三天時間相聚，彼此才算弄得一個明白。現在已決定不南歸，一切照正常去做。

此時文桂剛自東大畢業。其他畢業生有願來二〇七師工作者，精明者求去之不暇，來者自受歡迎。文桂亦有此意。余驚奇之，願為協助，六月一日之日記有記：

她（文桂）忽然想起要來本師工作，這不得不使我驚奇。我當然要盡力為之協助。昨夜我與老王（成德）談到，王極願為之協助，將可派上尉缺。

昨晚與王（成德）談話，王到第一旅，要我到一旅，團主任或旅部教官，任我擇其一。最後決定在旅部工作，並設法將于弄到第一旅人民服務隊工作。

六月一日起，王調第一旅政工處長，余亦到一旅。駐撫順礦務局辦公，為日本人建造，其員工宿舍亦現代化，瓦斯熱水供應不缺，產煤故也。惜余在東北日記至此中斷。幸文桂有民國三十七年零碎之追憶繼之。

余到一旅並至撫順後，文桂並未來旅工作，因病故也，據文桂之追憶：

在東大行了畢業考試後，使我加重一層新負擔—病。由於日積月累所致，這病之源，當然由於我個性之急躁；但是內心感情上矛盾，也正是這個原動力。物必先腐而後蟲生，內傷外感，自然使病魔有機可乘，咳嗽日增，身體漸瘦，終於幾乎不能支持，宿於二姐家，約月餘失眠，食慾不振，消化不良，母親與二姐齊憂，本身共蔣君一愁。在百無聊中，我幾乎以一死為快。唯有此，方能絕我心病。

幾度磋商中，我在七月十八日到撫順去療養，經醫生嚴重的告誡後，我才萬慮皆空，忘過去、輕現

在、不計將來，感到健全之事業，樹立在健全身心上之必要，才一意以養病為主。由於蔣君之照顧下，果然日有起色。昔日為我憂者，皆現喜色；即醫生亦相慶我病愈之快，而我本身之輕鬆更不待言！

文桂此記，可謂「文情並茂」，今日讀之，使余回到五十年前之境界。文桂之病，乃T. B.也，亦如今日患癌之絕症。根治至難。幸不久美國有抗生素之發明，為治此症之特效藥。三十八年（一九四九）來台之初，託張秘先生購自香港，注射多次，使結核由收縮而鈣化。深感科技對人類之貢獻，文桂實受其惠。

06 離瀋南歸隨軍來台

（一）戰亂婚緣形同「私奔」

文桂之「矛盾」與痛苦，實感情與理智交戰之結果，故其對余表現，時冷時熱，甚至有「告吹」之可能。一因彼發現罹致T. B.，恐拖累於余，有「長痛不如短痛」之念；一為余之家庭婚姻問題，幼年憑「媒妁之言，父母之命」為余訂親。為農家女，不識字。民二十八年冬，父與叔分產後，需人耕作，乃完娶。其時雖讀學校，尚無所謂「自主」或「自由」之觀念。民三十一年（一九四二），生有一女，名安榮。是年以後，余未再回故居。以余多年未歸，彼有「反彈」。族弟永超來函告余：彼常以余母為出氣對象，負氣離家，不禁為母心憂。母為夫為子，常為出氣對象。余接永超函，頓生歪念，甚望彼能自離他適，求問題之解決，不過此乃幻想耳。乃致函其父，願各「自由」，形同「休書」。其父來函斥余「棄糟糠」。但余決心解決之。決定返鄉處理。時遼瀋戰役已經展開，日有多架飛機自平飛瀋，運送物資，返航機位易購，吾等非戰鬥之軍文人員，「長假」即准。實則軍心渙散，無能為矣！去平機票定在十月九日。東大已疏遷至北平，文桂亦同行去平。其追憶記云：

> 病愈後，九月二十九日離撫去瀋，值二姐搬家，盡力助忙整理物品。也正在此時，決定到北平。此舉可說出於不得已，姐家不適於我多愁善感人養病，桂根（其二姐之子）幾乎胡鬧得左右不寧，母親又急於思家（在新民）。我既然束手無策，又不忍瞧此情景。況且我不去，他（指余）又不放心。於是兩日之間北陵機場相候，竟在十月九日晚安抵北平（原注：飛機上無憂喜之感）。

在文化古都的次日（雙十節），文桂便到東四十六條三十八號理學院找趙小姐連枝，以後便食宿在東大。

余抵平之次日，往見趙石萍師。趙師曰：白常占剛來離去，所攜財物不慎遺失。余問如何遺失。趙師曰：放一串鋁鍋中，而鋁鍋不見。余曰：余已為之帶來，正要歸還。趙師大悅，問如何帶來。余曰：白來時與余同一飛機，登機時，其手攜之物（鋁鍋）要余助其接之。但不知何故，彼未及登機，飛機已開。下機時，即將此鍋帶下，不知其中有藏寶也。趙師讚余不已。未久，白取回其鍋，原封未動。彼對余感謝不已。白為余在東大之同班，余駐東大營外宿時，常至其家寄宿並雀戰。

既而見王成德，彼已早余多日離瀋來平，偕其新婚夫人渡蜜月，邀余及文桂至一豪華餐廳西餐。云將南下不返東北矣。文桂留平，余離平南下，至天津乘輪船到上海。即往族叔蔣佩霖處，為余童年崇拜之人，在東北時即與之通訊。至其家，僅一閣樓亭子間，其母已去世多年，有一妻一子。余到其家，視為極大光榮。旋赴南京至管店，津浦路之小站也，在滁州之北，蚌埠之南，距吾鄉池河約二十公里。吾族之大地主蔣星舫偕妻女在此避難，租住一四合院。余住其家，見其佃農不斷送糧供應之。余父母及三叔、舅母等均來會晤，母握余兩手不放，流淚不已。向父母稟明「要離婚」，母贊成之，父任余決定。此雖不合傳統習俗，但以愛子心切，不得不爾。但如何處理，則又無從著手。余建議由上海蔣佩霖叔委律師辦理。父母皆無意見。既而彼父女二人來（安榮僅數歲，完全由余父母照顧），甚尷尬，無言以對，僅云余之決定前次信函已有說明，余將永不回家，時代如此，彼此皆無錯。余即離管店去上海。由蔣佩霖叔代余委律師登報聲明脫離關係，並通知對方，次年彼即另嫁，數年後病故（大饑荒餓死）。大陸開放後，安榮告余始知之。十二月八日晨，文桂由天津乘輪抵滬，由佩霖叔委託律師為余與文桂簽證結為夫婦。上海無親友，僅佩霖叔全家及其「浦東娘娘」，勉湊一桌，在九龍飯店晚宴。離亂之中，草草從事。每念及此，心中至愧。數十年來，友人視余二人為「神仙夫妻」，有問何時結婚，余曰「私奔也」。查閱文桂之追憶，僅記「慰我良多，同其叔父共去九龍飯店用晚餐」。十一日記：「由叔父率領之下，我三人到張先生興基、浦東娘娘及張表伯永清三處拜訪，招待之周，受之有愧」。此拜謝也。

（二）敵來我走別矣上海

余此時已成「無業遊民」，囊中僅有之金元券因幣制改革失敗而急遽貶值。國軍已退出東北（十一月四日），徐蚌會戰結束（一九四九年一月十日）。余與文桂於一九四八年十二月十三日由上海到南京，而南京各機關人員爭相離去。空屋甚多，友人覓得彩霞街顏料坊八十六號南樓一棟，作為暫時棲身之所。時有京滬警備總司令部之成立，湯恩伯為總司令，總部設南京孝陵衛，胡軌為政工處長（先後易童平山及張明），王成德任科長，薦余為少校科員。十二月三十日，余往報到上班。

京滬總部政工處高官至多，余之少校級則成「芝麻」小官。有一年長上校，表現積極，搬桌、掃地，親自動手，予人有壓迫之感。王成德謂余曰：「此人必係匪諜」。處長胡軌到任未久，即離去，由副處長童平山代。民三十八年（一九四九）一月二十一日，蔣中正總統引退，副總統李宗仁代之，向中共言和，謠言紛起。童代處長知余為皖人，召余曰：蕪湖熟悉乎？余曰：未曾去過。曰：有友人乎？余曰有。曰：汝明日即往蕪湖一行，不必與當地駐軍聯絡，了解市面情況即可。次日，余乘火車至蕪湖，至一同學姜學淮家，家中多女性，彼為獨生子，其母驕寵如孩童，留住其

家，偕往江邊，見江面滿佈軍艦，江之南岸有守軍，次日至赭山安徽學院母校訪友後，回南京復命。事後始知有謠言，謂蕪湖駐軍有不穩情況。余去毫無所知。童以余不辭冒險而完成任務也。其實乃「無知之勇」也。

余往蕪湖前夕，已感情勢緊張，送文桂至南京下關車站，登車去滬，有佩霖叔嬸照顧，可為安心。二月十日，余至上海警總指揮所，即往佩霖叔家晤文桂。今閱其日記，與余發生嚴重之言語衝突，數日不樂，彼在日記中，大發怨言，云「本知性格不同，相處匪易」；「咎由自取，又何須怨」！今日思之，實余粗心大意，不知體貼，使彼益感孤苦流浪之痛苦。余在總部中似非「閒員」，其二月十六日記云：

> 午飯後，他（指余）來電話，說去杭州，其餘則皆模糊。迨六時他又歸來，云因交通人員罷工，故未成行。此次到杭（州）、紹（興）、金（華）三處檢驗士兵之人數。

二月十七日記：「永敬去杭」；十八日記：「得永敬自杭來信一封」。二十一日記：「午后，王君成德送被來」。二十三日記：「由來函所示，距永敬歸期近」；二十四日記：「約九時半，得永敬信，因任務未清，究幾時返滬，尚不一定」。文桂夢余被共軍捉去鬥爭，其二十四日記：

> 夜中夢共軍將坦白永敬，舉手表決時，贊成與否各有，我又不敢明白抗議。急之而醒。

二十六日，文桂接余自杭來信，諷余諳「世故」，記云：「早九時半，得永敬信，彼云於杭購土產贈我，此何故？彼將世故乎」？三月三日晚余自杭州回滬。

時二〇七師自東北潰散後，在滬集中收容，移駐台北整訓，王成德歸隊去台，余適去杭州，未能同去，故仍留滬。三月十四日，彼自台北來信，住址為「台北市圓山忠烈祠陸軍第六軍政工處」，即「雄獅」部隊。余於十二日晚又去南京，因余奔波不定，文桂情緒低落，心情至劣，其十九日記云：

> 近日來江北情勢日漸緊張，我們幾時可得安定，這固然不是一二人的問題，但是我面對這海底撈針的和平，真感幾分懷疑和悲觀！戰亂顛波，骨肉離散，無不渴望和平也。加以物價飛漲，人民痛苦益深。

其三月二十六日記：「買來絨線一磅半，銀元五塊，四二〇〇〇元金元券」。二十八日記：「報張所載，似乎和戰並進，人民倒懸之苦，幾時可解」！三十一日記：「這都市生活真討厭！每天每時都嚷著鈔票，叫得我頭暈！」

四月九日至滬接文桂去南京，彼大有脫離愁城之感。其記云：

四月九日早正在客堂中看歌本，忽見永敬從外來，不容諱言的我很高興。午后到街上買熱水瓶一個，二五〇〇〇元，牙缸二八〇〇〇元，鋼筆一支一五〇〇〇元，大衫布二五七〇〇〇元，絲襪子一隻二五〇〇〇〇元。因擬明晨赴京，嬸母為我取錶取絨衣，直到將夜半始返，深感之。

四月十日（星期日），晨六時到站，車九時離滬，因行李之大，累永敬受苦一路，說說講講，車竟達南京站（午后四時）。乘公共汽車到大行宮，三五〇〇元。然後改乘三輪到孝陵衛，七〇〇〇元。此地係鄉村，晚上無物可買，遂不食而眠。房屋尚好，空氣流通，水電全有，還稱便利。

四月十二日，蔣尊一來，晚飯後歸去，與米二十餘斤。

蔣尊一，即吾鄉大地主蔣星舫之子，在南京某專科學校求學，余去冬到南京時見之，其父極吝嗇，給錢甚少。余離管店時，余父給米一麻袋，約百餘斤，攜南京。余亦曾向星舫建議，願為其子攜米至南京，以備不虞，彼拒之。余住顏料坊時，星舫夫婦及其子女尊一等亦來同住，幸余有米供應之。文桂元月七日記云：「晨七時許，蔣尊一之二、三姐來此，由是同住該樓者計六人。永敬在外」。一月末，余送文桂去滬後，彼等仍住南京。此時顯已斷炊。總部供余之米尚有餘，故濟之。

四月二十一日，國共和談破裂，共軍渡江。是日，余隨總部移滬。晨間登軍車出發，經中山門駛向下關車站，見站崗憲兵怒目以視。火車抵滬後，京滬路即斷，江陰要塞司令戴戎光投共故也。總部駐江灣四川路，余遷其附近多倫路，文桂四月二十五日記云：「由於時局之影響，在今晨冒小雨同永敬到多倫路二〇九號來住，以備臨時變動之方便」。共軍來攻上海，余等忙於聯絡並接待歌星勞軍辦晚會，招待「戰鬥英雄」。某日，在車站遇裝甲兵司令蔣緯國將軍，英俊瀟灑，平易近人，與之交談，余言戰局悲觀，蔣未否認，亦不置可否。以後思之，余誠幼稚失言，不知警覺。如彼變臉，指為「擾亂軍心」，必將大禍臨頭。晚年與余相處甚得，稱余為「宗家」。

上海戰局愈緊，物價愈漲，貨幣愈貶。文桂五月十九日記：

小頭（銀元）一一二〇萬元（一枚）。晨機槍聲、砲聲吹入耳膜，心神不安，不知何所適！

余見馬路兩旁蹲有大批共軍俘虜。如此展示，似在安定人心。二十四日，共軍攻入上海徐家匯，警總準備撤退。午後政工處長張明告知處內人員，願遣散者發給遣散費及上海市民身分證；而上海戶籍資料已燬，便於隱蔽；願撤退者即準備行動。文桂時往市區，候之未歸，外出尋找，街道擁擠，碰撞一平民路人，對余怒斥。余思此人必係「密探（特務）」。否則，不致如此兇煞也。余返整理行李，急待

文桂，久待不歸。正失望中，彼忽歸來，急提行李至總部登車，駛往吳淞登艦（登陸艇），艦即啟行。繼之者即發生搶登情形，有落水者，有失落者。是日文桂有記：

> 午間去醫院看病，然後到街中一遊。豈知總部即擬撤退，永敬急得萬分。幸五時過而我返，於是共乘大卡車赴吳淞口，當晚登船。

出吳淞口，艦上燈火熄滅，崇明島上有砲戰，艦身震動，人皆潛艙中。經舟山停泊數日，三十日午後抵高雄港。各發遣散費。六月十二日至台北，住新公園旁之三葉旅社數日，覓居及謀職。

余自童年即開始「逃反」（避難），由逃軍閥之「反」，而逃日軍之「反」，最後逃共軍之「反」。到台後未再「逃反」矣。

（三）來台服務警總被特務釘梢

到台北後之迫切問題，即為覓居所，友人介紹余至台北市和平東路一段五〇巷向馬傑康君租得日式六席宿舍一間（三坪），廚房共用。馬君為安徽阜陽人，在煙酒公賣局工作，法學兼書畫家馬壽華之侄，彼亦擅長書畫及京劇。余間接之友也，僅收房租一次，以後即拒收，熱腸古道之人也。三十八年（一九四九）六月十七日遷入，距余到台北僅五日。居定後，即往台灣警總政工處見童處長平山，京滬警總上司也，當即留余任政工處少校秘書。旋往圓山第六軍政工處訪王成德，彼堅挽余共事，然余不願失信於童，且警總工作較部隊安定，故婉拒之，王甚失望。以後王君官至少將，余已離軍職多年矣。

余在警總為童處長處理機要。余與彼素無淵源，僅在京滬警總共事三個月，追隨其多年之舊部屬至眾，蓋彼視余較單純而可信任之。余按時乘公共汽車上下班，常見一熟悉面孔之人亦乘此車，以為此人亦同時上下班也。同時，余在政工處之「機要」工作，亦非如往日之多。某日，余與文桂在中山堂看電影散場後，文桂在門外候余，此人向文桂接近，見余至即離去，余與文桂奇之，以為認錯人。越數日，童處長忽問余認識郝竹君小姐否？余曰：東大俄文系同學也，曾來過余之住處探望文桂；聞在某要人家任家庭教師，聞以國際「共諜」罪嫌被捕云云。童不復再問。余知童曾與郝小姐跳過舞。自此以後，此人不復出現。數年後，余在航業海員黨部工作，同事有數人均戴笠之軍統出身，在一次餐會中，此人忽出現，與軍統同事為老友，與之招呼，且云數年不見。彼極力否認之。原自童問話後，余已懷疑已被此人跟蹤多日；今再見此人，知為軍統人員，證實余之懷疑不誤矣。其時正值「白色恐怖」時期，如非在警總工作，亦可能雙雙被捕矣。

民國三十八年（一九四九）八月十六日，東南軍政長官公署成立，余調該署政治部第三處為署員，閒員也。政治部主任為袁守謙。第三處司監察，處長蘇紹文，台籍，台灣

二二八事件時，為新竹縣長，特工系統。對余頗歧視。有一平民上書對政治風氣不滿，語多不平，蘇要余簽辦，余簽之再三，均被退回。向彼面請辦法，則滿腹牢騷而已。余見此人實難相處，言之上校秘書任步齊，京滬總部同僚也，調余入秘書處，作剪報工作，並助打字員校對公文。次年（一九五〇）二月，東南長官公署航委會成立船員講習會，調各商船公司之高、中級船員（船長、輪機長、大、二、三副、報務員等）參加講習，穩定其心理也。請名人來演講，如牟宗三講哲學，任卓宣講三民主義，沈昌煥講外交，程天放講國際現勢等。主任為俞飛鵬（招商局董事長）。行政分教務、訓導、總務三組，余任訓導員，月有津貼一二〇元，使余生活頗有改善。同僚頗多軍統人員，余初不知。會址初借臺北女師附小，繼借臺北工職（後改工專），後往基隆、高雄，調初級船員講習。十月二日去基隆工作，往返台北尚便。二十三日去高雄，至十二月三日講習會結束，始回臺北安定下來。船員講習會第一期借女師附小講習時，陳誠（東南軍政長官公署長官）來講話，余奉命在門外迎接引路，走錯門路，其衛士迅即強力挾余之臂而行，以防余有異圖。至會客室見主任俞飛鵬，余退出。深感接近權要之危險。

余至長官公署，識同事李士平上校，皖同鄉，配有宿舍半棟約二十餘席，位於建國南路二四五巷十二號，彼願讓余六席一間，加上走廊二席，計有四坪。經國防部總務處批准（事在一九五〇年三月下旬，長官公署人員及業務併入國防部）轉配與余。三十九年三月二十七日自和平東路住處遷入。五月二十六日（舊曆四月初十日），為余生日，文桂記云：

> 本日為永敬誕辰，原擬盛筵相慶，但以時值戰亂，一切節約，僅以肉配青菜而下飯。又因明日為開班（講習會）期，當晚歸來又較遲（約八時許）。誠所謂晚食以當肉矣。

是年六月五日，文桂產一男，即長子世安也。為之取乳名「員員」。一九五四年元旦次男正安出生，此時余有兩男，仍居建國南路之斗室，生活負擔雖重，而不覺其苦也。

（四）「光復」有望高考登榜

是年六月二十五日，韓戰發生，美第七艦隊協防台灣海峽，岌岌可危之台灣，獲有安全之保障，「光復」大陸之幻想因之升起。考試院為準備「光復人才」，有高普考試之舉辦，此亦首次在台之舉。余報名參加高考教育行政類。託友人在臺灣師範學院及台北師範學校借得必要之參考書，以作準備。讀之最有系統而易吸收者，則為王世杰著《比較憲法》；較難者為《教育統計》，仔細讀之，發現頗有錯誤，深覺此書「誤人子弟」。蓋余就讀安徽學院時，曾從名師劉迺敬習此科，尚有基礎，故能發現其錯誤也。余為應考，不得不努力以赴，時員員出生未久，益增文桂之辛苦矣。其八月九日至八月十五日記云：

在這幾天裡，精神還算好，永敬決定參加高考，只要有暇，他便去看書，每夜遲遲而眠，不謂之不辛苦。因之對於一切瑣事，我有時雖然感到疲倦，但是絕不怨他不幫忙；況且他還有時抱員員、哄睡覺，對我身心，總算不無小補的愉快！

在忙得焦頭爛額中，尚愛「面子」，約友人來舍餐敘，真是「打腫臉充胖子」。文桂八月十八日記：

缺了水，才覺得牠可貴，天落甘露，便忙著去接水，以備應用。由此更深悟〈喜雨亭〉之文。午后，永敬給徐震先生打電話，請其代約幾位客人（方、張、田、孫、張等）於日曜日來舍聚餐。

二十日，客人來舍，不但大忙，且有驚險之場面。是日記云：

永敬早起後，即去買菜，我則整理房間，員員今天乖得很，破以前之慣例，竟將大便提前到午前，他莫非曉得我忙，或是將有客人來臨？睡眠也好，幾乎不出一聲的哭。當客人開飯時，他由白太太抱之，又與之滔滔談話，她讚美不絕於口。但在其前，倒有一驚險鏡頭，只差五寸，將落地下，駭我心跳許久。飯後永敬將其抱到（塔塔米）上休息，白太太之少爺毛子，幾乎踏到員員頭上；其實已踏上頭髮。事後思之，益感駭人。保養一個小孩，真不是易事。時時注意，刻刻留心。否則，不敢想其危險到何種地步！

九月十五日至十七日，在和平東路師範學院連續應考三天。其記云：

是週內大事記，當算永敬之高考從十五日起共三天，答得滿意者有之，使人啼笑皆非者亦有之。員兒曾一度使永敬發脾氣，誤其看書故，當時我疼愛員兒不已。事後相談，原來當我怒氣時，他也同有此感。不養兒不知父母恩！

十月二日，余往基隆工作，文桂更慘矣。其記云：

十月二日，早飯後，他冒雨去基隆，家中又剩我們母子二人，員兒固惹人憐愛，但是大人一離開，他就要哭。因之我進餐時，便得乘機而行，或早或遲，似乎被員兒所支配。

十月十一日，永敬去基隆，恐員兒鬧，故買來麵以代飯，他因酸菜與雪裡紅搞不清，所以兩樣都買來，讓我切了半天，員兒又哭，使我不得不怨他是個傻瓜！

十月二十三日，余又遠赴高雄工作，文桂之慘況，今讀其日記，為之鼻酸。十月二十九日（星期日）記云：

為補償幾日來營養的不足，故開菜單求白太太（紙壁相隔鄰居）代買幾樣菜，豈知是白先生去。我曾聽見他斷續的說：記不清！那來這些囉嗦？聽見又怎樣？可知他（指白先生）已不耐煩。本來時常求人買菜，真是麻煩，不獨他覺，自覺早已想到此。但是我被員兒纏住，又將奈何？我固然曉得，給買是人情，不買是本份，但是當我聽過那幾句話後，心中有說不出的難過！少焉，以送買菜錢為辭，又說既然不是白太太去，那我只買兩樣就是了。白先生說：妳不是開了菜單了嗎？我照單買來就是了。我一再述說兩樣即可。我想他們心裡總該明白吧！當我回來後，有種莫名其妙的心酸，淚因之而出。看看員兒又不得不忍氣，否則他又得缺奶。這是作母親的又一種考驗！

白太太在午后曾介紹一山東女孩，十七歲，為傭工，問我可用否？月資六十元。來錢不易，謝絕。

十月三十一日，蔣總統六秩晉四華誕，高普考發榜，余幸錄取。是日，文桂有記：

是日也，吳太太出來，與之談話多時，然後送報來，即回屋閱報，忽見高考揭榜，便注意尋找，見有「蔣永敬（安徽）」幾個字，當時甚感痛快。還好，不負他一個月的苦功，想他自己見到，當更愉快。蓋此次中榜，是無意得之也，早已置之度外，以為無望矣！豈知一科雖答之啼笑皆非，尚有他科之稱意也。

其實余認為所答「最稱意」之科為《教育學》，而所得評分則最低，聞出題及閱卷者為余家菊，彼之教育思想乃國家主義。其他應考者所得此科評分，同屬偏低。是日「榜示」之《中央日報》剪報，尚夾在當年日記簿中，榜示之高考教育行政人員五名，依次為：陳梅生（浙江）、賈馥茗（河北）、蔣永敬（安徽）、李亞白（湖北）、王承書（青島）。其後陳、賈為著名之教育學者，李為教育部人事處長，王一度甚活躍，後不知所之。同榜中後來在學界成名者有多人，如李崇道（上海，畜牧獸醫）、姚朋（河北，普通行政）、王兆徽（哈爾濱，普通行政）、鄭憲（福建，外交）、張朋園（貴州，衛生行政）、呂實強（山東，普考、普通行政）等均其著者。

（五）任職黨工「軍統」為伍

民國三十九年（一九五〇）十二月初，船員講習會結束，適成立國民黨航業海員黨部改造委員會，設台北市泉州街六號。講習會人員全部至黨部工作。俞飛鵬任主任委員，楊清植為書記長。楊原為講習會教務組長，軍統要員，曾任北平警察局長。下轄秘書室及組訓、宣傳、社調、工運

四組。組訓組負責人晏益元，為谷正綱（中央組訓負責人）所派。宣傳屬俞之浙江系，朱某。社調及工運為軍統，屬唐縱系。余在工運組任幹事，總幹事杜賢達，原講習會訓導組長，余在講習會時與彼等共事，和諧相處，彼等亦視余為好友。彼等雖出身「特務」系統，然皆有高尚品格。楊為北方人，待人耿直、寬厚；杜待人誠懇、和善；社調組總幹事岑士麟，原為戴笠軍統局之國際科長，有正義感，學者型，後考取中山獎學金赴德留學。其任幹事者，尚有數人出身軍統。有江堅者，原亦軍統之國際科人員。與余甚友好，某次向余借款應急，應之。久不歸還，余若忘之。彼忽問有無欠余之款，余曰無之。彼曰君為可交之友也。從此與余相處益得。其實余不願因金錢而失去朋友，故不索還。彼亦藉此而考驗友誼。余服務航業海員黨部，每值選舉，即見有派系鬥爭，最激烈者，為谷正綱與賀衷寒（交通部長）之間。軍統方面多支持賀系而排谷系。余有友人在交通部任職，賀之親信，要介余見賀，婉謝之。因余自被陳誠衛士強力挾臂後，懼見要人。秘書室由書記長直接指揮，掌財務、人事、文書等業務，楊書記長原派一幹事總其成，此人亦軍統系，脾氣甚大，常與各組衝突。楊將此人與余對調。某日，主任委員俞飛鵬持會內出版之刊物要余估價，並命向其直接面報。余估訖面報，彼不信估價如此之低。余曰：商人既出估價單，當可依價承印。越日，宣傳組負責人朱某即辭職。始知俞要余估價之原因。繼任者侯暢，唐縱之人。迨侯他就，謝君韜繼，陸翰芹所薦，朱家驊系。謝人矮小，政校畢業，花樣甚多，辦《航海通訊社》，並辦《航海通訊》週刊，小型報。以余為總編輯，出刊多期。此刊大圖書館可能有收藏。

民國四十一年（一九五二）十月，國民黨改造完畢，是月十日，舉行七全大會。之前，各種黨部選舉代表，出席大會。航業海員黨部同人亦可選出代表一名。依倫理，應一致選主委俞飛鵬為代表，然俞無表示，蓋認為必然當選。俞平日高高在上，鮮與同人接近。開票結果，岑士麟以多數票當選，俞竟落選。有失顏面，不悅。楊書記長無法交代，要岑放棄當選，並擬加以處分，多數同人不允岑退讓，致成僵局。俞從此不來會辦公，以招商局總經理施復昌代之，楊辭書記長，以周洪本繼。周告余，彼研究《中國帝王史》，將完稿。施帶一沈姓總幹事來，極力對余示好。施對此複雜環境無力應付，陸翰芹繼之。不久，余考入交通部民航局任職，離開航業海員黨部矣。

余自三十八年（一九四九）五月底由滬來台，而至四十三年（一九五四）四月離開航業海員黨部至民航局，將近五年，已五易工作機關，而以航業海員黨部時間最久。在此期間，可得而述者，尚有數事。

來台之初，自舟山及香港來台之親友尚有多人。余小學及高中兩度同學之王克孝（改名王效東）自舟山至高雄來台北，由余介紹至基隆港工作，看管碼頭倉庫。彼在來台前，有吸毒嗜好，甫至高雄登岸，即可購得嗎啡吸之。彼在同鄉間謂余驕傲而看不起他，偶與余見面，謂余忘記老友。余極力解釋以慰之。王數年前病故。又有小學同班鮑如鶴（原名

鮑大鳴），亦自舟山來台，初在台北市新公園附近婦女會所辦之小學任教師。後至員林中學任教，遇一同鄉特工，被檢舉曾受「匪」之訓練，被囚數年。余有十一臨中同學，名徐如皐，冒用其族人「徐俊」之名，向教育部請查學籍，取得大畢之證明，任中學教師，後在台北市南陽街開補習班，規模至大，大發其財，置有大廈豪華公寓，最後倒債，捲款逃往美國，被一債主尋獲，從樓梯打落地面。此人初到台時，向余亂吹，謂在來台船上，見一「匪幹」同船來台，余時在船員講習會與同事閒聊此事。未久，忽有一吳君至余家欲見徐君。此事文桂日記有記：

> 三十九年十月二日，午后五時，有人來找徐某人，我們不認此人，而來人又不云何事，永敬又不在家，使我悶得很。
>
> 十月六日，午后約二時許，永敬歸來，與之談，亦莫明其妙。
>
> 十月八日，吳君來，與之談，略知梗概，感到是無謂的麻煩。

余「略知梗概」後，介紹彼訪徐。徐云係彼胡亂吹牛，並未見有「匪幹」。此事傳至余在師院任教之中學時期數學老師陶濤，與余談話時，即甚小心。蓋彼認為余乃「特務」之流。

余心中有話，必吐為快，常有失言。吾皖三青團負責人張宗良初到臺灣，即搞「小組織」，常在晚間約皖籍青年開會，反對吾鄉CC要員方治。余在航業海員黨部正值改造時期，其重要口號之一有「消除派系」，余謂此乃騙人之言，即舉余之參加「小組織」會議以證之。不意此話傳至張之耳中，疑余為某方「奸細」，初尚約余開會，以後漸與余疏遠。多年後，彼任考試院副院長，見余則視而不見。余心中不能藏話之積習，迄今不能改。

余遠戚孫鐵民，長余六歲，抗戰逃難時，父之牌友。書法、文字尚佳，僅在家鄉讀過私塾，由大陸逃難來台，介紹至國防醫學院政治部廖主任處工作，有家鄉「老爺」作風。余見廖問孫之工作表現如何。廖云：勉強，惟缺「主動精神」。以待遇差，央余另介工作，乃介紹至高雄海員黨部工作，亦不滿意。後識張宗良，介紹至宜蘭縣黨部，任鄉鎮民眾服務社主任，繼調台北，辦地方選舉，表現良好，與地方民代建立良好關係。現已退休，居板橋，子女皆有成。

余之近親張興基自大陸來台，張之祖母，為余祖父之胞姐妹。其妻為余母收養之女。張童年與余同一私塾讀書。戰後在家鄉任鄉鎮長。來台後，暫住余舍。某日，不告而別。後聞至淡水接受訓練，送回大陸打游擊。以後即無消息。開放探親後，見其女忠蘭，知回大陸不久，在南京被捕，押回家鄉公審，執行槍決，並以一人陪斬。陪斬者雖保命，然已驚嚇魂不附體矣。

民國四十一年（一九五二）六月，員兒兩週歲，可送托兒所，文桂要余為她找一職業，無能為力，她頗怨我不盡

力，為此時常發生爭論。彼在四十一年六月十九日記云：

> 我提到每天為照顧員兒，累得筋疲力倦，什麼心情都沒有！你（指余）所謀的事，恐怕又成泡影，托兒所又成空談。永敬他說：好，以後我天天把他（指員兒）帶到班上，妳有辦法，妳自己可以去找事了。關於他這句話，不知道我聽了多少次！難道我于文桂在台灣真的找不到棲身之所嗎？我今晚談話，原無惡意，只不過閒聊而已。

東大同學印斗如在美爾頓補校由補習英文而教英文，介紹文桂去教中文，總算找到了職業。從十月十五日起，送員兒入托兒所。其記云：「我還有個工作，雖然每天的忙著，比較獨自在家中看員兒還好些」！從此余之耳根清靜多矣。學生中有大鵬劇校徐露，平劇名角。

（六）辭「小吏」入政大教研所

民國四十三年（一九五四）元旦，第二男孩「小胖」（名正安）出生，文桂之職業又為「家管」矣。三月，在民航局工作之安徽學院同學馬懷鈐告余：民航局招考人事管理員一名，待遇頗優，不妨一試。余從之，竟錄取。報名者多人，劉鳳翰其一也，彼曾大鬧民航局，謂考試有問題。劉，時在產業黨部任職，麻煩之人也。後入中央研究院近代史研究所，研究軍史有成就，亦成余之好友。彼之落選，實彼之幸；余之中選，則為不幸，如非一年後轉行，終身將為「等因奉此」之「小吏」矣。

七月，政治大學在台復校，先設公民訓育（旋改教育）、政治、外交、新聞四研究所。印斗如時讀蕭錚之地政研究所（後併政大），勸余報考政大研究所。余曰：剛至民航局工作，且家庭負擔漸重，無能為力矣。此時深悔轉職，如不離航業海員黨部，必可兼顧矣。在民航局航用電台管人事，待遇雖豐，工作極枯燥。職責所在，必須遵守辦公時間。電台多為通訊技術人員，有「道不同不相為謀」之感。業務處長田萬傑，簡任官也，中央大學航空工程系畢業，喜談政治，常來余之辦公室聊天，余乃委任「小吏」，兩人無話不談。此乃余在民航局之唯一「知音」。余決於次年度考政大研究所。因印斗如之影響，彼此均有出國留學之夢，彼在美爾頓補習英語，極有成就。余以讀師範，英語基礎差，為求夢之「實現」，買一收音機，每晨聽趙麗蓮英語教學，並訂其主編英語《文摘》。查字典，遍註中文，如是者數年，無甚進步。印後留德研究地政。民國五十五年（一九六六）舉家由德移民美國。是年余在紐約與之相遇。十餘年後，余與文桂遊美，彼在紐約中國城經營補習班，教華人英語。

民國四十四年（一九五五）夏，余考入政大教研所，辭去民航局工作，收入頓少，研究生雖有津貼，惟月僅三百元，僅敷本人伙食之需。為應家庭生活所需，必須另謀收入。建國中學校長凌孝芬，定遠同鄉。經其侄凌厚生（台北

師範教員）之介紹，凌校長聘余為建中夜間部教員，授初一各班地理，負擔至輕，對余就讀教研所毫無影響，故能兩年完成學位（碩士）。凌校長惠予多矣。凌為中央大學教育系畢業，高考教育行政及格，頗以余為其同鄉後進為幸。教研所長初為陳雪屏師，繼為吳兆棠師。教研所目標在培養大專三民主義教師及訓導師資，故初名公民訓育研究所，同學以不合學術研究精神，建議改名教育研究所。校長陳大齊師頗能尊重同學意見，接納之。此僅其中之一端而已。師生互相尊重風氣，余深受體會。薩孟武師授《中國政治制度研究》，兩學期僅及前漢，運用文獻，廣徵博引，余習得運用資料之方法。陳雪屏師授《教育心理學研究》，分述專題，抽絲剝繭，層次分明，使余領悟分析、綜合方法之運用。其他如劉季洪、羅家倫、邱昌渭、黃季陸、謝幼葦諸師之課，均有啟發。蓋余服務社會已有八年，重溫學生生活，理論與經驗印證，對問題之思考，較能深入。對余畢業論文有啟發作用者，為劉季洪師《教育行政研究》之學期研究報告。因余在民航局管人事業務年餘，又以在建中任教師，乃以教師待遇為題，參閱聯合國教科文組織（UNESCO）各國中小學教師待遇調查報告，作一分析比較，以各國國民所得為標準，衡量待遇之高低。所得結論：進步國家教師待遇在其國民所得之地位，遠不如落後國家。劉師大為欣賞，對余鼓勵備至。余與劉師素少接近，對余亦少印象，此後始知有此學生。劉師嘗言，為文談話，不可有外行之言，免犯常識錯誤。余對此有深刻印象。有此鼓勵，乃以《中小學教師薪給標準之研究》為畢業論文之題目，請楊亮功師指導。楊師時任考試院考試委員，主持職位分類。請楊師指導，亦余之要求。學校照例聘請之。他生亦多類是。楊師授余《社會科學研究百科全書》一大厚冊，其中有研究「教師薪給標準」（Teacher Salary Schedule）一章，介紹各國各種薪給制度及其利弊得失之研究概況。余細讀之，頗有心得。使余對此問題研究之基礎，益為廣厚。所謂名師指點，不同凡響。余乃就此擬訂論文架構，搜集資料，並向習經濟學之沈宗藝講師（教研所服務）惡補國民所得相關知識。以供衡量教師待遇之理論基礎。楊師問：有把握乎？余曰已向經濟學者請益。論文之結論，為以專業訓練程度之單一薪給標準（Single Salary Schedule）最能鼓勵教師專業，提高教師素質。論文考試委員除指導教授外，尚有劉季洪、鄭通和、韋從序、吳兆棠諸師。均予好評。此為余之治學首獲肯定。此論文尚存政大社會科學資料中心，係用原子筆複寫。考畢，余見楊、鄭、韋往劉師家中雀戰。

余就學政大兩年中，收入銳減，入不敷出，文桂撫育兩兒，操勞家計，余忙於兩校之間，彼此可謂苦矣。每月生活必須極力節省，仍是不足。同學馬懷鈐知余困，曾主動貸余小款，但余領薪時必先償還。債務逐漸累積，礙難啟齒向人告貸。方知匱乏之窘。惜余就學政大時，文桂日記已斷，當時苦況，已漸模糊。猶記某晚由建中課畢回家，經安東街巷道，見有一片白色，以為乾地，一腳踏上，陷入泥水之中，變成泥人矣。

▲政大教育研究所迎新會（1956年11月8日，台北木柵）
前排左起1鍾永琅，2黃榜銓，3冷碩毅，4程運，5劉季洪，6陳大齊，7吳兆棠，8沈宗執，9王美奐，10黃椿年，11梅友三，
後排右1梁尚勇，2黃發策，3芮鶴言，4蔡保田，5永敬，
中排右3高明敏。（餘為前屆）

入政大教研所時，余之虛齡已三十有四，尚不能稱之為「老大」。年齡最長者為王美奐，四十一歲；次為芮鶴延、蔡保田，余居第四。年齡最輕者有嚴翼長、梁尚勇、黃發策。王剃光頭，獨佔一房間，焚香、吃齋，鮮與同學交往，苦僧型也，畢業後留校任教，後得奧地利獎學金，讀博士學位，苦無旅費，向各同學哀切求助，有謂彼尚未看破紅塵。出國後，拒與友人聯絡，聞在美國加州西來寺「修道」。芮之綽號曰「斗把子」，有「老大」之風。某日，向余借閱羅家倫著《新人生觀》，久不歸還，圖書館催還，余自彼處取還之。忽聞圖書館員李寶金女士大罵「無公德心」。余初不注意，然其聲越罵越大。問之，方知罵余，曰汝借之書，何以滿塗圈點？余曰他人借閱，余實不知，容余新購償之可也。李曰「算了」！余至感尷尬。李女士頗活躍，有洋氣，對外交研究所同學特友好，視余等為「土貨」。

07 黨史會「學徒」十年「出師」

（一）草屯鄉下分管史料

余於民國四十六年（一九五七）七月在政治大學教育研究所畢業後，八月至中國國民黨黨史史料編纂委員會（簡稱黨史會）工作。黨史會主任委員羅家倫志希先生在政大教研所授《民族主義研究》，囑所之講師沈宗藪推薦畢業同學三名至黨史會工作，沈薦李雲漢、梁尚勇及余三人。時黨史會史庫在南投草屯之鄉間，交通不便，梁年輕，未婚，亦無女友，不願往。僅余與雲漢願往之。梁旋赴美留學，得博士學位，任教授、教育廳長、教育部次長、師大校長，及監察院監察委員。同學中平時交往，原無界限或等級之別，然一旦任高官或當權，則與非官之舊友保持距離矣。余常遇此場面而自知進退。梁則例外而不失書生本色。

因沈宗藪之推薦，往見羅家倫師。羅師時單身住台北市潮州街宿舍，其家屬均留澳洲，羅師脾氣甚大，喜訓人，考余「竸」與「競」區別，幸未答錯。楊亮功師對余就業問題極關心，問羅師面談結果如何，余曰恐無希望，即以羅師之脾氣大告之。楊師曰：無甚了不起。意指不必失望。其時可供選擇就業之機會，並非困難。余之所以選擇黨史會者，一因待遇較一般公教為優；再為文桂就業及宿舍問題；三為留校任教，最為理想，然競爭至烈，余自知非學術中人。吳兆棠師希余至救國團工作，余對此團有成見，不願往。其時台灣省政府疏遷南投草屯附近，新建中興新村，設有中興中學，教師可供宿舍。校長宋鴻域，楊師之安大學生；教務主任汪慧佛，余之同學及從軍伙伴。因之文桂往任教至便。配有丙級宿舍一棟，兩臥一廳，有廚房衛浴設備，計約十七坪，較在台北市之四坪斗室寬大多矣。前後庭園廣闊，種有花木。所種之葡萄樹，結實纍纍，用之釀酒，友人品嘗之，讚不絕口。有兩人工作收入，生活寬裕多矣。

中興新村環境優美，舍在光榮西路二十號。路之對面為市場，購物便利。長男世安七歲，讀附近國小。次男正安不足四歲，僱一農家女孩照顧之。鄰居告余：彼虐待正安。余心痛而解僱之。余攜之上班，無玩伴，尚能忍耐不鬧。次日再攜往，彼見舊地重來，坐在地上，拒與同行。不論如何哄之，堅持不動，亦不哭鬧。余始知此子倔強。迨滿四歲，入附近幼稚園。四十七年（一九五八）十二月十九日三男定安生，托鄰居王太太照顧，有愛心而照顧週到，深知非金錢可以換取。余每日早出晚歸，往返史庫與中興新村，換公路車兩次，再步行十餘分鐘。或騎腳踏車，約五公里。羅師戲余「騎鐵馬」。

余與李雲漢入黨史會工作，係在民國四十六年（一九五七）八月，名義為編審，乙等職，同等職者尚有幹事，其上為甲等職，曰秘書、總幹事、專門委員。其下為丙等職，曰助理幹事等。羅師為主任委員。副為狄膺，不問事。下分秘書、總務、編輯、徵集、典藏各室，另有纂修，為革命元老，名譽職。余與雲漢屬典藏室，管史庫，位於草屯附近之鄉間，曰荔園，原為民間四合院住宅，種荔枝樹多株，盛產荔枝，故曰荔園。其他各室在台中市政府內辦公，羅、狄在台北，偶來史庫。典藏室之首為總幹事張大軍，新任，軍人出身，其作風亦如軍人。曾處罰工友，並禁閉之。對余等亦命令指使。某次，新到一批史料，余閱讀之，彼命工友告余不准閱讀，余不理會。彼即命工友前來鎖門，余即離開。迨各室人員集史庫開工作會議，秘書沈裕民主持之，余在會上報告張令工友傳令及鎖門之經過，張無言。散會後，張在院中大吼：彼留則我走。向羅師報告謂余不能合作。羅師命沈秘書向余查詢經過。余曰前在會議上已有口頭報告，事實如此而已。此事即不了了之。余留，張亦未走。張原在新疆任團長，國軍投共，逃至印度，羅師在印度任大使，識之。彼集有新疆資料，撰《新疆內幕》一書出版。羅師曰：史庫孤懸鄉間，軍人看守較安全。當年來史庫參閱史料之學者，皆曾與此君打過交道。已退休，在台中開書店，自任經理。

史庫收藏之國民黨建黨以來之史料，至為豐富與珍貴。就時間言，起自一八九四年興中會成立而至目前，未有間斷。就種類言，含革命人物傳記、回憶錄、函扎、墨蹟等，

▲左：南投中興新村寓所（1957年）
右：中興新村全家（1960年）
左起永敬（懷抱定安、二歲），文桂，世安（右1、十一歲），正安（右2、七歲）。（台中霧峰省議會前）

原始文件、會議紀錄、檔案、照片、實物，以及報刊、書籍等，為研究近代革命運動及近現代史不可或缺之資料。馳名中外，頗多中外學者來此參閱史料，從事研究。余與雲漢等初到史庫時，數百箱史料以粗糙之木箱堆集屋中，調取史料時，須搬動木箱尋找之。經管者僅李振寬一人，彼自黨史會成立時即來工作。史料之存放所在，均在其腦中，調閱史料，非彼不可。史料之有無，彼一言為決，羅師極欣賞之，稱之為「活史料」。彼年事雖高，而身體健壯。人手既增加，乃分攤保管，余與雲漢各分管百餘箱。余分管者為北伐至抗戰時期史料，雲漢則為興中會至護法時期。余等將木箱疊起，以蓋作門，使能開閉，各箱標以所存史料類號，根據目錄，依次排列。調取史料時，自目錄查出類號，即知存放所在。此乃簡單之法，尚屬史庫之創舉。某次，羅師來史庫，除讚賞李振寬熟悉史料之調取外，即問余某一史料何在？似在考驗余對調取史料之能力。余曰：查閱目錄號碼，便知在此號碼之箱中。羅師默然。

（二）「糾謬」與「謬糾」之糾纏

民國四十七年（一九五八）十月，羅師主編之《國父年譜》初稿上下兩冊出版，會內同仁人各發一套。羅師甚為滿意，輒以此書贈人。蓋國民黨黨史會自民國十九年（一九三〇）成立以來，對《國父年譜》之編纂工作，未曾間斷，然僅成油印稿，多錄長篇文件。曾送各方徵求意見，迄無正式出版。四十七年出版之年譜，稱「初稿」，以示慎重，但亦黨史會之創舉。民國五十一年（一九六二）初，羅師來草屯史庫，召集工作人員開會，提出《國父年譜》初稿之補充與修訂，每人分配一部分，分頭進行，初以李振寬及會中舊同仁為主，但無進展。余與雲漢及李振寬三人先行交卷，餘皆無應。羅師不耐，四月中再來史庫，重新分配工作，而以余及雲漢為中心，為此羅師常有信函指示一切，幸有保存。是年四月二十八日羅師有長函致余及雲漢，其中第三項曰：

> 國父年譜之補充與修訂，前星期已談過，並盼於三個月完工。此事我雖指定三位（余、雲漢及李振寬），但屬望兩位（余與雲漢）務必積極進行，蒐集、增補與考訂工作同時進行，不必等待他人。務請於三個月內全部完工，至為緊要。（原注：此間眭雲章同志也在做，但彼凌亂而少條理，以之補充則可，憑以編定則未）。

眭雲章為黨史會舊人，在會工作二十多年，在台北國父史蹟紀念館辦公，常在報章雜誌發表有關革命史之文章，視為此道之「專家」，余與雲漢係新進，雲漢作有黃興年譜，余作有胡漢民年譜，治史已有經驗，故盼余與雲漢負其實際工作。然以會中多舊人。年資、職位均高於余等，自難越俎他人分配部分。羅師似不耐，要余「總其咸」。其在五月十四日致余短箋，末段有云：「國父年譜（原注：前在台中並已談過），由兄（指余）總其成，亦請積極從事」。然余職

位低，分工者皆「大官」，何敢「總其成」？故一再謙辭。羅師不允。

羅師對於《國父年譜》之補充與修訂，為何如此急迫？漸後則知羅剛有《國父年譜糾謬》一書之發行。聞將向國民黨八全大會（將於民國五十二年十一月舉行）散發。並呈蔣總裁謂羅師主編之《國父年譜》錯誤百出，應行毀版。蔣總裁交付審查，事態嚴重。羅剛之《糾謬》起初未見其公開發行，故余等亦未見其書。至是年十二月一日，羅師始將此書交下，函云：

> 羅剛氏之《糾謬》一冊已寄上，又囑世景兄（台北辦公室劉世景）寄上一冊，盼振寬、雲漢兩兄亦能分工合作，仔細考察一番。

羅師對余之工作似甚滿意。余曾考訂羅剛之「糾謬」亦多有誤。例如《國父年譜》記孫中山一九〇九年十一月八日至一九一〇年一月十八日間在紐約活動情形。時香港革命黨人正在籌劃廣州新軍起義。《糾謬》謂黃興自香港致電在紐約之孫中山請其籌款，而《年譜》隻字不提，實謬。經余考訂，黃興此時不在香港，正在日本東京躲債（黃函為證，黃墨蹟，已出版），何能在香港致電中山？如此自「謬」而「糾」他人之非謬。豈非「謬糾」乎？羅師大為興奮，謂余有「史才」。

羅剛之《糾謬》有百餘條，至辛亥革命時期（民元）而止，逐條考證，自極繁重。至五十二年（一九五三）初已大致完成。因將《糾謬》各條列表對照，何者是《年譜》錯誤，何者是《糾謬》錯誤，均須根據資料註明之。且雙方所用資料之可信度亦須比較說明。此項工作完成後，即抄送羅師審閱。五十二年二月七日，羅師有信致余云：

> 關於《年譜》列表對應審定一項工作，雖雲漢兄因調訓而致兄（指余）感受困難，倫信兄定可克服。此間審查委員均盼能於二月下旬以內（最遲盼二十五日左右）將全部由兄攜帶來台北，以便在月底開會結束。

補充修正工作既經結束，決定出版「二稿」。六月二十七日羅師來函云：

> 年譜事請積極進行，務盼如期使大功告成，不能不留若干時間為排印所需要。下月上旬倫當來台中一行。上次對於答復羅某（剛）《糾謬》一書，而由兄（指余）指所誤指之謬五十五條，即彼全錯項下者。今據許師慎先生（國史館主任秘書）加以考訂，還有四條為彼之全錯（總計五十九條），亦有考訂興趣之增加也。

羅剛之《糾謬》百餘條，余等指出「謬糾」者有五十九條，余等可充當羅師之「打手」矣！

九月二十一日，羅師來信云：

> 《國父年譜》二稿全部送來，經師慎、奉初（姓陸，國史館纂修）諸兄看過，有若干待查之點詳另頁中，現在因月底召開審查會，為此盼兄與振寬、雲漢諸兄迅將應再行翻閱原檔處，即為考訂。（信末有註要余台北一行）。

十月十二日，《年譜》之審查會開會，蓋為完成蔣中正總裁所交付之任務也。是日，王世杰《日記》有記：

> 今日在黨部參加一種審查黨史會所編《國父年譜》稿之會議，有羅剛者，于該稿多所指摘，羅志希頗為所窘。余出席助其爭議之平息。

王云「助其爭議之平息」，顯屬高估其作用。如羅剛無「謬糾」之處，何能平息？

《年譜》二稿成，聞羅剛已自黨史會取得一份複印本，因會中有其族侄通風。羅師召余至台北，羅剛央吳相湘介紹與之見面，應之。甚客氣，然不談「糾謬」與「謬糾」之事。其後羅剛決心撰《國父實錄》，未成去世。其夫人羅博理文女士繼其志，集基金聘專人，請余校訂，卒完成《實錄》十餘冊，亦足感人也。

《糾謬》風波平息，羅師命余與雲漢就《年譜》初稿作全盤之考訂，並就黨史會原始資料作大量之補充。五十四年（一九六五）十一月為孫中山百年誕辰，將出增訂本。是年七月十三日，羅師函余與雲漢云：

> 永敬、雲漢學弟惠鑒，為了年譜修訂事，兩位能與有關同人通力合作，不計彼此，甚善甚善，此乃近代學人治學有成之達道也。傅先生（黨史會副主任委員傅啟學）代我前來，甚讚各人努力情況。其交代同人年譜整完、發完之期限（一部分七月底，一部分八月底），乃事實上所不能不如此者。但我意二稿所應補充，而業已補充或即可補充者，正不必留待三稿，遺人挑剔之隙縫。故在此期內，務望多所努力，仍屬至要。月內當來台（中）與諸同人晤談。此頌暑祺。家倫手啟，五四、七、十三。

孫中山百年誕辰之日，《國父年譜》增訂本出版，羅師作〈導言〉有云：

> 當年在遷徙時期曾從事維護本書所據原始文獻最早者為沈裕民與李振寬同志，繼續廣事搜求並曾將史料文獻加以學術性之考訂，而從事最後編輯工作者，則為蔣永敬與李雲漢同志。余（羅師自稱）則不過董其成而已。

《年譜》增訂本因應孫中山百年誕辰而出版，不無倉促之感。因此余與雲漢繼續考訂，至五十八年（一九六九）有

二次增訂本之出版。而羅師則於五十七年（一九六八）十一月因健康不佳，自黨史會退休，次年十二月二十五日病逝。黃季陸師於五十七年十二月繼其任。二次增訂本出版時，黃師作有〈前言〉云：

我繼羅志希先生擔任黨史史料編纂委員會主任委員職務，時值《國父年譜》第三版（即二次增訂本）正在付印校對文字中，我於獲得將全文細讀一遍的機會後，發現已較第一、第二版更為充實。惟以茲事體大，特就個人觀點及所發現的其他重要資料，提供意見，有所補充。在一個忠實於研究歷史的人而言，或有其必要；但在排印方面及予主持校閱工作的蔣永敬諸先生卻帶來了不少的困擾。

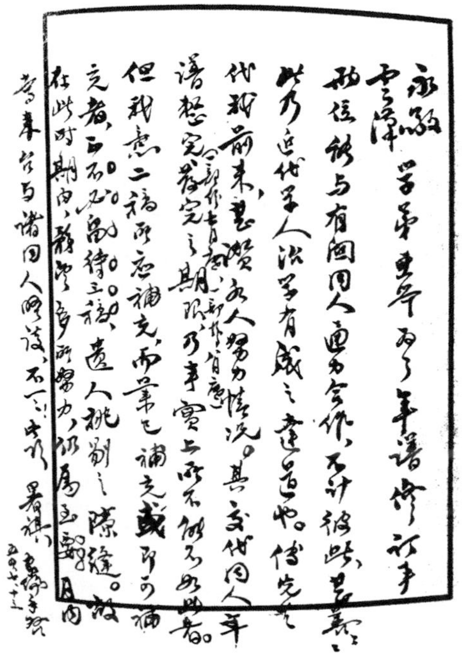

▲《國父年譜》修訂竣事，羅家倫師來函嘉勉永敬、雲漢（1965年7月13日）

黃師大刀闊斧，英雄氣概的作風，與羅師迥異。其在〈前言〉將余列為「主持校閱工作的蔣永敬諸先生」，而非羅師所謂「學術性之考訂」矣。其「諸先生」尤為神來之筆。實際上，余之目標，非在《國父年譜》，而在其他方面之研究。

(三) 利用「寶藏」大做研究

余到黨史會時，吳相湘教授已至史庫參閱史料。寄住草屯小旅館，條件甚差，治學精神可佩。彼告余及雲漢，史庫收藏如此珍貴，應珍惜利用研究，可先從人物年譜入手，熟練史料之考訂與運用。余因有《胡漢民先生年譜》之作，雲漢則有《黃克強先生年譜》之作。稿成，吳曰可在其主編之《中國現代史叢刊》登載。並為君打知名度。《胡譜》於民五十年（一九六一）在該刊第三冊刊出。雲漢之《黃譜》五十一年（一九六二）第四冊刊出。胡氏事蹟，涉及胡蔣分合，屬敏感問題，戒嚴時期，行文及引用資料，特須小心。湯山事件問題，引董顯光著《蔣總統傳》之記述，不免避重就輕，沈雲龍見余曰：「技巧高明」，繼曰：「滑頭之作」。蓋非如此，必送綠島「管訓」矣。中研院近史所所長郭廷以在其《回憶錄》中謂《胡譜》有新資料。吳相湘一度頗風光，於民國五十四年（一九六五）被任為正中書局總編輯，有專用三輪車及車伕，主編《新時代》月刊，向余徵稿，余撰〈九一八事變中國方面之反應〉一文，以評梁敬錞著《九一八事變史述》一書。此書在香港出版，謂「不抵抗

▲與胡漢民之女胡木蘭（右2）合影。左1卓國華（烈士夏重民夫人），左2黃振華（黃興之女），右1永敬。（1979年7月于台北市廣東會館）

主義」，非出自張學良一人，蔣中正亦有責任。台灣禁其進口，羅師力持不可，得解禁。羅師謂余曰：此輩「愚忠」之人（指主張禁進口者），不識大體。余讀其書，固甚客觀，然對國內可用資料，則嫌缺乏，若干論斷，不免有誤。因舉數事以評之。梁見此文，函余致謝。民五十五年（一九六六）余訪紐約時，常約晤談，成忘年交。

民國五十一年（一九六二）十月，藏印邊境戰爭爆發，中共軍發動猛攻，進入印境。羅師大悅，告余曰：國勢之強，中共做到矣！中華民族之光榮也；指中共為「匪」無知也。羅師曾任駐印大使，中共據大陸，印即驅羅出印，向共表功。羅師常謂，印甫獨立，即效英之帝國主義行為，且尤過之。至為可鄙！

吳相湘教授任正中書局總編輯未久，在文星書店編印《中國現代史料叢書》中收入謝彬著《中國政黨史》，記有「蔣介石加入中共」字句，立法委員胡秋原在立法院向政府質詢之。吳在正中之職不僅被停，且除其國民黨籍。友人有避與往還者，余仍與之遊。迄數十年友誼不變。晚年居美，八十餘高齡，研究與寫作不輟，精神可佳，常有長途電話給余。

在余撰寫《胡譜》過程中，接觸諸多相關問題，須求相關資料解決之，每獲關鍵性的資料而使問題得以解決時，如獲珍寶，其樂無窮。致研究興趣為之益增，如同進行雀戰然，幾可廢寢忘食，全力以赴之。因此，余曾以「麻將哲學」來解釋史料對於需求者之價值。某次，會中輪余演講，

余即以此為講題，頗收深入淺出之效。其時會中同仁頗多有雀戰之興趣者。余曰吾人在雀戰時，無不集中精神欲得需要之牌，一旦得之，其樂無窮；尤其待胡之大牌，忽然得此亟需之牌，無不大為驚喜，甚至因驚喜過度而致昏厥不醒者。史料對於研究問題者之需要，亦如是也。不會雀戰者，不知好牌之可貴；不研究歷史者，不知史料之珍貴價值。余之演講，贏得哄堂大笑。不喜雀戰者，指余為不務正業。

撰《胡譜》遇國共之分合問題，查閱一九二四年至二七年之廣州、武漢、南京之檔案，發現之史料，頗為驚奇。如國民黨北京黨部孟湘鑑（共黨）一九二七年七月間向武漢方面之報告，稱「楊度同志」如何向彼等傳遞祕密消息，促李大釗逃避北京軍警之搜捕，以及活動山東大軍閥張宗昌與武漢方面妥協。楊度者，洪憲帝制運動之主角也。共黨何能稱之為「同志」？真難使人置信。直至周恩來臨終前特別留言，謂楊度早年加入彼黨，乃「同志」也。始恍然大悟原來如此。又如武漢國民黨中央各種會議之速紀錄，所記與會要人如鮑羅廷（M. M. Borodin）、汪精衛、顧孟餘、孫科等之發言與對話，至為精采，真乃高度之「機密」，過去從無學者利用之，作為研究之資料。例如一九二七年七月十五日武漢國民黨中央討論「分共」問題時，左派要員大斥受共產黨之騙，但亦道出歷史之真象。武漢中央宣傳部長顧孟餘在會議上發言曰：

> 國民黨在歷次的宣言中，本來是有許多政策。但外間宣傳的所謂三大政策，卻找遍了總理（孫中山）遺教、歷次宣言，以及各種決議案，找不出這麼一個東西。實在說：三大政策的歷史很短，不過只有七個月。何以知道只有七個月呢？因為三大政策的內容，在七個月以前還沒有定，今年正月，本席由江西到武漢來，才聽見鮑羅廷同志說起三大政策，並勸大家要遵守；而當時他所說的三大政策是反帝、聯俄、農工，同現在天天嚷的不同（按為聯俄、聯（容）共、農工）。可見得三大政策的內容，在正月時還沒有定，而且未經過任何會議決定，是共產黨替我們想出來的。於是各軍政治部、各報館、各團體的宣傳，只有三大政策，絕不提起三民主義。但是我們要知道，第一，所謂三大政策的歷史很短，不出七個月；第二，所謂三大政策，未經過任何會議決定，是共產黨的越俎代庖。本來政策要靠宣傳；不過這個政策是共產黨代我們定的，也是共產黨在替我們宣傳，所以弄得外間對於本黨（國民黨）很是懷疑。

當時會議上，頗多國民黨左派要員均斥共產黨之欺騙。孫科更為氣憤曰：

> 將幾十年來總理的遺訓一概拋棄，將國民黨的性質、組織、歷史，根本推翻。這也不是聯，也不是容，乃是降！那末，三大政策變成了兩大政策：降俄！降共！

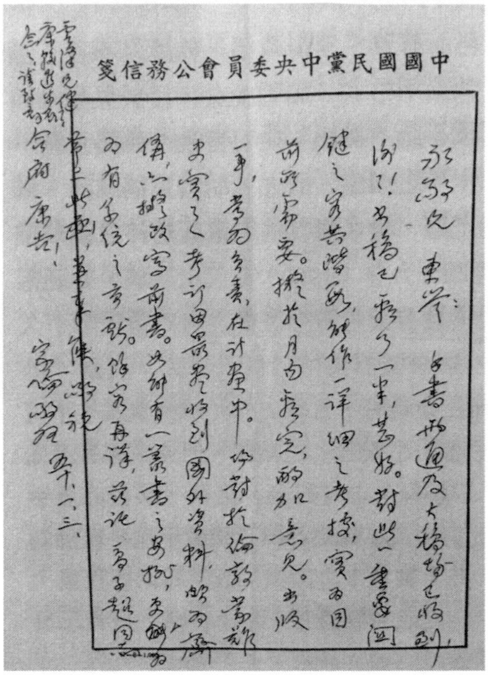

▲《鮑羅廷與武漢政權》初稿羅師閱後來函云「甚好」（1961年1月3日）

精采極矣！余誠為此史料而著迷！深悟政治人物能為事後「諸葛亮」者，已屬不易，比之執迷不悟者，高明多矣。言於吳相湘教授曰：余將以精采史料寫掌故小說。吳曰：太可惜也；原始資料，作學術著作，至少可保持三十年之價值。故在《胡譜》稿成前，即以武漢國共之分合作為研究主題，書名擬為《鮑羅廷劫持武漢政權之經過》。進展至速，至民國四十九年（一九六〇）底已成初稿，寄送羅師審閱。羅師對此極為重視，且有興起研究叢書之念。蓋羅師不久之前，得余等主管之報告，謂余與雲漢忙於個人研究，有誤「公事」。羅師曾來草屯史庫集同仁會議時，言黨史會非研究機關，不可「因私誤公」云云。顯受忌妒者「小報告」之影響。但見余與雲漢先有《胡譜》、《黃譜》之作，繼有余之《鮑書》之稿，雲漢亦著手《從容共到清黨》之研究。此對國民黨黨史非無「貢獻」。羅師為學界先輩，對黨史有興趣，乃「識貨」之人也。故其接余書稿後，迅即函復，此為羅師首次致余之函。民國五十年（一九六一）一月三日親筆來函云：

永敬兄惠鑒：

手書兩通及大稿均已收到，謝謝。書稿已看了一半，甚好。對此一重要關鍵之容共階段，能作一詳細之考據，實為目前所需要。擬於月內看完，酌加意見。出版一事，當為負責，在計畫中。倫對於《倫敦蒙難》史實之考訂因最盡（近）收到國外資料，頗為齊備，亦擬改寫前書（按指《中山先生倫敦蒙難史料考訂》，一九三五年南京京華印書館出版）。如能有一叢書之安排，更能為有系統之貢獻。餘容再詳。茲託高子超同志帶上此函，並奉候，敬祝合府康吉。雲漢兄健康較進步否，念念，請致意。

家倫敬啟，五十、一、三。

余之《鮑書》在羅師之促成下，於民國五十二年（一九六三）年由中國學術著作獎助委員會獎助出版，會之主持人郭廷以先生建議書名為《鮑羅廷與武漢政權》。過去中外著作，多以中共首領陳獨秀為「機會主義」者。余之《鮑書》根據檔案資料，真正之「機會主義」者，乃為鮑羅廷，陳不

過奉命行事而已。此書出版後，紐約哥倫比亞大學東亞研究所教授韋慕庭（C. Martin Wilbur）並在美國《亞洲研究》（*Journal of Asian Studies*）季刊（一九六五年八月）發表書評，介紹余之新著。《亞洲研究》為國際上之重要學術刊物，韋教授為國際馳名之學者。經此一事，未意余乃無名小卒，竟「一砲而紅」。其後雲漢有《從容共到清黨》一書之出版。國民黨黨史會之「寶藏」，益為國際學界所重視。附韋教授對《鮑羅廷與武漢政權》之〈書評〉要點如下：

標題：

Bo－Lo－ting yu Wu－Han－cheng－chuan 〈Borodin and Wu－Han Regime〉 By Chiang Yung－ching, Taipei: China Committee for Publication Aid and Prize Awards, December 1963.

要點：

首先介述：

Immense collections of historical archives in Taiwan await scholarly investigation. Mr. Chiang Yung－ching makes impressive use of the Kuomintabg Archives, where he works, in this study of Borodin's activities in China, particularly during the years 1926 and 1927. His book is the most thoroughly documented yet to appear on China Communist activity during the first half of the Northern Expedition. It adds of depth to our understanding of this phase of modern revolutionary history.

韋教授文中批評余之視鮑羅廷的在華活動為「as a plot」，似乎不以為然。韋教授說：「Essentially Mr. Chiang contrucs Borodin's activity as a plot, That is a natural view for an historian educated in Nationalist China.」

余對韋教授此一評語，不置可否。文之結語，則有肯定，其言曰：

By this critique I do not wish to impugn the importance of Mr. Chiang's study, He has brought out a tremendous body of new historical evidence. This scholarly work will hot only be combed for its nuggets but will long be read the high point of an earlier China revolutionary cycle,

（此評論無意否定蔣先生研究的重要性；他提出為數可觀的新歷史證據是無庸置疑的。這一學術著作不僅將嚴謹探尋極具價值的觀點，也因其清晰重現早期中國革命時期中具爭議性的歷史事件而長久為人所解讀。）

（四）識韋慕庭教授鼓勵有加

中國學術著作獎助委員會對台灣當年青年學者研究著作之鼓勵與獎助出版，有其重要之貢獻。此事之推動，實由韋慕庭教授促成之。亦因余之《鮑羅廷與武漢政權》而起。

一九六一至六二年間，韋教授來台訪問研究，任台大客座教授，並至黨史會草屯史庫參閱史料，研究北伐時期問題。韋教授在其所著《我在中國生涯》（*China in My Life*）一書中記云：彼隨羅家倫先生至台中，繼往國民黨黨史會史庫，被介紹認識兩位青年檔案保管者，即蔣永敬與李雲漢。此兩人以後皆成為其好友，並至哥倫比亞大學為其學生。羅要蔣助其提供史料，便利其研究一九二〇年代中期北伐時期問題。當其正式至史庫後，得知蔣正利用史庫收藏與鮑羅廷有關之會議紀錄，研究一九二七年鮑羅廷與武漢政府，此乃恰為韋所研究北伐時期之相關問題。因之，對蔣之研究大感興趣。韋告知蔣，著作完成應即出版。蔣答「無法」。於是彼乃找亞洲基金會辦事處主任畢克（Douglas Pike）商量。建議成立一項基金，以獎助青年學者社會科學與歷史方面著作之出版。畢欣然同意。因即成立一獎助委員會，由郭廷以先生主持之。韋云：「吾友（指余）之著作首獲獎助出版，並得獎金五百美元，此乃一筆巨款也。」韋又云：嗣後李雲漢之著作亦獲獎並出版；如今李與蔣皆成為著名史學家，各有多種著作發表。今讀韋教授以上記述，真實感人，而余亦自愧也。

憶韋教授來史庫前，羅師函余曰：韋對史料十分內行，希妥善應之。迨來史庫，余就其研究所需，擇其重要之文件供應之。彼頗注重經費方面之史料，余亦儘量滿足其所需。如南昌軍務會議分配各軍經費之紀錄，彼至感興趣。彼贈余彼與夏連蔭（Julie Lien -ying How）合作編著之《國共與在華俄顧問文件》（*Documents on Communism, Nationalism,and Soviet Advisers in China, 1918-1927*, Columbia University press, New York, 1956）一書。余見其中有一文件為一九二六年十二月二十九日《臨時聯席會議紀錄》，係從《蘇聯陰謀文證彙編》之中文文件譯為英文；而《文證彙編》之文件，又自俄文譯為中文；而俄文又譯自中文。如此輾轉翻譯，則有三次之多矣。余謂韋曰：此件之原始文件在史庫。余即調示之。但依史料管理之規定，國民黨會議紀錄尚未公開，故不能抄錄。韋教授對此已有了解。彼對此文件，頗為重視。其時彼住台北市基隆路台大學人宿舍，於一九六二年四月三十日致余一函，詢此件會議紀錄之有關問題。內容如下：

37 Lane 65, Keelung Rd., Section 3
Taipei, Taiwan,April 30, 1962

My dear friend, Yung-ching:

I understand about the fact that the Minutes of the Provisional Joint Committee are not yet open, and therefore you cannot have the whole thing copied for me. Please do not feel any concern about the matter.

Would it be possible to tell me what the main subjects were in the discussion of the meeting of December 29,1926? My reason for wishing to know is this: The Peking Commission which published this document after it was captured in the raid on the Russian

Embassy, left out part of the Minutes. I would like to know what they left out, so I may have a better idea of the sort of information which a reader of Su Lien yin-mou hui-p'ien would be denied the chance to read. Possibly it was about negotiations with Chang Tso-lin. Is my guess right? Simply a list of the matters discussed in the meeting would satisfy me.

I am thinking of publishing a brief item to show what happened in the process of triple translation: from Chinese to Russian, from Russian back into Chinese, and then from Chinese into English. My tentative conclusion is that the triple translation does not distort the meaning too much.

新時代 I have just received from Professor Wu Hsiang-hsiang a copy of with your article by Borodin. Congratulations. I will read this with much interest. Please tell Li Yun-han that I also have a copy of volume four of 中國現代史叢刊 which has his Nien-pu' of 黃克強。

With very best wishes, and appreciation for all that you have done for me.

Sincerely, C. Martin Wilbur慕庭

韋教授之意，顯然欲與史庫原件相對證。圓滿解決之法，應即陳明羅師作為個案處理。

韋教授在草屯史庫亦不時與余討論北伐時期諸問題，如南京事件，一般著述，甚至中美解決「寧案」之公文書，均指為中共林祖涵在南京煽動指揮。今據原始資料，事件發生之日，林正在武漢而不在南京。韋對余所研究之鮑羅廷與武漢政府，尤感興趣。曾安排余至中央研究院近代史研究所作專題報告，以余素乏經驗，不免平舖直敘而無重心。韋又從美國購得相關之參考書多種以贈余。安排一九六六至一九六七年，余至紐約哥倫比亞大學東亞研究所訪問研究一年。彼對余之鼓勵，真無微不至。

余與雲漢在黨史會之表現，漸為羅師所重視。對余等工作之分配，亦超乎余等之職位。余向羅師曰：此乃大員之職責。羅師知余不滿低職位，謂余曰：「君子愛人以德」。意謂不必斤斤計較職位之高低，應求實際之成就。常謂大學問要從故紙堆中爬出，以「國際」水準為努力之目標。對余期望之殷，余實愧之。

對韋教授之接待，對《糾謬》之考訂，研究工作之表現，羅師對余期望既殷，當亦不忘對余之「提拔」，五十一年（一九六二）二月七日有函致余曰：

> 今年考績，除給兄（指余）分數最高外，並列入特保之列（原注：每單位祇一名）核實後，總裁將予召見，將來當有通知。於保案中並特別提到有關史籍之著述與編纂。詳情容見面時再說。

▲與韋慕庭教授（1980年於台北新公園）

是年，未獲「召見」，或未蒙「核實」也。

民國五十三年（一九六四）五月，始獲升為專門委員，由乙等職升為甲等職。此亦不過虛名耳。然亦得之不易。

（五）胃裂穿孔轉危為安

為慶祝孫中山百年誕辰，黨史會編印叢書多種。余等努力以赴。羅師常召余至台北協助編校工作，因余有夜間不眠習慣，常獨自忙至深夜。余寄宿中山北路之國父史蹟紀念館，為提高工作情趣，備烈酒及花生米，邊酌邊閱稿，且香煙不斷。余素有胃病，乃告胃痛不支，回中興新村家中休息。向抽水馬桶嘔吐，滿桶黑色，乃污血也。余不敢告知文桂，只云須住中興醫院治療。該院設備不佳，醫師水準亦不高，擬待療養稍佳後至台北榮總治療。如此拖延，不時陣痛。文桂忙於教課及照顧幼兒，夜間由中興新村友人朱雲霞、王慶咸等陪伴之。某夜，忽劇痛難忍，全身跳躍於病床之上，照X光，乃胃穿孔也。如不立即手術，則已無救。是夜為週末，手術醫師去他地友人處雀戰，遍尋不獲。醫院又無救護車，適有一輛中型車來自台北，停留中興新村，朱雲霞央其載余送往台中醫院。醫院派一護士隨車。文桂模余足，朱摸余頭，以測是否存活。台中醫院較大者，一為省立市醫院，一為陸軍醫院。途中文桂問余願往何一醫院，意即死生由余自決而免遺憾。余曰市醫院。迨入院，照X光，將扶立，即休克。醫師曰：立即麻醉、手術。待甦醒，大感舒服而無劇痛矣。朱轉醫生之言謂余曰：胃裂，血流腹中，已吸淨，胃割去三分之二，將可新生復原。一週後出院。從此不再胃痛矣。「良醫濟人」，誠哉斯言！不久，台灣省主席黃杰之盲腸手術，亦同此醫生，效果不佳，乃作第二次手術。蓋為要人手術，心情不無緊張。余住醫院之時，適台灣光復二十週年紀念，叢書編校工作已畢，幸無影響。羅師知余病危，甚焦慮，曰：花蕊初放，即將凋謝，甚可惜也。

民國五十四年（一九六五）十月二十四日余入台中醫院施行胃部手術，羅師至為關切，二十六日親筆致函余與內人慰問，函曰：

永敬學弟、夫人儷鑒：

聞永弟胃病復發，並入醫院動過手術，甚為懸

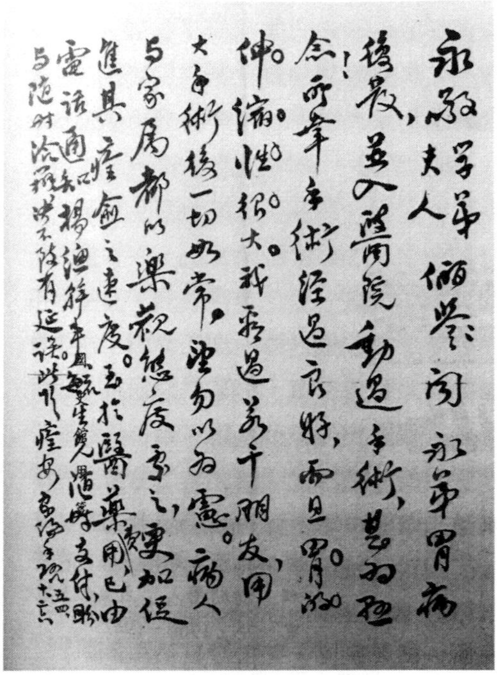
永敬學弟儷鑒：聞永敬弟胃病復發，並入醫院動過手術，甚為掛念！所幸手術經過良好，而且胃的伸縮性很大，我看過若干朋友，用大手術後一切如常，望勿以為慮。病人與家屬都以樂觀態度處之，更加促進其痊愈之速度。至於醫藥費用，已由電話通知楊總幹事毓生兄隨時支付，盼與隨時洽辦，決不致有延誤。此頌痊安。家倫手啟 五四、十、二六

▲胃部手術之次日（1965年10月26日），羅師來函慰勉

念！所幸手術經過良好，而且胃的伸縮性很大，我看過若干朋友，用大手術後一切如常，望勿以為慮。病人與家屬都以樂觀態度處之，更加促進其痊愈之速度。至於醫藥費用，已由電話通知楊總幹事毓生兄隨時支付，盼與隨時洽辦，決不致有延誤。

此頌　痊安。家倫手啟。五四、十、二六。

今重溫羅師之函，真是感激難忘。

（六）赴美一年帶職研究

所謂「大難不死，必有後福」。十一月十二日，孫中山百年誕辰之日，余得教育部「三民主義學術獎」，教育部長閻振興頒發獎狀，並有獎金十萬元，巨款也。記者爭相為余拍受獎之照，使余陶醉悠悠然。迨其送照片向余索費甚昂，始知被敲詐。繼之者為紐約哥倫比亞大學東亞研究所來邀請函，以「客座學人」（Visiting Scholar）名義，訪問研究一年（一九六六～一九六七）。每月生活津貼美金五百元，在美旅行考察費用另給，往返機票由亞洲基金會補助。此不僅待遇優厚，亦至大之榮譽。亦韋慕庭教授促成之。韋教授函余，彼之研究所研究生頗希望與余相切磋。時韋教授兼哥大東亞研究所長，授中國近代史研究，指導論文，唐德剛、薛君度、徐乃力、李又寧、夏連蔭、陳福霖諸名學者多出其門。台灣方面則有張朋園、張玉法、蘇雲峰、李雲漢等。余在哥大亦受其課（Seminar），亦忝列其門。

其時辦理出國，關卡至多，先由服務單位批准，再向主管部門申請，允准後，辦理出境許可，然後向外交部請發護照，最後由美國領事館簽證。取得機票，即可出國。首向羅師報告，請准出國及留職留薪。羅師畏余一去不返，頗為猶豫，問余何時返國，答視情況而定。羅師不悅。余曰希望多留時間在美研究，當無延期可能。羅師乃勉強同意轉中央秘書處核准。一般出國研究或進修，應向教育部國際文教處申請。承辦人云：黨部非其管轄。余問何處可辦，答以不知。旋韋教授來台，知余觸礁，陪余至文教處查明如何辦理，承辦人見余又來，且帶一洋人，甚不悅，竟出言不遜，謂余帶洋人來唬人。余知韋聽懂華語，急向之介紹此為韋慕庭教授，順道陪余過此。此人態度立變，前倨後恭，告余可向僑

委會洽辦。乃至僑委會，順利過關。韋教授恐美領事簽證留難，特留一函於簽證時轉致。迅即取得簽證。韋特別囑余經香港，介紹夏連蔭小姐陪同訪問張發奎將軍。因余赴美研究主題，為越共創始人胡志明與中國之關係。胡在二次大戰期間回越革命而至建立政權，得自張之援助實多。黨史會史庫藏有越南革命運動之檔案。時越戰方殷，先後經過對法、對美戰爭，較之中國對日抗戰尤為壯烈。胡之影響，不可忽也。韋知余之此項研究，興趣亦濃，故特安排余赴美訪問。

經港須辦英領簽證。到港通關，關吏態度惡劣，說粵語，余不解；問之，仍粵語，仍不解。如是者久之，始知缺填入境表。彼將余之護照及港簽留置海關，另給留港便條。有受辱之感。殖民地「二毛子」欺侮同類，深為中國人而悲哀。

因關吏之折騰，夏連蔭小姐在關外久候余不至，將欲離去。迨余出，見一妙齡女郎，持余名牌，狀至焦急。余至感不安。彼有豪華自用車及專用司機，同往其宅，宅甚豪華。誤入其「香閨」，彼急導余入客廳。不因余之窘狀與「土氣」，而減少對余之禮遇。蓋因余乃韋教授之友也。彼陪余往見張發奎將軍，張與夏無話不談。時夏正為張作「口述歷史」（Oral History）。張坦誠豪爽，對余所提之問題，可謂知無不言。余攜有研究胡志明資料，夏有興趣，問余可否複印。余曰能看不能印。彼連夜閱讀，為之疲倦而「花容失色」，余之過也。彼送余離港登機，經東京、舊金山，各留數日遊覽觀光。首次單獨遠行，乘日航及泛美飛機，無有言華語者，余之勇氣，亦至可嘉。抵紐約，韋教授開車來接，至其家，在郊區，風景優美，有廣大庭園，住宅寬大，平房。有停車間，地下層有洗濯間、健身房、工具室、儲藏室等。韋夫人待客親切，操作家事，與韋教授分工合作。韋教授飯後洗碗，余助之。郭廷以先生亦曾住其家多日。余問韋：郭住此幫助洗碗否？韋笑而不答。郭為中研院近代史研究所長，態度嚴肅，不苟言笑，面孔至冷，予人有生畏之感。亦羅師之學生，執弟子禮。某次，余至羅寓，郭亦在，與之發生爭論。郭似生氣離去，羅師留余稍待，謂余曰：「你對！你對！」雲漢著《史學圈裡四十年》記郭曾邀余與雲漢參加其近史所研究計畫，婉拒之。記云：

> 中央研究院近代史研究所建所未久，郭廷以所長曾來過荔園，有意要邀請蔣永敬兄和我（雲漢自稱）參加近史所的研究計畫，支一份研究津貼。郭所長把兩份申請表託羅主任委員家倫先生面交永敬和我，永敬和我考慮到會造成黨史會同仁的閒話，婉詞謝絕。

雲漢以上之記述，使余想起當時與雲漢婉拒郭之美意時，羅師至為欣慰，讚余與雲漢識大體。

余住韋教授家約一星期，曾隨韋夫婦遊覽附近之學校及林園。時哥大尚未開學，余往他處訪友，韋恐余失落方向，寫一紙條交余收執，以便迷失時請指點方向。回紐約向哥大報到，韋教授領余到各處辦手續，並安排英語密集訓練。第

一學期接觸中國人甚少，英語有進步，第二學期則反之，前功盡棄矣。東亞研究所圖書館收藏豐富，館長唐德剛博士並兼教職，陪余至哥大附近洽租宿舍一間，月租美金六十元。並邀余至其家，唐夫人親自做菜饗客。唐留美多年，無洋人味，喜助中國留學生。其英文名為T.K Tong，均呼之為T.K.。薛君度在華盛頓馬里蘭大學任教，其夫人為辛亥革命元勛黃興之女，薛在哥大博士論文為《黃興與中國革命》，喜與洋人交往。T.K.見薛，常述往年在哥大工讀之窘史。T.K.云：某日，在東亞圖書館地下室清除舊書之霉蹟，忽聞有人哼京劇、唱中國小調，循聲覓之，乃薛君度也。帶口罩，持毛刷，一面哼京劇、唱小調，一面刷霉穢，怡然自得。薛每聞此事，即走避之。T.K.不改其合肥鄉音，常述其早年留美之窘狀。其文亦如其人，在台北《傳記文學》常發表文章，深入淺出，亦詼亦諧，讀之捧腹。民七十一年（一九八二）夏，彼與魯傳鼎、張朋園、張玉法及余等五人在台北市長安東路歐美西餐廳合照，用彼之相機，沖洗後，自美寄余等，背註「五美圖，一九八二年夏，台北」。其中張玉法最年輕，少余十二歲，已四十有八，髮少而白，閱之，似不美。朋園亦五十餘，餘皆六十以上之老者。云「五老」勉可；「五美」，適相反。T.K.幽默，不禁令余會心一笑。T.K.開一老舊汽車，體積甚大，發動時聲音亦大，T.K.稱之為「坦克車」，不怕碰撞，新車不敢接近。T.K.以此自豪。

余至哥大數日，外籍學生顧問中心，招待外籍生乘船環遊紐約曼島一週，華籍僅余一人。至哥大附近一二〇街乘地

◀唐德剛的「五美圖」，左起1魯傳鼎，2唐德剛，3永敬，4張玉法，5張朋園（1982年夏）

鐵（subway）至碼頭登船。遊畢回原碼頭上岸，余落隊，不辨方向，邊走邊問，乘地鐵，車上皆黑人，心異之。至一二○街下車，迨出口，到處皆黑人，房屋亦呈灰黯色，乃東一二○街，哈林區也。以為西一二○街必不遠，逕向西行，穿越公園，人煙稀少，行久之，乃見西一二○街，抵哥大，日漸暮，既疲且飢。遇T. K.，言經過。T. K.曰：未遭劫，不幸中之大幸也。

哥大之Kent Hall計六層，為東亞所專用，一層及地下層為圖書館，二層以上為教室、辦公室及研究室，余與馬奇（March）教授合用一間。韋教授獨用一間，且有套間，供接待客人及學生。有專用女秘書，名Tomorrow，在另一辦公室，欲見韋者，先由Tomorrow登記，以電話向韋聯絡，約定時間。惟一般教授則無此排場。余見韋時，直接電話或逕叩其門。韋告余，如有需要，亦可請Tomorrow代勞。遇李又寧小姐，方獲博士學位，博士論文為研究瞿秋白，韋教授指導也。女中豪傑，頗得韋之欣賞。豪爽好客，常邀友人至其寓暢敘，並招待餐點。余初識許倬雲教授，即在其寓。紹唐、朋園、雲漢、玉法及余等，均為又寧之好友。曾回台大母校歷史系任客座，邀余為其學生演講。獨力辦學術刊物及胡適研究會，出版胡適研究叢書多冊，向兩岸學者徵稿。研究婦女史，編婦女研究史料，出錢出力，鍥而不捨。又教余與紹唐等做氣功，云可健身。余等無耐心。又寧始終不間，每次見之，皆容光煥發。彼處處能為人設想，待人週到，余不及也。

識徐乃力與黃養志。乃力精明能幹，聰敏有才氣。父為空軍高級將領，屬「將門之子」，批評時政，幾難獲准出國。在哥大謂余曰：國民黨當局甚濫，不必回去「效忠」。余曰：你有優越條件可在美國生存；余之「濫」的條件，僅能生存「濫」的環境。養志甚健談，評人論事，有獨到處，常到余房間「吹牛」，深夜不走，余睏極，不忍卻之。乃力博士學位完成後，去一小城日內瓦（Geneva）任教。邀余與養志至其家小住，加上乃力夫人共四人雀戰。乃力去校上課，三人仍雀戰不輟。乃力抽空駕車載余等遊尼加拉大瀑布，參觀康乃爾大學，送往機場回紐約。乃力後往加拿大任教，常回台省親，即約管東貴、張玉法及乃力來余家雀戰，「三吃一」，玉法恒為敗將，然其興趣不減。

半年後，雲漢得中山獎學金申請來紐約研究，擬請哥大東亞所給一邀請函，以便辦簽證。課畢，余向韋教授言之，韋欣然同意。謂余之英語頗有進步。若然，此乃半年來密集訓練與外人多接觸之功也。余乘T. K.之新車到機場接雲漢，與余租住同一公寓。不會烹飪，余教之。不習慣飲冷凍牛乳，在瓦斯爐上煮熱之，溢入爐中，房東老太婆不悅。雲漢之「土氣」，較余為甚。某次與雲漢回寓，在電梯中遇袁良，政大新聞所同學，在紐約《華美日報》工作，十年未見，不敢確認，亦不便直接招呼。余乃向雲漢曰：聞袁良「這小子」在紐約，不知何在？袁聞之，乃向余揮一拳，曰：不意在此相遇。袁亦住此樓另一公寓，同至其住處，凌亂不堪，滿室雜物，舊衣、舊鞋、臭襪、乳瓶、煙灰缸等，

到處雜陳，標準之單身生活。

在美認識之學者尚有吳天威、余秉權、陳鵬仁等，及日本之山田辰雄。以後均常有交往。其後，天威為余之「莫逆」。彼原籍遼寧省新民縣，與文桂小同鄉。在美任教授，揭發日本侵華罪行不遺餘力，促成中日關係研討會，在香港、大陸、台灣、美國、日本等地舉行多次國際會議，出錢出力，余亦多次應邀參加會議。

余初識天威，似在芝加哥舉行之亞洲研究學會年會中。有一見如故之感。彼對一九二〇年代國共之合作與分裂，西安事變等，深有研究，在美國《亞洲研究》常有論文發表。張學良當年要求加入中共而為共產國際所否決，彼早有發現。彼告余：彼對張之印象素佳，而不願揭露此事有損張之形象。雖有諸多新資料，亦不願繼作「西安事變」之研究矣。余早在一九六二年間即曾處理過天威之史事諮詢問題。其時余在草屯史庫為修訂《國父年譜》而忙，接羅師是年四月九日之函，專為天威史事相詢事，函曰：

收到吳天威君一函，以兩項史事相詢，其第一項為當年北大馬克思主義研究會成立之日期，據倫所能記憶者，不致早到一九一八年春季，因此時《新潮》（按羅當年所主編之刊物）尚未出版（一九一九一月出版），當「五四」之時，李大釗尚在考慮「社會主義」、「共產主義」、「無政府主義」、「布札維克主義」……究竟那個好也，故張國燾之說（按指張之《回憶錄》）為是。至於第二項關於Chicherin函事（按致孫中山之函）究為何時，並提起汪精衛政治報告，請費心一查，加以考訂。不僅為復吳君，並且為修訂《國父年譜》工作有關也。

羅師要余查考，不僅為助其解答問題，亦在訓練余之治學。天威所提問題，今日視之，已為常識，然在當年，尚屬難題。故不惜自美向羅師求教。余對前兩項問題之查考，可謂長篇大論，竟寫二千四百字之長文。

由於在美使用參考書之便利，使余所集之檔案資料，得有充分之印證，故對胡志明之研究工作，進展順利。且多新的發現。例如越南獨立同盟（簡稱越盟）之來源，以往國外之研究及著作，多指為一九四一年五月間在北越之北坡，為越共中央所建立。然經余研究之結果，此一組織早在一九三五年七月已在中國南京成立，原非越共組織，而為胡志明利用作為統戰機關。所舉證據，在余《胡志明在中國》（一九七二年傳記文學社出版）一書中有所列舉。胡在中國化名甚多，有一英文著作謂胡於一九二五年在廣州時，有一化名曰「王山而」，係利用其另一化名「李瑞」之「瑞」折開成為「王、山、而」三字。此事在國民黨黨史會檔案中獲得證實。即一九二五年一月國民黨在廣州舉行二全大會時，即有「李瑞」其人致函國民黨大會，要求向大會報告越南革命運動。此函日期為是年一月六日。通訊處寫「鮑公館張春木先生轉」。一月十四日，國民黨二全大會紀錄記有「王達人」

之「越南情況報告」，使用法語，由中共人員李富春任翻譯。著作經過此種檔案資料之印證，學術價值自有不同。所謂「真金不怕火煉」。二次大戰期間頗多化名之越南革命黨人在廣西活動，並利用當地報刊發表文章，宣傳越南革命。有「楊懷南」者，在桂林《掃蕩報》發表〈越南革命風潮中的一個重大事件〉（一九四一年五月二十六日）一文，此文頗有內容。「楊懷南」何人？在美閱得越人著述，乃奠邊府戰役擊敗法軍之越南英雄軍事天才家之「武元甲」其人。「楊懷南」在《掃蕩報》之文，其史料價值又有不同矣。以上所舉，皆見余著《胡志明在中國》一書中。就此書功力言，應較前著《鮑羅廷與武漢政權》為紮實。然其獲得之重視，反不及《鮑》書也。《胡》書事涉「敏感」，且為冷門，無願出版者。乃請國史館館長黃季陸師作〈序〉，《傳記文學》社社長劉紹唐先生慨予出版。目的在求發表而已。

余在美研究期間，韋教授介紹余參加哥大近代東亞之中國史學術討論會（Columbia University Seminar on Modern East Asia: China）為會員，每月開會一次，會後有餐會。美東學者多有參加者。每學期預排議程，余之研究由韋教授安排列入議程，題目為〈胡志明與中國，一九四〇～一九四五〉。文由張華華女士（Margaret Chang）英譯之。張為韋之學生，修博士學位，兼助教，對余多所幫助。余讀英文稿欠暢，不知所云，韋代讀之。此文因多新資料，與會者尚不乏味。事後思之，題目過大，難見功力。如能以「越盟」之建立為題，以正一般著述之誤；或以二次大戰期間「越共」

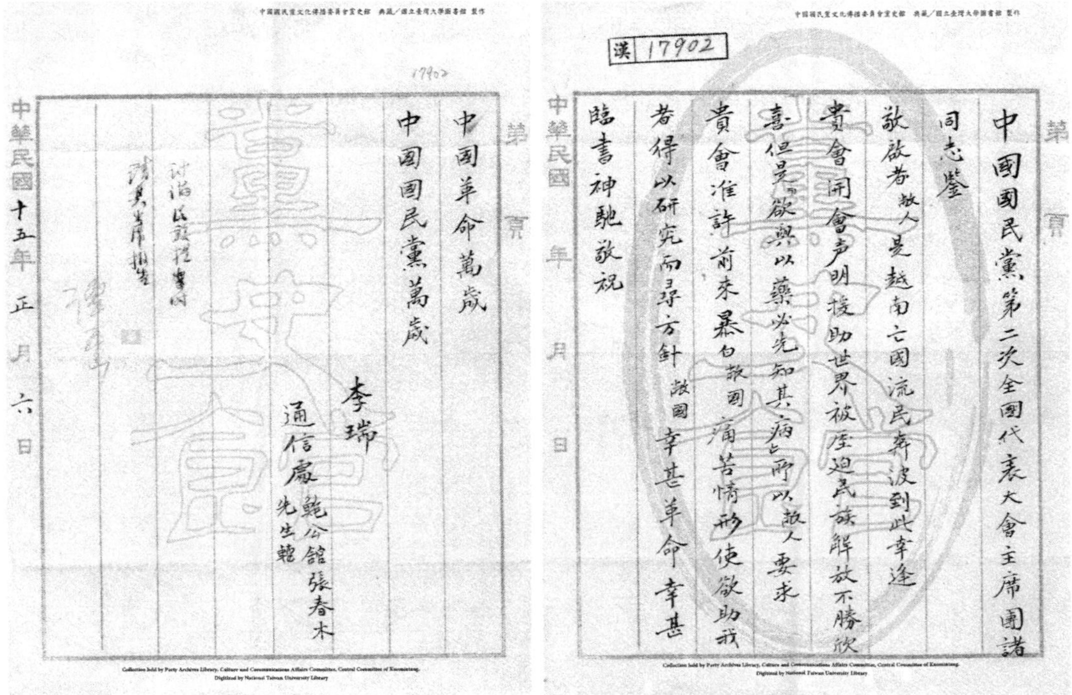
漢 17902

中國國民黨第二次全國代表大會主席團諸
同志鑒
敬啟者敝人是越南亡國流民奔波到此幸逢
貴會開會声明援助世界被壓迫民族解放不勝欣
喜但是欲與以藥必先知其病之所以敝人要求
貴會准許前來暴白敝國痛苦情形使欲助我
者得以研究而尋方針敝國幸甚革命幸甚
臨書神馳敬祝

中國革命萬歲
中國國民黨萬歲
李瑞
通信處鮑公館張春木先生轉

討論民族提案時
請其出席報告

中華民國十五年正月六日

▲李瑞（胡志明）致國民黨二全大會的信（1926年1月6日）譚平山簽：討論民族提案時請其出席報告

在廣西活動之研究，則更具學術研究之味矣。其時留美華裔學者辦有《匯流》雜誌，向余約稿，即以〈胡志明在中國〉中文稿刊登之，長數萬言。某學者英文著作《越南與中國》一書，用余《匯流》之文，在其書之「前言」中謂有《越南文件彙編》。但正文之註，避提余名及文之題目。且先在余之《胡書》出版。余見之，深為不悅。函告之不應如此。彼曾回函致歉。其後余指導研究生論文時，常告以「學術道德」最為重要。蓋犯此弊者，非僅某學者一人也。

數十年後（二〇〇一），有越南史學家陳厚博士來台訪余，彼正研究胡在中國之歷史，來台搜集資料，有中研院近史所許文堂博士之陪同，在國民黨黨史會晤面，談之甚歡。冷藏多年之作，仍有人注意及之。可謂功不白廢。

一九六七年春，亞洲學會年會在芝加哥開會，余隨韋教授及T. K.等往參加，會場及住宿在一大飯店中。開幕畢，韋教授主題演講，會場重新布置，「大派頭」也。費正清（John Fairbank），哈佛大學中國研究之「龍頭」，邀余至哈佛訪問數天，供旅費及食宿。會後往之，彼約其哈佛研究生至其寓聚會。見哈佛燕京圖書館長吳文津，澳洲留學生梁肇庭等。有一美籍學者研究孫科「太子派」，談話有質詢意味，話不投機。回哥大後與張華華夫婦遊華盛頓，至薛君度家。當地螃蟹出名，購回煮之。參觀白宮，排隊甚長，依次觀之。回紐約，余一人經巴的摩爾（Baltimore）。欲留至晚間觀脫衣舞，遇一東方人，云甚危險。乃回紐約。八月，國際東方學人第二十七屆會議在安娜堡（Ann Arbor）密西根大學舉行，余與韋教授及雲漢等訂同一班機往參加。李定一教授來紐約，亦訂與余等同一班次機票。電話韋教授約時見面，韋以事忙不克見。李乃更改飛機班次，避與韋見面。吳章銓呼李為「老師」，言論左傾，與李辯論，李怒而斥之。余初以為理念不合之故。其後始知凡與辯論者，皆是如此。時韋教授決心戒吸香煙，初尚拒余請其吸之，兩日後，余在其左右不斷吸煙，呑雲吐霧作過癮之狀，彼不能耐，向余索煙吸之。戒煙又告失敗矣。余每與朋園言及此事，笑而樂之。此次會議，台灣方面學者來參加者有多人。有歷史博物館館長包遵彭，與余定遠同縣籍，彼稱為合肥籍，云為包拯之後裔，忽患病，急送醫院診治，未能出席會議。數年後，自知宿疾將不起，遍發賀年卡，預向各方告別之意。

東方學人會議後，余即回台。

▲上：紐約哥倫比亞大學校園（1967年春）
左起1李雲漢，2永敬，3吳章銓
下：康乃爾大學校園（1967年7月）
右徐乃力，左永敬

08 在黨史會三級變：總幹、閒人、元老

（一）黨史會之「總幹」

民國五十六年（一九六七）八月，余自美返台，經舊金山及東京，各停留數日，參觀旅遊。至台北市松山機場入境。文桂率三兒來迎接。長兒世安已十七歲，次兒正安十三歲，三兒定安九歲，各讀高中、初中及小學，住台北數日，同遊故宮，即返中興新村。文桂獨力持家，辛苦一年，余至感也。

抵台北之日，即往見羅師，極為欣慰。蓋余與雲漢在此一年中先後離台赴美，羅師或有失落之感。其時留美青年遇有機會，無不設法長留不返，羅師對余亦常以此為念。此羅師辦公室同仁劉世景告余也。羅師見余歸來，自甚欣慰。特約余全家五人在愛國西路自由之家晚宴，此為當時台北高尚餐廳之一。羅師自《年譜》之「糾謬」事件以後，頗欲有所作為，《年譜》增訂本雖已出版，不無趕時之憾，希余繼續修訂，期成定本。時雲漢留美至少須一年半以後，始能歸來。故對余期望更殷。十年前，羅師要余等來黨史會工作時，即云要為此會注入「新血輪」。十年後，對此「新血輪」漸感興趣，要余物色青年「同志」來會工作。余發現輔仁大學歷史系畢業同學林養志對舊書刊之收集，極有興趣，與之交談，近現代史之知識亦佳，若干重要著作均有涉獵。羅師約談之，亦感滿意。林幼年時期，喉嚨可能受傷害，發音不清。羅師發音亦沙啞，一老一少對話，相映成趣。羅師要余接任黨史會秘書兼編輯室總幹事，此兩職原由黨史會「元老」沈裕民先生任之。沈在抗戰前南京時期即至黨史會工作，歷經播遷，對史料之維護有貢獻。孫中山《三民主義》十六講原稿，在抗戰時期由韶關專程運重慶，即由沈負責。羅師要余接其本兼兩職，使有行政職權便於推動編輯工作，蓋秘書一職，即會之幕僚長。余何敢承？自余任職以來，計近二十年，皆受命於人，尚知努力，亦常為人所求，不免有傲氣。今如命人，人必不服；須求於人，「傲氣」未盡，必召抵制。余有自知之明，僅願接任編輯室總幹事。沈對此兼職無意再兼，羅師及同仁多讚余「謙虛」。接任編輯工作後，乃大事發掘庫藏史料，充實《革命文獻》內容，每輯均分專題，一輯不完，續之再三，頁數多，出書亦快。復將過去出版而缺少者，再版影印，成合訂本，精裝，紅封底面，燙金字。陳列起來，美觀醒目。因余在美參觀各大圖書館時，見書架所陳列之西文書，多為精裝，紙質亦佳。中文書多平裝易損，小小薄本，顯得可憐兮兮。大陸方面編印之史料，如影印之同盟會《民報》合訂本，封底面皆硬殼，亦

較壯觀。過去《革命文獻》每年可出二輯，每輯百餘頁至二百餘頁。經擴充後，每年出四輯，每輯約五百頁，甚或七百餘頁。並經改裝，較之大陸之出版物壯觀多矣。此雖細節，足可顯示中華民國之文化、印刷之水準。此外，史庫收藏之革命人物傳記資料，至為豐富，如能編輯出版，對研究工作者亦甚需要，乃創編《革命人物誌》，委編輯室王伯立君專司其事，每年出版二至三集，每集約五百頁，含百餘人傳記、回憶錄等。亦如《革命文獻》之精裝。主編者，均書羅家倫。使國民黨黨史會之招牌，更能揚名於中外。然余仍嫌不足，進度慢、數量少，乃向羅師建議，將史庫所藏之大量革命報刊，如東京《民報》，上海《民呼》、《民吁》、《民立》等報刊計二十四種，編為《中華民國史料叢編》，依其原形影印精裝之。共為四十冊。每種報刊，均有簡介。如此，既供國內外研究工作者之便利，黨史會亦有專款收益，供繼續出版史料，或獎助研究。羅師立即贊同，副主任委員傅啟學先生尤全力支持之。羅師命余擬訂計畫，簽報蔣總裁核准之。事成，在台北《中央日報》全版大登廣告，徵求預約。預計有五十套預約，即可收回成本。

國民黨中央秘書處續某，秘書長谷鳳翔之親信，有中央「四兇」之一之稱謂，見黨史會大廣告，聲稱奉命召余談話，謂有販賣史料之嫌，應即停止，否則將有嚴重後果；且陷羅先生於不義。余以其不可理喻，即退去。同去者劉世景曰：恐將有不測之禍矣！余曰：此為專案報准，有總裁批示，何懼。劉曰：未必也。旋中央改組，谷去職，「四兇」走，《叢編》得以出版。銷路至佳，迅即收回印刷成本，繼有第二批《叢編》之印行。第一批多為辛亥革命時期報刊，第二批多為民初之報刊。續有第三批，合約百餘冊。過去來史庫參閱此類史料者，須遠來草屯鄉間，用手抄之，容易磨損原件，以後則無此不便矣。

羅師對於青年之有衝勁與活力，益有興趣，要余繼續物色之。時余因東海大學歷史系呂士朋教授之介，至其系兼授《中國現代史》，此為台灣之創舉，識甫經畢業同學呂芳上，向羅師推薦，納之。芳上曰：吾非國民黨員。余曰：無妨，受軍訓時加入可也。芳上軍訓畢，即來會工作。郭廷以所長派洪喜美小姐來史庫閱史料，倆人一見鍾情，郎才女貌，理想一對。嗣後倆人對史學均有深厚之造詣，芳上利用史庫資料，先後完成碩、博士論文，深受史學界之推崇，由黨史會轉任中央研究院近代史研究所研究員兼所長，其後更任國史館館長，頗多建樹。喜美任職國史館，表現傑出，由助修、協修而升纂修，研究近代人物李烈鈞等，有學術著作多種。其後余又介紹東海大學歷史研究所碩士畢業同學陳哲三來會工作，在史庫磨練多年，不斷有學術著作之發表。後為逢甲大學史學教授。

余隨羅師工作，如同春風沐雨。每至台北，至其北平路國史館館長室晤談，談史料，興趣至濃，有談不完之話。然亦遇有兩大傷心之事，一為副主委傅啟學先生之被開除黨籍及奪職，一為羅師健康之衰退。傅先生與台大胡佛、張劍寒、賀凌虛、陳文成、徐松珍等六人合著《中華民國監察院

之研究》（全三冊，民五十六年九月出版）由傅領銜。對現行監察制度、人選之利弊得失，分析客觀，秉筆公正，內容精采，可讀性至高。例如言及監察委員之黨派角色，即有深刻之論述。有云：

> 因監察院中國國民黨籍之監察委員佔絕對多數，其他小黨莫與之京，故政黨之意識已日趨淡薄。再者，在動員戡亂時期，各友黨亦支持國民黨之政策，黨與黨間之界線已是名存實亡。由於政黨色彩淡薄，代之而起者，即是派系意識。加之政治上之恩怨，選舉之糾紛，地域之觀念，感情之影響，派系日趨明顯。派系形成之後，監察院內之政治運用，不在政黨，而在派系矣。
>
> 監察院派系，有所謂「兩大兩小」四派，陳肇英派與張維翰派為兩大，李嗣璁派與金維繫派為兩小。
>
> 張維翰在作風上不主張輕易糾彈政府大員；如糾彈政府要員，應先徵求黨之意見。若黨指示不必糾彈，或不宜糾彈，則應遵從。
>
> 陳肇英派可謂「法律派」，自認「正義派」或「公正派」，他方謂為「反對派」或「激烈派」，報刊稱之為「在野派」。張維翰派可謂「政治派」，自認「明理派」，他方謂為「保鏢派」或「護航派」，報刊稱之為「在朝派」或「當權派」。李派與金派，可謂「中間派」。

此書一出，監察委員譁然，「政治派」尤忿怒，向蔣總裁告狀，謂傅接收美國之津貼，實「罪不容誅」。蔣召傅責之，令其認錯，傅不屈。乃開除其國民黨籍，奪其黨史會職，書查禁。傅離黨史會，仍在台大執教，贈余此書全套，另有書面說明事之經過，複印示余。羅師為此事，頗為難過。健康亦日益衰退。提筆忘字，見人忘名。仍要「上班」，余見之，心痛如絞。

羅師健康日壞，羅師母張維貞女士及女公子久芳、久華開家庭會議，決定羅師請辭會、館兩職，以免影響公務。民五十七年（一九六八）八月，提出辭呈，總統令派黃季陸代理國史館館務；十一月二十七日，中央通過由黃繼任黨史會主任委員。次年（一九六九）二月二十六日，令派黃為館長，三月十五日交接。十二月二十五日，羅師逝世。

黃季陸師代理國史館館務後，國史館主任秘書許師慎謂黃曰：黨史會《史料叢編》收入胡適所辦之《競業旬報》，有反孫中山之言論。黃師不悅，詢余何故？余曰無之，可能係指收入之《中國旬報》，此乃香港興中會《中國報》之旬刊。《競業旬報》亦非反孫，且為支持革命者。蓋許所謂反孫者，可能為《努力週報》。余並呈以《史料叢編》目錄及簡介。黃師始無言。數月後，黃師接任黨史會主任委員，主張開放史料，便利研究。以杜元載為副主任委員。使余印象最為深刻者，杜之名片頭銜甚多，較特出者，印有「美國西北大學政治學博士」及「前國立台灣師範大學校長」。荷馬里（Homer Lea）曾為孫中山早年革命時之美籍軍事顧問，史丹福大學建議將其骨灰移至台北安葬，黃師特別重視，簽報總裁批准之。漏報荷馬里之夫人一同合葬，黃師至急，連連搓手曰：「這如何辦？這如何辦？」杜亦不知如何處理。

黃師電話草屯史庫，召余來台北商量。余曰：即呈荷馬里將軍夫婦骨灰即將運來，擬擇某地為其安葬可也。黃師大悅，即云如此辦理，並命杜速辦。余之意見，不無「矇混過關」之嫌。即所謂「打馬虎眼」。然亦不免「招忌」矣。

雲漢於五十八年（一九六九）二月自美學成歸來，黃師甚悅。據雲漢（史學圈裡四十年）記述，黃師即成立史料清點小組，以雲漢為執行秘書，招考大專工讀生近四十人，清點史料，繼以製卡，進行年餘，終於完成。按雲漢於是年十一月中華民國史料研究中心成立前，即調台北籌備並負責史料研究中心工作，史料製卡工作，由余繼續為之。雲漢又記：是年底，黃師調整會內人士，原任秘書沈裕民調任纂修，永敬接任秘書，劉世景接任第一室（編輯）總幹事，雲漢為第二室（徵集、兼辦史料研究中心）總幹事。至其他各室亦有調整，即總務室楊毓生與典藏室張大軍對調。余雖調秘書，仍在草屯史庫負責編輯業務及審閱製卡，秘書掛名而已。芳上隨雲漢調至台北史料研究中心，原編輯室范廷傑亦自動到台北史料研究中心；胡春惠、林泉、郭易堂等均在徵集室，陣容堅強。秘書業務實際由劉世景負責，余則成為「四不像」矣！

有台灣省黨部鍾某者，老黨工也，稱係黃師之門生，自動到台中黨史會辦公，幫助史料製卡之審訂工作，余不能卻。既而要求調至黨史會任職，要余言於黃師，余口頭轉之。雲漢誡余曰：鍾某非單純之人也。既而彼直接得黃師允可，給予名義及優酬。彼且對外撰文，聲稱黨史會某些專案計畫，係彼負責，余在事務上予以支持云云。明褒實貶。雲漢諷余「引狼入室」。此人即在會中興風作浪，挑撥是非。余亟有脫離此是非環境之準備。時中央有貸款供員工購屋之規定，余決遷居台北，即與雲漢同在台北市興隆路二段一五三巷各購公寓。同時，為子女升學問題，亦須北遷，而余之本職，亦無留在鄉間之必要。乃為文桂轉至台北景美女中任教（旋轉一女中），戶口遷台北市之新居，長男世安已入成大，次男正安轉入建中，三男定安轉中山小學，余則北、中部兩處「行走」。黃師頗不悅。某次會報，黃對楊總幹事語有批評，楊與之辯，並請辭職。余同情於楊，為之辯護。黃見事態嚴重，言對內部情況未先了解，致有此誤會，對楊慰留，事遂緩和。

余之同情於楊，在此須作說明。楊為黨史會舊人，抗戰重慶時期，即至會工作。余與雲漢初至會時，楊為總務室總幹事，在事務上對余等新進人員，不免有所苛刻，例如雲漢家住台中，每日到史庫，須轉公車三段，而給予之交通費，則僅為兩段，雲漢視為歧視，如是者數年。余較「調皮」而有社會經驗，較不受氣。楊調典藏室總幹事後，即至史庫辦公，雲漢調台北史料中心，史料製卡工作多賴典藏室人員支持，如供數十人製卡史料文件之調取、分發、登記、驗收等程序，工作至為繁重，人員僅有李振寬、高子超、夏文俊等三人；編輯室在史庫者有王伯立、陳哲三、林養志。除正常工作外，均參加製卡，楊除協助審卡外，每卡之印製三份，始終由楊負責。余之主要工作多為審卡，在審卡過程

中，須將卡片所記載之史料名稱、時期、類號、類型、內容摘要等，逐項核對，不妥或錯誤者，須修正或重作；而內容摘要，難度更高。對常有錯誤之工讀生，尚須個別指導。例如一工讀生曾將史料中之「西江」寫成「江西」，余持史料及其所製之卡請其自行核對有無錯誤，久尋不獲。余告之曰：「西江」乃廣東境內三江之一，「江西」乃省名。一字顛倒，意義完全不同矣。余在審卡過程中，獲益更多，使余對史庫之史料，更多熟悉。重要者抄錄之，作為他日之備用，數十年來撰文時，「配料」源源不斷，實為當年審卡之賜。此種繁重工作，人謂其苦，余獨享其樂。楊總幹事長於事務，只感其苦，而無其樂，加以鍾某之攪和，火氣更大。在工作會報中受黃之責，更光火矣。余之同情於楊，為楊抱不平。黃如准其辭職或調職，余亦將隨之共進退。黃師之可敬，在能寬大為懷，緊急煞車，風波為之平息。處事之經驗與急智，值得吾人之效法。

民國五十八年三月國民黨十全大會有一議案，《國父全集》譯為外文，案交黨史會辦理。此巨大工程也。主任委員黃季陸師命余擬辦。余建議先有《全集》標準本。然過去版本至多，差異至大。經余集十八種版本加以比較，不僅各本編輯形式有所差異，而其內容亦多差異，如各本文件標題的不一，文件內容的不同，文件日期的錯誤等。今擬以黨史會所藏原始文件為準，編訂一套每一文件皆註有根據之《全集》。即以孫中山之《三民主義》十六講而言，不獨各本內容有別，黨史會所藏之原稿及原本數種，亦各不相同。如何選其適當之底本，作為定本，須先訂辦法。黃師命余起草，由新任之副主委崔垂言先生指導並審訂之。辦法既定，遂即著手進行校訂。鍾某亦參與其間，以「專家」自居，亂出主張，且對外聲稱由彼主持。此事進展，頗不順利，崔副主委亦覺無奈。六十年（一九七一）五月，黃師自黨史會依例退休，專任國史館長，但《全集》之校訂，必須依據原定計畫，繼續進行。余與崔商量，將校訂重心移至台北，在中山北路國父史蹟紀念館辦公，召用臨時工讀大專學生，既可遵守作業程序，復可提高效率。由余率領工讀生工作，進展乃得順利。此套《全集》至六十二年（一九七三）出版。並附〈索引〉及〈著作年表〉。查閱至便。余撰有〈國父全集的編輯與校訂芻議〉，發表於一九七一年一月之《中華學報》。六十四年（一九七五）應雲漢之約，在史料研究中心編輯出版之《研究中山先生的史料與史學》專輯發表〈國父全集諸本的比較及新編本的介紹〉，以記其詳。大陸廣州孫中山研究所所長黃彥先生對此「新編本」曾有嘉評，亦指有缺誤之處。雲漢主持黨史會時又增訂之。

（二）黨史會之「閒人」

雲漢《史學圈裡四十年》記曰：

> 黃先生任主任委員（黨史會）只有二年又六個月。到民國六十年五月黃先生參加辛亥革命六十年之季，就依據黨務主管滿七十歲須依例自退規定，退出

黨務工作，專任國史館館長。

黃先生離去了不久，永敬辭去了秘書，調任纂修；我（雲漢）也辭去了總幹事兼職，只擔任纂修職務。同時擔任纂修的尚有劉宗向（紹唐）兄；劉、蔣、李三人氣味相投，自封為黨史會的「三老纂」。纂修的地位本來是很高的，都由革命元老來擔任，被尊為「老先生」，位在秘書之上。民國六十年改制後，把纂修放在與秘書平等的位階上，屬於工作人員，但秘書是行政幕僚長，有實權，纂修則是幕賓。無關緊要，可有可無了。

雲漢敦厚，筆下留情。余則心中有話，必吐為快。黨史會自杜副主委元載升正後，風氣大變，新任副主委突增，先後由中央派來三人，一為軍人許某，一為官人袁某，一為黨人梁某，皆非學界中人，純為安插人事「卡位」而來。原崔副主委垂言因秦孝儀之薦，出任蒙藏委員會委員長。過去羅、黃主委時代選用副手，極為慎重，倖進者不易得逞，故能保持內部和諧，提升士氣。今者新任三人，加以杜氏四者皆不學無史，雲漢稱之為「不三不四之人」。彼等在觀念上與從事史學者，格格不入，以黨史會為衙門，視工作人員為僚屬，首當其衝者，則為黨史會秘書之角色。過去慣例，秘書負責內部業務之推動與協調，杜則視為「私人跑腿」，余不能也。杜重事務，非余所長；對於史料，彼無興趣。適合杜之興趣與需要者，乃長於事務工作之劉世景。欲調劉為秘書，然苦無適當之缺，使余「讓位」，升既非彼所願，降亦有違常理。最好余能知所進退，自動請調。余乏「主從」觀念，對此無所警覺。世景，余之好友，幹練勤快，在會中之名義為編輯室總幹事，但其實際工作，純為事務，與編輯史料無關。彼苦於名實不符，亦希升為秘書，以應杜之需要。此時端賴余之表示而已。適有杜之小同鄉，自軍中離職，中校級，來會求職，世景告余，彼乃秦孝儀之介紹，要求高位。世景表示不滿，余亦不滿。杜下條諭要余簽辦。此時余正負責校訂《國父全集》，須用臨時人員，即請以臨時人員用之。杜退回，要世景重新簽辦，即以乙等職任用，並由世景為之辦理一切手續。彼等既直接為之，余知應即自動請調矣，乃上簽呈請調，正合其意。

會內有「採訪」一缺，已多年不用，即調余此職，人皆笑之，不識此何「名堂」。有謂相當乙等職。惟薪金依舊，加給減少而已。此時余在中山北路國父史蹟紀念館率工讀生校訂《國父全集》，杜來訪，徵余繼任秘書人選意見，在彼雖屬禮貌性質，在余則視為多餘，以無意見答之。彼曰世景如何？余曰無意見。杜離去，未外送，自悔風度不夠。世景過去與余合作良好，彼此不計名位，為公服務，《史料叢編》之印行，彼之盡力為多，亦余多年雀戰之友。自任秘書後，躋身「領導決策」階層，即避與余為「伍」矣。杜之渾渾，亦需此等「助手」。會中之事，余等乃成「局外」之人。前任主委之「開放史料，便利研究」，代以「關閉史料，保密防諜」。前任時代之部分「人馬」，亦為「保密防

諜」之目標。雲漢雖是「好人」，仍為「整肅」之對象。三副中以「官人」最有「官氣」，手令徵集室為其家中訂報，自是公費。雲漢卻之，彼乃建議杜調離其總幹事之職，代以留美青年趙林。趙得有芝加哥大學博士學位，習中國文學，「青年才俊」型，某日謂余曰：汝等老朽已過時矣！余曰：汝後生可畏。雖如此，余仍樂與為友。趙林他就，繼以台大歷史系青年教授趙雅書，亦為「官人」所薦。

雲漢之受「整肅」，尚非止此，在其《史學圈裡四十年》記云：

> 有人向保防單位寫黑函，說我（雲漢）壞話，有人把永敬和我著的書祕密移交保防單位要求審查，看看有沒有「違反黨紀」或對總理、總裁不敬之處，目的是要陷我於罪。所幸保防單位有正確的認識，認為我們的書是經過評定為優良著作而獲得大獎的，對黨史有利無害，何以還要再「送審」？顯然是別有用意。好事者碰了一鼻子灰，我倆也免於受害。事後有人把這事告訴我，我沒有表示任何不滿，只覺得這些人愚昧得可憐。保防單位一位同志於退休前親口告訴我：「他們胡鬧，這些密函我早已報准銷毀結案了」。

讀雲漢所記，深為國民黨而悲哀，堂堂中央，尚且如此，他可知矣！

《國父全集》校訂工作完成後，余即無特定工作。纂修沈裕民退休，始出缺，得調為纂修。雲漢已取得特種甲等考試及格資格，分發國史館纂修，仍主持史料研究中心，常去青潭辦公；紹唐忙於《傳記文學》，不常來會。余雖無固定工作，得到黨史會「行走」。會中之事，余無聞焉。惟胡春惠尚不時告知會中一些見聞。春惠政大政治研究所得博士學位，運用史庫「韓檔」完成《韓國獨立運動在中國》博士論文，黃師指導，任黨史會專門委員，其論文出版後，韓國方面譯為韓文版，為韓國學界所推重。春惠小於余十餘歲，練達超於余，外圓內方，有長才。彼與杜及「三副」之間周旋尚稱得體，杜遇困難常得春惠之解脫。余能得知會中情況，多賴春惠告之。某次工作會議，為討論如何應付要求參閱史料之學者，三位副主委認為應給史庫負責人張總幹事大軍以「封駁權」，即杜主委雖可批准學者至史庫閱史料，而張則可封還而舉駁之，以為拒絕。此乃一唱「花臉」，一唱「黑臉」之術。春惠曰：此乃封建帝王時代疆吏認為君主詔旨有不合者，封還而舉駁之也。如此，杜則被比為「昏君」矣。杜氣忿曰：「他們欺我！他們欺我」！

余在黨史會雖被「冷藏」，然在著作方面，尚有收穫。羅主委時期（一九五七至一九六八）。在草屯鄉間，研究時間較多，有專著兩種及少數論文發表。黃主委時期（一九六九至一九七一上半年），工作甚忙，著作幾乎空白。杜主委時期（一九七一下半年至一九七五），成為「閒人」，著作大增，計專著二，合著一，論文二十餘篇。所謂「塞翁失馬，焉知非福」。惟余之修養亦有不足之處，最大缺陷乃不

能「戒急用忍」。

民國五十九年（一九七〇）十二月，中美第一屆「中國大陸問題」研討會在台北實踐堂舉行，主辦單位為「中華民國國際研究所」（旋改為政治大學國際研究中心），邀余參加，發表論文題為〈越共與中共〉（一九二五～一九四五）。會議中，薛君度忽來訪，頗抱怨未被邀參加，云住中國飯店。晚間余往訪之，適外出，余告服務台有「蔣」姓來訪。越日遇薛，謂往訪未晤。彼曰：「害我甚慘，整夜未敢安睡，吾以蔣經國將來訪」。會後，蔣中正總統在中山樓接見全體與會學者。為之安排者，乃總統秘書秦孝儀。次年，又有中日第一屆「中國大陸問題」研討會之舉行，余亦與焉。第二屆中日研討會時，在民國六十一年（一九七二），余亦應邀參加，會後在台北國賓飯店宴請與會學者將畢，宣布蔣總統召見，謂外國學者一律參加，國內有唱名者始可參加。結果，僅余與李毓澍未被唱名。兩人相視尷尬一笑，各自離去。以後此兩會再開時，余仍接得邀請函，余皆回覆「不克參加」。對此官式會議已無興趣矣。此事迄今不明原因，為何僅李與余被剔除「召見」。余對此並無失望，因余自被陳誠衛士強力挾臂後，即懼見權要，何況最高權要蔣公乎？此時亦正當余在黨史會之被「保密防諜」時期。

余此時另一「倒楣」之事，為余與呂士朋、陳捷先、李守孔、李雲漢等五人應幼獅書店之約，合撰《民國史二十講》，每人各寫四講。稿由秦孝儀審畢，召余等至中央黨部大發脾氣，謂對蔣公僅稱「蔣」而不抬頭或空格，實不敬。余等皆面面相覷而無言。迨查對，余所撰部分有此現象，顯係針對余之所作而發，被「剔除召見」，或與此事有關。

余在黨史會雖屬「閒人」，如有工作分配，亦無拒絕。某次，杜及「三副」約余至信義路中心餐廳用西餐，陪同者有劉世景及編輯室總幹事劉世昌，彼等要余執筆撰寫《國民黨簡史》，余欣然同意。完全出乎彼等意料之外。事後，彼等深感為難，密商如何使余不寫。此事即無下文。余對此事早已置之腦外。民八十六年（一九九七），余至中央秘書處領取補發退休金，遇劉世昌提及此事。世昌告余曰：彼等係根據「上級」指示，指定余撰《簡史》。彼等密商結果，認為余必拒絕，以便向「上級」交代。不意余竟欣然接受。彼等更加為難，因再密商如何使余不寫，故無下文云云。余再追問世昌原因，彼則不願詳告。此事頗使余納悶，迄難明其原因。但知彼等時常對余「神祕兮兮」而已。

心中納悶，則猛吸香煙，良質品牌不濟，繼以劣質。吸之愈多，愈加乏味，乃乾脆不吸，亦不想吸。同仁誘余優質香煙，亦不為所動。三十餘年戒之不成之「老癮」，一舉而戒除之。迄今未再沾染。有人謂余「狠心」。此乃「革命聖人」朱執信戒煙之法。

人遇不順，「倒楣」之事，接踵而來。民六十二年（一九七三）夏，余腰骨酸痛，起臥困難，患神經壓迫脊椎，俗稱「坐骨神經痛」。不意此症至為嚴重，須開刀或用牽引之法治療。開刀有危險，牽引難根治。住三軍總醫院，用牽引之法。身腿綑綁，牽以鐵餅多塊，痛不能忍，如是者十餘

日。迨解綁，毫無效果。骨且受傷，不能行走。物理治療，仍無效。用傳統推拿法，勉可行走。拖延多年，時好時壞。至民八十一年（一九九二）再犯，凡有醫治之法皆試之，均無效。政大歷史系教授閻沁恒告余，其夫人林瑞炳女士亦患此病，住中華開放醫院用牽引法治愈。使余萬念俱灰之心情，出現曙光。往訪瑞炳嫂，云牽引難忍時可解開休息，週餘即出院。信心益增，即往中華醫院，掛同一醫師之號，住院兩週，大有起色。雖未完全根除，已無大礙矣。沁恒及瑞炳嫂賜余之幸福，永難忘也。

雲漢主持史料研究中心，每月舉行學術研討會，聚中外學者於一堂，互相切磋，討論論文，出版專輯，辦得有聲有色。且兼國史館纂修，常在青潭辦公。紹唐亦不常來會。「三老纂」僅余「一老纂」在會。此時雖欲換崗，實已困難。惟余尚有高考及格資格，如得國史館協修職位，於願已足。因向黃師暗示黨史會環境不佳，希能轉換他處。此種暗示，已非一次，黃師僅云杜「注重行政」，不及其他。余怨黃師「見難不救」，以後不復有所表示。每年春節，例去黃寓，向黃師拜年，簽名而已。是年絕少往還，簽名拜年慣例亦免。越日，黃師忽來電話，關心平安。余心甚愧，云近日感冒，略有不適，未能為師拜年，扯謊過去。蓋黃師對余之「怨」，似亦有所感覺。彼來電話關懷，真乃「老革命家」之胸懷。羅師、黃師對余及雲漢偶耍書呆子脾氣，均能容忍而體諒之。以此而對待其他「上司」，則謬矣。余曾與雲漢感慨乎言之。彼在《史學圈裡四十年》記曰：

> 我和永敬兄，一離開政大便到黨史會服務。黨史會主任委員開始是羅先生（志希），五十八年以後是黃先生，兩位都是老師。有一次，永敬很感慨的對我說：我倆一直跟老師們做事，養成了我們不能深切認識社會真相的毛病，我們把一切的人都看成像羅先生、黃先生一樣是學者、是君子、明是非、有識見，根本不懂得什麼是陰謀詭計。等到橫逆一來，我們便無法應付，只有被陰謀分子暗算了。我認為永敬的話很對，點頭同意，可是後來一想，跟老師們做事也有不少好處，我們的德、業，都在老師們啟迪與督責下與日俱進，使我們保持了純潔和真誠，這豈是跟官僚政客們共事所能做得到的！

黃師於民六十年五月離黨史會，余於十月被免去秘書之職，「降」為「採訪」，次年一月補為纂修，依例不必上班簽到。然余每日仍按時到國父史蹟紀念館，率領工讀生校訂《國父全集》，如是者近年。惟不必台北與草屯兩處之間「行走」矣。草屯史庫亦少再去。別矣「荔園」！余在「荔園」前後達十四年之久，一旦別去，不勝懷念。雲漢為張玉法主編之《新知雜誌》向余拉稿，乃撰《荔園雜憶》一文，刊於民六十二年（一九七三）八月號（第三年第四期）。此時余方至政大兼課，遇林能士。能士謂余曰：閱〈荔園雜憶〉，始知你之「散文很棒」。余一向不懂文藝，何「棒」之有！能士之「謬獎」，余多年難忘。此文亦多年未見。前

問玉法《新知》在否？玉法曰：尚有保存。承其複印此文。讀之，能士似非「謬獎」。附錄之，以助回憶焉。

（三）遷居台北

余自民國四十六年（一九五七）由台北遷居南投中興新村至民國五十九年（一九七〇）遷回台北前，為時十三年。在此期間，台灣經濟蓬勃發展，人民生活及公教人員待遇，頗有改善，可向銀行貸款購屋，二十年分期償還。黨史會同人亦多在台北或台中購置新居，余與雲漢即在台北市興隆路貸款購置新居，約四十坪，四室兩廳，衛浴廚廁設備齊全。購價二十六萬元，貸款為二十萬元，有房租津貼，足資按月償還房貸本息。

余於一九七〇年夏遷至台北新居，文桂任教學校由中興中學轉至景美女中，余則台北與草屯史庫兩處「行走」。一年後，黃師自黨史會退休，余始至台北辦公，不再兩處「行走」矣。一九八四年夏，再由興隆路遷居辛亥路，計在興隆路寓居十四年，貸款尚欠十三萬元，此屋售得一八〇萬元。雲漢之屋三十年後售得六〇〇萬元。在興隆路寓十四年間，余由黨史會退休（一九七九）而至政大任教。長男世安第一次留美歸國，在中興顧問工程公司任職，一九八二年再度留美得博士學位，於一九八七年任職中華顧問工程公司。次男正安建國中學畢業後入交通大學，兩年軍訓後任職美商公司。三男定安由中山小學而景美國中、光仁高中而中原理工學院，一九八四年留美得資訊工程博士學位（一九九〇），任教淡江大學。

一九八四年，余由興隆路寓遷至辛亥路寓。一九九〇年再遷至木柵永安街。在此期間，正安結婚後，先後得子佳宏、女佳芸。定安一九八五年與留美同學成婚。世安一九九〇年結婚屆年得子家立。屆至一九九二年，余與文桂自一九四九年來台兩口之家，已成十一口大家庭矣。

附錄：荔園雜憶

荔園簡介

荔園是國民黨黨史會庫藏史料的地方。位於臺灣省中部南投縣草屯鎮的鄉間。從草屯騎腳踏車，大約三十分鐘可達。由臺中去荔園，須先到草屯，轉乘去彰化的客運車，約五分鐘至新庄下車，再步行十分鐘可到。由於那兒收藏的資料極為珍貴而豐富，很多知名學者都曾經光臨過。因此荔園這個地方，也就有點名氣了。

荔園，原是一座舊式的別墅，建築在日據時代。屋主姓洪，是當地一位富有人家，後來家道中落，這座別墅便售給黨史會作為史庫。荔園面積約佔地千坪，建有ㄇ式平房一座，土牆瓦頂，有冬暖夏涼之感。正面大廳三間，坐南向北，東西兩邊各有廂房一排。大廳的正對面建有一道牆壁。遂使整個院落成為四合式。院內有幾顆桂樹和百合花，經年花香撲鼻。更有龍柏數株，益增庭院之美。房之四周圈以圍牆，高約丈許。牆外均是農田，牆內植有荔枝樹多株，故稱

▲上：台北興隆路寓的三男。左起1正安、2世安、3定安
下：含飴弄孫（1992年春）右1佳宏抱家立，左1佳芸。

「荔園」。就荔園全部型式來看，正是一個「回」字形。凡是到過的人，無不稱讚它的環境幽靜。真是一個理想的讀書環境。

荔園之成為黨史會的史庫，是民國四十年以後的事。民國三十八年秋，廣州失陷之前，黨史會的史料由南京經廣州運抵臺灣，由臺糖的小火車從臺中運到草屯附近的新庄，暫存新庄里民集會所。不久，遷入附近的文昌廟。後來才買下荔園作為史庫。民國四十七年，又購得荔園旁邊的農田約二千坪，增建一棟二樓新庫，民國四十八年完成。樓下藏史料，樓上辦公，便是現在的規模。

初到荔園

民國四十六年夏，黨史會主任委員羅志希先生向政治大學教育研究所徵求幾位畢業同學到荔園史庫工作。當時羅先生是教研所的兼任教授。他說黨史會機關有點老大，要幾位年輕人去充充朝氣。教研所便推薦我和李雲漢兄及梁尚勇兄三人。我們三人之中，以尚勇兄最年輕，雲漢兄次之，我最大。但羅先生對我們的興趣，似乎與年齡的大小適成反比。羅先生約我們個別談話。那時他住在臺北市潮州街九十三號，單身一人，脾氣很大。說黨史史料是如何的重要，要進黨史會，必須具備一些條件和決心，尤其是英文要好，而且要能吃苦耐勞。他問我的英文如何，我坦白的告訴他「不行」。至於史料的情形如何，我更是一無所知。綜合我和羅先生第一次談話的結果，彼此的印象「不佳」。當時心想，進黨史會的事，算是吹了。楊亮功先生是我的畢業論文指導教授，對於我到黨史會的事非常關切，他問我和羅先生的談話結果如何，我說羅先生要求條件很高，我恐怕不會合格。楊先生說：「不會的，沒有什麼了不起」。楊先生與羅先生是北大同學，對羅先生的性格知道很清楚。「沒有什麼了不起」，正是一語道破。

梁尚勇兄決定不到黨史會工作，羅先生頗為失望，說年輕人不願吃苦。尚勇兄不去黨史會的主要原因，是他那時還沒有女朋友，認為到草屯鄉下，恐怕將來要變成「和尚」。不久，尚勇兄赴美留學，得博士學位，回政大任教，並得一位如花似玉的女朋友，也就是現在的夫人。尚勇兄由政大教育系主任而教育部次長。一念之間，便決定一生的事業或道路。

雲漢兄那時雖未結婚，但正和當今的夫人韓榮貞小姐熱戀中，所以不發生「女朋友」的問題，因此決定到荔園史庫工作。那時我和雲漢還不太熟，他在政大教研所比我高一級，他因補修大學學分，故與我同時畢業，同時他也取得兩張學位證書。後來雲漢時常告訴我，他在學校對我印象「欠佳」，看我不像學生，個子高高的，擺來擺去，滿不在乎似的，有點「老油條」味道。

我去荔園史庫工作的原因，當然是羅先生沒有真正的認為我不合格。在我個人而言，我不但已婚，而且有了兩名壯丁（現在是三名）。到草屯鄉下，反而可使生活安定下來。那時省政府剛遷中興新村，內子到省立中學任教，我以

眷屬資格，住在中興新村，到荔園既不甚遠，較在臺北一家數口擠在六蓆之地，要好得多了。

民國四十六年八月十一日，我首次走進荔園，頗有進入「修道院」之感。雲漢先我到荔園十日，一切都很熟悉，他以「識途老馬」資格，指點一切。起初，我們都住宿在荔園，白天像學徒式的認真工作，晚間，大家在院中納涼談心，倒也不感寂寞。不久，雲漢兄結婚了，家居臺中市，每日往返臺中荔園之間，十數年如一日。我也定居中興新村，早出晚歸，一幌也是十多年。

荔園的人物

我和雲漢兄進入荔園史庫工作，職務的名稱都叫做「編審」。這個名稱如按字義去聯想，一定是對於黨史史料，要「編」而「審」之。但其實際，既不「編」，也不「審」，只是保管史料而已。為明瞭所謂「編審」的地位，先把黨史會的組織說明一下。

黨史會的全名叫做「中國國民黨黨史史料編纂委員會」，它是中國國民黨中央委員會的單位之一，所以有時也叫做「中國國民黨中央委員會黨史史料編纂委員會」，前一名稱計十四個字，後一名稱有十九個字。最近刪去「史料編纂」四字，仍有十五個字。有時人家問我在那「高就」，我如告以機關的名稱，大多不甚了解，須加解釋，好像才有點明白。因此有時乾脆就說在「國史館」做事，免費口舌之勞。其實黨史會與國史館，絕非同一機關。但草屯和新庄附近的居民，都稱荔園的史庫為「國史館」或「圖書館」，反而不知道它是黨史會的史庫。這大概是由於當初「會」、「館」不分的原因。

黨史會的負責人是主任委員，有副主任委員一人（現在是三人）。羅先生任主任委員時，副主任委員為狄膺先生，向不管事。狄先生去世後，傅啟學先生繼任副主任委員，經常協助羅先生編輯史料。羅先生和傅先生對於黨史史料不但是內行，而且具有高度的興趣，編輯和撰寫，都是親自動手。羅先生去世後，黃季陸先生繼任主任委員，不但對史料有興趣，而且有遠大的發展計畫和措施。可惜在任不久，即告退休。真是黨史會的不幸！

其時黨史會的工作單位分為秘書、編輯、徵集、典藏、總務等五個室，置秘書一人，總幹事四人，下置專門委員、編審、幹事、助理幹事若干人，分配在各室工作，計約工作人員三十名。此外還有纂修、採訪數人，是黨國元老，不必辦公。

荔園史庫，實際是黨史會典藏室，人員如下：總幹事一人，專門委員一人，編審三人，幹事及助理幹事三人。負責人是總幹事，軍人出身。羅先生認為看守史庫，要有軍事經驗。尤其那時在疏散期間，隨時準備應變，以軍人為適當。那位總幹事據說是「北大」出身，可謂「允文允武」。某次，體罰一名工友，並將之禁閉。成為荔園一段「佳話」。

史庫那位專門委員李先生，自民國十九年黨史會在南京成立起，便到黨史會工作，從低級雇員做起。對於史料非

常熟悉，某件史料放在何處，一問便知。甚至某些史料的號碼，都可記得。但其史料之存放，亦有其秘訣，別人絕對無法找到，堪稱「獨得之密」。我和雲漢兄到荔園後，各人分管史料百餘箱，對於李專門委員管理史料的方法，實在望塵莫及，只好將史料按照號碼順序分箱排列，每箱外面置一卡片，記明內放史料由某號至某號，並將史料箱依號排列。當時的史料箱，多由南京裝運史料而來，用簡單的木板釘成，有大有小，很不整齊。我們把這些箱子堆砌起來，將箱蓋的一面對外，在蓋的上方釘以小釘，用小麻繩把它鏈住，以便開閉。如調史料，查出號碼，按號取出即可。這是最簡單而機械的辦法。當就不必背記史料的號碼及其存放的所在。某次，羅先生下鄉（臺北及臺中人員到荔園，通稱下鄉），手執史料目錄，巡視我經管的各箱史料，忽然問我某件史料何在？蓋在考我對史料的熟悉，是否到達李專門委員的程度。我答曰：照史料目錄查出號碼，即在其號碼的箱中。羅先生默然。

李專門委員一度代理史庫總幹事，命我將十數箱的通訊稿逐件重新編號。予每日辛勤工作，動作極為機械，如此兩三月之久。做畢，向代總幹事交差。彼曰：放在那裡好了。後來一直放了十幾年，未曾再動。予方知代總幹事在「將降大任於斯人也，必先苦其心志，勞其筋骨」。

李雲漢的牛脾氣

我和雲漢到荔園後，除了每人保管百餘箱史料外，還要做史料號碼的貼籤和登記目錄，這是用體力多，而用腦力少的工作。天氣好的時候，要把箱中的史料一捆一捆地抱到庭院中，放在網架上涼晒；同時要按照目錄逐件打開查對，如有缺少或與目錄記載不符，便須登記下來，作為請示處理的依據。下班前，要收回原位。尤其夏日炎熱，弄的滿身是汗和灰塵；史料箱中因置有殺蟲劑，刺激全身紅點斑斑，痛癢不堪。那時不但沒有冷氣，連電扇也是稀有之物。有時上級還說我們工作不力。羅先生不常到史庫，半年或許來一兩次，來時都有秘書、總幹事們接待，聽取他們的工作簡報後，羅先生有時召集史庫全體人員講話，把我們低級人員訓斥一番，要大家服從合作，不可遲到早退等等。說畢，便登車而去。我們到荔園不久，一切情況不甚明瞭，最初很能安分順從。

後來發覺情況有些不大對勁；最困擾的，是常接到「手令」多通，忽東忽西，弄得啼笑皆非。煩了，也就懶得去理會它。結果卻換得「傲慢無禮」的評語。雲漢雖較我年輕幾歲，但給人的印象是「敦厚篤實」，委屈受氣，悶聲不響。記得有一次，他早晨到公，忽然發現他經管的百餘箱史料，不翼而飛，緊張之餘，趕快去找。結果發現橫七豎八的堆在另一間庫房中。雲漢認為自己的職守，受到無理的侵犯，乃大發脾氣，從此再也不和那位侵犯他的人交談。不知怎的，羅先生知道了，來到鄉下，在一次會議中，指斥雲漢態度不對，並說以後不可如此等等。接著，羅先生又說雲漢擬的一個計畫不對。我坐在雲漢對面，見他面色一沉，直接告訴羅

先生說，我做不好，另請高明！羅先生畢竟是長者，立刻緩和語氣，改變態度。此事總算有個結束。從此雲漢對羅先生亦更加尊敬。因此，予有所感，即與讀書明理之人爭論，反可增進彼此瞭解；如與官僚爭論，即被目為「犯上」矣。

吳相湘先生在荔園研究宋教仁，也鼓勵我們研究革命人物；且應先從年譜著手。雲漢便以《黃克強先生年譜》為題，從事業餘的研究工作。我也定下「胡漢民先生年譜」的題目。實際上，雲漢先我開始搜集資料，也比我完成為早。我急起直追，總算完稿。「黃譜」年數較「胡譜」為短，而其內容卻超過「胡譜」。雲漢完成「黃譜」後，不動聲色，仍在繼續補充修正。可見他治學的認真，正如其人「敦厚篤實」一樣。我的「胡譜」甫經完稿便向他炫燿。我們的座位，多年來都是面對面，彼此心情不佳時，常有「冷戰」的場面，尤其彼此都在忙碌時，終日不交一語，習以為常。某日上午，我手持「胡譜」稿向他示威，我說：「你看，怎麼樣，我比你快！」雲漢不但不給我「高帽子」，反而教訓我起來：「你行是你的，我從來也沒有同你競爭，我更不打算同你競爭，你有什麼得意的！」我立刻自認不對，以求下臺。以後雲漢卻以此自豪，說「只有我可以管住永敬」。

荔園的貴賓

凡是研究中國近現代史的，大多到過荔園。到荔園較早的，要算吳相湘先生了。後來王德昭先生也來了。他們是利用假期來參閱史料。吳研究宋教仁，王研究中山先生思想。他們在荔園都住過很久的時間。郭廷以、張貴永、全漢昇等先生，也都不只一次的到過荔園。有一次莊萊德大使夫婦來荔園，攜有即照即沖照像機一架，拍攝人像或文件，可以立時抽出照片，非常方便。由於底片成本較高，迄今尚不能普遍使用。

荔園平時寂靜無聲，只有外賓來訪時，才顯得熱鬧。大約在民國五十一年夏間，羅先生陪同韋慕庭教授（Professor C.Martin Wilbur）來到荔園，並特別為我向韋教授介紹，說韋教授在荔園研究期間，由我負責接待。韋教授是紐約哥倫比亞大學中國近代史教授，當時並兼該校東亞研究所所長，中國留美學生研習中國史的，大多出其門下。這年他到臺灣大學任客座教授，住在臺北市基隆路學人宿舍。每週必來荔園停留幾天。

韋教授在荔園時期，研究中國國民黨改組到北伐時期的國共關係。用鉛筆在卡片紙上寫來擦去，像小學生做作業一樣，很有意思。黃黃的鬍子，一笑嘴一歪，使人有親切之感。那時我正在研究「鮑羅廷與武漢政權」，我們很談得來，不久便成為好朋友。有一次，他向中央研究院近代史研究所推薦，要我去作一次報告。有人曾經告訴我：外國人請客或請演講，不能推辭不去；否則便是失禮。所以「欣然」同意。接到所長郭量宇先生的通知，即已十分緊張；到了會場，更緊張了。在座諸公，除了郭所長和韋教授外，還有張貴永、胡秋原、沈雲龍等先生，以及近史所的專家學者多人。我不知天高地厚，胡亂的報告兩小時，沒有留下給人發

▲國民黨黨史會訪客（1965年，荔園）
羅家倫（右5）、陶希聖（右7）、張鏡湖（右8）、郭廷以（右9）、王世杰（右10）、李振寬（右2）、李雲漢（右3）、項達言（右4）、永敬（右6）、楊本章（左1）、楊毓生（左2）、高子超（左3）、沈裕民（左4）

問的時間；還說沒有講完，約定下次再來報告一次。其實一次已經夠了；再來一次，未免不知進退。現在想起來，仍覺面紅耳赤。不久，張貴永先生到荔園，在樓梯中遇到我，鼓勵我努力研究，使我更覺慚愧。

在美國研究中國史的年輕中國學人，到過荔園較早的，有鄭憲、李本京、陳福霖、李又寧、唐西平、吳天威、吳文津、余秉權等多人。鄭憲到荔園較早，搜集同盟會時期的資料，為人豪爽好客，不幸在美病逝。李本京來荔園，和夫人一道，一位瀟洒英俊，一位美麗大方，給人留下難忘印象。陳福霖研究廖仲愷，利用黨史資料，如魚得水，他往來香港與臺北之間，比我們來往臺中與臺北之間還要隨便。李又寧左手夾香煙，右手寫字，悠然自得。人緣最佳，到處受歡迎。到臺北，我們跟著她跑，所到之處，都替我們介紹熟人。我們在臺多年，反覺人地生疏。

總之，當年的荔園，貴賓如雲，生氣勃勃。如今史料依然，已非當年盛況了。

（四）黨史會之「元老」

余之噩運漸有解脫之望。民國六十四年（一九七五）四月五日，蔣中正總統卒。是夜，余正在友人家雀戰，忽聞劇雷。既未雨，何來此大雷？心異之。至晨，始知蔣公崩殂。迨出殯，經仁愛路，中央黨部人員立於人行道送靈。忽聞大聲「跪下」！「通」的一聲，皆跪下，余亦不敢「獨立」。蔣公卒，「改革」呼聲起，啟用學者。其時衡量學者

學問之大小，以大學校長、教務長、院長、系主任、教授等級依次排列之。杜主委原為大學校長，自甚「理想」，然已去世。「三副」雖欲內升，但不可能。東海大學教務長蕭繼宗教授，湖南人也。聞由中央副秘書長秦孝儀推薦，接任黨史會主委。蕭為文學家，人極和善，有學者風度。對黨史會素無淵源，對人對事，小心翼翼，好惡不形於色，內心則有分寸，春惠長才，迅為蕭發現之。春惠告余曰：蕭決定某日赴草屯史庫視察，告知事務某君代購車票，不必知會史庫同仁，以免驚擾。迨到史庫，環境整潔，工作人員謹守崗位，無缺席者。蕭視察畢，離去。次日再往，則完全不同矣！蕭告春惠曰：彼自台北啟程，必有知者通風。次日再返，風聲不露，始能看出真象。其後，蕭調任正中書局董事長，以春惠為總編輯。可謂知人善任。

秦孝儀先生主編之《總統蔣公大事長編初稿》，送蕭審閱，蕭交余閱。秦，官邸人也，兩蔣皆信任之。訪客如雲，能一識「荊州」者，大不易也。對總統蔣公至忠，閱其主編之《長編初稿》，對蔣公一言一行，無不奉為典範。余豈敢置一詞？唯見其引用《蔣公日記》，資料固可珍貴，但亦不無瑕疵之處，如《日記》中斥汪、胡之言，固能反映蔣之心聲，然亦不無過當之處。如全盤照錄，不免有損「偉大領袖」形象。其他尚有不同意見多條。簽畢送蕭，蕭一字不改轉之。此與杜之品格迴異，余因敬而尊之，然不親也。主稿人陳敬之諷余曰：「尚請高抬貴手」。陳後任黨史會副主委，亦吾「上司」。

民國六十五年（一九七六）十月，秦孝儀先生接任黨史會主任委員，素聞其權勢甚大，心中畏之。但相處之後，知其並非可畏。有是非感，亦重情感，有脾氣，尚能容反調。

秦尊重學者，尤重大學之院長、研究所長、系主任。黨史會出專書多種，常向彼等約稿，稿酬亦優。有某大學系主任某君送來一文，此文可能假手學生以為敷衍者。秦交余過目，閱竣還秦曰：「狗屁不通」之文也。在工作會議中，秦曰：縱「狗屁不通」之文亦歡迎之。每年工作考績，給余優等，且予特保，然無「召見」機會。在工作會議時，余常唱反調，秦喜通俗故事作品，並辦中學教師講習會。余曰：此與黨史會職掌無關。秦不理余之反調，亦無不悅之表示。秦來黨史會，纂修劉紹唐即請退休，雲漢轉國史館任主任秘書，「三老纂」僅余「一老纂」，某「副座」謂余曰：僅剩下「你一寶」，秦必惜之。余曰：余無處可去也。既而春惠去政大歷史系任教，秦不放行，大費周折，始得離職。余雖無處可去，但目前黨史會環境，自蕭、秦以後，已有改善，可以安心工作，於願足矣。堪稱黨史會「元老」矣。

秦到黨史會後，有一可記之事，即討論張玉法新著《中國現代史》之事。此書於民國六十六年（一九七七）七月由東華書局出版，有人檢舉該書不用民國年號，而用西元紀年；孫中山不稱「國父」，且不抬頭或空格，大不敬；稱中共而不稱「匪」或「共匪」。秦召集黨史會某「副座」及雲漢、余等三人，另有新聞局長宋楚瑜連同秦共五人，商討此書應否交付「審查」。余與雲漢未及發言，宋楚瑜即言所

舉三點，均無關宏旨，不應陷人以罪。不必「審查」云云。秦曰：即照宋之意見。遂散會。近年與玉法談及此事，玉法謂余曾在一餐廳向彼轉達以上三點意見。余實無此印象，可能受秦之囑，亦可能自作主張。當時余之史觀雖「右」，對以上三點檢舉意見，亦不以為然。孫中山不稱「國父」，余之為文亦然，民國六十七年重訂《胡漢民先生年譜》時，由黨史會出版，秦要將「中山先生」之稱謂，一律改稱「國父」，且空格，遵「老闆」之命，不得不爾。他著則少用之。近年「先生」二字亦免。不抬頭、不空格，羅師主持黨史會時之出版物，即已如此。余曾稱蔣公為「蔣」而不抬頭，曾受斥責，受羅師之影響也。至於年號，余習慣用「民國」而下註「西元」，迄今未改。至不稱中共為「匪」或「共匪」，余一向如此，除非引用史料原文而不應改之。對此余多儘量避免引用原文，如某某「剿匪總司令部」之原定名稱，引用時必加括號；不用括號，則曰剿共。玉法次年出版《中國現代史略》，孫中山之下加「先生」；西元之下加「民國」，至稱中共不曰「匪」或「共匪」，則已不成問題。可見玉法尚非「固執」，而能「從善如流」。

09 任教政大古稀退休

（一）告別黨史會

民國六十五年（一九七六）夏，政大成立歷史研究所，閻沁恒教授為所長，余稱之為「創辦人」。彼復兼訓導長及歷史系主任，無暇兼顧。六十七年（一九七八）夏，要余至政大歷史所任教並兼所長職。余曰：余無教授資格，僅能敘為副教授，且年近六旬（是年五十六歲），數年後即退休；如今已成黨史會「五朝元老」（歷經羅、黃、杜、蕭、秦），如無大錯，「飯碗」不成問題。謝之。次年（民六十八年）在輔仁大學開歷史學會年會，沁恒又舊事重提，余猶豫，言於春惠。春惠曰：此其時矣。余曰：何也？春惠曰：雲漢將回黨史會任「副座」，成為汝之上司矣，於雲漢做事亦不便。余曰：余全無所悉。如此，即應接受沁恒之邀。言於沁恒，願去政大，行政兼職（所長）無所謂也。遂成定案。次日至黨史會上班，言於同仁陳在俊曰：余在會工作已有二十二年，再加鼓勵退休優待年資五年，及過去經歷約有四年，計約三十一年年資，退休年資綽綽有餘，余將嚮應中央鼓勵退休之規定，申請退休矣。秦迅即知之，召余慰留。謝之。

時草屯史庫全部遷至台北陽明山原總統官邸，名曰陽明書屋。會中同仁，多集中在陽明書屋辦公。雲漢亦到任。「副座」以上有專車，其他員工皆乘大交通車。郭榮趙任專門委員，留英博士，曾任文化大學校長，每晨與余同搭大交通車上班。此時余之「表現」特「佳」，每日按時上下班。雲漢乘小車，余與榮趙等搭大車，以「上司」之禮待各「副座」，保持距離。雲漢似不安。余與榮趙不免有「酸酸」之味。中午同桌吃飯，秦對余特別客氣，每餐皆請余「考慮、考慮」。所謂「好聚好散」，與秦之「友誼」益濃，秦戲呼余為「永敬蔣公」，意即永遠尊敬先總統蔣公。久而普遍之，不僅國內友人呼余為「永敬蔣公」或「蔣公」；即國外與大陸友人亦同此稱余。尤有甚者，某次元宵節在國父紀念館之燈謎晚會，以「蔣永敬」作謎底，要觀眾猜之。竟被中央研究院一學者家中之兒童猜中之。余從此亦尊稱秦為「孝公」以答之。

與雲漢同時被任為黨史會「副座」者，尚有陳敬之。陳追隨孝公多年，曾主稿《總統蔣公大事長編初稿》，孝公之親信。連同原有「副座」許朗軒，仍為一正三副。三副之中，雲漢堪稱「鶴立雞群」。秦退休後，其主委之職，由雲漢代理久之，活動此位者多，勉由雲漢升正。此繼羅師家倫以來，乃有真正史學專家主持黨史會。惜此時國民黨已趨沒

落。雲漢以孤臣孽子之心情，完成《中國國民黨史述》五大巨冊，二百餘萬言，深具「衛黨」意義。

雲漢原為國史館主任秘書，實黃師得力之助手，孝公挖之而去，黃師不無失落之感。雲漢有甲等特考及格資格，年近半百，足有擔任國史館副館長之條件，此缺懸之已久，備而不用，而黨史會「副」者又過多，重黨輕國，積弊難改。為國史著想，黃師實不應放走雲漢。秦為借將，使國史館失去「大將」，黃師不能無責。雲漢似亦有欠考慮。

沁恒先後自黨史會挖走春惠及余，孝公頗不悅，言沁恒「不夠交情，要者取之，不要者予之。」其實孝公真正需要者，乃春惠，余則未必。且春惠去政大，完全出於自動。沁恒「不要」而「予之」者，乃正當孝公「啟用學者專家」之際，沁恒推薦某君，被任為纂修。此君資歷輝煌，日本某大學博士，有專門著作，且曾任某大學歷史系主任。推薦來會，孝公決定用之。曾問余曰：認識此君否？余曰：識之。又問：其人如何？余又唱反調曰：「中看不中用」。孝公不理，用之。到職後，小事不屑幹，大事不能幹，且常病假，孝公有苦難言。余雖屬「五朝元老」，不免「老大」，尚可「小大由之」。此君不能放下身段，更不幸病故。孝公常以此埋怨沁恒。為求補償，沁恒與余在政大歷史研究所碩士班畢業同學中，聯名推薦劉維開同學給孝公，保證「中看中用」。維開繼得政大史研所博士學位，表現優異，其在黨史會之工作，即余當年之工作。孝公不再言「不要者予之」矣。

（二）政大歷史所之點滴

民國六十八年（一九七九）八月，余自黨史會退休，轉任政治大學歷史研究所專任副教授兼代所長，自愧年齡老大（虛齡五十八歲）。七十一年（一九八二）八月，升等為教授，仍兼所長。七十四年（一九八五）八月，兩任屆滿，為專任教授。

王壽南教授繼兼所長。能力強，待人接物，均甚週到，在其努力下，增設博士班。壽南曰：須有博士學位者始可開博士班課。彼言之無心，余亦不以為意。開課時，要余授博士班《中華民國建國史專題研究》，欣然諾之。

余在政大之待遇，雖較黨史會略低，然余領有一次退休金百餘萬元，優利存款，約為全薪二分之一。兩者相加，較原來收入大為增加。加以文桂之收入，雖負擔三男之學費，每月仍有結餘。常年累積起來，即有儲蓄矣。雲漢常戲稱余為「富翁」。其實「小康」尚可，「富」則未必。然余之「換崗」，收入較增並非重要，而余「史觀」之轉變，則屬重要。玉法謂余「老而變左」。余以為此乃「返老還童」之現象。蓋人之思想觀念，青年時期恒左，老年時期恒右，余則相反。

民國六十二年（一九七三）九月，余已至政大歷史系兼課，授他系《中國現代史》，每學期兩班，計四小時。雲漢亦在政大兼課。六十五年夏，成立歷史研究所，余即在所授《中國現代史研究》，兩學期四學分。雲漢授《中國現代

史專題研究》。該所重近現代史之研究。余至所專任時，碩士班已辦至第四屆。第一屆方畢業者，有王傳燾、楊翠華、郭芳美、郭伶芬、張力、邵銘煌、胡國台等。畢業論文由余指導者為郭芳美、郭伶芬及邵銘煌（與沁恒合作指導）。余及雲漢在所授課仍舊。其他在所授課者有閻沁恒、李定一、戴玄之、張哲郎、江金太、邵玉銘、賀允宜（客座）、徐乃力（客座）、林能士、趙洪慈（兼任）等。增開《中國現代史資料分析》兩學分，聘玉法兼任之。論文則鼓勵研究生請校外專家為指導教授。《中國國民黨史》原為任卓宣教授兼任，年邁，研究生須往其永和家中上課。且為必修課。任固為研究黨史及三民主義之權威，但余認為彼之意識形態較濃，但亦不便換人，乃改為選修，等於停修。時歷史所、系分開，所之專任鐘點不足，多在系增開鐘點，亦有系之專任教授在所開課者。余除在系授《中現》外，他系亦有鐘點。民國七十六年（一九八七）八月，增博士班，余授《中華民國建國史專題研究》，旋改稱《民國史專題研究》。至八十一年（一九九二）退休後，先後所長為張哲郎、林能士，仍堅持要余授此課，不能卻，與陳存恭合授之。

政大史研所增博士班前後，教授陣營不斷增強，至所授課者續有王壽南、杜維運、林天蔚、胡春惠、何啟民、徐玉虎、吳圳義、孫鐵剛、呂實強、李國祁、黃福慶、劉石吉、陳慈玉、周惠民、呂芳上等。客座者有劉岱、戴國煇、吳天威、王克文、汪榮祖、章開沅（大陸）、韋慶遠（大陸）等。對外開放，內部和諧，政大歷史所之學風及水準，享譽中外，畢業離校後在學術上有成就者，已有多人。經余指導之博士論文有劉維開、蘇啟明、林桶法、張力等，論文亦多出版。指導之碩士論文者續有柯惠珠、黃芙蓉、彭國亮、李盈慧、吳永芳、詹瑋、蘇啟明、林澤震、張順良、陳進金、許育銘等。

所辦公室有助教或講師一人，辦理日常事務。講師毛知礪任職久，先後修得碩士、博士學位，一度出國，許雪姬代理其職。許初到時，曾條示貼在辦公室之門曰：「本人代理所務，有事希與本人洽辦」云云。余曰：「余之所長尚未離職，如何代理所務」乎？知礪升副教授，專教課。雪姬至中研院近史所為研究員，研究台灣史，極有成就。所之事務李素瓊助教任之。勤敏負責，能力至強，師生多重之，成為所之「靈魂」。余每有事，必找素瓊。

政大歷史系、所同仁之間，有一優良傳統，素無派系之分，故能相互尊重，予學生以良好之示範。同仁酒量亦馳名遐邇，量大者有沁恒、哲郎、能士、廖風德、周惠民、彭明輝等；善飲而輒醉者有李定一、杜維運教授等，助教及研究生中亦不乏大酒量者。學期開始後及結束前，必有餐會，退休及校外兼任者多被邀請，相聚甚歡，觥籌交錯，此亦政大歷史系、所之優良傳統。

同仁中有特性者以江金太及李定一教授較受矚目。金太專長西洋史，「書呆子」型，家富有，甚節儉，購豪華轎車，愛惜而不捨使用之，恐受損。吸「伸手牌」香煙，癮來即訪沁恒，癮足而去。喜打網球，技術差，哲郎常取笑

之。李定一為史學界前輩，同仁中多曾受其課，稱之為李老師。四川人，頗健談，評人論事，常有精闢之處。喜雀戰，必遵其「十二」之規則，即十二圈、晚間十二點為止。晚飯前未飲酒，牌品尚佳。飯後酒略醉，牌風不順，牌友言語稍多，彼必怒而斥之。張哲郎、賀允宜、謝延庚等，皆其學生，受斥而不敢言。余知其脾氣，言語小心，暗助其需要之牌，牌順則氣和。彼讚余牌品佳。週六即約余雀戰，余儘量借故他事推托之。但彼在多日前即向余約定，即難推托矣。實際彼以此為樂，余則以此為苦而難言。某次，謝延庚出牌聲音大，受其斥責，默無一言。散局後離去，余與謝同乘計程車，仍默無言。余初不知其特性，某晚酒後，與之辯論，大受其斥，公眾場所，不能鬧笑話，余若無其事。繼而約余雀戰，何能應之！經此教訓，即小心應付之。某日，在教育部開會，商討編寫《中華民國建國史》事，中研院院士于宗先先生意見與彼相左，當時尚無發作。會畢，教育部招待晚餐，並飲酒。略醉，性發作，斥于「無知」，怒氣愈來愈大。余見情勢緊張，即云飯畢，扶彼離席，同乘計程車送其回寓。次日清醒，對余似較以往友善，而不提昨晚之事。友人中未受其斥者，不易多見。玉法以未曾受其斥而自豪。某日，亦遭其斥，不再自豪矣。

余在政大除在史研所授課外，亦在三民主義研究所授《中國國民黨史》，並指導論文，指導博士論文有樊中原、碩士有唐玉禮，政治所研究生有沈道立等。師大有周美華，乃余最後之指導生。另歷史系二年級《中國現代史》兩學期六學分。並配有他系《中現》，以足八小時為原則。研究生課重討論，碩士班十餘人，博士班四或五人。學期開始，即由各生提出學期研究計畫及題目，排列報告及討論時間。亦曾在師大歷史所博士班開專題研究數年。每學期上課約十六週，前八週由余作專題示範報告，範圍重點含民前之改革與革命，民後之軍閥與反軍閥、北伐與統一、建設與抗戰、國共之分合和戰等。每一範圍就余研究較有心得之課題介述之。並由同學提出問題討論之。所謂「教學相長」，辯難、解惑，常入「柳暗花明」之境，亦大樂也。

政大授課之鐘點費與時數之計算，研究所與大學部無差別，故一般多以教大學部課為輕鬆。但亦有以授研究所之課為「榮」者；能開博士班之課，則更「榮」矣。共同科教師亦希望列名為系所之教師，以示有專業。政大有一共同科資深教授某君，余就讀教研所時，即在政大任教，授《大陸匪情》。余曾聽其課，應為余之師。余至政大任教時，彼授大學部之《中國現代史》。某日來訪，欲與余對調歷史研究所之《中國現代史研究》，余頗為難。因是時余兼所務，如允之，則成為「光頭」之所長矣。彼或以為「出道」較余早，然余不能以同學課業作人情，更不可私相授受。彼曾一度出國，要余為其代課四小時，迨其結算代課鐘點費時，則將假期時數扣除之。多年前，彼曾著有《中國共產黨史稿》兩巨冊，其中轉錄余之《鮑羅廷與武漢政權》數段，其註資料來源與余書同，而不提余之書名。但余知其不可能見此資料。結果其書被查禁，反使其書出名，欲購而不可得。其註幸未

錄余書名，否則，可能遭「池魚之殃」矣。

余到政大任教時，講課事涉「禁忌」者，雖不致肇禍，然仍受注意。某次，余授三研所《中國國民黨史》，講到胡、汪、蔣鬥爭之事，云政大社會科學資料中心藏有《中國少年晨報五十週年紀念專刊》，載有胡漢民撰《革命過程中之幾件史實》，記有「湯山事件」，頗為精采，過去視為絕對「禁忌」而不易見者，幸在此刊中發現之。同學往閱之，果有此文。逾未久，同學再往閱之，專刊雖在，而胡之文不

▲上：政大歷史系講課
下：政大歷史研究所師生（1980年夏）
前排左起1賀允宜、2戴玄之、3永敬、4林能士、5江金太
後排左起1劉維開、2王正華、3簡湘勤、4井泓瑩、5黃芙蓉、6劉唐芬、7陳曼玲、8端木琳、9秦蕙萍、10李盈慧、11王玉、12王紀霏、13高純淑

▲上：政大歷史研究所第三屆碩士班畢業同學（1981年6月）
左起1黃芙蓉、2劉維開、3永敬、4井弘瑩、5王正華
下：政大歷史研究所師生郊遊坪林（1982年6月30日）
前排左起1李盈慧，2永敬，3世安。後排左起1、2林能士夫婦，3、4戴玄之夫婦，5文桂。最後排左起1陳孝惇，2譚桂戀，3陳曼玲，4余敏玲

見矣。余不信，親往閱之，果然。余知校中之「課」無處不在。

(三)「當」人者人恆「當」之

隨歲月之增長，經驗之累積，余之教學方式，亦隨之有所改變。授課內容，初則史多論少，進而亦史亦論，甚至論多於史。余之所謂「論」者，非馬列式之「論」，亦非「以論代史」。乃是希從已知之史實，產生「觀點」而「論」之，即如余之所謂「三權論」是也。研究所同學尚能「欣賞」之。大學部同學則未必也。余教大學部之《中現》，常發現非歷史系同學對《中現》之興趣與水準，不下於歷史系之同學；且亦偶有過之者，余則給予特優評分。對歷史系同學之要求較嚴；最基本之要求，不可蹺課。然仍有蹺課者。但又不便經常點名，因規定每學期有三次不定時之點名，蹺課同學較多時「突擊」點名。一、二次不到扣分，三次皆點不到視為全缺課，「當」之。即成績不予及格。除非期考成績特優者，通常不予補考之標準，即須重修。如他科亦有被「當」者，即有退學之虞。余為被「當」之同學，常發生困擾，有深夜按余門鈴，要求改分者，余卻之。余之此舉，不免有違學生心理，亦與「潮流」有所脫節。學校教務處迎合「潮流」，開始舉辦由聽課學生評鑑老師，由任課老師將評鑑表分發各聽課同學，填畢收回。是日到課同學特別踴躍，無蹺課者。同學對余之「評鑑」成為兩極化。有將表列所有項目，均打為「劣」者。例如表列任課老師有無經常缺課之項，亦有打為「劣」者。余知余已「老而過時」矣。乃將評卷交系主任張哲郎曰：下學期史二《中現》，擬請能士任之，余尚有一年即退休，可先「交捧」。哲郎慰余曰：評「劣」者乃「劣」等者為之；評「優」者乃「優」等為之。然余亦有所醒悟，即所謂「當」人者，人恒「當」之。但余必須「交捧」，以適應「潮流」。自我反省，余之專業素養，雖堪勝任，然「威權」心態，不適青年心理；自視為「師」，低估「後生可畏」或將「青甚於藍」者。余又何責焉。

此項「評鑑」辦法，僅試辦一次，其後不復見矣。其原因，可能發現其流弊也。

(四) 古稀退休仍留兼課

民國八十一年（一九九二）七月，余自政大退休，實足年齡為七十歲零三個月。計在政大專任十三年。兼任有六年，東海、輔仁大學兼任有五年，兼任均不計入退休年資，不符合領終身俸之規定，僅領一次退休金，可優利存款。加十三年前黨史會之一次退休金之優利存款所得，約為同等年資退休所得之二分之一。文桂在台北市一女中早余數年退休，亦為領一次退休金，優利存款，又約為余之所得二分之一。兩人所得相加，仍應列為「低收入」者。幸有儲蓄存款，惟利息甚低，尚不及兩人優存所得之總額。但已足敷生活所需。總結每月所得，三分之一即敷生活所需，仍可繼續儲蓄。近年利率大減，收入又少矣。三男各有事業，均已成

家。余與文桂除生活經濟自立不依賴子女外，特重「三老」之道，即老本、老伴、老友。另重「四少」之法，即少憂慮、少勞累、少吵嘴、少生氣。

余自政大歷史所退休時，張哲郎為系主任及所長，特假行政大樓會議室舉行歡送會。並在政大《歷史學報》第九期出「專刊」，封面以紅字標示「慶祝蔣永敬教授七秩嵩壽專刊」，首頁為余之演講照片，右上以紅字印「慶祝蔣永敬教授七秩嵩壽」，照片下印「蔣永敬老師於民國七十九年十二月十五日在『胡適與近代中國研討會』報告論文」字樣。專刊內容首篇為〈蔣永敬教授簡介〉及〈附錄：蔣永敬教授著作目錄〉，佔篇幅九頁。末註：「本文節錄中央研究院近代史研究所副研究員張力在《近代中國史研究通訊》第八期〈學人介紹〉」。第一篇論文刊余〈顧維鈞與「九一八」事變〉。依次有杜維運、王壽南、周惠民、徐玉虎、毛知礪、廖風德、魏良才、吳圳義、林能士、江金太諸教授之論文。哲郎留余為兼任，每週授課兩門，四小時，余請改兼一門，即博士班《民國史專題研究》原為兩學期四學分，余又請改為一學期三學分。俾有一學期無所牽掛。哲郎允之。民八十五年（一九九六）夏，能士繼任系主任及所長，仍留余繼任此課，余請與人合授之。能士薦陳存恭與余合授，初各授二分之一，繼求存恭授三分之二，再求余為零，能士、存恭不允。余曰：唯有「鞠躬盡瘁」耳。至周惠民接任歷史系主任及史研所所長，乃向惠民表示不再兼任矣。惟尚有博士生王玉之博士論文《救國會之研究》，要予指導，允與玉法合作指導之。

▲古稀兼課（博士班課堂，1992年12月22日）
左起：1侯坤宏、2張素玢、3張建俅、4柳智元（韓）、5陳曉慧、6萬麗鵑、7陳翔雲，8張茂霖（旁聽）。中坐者永敬。

10 研究與撰寫史著之回顧

（一）研究辛亥革命的微觀與宏觀

1、初出「茅廬」挑戰名史學家

余對辛亥革命史料之涉獵，約在民國四十六、七年間（一九五七～一九五八）。編著《胡漢民先生年譜》之際，閱讀胡之《自傳》，對革命活動之記述，生動有趣。繼閱其《文集》，革命史料，至為豐富。其後參與《國父年譜》之增訂，考訂史料，對辛亥革命之了解漸多。此為民國五十年（一九六一）前後之事。此時大陸方面有辛亥革命資料及回憶錄等多種史料之出版，台灣方面受此衝擊，有《中華民國開國五十年文獻》之編印，會中同仁多參與其事，余亦與焉。民國五十四年（一九六五），為紀念孫中山百年誕辰，編印叢書數十巨冊。余亦參與編校工作。故此數年間，余所接觸者，以辛亥革命史料及其史事為多。是年十一月，台灣報刊頗多紀念孫中山革命運動之文章。最堪注意者，名史學家方豪先生連續為文〈國父來台次數說〉，依其「考訂」，孫中山來台之次數，由「四次」而「五次」，再而「六次」、「七次」乃至「八次」。且在《傳記文學》七卷六期（總四十三號，民五十四年十二月）發表〈研究國父來台次數的經過〉一文，以確認由「四次」而至「八次」之說。余閱此文，大為驚異，以為方豪先生，乃「名史學家」也，何以治學有失嚴謹，乃為文駁之。對於長者，不免失禮，諷其如再「研究」，可能增至「九次」、「十次」矣；余誠希望「次數」愈多愈好，然據可信史料，僅有「三次」。《傳記文學》社長劉紹唐將余文送給方豪先生，但無下文。

2、考訂胡適的疑難問題

〈朱芾煌與辛亥南北議和〉，為余首次發表研究辛亥革命史事之專文，載於民國六十年（一九七一）八月之《傳記文學》第十九卷二期。利用大陸與台灣方面印行之資料，考訂朱芾煌在辛亥（一九一一）南北議和前，至武漢活動之日程，與南北開始停戰之關連。此事起於胡適在其〈跋中央研究院歷史語言研究所所藏的「殺軍函扎」中的袁克定給馮國璋的手扎〉之文。胡在文中指出：惜此「手扎」無日期，對朱到武昌日期難以明確，因而對若干重要事實之演變，無從加以聯繫。經余在〈朱芾煌與辛亥南北議和〉文中之考訂，確定袁克定致馮國璋之「手扎」日期，為辛亥年十月十一日（一九一一年十二月一日）。而次日（十二月二日）之南北開始停戰，乃為朱氏此行之結果。余在文中之說明，節略

如下：

關於朱芾煌到武昌的活動，據胡適〈跋中央研究院歷史語言研究所所藏的「殺軍函扎」中的袁克定給馮國璋的手扎〉文中的推斷，朱到武昌可能在辛亥十月初七日（十一月二十七日）以後，或者在十月十五日（十二月五日）前後。胡文刊於吳相湘主編的《中國現代史叢刊》的第三冊（一九六一年正中書局出版）。吳對胡文復作補充，其根據民國二年北京刊行之《憲法新聞》第十期談叢欄〈黎副總統歷史〉一文，指出朱到武昌是在十月初。至於朱赴武昌的使命及經過，胡根據他在民國元年十二月五日的一則日記，說他在任叔永（鴻雋）處讀到朱芾煌的日記，知道朱在東京聞革命軍興，乃歸國冒險北上，往來彰德京津之間，三上書於袁世凱，兼說其子克定，克定介紹於唐紹儀、梁士詒諸人，許袁以總統之位。朱曾冒險至武昌報命，途中為殺軍首領馮國璋所執，幾死者數次。袁克定乃馳書馮國璋請其釋放，承認朱是他「擅專派赴武昌」的。由於朱到武昌的日期不明確，胡深悔當時未能將朱的日記抄錄，因而在這緊要的幾天中，若干重要事實的演變，無從加以聯繫。

余之考訂，據京津同盟分會名冊，朱為該會財政及外交部員。根據該會章程之規定：「各部長及部員，受會長之委託，得為各處特派員」。故朱在京津彰德的活動，以及被派赴武昌報命，當受京津同盟分會會長汪精衛的「委託」或「特派」。

朱從日本到達北京，大約在辛亥九月二十日（舊曆）左右。時汪在北京出獄後，住椿樹二條杜柴扉宅。不數日，朱由滬到京，謂啣上海祕密黨部之命赴彰德，遊說袁世凱，亦下榻杜宅。計議既定，芾煌西行。汪及同志趙鐵橋等赴天津。惟朱往彰德說袁未諧。迨袁抵北京，汪又往說之，痛陳時事利害，談半日許，袁為動容。袁氏之與民黨通自此始。朱往彰德說袁未諧原因，可能袁氏未能充分信任朱能代表革命黨。在汪說袁成功，即赴天津組織京津同盟分會後，聯袁倒清計畫遂告實施。據胡鄂公的記述，汪、袁曾約定十月初九日（十一月二十九日）晚發難於北京，進攻清室大內。屆時，革命黨人如約發難，袁竟爽約，致同志李漢傑等十餘人被捕，李且殉難。同日，朱芾煌亦有武昌之行。

據李國鏞的記述（日記），朱芾煌即於這天（十月初九日）抵達武昌，並攜有汪精衛函，云「約南北聯合，要求清帝遜位」，並擬舉袁為臨時大總統。湖北民軍都督黎元洪立即開會討論，眾謂如袁實行南北聯合，推倒滿清政府，彼等願舉袁為大總統。十日，北軍馮國璋加緊砲擊武昌，軍政府受到炮火攻擊。朱向民軍提議，南北既謀聯合，非往租界先訂停戰約不可。黎即命李國鏞、馬伯援偕朱渡江至俄領事館，約北軍派代表來會，不應。俄領事敖康夫乃親自陪同民軍方面之夏維松至北軍駐地，代朱致電袁世凱，請其示期停

戰。等候數小時，無停戰電。朱即往見馮國璋，說明彼為袁氏所派之代表，以聯合南北兩軍者。但馮懼為朱所出賣，當即以專車押送朱赴北京。朱上車後，托俄領事館轉交民軍方面一函，謂其至北京後，兩日即有停戰電到；且謂三天即可回鄂。

根據以上資料，朱被馮以專車押送北京，應在十月十日（十一月三十日）下午以後。「毅軍函扎」中的袁克定致馮國璋手扎，有云「今早有電諒達記室」。可知此一手扎當在十月十一日特派專人送往馮處。可能在手扎送出不久，朱已到達北京了。

誠如朱芾煌所言：「兩日即有停戰電到」；但武昌民軍方面已有迫不及待之勢。在李國鏞、孫發緒的分頭探聽下，十月十一日的下午，漢口英領事葛福果然接到北京公使停戰三天電。停戰公文由萬國商會會長盤爾根送達武昌民軍，軍務部副部長孫武與孫發緒議妥條件，由盤爾根轉達北軍，經其認可，雙方遂於十月十二日（十二月二日）上午八時開始停戰。此時民軍方面之各省都督代表聯合會（簡稱各省代表會）即在漢口英租界舉行會議，決議「袁世凱如反正，當公舉為臨時大總統」。袁亦任命其第一軍統制段祺瑞為湖廣總督，一反馮國璋之所為。故自十月十二日民軍光復南京後，革命軍即不再有所進展。從此雙方進入政治談判階段。

3、「鑽牛角尖」的考訂工作

〈朱芾煌與辛亥南北議和〉一文，採微觀角度，運用旁證資料，考訂原件，確定此一「手扎」關鍵性的日期，聯繫若干重要事實之演變，求出史事之真相，此乃「鑽牛角尖」之工作。

是年另有「鑽牛角尖」兩文以研究辛亥革命者，一為〈從中國同盟會成立初期（一九〇五～一九〇六）會員名冊探討幾個問題〉；一為〈辛亥革命前十次起義經費之研究〉。兩文分別發表於張玉法主編《新知雜誌》第一年之第四、第六號（民國六十年八月、十二月）。

《同盟會初期會員名冊》原件，藏於國民黨黨史會。民國四十二年刊於該會之《革命文獻》第二輯。名冊登記之項目含姓名、籍貫、年齡、加盟日期、主盟人、介紹人、備考。計為九百五十六人。此為研究同盟會極重要之資料，過去鮮有利用者。余仔細觀察此一名冊，復以相關資料印證之，可以發現極有意義之問題，或修正一般著作之缺誤。例如一九〇五年七月三十日（舊曆六月二十八日）同盟會正式成立前之籌備會，為極重要之會議，出席之人數及姓名，過去一般記述頗多歧異及缺誤，解決至難。今據名冊「加盟日期」加以考訂，迎刃而解矣。經余此文之考訂，找出七十三人，皆有姓名，亦即出席此會之全部名單。又如一九〇五年八月二十日（舊曆七月二十日）同盟會正式成立會之日，出席會員之人數，過去所有史著，皆謂「三百餘人」。而《孫文學說》第八章云為「加盟者數百人」。惟根據《名冊》登記會員加盟之日期，在一九〇五年八月二十日以前加盟者，不過百人左右。證以《宋教仁日記》，是日「到者約百

人」。宋記「約百人」，應是正確人數。因加盟者始能成為會員，而有出席大會權利。故所謂「三百餘人」或「數百人」，皆非確數。又張人傑（靜江），對革命捐助至多，為孫中山所尊重之好友，兩人何時何地初晤，無由考訂。其加盟日期，亦有不同之記述。今據《名冊》是「丙午（一九〇六）三月三十日（應是舊曆）」加盟，在《名冊》中，張與褚明遺併列。經考訂，是日應即孫、張兩人初晤日期，兩人同乘輪船自歐東回經新加坡之途中。又《名冊》中會員之籍貫人數，前四位依次為廣東、湖南、四川、湖北，皆在百人以上。而此四省之革命風潮亦盛。

革命經費與革命運動之關係，至為密切，一般革命史著，著墨不多，蓋以此類資料不全，難作完整之研究。愈是資料不全，愈有尋找資料以供研究之必要。經費注重數字，以數字顯示意義，至為真實而具體。革命為冒險事業，籌款至難，用何方式籌款，較為有效？一般流行之說，革命捐款，多來自華僑，且謂如何踴躍。此乃籠統之觀念。余之〈辛亥革命前十次起義經費之研究〉，從諸多片段、零碎資料中，只能找出經費之來源，而其支用情況資料，極為缺乏。故研究重點，亦僅就來源方面，進行綜合及分析，以顯示其意義。例如興中會時期之兩次起義經費，除第一次（一八九五）僅有檀香山華僑捐助一部分外，餘皆革命黨人自籌。而同盟會時期之八次起義經費，絕大部分來自華僑之捐助。同盟會早期（一九〇七～一九〇八）捐助者，以南洋地區華僑為主；後期（一九一一）則遍及海外各地，數額亦較大。此種趨勢，足以顯示華僑之支援革命，愈後則愈普遍。華僑之捐款，常因時期、地區、階層之不同，而有不同之表現。早期以勞工階層為多，後期漸有商人及資本家。辛亥前十次起義經費，總計不過港幣六十餘萬元，其中約百分之二十為革命黨自籌。而武昌起義革命成功時，一次數十萬之捐款，輕而易舉。所謂「錦上添花易，雪中送炭難」。關於革命經費之研究，國外方面鄭憲博士有此類似之研究。其他有此研究者，尚不多見。余之此文，常為有關論文集多次之轉載。

余研究辛亥革命「鑽牛角尖」之文，復有〈從吳稚暉《留英日記》來補正國父幾次旅英日程的缺誤〉之作，刊於民國六十四年（一九七五）三月《傳記文學》二十六卷三期。余過去參與《國父年譜》之增訂時，未曾發現此項資料。其後黨史會之增訂本，已補正之。可知資料之發現，史事之補正，有賴於「鑽牛角尖」之工作。

4、宏觀架構與理論體系

「鑽牛角尖」之工作，固為治史之基礎訓練，然則不免支離破碎，如以之在課堂教學，必枯燥乏味。如何擴大視野，自成系統，將諸多相關史實，貫連起來，對辛亥革命運動作一整體性之研究，且使內容不致流於空疏起見，余曾試以思想（主義）、宣傳、組織與實行（起義）四者，作為宏觀架構。民國七十年（一九八一）九月，香港珠海書院舉辦「孫逸仙博士與香港」國際學術會議，台灣方面應邀出席

者有二十一人，余亦與焉。論文題為〈辛亥革命運動與香港〉，即以思想、宣傳、組織、實行四者，來衡量香港在辛亥革命運動中之地位。要點除前言、結論外，即以「革命思想的發源」，「革命組織的起點」，「革命宣傳的重鎮」，「革命起義的基地」四者構成之。其結論綜合如下：

思想為革命運動的動因；組織、宣傳、起義為革命運動的內容。四者為形成革命運動不可或缺的條件。就辛亥革命運動所有的四項條件來看，無論是革命思想的發生，革命組織的建立，革命宣傳的活動，以及革命起義的策動，都與香港具有密切之關係。就革命思想之發生言，辛亥革命運動之創導者孫中山先生的革命思想，固得自香港；即早期參與革命運動的知識分子如楊衢雲、謝纘泰、黃詠商等，亦多出生於香港或澳門。就革命組織的起點言，香港興中會的成員，實以「四大寇」和輔仁文社為基礎，兩者的結合，均始於一八九〇年在香港，可謂革命組織的起點。就革命宣傳的活動言，由於香港地較自由，成為「四大寇」早期鼓吹革命理想之地，故能大放厥辭，無所忌憚。其後之香港《中國日報》，不僅為辛亥革命運動中持續最久的一個革命報刊，也是聯繫海內外革命最主要的宣傳媒介。就革命起義的策動言，在辛亥革命運動過程中所發生的四十三次事件中，以香港為策動基地的卻有十一次之多。其最初的一次和最後的一次，都以香港為策動地，可謂有始有終。至革命經費的支援和轉匯，香港尤居於重要地位。

此一宏觀架構，不僅可以用之於革命運動，同樣可以用之於改革運動。此架構非余創造，乃孫中山從革命經驗中得之也。中山之《中國革命史》曰：

求天下之仁人志士，同趨於一主義（思想）之下，以共同致力，於是有立黨（組織）；求舉國之人民，共喻此主義，以身體而力行之，於是有宣傳；求此主義之實現，必先破壞而後有建設，於是有起義（行動）。

以此而論立憲運動，為求立憲運動之有效，須先有立憲之思想理論；為求仁人志士共同致力，必須組黨，成立團體；為求共喻，必須宣傳；為求實現，則須採取行動，如請願、罷市、抗稅等。辛亥年之四川路潮，即為改革行動而演成革命行動，兩者合流，結束滿清政權。

研究辛亥革命，余亦試求一項理論體系，以便於史實之解釋。吾人既不願套用馬克斯理論，為之演繹，則應從歷史經驗及資料中尋求之。此一設計，於民國七十五年（一九八六）參加中央研究院第二屆漢學會議明清與近代史組時，余發表之論文為〈同盟會民報中的革命起義之理論與方法〉。此文係從《民報》之言論中找出革命黨人討論起義問題，

從歷史經驗中找出理論與方法。認為推翻舊政權用力少而為時短，建立新政權則用力多為時長。在理論上，認為推翻舊政府，易；建立新政權而「天下定於一」，難。如何求易避難，則須從歷史經驗中尋求方法。本文就《民報》中言論及有關資料，得有結論。（此文收入拙著《孫中山與辛亥革命》台北：商務印書館出版）

5、微觀與宏觀交相使用

研究史事，撰寫論文，須有可讀性，深入淺出，至為不易。基本要求，在能熟悉史事與史料，理出脈絡，形成系統，有深度亦有廣度，則須兼顧微觀與宏觀，考訂與論述並用。此等境界，力雖未逮，而心嚮往之。民國七十四年（一九八五）八月二十日，為同盟會成立八十週年，國民黨中央紀念週會邀余演講，講題為〈同盟會成立的時代意義〉，微觀與宏觀兼顧，考訂與論述並用。以思想（觀念）、組織、宣傳、起義為架構，分析、綜合同盟會成立的時代意義。講稿發表於是年十月《近代中國》第四十九期。文分五點，一為「三大劃時代的名詞的誕生」，即革命運動新觀念之產生。二為「革命史的新紀元」，即在組織成員上形成一個新而強大的革命力量。三為「三民主義的光輝時代」，即在宣傳方面，革命思想戰勝保皇立憲思想。四為「中華民族的大覺悟」，即在起義行動方面，顯示了海內外愛國同胞之團結。五為「結論：開啟二十世紀新時代」。

所謂「三大劃時代的名詞」，即「中華民國」、「三民

▲參加漢學會議（1986年12月，台北南港中研院）
左永敬、右黃彰健

（大）主義」、「國民革命」是也。此三者在同盟會成立後始出現之。文中指出：

> 同盟會的成立，是本（國民）黨在歷史上第一次改組，正式並公開的提「中華民國」名稱，和「三民主義」，作為「國民革命」的目標。因此，「中華民國」、「三民主義」、「國民革命」三大劃時代的名詞，都是在同盟會成立後所產生的。

為了解「三大劃時代的名詞」之由來，則用考訂之法。首言「中華民國」名詞之由來，民國七十年（一九八一）十月余在日本橫濱參加「辛亥革命七十週年紀念」學術討論會時，有一日本學者提出「中華民國」之國號創始於何時何地？表面觀之，此乃至簡單之問題也。吾人用此國號已有七十年，呼喊次數實不知凡幾？對此不成問題之問題，多已忽略之。吾人過去均未曾注意及之。經此一提，余即直接反應，引述《孫文學說》第八章之記述以答之。曰「成立革命同盟會於東京之日，……乃敢定立中華民國之名稱」。應為一九〇五年八月二十日（同盟會成立之日）創始於東京也。惟《孫文學說》乃孫中山多年以後（一九一八）之著述。故余回台後，遍查資料，尋求此一名稱之初次出現於何種文獻，如一九〇五年之《民報》，或其他有關文件、講詞等，均無「中華民國」一詞之出現。次年（一九〇六）以後，始屢見不鮮。其首次之出現，見於一九〇六年十二月二日《民報》週年紀念大會祝詞之「中華民國萬歲」口號（《民報》第四號）。同日，孫中山在大會致詞中三次提到「中華民國憲法」。某次，政治大學歷史研究所入學考試，余出試題有「中華民國國號創始之由來及其文獻根據」。僅有一名考生答出「由來」；「文獻根據」則欠完整。此題仍給予滿分。迨入學，始知答對此題者，乃政大歷史系畢業同學何思瞇。因聽余課而筆記之。其他考生有謂政大史研所出此「難人冷題」者。

一九八一年十月橫濱之「辛亥革命七十週年紀念」學術研討會，由橫濱僑商資助舉辦，參加者為中（台）日兩方學者，台方出席者，即余與李雲漢、朱堅章、王曾才、李國祁、李守孔、陳三井等七人。會後遊東京，住東京飯店，適大陸學者亦曾在此與日本左派學者舉行「辛亥革命七十週年紀念」學術研討會，前一日方離去。否則；可能不期而遇也。

「三民（大）主義」名詞之由來，固為一般人所熟知，即首見於一九〇五年十一月孫中山在《民報》之〈發刊詞〉」。至民族、民權、民生各別主義之名詞，又何時開始出現，見於何種文獻？余曾撰有〈孫中山先生革命思想〉一文以記之。至「國民革命」一詞，一般多以為北伐時期始稱為「國民革命」，以與「社會革命」相對待。政戰學校聘余兼授政治研究所之《國民革命史》。首次上課，即問同學「國民革命」一詞始於何時？見諸何種文獻？彼等平時皆重理論而不重史料，不能答。余曰：本課既曰「國民革命

▲橫濱學術研討會後參觀東京大學（1981年10月31日）
左起：陳三井、李守孔、永敬、陳鵬仁（駐日使館官員）、李國祁、王曾才、朱堅章、李雲漢。

史」，而不知「國民革命」之來源，可乎？請諸君再思考之。同學曰：請老師明教。余曰：應請教「余致力」。同學惑之不能解。余曰：諸君參加「國父紀念週」，讀《國父遺囑》，開始即曰「余致力國民革命凡四十年」。哄堂大笑。余繼曰：中山於一九二五年逝世立遺囑，曰「四十年」，上溯之，應為一八八五年，即其開始「致力國民革命」之時，至一九一一年推翻滿清。此即辛亥革命過程也，一般曰「辛亥革命」。「國民革命」名詞之出現，見於一九〇六年同盟會《革命方略》之〈軍政府宣言〉云：「今日為國民革命。所謂國民革命者，一國之人，皆有自由、平等、博愛之精神，即皆負革命之責任」；又曰：「國人相視，皆伯叔諸姑姊妹，一切平等，無有貴賤之差，貧富之別」。今中共史學將孫中山之「辛亥革命」，定位為「資產階級革命」，諸君同意否？余曰：中共善給人「戴帽子」，即孫中山亦不能倖免也。

三大劃時代名詞的誕生之探討，用微觀考訂之法。詳見拙撰〈從三個名詞的微觀角度透視辛亥革命〉（收入拙著《孫中山與辛亥革命》）

（二）研究國民黨改組與「三大政策」問題

1、國共關係史之研究

民國十三年（一九二四）孫中山改組國民黨及「聯俄容共」，影響於中國政局之變化，至為深遠。在歷史上留

有諸多課題，值得研究；同時亦有諸多爭論性之問題。國內外學者有關此類問題之研究及著作，亦至繁多。近年由於蘇俄時期檔案資料之開放，新的問題隨之發生。就檔案資料之運用而言，以國民黨方面為較早。主要者為余之《鮑羅廷與武漢政權》與李雲漢之《從容共到清黨》。前者於民國五十二年（一九六三）出版，後者於民國五十五年（一九六六）出版。而後者之內容及史料，則較前者為多。此兩書所用國民黨檔案資料既多且早也。在此之前，民國四十七、八年間（一九五八～五九），余編寫《胡漢民先生年譜》時，撰至民國十三年至十六年間，（一九二四～一九二七）間，即涉獵有關「聯俄容共」及國共鬥爭之資料。閱讀胡之著述，即有豐富之記述，可與其他資料相印證者；亦有檔案資料所不及者。例如胡之講詞〈革命與反革命最顯著的一幕〉，述及孫中山為「聯俄容共」問題，曾召集重要幹部胡及汪精衛、廖仲愷等進行商討時，曾有不同意見。汪堅決表示：以為共產黨如果羼入國民黨，國民黨的生命必定危險，譬如《西遊記》上說：孫行者跳入豬精的腹內打跟斗，使金箍棒，豬精如何受得了。廖則贊成「聯俄容共」，以為世界各國和中國革命都不能聯絡，國民黨在國際上正缺少朋友，現在俄國既誠心誠意和國民黨聯絡，便不應該拒絕。胡之意見，介於汪、廖之間，向孫建議：「凡共產黨員以個人名義加入本黨的，如果真正信仰本黨的主義，共同努力於國民革命的，才可以收容。收容以後，如果隨時發現他們有旁的作用，或有旁的行動，足以危害本黨的，我們應該隨時加以淘汰」。孫同意胡之意見，且云：「這一點也在乎我們自已，假使嚴密了我們的組織，嚴明了我們的紀律，昌明了我們的主義，任何分子加進來合作，我們都不怕的」。胡之上項記述，雖是以後追憶，但亦符合史實。此外，在胡之其他著述中，頗多親身經歷，如〈民族國際與第三國際〉、〈革命過程中之幾件史實〉等，均為研究國、共關係之重要文獻。

胡由國民黨改組而至北伐時期，在國共之糾紛及鬥爭中，常扮演關鍵性之角色，在當年撰寫《胡譜》時，此類研究或著作，殊不多見。若干史實，今日視之，已屬陳舊，然在當時，尚多「創新」。而《鮑羅廷與武漢政權》之研究，乃因撰寫《胡譜》之啟發。《鮑書》所用檔案資料，非《胡譜》所能比擬。當日視之，內容更多「創新」，今日又屬陳舊矣。此乃此類研究不斷進步之故。《鮑書》出版後，余之興趣，轉向越共胡志明之研究。其間亦有少數有關國、共關係論文之發表。較為重要者，為應雲漢之約，於《中華民國史料研究中心十週年論文集》撰〈胡漢民與清黨運動〉一文（民國六十八年十一月）。文長二萬餘言，為余《胡譜》及《鮑書》問世十餘年後用力之作。是年為余自國民黨黨史會退休而至政大專任教職之後。亦為「中華民國史料研究中心」成立十週年，雲漢亦自國史館主任秘書回至黨史會，應秦孝儀主任委員之邀，任其「副座」。

雲漢主持史料研究中心，極有成就，每月舉行學術討論會，經常由黃季陸師主持，作結論，發宏論。余幾每次皆參加之，亦曾有論文發表，民國六十年（一九七一），曾發

表〈抗戰期間中法在越南的關係〉，亦為研究《胡志明在中國》之副產品。利用史庫「越南檔案」為之。

2、由研究鮑羅廷而研究「三大政策」

雲漢辦學術會議久，經驗為之豐富，此為廣結學者專家之良劑。秦孝儀主持黨史會後，辦大型之國際學術會議，雲漢之角色，不可缺也。黃師之「愛將」被奪。乃不可免矣。民國七十年（一九八一）之「中華民國建國史討論會」，秦得雲漢之策劃，真是「如虎添翼」。雲漢《史學圈裡四十年》記曰：

> 中華民國建國七十周年，公私學術機構都有發動慶祝的責任與意願，國史館黃館長尤為熱心。經初步交換意見，計畫中的中華民國建國史討論會，由黨史會請國史館、中央研究院近代史研究所、國立政治大學國際關係研究中心共同舉辦。三單位欣然同意，實際負責籌備並負擔所有費用者則為黨史會。由四單位首長秦孝儀、黃季陸、呂實強、張京育組成籌備委員會，推秦主任委員孝儀為總召集人。會內為此事成立專案工作小組，由我擔任召集人，秉承總召集人之命及籌備委員會之決議，推動各項工作。
>
> 會議日期定於民國七十年（一九八一）八月二十四日至二十八日，地點在臺北市圓山大飯店。邀請國內外學者專家及青年研究人員共二百二十人參加，共提出論文七十三篇，計畫分辛亥革命史組、開國護法史組、北伐統一及訓政建設史組、抗戰建國史組、中興建設史組共五組，分別進行宣讀論文及討論。籌備會召集人於開會時改組為主席團，由秦主任委員主持開、閉會式及綜合討論。工作小組則改組為秘書處，秦先生聘國立臺灣師範大學文學院院長李國祁為秘書長，我和淡江大學歐洲研究所所長許智偉、亞洲人民反共聯盟中華民國總會副秘書長李文哲兩兄，則受命為副秘書長；黨史會同仁劉世景、呂芳上及秘書處同仁喬維和、劉偉鵬等，則分別擔任秘書、總務、議事、接待、新聞等組的負責人。然全是義務服務，沒有一文錢的補助。

孝公為「主帥」，雲漢為「軍師」。余等則為「走卒」，參加「跑龍套」。發表論文，題曰〈鮑羅廷與中國國民黨之改組〉。分在「北伐統一及訓政建設史組」，評論人為韋慕庭及吳文津兩教授。余之論文除前言、結論外，而以聯俄、容共、扶助農工三大要項來探討鮑羅廷為改組國民黨而執行共產國際及蘇俄之政策。而此政策乃是根據共產國際有關中國問題許多決議或文件，以及蘇俄派遣來華人員的實際活動情形而歸納之。鮑氏後來稱之為「三大政策」：聯俄、容共、扶助農工。本文就此三者的發生，各方之反應，鮑藉改組國民黨時對此政策進行之過程，分別加以探討之。最後則就鮑推行此政策之障礙與原因，以及對國民黨之影

響，加以分析之。結論指出：

> 根據以上之探討，鮑羅廷欲藉協助國民黨之改組，以推行蘇俄及共產國際對國民黨之聯俄、容共、扶助農工之三大政策，顯然未能順利進行。其癥結所在，而是這些政策的背面所隱含的蘇俄及共產國際對國民黨之不利企圖，愈來愈為明顯，因而引起多數重要國民黨人的排拒。

就聯俄言，孫中山先生和國民黨人所需求的，是蘇俄的物質援助，而非蘇俄式的反帝統一戰線。至於蘇俄對中國的實際行動，尤使國民黨人懷疑蘇俄在華所作所為，與資本帝國主義並無區別。故知國民黨與蘇俄尚在聯絡期間，部分國民黨人對於聯俄政策，已有強烈的排拒作用。

就容共言，國民黨人對於中共羼入黨內的危險性，已有所衡量。故在一全大會中，既促中共李大釗作一明確的聲明，以澄清中共加入國民黨的原因；同時，復申明其紀律。此為國民黨在確定容共時，對於中共可能背約的行動，已作準備。國民黨內對容共的排拒，較之對於聯俄更為嚴重；且對容共政策表示懷疑或反對者，頗多具有影響力的重要國民黨人。中共方面，約在同一時期，其負責人陳獨秀對國共合作的態度，有了顯著的改變。對國共合作的前途，不抱樂觀。可知此一容共政策，在國民黨改組後不到半年的時間，即已發生嚴重的阻力了。

就扶助農工言，由於孫中山先生民生主義在基本觀點上，主張社會利益相調和而不贊成階級鬥爭，故國民黨早在改組前一年所公布的政綱中關於農工政策部分，即本其民生主義觀點而產生。國民黨一全大會政綱中關於農工政策部分，與前者相比較，殊少差異。顯示鮑羅廷在藉國民黨改組時，對此方面的影響，較為有限。

惟孫中山先生借重鮑羅廷經驗以改組其國民黨，對國民黨的組織形態和功能，也產生了相當程度的影響。在形態方面，國民黨過去注重上層，改組後注重基層，是由下而上。在功能方面，使能上下溝通，有指臂之用，此為有利之影響。其不利者，製造國民黨之左、右各派，使國民黨內部發生鬥爭而致分裂。但另一附帶作用，也強化了對共黨之鬥爭。

以聯俄、容（聯）共、扶助農工三項來蓋括鮑羅廷藉助國民黨之改組來推行蘇俄及共產國際之政策，至一九二六、二七年間，鮑及中共方面乃將此三者定名為「三大政策」，且一口咬定為孫中山在改組國民黨時所確立。國民黨人多渾然不察，不辨真偽，而隨聲附和之，形成教條式的口號，深入人心，要解釋否認，異常困難。其實在國民黨的文獻中，孫中山的言論中，均無所謂「三大政策」名詞之出現。至民國十六年（一九二七）七月十五日武漢國民黨中央討論「分共」問題時，始由國民黨中央宣傳部長顧孟餘指出此「三大政策」由鮑羅廷在是年一月所提出，並要大家遵守。故顧認為此一政策，並非出自國民黨，而是「共產黨的越組

代庖」。顧之報告，在余之《鮑羅廷與武漢政權》一書於民國五十二年（一九六三）出版時，首被全文引用。然此一名詞，究為何時、何人所創？見於何種直接文獻？未加追蹤考訂。至民國七十年（一九八一）余之〈鮑羅廷與中國國民黨之改組〉一文，以「三大政策」為架構，來探討鮑藉助改組國民黨而執行其對國民黨之任務，但對此「政策」及名詞之由來，仍未追蹤考訂。顯示余對此問題之研究，雖事隔多年，仍無進步。余之論文評論人韋慕庭（C. Martin Wilbur）教授，乃研究此道之高手，亦為吾師也。一方面對余文作評論，一方面對余作考試。其言曰：

> 蔣先生的研究主題是關於鮑羅廷在國民黨中，推行國際共產主義經過，當時鮑羅廷喊出三大政策，我們只聽到他和共產黨在喊，沒有聽到孫中山先生對這三大政策作過說明，也沒有在演講中提到這個主題。蔣教授提到聯俄、容共、扶植工農三大政策，這三大政策中，每一個政策當然是由孫中山先生做最後決定。但是推動這三大政策的，完全是鮑羅廷一個人。在他推動這三大政策當中，也遭到很多挫折，碰到很多困難。蔣教授在他的報告中也特別說明，鮑羅廷對孫中山先生及國民黨也有他的貢獻，其中之一是他對國民黨的組織，尤其是對下層組織，更比較嚴密和健全，可以說從上層到下層有一個很好的管制。在這個嚴密的組織下，國民黨一切的行動，一切的宣傳，都能發揮更大的效果。他說，中國人有一種看法，一個黨能夠把全黨統轄得非常嚴密，非常成功，也就可以把整個人民管得很好而且成功。
>
> 也許蔣教授在使用名詞方面，沒有時間和進一步一個一個來研究，例如關於聯俄方面，我認為聯俄這個名詞不太適當，最好是說孫先生「為了共同利益與共同方便和俄國合作」，這樣更適當一點；此外，在蔣教授的報告中，也提到關於孫中山先生允許共產黨參加國民黨的主要原因，是因為當時孫先生在革命中，遭到許多挫折，尤其是在廣州，遭到陳炯明的叛變；俄國在當時很有力量，同時在革命方面很成功，為了獲得俄國有力的協助及吸收共黨新生力量來共同為革命而奮鬥，孫先生考慮在當時的環境下，准許共產黨參加國民黨。
>
> 但是我們仔細看看歷史，可以發覺共產黨參加了國民黨，不但藉著國民黨的掩護而擴大他們的力量，吸收了黨員，同時藉著國民黨扶植工農的政策，而接近下層的份子，使共黨以後不斷的擴大。
>
> 一九二四年國民黨改組時，當時俄國的加拉罕曾到中國來。關於加拉罕，我還有很多地方不清楚，譬如他的眷屬及其他外交人員，我想蔣教授在這方面可能很熟悉。
>
> 關於孫中山先生與鮑羅廷的關係，我們從孫先生這方面了解的資料非常少。我們研究歷史，主要的資

料雖很重要，但次要的資料有時也可以發揮功用。關於這方面不知道蔣先生在史料方面，有沒有新的發現。

繼有吳文津教授之評論。吳為哈佛燕京圖書館館長，對資料甚熟悉，故其評論，亦就此方面著眼。認為：

> 就以國民黨改組的時期，關於黨章的修訂來做例子：國民黨的黨章，是在一九二三年孫中山先生請鮑羅廷起草的，因為他講過這個話，所以我們一直到現在都以為一九二四年一月第一次全國代表大會通過的國民黨章程，就是鮑羅廷起草的。其實不然，因為很少人見到最初鮑羅廷起草的稿子；這個草稿于一九二三年底在廣州出版的《國民黨週刊》第一期上發表，把這個草案和最後通過的章程對照一下，有很多不同的地方。

韋、吳兩教授評論畢，會議主持人李雲漢要余說明之，余對韋老師的考試，顯然交了白卷。亦有答非所問者。至於吳文津先生指出的《國民黨週刊》第一期發表國民黨黨章初稿，國民黨黨史會出版的《國父全集》已有收入，與〈一大宣言〉確有不同，日期是在一九二三年十一月二十五日，題曰〈中國國民黨改組宣言〉，在未接到共產國際決議案以前，由國民黨人自行起草的。至於〈一大宣言〉制訂過程，迨蘇聯解體，莫斯科檔案的刊佈，始知其詳。然在當時無從了解。

繼以自由討論，發言者有陸培湧、張存武、艾愷、杭立武諸教授。發言紀錄均見此次研討會之論文集。

孫中山有無「三大政策」問題。

此會以後，余對韋慕庭教授評余論文提出「三大政策」問題。即注意有關資料之搜集，研究此一名詞之由來。惜以當時對大陸方面之資料，視為「機密」，列為「特藏」。至政大國際關係研究中心，僅見少數大陸方面之宣傳品。民國七十四年（一九八五）十一月，香港有「孫中山先生與中國現代化」國際學術會議之舉行。余以為香港地近大陸，易於與大陸學者對話，乃在此會發表〈孫中山先生與「三大政策」〉一文。其時在大陸宣揚孫中山「三大政策」最積極者，為當年之國民黨左派人士如宋慶齡、何香凝等。宋，孫中山之夫人；何，廖仲愷之夫人。「三大政策」出諸彼等之口，豈可懷疑乎？宋為文曰：

> 孫中山思想上的轉折，使他真誠地接受了國際工人階級和中國共產黨的援助，從而提出了聯俄、聯共、扶助農工三大政策。就在這個時候，孫中山重新解釋了三民主義的內容，即民族主義是以反帝國主義為主要內容；民權主義是以人民民主為主要內容；民生主義是以耕者有其田為主要內容。
>
> 由於孫中山從革命實踐中和蘇聯的先進經驗中找

出了革命的方向，指出這三大政策是實行三民主義的唯一方法。

宋既以擁護「三大政策」自許，中共亦即推崇她為孫中山政策之忠實擁護者。在其一九八一年五月去世時，鄧小平在追悼宋之悼詞中云：

她（宋）堅決擁護孫中山先生在中國國民黨第一次全國代表大會宣言中重新解釋的三民主義，即聯俄、聯共、扶助農工的新三民主義。

一九二六年一月，宋慶齡同志在中國國民黨第二次全國代表大會期間，堅決執行孫中山先生的三大政策。

周恩來夫人鄧穎超更確定的指出：

一九二六年一月國民黨第二次代表大會在廣州召開，你（宋）站在主席臺上，發出莊嚴沉靜而又斬釘截鐵般的呼聲。你義正詞嚴地呼籲，國民黨員要忠實執行孫先生的新三民主義，執行聯俄、聯共、扶助農工三大政策。

二鄧乃中共之要人。既斬釘截鐵地謂宋在國民黨二全大會上聲稱「堅決執行孫中山先生的三大政策」；以及「站在主席台上，發出莊嚴沉靜而又斬釘截鐵般的呼聲」，而要如何如何。余在論文中，乃複印黨史會所藏宋在二全致詞紀錄原件以對證之。完全風馬牛不相及。此原件附之如下：

宋慶齡在國民黨二全大會上致詞的紀錄原始文件：

中國國民黨第二次全國代表大會會議紀錄

日　期：十五年一月八日

時　間：上午十時至十二時

出席代表：一百八十二人

主　席　汪精衛

秘　書　長　吳玉章

紀　錄　速記科

一、秘書長振鈴開會

二、主席恭誦　總理遺囑　全體肅立

立席：現在孫夫人宋慶齡同志出席，我們可否請孫夫人演說？

眾拍手歡迎。

宋慶齡同志：各位同志：我覺得很抱歉，因為種種的環境，不能早日來此參與盛會。現在承諸位的好意，推為主席，私心自問，非常慚愧，也非常感謝！我這次回到廣東來，覺得有一件事是非常安慰的，因為此間一切的政治軍事都很進步，而且比先生在的時候弄得更好。這不是我個人安慰，而且亦安慰了先生在天之靈。所以我覺得前途是非常樂觀，非常有希

望。但是我還要希望諸位團結堅固，不要受人家的挑撥，不要因一二人私見便爭意氣。因為先生主義的成功不成功，全仗諸君的努力。如果諸位能大家合作，則先生的主義，一定是能夠成功的，能夠實現的。如其不能合作，則先生的主義決不能成功的。所以我竭忱的希望諸位，要大家合作！

余既有相當可信證據，確定「三大政策」一詞，絕非出自孫中山，乃係共產黨在孫去世以後所提出，糊塗之國民黨人隨聲附和之。余論文之前言略云：

> 「三大政策」這一名詞，在半個多世紀以來，常為共產黨人作為譴責國民黨不應該反共的憑藉；也是附共人士投靠中共及蘇俄的護身符。它的意義和由來，在國民黨和共產黨兩方各有不同的說法。一般而言，共產黨及其附從者則將「三大政策」指為聯俄、聯共、扶助農工，是由國民黨總理孫中山先生在民國十三年（一九二四）改組國民黨時所確定的政策，且為中山先生新的或革命的三民主義之主要內容，亦為實行三民主義的唯一方法，而不容加以改變的。國民黨人則認為中山先生改組國民黨時，雖有聯俄、容共的措施，以及農工方面的政策，並不能以此三者構成「三大政策」。因為除此三事外，還有許多其他政策和措施；更何況在國民黨的歷次宣言中或決議案中，以及孫中山先生的著述中，根本無此「三大政策」的名詞，而聯俄、容共，祇是一時的策略，不能與主義混為一談。
>
> 這一多年來爭論不已的問題，不僅始終為國民黨人所困擾，而一般人士也難以分辨「三大政策」之有無。為了澄清這一模糊不清的觀念及多年來的爭論，本文試就「三大政策」的意義與由來，孫中山先生聯俄、容共及其農工政策的本意，證以共產黨方面的扭曲，作一探討。

此文收入拙著《孫中山與辛亥革命》。

3、大陸與日本學者繼有「三大政策」問題之研究

此文發表後，大陸方面迅有反應。據一大陸學者以後告余：彼等曾商討嗣後對此「三大政策」之解釋，如何取得一致之「口徑」云云。此亦引起大陸及日本學者對此問題研究之興趣。一九八八年，大陸方面出版之《孫中山和他的時代》及《歷史研究》有三篇論文的研究，與余同調，一為北京師大教授魯振祥之〈三大政策研究中的幾個問題〉；一為日本京都大學教授狹間直樹有〈關於「三大政策」的幾點考察〉及〈三大政策與黃埔軍校〉兩文。魯與狹間之文提出更多證據，謂「三大政策」實為中共黨人所造；並在一九二六年十月以後，始有此名詞。其中且有當時之中共廣東支部宣傳部長任卓宣其人，亦為此名詞之製造者。其後，任氏任國

民黨中央宣傳部長，且為國民黨之「理論家」。吳相湘常謂余曰：國民黨能不垮乎？

與此同時，余又發表兩文，一為民國七十七年（一九八八）在「北伐統一六十周年」學術研討會中發表〈論北伐時期的一個口號：三大政策〉；一為因應狹間直樹之發現，於民國七十八年（一九八九）發表〈三大政策探源〉一文，刊於是年三月之《傳記文學》。大陸其他學者對「三大政策」之解釋，顯然有所改變，如史學前輩陳錫祺教授指出：「聯俄、聯共、扶助農工三大政策，雖在國民黨『一大』的文獻中尚未見諸文字，這是日後總結的提法」。余對兩岸學者之能溝通，至感樂觀。

一九九一年八月，余在夏威夷「紀念辛亥革命八十年」國際學術研討會提出論文，題為〈海峽兩岸學者對「三大政策」解釋的比較〉。此次與會者有大陸、日本、韓國、美、加、澳、歐洲各地學者多人，頗多馳名國際學者。韋教授亦與焉。余發表之文並收入衛藤瀋吉與史扶鄰（Eto Shinkichi and Harold Z. Schiffrin）合編之*China's Republican Revolution*（東京大學出版）。彼之英文題目為：Sun Yat –sen's Three Great Policies :A Comparative Analysis of Guomintang and Communist Interpretations。

余以為此一英文題目將余之「海峽兩岸」譯為「國民黨與共產黨」，有違原意。

為了了解大陸方面對相關問題之研究情況，余就香港開會之便，必去書店選購所需之大陸出版書籍。解嚴前，其進口由台灣警總管制，放行與否，視情況而定。如為學者研究之用，不致沒收。解嚴後，由行政院新聞局管制。民七十六年（一九八七）十一月，余由香港回台，攜大陸出版有關研究孫中山著作十餘冊，在中正機場入境時，即有新聞局人員將余攜帶之書扣留，要余等候其檢查。余以為檢查後必發還。約兩小時，排隊等待檢查畢，給余收據一紙，云至台北新聞局取書。至局，云須服務之學校出公函證明為研究之用，方可領取。余以為如此刁難，較之戒嚴時期之警總尤為無理。余告以學校不便出公函。時新聞局長邵玉銘，原為政大教授，曾在史研所授課，在所謂「學者從政」號召下出任局長。與余相識多年，乃函邵局長，說明學校公函不便，且此類書籍並無「思想」問題，希能「賜」還。邵以打字函覆余，引用規定條文，一派官腔。余以為既已解嚴，條規亦係戒嚴之物，警總尚知尊重「學者」，如今較之警總尤嚴，余對「學者從政」原寄期望，今竟如此，深為遺憾。乃將此意投書《聯合報》。此文約在民國七十七年一月中旬刊出之。適呂士朋依其規定至新聞局領回彼之被扣書籍。新聞局即請士朋向余轉達，謂由系所公函證明亦可取回書籍。余曰：此乃原則問題，任其沒收，余必與之周旋。越日，新聞局洪處長將書親自送至余寓，要余寫一收據，註明係本人研究之用，勿使流傳即可。余即照辦。新聞局遂即放寬規定。知者謝余為學者爭取權益。

（三）研究抗戰史事

1、評梁教錞《九一八事變史述》之新著

余之接觸抗戰史料，起於民國五十四年（一九六五）六月之前，吳相湘教授主編正中書局之《新時代》月刊，向余約稿，余撰〈九一八事變中國方面的反應〉一文，刊於此刊五卷十二期。此文乃因閱讀梁敬錞著《九一八事變史述》一書後，認為「不抵抗」，非自張學良始，南京國民政府亦如此。余認為此書運用國內資料不足，致有斷論未盡恰當。而國民政府之「不抵抗」，並非始終如此，而地方軍人，包括張學良等在內，不聽中央號令，亦為重要原因。其中重要證據余即引述汪精衛在國民黨中央會議中之政治報告〈兩年來關於救亡圖存之工作〉，黨史會庫藏之原稿。讀之頗為精采。謂民國二十一年（一九三二）一月二十八日上海戰役發生時，中央在洛陽行都議定「全國防衛計畫」，劃全國為五個防衛區，以與日軍相周旋。第一區：黃河以北，司令官張學良，徐永昌副之；第二區：黃河、長江間，司令官蔣中正，韓復榘副之；第三區：蘇南及閩浙，司令官何應欽，陳銘樞副之；第四區：廣東、廣西，司令官陳濟棠，白崇禧副之；預備區：四川，司令官劉湘，劉文輝副之。調遣方法及各區司令官之表現如何？汪在中央報告曰：

> 以上五區的兵力，至少有二百四十餘萬。其調遣方法，是將第三區的兵力用於淞滬作戰，以第二區兵力為繼；同時要第一區向東三省出兵，以牽制日軍，使不得專意於淞滬。調湖北駐軍接防江西，調四川軍隊接防湖北，調廣東軍隊進入贛南。上項計畫既定，除密電各區正副司令官外，並分別派員前去詳細說明。派李濟琛、陳公博至北平見張學良，說明如果現時河北、熱河兵力不足，尚有宋哲元、商震、龐炳勛、孫魁元等部，都願開往前方作戰。但張學良以「鞏固後方，推進前方，保護地方，擁護中央」四句不著邊際的話答之。李、陳頹然而返。四川方面，派張篤倫前去，並攜有汪與蔣先生之信函。當張抵漢口時，劉湘即致電湖北綏靖公署主任何成濬，請其阻止張氏入川；去則槍斃。因劉湘防地在重慶，畏張到川傳令出兵，劉文輝等借令出兵，假道重慶，奪其地盤。張只得中途而返。廣東方面，雖嚴厲責備中央不以大軍赴援淞滬，但中央令其出兵贛南時，卻按兵不動。因川、粵未能合作，致江西剿共之軍隊不能迅速開拔，如蔣鼎文之第九師限其在二月二十日以前到達淞滬前線，然以交通梗塞，加以共軍跟蹤追擊，由贛沿閩邊入浙，且戰且走，及至開到前方，已是三月七日，而淞滬已失。長江以南，既無兵可用，乃調駐豫之胡宗南第一師。惟以長江布滿日艦，乃改裝平民，化整為零，晝伏夜行，柴船偷渡，費時二十多天，始至南京集中，而時機又失。否則淞滬戰役，情況自有不同。

▲《九一八事變史述》著者梁敬錞約宴（1970年2月）
左起：1郭榮趙、2永敬、3黃季陸、4、5梁敬錞夫婦、6李雲漢、7沈雲龍、9劉紹唐。

梁書對此問題之處理，旁徵側引，費「九牛二虎」之力，仍不著邊際。余用此資料，可謂擊中要害。然余之引此資料，未註來源。一年以後，余至紐約，梁持拙文詢余資料何據，余實告之。梁知台灣頗有「寶藏」，即用張群關係，來台參閱「大溪檔案」，台灣學者以其「特殊」，頗為不平。有人以余等在黨史會為「得天獨厚」，但較之和老（梁字和鈞，尊稱和老），差之遠矣。

2、政大講課寫「八年抗戰」講義

余在政大，講授《中國現代史》，對日抗戰史實，不可或缺，編撰《對日八年抗戰之經過》講義，邊講邊修正。抗戰過程複雜，為免支離破碎，重在提綱挈領，綜合與分析兼顧，使能成為系統。參考各家著述，寫此講義。分四章十六節。一曰抗日戰爭的起因與發生。二曰抗戰的擴大與持久。三曰與同盟國家併肩作戰。四曰中國抗戰的精神和貢獻。史與論兼顧。例如論及「抗戰的歷史意義與檢討」時，重在綜述整個抗戰之利弊得失。摘錄數點如下：

自九一八事變日軍佔我東北四省以後，其侵併中國、征服世界之野心，暴露無遺。其後五年，日本軍閥對我之壓迫，無所不用其極。惟我國財力薄弱，工業落後，一切國防建設，雖已著手進行，大部尚未完成。政府乃不得不忍辱負重，委曲求全，一面愈益加緊整理軍隊，充實國防設施，作應戰之準備。至盧溝

橋事變發生，乃振奮哀兵，以百折不撓之精神，與敵周旋。

中國抗戰八年，也考驗了中華民族的精神耐力。中國由獨力作戰四年半，而至與美、英併肩作戰，不僅使中國從此廢除了不平等條約，而且與諸國籌劃恢復戰後世界秩序，以促進世界的和平與安全。

但抗戰也發生了不利的影響，即對中國經濟造成了嚴重的破壞，使戰後的通貨膨脹一發而不可收拾；同時，中共軍的擴張行動，演至戰後的國共戰爭，破壞了國家的統一。追源禍首，侵華的日本軍閥，固不能辭其咎；但國人亦應知所警惕！

此外，中國對日抗戰，基本上是一種莊嚴的反侵略戰爭，也促起亞洲各國民族獨立運動的興起。如朝鮮、越南、緬甸、印度、印尼等國民族獨立運動，都曾直接或間接受到中國對日抗戰的鼓勵和影響。日本投降後，亞洲各國如韓國（朝鮮）、菲律賓、印尼、印度、緬甸、新加坡、馬來亞等，都先後獲得獨立，成為民主自由的國家。

此一講義，於民國七十一年（一九八二）由張玉法收入其主編之《中國現代史論文集》第九輯。聯經公司出版。政大及東海大學等校亦多有收入其《中國現代史教材》。但經歷年不斷補充修正，多所更張。最後定稿收入余之《抗戰史論》，列為張玉法主編《中國現代史叢書》之六。民國八十四年（一九九五）台北東大圖書公司出版。

3、學術會議撰寫抗戰論文

民國七十三年（一九八四），中央研究院近代史研究所舉行「抗戰前十年國家建設史」研討會，余發表〈從九一八事變到一二八事變中國對日政策之爭議〉。次年，舉行「抗戰建國史」研討會，余發表〈日本南進與中國抗戰之危機及轉機〉。兩文在政大授課時，已有構思。為余用力之作。前者用資料小註有九十九個；後者有一一四個。百分之八十以上為原始資料。其中頗多為余在黨史會時期「儲存之物」。

〈從九一八事變到一二八事變中國對日政策之爭議〉，在討論此兩事變發生後中國對日本政策之變化及其發生之爭論。即九一八事變發生後，中國應付日本侵略之政策，初為申訴國聯與準備抵抗。此策失敗，乃繼以直接交涉。不成，乃為一面抵抗、一面交涉。對日政策，乃趨穩定。就此三策之由來、進行情形、成敗得失，加以分析。結論甚長，摘要錄之：

> 從九一八事變到一二八事變，而至淞滬停戰，前後為時不到半年。對日政策，三易方針。由申訴國聯而直接交涉，再至一面抵抗、一面交涉。
>
> 訴諸國聯亦有對外與對內兩種實際作用，對外是用以維持中國在國際上之地位與減少日本直接壓迫

中國之力量。對內作用，在使國聯承擔若干失敗的責任，以減少人民責備政府之心理。

惟運用國聯亦有其限度，因國聯本身並無力量，當國聯決議促日撤兵無效時，反對申訴國聯者的理由更為充足。如胡漢民認為國聯是一個華而不實、空無內容的組織，它支柱在英、法、日、義等國利益的協調上，希望國聯來排難解紛，只是痴人說夢。

胡氏認定國聯既不可恃，因有直接交涉之主張。惟此主張所依據的對事變性質與日軍意向之判斷，未免過於樂觀；同時對內亦有被利用為「倒蔣去張（學良）」之嫌。故吳敬恒對張學良有「守非戰盟約而不渝，庶拒直接交涉為可能」之警語。日本若槻與犬養前後兩任內閣原有直接交涉之意向，然以中國民氣之沸騰，日本軍人之囂張，曾兩度祕密嘗試而中止。

訴諸國聯既失其效，直接交涉亦未成功，代之而起者則為一面抵抗、一面交涉。這是在和、戰兩途以外，所產生的另一途徑。此一政策之主張者，則以汪精衛為主。汪氏對此策的說明是：因為不能戰，所以抵抗；因為不能和，所以交涉。政府應付國難的態度，不是不和不戰，而是抵抗與交涉並行。

由南京中央政府人事之遞嬗，來看前述對日政策變易之過程，足以顯示中國之分合，與對日政策之變易，具有密切之關係。例如九一八事變之初，寧粵分裂，對日政策亦異，一主申訴國聯，一主直接交涉。迨前者失效，後者代之，南京中央政府因之改組，代以粵方人士。迨後一政策失效，寧粵漸合，乃行一面抵抗、一面交涉之策，對日政策，始趨穩定。

論文評論人，為余之老友雲漢。除指出一些缺點外，對余論文頗為讚賞。略曰：

蔣教授在論文中的分析，係依據第一手的史料，十足反映了事實的真象，他的論點我幾乎是全部同意，是沒有什麼可批評的。

我認為蔣教授這篇論文的最大價值，是重新鑑定了中華民國政府在九一八到一二八這段「危疑震撼」的時間內的對日政策，廓清了一些流傳已久但卻並不正確的觀念。我想很多人一提到九一八，就想到一個不光榮的名詞：「不抵抗主義」；一提到「不抵抗主義」就對當時主持北方軍政的張學良副司令以及南京國民政府，不抱好感，甚至詆毀為誤國或「賣國」。蔣教授這篇論文更指出「不抵抗主義」出自張的一項通電，是個「似通非通」的名詞。蔣教授發現：當時北平與南京的對日意見並不一致；南京方面又因隨人事的變化形成申訴國聯，準備抵抗；直接交涉；一面抵抗，一面交涉，三個階段。這一論斷是創新的，建設性的，也具體說明了這段史實的真象。

〈日本南進與中國抗戰之危機及轉機〉一文，對蔣中正領導抗戰及其處理危機之決策，有高度之評價。本文之結論曰：

日本南進的目的，在迫使中國屈服，解決所謂「中國事變」以遂其建立大東亞新秩序之企圖。故乘一九四〇年（民國二十九年）六月間歐洲戰局遽變，英、法戰敗之際，壓迫英、法封閉緬、越對華交通，斷我外援之路；並進兵越南，威脅我抗戰後方之雲南；進而成立德、意、日三國同盟條約，一方面抑制美國的行動，同時拉攏蘇聯，並求日、蘇邦交之調整，使中國在國際上完全陷於孤立無援之境地。此外，復在軍事上加緊對中國的打擊，一面攻佔鄂西之宜昌，形成對四川後方的威脅；同時大舉空襲戰時首都重慶，實施長時間的「疲勞轟炸」，以謀瓦解我軍民抗戰意志。最後則以誘迫方式，發動和平攻勢，以求「中國事變」之解決。

我國抗戰外交政策，原建立於英、美、法、蘇關係之友好與合作的基礎上，以牽制日本的侵略行動。當歐戰遽變與日本南進之初，英、法自顧不暇，蘇聯日趨中立，美以國內孤立派的得勢，避免開罪日本。是以我國之國際環境，頗呈暗淡之局。加以對外交通斷絕，日軍之壓力與其和平攻勢，使我國在二十九年的夏秋間，處於最危險、最困難的情況下：如經濟情況的惡化，中共之乘機要脅，國民心理變化之莫測等。面對這些危機，蔣委員長原定之抗戰外交原則：「中日問題要與世界問題同時解決」，受到質疑與挑戰。孫科因即主張因應時勢而須改變上項原則，即應由昔之英、美、法、蘇的外交路線，變為德、意、蘇的外交路線。惟蔣委員長以為敵之各種壓力與手段，無一而非搖動我之抗戰心理，逼我改變抗戰決心，如我放棄原定之原則，正是中敵之計。英、法縱敗，而美、蘇尚未捲入歐戰漩渦，故其在太平洋的勢力仍無變化，遠東問題仍不會有所變遷。故我抗戰和外交，仍按預定計畫進行。日敵外強中乾，只要我們堅定下去，抗戰一定成功。（據國防最高委員會會議速紀錄）

應變方針既定，他如經濟情況之惡化，中共之要脅，國民心理以及對外關係問題，均以最大的努力以謀克服或改進之。經濟問題，則以田賦改徵實物與英、美之借款而趨穩定；中共問題，則以「新四軍事件」為結局；國民心理問題，除在日本承認汪偽政權前夕獲取一次戰役的勝利外，則以經濟之穩定和「新四軍事件」，而獲得鼓舞；對外關係，以中美關係為重點，對英、蘇兩國，繼續增進其友好與合作。迨滇緬交通重開，國際局勢開朗，我國抗戰前途乃呈轉機。此在日本方面，實其南進所造成本身之不利，而以德、意、日三國盟約之成立為其關鍵。中國方面，蔣委員長的深謀遠瞻與堅定不移的意志，更具決定性

的作用。誠如胡適當年所云：「抗戰開始以來，介公深謀遠瞻，毅然主持長期抗戰根本大計，雖歷盡艱危，始終不渝。至今日此根本大計之明效始大顯」。胡氏之言，堪稱的論。

此文收入拙著《抗戰史論》（台北：東大圖書公司出版，一九九五年）

4、與大陸學者交流研究

討論歷史上的分合以酒會友

一九九四年七月十三日至十五日，由聯合報系文化基金會之支援，在台北舉行「中國歷史上分與合」兩岸學術研討會，大陸學者來會者有南京大學教授茅家琦、張憲文及安徽等大學學者多人。餐會中，政大教授張哲郎、林能士等與大陸學者拼酒，一杯白酒置入大杯啤酒中，一飲而盡，名曰「深水炸彈」，連續數杯，面不改色。張玉法「吹牛」曰：彼訪東北與友人競酒，「打遍東北無敵手」。「以酒會友」，顯露真情，不下於「以文會友」之學術交流也。此會有多篇論文探討國家分合問題，對當前兩岸問題，具有參考價值。余與陳進金（國史館助修，現為東華大學歷史系主任）合提論文，題為〈民國以來政權統合的方式與主張〉。收入此次研討會之論文集。

這次學術研討會大陸方面有九位學者出席，其印象與觀感，南京大學張憲文教授在其所著《學術之旅：我在南大六

▲歷史上的分與合研討會學者（1994年7月13日）
左起1郭恆鈺、2茅家琦、3張憲文、4永敬

十年》記曰：

> 台灣，我去過多次，第一次去台灣，是一九九四年七月赴台北出席「中國歷史上的分與合學術研討會」。這是兩岸第一次也是最大的一次歷史方面的學術研討會，在台北中央圖書館大報告廳舉行，台灣方面是開放式會議，與會者二百多人，而大陸方面有九位教授出席，從先秦至現代史，每一個斷代都有一位研究教授。雙方學術陣容都比較強大，台方也很重視。
>
> 由於是兩岸學者第一次舉行史學研討會，個別台方學者政治火藥味甚濃，一位學者在報告先秦歷史時，話題一轉，把矛頭指向中共，致使大陸學者十分惱火。會上偶爾也有失控現象，蔣永敬先生常講一些公道話，甚受學者們的尊敬。

紀念抗戰兩岸學者會

民國八十四年（一九九五）及八十六（一九九七）由中國近代史學會主辦在台北舉行「紀念抗戰勝利五十週年」及「紀念七七抗戰六十週年」學術研討會。兩岸學者聚會一堂，討論抗戰史，盛事也。兩會均由近代史學會理事長張玉法主持之。前會余提論文，題曰〈論中共抗日統戰初期的「抗日反蔣」方針〉。華中師大教授章開沅評論之。章，辛亥革命史專家，大陸史學界之「龍頭」。章評余論文有「褒」無「貶」。對余論文欣賞之處，為余在文中所云中共對蔣方針之變化，由「抗日反蔣」而「逼蔣抗日」而「聯蔣抗日」而「擁蔣抗日」，有重疊矛盾之現象；「即反中有逼，逼中有聯，聯中有擁」；反之，「擁中、聯中，何嘗又沒有逼與反的情況」。與中共「打交道」，大不易也。

玉法又指定余與章開沅在大會開幕時作專題演講。余之講題為〈從團結禦侮到共赴國難〉。當日《聯合報》以顯著地位刊載全文。余從正面論抗戰之能展開，乃因國民黨由黨內之團結，而至與各黨派之團結，特別是「國共合作」，始能禦侮而共赴國難。兩年後之後一會議，余未提論文，僅作評論人。最後一場綜合討論會，大會安排國防部史政編譯局長傅應川中將、杭州大學文學院副院長楊樹標教授、政大史研所王克文客座副教授及余四人分別作引言。余之引言與上次相反，從反面立論，題為〈內鬨與外侮〉。政大史研所博士班同學張世瑛對此會撰有〈後記〉，記余之發言要義云：

> 蔣永敬教授以〈內鬨與外侮〉為題，認為中國近代頻仍不斷的外患，實由內鬨而起，如北伐後的討桂、討馮戰役，召致中東路事件；九一八事變前也有戰事，劇烈的中原大戰，印證了孟子所說的「人必自侮而後人侮之，家必自毀而後人毀之，國必自伐而後人伐之。」抗戰期間的國共內鬥，也導致戰後中國蒙受極大的屈辱，其一為雅爾達協定，二為金山對日和約的被排除。這些慘痛的教訓，值得現今海峽兩岸的政治當局加以深思，以免重蹈歷史的覆轍。

▲傳記文學社社長劉紹唐招待兩岸學者（1995年7月）
左起1永敬、2章開沅、3劉紹唐、4張玉法

平時座談會中，亦有即興發言事涉抗戰史問題者，如雲漢在其《史學圈裡四十年》記余在一次座談會言及中國對日抗戰政策時，讚余有「一針見血之功」。錄之以茲備忘：

> 「九一八」事變後的「安內攘外」、和「七七」事變後的「抗戰到底」兩個口號，最足代表國民黨和蔣中正先生的抗日政策，前者是做抗戰的準備，後來是抗戰的實行。但中共對前者極力詆毀，對後者則又極力據為己有。

(四) 以「三權論」研究民國政局

1、「三權論」之由來

中國近代之革命，一為國民黨之國民革命，一為共產黨之共產革命。國民革命因時期之先後，有辛亥革命、討袁護法、北伐統一等不同階段。在進行程序上，依孫中山的規劃，同盟會時期為軍法、約法、憲法三時期。民國以後之中華革命黨及中國國民黨為軍政、訓政、憲政三時期，前後名稱雖不同，但實質無異。軍法、軍政為手段，約法、訓政為過渡，憲法、憲政為目標。以言其治，則由軍治而黨治，由黨治而民治；其權則為軍權讓之黨權，黨權讓之民權。其可能乎？要視軍權、黨權、民權三者運用之關係而定。此余「三權論」之所由起也。

余之「三權論」之提出，係民國七十七年（一九八八）

▲二十世紀中國民主運動史研討會（1988年5月20日，紐約哥大）
左1齊錫生、2永敬、右1陸培湧

五月，應李又寧、吳天威之邀，參加紐約「二十世紀中國民主運動史」研討會，余之論文題曰〈國民黨與民國早期之民主運動〉。論及國民革命運動之目的，在實現民權，北伐以前，未能取得政權，無從實行約法或訓政；而北伐以後，既取得政權，並實施訓政，並未能過渡到黨治，且仍停留在軍治階段者，乃形勢使然。在本文結論中有如下之綜述：

> 國民革命目的，在實現民權。而其結果不逮所期者，實非本願，乃形勢所使然也。在中國近代民主運動中，武力往往扮演著決定性的角色。極易造成軍權與軍治的形勢，以致民權與民治為所掩抑。國民黨在民國早期的民主運動中，在反專制、反軍閥方面的表現，成就非凡。然在民主建設方面，挫折至多。在進行的程序上，雖有軍政、訓政、憲政三時期的規劃，但在實際運作上，顯有偏差。在軍政時期，過於偏重兵力，使黨力與民力退於輔助的地位，以致形成訓政時期之軍治、黨治、民治三者之依次取代的關係。換言之，即民治為黨治所取代；黨治則為軍治所取代。所以祇有軍治，而無黨治，更談不上民治了。

2、以「三權論」研究國民政府之訓政

呂芳上在中央研究院近代史研究所策劃學術討論會，認為國民政府之實施訓政多年，研究者不多，安排余在近代史研究所作一訓政問題研究報告。余即以「三權論」之觀

點，來解釋訓政實施之背景及其遭遇之挫折。思突破過去正、反兩極化之論調。正面肯定國民政府訓政者，認為有助中國統一之鞏固，為憲政立下基礎；反面否定訓政者，認為一黨專政，或個人獨裁，與準備憲政背道而馳。余對此兩極論調，皆不以為然，亦不作價值之判斷，乃以軍權（治）、黨權（治）、民權（治）三者消長關係論述之。三者無絕對善惡之標準。民治固理想，則有黑金、黑道、暴力，以及流為「民粹」，如今日台灣之民主是也。軍閥是軍治，國、共兩黨皆要打倒之。軍閥打倒後，國民黨仍是軍治，而以黨治（訓政）、民治（憲政）為表象。中共指國民黨為「一黨專政」而要打倒之。國既倒，中共之黨治更為徹底。由民國建立，而至目前兩岸之「兩制」，其政局變化，皆不出軍權、黨權、民權之較量也。此「三權論」在余腦中不斷徘徊思索，在課堂中亦曾與同學討論之。

民國八十一年（一九九二）八月，國史館舉行「中華民國史專題」研討會，即以〈國民政府實施訓政的背景及挫折（民國十七年至二十年）〉為題，發表論文，探討「三權論」。除前言、結論外，分為四個要點，即「訓政的由來與意義」、「訓政實施的背景」、「訓政實施的經過與特色」、「訓政實施的阻礙與挫折」。（此文收入拙著《國民黨興衰史》增訂本，此處略）

此文由余友李雲漢評論之，除指出數點有待商榷外，給予至高之評價，使余頗為「陶醉」。錄其「美言」如下：

> 首先要提出來的，是蔣教授的論文，充分表現出新的觀點，新的格調。我和蔣教授是同學、同事、同志、同道，已經有了三十七年的友誼。他的著作，我讀的太多了，因此對他寫文章的格局，甚至一些基本觀念，都能有很深的體會，也很熟悉他寫作的風格。這次拜讀他這篇討論國民政府實施訓政的背景及挫折的論文，卻使我感到驚奇，因為他寫作的格調，改變很大。他是採用了新的角度，新的觀點和新的方法，來分析這個很複雜的老問題。例如他指出訓政的重要功能之一，就是「以黨制軍」，就是個很新而且很正確的觀點，很叫人折服。他以「軍權」、「黨權」、「民權」之「三權論」來分析訓政的背景和功能，又提出中國國民黨「容共」之後造成的「四次分裂」和「三大派系」的看法，以及列舉出民國十七年底中國甫告統一時六個「軍權中心」的說法，好像都是「言前人之所未言」，「見前人之所未見」，叫本人非常欽佩。本人更要向老同學永敬蔣公，當面道賀：你研究民國史的造詣，似已到了爐火純青，或者說是出神入化的地步。大家都為你高興。

3、以「三權論」研究胡、汪、蔣之分合

余以「三權論」之觀點，來解釋民國以還政局之變化，漸有得心應手之感。民國八十二年（一九九三）二月，參加中研院近代史研究所之「近代中國歷史人物」學術研討會，

復以「三權論」之觀點，發表〈胡（漢民）、汪（精衛）、蔣（中正）分合關係之演變〉。此文為探討自一九二五年孫中山去世後而至一九三六年胡漢民去世前之十一年間，國民黨三巨頭之分合，與此一時期中國政局變化之關係。文除前言、結論外，分六點討論之，即胡汪早期之革命角色，蔣之革命角色後來居上，胡汪分裂蔣取汪而代之，胡蔣合作清黨與黨治，汪蔣合作胡氏在野，胡蔣和解汪漸失落。前言部分為概述三人分合之大勢。結論則為綜論三人分合變化，實黨權與軍權之較量也。惟黨權終不敵軍權，胡、汪始終處於敗局。余友吳伯卿曰：此文頗具可讀性，彼曾讀之再三。（此文收入拙著《國民黨興衰史》增訂本，此處略）

此文之評論人為吾友李國祁教授，李教授對友人著作之評論，一向嚴格，然對此文之評論，有褒無貶。

（五）為中山艦事件與西安事變之「揭謎」而喝采

1、近代史上「兩大謎」有待揭曉

近代史中兩大疑案，不易解決，一為民國十五年（一九二六）三月二十日之「中山艦事件」，或稱「三月二十日事件」；一為民國二十五年（一九三六）十二月十二日之「西安事變」，或稱「雙十二事變」。此兩件當事人均為蔣中正所親身經歷之事，過去多年具有高度之政治敏感性，不僅事涉國共鬥爭，亦涉國民黨內部高階層之鬥爭。當事人蔣中正對此兩事之經過，曾有多次之陳述；與此兩事件相關之人員亦有各種不同之記述，以及多種其他相關文獻，互有出入與矛盾，故欲了解此兩事件之原因、真象，至為困難。研究者多，難有滿意之結果。久為「歷史之謎」。幸此兩「謎」，為北京中國社科院近代史研究所「二楊」揭開之。「二楊」者，即楊天石與楊奎松也。

楊天石利用檔案資料，揭開「中山艦事件之謎」，係在北京一九八八年第二期《歷史研究》發表此文。余為補正過去研究此事之失，乃撰〈中山艦事件原因的考察〉一文，刊於民國七十八年（一九八九）十月之《歷史月刊》第二十一期，除介紹楊天石之新發現外，並就此事件之背景、原因作一考察。此時尚不識楊天石其人。余知楊奎松，是在民國八十二年（一九九三）閱其《中間地帶的革命》新著，引用中共檔案資料，有關西安事變前張學良與中共之關係，頗多新的內容。時中央研究院近代史研究所出版《徐永昌日記》，亦頗多相關新資料。因在《傳記文學》（總三七四號，民八十二年七月）發表〈有關西安事變新資料〉一文以介紹之，認為西安事變之謎，有待揭曉之可能與必要。

一九九一年九月，余至北京初晤天石，一九九四年再至北京同晤「二楊」，興趣相投，「一見如故」。「以文會友」，至樂之事也。

2、楊天石揭開中山艦事件之「謎」

余對中山艦事件之研究，係於民國七十三年（一九八四）春參加中央研究院近代史研究所之「中華民國初期

歷史」學術研討會。發表之論文為〈三月二十日事件之研究〉。所用資料，以黨史會收藏者為主。就當時情況而言，應須參考之資料皆已儘可能利用之。資料小註有一〇八個。評論人劉鳳翰曰：「蔣教授在這篇論文中，對事件的背景、事件的發生與處理，都達到求真目的。他所用的方法與資料是被史學家所接受，其結論將被史學家所肯定」。鳳翰長於資料方面之工作，認為尚有若干資料須待參考，如彼與沈雲龍雲訪問王懋功之紀錄等。然此紀錄當時尚不開放。而此事件之關鍵，是否為李之龍承汪精衛及中俄共之命，對蔣中正進行謀害，在蔣之陳述中，似是如此。而汪及共方則否認之。但又無直接證據可資斷定何方所述者合乎事實。此乃成為「懸案」。然一般論著對此事件資料之採信，各有不同立場。「右」者採信蔣方之資料；「左」者採信汪、共方面之資料。而對對方資料常質疑之。余之論文，兩說併陳，雖力求謹嚴、公正，然亦不免中間偏「右」。鳳翰評之曰：「蔣永敬教授這篇論文，寫的嚴謹、公正，而有學術上永久價值」。如非天石運用南京中國第二歷史檔案館之原始資料撰寫〈中山艦事件之謎〉，鳳翰之言，尚難否定。鳳翰之評語，應讓之天石。

劉維開博士見天石之文，立即影印示余。為補過去研究之不足，乃撰〈中山艦事件原因的考察〉一文，發表於《歷史月刊》（第二十一期，一九八九年十月）介紹天石對「揭謎」之貢獻。（此文收入拙著《國民黨興衰史》增訂本，此處略）

3、楊奎松揭開西安事變之「謎」

另一「歷史之謎」西安事變，由於近年兩岸資料之開放，尤其楊奎松之大量運用中共檔案資料，完成《西安事變新探：張學良與中共關係之研究》一書，於民國八十四年（一九九五）由台北東大圖書公司出版後，西安事變之「謎」亦為之「揭開」。也使此一研究，進入新的境界。此一著作之問世，實為著者奎松本身努力之成就。但據奎松在本書之〈自序〉中，謂余之「鼓勵」，亦有促成之功。奎松謙虛，余何敢承。其〈自序〉云：

> 為了這本書，我（奎松自稱）要感謝台北的蔣永敬教授。我們雖然相識的時間並不很長，但蔣教授對我的研究所給予的關心使我深為感動。本來，我對寫這本書一直相當猶豫，正是蔣教授的鼓勵和他為我的《中間地帶的革命》一書所寫的書評，促使我下決心完成這樣一本書。

奎松謙虛，出版時，囑余為序，應之。並藉國民黨黨史會舉辦之「國父建黨革命一百周年」（一九九四年十一月）學術討論會，發表論文，題為〈西安事變前張學良與中共之關係：兼介楊奎松新著《西安事變新探》稿〉，為之「鼓吹」。

《新探》出版後，余復應國史館之約，撰一〈書評〉，

給予高度之評價。舉其要者，有如：

著者楊奎松先生，是大陸年輕一代學者，從他過去許多著作中，我們可以看出他是一位具有獨立思考和判斷的學者。同時，對於原始資料和直接文獻的搜集和運用，特別注重。這本《西安事變新探》之能有新的內容，除了著者具有獨立思考的態度外，就是能充分利用大量的原始資料和直接文獻了。

本書的重要特色之一，是大量運用了原始資料，而且對於已公布的檔案文件，發現可疑之處，能找出原件加以訂正。使歷史真象，更能呈現出來。

4、西安事變學術研討會

民國八十五年（一九九六）西安事變六十週年之際，台北舉行一場學術研討會，余發表之論文，題為〈西安事變前張學良諫蔣的背景與經過〉。政大史研所博士研究生張世瑛有〈西安事變六十週年學術研討會後記〉專文介紹曰：

民國八十五年適逢西安事變六十週年，對於這場改寫中國近代命運的轉捩點，近年來隨著新資料的大量出現，更帶動了西安事變研究的高潮，在史學家不斷地抽絲剝繭下，也逐漸揭開西安事變神祕的面紗。中華民國史料研究中心有鑑於這場事變所扮演的關鍵角色，特別於八十五年十二月十二日，假政治大學公企中心舉辦「西安事變六十週年學術研討會」。

會議首先由國史館館長潘振球先生主持開幕式，隨即展開為時一天熱烈討論。議程共分為四場研討會，其第一場為蔣永敬教授（政治大學歷史研究所），〈西安事變前張學良諫蔣的背景與經過〉：蔣教授在文章中指出，自一九三五年十月張學良以「西北剿匪副總司令」的身分駐節西安，率領其東北軍指揮陝甘地區剿共工作，繼續執行蔣的「安內攘外」政策。由於東北軍在紅軍的進擊下損兵折將，中共並以「抗日反蔣」為號召，對張進行統戰，張受其影響，其思想逐漸由服膺「安內攘外」轉變為「攘外安內」。前者信條為「攘外必先安內，統一方能禦侮」；後者則為「安內必先攘外，禦侮方能統一」。蔣教授認為由於蔣中正堅持前者，必須剿共；張則堅持後者，執意聯共，此為造成兩人政治意見衝突的癥結。

從張試圖聯共抗日到西安事變的過程中，國、共及張學良三方面的立場，事實上都經歷了錯綜而微妙的轉變。張學良在一九三六年七月國民黨五屆二中全會時，蔣曾對其表示有聯俄之意與容共的想法，使張認為南京的對日政策已有所調整，對於自己的「通共」之舉一度動搖，並有適可而止的念頭。中共則在共產國際的訓令下，從「反蔣抗日」到改採「逼蔣抗日」，最後再走上「聯蔣抗日」的道路。而南京方面也不斷地在進行安撫張學良的舉動。

透過本文的敘述可以看出三方面在互動過程中的複雜性，而張最後採取「兵諫」的手段。蔣教授認為與綏遠戰役有密切的關連。由於張於十二月二日飛往洛陽，向蔣陳述陝西兵心動搖，後方危急；復以閻錫山之反對綏戰，蔣乃決意將準備攻綏的大軍轉調西安，全力剿共，使得蔣、張之間的矛盾急遽昇高，面臨最後攤牌的情勢。張於是在蔣到西安三日以後，即十二月七日決定採取先發制人的兵諫之舉。

（六）參與《中華民國建國史》之編撰

1、台灣學者集體編撰民國史

民國六十九年至七十三年（一九八〇～一九八四）間，余參加《中華民國建國史》之編寫工作，並擔任第三篇《統一與建設》編輯小組召集人。此事之發起，據雲漢《史學圈裡四十年》之記述：謂係行政院令教育部負責執行。原因有二，一為史學界的呼籲，一為對抗中共之編撰《中華民國史》，而後一原因，尤為重要。蓋中共之修此史，以為中華民國「已亡」，故曰《中華民國史》。台灣方面仍奉行中華民國國號，尚在不斷發展中，故加「建國」二字。余以為此種解釋，未必洽當，中共曾修《中國共產黨史》，國民黨亦曾修《中國國民黨史》，兩黨既未「亡」，而亦未加「建黨」二字。且此項工作，乃為國史館職責，由教育部代庖，一為失職，一為越權，兩皆未當。

▲「揭」歷史之「謎」的二楊
左1永敬，2章開沅，3楊天石，4楊奎松（1995年7月）

首次籌備會議在民國六十九年（一九八〇）八月二十日舉行，由教育部次長施啟揚主持，應邀到會者為國史館長黃季陸，國民黨黨史會正副主委秦孝儀、李雲漢，中研院近史所長呂實強等，決定方針如下：一、《中華民國建國史》之編撰，作為參考用書，而非正史。二、由黨史會等單位推薦十數人，組成編輯小組，分頭進行撰寫，約五百萬字，預計兩年完成。三、以真實史料寫出真實歷史。經過再次籌備會議，通過雲漢起草之「編輯例言」及編輯委員十一人及主委人選。〈例言〉定全書分五篇：一、革命開國。二、民初時期。三、北伐統一。四、抗戰建國。五、戡亂復國。

編輯委員會人選為：主任委員秦孝儀，委員王聿均、李國祁、李雲漢、呂實強、黃季陸、張玉法、許朗軒、許師慎、蔣永敬、賴暋。

上列十一人除李國祁及余二人外，其餘九人為黨史會、國史館、中研院近史所每單位各三人。聞台大李守孔未列入，頗不悅，以後拒絕加入編輯小組。

各篇編輯小組成員如下：

第一篇：革命開國
編輯小組：召集人李雲漢　執行秘書孫子和
成員：王聿均　王曾才　宋晞　李國祁　呂士朋　呂芳上　呂實強　吳振芝　林能士　孫子和　陳三井　陳捷先　陳驥　張玉法　張存武　陶英惠　蔣永敬

第二篇：民初時期
編輯小組：召集人呂實強　執行秘書張玉法
成員：王聿均　王家儉　王樹槐　李國祁　李毓澍　林明德　范毅軍　陳三井　張玉法　張瑞德　黃嘉謨　黃福慶　陶英惠　趙中孚　劉鳳翰　劉翠溶　賴澤涵　戴玄之　蘇雲峰

第三篇：統一與建設
編輯小組：召集人蔣永敬　執行秘書徐鰲潤
成員：王正華　王樹槐　李又寧　李國祁　李雲漢　林能士　林澤震　胡春惠　徐震　陳存恭　陳哲三　陳聖士　梁尚勇　陶英惠　曾濟群　趙中孚　趙洪慈　閻沁恆　賴澤涵　戴玄之

第四篇：抗戰建國
編輯小組：召集人許朗軒　執行秘書呂芳上（前）邵銘煌（後）
成員：王家樹　李正中　李雲漢　周建卿　林衡道　胡春惠　侯家駒　袁暌九　袁頌西　陳三井　張天開　張維　張逵　陸民仁　陸京士　項迺光　郭華倫　郭榮趙　孫子和　黃大受　鈕長耀　葉楚生　葉蔭民　閔劍梅　黎東方　劉脩如　劉崇齡　蔣緯國　諸大文　錢復

第五篇：戡亂與復國

編輯小組：召集人許師慎　執行秘書胡健國

成員：王洪鈞　王壽南　白俊男　朱沛蓮　沙燕昌　吳聰賢　林克承　施敏雄　郎裕憲　侯家駒　高應篤　梁尚勇　陳孟堅　陶英惠　許師慎　許智偉　張潤書　黃大受　楊叔蓀　雷飛龍　虞德麟　趙洪慈　趙振績　劉錫五　蔣君章　鄭彥棻　錢復　遲景德　賴暋　薄慶玖

余被推為編委會之委員，應為籌備會議所決定。任第三篇編輯小組召集人，應為編委會所推選。五篇召集人中，黨史會為二人，中研院近史所一人，國史館一人，余何所屬？似不明，其執行秘書為國史館徐鰲潤，似又屬國史館。曾記編輯小組成立之前，國史館許師慎、賴暋約余至福華飯店餐敘，要余為之擬訂「統一與建設」時期之綱要。不意余在其後竟為此組之召集人。國史館自雲漢走後，已無「大將」，許所擔任之第五篇，據雲漢記述：「延至民國八十年四月始告完成」，其他四篇「均能於五年內藏事」。各篇各章、各節水準，頗不一致，此與各篇召集人及執筆人之素養有關。而各篇召集人之責任尤為重要。如本身為外行或素養不足，而推薦之執筆人即可能為外行或素養不足者。或推薦之執筆人在資歷上甚佳，而撰寫之文常有不堪使用者；甚至爽約無從交稿者。須由召集人設法解決之。如本篇某教授已依約領去稿費一半，甚至資料複印費亦報銷最多，且不斷索取稿紙，結果隻字不交，催之再三，均無結果。最後惟有另薦執筆人重行撰寫，另付稿酬。

各篇之各章、各節執筆人（編輯小組成員）由各篇召集人推薦之，經編輯委員會之同意。實際聯絡及協商撰稿者，則由召集人負責。行政業務如請發稿費催稿等，由執行秘書為之。余負責之第三篇各章節之執筆人如下：

第三篇　統一與建設

導　言（蔣永敬）

第一章　護法運動（林能士）

第一節　孫中山先生號召護法

第二節　廣州軍政府之成立與改組

第三節　護法戰爭與南北議和

第四節　粵軍回粵與軍政府之重建

第五節　陳炯明叛變

第六節　廣州革命基地之重建

第二章　北伐之準備

第一節　中國國民黨之改組（蔣永敬）

第二節　黃埔建軍（蔣永敬）

第三節　思想與理論之建立（李雲漢）

第四節　孫中山先生北上（李雲漢）

第三章　國民政府成立與出師北伐（李又寧、王正華）

第一節　國民政府成立的背景與經過
第二節　國民政府初創時的組織及其功能
第三節　國民革命軍的編組與兩廣統一
第四節　出師北伐與底定長江流域

第四章　清黨與完成北伐
第一節　聯俄容共之由來與形成（蔣永敬）
第二節　政策的分歧與意見的衝突（蔣永敬）
第三節　東南清黨與武漢分共（蔣永敬）
第四節　北伐之中挫（陳哲三）

第五章　北伐期間之外交、財政與民運
第一節　北伐時期的對外交涉（蔣永敬、閻沁恒）
第二節　北伐期間之財政（賴澤涵）
第三節　北伐期間之民眾運動（胡春惠、戴玄之）
第五節　北伐時期的婦女（李又寧）

第六章　實施訓政與軍政建設
第一節　五權制度之建立（曾濟群）
第三節　編遣會議（趙中孚）
第四節　國民會議之召開（胡春惠）
第五節　五五憲草之制定（胡春惠）
第六節　外交成就—南京國民政府時期之中外關係（閻沁恒、王正華）

第七章　各項建設事業
第一節　各級教育之改進（梁尚勇）
第二節　學術研究之成就（陶英惠）
第三節　財政改革（王樹槐）
第四節　經濟建設（趙中孚）
第五節　新生活運動（陳聖士、林澤震）
第六節　平民教育與鄉村建設運動（徐震）

第八章　剿共之進行（趙洪慈）
第一節　中共之暴動
第二節　中東路事件
第三節　五次圍剿
第四節　中共之流竄

第九章　內亂之平定（陳存恭）
第一節　李、馮、閻等亂事之平定
第二節　閩變的敉平
第三節　兩廣事變的解決
第四節　西安事變（李雲漢）

一般而言，本篇各章、節之執筆人，均為研究各該問題之專家，且不乏著名學者。本篇字數約一百六十萬，分裝三冊，十六開本，於民國七十六年（一九八七）由國立編譯館出版。本篇各章、節校對時，均由編譯館請各執筆人作最後之校對，以減少錯誤，各冊章、節之分裝、分配，求其均勻銜接，本篇第一冊為第一章至第三章，四六〇頁；第二冊為第四章至第六章，四五〇頁；第三冊為第七章至第九章，約

六五〇頁。第一冊有總目錄，每冊有分目錄及版權頁。便於閱者查考。此余在黨史會編輯之經驗。一般對此工作，多不重視，一套叢書，往往將目錄列在首冊，版權頁列在末冊，致閱者查目錄或著者及出版年代，處所時，須找首冊或末冊；且章節之分配，常將同一章分在兩冊。編譯館送校時，余見其編列有諸多缺失，乃建議加以增列及調整，並請其儘快出書。承辦人員可能認為余干涉其業務，館長曾濟群曾數度諷余對其館務「甚關切」。余佯為不解。其進度至緩，交稿約四年後始見出版。衙門作風。

余以職責之故，撰文較多，除導言約六萬字外，計五又二分之一節，每節約三萬字，計二十餘萬字。次為林能士、李雲漢、趙洪慈、陳存恭、胡春惠、李又寧、王正華等。均各約十餘萬字。余又參加雲漢之第一篇，撰〈孫中山先生的革命思想〉一章四節，約十萬字。

在編輯過程中，為稿之審訂常有不同意見，由編委會定期集會討論之。由於各篇、章、節常有不同觀點，甚至有所重疊、矛盾者。主任委員秦孝儀曾提議統一撰述，原作者均不具名，而以編委會名義行之。張玉法堅不同意，且以退出編委會為堅持。結果仍各具名，「各唱各調」。審訂人李定一與于宗先因「我軍」用詞而爭執不下，李借酒醉斥于，余扶李離席，送之回寓。李國祁審余之稿，謂余觀點「嫌左」，余嫌其「右」，婉謝之。

2、評大陸學者編撰之民國史

大陸方面編撰之《中華民國史》，已出版者有第二編第一、二、五各卷。第一編屬民以前開國部分。第二編三卷，屬北京政府時期。余均有〈書評〉。第五卷為楊天石主編，北京社科院近史所之《近代史研究》編者曾要余撰一〈書評〉，應之。稿成，該刊編者以為事涉「敏感」，不便刊載。台北之《中央研究院近代史研究所集刊》執行編輯陳永發歡迎之，乃在該刊二十七期（一九九七年六月）發表。

余之書評列為五項：（1）新的資料和新的內容。（2）引用資料不可馬虎。（3）北伐戰爭與國共鬥爭。（4）內亂外患互為因果。（5）過度曲護有礙歷史真相。

第一項是對楊天石主編的《中華民國史》的肯定。認為本書的最大特色，用了大量的新資料，這些資料不僅包括國民黨和國民政府的，還包括中共方面的；不僅包括中文方面的，也包括英、俄、日文的。至於新的內容，例如蔣介石之出任北伐軍總司令的經過，常見的資料類多根據《民國十五年以前之蔣介石先生》一書所述：「張（靜江）、譚（延闓）勸公（蔣）任北伐軍總司令，力辭；轉擁譚。譚不允，各軍長又交迫之。」此種「公式化」的描述，旨在彰顯蔣之「謙虛」，而非真實也。而本書利用多方資料描述此事之經過，就比較有真實感了。

第二項關於「引用資料不可馬虎」，例如著者記述蔣介石和鮑羅廷為了遷都武漢之爭，發生一次正面的衝突，本書

有如下之記述：

> 一月十二日（一九二七。按應為一月十一日），蔣介石偕彭澤民、顧孟餘、何香凝以及加倫抵達武漢，與徐謙等人晤談，要求在鄂中央委員和國民政府委員遷贛。武漢也仍堅持自己立場。當晚，在歡宴蔣介石時，鮑羅廷猶豫再三，終於說：革命之所以能迅速發展到武漢，「乃是因為孫中山先生定下了三大政策」。「第一是聯俄政策，第二是聯共政策，第三是農工政策」。他並說：「以後如果什麼事情都歸罪到CP，欺壓CP，妨礙農民工人的發展，那我（鮑自稱）可不答應的」。第二天，鮑羅廷與蔣介石進行私人交談，並且寫了一封長信，和孫科一起交給蔣介石，提出遷都武漢的理由。蔣介石以為「很對」；但表示須一星期後回南昌並開中央政治會議討論。他對鮑羅廷昨日晚宴時講話耿耿於懷，聲色俱厲地要鮑羅廷指明：「哪一個軍人是壓迫農工？哪一個領袖是摧殘黨權」？並說：現在「還有人在世界上說你蘇俄是一個赤色的帝國主義者」。他指責鮑羅廷「跋扈橫行」；聲稱：「你欺騙中國國民黨就是壓迫我們中國人民，這樣並不是我們放棄總理聯俄政策，完全是你來破壞我們總理聯俄政策，就是你來破壞蘇俄以平等待我民族的精神」。鮑羅廷和蔣介石之間的關係本來還過得去。自此，雙方就都難以相容了。（頁一四〇～一四一）

上段記述，頗為生動。資料來源，據註是根據蔣介石的〈在慶祝國民政府建都南京歡宴席上的講演詞〉，載於一九二七年五月四日上海《民國日報》。但就筆者手頭現有的資料來查證，上段記述，並非完全出自蔣的〈講演詞〉。其一，鮑所講的「三大政策」以及「歸罪CP、欺壓CP」，「他可不答應」等話，是見於李雲漢著《從容共到清黨》，所據資料是梁紹文的〈三大政策的來源〉，《進攻週刊》第二期（一九二七年五月十四日）。其次，鮑與蔣之「私人交談」，蔣以為「很對」的話，見拙著《鮑羅廷與武漢政權》（頁三十七），所據資料是一九二七年一月十五日武漢臨時聯席會議第十三次會議紀錄中鮑羅廷的發言。其三，蔣指責鮑的話，則是根據蔣的前項〈講演詞〉。李著《從容共到清黨》亦有收錄。該書把這幾種不同來源的資料湊合在一起，末註據蔣的〈講演詞〉，這就顯得有些馬馬虎虎了。同時，對於鮑、蔣兩人的爭執，以及是非曲直問題，著者顯然認為蔣有不對之處，說「事實證明，蔣介石在武漢的允諾是虛假的。返贛途中，他在牯嶺與張靜江商量，提出驅逐鮑羅廷」。（頁一四二）

蔣介石在武漢對鮑有無「允諾」？是須加以查證的。按鮑在一月十五日武漢臨時聯席會議發言中，還說到蔣對他所提出的「理由」有所反駁，鮑對蔣的「反駁」，表示「贊同」，並認為「亦無不可」。這段發言記錄，該書略而未

採，今補充之。鮑羅廷說：

> 當時我（鮑氏自稱，下同）的意見：現在時局嚴重，為節省時間起見，中央政治會議可否在武漢開會，請南昌同志到武漢來。蔣同志提出幾種理由，以為應在南昌開會，所費亦不過兩三天。當時我亦贊同，以為在南昌開會，亦無不可。

由鮑之上段談話，足證蔣氏並無「允諾」之事。

第三項關於「北伐戰略與國共鬥爭」，鮑羅廷及中共為了奪取國民革命的領導權，實以蔣介石為鬥爭的目標，其過程由「脅」而「反」而「倒」，可謂無所不用其極，但仍未能把蔣扳倒者，原因何在？該書認為：「因為蔣介石還掌握軍權」（頁一五五）。這當然是重要的原因，但非唯一的原因。因為當時握有軍權而參與反蔣、倒蔣者，在北伐軍的將領中，除最具實力的唐生智外，還大有人在。即蔣之嫡系第一軍的三個師長中除劉峙忠於蔣氏外，其他兩位師長如薛岳、嚴重均傾向武漢中央，二、三、六軍也是站在武漢方面的，在武漢能征善戰的第四軍更不用說了。鮑且握有國民黨武漢中央，發號施令，可謂權傾一時，而終至不敵蔣氏者，顯非單純的軍權問題。如就該書所述相關史實中，不難理出一個有系統的多種原因，例如北伐戰略的選擇，對外關係的運用，民眾心理與社會傾向的掌握，友軍與軍閥歸順的趨向等，都是重要的原因。

僅就北伐戰略的選擇而言，蔣之進軍長江下游，是北伐的「東進」戰略，是國、共之間一項關鍵性的戰略鬥爭。北伐軍於三月二十一日及二十四日，分別進佔上海和南京。這是「東進戰略」之成功，不僅使蔣介石解決了財政的困境，改變了馮、閻友軍的趨向，擺脫了俄人、中共及左派的糾纏。此外，更有本錢來搞對外關係了。就是該書第三章標題所說的「列強分化中國革命與蔣介石發動政變」。也可以反過來說：「蔣介石利用列強分化中國革命發動政變」。

關於第四項「內亂外患互為因果」問題，本書第三章「列強分化中國革命與蔣介石發動政變」，在標題用詞上雖具有主觀性的價值判斷，但其充分利用中、美、英、日各方面文件和檔案資料，使得本書的內容大為出色。從著者所引述的大量外文資料中，也可顯出一種趨勢，即南方由不受列強重視的地位而走向強大與向外發展以後，內部雖有矛盾但未出現分裂的局面時，列強雖企圖分化，但卻有所顧忌，常會作出對南方讓步或示好的舉動；同時為怕開罪南方，對北洋軍閥的要求援助，予以拒絕。但當南方內部出現分裂時，列強態度也就隨著改變，不但助長分裂，更要乘機從中漁利。這種現象，在中國近代史上也是屢見不鮮的。所謂因內鬥而召致外侮，內亂必生外患者，乃中國人一貫的悲哀。如謂「列強分化」而致蔣「發動政變」，那也不夠全面。

第五項關於「過度曲護有礙歷史真象」，北伐期間，國、共兩黨都在爭奪國民革命的領導權。國民黨方面則恃軍權；共黨方面則恃黨權與農工運動。前者視農工運動為「暴

亂」、「破壞」；後者則視軍權為「獨裁」，以農工運動為「革命」，國民黨左派初附和之，右派則反對之，故右派被標籤為「反革命」或「反動派」。當左派轉右時，則被指為「叛變」。這些用詞，都是用於政治鬥爭的，不足為訓。學術性的著作，應避免使用之；縱非使用不可，則應以括號引用原文為限。而本書在用詞方面，有時充滿政治鬥爭的意味。

北伐時期兩湖地區農工運動的「過火」，引起當地軍民的反抗，這是事實。但如何鑑定可信的資料，說明其真象，分析其原因，明其利弊得失，作為鑑往知來的參考，此為治史者基本職責。如果以此要求標準，來衡量本書對農工運動問題的處理，則不免有些失望。例如講到長沙的許克祥「馬日事變」時，該書的描述是：

> 明明是許克祥等猖狂進攻，屠殺革命人民。但是，在湖南省政府的電報中，卻成了糾察隊進攻軍隊。顛倒黑白，一至於此！（頁五五七）
>
> 許克祥發動叛亂時，靠的是武力。（頁五五八）

汪精衛的武漢分共，該書的形容是：「汪精衛集團確定分共政策之後，反動軍官、土豪劣紳們大為活躍」。對於鮑羅廷的離華回俄，則說：「鮑羅廷回俄。至此，孫中山確定的聯俄、聯共、扶助農工等政策均被破壞，轟轟烈烈的國民革命徹底失敗了」。又說：「汪精衛集團的叛變，激起了左派人士的忿怒，鄧演達決定出走」。對於堅持「三大政策」的宋慶齡，說是「歲寒而知松柏，在滾滾的政治寒流中，宋慶齡表現了偉大的革命氣節。（頁五八九～五九一）

孫中山有無制定「三大政策」，是一個爭論已久的問題。經過近年中外學者的研究，認為孫中山生前，並未提出此一特定的政策，更無此一名詞的確立，而是在他去世一年多以後，始由中共人員提出來的。如果把「贗品」視為「真貨」而肯定之，便使學術性大為減色了。

大致而言，本書大部分的論點，尚能保持客觀的態度，亦具高度的學術水平。所可惜者，一涉及「敏感」部分，即難保持客觀了。其實際情況固然可以理解，但如過分曲護，就淹沒了歷史的真象。

（七）高中歷史教科書民國史部分之編寫

民國七十三年（一九八四）台灣高、初中歷史教科書重新編寫，由國立編譯館成立歷史教科書編審委員會，李國祁任主任委員，王仲孚等二十三人為委員，余為委員之一，其中有少數高中歷史教師外，多為在大學從事歷史教學之教授。余與呂實強合撰高中歷史第三冊，總訂正為李國祁。第三冊從第二十章起至第三十章止，為近代及現代史部分，起自鴉片戰爭而至目前，全書分為十一章三十一節，實強任清末至民初部分之撰寫，即自第二十章至第二十五章，有六章十六節。余自軍閥割據至目前部分，即自第二十六章至第三十章，有五章十五節。民國七十四年（一九八五）初版。每學年開始前，任課教師或其他方面常有修正之建議，由撰寫

人斟酌修訂，並經編審委員會之通過。至民國八十六年（一九九七），已發行至十三版。附此書「目次」及編審、編輯人如次：

高中歷史第三冊　目次

第二十章　列強的侵凌與內亂
　第一節　鴉片戰爭與英法聯軍
　第二節　俄國侵略
　第三節　太平天國的興亡與捻亂回變
第二十一章　自強運動
　第一節　模仿西法與洋務建樹
　第二節　臺灣的積極建設
第二十二章　邊疆藩屬的喪失與甲午戰爭
　第一節　邊疆藩屬的喪失
　第二節　甲午戰爭與臺澎割讓
第二十三章　變法與革命
　第一節　瓜分危機、庚子動亂與日俄戰爭
　第二節　戊戌變法與立憲運動
　第三節　革命運動
第二十四章　中華民國的創建與民初政局
　第一節　辛亥革命與中華民國的創建
　第二節　袁世凱的竊國
　第三節　民初對外關係
第二十五章　清末民初的社會經濟與文化
　第一節　社會的變遷
　第二節　經濟的發展
　第三節　文化與思想的演進
（以上各章為呂實強撰，以下各章由永敬撰）
第二十六章　南北分裂與統一
　第一節　軍閥割據與混戰
　第二節　護法運動與北伐統一
　第三節　南北分裂時期的中外關係
第二十七章　艱苦建國的十年
　第一節　統一之鞏固
　第二節　俄日侵略與安內攘外
　第三節　改革與建設
第二十八章　八年抗戰
　第一節　抗戰的爆發及初期情勢
　第二節　中國與同盟國家並肩作戰
　第三節　中國抗戰的精神和成就
第二十九章　行憲與戡亂
　第一節　戰後建國方針與行憲
　第二節　蘇俄的侵略
　第三節　國共決裂與政府戡亂
第三十章　復興基地的建設
　第一節　政治軍事與外交
　第二節　經濟與社會
　第三節　教育學術與文化

附錄 大事年表（續）

主　編　者　國立編譯館
編　審　者　國立編譯館高級中學歷史科教科用書編審委員會
主任委員　李國祁
委　　員　王仲孚　王建　王曾才　王壽南　尤美雲　呂實強　李正富　李樹桐　李邁先　林明德　高亞偉　連秀華　孫彥民　張元　蔣永敬　黃秀政　黃俊傑　管東貴　蒲慕州　劉元陵　蔡學海　蕭人英　魏外揚
編　輯　者　呂實強　蔣永敬
總　訂　正　李國祁
出　版　者　國立編譯館
地　　址：臺北市舟山路二四七號

此外，國中歷史教科書第三冊亦同時新編出版，使用以後，國中任課教師反應意見至多，內容蕪雜，教學不易，由余修訂之。是以每年余均須根據編譯館彙集各方之反應意見，修訂此兩課本。曾記一高中任課教師反應學生之意見，謂日本侵略中國之甚，屠殺中國人之慘，中國抵抗日本侵略犧牲之大，中國取得勝利，為何對日「以德報怨」？蔣中正有權以國人生命財產為代價作此決定否？過去吾人每一提及抗戰勝利對日政策之寬大，即曰「以德報怨」，且認為此乃「偉大」之政策，顯示中國傳統之「美德」，中、日兩方人士均深信不疑，高中、國中歷史教科書中亦照寫不誤。余接到此項反應意見後，深感吾人平時讀書「不求甚解」，人云亦云。於是仔細閱讀蔣之當年文告以及有關言論，並無「以德報怨」用詞。且其所謂「寬大」以及「不圖報復」，乃是有條件的；甚至要求賠償，中國亦應較優。將蔣之抗戰勝利文告（民三十四年八月十五日），解釋為「以德報怨」，誰是「始作俑者」？國史館遲景德謂余曰：是年八月十五日重慶《中央日報》之〈社論〉。余未見之，有待證實。據余考訂，以當時國防部長白崇禧報告處理日本戰犯問題，用「以德報怨」一詞為時較早。其後見於中日和約談判時，日方代表直以「戰勝國」之姿態，刁難我方代表。日本真乃「以怨報德」也。余據反應意見及考訂之結果，乃將教科書中「以德報怨」一詞刪去。但此積非成是之觀念，已根深蒂固，去之不易矣。因撰〈「以德報怨」、還是「以怨報德」〉一文，發表於《歷史月刊》第十五期（民國七十八年四月）。

台灣「二二八」事件，事涉敏感，著筆至難，但又不能避而不提。就全書之比重，以簡要為宜，但部分「台獨」民意代表，常有意見，指責課本對此事件之記述，係「避重就輕」，編審委員會為此問題，討論如何修訂，仍難獲得指責者之滿意。余等深苦之。編審會決定推舉黃秀政執筆修訂之。秀政師大歷史學系博士，國祁所指導。民國八十六年（一九九七），由其主編之國中通識課本《認識台灣，歷史篇》，由編譯館出版，有稱之為「台獨歷史」者。與其同時新出之《認識台灣，社會篇》，「獨」之意識尤為強烈。余

等雖曾表示不同意見，但亦無可奈何。在一項紀念盧溝橋事變六十週年集會中，余曾有演講，題為〈中日代理戰爭的危機已在台灣燃起〉。要義是說此種課本內容充滿媚日、仇華意識。今之大陸大搞民族主義，台方大搞皇民主義；大陸大搞愛國主義，台方大搞亡國（亡中華民國、亡史）主義，即所謂「文化台獨」。

高中歷史教科書所述一九四三年開羅會議中美英三國領袖聲明台灣澎湖在日本戰敗後，應歸還中華民國，此為多年來不爭之事實，但有一「獨派」人士提出質疑，謂開羅會議聲明未經三國領袖簽字，應屬無效。此君不斷為文致立法院、教育部等機關，要求修改教科書。編譯館受到沉重壓力，舉行編審委員會議，余等舉出此項聲明，在中、美政府公報中，既有發佈，何能視為「無效」？此君仍是糾纏不休，再次開編審會討論之。余對此已感厭煩，非理性所能解決，不再與會。聞由編審會決議請外交部解釋之。此乃「踢皮球」之作風。

時代在變，人性在變，余等亦由「黨」、「國」之「遺老」，而為時代之「遺老」矣！

（八）「批李、非獨」之「清議」

台灣自解嚴後，開放兩岸交流，實行民主，此屬可喜現象。兩岸交流，頻生障礙，余以為雙方皆有責任。至於台灣之民主，由於當局者心胸狹小，充滿民粹意味，偏離民主軌道。此對中國及台灣之前途，皆不利也。吾人研究歷史，關心治亂興衰之道，對於當前情況，不能視若無睹。有所感觸，必為文論之。余之背景，不免有「遺老」心態，故為文立論，不免有悲憤之情。有謂余之近年言論，頗多「批李」（李登輝）而「非獨」（台獨）者。李自民國七十七年（一九八八）繼任中華民國總統及國民黨主席後，諸多措施，余以「三不」形容之，即「不講理、不守法、不知恥」。陳志奇教授在一次演講中引述之。一經報載，成為陳之「版權」矣。

李氏「接班」之始，余以為以一台籍平民之學者，無「特權」之背景，依制度而行，實乃時代之進步。當其接替國民黨主席時，余在《聯合報》發表短文，讚揚制度之成功。指出國民黨具有悠久之歷史，政治資源雄厚，對中國深具影響力，有利用之而得權力，而又企圖毀滅之者。此為歷史事實，原非對李而言，不意其後李竟如此。民國七十八年（一九八九）春，當「萬年國會」之國民大會集會選舉總統時，即出現「主流」與「非主流」之鬥爭，李氏操縱其間，借修憲而行「直選」之法，即向獨台與台獨之路邁進。

李氏為清除異己，製造鬥爭，使國民黨出現分裂危機，是在民國七十八年（一九八九）競選總統之際，迨其當選後，益無忌憚。民國八十一年（一九九二）十月，余在《國是評論》發表一文，題曰〈玩火自焚的國民黨接班人。汪精衛〉，以比喻今之李「接班人」，其要點有：（一）儀表出眾虛偽多變。（二）搶得位子失去光采。（三）登上寶座同志被整。（四）黃鐘毀棄瓦釜雷鳴。

國民黨面臨此局，余深惜之。其《中央日報》亦已淪為私人鬥爭之工具。余在發表〈玩火自焚〉一文之前一月，另有一文在《國是評論》發表，指出「百年老店」命運，將為一批「作秀」之人所斷送。吾輩「國民黨遺老」，唯有對此「百年老店」作一憑弔而已。其後續有數文，鍼砭有關當局。並彙集余當年有關國民黨之論文計十七篇，編為《百年老店國民黨滄桑史》一書，由傳記文學社於民國八十二年（一九九三）五月出版，即以此文為〈序〉。「百年老店」一詞，從此被形容為國民黨之代替名詞矣。

民國八十一年十一月，余發表〈國民黨的分合與興衰〉一文，指出國民黨過去之三次分裂而致黨之衰敗，亦有三次整合成功而致復興，今者面臨第四次分裂，亟須挽救，李氏責任，尤為重大。（此文收入拙著《國民黨興衰史》增訂本）

李氏為排除異己，曾提「世代交替」之說，余於民八十二年（一九九三）三月撰有一文揭露其企圖，題曰〈李登輝與汪精衛的「世代交替」之比較〉。（此文收入拙著《國民黨興衰史》增訂本）

國民黨經過李氏十餘年之踐踏，幾已黨不成黨，其黨義、黨德，蕩然無存。台灣之民進黨近年亦國民黨化。內部亦在分裂腐化之中，在民國八十六年（一九九七）十一月縣市長之選舉，大獲勝利，使國民黨政權成為空中樓閣。「百年老店」命運面臨倒閉。八十七年（一九九八）一月，余在《歷史月刊》發表〈「百年老店」國民黨是否將成為歷史名詞〉一文，從歷史經驗來檢討今後國民黨能否有救？文之要點為：（1）「百年老店」命運面臨倒閉。（2）多次失敗皆因「自敗」。（3）「自敗」源自內鬥和分裂。（3）三次的「自救」再創生機。（4）從「自救」經驗看「百年老店」命運。

余之「非獨」，亦與「批李」有關，蓋李氏本人之性格及作為，即具台獨之濃厚色彩，彼之縱容與利用台獨人士，不時發出脫華、仇華、排華之言論，塑造「台灣民族」意識，將台灣居民分為閩南人、客家人、原住民、外省人，四大族群而分化之。目的在建立「台灣國」。中共之建立中華人民共和國以亡中華民國，而台獨又要建立「台灣共和國」以亡中華民國，可謂「一丘之貉」。所不同者，前者則視自己為中國人，後者則否。

「獨」既不可，然則如何解決問題乎？數年前，余曾發表〈孫中山統一中國的主張〉，刊於《近代中國》。參加廣州及南京舉行之學術討論會時，亦提出此文。余認為孫中山統一中國之主張，值得兩岸當局之參考。其中最要之點，孫中山認為中國歷史上之分裂，源於專制政體，務以防民為目的，以致民自為民，國自為國，國與民不能一體，故彼創立中華民國，以圖根本解決中國歷史上之分裂問題，所謂「分久必合，合久必分」，不再重演。今者中共首亡中山創立之「民國」；台灣當局亦在蔑視「民國」而企圖滅亡之。故余曰：目前兩岸之分裂而難統一，兩方皆有責任。中共之所謂反對「兩個中國」或「一中一台」者，實中共造成之。中共當年之創立江西「蘇維埃共和國」與一九四九年成立之「中

華人民共和國」，皆另創一國。故余認為台灣方面不僅應堅持中華民國之國號，尤應誠心誠意發揚孫中山建立民國之理想。以中國一分子之立場，負起振興中華之責任。台灣之安全與繁榮，繫於全中國人之同情與合作。今之搞對抗者，乃反其道而行。尤難使人理解者，李氏身為中華民國總統及國民黨主席，竟譏諷之為「外來政權」而蔑視之。李自垮台後，惡形愈著，「批」之者多，不須余之再「批」矣。惟予之「批」，與世無補，「清議」而已。

然而主張台獨之台灣民進黨，至為機巧，亦知中華民國之重要性，用「借殼上市」之法，以「中華民國」為庇護，行其獨立之策，故其《台灣前途決議文》有云：「台灣是一個主權獨立的國家，它的名稱叫做中華民國」。亦即李登輝所謂「中華民國在台灣」。如此，「中華民國」又成為負面之物矣！

追根究底，吾人對於李登輝之言行不能苟同，實由於文化背景之差異。即如呂秀蓮在其回憶錄中所云：

> 李登輝出生在日本時代，到日本受教育，也當過日本兵，壯年時出任來自中國的中華民國政權領導人，本質上是台灣人的李登輝總統，兼具日本人、中國人和台灣人三種政治DNA，他的思維和執政風格自然大異於蔣氏父子，他使用的語言，往往漢和交雜，令人難以正確理解。（呂秀蓮《非典型副總統》，上冊，二頁）

事實上，李登輝亦坦承彼為日本人，說釣魚臺是日本的領土，不僅為中國人不能接受，台灣人亦難接受。

11

「三老」中之「老友」

（一）何謂「三老」

人到老年，「三老」實不可缺，即老伴、老本、老友也。余之老伴文柱對余之家庭生活、子女之教養，余之交友及事業，均有極大之幫助；過去數度旅美及近年多次大陸之遊，皆不可缺少之良伴。但余之粗心大意，對家事不大關心，實負咎良多，或處事不當，使彼傷心，時思補償之。然以惰性難改，對余曲諒，愈增余之惰性。

所謂老本，一為良好之健康，一為足敷養老之經濟。增進健康之法甚多，余無實踐之決心，順其自然而已。保持心情舒暢，以練字為娛，不忮不求，無憂無懼。近年雀戰較少，如好友相聚，偶而為之。至於經濟，雖非富有，勉稱小康，不虞匱乏而已。家中財務，由文柱經管之，收入支出，逐項記之，偶閱數十年前之記帳，家庭之珍貴史料也。理財原則，量入為出，節儉而不吝嗇，刻己而不薄人。能省則省，當用則用。例如外出，能乘公共汽車則不必乘計程車；例如旅遊，力之所及，當不必為惜金錢而免除之。用之恰當，則可增進生活樂趣，滿足需求，即為富有。用之奢侈失當，慾望無窮，常感不足，即為窮困。不作發財之念，即無經濟問題之困擾。與友人雀戰，在求愉快，非為金錢之輸贏，凡輸贏大者，決不為之。以免有傷友情與經濟。

余之老友多矣，多為道義之交。與人少有利害關係，故少有利害之友。道義之友，可數十年友誼不變，相處愈久，友誼愈深。余之老友，以國民黨黨史會之「三老纂」及南港學術之友為最重要。以下將分述之。

（二）黨史會時期之「三老纂」

國民黨黨史會時期之「三老纂」者，余與劉紹唐及李雲漢，紹唐其號，名宗向，現代之奇人。獨力辦《傳記文學》，屆至二〇〇〇年已達三十八年之久。對近現代史料之貢獻，在歷史上必留紀錄。史學家沈雲龍諧之為「野史館長」，唐德剛評之為「以一人而敵一國」。「野史」乃「國史」或「官史」之對，其重要性不下於國史或官史。就讀者與參與撰寫者而言，其人數與水準，亦不下於國史或官史。就撰寫者而言，諸多馳名之學者如胡適、羅家倫、吳大猷、沈雲龍、毛子水、吳相湘、唐德剛、夏志清、方豪、陳紀瀅等，均為其作者，且有更多之軍、政、學以及社會各界名人所發表之回憶錄，其生動活潑而不受傳統之限制，皆國史或官史所難能。紹唐豪爽好客，交遊廣眾，今之「孟嘗君」也。余知紹唐之名，約在民國四十年初，讀其《赤色中國的

叛徒》一書，此書馳名中外，被譯成多國文字，流傳至廣。余之識紹唐，約在民國五十二、三年（一九六三、六四）間，當其創辦《傳記文學》之初，約稿至難，多認為此一雜誌必難持久。此亦一般雜誌之共同現象與命運。《傳記文學》則屬例外，主要原因當是廣受讀者之歡迎，且能維持高度之水準，此賴主持者之眼光。余受主持人紹唐免費之贈閱數十年，未曾斷期，每期必閱之為快。《傳記文學》首次登余之稿，係自民國五十七年（一九六八）一月第十二卷第一期起，文為〈羅易與武漢政權的反帝國主義運動〉，至民國八十二年（一九九三）六月第六十三卷第三期，計八十篇。其中有人物小傳二十六篇。除此之外，余之《鮑羅廷與武漢政權》一書，於民國六十一年（一九七二）由其再版。《胡志明在中國》亦由其初版。後者不僅為冷門之書，當時且視有「敏感」成分，出版不易。民國八十二年（一九九三）出版余之《百年老店國民黨滄桑史》一書，正值國民黨內部紛爭而呈分裂之時機，此書之出，可能較受注意，讀者亦較多。紹唐出余之書，彼此從無商業關係，凡余所需《傳記文學》出版之書，從不取值。彼常邀宴各界名流，亦常邀余作陪。余之得識若干「名流」，紹唐之介也。紹唐一度對余頗為「賞識」，要余常為《傳記文學》撰稿，並給余「顧問」名義。余頗以此為榮，且印有名片，自我宣傳。所謂「君子之交淡如水」，如過熱如湯，則必降溫矣。某次余至《傳記文學》社，與紹唐為一問題發生爭論，余曰：「你不懂也」。紹唐光火，將余存留之稿退回，且有一文已排竣校畢，亦退之。吳天威適在余寓，見之曰：「紹唐過分也」。余致一簡函給紹唐，謂余最感沉重吃力者，係負擔友人之承諾；余之表情有誤，今後則大為輕鬆矣；唯余仍以為有友如汝者引以為榮。未幾，紹唐復來電話，邀余與三、五好友小酌。又和好如初矣。惟避談撰稿之事。民國八十七年（一九九八）四月初，余赴南京之前，寫有《回憶錄》十餘萬言，複印兩章，一致玉法，一致紹唐。致玉法者，事涉民六十六年（一九七七）彼之《中國現代史》受「審查」事，徵其對此事之意見。致紹唐者，為余〈黨史會學徒和赴美研究〉。紹唐得稿，知余將赴南京小住，特邀友數人在同慶樓小酌，為余餞行，並留下南京住址。備寄《傳記文學》。文於五月號（總四三二號）刊出，迅即收得航郵十冊，分贈大陸學者友好，有謂夜間不寐而讀之者。吳相湘教授自美來函，建議余之《回憶錄》可取名《皓首好還鄉》。

最使余傷心者，為紹唐二〇〇〇年二月十日之去世。十一日晨文桂聽廣播時始知之。上午九時，余即到劉府弔慰，見劉夫人，坐片刻，有《聯合晚報》記者電話訪問《傳記文學》對史料之貢獻。下午《聯合報》王震邦電話要余撰一短文以悼之。心情激動，難以下筆，勉撰〈紹唐先生走了〉一文，當晚傳真過去，十二日刊出。多人見文，始知紹唐過世，不勝惋惜。紹唐之病，原非一日，一九九九年七月十日余在香港出席和統會會議時，卜少夫先生告余，劉紹唐心肌梗塞，送至醫院（榮總）已昏厥兩小時，電擊甦醒動手術得救。余返台北電話劉夫人問病狀，八月間往視之，坐談半小

時，見其精神不佳。其另一致命之病，乃肝癌，未向友人告之。早期僅云患攝護腺、白內障，皆動手術，余曾在書田診所遇之，狀甚萎靡。春節電話《傳記文學》社，無人接，以為放假無人辦事。蓋此時已入三軍總醫院治療，吾不知也。二十三日上午，在市立第一殯儀館祭弔，往弔之。

「三老纂」之一李雲漢自民國四十六年（一九五七）八月與余入黨史會後，即為工作夥伴與學術互磋之好友，迄近六十年。與余交往之密切，文中多有所記。友人戲稱余與雲漢為「蔣李二公」，內有多種含義。其在黨史會退休前，完成《中國國民黨史述》巨著五冊，二百餘萬言，繼鄒魯《中國國民黨史稿》之後，另一創舉。且較之鄒著黨史具有新的觀念與方法。余撰〈評介〉，刊於中央研究院近代史研究所《近代中國史研究通訊》第十九期（民國八十四年三月）。雲漢對余之〈評介〉極為重視。在其《史學圈裡四十年》鄭重記述之，佔篇幅七頁之多。節略如次：

> 中國國民黨黨史會主任委員李雲漢教授為迎接國民黨建黨一百週年，適時完成並出版了他的巨著《中國國民黨史述》。計五大巨冊，二百餘萬言。這不僅是國民黨的一件大事，也是史學界的一樁盛舉。具有一百年歷史的國民黨，對於中國近百年來的政治、軍事、經濟、文化、社會等方面的變化，可謂息息相關。它的活動紀錄，實在是一部豐富的近代史料。李教授以其無比的毅力，把這一部豐富的史料，理出一套有系統的史述，確是一件鉅大工程。
>
> 值此「信仰動搖」、「百家爭鳴」的時代，國民黨的歷史、主義以及過去領袖人物，備受質疑和挑戰，使國民黨的黨勢面臨低潮週期，所謂「忠黨愛國」已成譏諷的對象，而李教授卻本其素所抱持的歷史使命感，以「義不容辭」和「義無反顧」的精神，決定「傾一己之力」，來完成這件向歷史交卷的事。這股「傻勁」，十分可愛與可敬。
>
> 蔣教授對我所秉持的完整性、正確性、系統性、學術性四項原則，都予以肯定。對我沒有提到客觀性，表示諒解，他以極為巧妙的筆法作了正面的解釋；事實上也有規正的意思在內。
>
> 他說：另外一種客觀性也是很重要的，但任何黨派或政黨，都有其主觀性，故其黨史自必主觀；如完全客觀，可能成為反面的史著了。著者不言客觀性，正是其誠實而負責的態度。
>
> 表面看來，蔣教授書評褒多於貶；實際上，則是褒貶參半。褒的地方有兩點：一是認為《史述》這部書「既有廣度，更有深度」，蔣教授說：本書亦可視為國民黨一百年來的「通史」，但通史往往不易深入探討一些專門性的問題；就是有廣度而難有深度。但本書可謂「體大思精」，既有廣度，更有深度。就廣度言，舉凡國民黨自建黨以來所經歷的時代使命，均納入記述範圍；就深度言，在敘述各時代的各種使命

時，都把它們分成若干重點來進行探討，特別對於某些爭議性或關鍵性的問題，則從各種不同的角度作深入的分析。本書所列各編各章，即涵蓋各時代的各種使命，而其中所分各節，均以研究專題的方式來對一些問題作深入探討和分析，而無平舖直敘、堆砌史料之弊。確實做到了著者所秉持的完整性、正確性、系統性和學術性的各項原則。

另一褒獎之處，則是說內容豐富，對讀者很方便，也很有用。再錄蔣教授一段話：

本書內容至為豐富，對於欲求瞭解國民黨歷史的讀者，提供了很大的便利。例如欲求瞭解國民黨歷屆代表大會的內容，該書即有頗為完整的記述。國民黨自一九二四年改組建立代表大會的制度，從這年的第一次全國代表大會到一九九四年的第十四全大會，再加上一九二五年「西山會議派」的二全大會和一九三八年的臨全大會，計為十六次。本書對於各次大會代表的人數及其產生情況，大會過程如討論議案、選舉委員，以及當選委員的人數和姓名，都有記述。如遇某屆選出委員人數過多而無法一一記入其姓名時，則本書第五編「附錄」的「職名錄」部分列有「中國國民黨第一至六屆中央執行委員、候補中央執行委員、中央監察委員、候補中央監察委員、中央特別委會委員、中央非常委員會委員名錄」及「中國國民黨中央改造委員、第七至十四屆中央委員、候補中央委員、中央評議委員名錄」，則有完整的紀錄。這些名錄一般很不容易找到的。

蔣教授明白提出批評的地方，也有兩處：一是認為內容的分配，未能完全做「詳其當詳，略其可略」。他的批評很溫和，說：

就敘事時限和篇幅分量來作比較，正好有一相反的現象，即時限愈短的篇幅愈長。這固然不應以年限的長短來確定篇幅的多寡，即著者在其〈自序〉中所說的「詳當其詳，略其可略」，但如果我們進一層的去考量，這就可能與過去研究的成果和資料公布的多寡有關。尤其在臺灣四十五年的國民黨黨史資料的保存，應該最為完整，但能供為利用的，也是最少。同時，也可能是國民黨在臺灣的局面，遠較在大陸時期的局面為小，故也限制了黨史的內容。或者是事情愈近，愈難處理。這些可能，是治史者共有的困難。不過從訓政、抗戰而至戡亂失敗的二十年，局勢變化最大，國民黨經歷之事亦較其他各時期為多而複雜，這方面的

研究，不能算少，但爭論亦最多。如與第二編〈民國的奮鬥〉十六年來比較，就顯得不夠「詳其當詳，略其可略」了。

另一項批評較為爽直。蔣教授不同意我對第十四次全國代表大會的評價，認為十四全和亂源甚多的第二次全國代表大會差不多。認為「如以黨之歷屆派系糾紛問題作比較，二全與十四全的情況頗多類似之處」。「十四全所發生的怪異變態現象，不下於二全大會時期，其責任悠歸，尚難驟論」。蔣教授也不滿意我引述十三全大會主席團推崇李登輝先生的決議文，認為「此乃官樣文章，用作史料，尚須斟酌」。

蔣教授的評論極富啟發性，對著者和讀者都有高度的啟示作用，是他柔中帶剛，行文最成功的地方，他把歷次全國代表大會的代表人數及所選出的中央委員及候補中央委員人數列出表來作比較，認為可以發現「國民黨領導階層的流動，權力的變換，以及組織體質的變化」等現象。他藉此一比較研究，也批評了目前的中央委員會。蔣教授這段論述極有意義，把它引錄如下：

從國民黨一九二四年改組的第一屆到一九四五年的第六屆，是在大陸時期；從一九五〇年改造委員會及一九五二年的第七屆而至一九九四年的第十四屆，是在臺灣時期。從歷次大會代表人數和選出的中央委員人數來看，就可以顯示出一個很有意義的現象。即在改組和改造之初的代表大會，代表人數和選出委員的人數，都比較精簡；但愈後則人數愈多，也就顯得浮濫。大會流於形式，委員會的權力分散或旁落，亦即黨勢走向衰落之途。就其名錄人數，可將大陸及臺灣兩個階段的各次大會代表人數及選出中央委員人數的變化趨勢排列如下：

次數	年代	代表數	中委數	候補數	監委數	候補數
1	1924	165	24	17	5	5
2	1926	265	36（25）	24（39）	12（7）	8（5）
3	1929	330（餘）	36	24	12	8
4	1931	336	72	60	24	22
5	1935	300（餘）	120	60	50	30
6	1945	900（餘）	220	90	104	44
7	1952	200	33	16	48（以下稱評議委員）	
8	1957	500（餘）	50	25	76	
9	1963	800（餘）	74	35	144	
10	1969	1200（餘）	99	51	154（主席團11）	
11	1976	1300（餘）	130	65	164（主席團11）	
12	1981	991	150	75	228（主席團16）	
13	1988	1500（餘）	180	90	232（主席團20）	
14	1994	3200（餘）	210	105	336（主席團26）	

▲國民黨黨史會「三老纂」（1996年8月16日）
左起1李雲漢，2劉紹唐，3永敬

以上一至六屆為大陸時期，括號內人數為西山會議派之大會。

七至十四屆為臺灣時期。第七屆以後，監委改為評議委員。

臺灣的面積和人口與大陸時期相比，至為懸殊。但國民黨代表大會自第十屆以後的代表人數及其選出的中央委員數遠超過大陸時期；尤其第十四次大會代表數急驟膨脹到三千二百多人，選出的委員（含候補）多達三百多人，幾乎「人人有獎」，委員會也就成了「投票機器」。

很感謝蔣永敬教授這篇坦誠感人的評論。事實上，最有資格來為《史述》作評論的歷史學者，他應算是第一人。當然，他的批評只代表他的意見，我不可能全部無異議接受。能有這樣忠言直諫的好朋友，感到很高興。相識四十多年了，彼此忠於學術的志節是經得起考驗的。

雲漢有君子之風，將余〈評介〉國民黨二全與十四全之領導人比較，予以淡化之。

讀以上所記，好像「蔣公二公」互相「標榜」；但知雲漢性格者，其最缺乏者，即「標榜」之道。

(三) 南港學術之友

在余之友人中，南港有一群學術之友，最為重要。中央

▲國民黨黨史會「蔣李二公」（1989年8月3日在台大）
永敬（左），雲漢（右）

研究院近代史研究所設於台北之南港，研究風氣，一向較為自由，有「南港學派」之稱，經常舉行學術研討會，余往參加，確有不同氣氛之感受。為學術真理，彼此批評，少有虛偽客套。此不僅治學應如是，做人亦應如是。此群學者與余交往較多者有張玉法、張朋園、呂實強、劉鳳翰、陳三井、李恩涵、王爾敏、蘇雲峰、張存武、陳存恭、王樹槐、陶英惠等，年輕者有呂芳上、陳永發、張力等。李國祁之專職雖在師大，乃近史所之兼任，管東貴屬史語所，均屬「南港學派」。玉法、實強、英惠、東貴等亦為余雀戰之友，玉法牌品最佳，只求胡大牌，不計勝負；其他諸友牌品亦無不良之處，惟各有特性耳。實強雀戰時，不斷飲茶，小便次數亦多，余謔之曰「一圈有兩便之行為」，且手不隨和，理牌動作特慢，形同張牙舞爪，使牌落地，費時尋之，頗使其他三人掃興而常負。惟借實強寓所雀戰時，可使之負，因彼甚寵驕其貓，余見而斥之，實強憐惜之，影響牌興，以致常負。英惠牌不順時，即無耐性，頻頻出聲，責怨自身牌技不佳，牌順則又興趣濃厚。維持之法，多予鼓勵而使之順。東貴技術甚佳，負少，惟出牌時，常謂「出錯」，其實並未出錯。某次東貴出牌時，又頻謂「出錯」，實強請其收回重出，東貴曰：「出錯算了」。實強不允，必欲請其收回。余樂而笑之曰：准其「出錯」可也。東貴之表現，不免有「酸酸」之味。余之牌技亦佳，但不能保證必勝，常敗於實強、東貴或鄧元忠、王震邦之手。惟戰敗不餒，戰勝不驕，適可而止，切勿對負者窮追不捨。近年實強健康欠佳，余則年齡漸增，

▲南港學術之友（1991年5月8日為永敬70之宴）
前排左起1劉鳳翰，2陶英惠，3陳三井。中排左起1呂實強，2劉紹唐，3永敬，4王曾才。後排左起1李國祁，2遲景德，3王壽南，4鄧元忠，5張玉法

少有雀戰矣。惟李惠惠為敬其師玉法，每年必邀約聚會一次，余不能卻。惠惠為台視名記者，調升某部主管，師大歷史所碩士，玉法為其指導老師，其碩士論文為研究「五四」思潮，余與沈雲龍口試之。沈尤欣賞惠惠之聰敏。惜在一項集會時，沈忽腦溢血去世。否則，每次聚會，必更多樂趣。沈為青年黨之黨史會主委，余之亦師亦友。

李國祁教學至嚴，其學生多畏之。對其指導之研究生論文口試，無論其為碩士或博士，訓之不留餘地。余常被邀為口試委員之一，亦常為之解圍。在學術研討會中評論友人論文時，亦常不客氣。朋園者，史學界之才俊也，其研究梁啟超與立憲派，無出其右者。某次評朋園之文，竟大動干戈，聞兩人有半年之久不交談。亦史學界之趣事。余在近史所「近代人物」學術研討會之論文〈胡汪蔣三人分合關係之演變〉，由國祁評之，得其讚許，使余深感快慰，因彼不似「客氣」而對余網開一面。國祁為東華書局編寫《中國通史》，贈余一冊，余有坐馬桶閱書之習慣，余告國祁曰：余坐馬桶讀大著，頗有心得。國祁曰：「我之著作只配馬桶」。實強研究教案、士紳及川史，極有成就，與余合編高中歷史教科書第三冊，自負而有才氣，常謂余曰：國祁、玉法乃大才也。余深然之。國祁之「大才」，乃其史學之研究範圍至廣，通而專，尤專近代史、外交史，兼及民國史，對區域史及台灣史均有成就。玉法之「大才」，表現在辛亥革命史之研究，其《清季革命團體》（民國六十四年出版）一書，大氣磅礴，余曾有〈評介〉。玉法與余同屬犬，惟小余

▲上：「四友會」，左1呂實強，2永敬，右1謝延庚，2張玉法。
下：「齊人」之友（1982年12月24日在花蓮）
永敬（左），呂士朋（右）

一輪，其頭髮稀而白，似「古稀」，余呼之為「法（髮）老」。彼不自覺偶有「傲氣」，某次學術會議評余論文，有貶無褒，余告之曰：汝未用功讀余之文，有欠了解也。余亦有一次評其論文，貶多褒少，彼亦不服。惟事後告余曰：已採納余之部分意見，有所修正矣。

東海大學歷史系教授呂士朋，為余數十年之老友，早期亦出自南港。余之識士朋，李又寧之介。民國五十七年（一九六八）八月士朋推薦余至東海歷史系兼課，授《中國現代史》，得識楊紹震、王任光、藍文徵、祁樂同、孫克寬諸前輩。士朋博學多才，鋒芒畢露，與系主任楊紹震不能相容。楊以余為士朋所薦，向余述士朋之非。余尊楊而友呂，聽其言不傳其言。士朋善詞令，對友對事均甚熱心，文筆亦快，有時不免粗糙。某次學術研討會，與呂芳上同一場合發表論文，芳上，士朋之學生，為史學界後起之秀，著作嚴謹，引用資料，必翔必實。士朋之論文，乃急就章。兩相比較，誠「青甚於藍」。余發言曰：吾輩老者，不知用功，雖負盛名，應知愛惜羽毛。此等論文如經刊出，自毀招牌。士朋甚謙虛，將其論文寄余請為補充。又一次研討會，士朋發表論文，余聽而閱之，又一急就章。余發言曰：士朋大作，類似一般機關之「工作報告」，平穩而無新意。士朋不悅，謂彼之涉獵範圍，從古至今，自中到西，博雜容或有之，不似汝之「專精一門」也。士朋明褒實貶，余「一門」亦無「專精」。批人者人恒批之，夫復何言！士朋喜雀戰，余之敗將，謂余生活所需，即賴雀戰之收入。彼有「齊人」之福，余謂之曰：汝之家庭負擔甚重，不便與汝雀戰。其他方面，余之學術之友尚多，記述散見於本著中。

12 初次返鄉景物全非

（一）幼年故居

中國大陸自一九七九年鄧小平當權實行改革開放以後，台海兩岸緊張情勢，逐漸鬆動。一九八〇年代初期，留美華裔學者訪問大陸者多，唐德剛、李又寧、徐乃力、薛君度、陳福霖、陸培湧、吳天威等，均先後回大陸探親、參加學術會議、講學等，而台灣方面尚不可能。吾等對於華裔外籍學者之能訪問大陸，不勝羨慕。彼等訪大陸後，常經過台灣，帶來大陸方面訊息。

民國七十九年（一九九〇）七月十七日余偕文桂首次赴大陸返鄉探親。十九日回幼年故鄉定遠四戶蔣，二十三日由上海飛瀋陽，二十六日飛北京，均探文桂之親。三十日去西安，八月二日至廣州，七日遊桂林，九日至香港，十三日返回台北。總計二十七天，完成首次探親、交遊之旅。

民國七十六年（一九八七）七月十四日，台灣方面宣布解嚴，隨即准許台灣老兵及居民往大陸探親。此例一開，往訪大陸者，大有江河決堤之勢，年達百萬人次以上，近更二、三百餘萬人次矣。余之同鄉有回鄉探親者，帶來族弟永昌之信，時世安在美求學，即命濟以美金。繼而來信要求出證明收回余之家鄉故居，余不願為之。後聞余之故居作公眾醫所之用，由彼等收回拆除，將木材分之。繼知父母早故，尚有前妻一女名安榮。余即自香港匯款濟之。又知有外甥女張忠蘭，其母乃余母收養之女，尚健在；又有余之老姑，父之胞妹，長余三歲。孫鐵民先余數年回鄉，且有多次，余託其帶款分贈安榮、忠蘭、老姑、永昌、永華等。接永昌函，對余頗抱怨，置而未答。鐵民與余同時在台數十年，住台北板橋，家鄉池河留前妻所生子女數人，曾被中共列為「黑五類」，受歧視。鐵民為補償之，多方助其成家立業。余父在余離大陸未久即病故。余母撫養安榮，永昌為幹部，使彼等養牛。母卒。安榮已嫁楊姓，有三男。與永昌家有隔閡。

民七十九年七月，余借探親偕文桂首次回大陸，同行者，有孫鐵民夫婦。是月十七日，乘飛機經香港到上海。時值夜晚，見街道兩邊，人皆赤臂露宿，使余憶及童年鄉居夏夜情景。在台常夢露宿而覺寒冷，迨醒乃未蓋被也。留上海一宿，鐵民夫婦經南京即往池河家鄉，余與文桂住南京飯店雇小沈計程車，十九日去池河孫鐵民之子維中家。見忠蘭及永昌之女，同往幼年故居四戶蔣。至公路旁一小村，距四戶蔣不遠，路泥濘，車不能行，來一拖拉機，給人民幣二十元，載余等前往，行至中途，車不能動，見有荷農具之青年七、八人，請其助推之。至村中，知此輩青年乃永昌、永華

之子。坐片刻，往祭墓，有一墓群，父母及叔嬸皆葬於此。焚紙、叩首畢，留款囑永昌、永華為立碑。復至永昌家，族人甚多，多不認識。文桂分贈各家錢物，準備離去，永昌云留午飯，然吾來後，茶水尚未備也。乃登拖拉機，村人送至公路。余問永昌曰：上次責余之函何人所寫？永昌三子安銘曰：係彼所寫。永昌曰：係彼命之而寫。此子外表俊秀，當余停留其家中時，曾質余曰：此行專為探親乎？抑為他事乎？余未正面答之，問彼為幹部乎？抑為領導乎？答曰：非也。問何教育程度，曰：高中。迨余一九九七年四月第二度返鄉時，永昌已故，彼對余頗不禮貌，容後記之。至池河鐵民處午餐後，即由忠蘭陪同往仁和集探視老姑。見其步行而來，其女伴之。近五十年（由一九四二至一九九〇）未見，無激動之情，吸香煙不停。贈以財物，無謝意。僅云：「你對我最好」。安榮距仁和集不遠，派人騎腳踏車告之，不久，其全家來，其夫及三子一媳，計六人。安榮泣不止。時已下午四時，須回南京。忠蘭、安榮同車送至岱山舖，忠蘭一再請文桂助安榮為其娶媳建屋。鄉人習俗，父母為子娶媳，要為之建新屋，並購電器大小各件，父母仍住舊屋。此誠不可思議之事。蓋余之過去所贈，安榮已用之為其長子娶媳、建磚瓦屋，彼夫婦仍居茅草屋。尚有兩子待娶及建屋，而其自身尚無著落。余告之曰：余在台生活，父母與子女各自獨立，子女縱不撫養雙親，亦無成年子女依賴雙親之理，此等人性，余深厭之。文桂仍不斷濟助安榮。而安榮仍為其子女設想。文桂曰：生前贈之，彼此快樂。

返南京途中，司機小沈謂余曰：過來之路，不久前曾發生劫案，司機闖越搶匪而逃，聞之可怖。回南京飯店，次日往訪南京大學歷史系所，張憲文教授已赴澳洲，見所長茅家琦、年輕講師陳謙平、陳紅民、朱寶琴、申曉雲（現均升教授）等，參觀中國第二歷史檔案館，識館長萬仁元，館員方慶秋等，閱「中山艦事件」原檔。家琦、謙平偕余與文桂遊中山陵，余因脊骨酸痛，家琦以心臟不適，不能登高，謙平陪文桂登中山陵。南京飯店階梯不平，文桂一腳踏空，直向前衝，謙平適時扶之未倒，否則後果堪虞。住上海遊三日，無新建築，市面不及戰前繁榮，住青年會，舊旅館，每宿約五十美元，計程車不多，多公營，司機先索人民幣二十元，方照表計價。有一女士，朱傳譽介紹認識，云係南京軍區一離休高級將領之女，其父有專用轎車及司機，因他往，將車交余專用，每日付油費及司機一二〇元，另給彼六〇元。彼更熱心為余介紹氣功師，每次八〇元。此次行程皆為朱所安排，彼已來大陸多次，經營出版物，頗賺錢。南京司機小沈及住飯店均由朱之介紹。大陸人士有視彼為「大亨」者，彼亦自我吹噓。

（二）瀋陽、北京探文桂之親

七月二十三日，余與文桂由上海飛瀋陽，文桂之故鄉也。一別四十餘年，至瀋陽上空，文桂激動流淚，聞廣播，云停機坪有人迎接文桂。迨下機，見文桂之長外甥女白銘淑在等候，幾不敢識，離別時，尚為十餘齡少女，今已花甲老

祖母矣。激動之情，為余及文桂回大陸以來首次之體驗。登車同至取行李處，有銘淑姐妹兩家，文桂之侄于世仁一家，合約十餘人。余見于、白兩家不交談，以為不相識。余自上海啟程前，先給世仁電話，請其轉告銘淑等，世仁不在，由接電話者轉達之。世仁者，文桂胞兄之子也。銘淑則自班機時刻推斷余之到達時間，彼之關係多，能先入機坪迎候，亦「特權」也。世仁、銘淑均各代訂飯店，爭執不下，銘淑退讓。余曰：今夜住世仁訂者，明住銘淑訂者。銘淑識大體，不與之爭。文桂云：世仁幼年極可愛，詎別四十餘年，變化極大，有家室，子女眾多。文桂問其祖父母，即文桂之父母，何年故去，墓在何處，彼則完全不知。且云彼父曾受迫害，乃其祖母放貸賺利之故。銘淑云：其舅（文桂胞兄）被囚，外祖母（文桂之母）回鄉願代坐牢，共幹不允。其後返鄉，即未見歸來。依規定，已故者皆深葬，無墓。文桂問世仁祖父母深葬何處，有無打聽，皆答不知。文桂心冷矣，謂人性如此變化，實出意料。且世仁已改名「文革」，乃文革運動之激進分子。文桂見姪女于祝平，在營口任國營商店經理，呼文桂為姑媽。彼問姑媽年幼就讀學校時，曾否售于家糧食為學費，文桂為之啼笑皆非。此種不愉快之場面，與余回鄉所遇相似。余以為此乃過去之社會制度使然，非個人之過。文桂尚有二位外甥女在北京，一曰黃桂馨，一曰黃桂萍，改名煥萍，文桂二姐之女。文桂與二姐最親近。銘淑及其妹銘潔，乃大姐之女。尚有三姐，八十餘，子女各一，曰富憲臣、富憲智，一在遼寧本溪，一在河北任丘。二姐有兩子曰黃桂根、桂茂，童年時代，與文桂相處，皆呼之為老姨。因文桂在姐妹行中居第四，末位，老么，曰「老」。文桂離瀋去北京前，向桂根、桂茂問其姐桂馨地址，答以不知。彼等知余到北京後將住民族飯店，七月二十六日到北京，次日參觀盧溝橋，回飯店，得知桂馨來訪未遇，留有電話。即與相約次日同與煥萍見面。桂馨與夫婿薛輝，一在中共中央國紀會工作，一在中共中央黨紀會工作，中上級幹部，已離休。煥萍與夫婿劉治國，同在電力部工作。彼等均有子女，亦均受大專教育。相處久，過去恩情迅見恢復；與銘淑等表姐妹間之親情關係，又回至幼年時代。彼等皆曰：此乃老姨之功也。

余與文桂回台後，接白銘淑自瀋陽來信，云其三姨已自東北至廣西河池（近柳州），投靠其孫富杰。三姨，即文桂之三姐，名于文道，其子富憲臣、女憲智，均不願養之。文桂得知其三姐至廣西後，即於次年（一九九一）四月隻身去桂林探視之。富杰夫婦送其祖母到桂林相會。停留數日，彼等始應文桂之請通知其女憲智來會。母女間似無親情。富杰之妻係在廣西新娶，與原妻仳離，留一子，由其祖母照顧。廣西新娶之妻與其祖母不能相容。故文桂之三姐至為可憐。文桂允每月補助生活費人民幣一五〇元，交由銘淑，按時濟之，憲臣知其母有收入，將之接回東北。一九九六年六月余與文桂至遼寧本溪探視之，見其單獨生活，收入均給其子。其子見余等來，給其母更新衣，至其家共餐。鄰人言，此老嫗至可憐。一九九八年五月去世。

（三）翠亨、香港之會

在余與文桂首次返鄉由瀋陽抵達北京之日（一九九〇年七月二十六日），朱傳譽偕其上海姪女自上海來，孫鐵民夫婦自池河來，同遊故宮及長城，與朱同訪社科院近代史研究所，識副所長張海鵬及研究員王學莊等。三十日去西安，參觀秦俑，偉大之古蹟也。八月二日至廣州到孫中山故居翠亨參加孫中山思想學術討論會。此事在一九八九年初即行籌劃，廣東社科院孫中山研究所所長黃彥與余有聯絡，希台灣學者能參加，余因約友多人應之。以「六四」天安門事件發生，一度停擺。事件平息後，繼續進行。會議自一九九〇年八月三日至六日，連續開會及參觀，台灣學者有三十餘人，為自兩岸開放後台灣學者最多之始，然當時尚不能以出席會議之名義，僅用「探親」之名義。可見潮流所趨，政治干預之不易。台灣方面參加者有張玉法、李國祁、陳三井、賴澤涵、繆全吉、陳志奇、雷飛龍、李瞻、胡春惠、朱傳譽、馬起華及余等三十多人，來自美加者有李又寧、唐德剛、薛君度、徐乃力等，日本有衛藤瀋吉、山田辰雄、狹間直樹等，香港有吳倫霓霞等。大陸學者尤多，倍感親切者有陳錫祺，神交已久；一見如故者有金冲及、李侃、黃彥、姜義華、張憲文等，皆初識。馬起華頗特別，分組討論時，每組皆到，發言批評後即離席。薛君度頗神祕，約余至其房間云有要事，至則贈余影印剪報，乃報導其本人著作。其論文〈研究《黃興與中國革命》三十年〉一文，每次學術會議均見之。開幕式時，黨政要員多上座，講話皆讀稿，代表台灣方面致詞者張玉法，評其政治意味濃。討論會中，台灣學者批評大陸學者論文時，對方多不置答，亦不作說明。陳錫祺教授謂兩岸學者作風頗不同，台灣學者勇於發言，顯得自由活潑；大陸學者涵蓄沉默，視批評為「鬥爭」。余之論文題為〈潘佩珠與孫中山〉，為研究越南革命運動與孫中山之關係，會後日本有譯文。閉幕式官員上座者不多，各方代表均有致詞，衛藤瀋吉對大陸方面頗有批評，謂其缺乏自由，使大會實際負責人黃彥頗不悅。大陸代表致詞時，謂為促進兩岸學術交流，宜異中求同，避免敏感問題。輪余致詞時，對促進兩岸學術交流極力贊同，惟如何避免敏感問題，恐不可能，即如此次會議大陸學者之論文中，不時出現「資產階級」或「資產階級革命」等詞，雖階段性肯定之，但終極目標則為「無產階級」所取代，而前者革命亦為後者之過渡。在吾人視之，即為高度敏感問題。吾人皆來自台灣或海外，如分析其「階級成分」，應屬「小資產階級」。但吾感覺作為「小資產階級」者，是幸福而快樂的，實不願為「無產階級」。會後李侃調侃曰：「小資產階級是妥協的、動搖的、不徹底的；無產階級是不妥協的、堅決的、徹底的」。引起鬨堂大笑。

翠亨之會結束後，參觀廣州附近之紡織工廠、老人院及平民住宅，似非「樣版」，較之內陸，進步多矣。

沿途車輛擁擠，社會變化過速，新舊脫節。八月七日，去桂林遊覽，飽嘗「山水甲天下」之風光。攤販充斥，漫天

要價，陳志奇觸一攤販之玩具，一觸即壞，非買不可，索價至昂。外幣與台幣，大受歡迎。離桂林前，至銀行兌換外匯券，行員態度至劣。九日至香港，參加在中文大學舉行之「中日關係」第一屆學術討論會，此會由吳天威、唐德剛及香港杜學魁等籌劃之，台灣「蔣經國基金會」有支援，余被推為台方代表。大陸學者有章開沅、白竟凡等。白為離休高幹，云有專機送至廣州，再乘火車來港，似炫其要。章將出國，尚須返大陸辦手續，難度至高。十三日，余偕文桂由港回台。即忙於遷居。十月十四日，自辛亥路五段遷至木柵永安街新居。

(四) 印象與感想

余此次首次返鄉探親、旅遊，及參加兩岸學術會議，所得之印象及感受，至為複雜。余離故鄉(一九四二)已四十八年，離瀋陽、北京(一九四八)四十二年，離西安(一九四四)四十六年，離上海、南京(一九四九)四十一年。廣州、桂林未曾去過。是以這次前往，內心充滿好奇與期望。而其感受最深者，則為親情之冷漠，余之老姑為余最繫念之人，童年相處，給余之印象，則為嫻靜淑女。今一見之，過去印象一掃而空。再次則為族弟永昌、永華已由童年變為老年，兒孫滿屋，生活觀念，居住環境，已無傳統意味。鄉村貧窮落後，甚於所謂「解放」之前。至於都市如上海、南京、瀋陽、西安等城市，其繁榮景象，亦未較「解放」前為佳。其公教及工人之工資，月入人民幣百餘元，最高不過二百元，約合美金三十至五十元。教授亦多如是。其時台灣教師待遇，月入約為美金二千至三千元，差距不為不大。至其旅遊、餐館、商店、銀行等之服務業，雖云有所改進，但吾人仍不習慣。顧客之受辱者，不一而足。衛生設備尤為落後而不足，此為外來旅遊者最大之不便。

大陸一般人民對「台胞」之印象不佳，最初前往大陸探親者，多為老兵，觀光者商賈較多。不免表現「財大氣粗、高人一等」之氣勢。例如余所認識某君，到處吹噓，表現「大亨」派頭。老兵雖非富有，但回鄉探親時，往往盡其所有，表示多金，有被全身剝光而回者，亦有被謀財害命者。其後台灣逐漸開放公教人員赴大陸觀光，然其不良之印象仍難根除。當吾輩一群所謂「學者」到廣州時，有一旅遊之服務小姐，乃廣州中山大學畢業，相處久，漸有了解，曾謂吾等之「台胞」與彼過去所見之「台胞」不同。余問有何不同，彼云你們「文雅」，過去「粗獷」。

翠亨、香港之學術會議，兩岸學者多所接觸交流，雙方所表現之風度，多能自尊而互尊。神交多年之學者，有「一見如故」之感。但亦有少數予人不良印象之「學者」，此方與彼方皆有「混混」之人。此方者為「學混」，彼方為「黨混」。經過多年之交往，「混」者亦不易「混」矣。

余此次大陸之旅，台方之某一報刊曾標籤余為十大「吳三桂」之一。張玉法亦其中之一。其餘則已忘記矣。

▲上：初訪大陸，首訪南京大學（1990年7月17日）
左茅家琦，右永敬
下：在中山市翠亨（1990年8月4日）
左起1永敬，2李瞻，3陳錫祺，4張玉法，5黃彥

13 頻繁的交流與旅遊

（一）參加夏威夷及瀋陽學術會議

民國八十年（一九九一）八、九月間，夏威夷中西文化中心舉辦「辛亥革命八十週年紀念」國際學術討論會，出席學者有台海兩岸及歐美、日、韓等國百餘人，頗多國際知名學者，如韋慕庭、史扶鄰、衛藤瀋吉等，台灣方面有李國祁、張朋園、王曾才、宋晞、呂士朋、呂芳上、胡春惠、陳三井、陳鵬仁及余等十人，大陸方面有金冲及、章開沅、張海鵬、姜義華、李侃、張磊等。其領隊者為劉大年，因病未克參加。首場全體討論會由金冲及代劉大年宣讀論文，繼由余讀論文，題為〈孫中山的三大政策問題－兩岸學者解釋的比較〉，有中、英、日三種語文當場翻譯。其他各場除綜合討論外，皆分兩組進行。日本學者藤井昇三提一論文，謂孫中山為向日本借款，而以中國東北作抵押，引起台灣學者呂士朋、陳鵬仁、胡春惠等之反駁，形成「中日之戰」。大陸學者則多保持沉默，呂士朋尤激憤，指責日本侵略中國之罪惡，與衛藤瀋吉發生口角，兩人「絕交」，由陳鵬仁調解之。

九月二日，余自夏威夷返回台北，七日又偕文桂去北京，再往瀋陽，參加「九一八事變六十週年紀念」學術討論

▲參加夏威夷學術會議台灣學者（1991年8月）
左起：呂芳上、胡春惠、張朋園、李國祁、永敬、王曾才、呂士朋、陳鵬仁、古鴻瀛。

▲瀋陽九一八60週年學術研討會（1991年9月18日）
左起金冲及、永敬、唐德剛

會。時余脊椎骨痛嚴重，李國祁誡余曰：汝去大陸將不復返矣！國祁偕夫人去北京，次日遊長城，騎馬失足骨折，急乘飛機返台入醫院，幸痊愈。余謂國祁曰：咒人如咒己。余偕文桂九月七日至北京，事前，約其在瀋陽之外甥女白銘淑、白銘潔到北京相聚。任丘之外甥女富憲智亦應約而來。暢敘親情。此為彼等四十餘年來所未有。十四日，余與文桂、銘淑、銘潔四人乘火車去瀋陽，軟臥一間，車之長曰黨委書記，來查票，銘淑出示身分證，可能記有職級，車之長對余特別客氣，全夜守在余之室外，安全故也。迨余到站下車，列隊相送，且曰「首長好走」。蓋余之外型，頗似彼黨之高幹，常遇此種情形，視余為「首長」。

出席瀋陽之會者，除大陸學者外，尚有日本、北朝鮮、俄國，及美、加學者多人。台灣方面有李恩涵、胡春惠及余等三人。美、加者有唐德剛、吳天威、徐乃力等。北朝鮮及俄國學者，均甚拘謹，避與人交談。大陸學者有劉大年、張海鵬、俞辛焞、金冲及、王會林、魏宏運、白竟凡等多人，要人胡繩、楊成武亦到會。大陸學者論文中每論及九一八事變「不抵抗」責任問題時，恒詆蔣介石而護張學良，謂張不抵抗，係奉蔣之命令，甚至有謂張欲抵抗，而蔣不准。惟天津大學教授俞辛焞不以此說為然，謂張仍不脫離軍閥性質，凡事有其充分自主性，合於彼之需要者，或可聽之。參觀瀋陽柳條湖九一八事變紀念館，其入口處第一個文件，即係蔣介石一九三一年八月十六日之電文，謂對日交涉應持忍讓態度；此非對日作戰之時。因此時正值萬寶山事件及中村

▲瀋陽九一八與胡繩合影
左起：文桂、胡繩武夫婦、楊成武將軍、永敬。

事件，雙方交涉緊張之際。故蔣有此電文，係在九一八事變之前，何能謂為「不抵抗命令」？俞指此電文，俞之與眾不同見解，誠屬難能可貴。余之論文為〈顧維鈞與九一八事變之交涉〉，係利用南京二檔館公布顧致張學良之百餘件電報而撰寫，根據上類電文，可以確認蔣、張對九一八事變之處理，頗有歧見。綜合討論時，余被列為發言者之一。余就「不抵抗」問題提出論點，謂「不抵抗」應有界說，廣義言之，正因張之實行「抵抗主義」，而召致九一八事變。如張之放棄割據，實現統一，此政治之抵抗也；張築平行鐵路，開闢港口，此經濟之抵抗也；張擴充東北大學，發展教育，此文化之抵抗也。所謂「不抵抗」即為「賣國」之說，亦有可議之處，晚清對外輕啟戰端，敵來必戰，戰則必敗，敗則必降，簽訂喪權辱國之約；尤以庚子聯軍之役，向世界列國宣戰，其謂「愛國」乎？唐德剛曰：印度甘地之不合作主義，亦抵抗也，非作戰即為抵抗也。

余與文桂留瀋期間，遇四十多年前之好友畢春魁夫婦，畢為東大同學，與文桂為新民縣同鄉，為一熱情之人。此次見面，則為冷靜沉默之人。世道多變，人亦變矣。會議結束後，余與文桂於九月二十三日返台。

(二) 骨痛漸愈再遊北京

民國八十一年（一九九二）夏，余屆滿七十歲，自政大退休。以脊椎骨痛之苦，八月，入中華開放醫院作牽引之治療，主治醫師為方宗義。首一星期牽引，至感痛苦，嗣後漸

▲遊盧溝橋（1992年9月13日）

能適應，腰可伸直，步行漸便，約二十餘日出院。即參加國史館舉辦之「國史專題」第一屆學術研討會，發表之論文題為〈國民政府實施訓政之背景及挫折〉，前已言之。九月六日，與文桂去北京，探望外甥女黃桂馨之病，彼之病，亦係脊椎骨壓迫神經。頗消沉，幾有乏生之意念，余與文桂往而鼓勵安慰之，並約外甥女白銘淑、銘潔、富憲智諸姐妹相聚北京，暢敘親情，並參觀名勝古蹟，桂馨情緒漸穩定，心情亦漸開朗，更進而樂觀積極矣。余等亦因而愉快。十三日，與銘淑等遊盧溝橋，參觀抗戰紀念館，適播放中共之國歌：〈義勇軍進行曲〉，此正余在抗戰時期就讀安徽第十一臨中時，早晚集合點名，必唱此曲。今再聽之，突引起余之當年回憶，乃隨而唱之。惟發音蹩腳，荒腔走板，銘淑等笑不可抑，文桂亟制止之，謂余唱得她「渾身皆起雞皮疙搭」。余仍唱而樂之也。

在北京留十餘日，九月十九日回台北。政大仍有兼課。正安到機場迎接，謂余「箭步如飛」。余之骨病，漸有起色，友人多引為欣慰。

(三) 台兒莊、黃山之旅

民國八十二年（一九九三）四月六日，余與文桂及張玉法夫婦由台北經香港至濟南，參加「台兒莊戰役紀念」學術討論會。首夜住山東大學，與其歷史系各教授晤面。次日乘汽車南行，經泰安、曲阜、滕州至棗莊。沿途到處大興土木，一片繁榮景象。住棗莊賓館，美、加方面來會者有唐德

剛、徐乃力等。余之論文題為〈從《徐永昌日記》看台兒莊戰役〉。北京方面有程思遠、賈亦斌來會，皆政協要人，程原屬桂系要員，接待與會學者。大會準備以熊掌款待彼等，以時間不及，未享此口福。會後參觀台兒莊戰役紀念館，遊微山湖，經一桃花林，縱橫數公里，花盛開，至為壯觀。此地為玉法故鄉，其兄為台兒莊政協主席，手提公事包，似一土士紳，玉法頗敬畏之。玉法另一兄長招待余等至其家午餐，頗豐盛。顯示山東人民生活大有改善。惟有一事使余不悅者，當余外出遊覽時，託會議工作人員代余等郵寄書籍去台灣，據以往經驗，所需郵費不致超過人民幣五十元，迨余等歸來，向余及玉法、德剛等每人報費各約五百元。余等託其打印論文時，亦索費約此數，卻少見論文。然既已如此，惟有照付耳。十二日，余偕張憲文至南京，住南京大學中美文化中心兩宿。玉法則應北京社科院近史所之邀，作訪問研究。余與文桂偕張憲文教授赴南京，十五日偕文桂至北京，與玉法夫婦在北京飯店受胡繩之宴，胡為中國社科院院長。旋同往承德遊覽，過古北口，憑弔古戰場，留影為念。二十三日，余與文桂自北京回台北。

是年十月十一日，余偕文桂自台北經香港至合肥，同行者有程光裕夫婦、劉世景夫婦，參加「安徽近代人物」學術討論會。此會由安徽大學主辦，汪慧佛為參加安大校慶已先來合肥，亦與此會，張佛千，皖人也，亦應邀出席。中研院近史所研究員謝國興為研究安徽近代化學者，亦來會。此為余首次來合肥，有大學多所，鐵公路航空交通便捷，較戰前進步多矣。識安大歷史系教授沈寂等，沈並主持胡適研究中心。安徽社科院設有人物傳記研究所，李鴻章文集之整理，多所發現。此外，如段祺瑞、陳獨秀等之資料及研究，均在進行中。北京社科院近史所來會者有王學莊、蔣大樁、杜春和等。最幸遇者，王學莊在研討會中介紹其親戚范烈孫、許傳中夫婦、其弟范毓虎，與余相識。彼等均為革命先烈先進之後裔，烈孫女士及其弟毓虎之祖父，即革命先烈范鴻仙（光啟）；傳中之父，革命先進許世欽（應午）。范鴻仙在辛亥革命時期，佐于右任在上海辦《民呼》、《民吁》、《民立》三報，文筆犀利，任事久，對革命影響亦多。辛亥南京光復，二次革命安徽討袁，均為主要策劃人，民國三年（一九一四）在上海被袁黨刺死。余編《國父年譜》、《胡漢民先生年譜》及《革命文獻》時，對范鴻仙之革命事蹟，多所涉獵。今遇烈孫，大有一見如故之感。彼名「烈孫」，即烈士之孫也，此名為于右任所命。其對祖父之革命史蹟史料，極為注意，搜集文獻，編有《范鴻仙專輯》及《文集》，大多錄自《民立報》，贈余兩冊。余曰：《民立》等三報，即余在國民黨黨史會時策劃影印，編入《中華民國史料叢編》。彼大讚余對其祖父革命史料之貢獻。余謂將編著《范鴻仙年譜》，彼大感動。民八十三年（一九九四）九月，范鴻仙殉難八十週年，余編著《范鴻仙年譜簡編》三萬餘言，發表於是年八月《近代中國》雙月刊。旋增訂為《范鴻仙年譜》，十餘萬言，民八十五年（一九九六）六月由國史館出版，列為《民國年譜叢書》之二。有國史館長潘振球

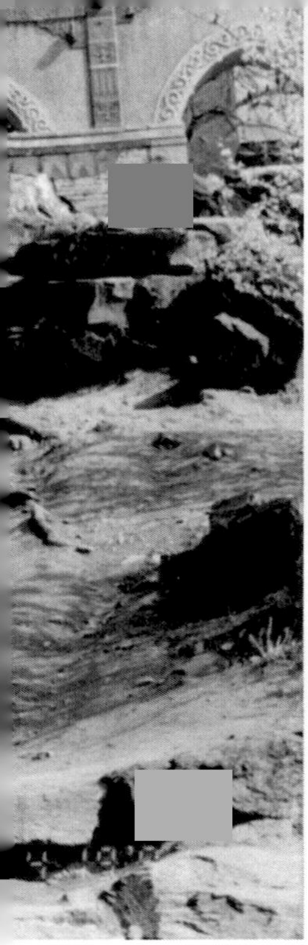

▲左：長城戰役戰場古北口（1993年4月18日）
中：承德山莊（1993年4月18日）
右：古戰場台兒莊（1993年4月9日）
左2徐乃力，3永教、4文桂

之序，及圖片、附錄文件、索引等，印刷精美。余告烈孫曰：堪稱范氏「傳家之寶」。余又按「烈孫」、「傳中」之名，依其家世，書撰聯語贈之，上聯曰：「烈士功德，傳芳百世」；下聯曰：「孫子學說，中華千秋」。

合肥之會結束後，余與程光裕教授等一行六人向安大租一麵包車，人民幣二千餘元，安大派一講師隨行服務，於十月十五日，赴黃山遊覽。經安慶渡江，過太平湖，當晚抵黃山，車甫停，即有十餘青年擁來，為之介紹飯店，告以已經訂妥，始離去。搭余等租用之專車者尚有五、六人，乃「黃魚」也。亦司機與隨車者之額外收入。彼等住另一飯店。次晨購票並乘纜車登山，「台胞」須付雙倍價之外匯券，無兌換處，須再付雙倍之人民幣。一般門票及纜車費合約四十餘元，余等每人則須一七〇餘元。真歧視待遇。登山後，即有穿制服人員前來，云須導遊，並付費。安大隨行之講師告以彼有公函，始離去。余等且遊且行，山林風景確甚優美，隨氣候而千變萬化，步行四小時餘，尚不覺疲倦，夜宿山上旅邸，索費不貲，服務至差，員工下班，廁所加鎖，旅客不得不隨處便溺。晨起觀景，風景尤美。程光裕夫婦及劉世景等多人循去路步行下山，余與文桂及劉夫人循來路乘滑竿至纜車站。滑竿議定價格，較公定價高約一倍，到站時，劉夫人予竿伕小費，其他兩竿伕亦須比照，否則不放行，真所謂「善門難開」。纜車費仍照外賓價，即一般之四倍。余等持票至貴賓入口處，驗票人員要余等至一般入口處排隊。迨入口，而驗票者又要余等往貴賓入口處。迨至，仍不准入。余

見有他人入口，問之彼等何以可入？則曰乃旅行社之團體遊客。余與論理，彼亦不理。文桂向之情商，始勉予放行。服務態度如此惡劣，誠屬不可想像。有謂人治社會，需要「關係」。有一順口溜：「有關係即沒有關係（問題），沒有關係即有關係（問題）」。余遇一新加坡女觀光客，云在宜昌曾被管理人員推傷手臂，且含淚向余出示傷處。余為之搖頭歎息而已。登車時，見一女幹攜一幼童，既不買票，亦不排隊。

黃山遊畢去南京，經蕪湖，特往師範大學拜訪五十七年前余之池河小學老師謝捷（杰）三。至其家，彼夫婦皆八十餘高齡，在樓上看電視，呼其開門，因耳聾，久不應。由其鄰人至師大汽車隊找來其子謝蕪生開門。蕪生請其父至樓下客廳相晤。告以五十七年前之往事，始知余即當年曾寄住其家之小學生也。問其侄謝國藩情況，余之友也。彼曰：已被槍斃；問及其另一侄屏藩及姪女屏華，曰在安慶，已退休。國藩係國民黨員，為中共所殺；屏藩西北大學畢業，民三十七年（一九四八）十二月，余與文桂由上海至南京，曾宿其家，見其案上有各種報館印章，彼以新聞記者名義在寧活動，似已加入中共。

十月十八日晚抵南京，住鍾山賓館，此為國民黨時代之勵志社。約安榮及張忠蘭自池河家鄉來，二十一日送彼等去滁州，至滁州師專訪青年時代之友張其平、其凡兄弟，知十一臨中時期同班張文華女士，住南京集慶路，二十三日往訪之，五十餘年未見，當年班花，今已老祖母矣，留余午餐。

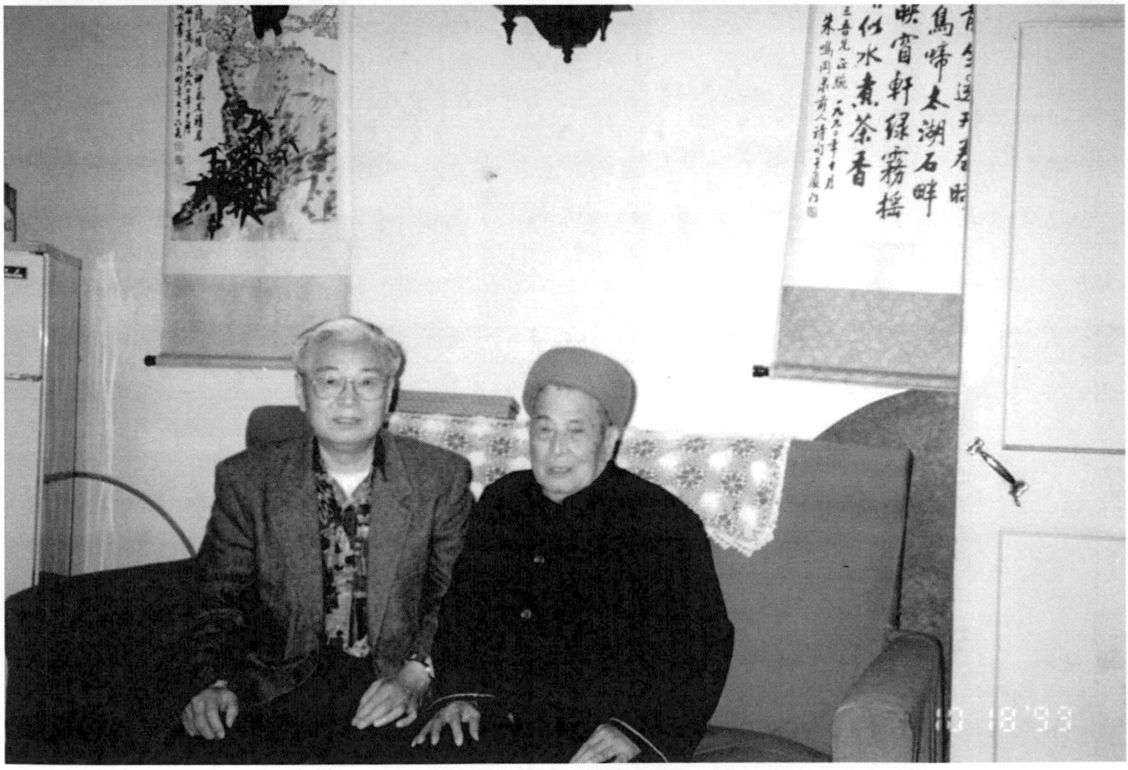

▲上：黃山之旅（1993年10月16日）
下：燕湖晤57年前之小學老師謝捷（杰）三（1993年10月18日）
左永敬，右謝老師，上懸字畫為當年導師朱鳴崗之作。

其夫為國民黨軍砲兵軍官，共軍亦用之。文華之父曾任北洋軍之師長，擬下次來寧時詢其歷史，不幸骨折住醫院不治。

（四）三峽、武昌之旅

民國八十三年（一九九四）八月十八日，余與文桂由台北經香港飛成都，張玉法及四川大學教授隗瀛濤到機場迎接。玉法夫婦早在去年與余夫婦同遊承德時曾約定同遊長江三峽，彼等先遊昆明、貴陽，然後乘火車赴成都，經西昌。余等恐以體力不濟，故約在成都會合。玉法為隗教授之故識，曾支持其編輯並出版四川路潮史料。四川為中國之大省，面積五十六萬平方公里，人口一億以上，為華西富庶之區。川大為華西學術之中心，模規宏大。余與玉法接受其歷史系之接待。隗教授安排余等四人遊覽，參觀都江堰，歷史上之偉大水利工程也。成都盛產水蜜桃，實大鮮嫩，味香美，入口即化。小吃亦出名。留此兩日，僅遊武侯廟，其他諸名勝如峨嵋山等，未及遊歷。乘夜臥車去重慶，天氣熱，無冷氣設備，車行時間久，極不舒適。至重慶，住西南師範大學。二十二日遊覽市區，參觀蔣中正抗戰時之防空洞及作戰指揮所。重慶為抗戰時期之陪都，當地學界對抗戰史蹟之維護，史料之搜集，至為重視。是日住重慶政協招待所，政協招待余等吃麻辣火鍋，分陰、陽兩部分，一為辣，一為非辣。當余等至碼頭登船時，車甫停，即有十餘名擔伕圍車爭擔行李，余等僅有四件手提行李箱，兩大兩小。如此多人，紛擁而上，余等實無法應付。如拿走行李，亦無力阻止之。警察來驅趕，亦無效。玉法手提兩大箱，余等分提兩小箱，走向登船處，仍有擔夫五、六人緊跟不捨，以手觸余等行李，或扶余等而行。玉法夫人怒曰：請勿碰我，到船給錢便是。余曰：既如是，允其代提行李可也。時距船甚近，乃由其中一人將行李擔至船上，餘皆空手隨行。事定，玉法每人各給五元，始散去。余謂玉法曰：善門難開，今後「台胞」將寸步難行矣。余以為此乃嚴重之社會問題，近代社會之行船碼頭，向為幫會聚集之所，四川袍哥尤為著名。中共統治以後，此類組織當已消失，但以人口過多，就業不易，謀生困難，仍為嚴重之社會問題。

船開行後，發現船之空位甚多，「台胞」乘客尤少，除余等四人外，僅有數名台商，係受邀請洽談生意者。過去遊三峽之豪華客輪船位，供不應求，自千島湖事件後，大陸各地之台灣觀光客，大為減少，旅遊業為之不振。可見台資對大陸經濟之重要。余等所乘之船，雖屬豪華客輪，然非原訂之輪，等級有別，價格依舊，對顧客不守信用，此在船方視為無關重要。

出重慶，遊小三峽，乘竹筏，水淺灘多，清可見底，以枯水期，未能深入，船伕見余為「台胞」，向余搭訕，云「台胞」之慷慨而付小費多，余伴不解。迨遊畢離筏，見余等無表示，乃口出穢言。玉法云：吾等在中途下筏登灘時，險被「放鴿子」，意即筏開而棄余等不顧。其時大陸旅遊常有意外，千島湖事件，震動中外，數十名台灣觀光客，在乘船遊湖時，被洗劫焚屍。被焚者，皆台北木柵之居民。至

酆都，乃傳說中之「鬼城」，船停沙灘旁，距岸約二百步，見有兩人合抬之轎，索價十元，還價五元，可之。迨乘而到岸，仍索十元，謂兩人共乘，每人五元。船過三峽，風景奇特，兩岸高山峭壁，修有棧道，三國時代之所謂「明修棧道，暗渡陳倉」之說。峭壁多懸棺，如何懸之，費人深思。沿峽歷史故事，名勝古蹟，皆與戰爭有關。中共當局將築大壩，開發水利，三峽將成歷史名詞，遊者乘壩完成前，爭覽風光，余等即此心情。過宜昌，至荊州，楚之故都，曰紀南城。其博物館展有二千年前完整之屍體，據云為楚之縣令。並有各種器物，均完好。其屍體之能保存完整，密不通風故也。

二十六日，船抵武漢，華中師範大學歷史研究所教授羅福惠來迎接，住武昌湖濱飯店，四星級之豪華飯店。每宿美金百餘元，玉法旅遊時多住豪華觀光飯店，成都時則住錦江。余單獨旅遊時，住三星級足矣，每宿不致超過美金百元。當日下午遊黃鶴樓，參觀辛亥武昌首義紀念館，馬路甚長而無天橋或地道，搭計程車不易，步行久，頗辛苦。晚，章開沅教授夫婦來飯店邀晚餐，開沅外冷而內熱，為華中史學界之「龍頭」，其指導之學生，頗有成名者。次日，為余等安排訪問師大並座談，參觀武漢大學，校地廣闊，風景優美，過去諸多名史學家如羅家倫、李劍農等曾執教於此。今者史學重鎮則為華中師大。師大歷史所年輕學者擬招待余等早餐，由開沅夫婦偕其家人作東，免余等有人情負擔。遊磨山，參觀朱碑亭。二十九日，離武昌，玉法夫婦去上海，余與文桂去北京，開沅夫婦送余至武昌機場。至北京，薛輝、劉治國及煥萍等到機場迎接，住西苑假日飯店，桂馨在此等候。留數日，遊北海公園、頤和園、圓明園故址、檀柘寺等名勝。九月八日回台北。

（五）廣州、香港、蘇州、烏魯木齊、昆明之旅

民國八十四年（一九九五）最忙碌，計有五次大陸之行，另有香港二次之行。

一月十七日至香港，乘渡輪至廣州，住中山大學，出席「亞洲與近代中國」學術討論會，由香港珠海書院亞洲研究中心會同廣州中山大學舉辦之。實際籌劃者則為胡春惠。春惠為珠海亞研中心顧問，辦有《亞洲研究》，經常舉行座談會，邀台、港、澳及大陸學者座談，討論三地經濟、社會、文化、政治問題，至有成就。座談內容載於《亞洲研究》，水準至佳，頗具可讀性。春惠亦以亞研中心名義及經費，資助兩岸學術交流會議。經費雖不充裕，但其規模與效果可觀。此次會議再度晤陳錫祺教授及大陸諸學者，晤桑兵，有成就者之年輕一代。余發表之論文題為〈孫中山統一中國的主張〉，強調中山雖主張統一中國，但不主張用武力，而用和平方式，且以民心為依歸。凡獨裁專制政體，以防民為目的者，不足以言統一。香港珠海書院教授陳福霖發言對大陸方面頗有批評，大陸學者無反駁。台灣方面與會者尚有呂芳上、陳志奇、林能士、張亞澐等。亞澐攜年輕新婚夫人，余戲稱之為「亞澐之孫女」。會畢參觀黃花岡七十二烈士墓及

洪秀全故居。回香港輪渡過夜，福霖、志奇、亞澐及余四人雀戰，余甚睏，且不習慣香港之牌規，大敗。乃就寢。二十一日回台北。

二月二十五日再由台北至香港，參加屯門紅樓革命史蹟研討會。余就有限史料，倉促撰一論文〈屯門農場與辛亥革命運動〉。部分香港學者則就港府檔案資料提出該項土地之歸屬問題。因港府開發交通，擬收用此項土地，港方部分人士仍以保存史蹟文物為由，希能保留之。大陸學者多主張保留史蹟。陳福霖諷余曰：君等參加此會，涉及利益爭執。余以為史蹟保存則較重要。

四月二十五日，偕文桂至南京。二十九日，與烈孫、傳中遊蘇州，住政協招待所，有彭君接待，彭為此政協之「領導」，遊太湖，參觀湖中新建大橋，長數公里，聯絡湖中數小島，具開發觀光潛力。參觀雕刻樓，全樓為精緻木雕而成，中國傳統吉利語言，皆包涵之。此為一九二〇年代初期上海一富商為其母建造。今已成為觀光點。主持人在此招待余等午餐，有現撈之太湖銀魚，味極鮮美。又參觀有數百年歷史之雕塑羅漢十餘尊，色彩鮮艷，兩目有神，似隨人而動。云為夫婦二人畢生創作，另兩尊為後人所造，則較遜矣。此種藝術古蹟，至為珍貴，惜乏經費維護，參觀者眾，空氣塵埃汙染，至為可惜。彭君又導余等至一山上，參觀一總統套間之觀光飯店，極盡豪華，各項設備俱全，周圍環境尤美，視野遼闊，裙山帶水，「人間天堂」也。蘇州為新加坡商人投資開發，用直鎮澄湖畔建有別墅群，頗多台北人士有訂購者，余往參觀之，大者百餘坪，小者亦六七十坪，有庭園，湖光景色，至為宜人。所謂「上有天堂，下有蘇杭」。而此又蘇杭之天堂也。中國近百餘年來，飽受戰爭破壞，文革尤甚。改革開放不過十餘年，有此改變，中國之發展潛力，真無窮也。余等遊蘇州兩日，即於五月二日由南京去北京，應統聯之邀，參加兩岸關係討論會，台灣方面出席者有耿榮水、王津平、張曉春等，美籍華人有李哲夫、龔忠武等。其中頗有台籍人士來自美國者，竟有主張對台動武。余在演說及發言時，以中國近代頻仍不幸之內戰為訓，極力反對武力統一。即如余在蘇州所遇之彭君，彼有兄長全家在台，且將其女送至台灣讀大學，一再向余言之，對台獨非用武力不可。余曰：如用武，豈非玉石俱焚乎？汝之老兄全家及令嬡豈不因之遭殃。彭君始無言。然不幸竟有飛彈試射，造成台人對大陸之反感，予台獨以有力之藉口。

七月二十四日，應張緒心之邀，由台北至香港，在科技學院舉行「陳立夫回憶錄」討論會，台方出席者有閻沁恒、蘇墱基、王正華、李台京等多人，美國方面有趙寶全、熊玠、唐德剛等，大陸方面有數人，亦有論文到而本人不克到者。發表之論文，洽由國史館出版論文集，推余為主編，實際則由緒心負責。余對湖南某君論文有意見，認為此文純為「統戰八股」，偏離學術，不主張收入論文集。此君乃緒心之友，一再要求收入，余堅不同意。頗使緒心為難。在香港時，卜少夫先生約宴余等，與另一宴會重疊，余等赴卜之宴，彼極欣喜，卜先生九十高齡，酒量大，人豪爽。沁恒

醉，乘計程車歸，與司機胡亂英語，車錯路，步行久之，始抵宿處。二十八日回台北。

九月九日，偕文桂經香港飛烏魯木齊遊覽。此行頗多不順利。在桃園中正機場乘華航飛香港時，即誤點兩小時，改乘國泰到港，飛烏市係包機，此為最末一班，以後即停飛，僅差十餘分鐘即起飛，而行李已不及起運矣。慌忙中登機，抵烏市，行李未到，旅途生活至感不便。次晨由文桂長途電話其友胡玉梅女士，請轉告華航負責人，造成余等如此不便，對華航之信譽頗不利。次日行李運至烏市，余之電話費損失人民幣數百元矣！

抵烏市機場，有范育揚、范毓廉來迎接。育揚，烈孫之族弟，去年聞余至南京時，自烏市來寧相識，並約烈孫及余等往遊烏市，烈孫以身體不佳，未克成行，命其胞弟毓廉先一日到烏市，得以照顧余與文桂之安全。育揚在烏市有事業，安排車輛及余等觀光行程，遊吐魯番及天池等地。烏市原名迪化，新疆之省會，為中國最大面積之省，一六〇多萬平方公里，為台灣面積四十四餘倍，人口較台灣為少，資源豐富，石油藏量尤富。烏市繁榮，不下於內陸，交通擁擠，汽車依單雙號碼隔日輪流通行。吐魯番盛產葡萄，有大量泉水可供灌溉。參觀其附近古城，有撫今思昔之感。烏、吐之間往返一日，極目遼闊，沙礫地帶，數十里不見人煙。遊天池，在環山中，風光明媚，身臨其間，如入仙境。遊天山之麓，山高林密，景色宜人，避暑之勝地也。新疆對外交通，古稱絲路，可供遊覽之處甚多，交通亦便，惟須充沛體力。

▲與卜少夫宴飲（1989年1月6日）
左起1永敬，2卜少夫，3郭恒鈺

張玉法夫婦數日前曾至邊境名城伊寧一遊，余不能也。余曾至新疆大學歷史系訪問，晤其教授數人，房屋簡陋，設備亦差，對邊疆各族歷史研究，有其優越條件，亦有其必要。到此一遊，深感地大物博，百廢待舉，觀新疆各族人民大會堂，規模不下北京之人民大會堂。各族有廳，以示各族平等。惟政治、經濟實權，仍以漢人居於優勢。此一多民族地區，在中國歷代歷史中，均有層出不窮之問題，有待研究。

九月十六日，自烏市飛上海，經北京，稍停留，續飛，而已誤點數小時。烈孫、傳中夫婦在天山賓館等候。要賓館代購去杭州車票，余等無經驗，不知購軟座，如何可得車票，殊無把握。十八日中午，余抽空至順昌路訪馮寒冰，甫入門，電話已來，云急須趕回登車。急回賓館趕往車站，幸未誤時。

晚六時抵杭州，原有聯絡之杭州政協人員來接，彼至軟座出口處等候不獲，而余等則自硬座出口處出站，久候無人來接，幸余記有杭州大學歷史系教授金普森之電話號碼，告金曰：予等「四老」在車站「落難」。金即乘計程車來，導余等宿杭大專家樓，新修房間，油漆味重，水均黃銹，不堪沐浴。次晨政協人員來接，遷至玉泉飯店，遊覽五日，飽嘗「天堂」之一杭州風光。西湖各景、六和塔、樓外樓之醋溜魚、絲市場，皆往觀賞。玉泉飯店近浙江大學，見一廣告，云台灣有十餘位名教授在某處購置公寓各一套。余知張玉法、侯家駒、胡佛、沈景驤等十餘人，離浙大不遠購有公寓。在杭州他處置屋者，尚有多人，如高明敏、周奉和等。

▲躍馬絲路（1995年9月13日在天池）

因此，余與文桂亦興起在江南名城購屋之念。其條件，能常來居住之地，有適當友人之照顧，生活習慣方便。衡量結果，以南京為理想。乃商諸烈孫、傳中，希能在南京覓得適宜居屋。即請烈孫、傳中在南京代為物色。

九月二十三日，由杭州回上海，仍住天山賓館，晚訪馮寒冰，約其夫婦到附近餐館餐敘，寒冰曰：多年未嘗進餐館矣。余知其窮困甚，惜身邊未備款，甚悔。

計此次旅遊遭遇不順之事，有七次之多，一為中正機場之誤時，二為香港機場之緊張，三為烏市之延誤行李，四為烏市到上海之誤時，五為到馮寒冰處之即返，六為杭州車站之失落，七為上海車站之失散。

十二月二十一日，偕文桂至昆明，同行者有林能士、楊維真，參加「護國軍起義八十週年紀念」學術討論會，能士、維真皆研究西南軍史，各有論文發表，余僅在會中致詞，謂當年護國軍起義曰「獨立」，此名詞具有正當性，雲南自民國以還，大多維持「獨立」狀態，地方有充分自主發展機會。與會者以雲、貴省學者為主，貴州有吳雁南、馮祖貽，故識也。雲南謝本書，研究西南軍史有素，神交已久，昆明民族學院教授，邀余等至其家，有居室四、五間，新式裝潢設備。彼甚希望訪台。民八十六年（一九九七）八月，台北舉辦「七七事變六十週年紀念」學術研討會，得邀來台。惟在會議次日，忽患病入醫院，幸即治愈返滇。余於民國三十三年（一九四四）抗戰末期從軍來滇，此次舊地重遊，適距五十年，昆明市容全變，雲南面積為台灣十倍半，人口不到台灣兩倍。雲南為多民族地區，余等曾參觀其民族村，興建未久，尚未完成。遊石林，風景奇特；遊西山及桂王殿；遊大觀樓及滇池，污染嚴重，長滿水葫蘆，無法清除。參觀雲南大學，係走馬看花。雲南官府頗重視地方人士之家世背景，父或祖輩在國民黨時代有名望者，可獲優遇，如唐繼堯之外孫，被任為會澤縣政協副主席，外出有專車及司機。如名人李根源、楊杰等人之後代，均在為其先世之歷史而努力。大陸學者論文中，常出現「反封建」字句，余以為此即恢復「封建」。十二月二十八日，余等回台北，結束本年多次大陸及香港之旅。

14 南京別居—金寶花園

（一）遇吳相湘與南大演講

民國八十五年（一九九六）六月八日，余偕文桂自台北經香港至瀋陽，次日即偕銘淑去本溪探文桂之三姐，其子富憲臣備午餐。當日返瀋陽。十一日，至南京，住金寶花園新居。此新居位於南京洪武路，面積九十一平米，樓高二十八層，余之新居在十六層。一年前購得。二十五日，回台北，烈孫曰：停留時日過短。

十月十二日，偕文桂再來南京金寶花園新居。十一月十二日，為孫中山百年誕辰，北京、南京、廣州皆有紀念活動，南京新街口圓環新塑孫中山銅像，具藝術、工業水準。舉行中山學術討論，台北來參加者，有國父紀念館劉碧蓉小姐，北京有張同新，上海有郭緒印諸教授。有參觀活動，招待秦淮人家餐點。廣州之會，原邀余參加，惟海外及台港出席者，每人須付美金二百元，余拒之。大陸學者多知余對此不滿。台方參加者仍有多人，如陳三井、胡春惠、呂芳上、林能士、馬起華等。吳相湘、韋玉華亦自美往出席，由北京經南京，住玄武飯店，余往訪之，多年不見，精神尚佳，至南京大學歷史系演講，余往聽之，漫談而已。該系由李又寧設吳相湘講座基金，每次演講報酬為美金一百元。吳要余捐助其基金，余應邀演講，捐講演報酬而已。例由南大歷史系招待餐會。十月十七日晚由朱寶琴、申曉雲到市場購大閘蟹多斤，由陳謙平、陳紅民煮之，茅家琦、張憲文聚余寓，嘗蟹品酒，其樂無窮。余品嘗此蟹味美，首次有感覺。以前在香港品嘗多次，均食而不知其味。余每次來南京，憲文必邀余至其民國史研究中心演講。此次講題為〈國民黨分合與興衰〉，聽者以博、碩士研究生為多。該中心曾給余「客座」名義，余對之亦有親切感。

余之所謂「國民黨」，係指自一八九四年成立興中會以來百餘年歷史之黨，名之曰「百年老店」。百餘年來之分、合，各有四次，即合則興，分則衰。其分、合因素恒受外在環境與內在條件之影響。第一次之合，為一九〇五年成立同盟會，六年以後，推翻滿清；第二次之合，為一九二四年國民黨之改組，四年後統一中國；第三次之合，為一九三五年五全大會之團結，一年半以後負起對日抗戰任務；第四次之合，為一九五〇年之改造，使台灣由安定而繁榮。其四次之分，第一次為一九一二年同盟會之分化，失去革命政權；第二次為一九二七年之寧漢分裂，而致連年內戰與九一八事變之大國難；第三次為一九四五年六全大會以後，由蔣、李之爭而失去大陸政權；第四次為一九九四年十四全大會新黨之

▲上：晤吳相湘於南大（1996年11月10日）
左起1朱寶琴、2張憲文、3茅家琦、4吳相湘、5永敬、6蔡少卿、7韋玉華、8申曉雲。
下：金寶品蟹（1997年10月17日）
左起1永敬、2陳謙平、3張憲文、4朱寶琴、5文桂、6申曉雲

出現，而至目前之衰落。余講畢，有一青年學者問余曰：國民黨之衰落，乃其階段性任務告終，此為歷史之自然現象，蔣教授為之留戀乎？余曰：余為國民黨人，已有半個世紀以上；為民國之人，已七十餘年，不免有「遺老」心情。今大陸方面認為民國「已亡」，余乃「民國遺老」也；台灣當局仇視國民黨，正在作「亡黨」之舉，實際「已亡」，余乃「國民黨遺老」也。如謂「留戀」，亦不為過。此次余留南京時日較久，至十一月三十日回台北。

（二）二度返鄉不豫之惱

民國八十六年（一九九七）三月三十日，偕文桂由台北經香港至上海，當晚抵南京。值春假期間，機位擁擠，南京機位已滿，不得不自上海轉寧。目的在能配合孫鐵民在家鄉時間，回鄉掃墓。上次回鄉係在一九九〇年七月，因天候不佳，道路泥濘，停留時間短暫，印象模糊。童年景象，一無所得。決定再回探視，拾回童年記憶。到金寶花園住定後，即與鐵民通電話，定於四月二日在池河會面，請其通知需要會面之人。向金陵飯店租一轎車，往返人民幣五百元。晨六時，車由金寶花園出發，三小時不到，即達池河，尋久之，始至鐵民住處次子維元家，安榮、忠蘭已等候多時，遂同車去四戶蔣，十分鐘即達。公路至四戶蔣間已舖石子路，故可直達村中，經父母之墓，即下車拜之。墓上覆有新土，為安榮昨日所加，心中稍慰。在墓地遇一牧羊老婦，乃永昌之妻，永昌兩年前患癌去世。俄而永華及成發來，成發係三叔祖之子，長余一輩。掃墓畢，即至上次停留之處，乃永昌孫新婚之臥房，有沙發。陪余與文桂坐談者，有永華、成發及其姐丈陶君夫婦。余贈永昌妻、永華、成發各五百元，陶君二百元，文桂另贈各家食品。五百元雖非大數，可購穀近千斤。余至戶外極目四望，仍無童年景象。遇二少婦，經介紹，乃婆媳，婆為永昌子媳，媳為永昌孫媳。村中泥濘，行極不便。安榮催速回池河，車停泥地發動不起，需人推上石子路，有青壯年六、七人，蹲地旁觀，請其助推，無有應者。永華怒命之，始有二人來助，乃永華之子也。余當時對此情況，未曾注意，登車時，尚揮手向彼等告別，似無反應。至池河孫維元家，約見之人有忠蘭之母，表妹小彩。謝家老姑次女亦來。忠蘭之母余呼之為老張大姐，余母收養之女。小彩姓宛，小余三歲，二舅父之女，不知其正式芳名，僅知其小彩乳名。大舅父長女大彩，與余同齡，已故。大小彩為余童年之玩伴，印象深刻。此次見面，余頻呼其小彩，其女不以為然，然不知余回復童年心情。余對彼等各有餽贈，長輩、同輩各五百元，晚輩二百元，然以人多，為數可觀矣。

此次回鄉，遇一不愉快之事，即永昌之子安銘之不禮行為。余當時毫無所悉。離池河返南京途中，司機告余曰：車停村中時，有一青年男子丟五百元給彼，命將汽車開走，彼未從。當司機發動汽車擬開上石子路時，請彼等助推，此青年曰：無彼命令，誰皆不准。當余登車前，安榮、忠蘭助推不動，余曰：可請彼等幫忙。司機云：他們不會的。迨

司機告余經過，始知有此事。此青年即上次向余質問之永昌第三子安銘也。安榮在池河告余，彼等對余有微詞，謂余不應先掃墓而後探望彼等。余尚制止安榮傳達此言。午飯後，永華、成發來向余解釋，云「彼此扯平」，余尚不知何故。蓋指余與安銘皆有「不是」之處。余此次回鄉，本擬重溫親情，回味童年舊夢，未料有此冷酷場面。文桂云：從此再無意陪余回鄉矣。

命司機開走汽車之安銘，余原不知其名，僅知其為永昌之子。民八十七年（一九九八）四月，余至南京，召安榮來寧時，詢家鄉及父母過去之詳情，並及此事之原因。安榮云其名安銘，永昌之第三男。永昌人尚好，惟其妻及子女較刻薄。視安榮既已嫁楊姓，即非蔣家之人，余之所給，均應歸彼之蔣家。過去余給安榮之信，及安榮致余之信，彼等均要過目，安榮拒之。余父母之屋被拆後，以「台屬」之故，曾由當地政府賠償人民幣四千元，彼等則視為蔣家財產，分給安榮七〇〇元。永昌曾借余之「台屬」關係，得與地方政府交往。但地方政府知有安榮後，即不與永昌「拉關係」。大陸改革開放後，凡有「海外關係」者，可獲特別照顧。安銘過去對余諸多不禮行為，顯未爭到「海外關係」之故。當地政府過去對余在「海外」情形，頗為注意，所修《定遠縣誌》，將余列為「名人」而介紹之。近令所有墳墓皆剷平，惟余父母之墓仍保留之。余曾對永昌、永華、安榮等言之，過去恩怨乃社會使然，非彼等之過，應一筆勾銷之，但彼等不悟也。

定遠縣誌編委會一九九六年出版之《定遠縣誌》將余列為「社會名人」，仍書余早年之名「蔣永隆」，學歷誤書為「黃埔軍校畢業」，其九〇九頁記載如下：

> 蔣永隆，男，定遠池河鎮四戶蔣人。台胞。黃埔軍校畢業。台灣國史研究所所長、教授。改革開放後，先後多次來大陸講學。一九八二年《參考消息》曾發表過他關於國民黨黨史的研究文章。

安榮告余：祖父（余父）於一九五一年土改前病故，由祖母（余母）葬之。祖父以為必遭鬥爭，事先秘備鴉片煙土，以備不堪受苦時即自裁。未及鬥爭即卒。祖母攜安榮相依為命，被指派養耕牛。某晨至牛屋，忽見一老婦上吊自殺，已氣絕。余之姨母次子郭金富，乳名小網子，為當地幹部，每值鬥爭大會前夕，即敲祖母後門三響，入內秘告祖母明日大會如何答話，故未受苦。祖母於一九六〇年病卒。安榮於一九五九年出嫁，其夫楊姓，亦為金富所介紹。余問金富現況。曰已卒。

(三) 天倫樂趣同遊江南

一九九七年三月底至五月二十一日，住金寶花園五十餘日，時值暮春，江南草長，殊值留戀，約銘淑及其夫君陳永泉來南京相聚。四月二十四日，與銘淑、烈孫及余夫婦共六人，同遊杭州，遊兩日，二十七日遊蘇州。經上海時，偕銘

淑夫婦觀黃浦江大橋，至外灘眺望，晚至蘇州。遊甪直鎮，參觀澄湖濱之別墅，及蘇州之養老院，設備近代化。同一般飯店對外營業，乃「掛羊頭賣狗肉」也。二十八日，回南京，銘淑夫婦留寧十六天（四月十五日至五月一日），曾遊中山陵、玄武湖等名勝。五月二十一日，偕文桂回台北。

九月十八日，秋季來臨，江南天高氣爽，偕文桂來南京金寶花園，約黃桂馨、煥萍姐妹來聚。彼等於二十三日到寧，二十六日同遊杭州，住杭大專家樓，三十日回南京。十月七日余等四人及烈孫夫婦共六人，同去無錫遊覽，太湖可遊之處，較蘇州為多。當地旅遊事業，較前發達而進步，在杭州及無錫，每人每日付人民幣一百元，交通、門票由其供應，旅遊定點之安排亦多，經濟實惠，遊者稱便。十月八日回南京後，余等四人參加南京一日遊。中山陵、明孝陵、夫子廟、玄武湖、長江大橋等，均有導遊，較之自行安排，方便、經濟多矣。余等四人復至南京大屠殺紀念館及莫愁湖參觀，均留有深刻之印象。

（四）合肥陳獨秀思想研討會

一九九七年十月二十日，偕文桂由南京去合肥，乘高速公路汽車，兩小時即達，惟兩處都市交通擁擠，共須三小時。到合肥汽車站，安大教授沈寂來接，同至郊外之花園酒店，此為譚姓台商投資所建，土地面積廣闊，住客不多。二十一日，由安大「陳獨秀研究中心」舉行之「陳獨秀思想」討論會在此開幕，安徽有歐遠方、徐承倫、湯奇學、楊榮華等，北京有彭明、唐寶林、朱成甲、陳鐵健等，上海有姜義華、郭緒印、任建樹等。陝西有雷雲峰。台灣有謝國興及余等。與會者對陳獨秀思想及其對中共革命運動之貢獻，多所肯定。此為大陸方面學術思想之進步現象。言論亦較開放，微現自由學風。有學者謂陳獨秀思想不足之處，乃非良好的馬克斯主義者。余曰：此正值得肯定之處，為何必須以馬克斯主義為衡量之標準？余以為陳在思想理論方面對中共革命最大貢獻之一，乃第一次國共合作期間，替國民黨及孫中山製造「三大政策」口號。形成國民黨之極大困擾。彭明教授指出余在十年前之論文中，提出「三大政策」非出自孫中山及國民黨之論證，大陸學界對此曾討論。應如何解釋問題。彭對「非良好馬克斯主義者」說之由來，乃過去中共中宣部之解釋，此非學術上之問題。余以為此次學術討論會，水準至佳，乃一次成功之會議。

（五）東京之會有火藥味

余與文桂於十月二十五日離南京回台北，又於十一月十四日同去東京。係參加東京慶應大學主辦之「中日關係」第四屆國際學術討論會，衛藤瀋吉主持之，山田辰雄籌劃之。台灣方面出席者有張玉法、陳三井、呂芳上、陳鵬仁、黃自進、吳文星、邵銘煌等，余為此會之顧問，似為代表台方。大陸有張海鵬、白介夫、曾業英等，尚有多名年輕大陸學者在日本執教或研究者，亦參加之。白為顧問，代表大陸方面。美、加、港方面有唐德剛、吳天威、徐乃力、杜學魁

等。日本方面有狹間直樹、秦郁彥等多人。會議期間，文桂與玉法夫人遊東京。吳天威、杜學魁對此會頗不滿，聞初未被邀請，經交涉始獲參加，吳、杜為此會發起者之主要成員，彼等對日本過去之侵華，有強烈之批評，此次會議中亦然。十五日晚酒會，衛藤、白介夫、吳天威、杜學魁及余分別代表致詞。白致詞強調「中日建交」二十五年之成就，政治意味濃。余致詞謂台灣雖小，但以孫中山為緒統，發揚中山精神。吳、杜致詞甚長，譴責日本之侵華，使衛藤怒形於色。秦郁彥論文對南京大屠殺案，頗為日方辯護。另一日本學者任評論人，指出秦所引用之資料有諸多錯誤與不實。吳天威對秦文之批評，不免有怒氣，衛藤對吳亦有忿怒之表情，兩人均顯情緒化。閉幕會為綜合討論，由山田辰雄主持之，張海鵬、陳三井分別作引言。張事先有講稿，已分發與會學者，政治意味頗強烈，「中日建交」及「祖國和平統一」之論調，頗使台方學者有反感。惟其口頭報告予以淡化之。繼由三井發言，對張之報告，頗有批評，謂學術會議不應滲入政治，表示深感遺憾。三井之火藥味甚濃，勢將引起雙方交戰，山田原擬安排自由發言，不得不予改變，乃請衛藤發言，故意拖延時間，而至散會。海鵬會後謂余曰：未意三井老友如此嚴厲，本欲辯白，為免不愉快，乃已。余曰：討論會之意見不同，乃正常之現象，不足為異。海鵬仍耿耿於懷，致余賀年卡中，仍提此事，謂祖國統一希望渺茫。余在復卡中書云：「同有此感。三井兄非獨者，他可想知」。次年二月號之台北《歷史月刊》，海鵬發表長文，謂兩岸學者觀點之差異，乃史觀問題，調和不易。彼及大陸學者以為馬克斯史觀，乃屬科學方法，台方學者鄙視之。彼且提及孫中山之辛亥革命，依馬克斯史觀，乃為「資產階級革命」；孫中山之「三大政策」，乃合乎歷史事實。指台灣學者對此「不屑一顧」，或予「口誅筆伐」。張文雖未提余名，而余對「三大政策」問題，論述較多，不得不為文以說明之。乃在《近代中國》（民國八十七年四月份）發表一文，題曰〈關於孫中山「三大政策」問題〉，以就教吾友海鵬先生。

（六）金寶兩月漸多體會

民國八十七年（一九九八）四月十一日，余與文桂乘澳門航空公司飛機自台北經澳門至南京，此為新增之航線，較經香港為省時省費，經澳門雖須換機，然自桃園中正機場起飛時，機位已同時劃定，至澳門機場約停四十分鐘，即逕行登機飛南京。總計飛行時間約三小時半，加上停留時間，計為四小時十分鐘。經香港時，須排隊重劃機位，停留二小時以上，甚或四小時，而票價約高台幣千餘元。

是日下午至南京金寶花園寓所。十三日晚，茅家琦、張憲文教授約余夫婦至富春茶社晚餐，品嘗揚州口味。十八日晨，黃桂馨、煥萍姐妹由北京抵寧，同住金寶花園。十九日，陳志奇教授到南京，志奇，台大政治系教授，新同盟會執行副會長，南京大學聘為客座教授，來此講學一週，彼主持有「國家建設」文教基金會，聘余為董事，致力兩岸交流，熱心人也。二十日，約志奇、家琦、憲文及南大歷史系

主任崔之清在太陽星晚餐暢敘。連日與彼等至綠柳居小酌，此店素食至佳，價廉。余亦常約桂馨姐妹、烈孫夫婦到此享用。二十五日，志奇回台北。二十八日，由烈孫向市政府租一中型車遊覽揚州，同行者桂馨姐妹、烈孫姐妹三人，許明夫婦，余與文桂計九人，遊瘦西湖，門票每人二十元，票價實嫌過高，與一般人民收入不相稱。是日揚州交通管制，大街不准行車，巷道特別擁擠，以為有要人來此。至下午回南京，見大街要道一律為紅色計程車所阻塞，均空車無司機，知為抗議不合理捐稅而罷駛。見於瘦西湖門票價之過高，可知地方官員對人民之不恤，報紙及電視對揚州之罷駛情況，毫無報導。余等在瘦西湖乘船遊畢，至一大餐廳午餐，出示手寫而無價目之菜單，余要求必須有價目者，乃取來另一手寫而加註價目之菜單，余知此一餐廳不甚規矩。首道之菜鱔魚有腥味，余請餐廳人員嘗之。彼乃自動取回。經此數事，知揚州市政之管理有欠健全。此乃中共中央總書記、國家主席江澤民之故鄉。聞不久前，江曾來視察。唯司機之敢於集體罷駛，以對當局之抗議，亦民主意識之抬頭。三十日，偕桂馨等遊中山陵，遊畢，乘冷氣公車至新街口，票價一元，乘者至眾，車兩層，寬舒有座位，可見人民生活品質已漸提高，惜乘客抽煙者多，使車中空氣惡劣，國民素質提高，尤為重要。五月三日，偕文桂、桂馨姐妹至南京美術館參觀書畫展，一樓為書法展，二樓為畫展，三樓為雕刻展。余等僅參觀一、二樓展。庭園中休息片刻，清風徐來，心情舒暢。乘公共汽車去新街口，票價一元，五月一日至三日為放假日，人多而擁擠，余等逛華聯及新百公司，貨品充斥，花樣繁多，顧客以青年男女為多，衣著入時，一片繁榮景象。余等至新百六樓午餐，各式餐飲，風味各異。顧客來往不斷，顯示人民生活水準提高。鄧小平之改革開放政策，已大見其效。中國之潛力無窮，各國爭相投資，台商尚受制於李登輝之「戒急用忍」政策。

五月四日上午，余與文桂、桂馨姐妹及烈孫姊妹共八人遊中山植物園，入門百餘步，有孫中山半身銅像，座落園中，莊嚴肅穆。此園面積廣大，有森林、有廣場，有荷池、有花卉，遊人散步其間，賞心悅目。是日已收假，遊客不多，益顯清靜。余等散步數小時，僅一小部分而已。余以為此園風景，較玄武湖、瘦西湖接近自然。午間，范家姊妹在綠柳居招待午餐，原廚師休假，學徒代之，余等一嘗品味，即非原貌矣。桂馨姐妹五日晚回北京。相聚十餘日，使余等獲得極多之快慰，對余照顧備至，桂馨戲引中共術語，曰「重點保護」。

五月十五日下午，張憲文教授邀余向民國史研究中心研究生作學術演講，聽者約三十人，上海復旦大學歷史系教授黃美真亦來，與會者有茅家琦、陳謙平、陳紅民、朱寶琴、申曉雲及南京圖書館于川女士等多人。

余此次留南京多日，見南京諸友生活水準頗有提高。中共政府鼓勵機關員工購屋，既可減輕政府負擔，改善公教居住條件，復可增進經濟活力，打破依賴機關，吃「大鍋飯」之心理，益為重要。

大陸各地雖有繁榮之一面，但亦不無隱憂之處。工廠大量裁減職工，失業問題嚴重。電視不斷宣傳，安撫所謂「下崗」職工，余遇一「下崗」職工而開計程車，大發牢騷，謂其「下崗」後，每月僅領原廠津貼人民幣九十五元；其計程車生意亦不佳，乘客至少，繳納車租，幾無所得。

15 和統會訪北京及長春

（一）和統會之成立

民國八十七年（一九九八）三月，梁肅戎先生籌備「海峽兩岸和平統一促進會」（簡稱「和統會」），以陳立夫先生為名譽會長，梁為會長，要余為副會長，應之。另有兩名副會長，即郭俊次、馮滬祥。四月十九日，假台北市晶華大酒店開成立大會，選出理監事，余被選為理事，時余已在南京，見大陸方面報紙及電視均有報導。對此會之成立，似頗重視。六月四日，余自南京回台後，梁會長數度約余至和統會辦公處（台北市基隆路世貿大樓二四〇五室）談會務，時適為台商寇健明等「四間諜」案，由和統會與大陸海協會聯絡，頗有取代台方海基會之勢。余等以為此雖大陸方面之對台策略，然海基會既為李登輝之僵化政策所困，而「和統會」如能為台商解決問題，因而促成兩岸民間關係之改善，未嘗非兩岸人民之幸。和統會雖無力量，如能產生作用，亦非不可為。七月四日，和統會舉行理監事會議，決定組織大陸訪問團，往訪北京、東北及上海，並發行第二期會刊，余撰一短文，題為〈直接三通需要民間支持〉。以為「三通」口號，呼之多年，仍多障礙難行者，兩岸當局皆有責任。台方固以「戒急用忍」為拒抗，而大陸方面亦「口惠而實不至」，希能明示具體可行辦法，獲取台商及民眾之支持，必有助於直接「三通」之實現。

七月二十四日，北京中小學教師訪問團，應耿榮水之長城基金會之邀來訪，其中有大陸海協會副秘書長李亞飛及聯絡部主任王小兵等四人同行，此為兩岸協商中斷三年來大陸海協會最高層次來訪人員，其行程首先安排會晤和統會及梁會長。海基會甚不安，要求該團抵達之當晚，由其設宴接待，以搶先一步。但與海基會之會談，則列在訪和統會之後。二十五日晚，訪問團一行二十餘人在李亞飛率領下至世貿大樓訪梁會長及和統會，並接受晚宴，余亦參與接待。電視、報紙多家來採訪新聞，輿論有謂大陸開闢交流「第二管道」者，亦有謂行「離間」之計者。李亞飛在和統會發表談話，姿態甚高，聲稱兩岸會談之恢復，須為政治性談判。此與海基會之需求事務性談判大有分歧。是以二十六日兩會人員之會談，並無結果。

當李亞飛等一行意氣風發南下高雄參觀訪問時，突發生林滴娟在大陸遇害事，李等處境至為尷尬，草草結束訪問，提前返回大陸。林滴娟為民進黨籍高雄市議員，偕男友韋殿剛赴大連旅遊，以韋之債務問題，兩人被綁架至海城，注射麻醉劑以控制之，林死韋逃，向當地公安報案，引起民進黨

大反彈，轟動全台，其家屬將赴大陸處理善後，預定機位適與李亞飛等之班次相同，為免尷尬，李等乃更改班次，提前離台。大陸方面處理此案，頗具理性，遷就家屬要求，以緩和民進黨借題擴大事端。此事得以平息。

和統會之宗旨，為促進台灣海峽兩岸人民之交流互惠，增進彼此溝通瞭解，落實該會推動之和平統一之三原則：一、堅持一個中國原則，共同邁向和平統一。二、兩岸對等和平共存，主權領土共有共享。三、台灣不獨立，中共不動武。此乃湊合兩岸口號而成，如對等、共存、不獨、不武，台方之口號。餘皆大陸方面者。余一向認為台灣無獨立之條件，大陸亦決無容忍台獨之餘地。「和平統一」為最佳之途徑。本年（一九九八）八月，應《歷史月刊》編者之約，撰〈從兩次國共「合作」省思兩岸問題〉，原擬九月號刊出，編者陳昭順同學以為此文意義重要，擬延至十月號出一「衝突與和解」專輯，增約文稿探討北愛爾蘭、東帝汶、魁北克、喀什米爾等地分離問題，連同本文計有五篇，然歷史經驗各不相同，和解不易，武力衝突則為常見之事，兩岸其能和平解決乎？

（二）和統會組團訪問北京

一九九八年九月十二日和統會至北京訪問，為期六天，再轉長春。和統會組團訪問大陸，與大陸海協會方面有所洽商，由海協會來函邀請，原擬九月六日啟行，因大陸方面對台機構人事異動，延至九月十二日啟行。會長梁肅戎任訪問團團長，顧問張豐緒副之，團員三十餘人，學、商、法各界均有之，余亦與焉，其要者有郭俊次、馮滬祥、耿榮水、武士嵩、楊開煌、丁庭宇、范止安（香港）、湯紹成、李志中（新黨）、黃惠英（會計師）、戴慶祥（律師）、王和平（商）及新聞記者李建榮（中國時報）、文現深（聯合報）、尹乃馨（傳訊電視）、莊慧良（明報）、黃白雪（台灣日報）等，尚有新加坡商人連家立等。

十二日上午十時半乘澳門航機由澳門轉北京，誤點約一小時，下午五時許抵北京，海協會王小兵來接，由貴賓室通關，住進皇冠假日飯店時，已六時許，遂即應國台辦主任陳雲林及海協會常務副會長唐樹備之邀，在北京國務院台辦招待所接風宴。應邀者有梁肅戎、張豐緒、郭俊次、范止安、楊開煌、丁庭宇、李志中、耿榮水、馮滬祥及余等九人。宴會前在客廳茶敘，陳報告大陸水災，談及李登輝對水災之不當言談，表示詫異。蓋今年八月，中國南（長江）北（松花江）發生大水災，災情至慘，億萬人民受災，港澳各地均踴躍捐助救災，惟台灣方面漠無表示。李登輝且言此乃大陸打壓台灣之故，台民表示冷漠，乃自動也。幸災樂禍之心態，使大陸方面深為寒心。而大陸方面對數百萬軍民參加抗洪工作，所表現之團結、奮鬥精神，頗為自豪。對重建工作，充滿信心，所謂「百廢待舉」，是台商參與投資之良機。但深為台方之「戒急用忍」失誤而惋惜。和統會梁會長亦在多種場合中表示，此次來訪目的之一，亦為慰問大陸災情，並捐贈南、北災民各美金一萬元（其中范止安一萬元）。款雖不

多，心意已到。十三日（星期日）上午，參觀北京近郊房山區之韓村河農村建設，有七百餘戶，二千多人口。以建築工程收入為主，行公有制。每戶住宅皆為現代化，一般約一百餘平米，大者有三百餘平米；設備豪華者有六戶，為經理級住宅。陪同參觀之北京官員亦為之讚歎不已。另參觀二百餘平米之戶，乃一般之民宅，庭園花木，設備俱全，生活亦稱富裕。據云此類情形不多，而落後農村，所在皆是。

十四日上午九時，中共國家最高領導人（中共總書記、國家主席、軍委會主席）江澤民在北京釣魚台賓館養心樓接見和統會訪問團代表梁肅戎（會長、訪問團團長）、張豐緒（顧問、副團長）及三位副會長郭俊次、馮滬祥及余等共五人。國台辦主任陳雲林、海協會常務副會長唐樹備作陪，另有接待人員、談話紀錄、攝影人員，主位在左，客位在右。九時準時會晤，江一一握手問好，分別坐定。首由梁會長表示此次來訪為慰問水災，及增進兩岸交流促進和解，有利和平統一工作，繼即說明和統會之宗旨，特別強調「台灣不獨立、中共不動武」之原則，希望「共同締造一個統一的新中國」。兩岸透過談判、接觸，結束對立、敵對狀態，雙方以會談方式進入政治及事務性磋商，儘速達成協議。具體的建議為：

> 由兩岸當局及各黨派、各人民團體以現行兩岸憲法為討論基礎，共同制定新憲法，舉行制憲會議，以保障人民的基本權利，國家體制。為兩岸人民共同締造一個統一的新中國。

江傾聽梁之陳述後，遂即發表彼之竟見，首言此次大水災，軍民之團結抗洪精神頗感欣慰。繼對台灣方面之分離行動表示關注，強調就歷史文化、民族感情、血統關係等方面而言，均無分離之必要。對梁之建議，雖無具體回應，亦無否定之意見。繼由張豐緒、郭俊次發言，對「台獨」運動表示憂心，對李登輝之「戒急用忍」政策，認為對台不利。張、郭均為台籍人士，江對其意見，注意傾聽，時作贊同之回應。江請余表示意見時，余就歷史文化方面言之，漢、唐為中國盛世，今日中國，實可媲美漢、唐，此乃中國之榮耀；國人百餘年來奮鬥之目標，不外富、強二字，今已達到矣。下一世紀之任務，則為「和平統一」。就歷史潮流言，應是樂觀的。如何順應潮流而助動之，於此有三點希望：一為兩岸「三通」問題，因為受到人為的阻撓，迄對兩岸人民的交往，頻生障礙，非兩岸人民之所願。而「三通」中最重要者，乃為直航（航空）問題，目前往返兩岸者須經港澳轉機，費時費錢，每年尚有百餘萬人次之台民往返。希望大陸方面能主動宣布十條以上黃金航線供台商申請，必受台商台民歡迎，如能實現，台民往返大陸者將大為增加，形成民間交流熱潮，增進雙方之瞭解，對造成和平統一之條件，必有所助。其次應大量開放兩岸教授及學生之交換講學及研究，蓋知識分子對社會之影響力，仍不可忽視。目前雙方對此頗有限制，而大陸方面應以開放的胸襟鼓勵之。其三，近代歷

史人物中的孫中山為兩岸中國人以及廣大海外華人所共同尊崇之人物，其畢生為中國和平統一而奮鬥，常有人言以孫中山來統一中國，最無爭議，希能發揚孫中山之理想與精神，以增進中國人之團結與共識。如此，以歷史文化力量來推動中國之和平統一，其功效可大可久。

余「書生」之見，江亦虛心傾聽之。迨余言畢，江頗興奮，乃亦表其「書生」本色，大談歷史文化之功效，謂日本、朝鮮、越南深受唐代文化之影響，迄今尚多有保存者，彼謂余之鄉音未改，頗有「他鄉遇舊」之感。蓋彼原籍揚州，與余之皖北口音，乃多江北口音相似故也。最後至馮滬祥發言畢，將及十時矣，五人分別與江合照後，握手告別。

余對江之綜合印象：態度謙虛，平易近人，有書生氣質，多才多藝，氣度寬容，對兩岸和解期望殷切，具有誠意，對中國前途有信心。與李登輝最大差異，一有中國文化素養，一則無之。

十時半，和統會訪問團成員全體三十餘人在釣魚台八號樓客廳會見國務院副總理及對台小組副召集人（正為江澤民）錢其琛，陳雲林、唐樹備等仍在座。錢係外交官出身，較江拘謹，多官式語言。首由梁會長發言，張豐緒等繼之，內容與對江之言略同。先後發言者有郭俊次、耿榮水、楊開煌、丁庭宇、周玉山、武士嵩、馮滬祥等多人，余本無意發言，梁要余言之。余就兩岸和解問題，應能調和兩方意見及期望，乃提出一個原則及四個方針，即一個中國原則，方針為一國兩制、分治合作、和平統一、互不動武。與錢會談約一時四十分鐘，超過一小時的預定時間，錢一再表示歡迎辜振甫訪問大陸。下午在北京松鶴樓（與皇冠假日飯店一街之隔）與大陸國務院及法界方面研討第一項議題：「兩岸法律實務交流合作及台商權益保護」。大陸方面表達者多為官式文章，台方表達者多為實際困難，即大陸官方亦難解決。足見兩岸制度與觀念之差距，非短期所能拉近。如因此要求對方立即改變之，亦係強人所難。但台方當局為政治目的而對台商利益漠不關心，其責任尤為重大。

十五日上午與北京社科院台研所等單位學者研討議題為「如何穩定發展兩岸關係」。大陸方面有許世銓（社科院台研所長）、李家泉、姜殿銘（研究員）等。兩方代表輪流發言。余就國共兩次分合歷史來看兩岸關係。大意謂就國共兩次「合作」的經驗而言，均非穩定，兩次「合作」計為十二年；「合作」之破裂則為戰爭，先後兩次則為十四年。原因則為（1）合作目標之消失。（2）外力之介入，而非出於自覺與自動。（3）兩黨皆有排他性，而無包容性。一九八〇年代以來，大陸又倡「第三次國共合作」問題，迄無交集，乃缺乏互信之故。就目標言，兩方尚缺共同之目標，尚不及第一、二次有短程之共同目標。就方式言，雙方皆欲借外力以相制。就兩方性質言，皆有排他性。今者大陸方面所提出之目標：一個中國原則，一國兩制，和平統一，使台方有處於被動之感受，對台方意見，未能容納。如何達成雙方共同目標，兼顧久遠與現實，使有交集之可能，乃為首要之務。次再講求方式，雙方皆須有包容之量，兩岸關係始能

穩定進展。下午座談第三項議題：「如何推動兩岸政治談判和三通」。雙方意見頗為分歧，台方記者對此迭有報導，有謂「兩邊與會者對統一問題有不少歧見」。一位大陸學者私下感慨說：「沒想到與支持和平統一的台灣人士溝通，還有那麼多問題」。又云：關於中共全力推銷的「一國兩制」觀點，也受到和統會一些成員的質疑。

十六日上午與國務院經貿部門座談第四項議題：「大陸經濟形勢及兩岸經貿合作」，大陸方面以為商機極多，而台方以「戒急用忍」而失誤機會，甚為可惜。下午與中國銀行相關人士座談第五項議題：「兩岸如何共同對付亞洲金融危機」。

綜合三天來座談之印象，雙方雖有不同意見，而大陸方面尚能虛心應對，作善意之說明。是日，台北《中國時報》記者李建榮有一簡要之報導云：

> 海峽兩岸和平統一促進會會長梁肅戎十六日下午表示：和統會訪問團與大陸學者有關方面連續三天針對兩岸政治、法律、金融、貿易等問題展開座談，彼此真心誠意對話交換意見，他希望海基會與海協會之間也應該要有如此的精神，不要彼此猜忌。和統會與海協會主辦的兩岸關係座談會昨日結束。梁肅戎說：他很高興大陸海協會正式邀請海基會董事長辜振甫率團到大陸參訪。他也希望辜振甫此行順利。和統會此次大陸之行，對於停頓三年的辜汪會晤起了催化作用。
>
> 梁肅戎說：他此行純為改善兩岸關係而來，雖然台灣獨派人士以非理性攻擊他，但他認為個人事小，兩岸大局為重。他以政治對話，主張兩岸無條件商談，有條件簽訂停戰協議，台灣不獨立，大陸不動武，才能真正解除兩岸敵意。他說：此行大陸方面的接待及領導人等高規格接見都是次要問題，重要的是反應台灣人民及在大陸投資台商的心聲，讓大陸重視才是重要的事。

和統會成員在北京數次的會談和座談，可得而記者，尚有以下數事：

1. 江澤民與錢其琛十四日上午先後在釣魚台賓館會晤和統會梁肅戎一行之後，大陸海協會立即致函台北海基會，表示願與海基會「進行一切有利於和平統一，有利發展兩岸關係的政治對話」。大陸方面過去一向使用「政治談判」，今則改用「政治對話」，意義顯有不同，是其走向靈活的一面。
2. 梁肅戎與江澤民九月十四日上午晤談內容，始終未正式對外發表，十九日上午在長春會晤吉林省黨委書記兼省長王雲坤時則主動透露：江提到將來兩岸的合作範疇很大，也會非常對等，而且也非誰併吞誰的問題，對於台灣人民的權益會非常尊重。
3. 李登輝曾一再聲稱，擬往大陸作「和平之旅」，也是和統會人員與大陸方面談話的材料，馮滬祥在會見

江、錢及座談會中均表示李之「和平之旅」可能是其「連任之旅」。因為只要李踏上中國大陸，勢必成為國際新聞焦點。在此光環下，必會造成連任的聲勢。也有持以正面的看法，對於李之「和平之旅」，大陸方面不妨「假戲真做」。

4. 有位大陸學者抨擊兩岸關係障礙在李登輝對統一無誠意，素持「鷹派」立場的李家泉，以為台灣問題解決的焦點，是美國問題，對手是「外國勢力」。可謂目中無台。楊開煌提醒解決兩岸問題須有方案，非慷慨激昂批評一人即可，應多反省台灣多年來的變化。余則以為大陸方面要能「以大事小」，本諸「王道」，不可「霸道」。台方亦應「以小事大」。

5. 中共外經貿部台港澳司王暉答覆關於台商保護實施條例草案將會容納台商反應的一些意見，如討論順利，國務院會在年底前公布。王表示：台方的戒急用忍，徒使台商失去二千億水災後重建的商機。而美國總統、英國首相都為該國商人到中國大陸找商機，有如「超級推銷員」；台方當局則似「超級守門員」。

結束了三天的會談與座談，九月十七日上午為自由活動，約桂馨姐妹及劉治國遊北海公園。午間楊天石、楊奎松約至全聚德吃烤鴨。晚應大陸和統會（中國和平統一促進會）之晚宴，見理事長程思遠，九十餘高齡，副賈亦斌，八十餘，均故識。遇馮理達（海軍總醫院副院長），馮玉祥之女。

▲與中共總書記江澤民合影（1998年9月14日）
左江澤民，右永敬。

（三）和統會轉訪長春

九月十八日上午，乘飛機赴長春，住香格里拉飯店，下午參觀長春汽車製造廠，中國之大廠，有員工七萬餘人，以生產運輸車為主，座車有紅旗豪華型。奧迪，乃中德合資。十九日上午，參觀經濟開發區，面積有三十六平方公里，多外商投資，亦有台商投資區，家數不多。以大陸之動力、原料、人工、市場諸條件言，實為投資之優良環境，各國多競爭之。惜台方堅持「戒急用忍」，非但無鼓勵，且限制之，對大陸並無傷害，徒損己耳。中午應吉林省黨委書記兼省長王雲坤之宴，席設南湖賓館，庭園廣闊，風景優美。王係吉林首號政治人物，五十餘歲，初到任，自北京趕回接待吾等

之來訪，幹練謙和，介紹吉林概況，面積十八餘萬方公里，人口二千五百餘萬，為農業省，近年開放，發展工業，教育發達，高等教育之質量尤高。就面積言，為台灣之五倍以上，而人口相當；資源更為優越。全國二十餘省中，更有優於吉林者，各國競相結交中國，以謀造福其人民，台灣當局獨持抗拒政策，殊為不智之舉。

和統會一行原擬訪問瀋陽，瀋陽亦作接待之準備。以上海方面汪道涵之約會，日期改為二十一日。訪問團乃取消瀋陽之行，即於二十日中午逕由長春飛上海，隨行人員亦有減少，余則留在長春，遷往南湖邊之華僑飯店，以待二十二日之「第五屆近百年中日關係史國際研討會」。二十七日再往北京，參加「抗日戰爭時期的汪精衛與汪偽政權座談會」。

梁會長肅戎一行於九月二十日下午自長春抵達上海後，即於二十一日上午在衡山賓館會見大陸海協會會長汪道涵。根據報導，見面時，汪對兩岸關係提出「擴大交流，增加理解，發展合作，反對分裂，共議統一」五項基本原則。對梁所提「台灣不獨立，大陸不動武」的原則，汪表示肯定並支持。在談到李登輝想要到大陸的目的為何，獨乎？統乎？汪主動提到李之親信劉泰英四年前和他見面，當時劉還提出兩岸政治協商的建議，不意劉回台後，卻為李活動訪美。因此汪說，那時大陸方面認為劉並不可靠。此事透露後，引起台灣一時的熱門新聞。二十二日，梁氏一行返台，適海基會副董事長兼秘書長許惠祐則至北京與唐樹備會晤。梁表示：對兩岸打開僵局算是盡了一份心力。然當局反而指梁等非立於民意主流。台獨的「建國黨」曾為此事，指梁等為「賣台台奸」。《中國時報》有論：

> 和統會的訪問已結束，而辜汪會晤則已進入最後的具體行程安排，兩岸僵局終有撥雲見日的開拓格局。此種氣氛的形成，民間團體（指和統會）的作用實功不可沒。

此次遊長春較為深刻之印象，即參觀偽滿皇宮。宮之情況，吾友陳三井在《近代中國》（第一二八期，一九九八年十二月）發表〈東北椎心之旅〉一文以記之，與余之印象略同。此宮為滿清末代皇帝愛新覺羅溥儀充當傀儡皇帝之宮庭遺址。據說新的皇宮主體部分有東西兩大設備監視他的活動，所以始終不敢正式使用，我們只參觀了寢宮緝熙樓，是一座外表不起眼又顯得極為寒酸的兩層灰色舊式樓房，原為吉黑榷運局辦公大樓。溥儀居此，本想以「緝熙」象徵前途光明，並繼承和效法其祖先康熙，幻想復辟大清王朝。但卻在此度過了近十四年的傀儡生涯。樓之內部光線暗淡，空間狹小，一樓為圖片展覽，二樓西側是溥儀的生活區，有臥室、書齋、佛堂和中藥房等。二樓東側是皇后婉容的生活區，有臥室、書房、吸煙（鴉片）室等。婉容是旗人中有名的美女，多才多藝，因與溥儀的婚姻生活有名無實，精神苦悶，與宮中侍衛私通，此為溥儀所不能容忍之事，從此被打入「冷宮」，乃靠吸食鴉片麻醉自己。最後則變成了「瘋

▲長春偽滿舊皇宮（1998年9月19日）
右梁肅戎，左永敬

子」皇后。余等參觀其吸煙室，見有臥舖，有婉容正在吸食鴉片之蠟像。

舊皇宮（緝熙樓）在長春市之舊市區，街道狹小，兩邊多攤販。余等至新市區參觀偽滿國務院故址，現為醫科大學本部，當年各部辦公室，現分別為醫大各學院、社科院、師大附中、附小等單位機關所在。遙對之新皇宮，頗為壯觀，現為地質研究機關，未往參觀。

長春留下日本人的建築頗多，宏偉壯觀，一度為國民黨所接收，今多成為中共之公務機關矣。所謂滄海桑田，不勝感慨！

（四）參加長春及北京學術研討會

1、長春學術研討會

一九九八年九月二十日，和統會訪問團去上海，余即離團獨留長春，以待參加二十三日至二十五日之第五屆「近百年中日關係史」國際學術研討會。余由香格里拉飯店遷入華僑飯店，位於南湖之濱，有水有樹，然水不潔，不覺風景之美。三星級飯店。約瀋陽外甥女白銘淑、銘潔來住一天，交文桂贈其葯物。二十二日，研討會會務人員東北師大金昕等入住飯店辦理報到事宜，吳天威亦至。台灣來參加者有陳三井、黃福慶、郭俊禾、陳在俊等，舊識者有朱永德（美）、杜學魁（港）、關捷夫婦、金普森、曾景忠、齊福霖、熊宗仁、韓曉、郎維成、王維禮等。趙建民（復旦）、于林、丁

則勤、周啟乾等為已知而再識者，新識者有駱為龍（社科院日研所）、呂乃澄（外交學院）、司徒鉅熏（美）、于群、趙毅（東北師大）、蘇智良（上海師大）、唐培吉（上海同濟大學）及日本笠原十九司。

余被列為籌備委員之一，二十二日晚開會前準備會議，會之實際負責人于群（東北師大歷史系主任）提出與會者論文題目，分為三組，分別為十九、二十三、十八篇，而無議程表，每組有一「組長」。亦無參加會議者之名單。將分為三個半天討論，開幕、閉幕各為一個半天。吳天威以為此會準備欠周，應邀請者多未接得邀請函，日本來者尤少，事前缺乏聯繫，會議有冷場。惟接待尚佳。

東北師大師生舉辦音樂晚會，招待與會學者欣賞，由其校黨委書記主持接待，並致詞。黨委書記之地位與職權甚大，在校長之上。所謂「第一把交椅」是也。大陸各機關單位皆以此職為首，即以黨（共）領導一切。對於吾等來自海外者有格格不入之感。會後余至北京參加「抗戰時期的汪精衛與汪偽政權之研究」座談會，遇南京大學來會之申曉雲、朱寶琴，會後遊慕田峪長城時，余問申曉雲曰：聞大陸各大學及各學系均設黨委書記，南大歷史系有黨委書記否？申曰：朱寶琴即是；惟彼仍以教職為本職。余見寶琴呼為「朱書記」。彼頗責申「亂說話」。申告余：朱不願他人稱其黨職。此與一般「黨委書記」有所不同。

會議第二日（九月二十四日）之下午，余與陳三井、黃福慶在解學詩（吉林社科院日本研究所研究員）陪同下，參觀吉林大學新校區之圖書館，有教授兼圖書館主任竇成關、歷史系主任劉德斌、教授陳瑞雲等之接待，樓高五層，空間寬敞，以收藏古籍聞名。余之著作《百年老店國民黨滄桑史》，管理人員持以示余。可見此書流傳之廣，乃持此書留影以為紀念。經校園，學生多在受軍事訓練。據云：自改革開放以來，人民生活漸富裕；尤以一胎化之實行，青年多不能吃苦耐勞，都成驕生慣養，故實施軍訓以鍛鍊之。迨至他處亦然。繼參觀吉林省社會科學院滿鐵資料館，頗多手稿及原始文件，對中國各地政情、經濟、社會之調查報告至多，可見日本侵略中國之用心。由日本研究所所長郭洪義、研究員解學詩、李力等介紹該館收藏情形，出版有目錄。《東北淪陷十四年史叢書》之編纂，即有該院日本所及歷史所人員之參與。

九月二十五日中午王淇女士約午宴，因吳天威之介紹，為東北之女企業家，經營旅館業，香港、北京各地均有其事業，王女士白手起家，社會關係良好，熱心文化事業，黨政學各界要人均熟悉之。約宴兩桌，台灣與會者均受邀請。飯後派車送余等返華僑飯店。下午舉行閉幕式，余被列為發言人之一。二十六日上午七時，由大會安排赴哈爾濱參觀，分乘兩輛大小汽車。長春距哈爾濱二四二公里，快則三小時，慢則四、五小時可達。余等約在中午十二時到達距哈市二十公里之平坊，參觀侵華日軍之「七三一」部隊罪證陳列館。此館為一九九五年八月十五日落成。聞有日本人出資，置有「中日友誼」字樣石碑，此實極大之諷刺。杜學魁大為

▲上：吉林大學圖書館持自著《百年老店》（1998年9月24日）
下：哈爾濱平坊731陳列館（1998年9月26日）

光火，斥此碑文之不當。主持館務者默然。參觀畢，即往哈市，住西苑飯店，在哈爾濱工業大學附近，車經其校區。此校歷史悠久，孫運璿年輕時即在此校畢業。二十七日上午參觀邊貿市場及松花江邊。經市區步行道，多為俄式建築，至一俄式教堂廣場，教堂莊嚴宏偉，遊人如織。邊貿市場多為俄貨，以皮毛、望遠鏡等為多，無甚可觀。赴江邊經一水果市場，見水蜜桃，色澤鮮美，挑選數枚，放入袋中，付款訖，請小販代為洗淨。云須他處去洗。余謂不便，即取回攜走。迨至江邊取食，發現被掉包矣，且有腐爛者。當地友人建議回去交涉，余曰算了。蓋所費有限，惟未能品嘗鮮美之味，不無遺憾。

參觀松花江時，正值水災後未久，江岸尚堆沙包，高有數尺，余攀登之，極目眺望，憶少年時常唱「我的家在松花江上」。然一到東北，無處不充滿日本之侵略痕跡。下午由哈市回長春，即乘火車赴北京。一室四張臥舖，一為駱為龍（北京社科院日研所所長），一為傅奕銘小姐（台籍，留日學生）。另一當地人士，不識。傅小姐在東京大學修博士學位，亦來長春參加會議，東北師大有其留日女同學，學成回校任副教授，攜女送傅小姐登車，且為余提行李，待人和藹，樂於助人，此足顯示中國女性優良之品德。

2、北京寬溝學術研討會

九月二十八日晨六時抵北京車站，社科院近史所齊福霖、曾景忠亦同車到達，同至近史所，張同新等教授來，準備搭車同往寬溝，參加「汪精衛及汪偽政權座談會」。寬溝在懷柔縣之山中，風景優美，空氣清新，北京市政府之招待所建在其中，有四合院、樓房之建築，餐飲、遊樂設備俱全。車行約一小時到達，近史所所長張海鵬及其他接待人員已在此等候。台灣方面來參加會議者有胡春惠、林能士、張力、邵銘煌、許育銘及余等共六人。皆安排住在四合院，人各一間，大陸方面學者有二十三人，分別來自北京、上海及南京。北京方面有張海鵬、張振鵾、聞少華、王學莊、楊天石、徐輝琪、榮維木、汪朝光、李仲明、李莉、王士花、劉兵、劉紅、唐寶林、徐秀麗、張同新、劉小林、史桂芳等。上海方面有黃美真、石源華、陳正卿等。南京方面有朱寶琴、申曉雲。蔡德金、張憲文原擬參加，因病未能到會。

此次會議經過及內容，邵銘煌在《近代中國》（一二八期）發表〈北京寬溝紀行－抗戰時期的汪精衛與汪偽政權之研究學術座談會〉一文以記之。計分五個場次，每一場次有兩位主持人，大陸、台灣各一。每場有四位報告人，提引言約三千字，計二十篇。余之報告引言題為〈汪精衛的「恐共」與「投日」〉。事後《近代中國》（一二八期）刊載之。余與王學莊作最後（第五）一場之主持人，銘煌在其文中記云：

> 九月三十日近中午時分，第五場座談會在沒有刻意安排閉會儀式下，僅由蔣永敬先生即席發表一段期許海峽兩岸學術邁向更客觀、更健康、更良好、政治關係

更和諧、更光明的前景的感言後，博得張海鵬所長歡迎鼓掌及與會者的深刻印象，一場學術雅集自然落幕了。

余之「感言」在說明自兩岸學者交流以來，已產生了極為良好的影響，特別是彼此能相互容忍不同的觀點，彼此尊重而能理性的客觀的討論問題。即以這次會議對汪精衛問題的討論而言，大陸學者偏向以民族大義的角度來看汪的投日，視之為「賣國漢奸」，但近年亦有一些學者不作如是評價者。台灣學者在過去亦多以民族大義來評價，近則偏向於實際政治問題，以為汪之主和，有其政治上的考慮。余在「感言」中謂：任何國家遭遇戰爭時，必有主戰與主和之爭，即所謂「鷹派」與「鴿派」是也。討論汪之問題，亦應作如是觀；不過在政策上有得有失耳。余之報告引言用「投日」詞句，不免有價值判斷矣。余戲謔之曰：依共黨過去對汪氏階級成分之劃分，列為「小資產階級」之代表，其屬性是動搖的、妥協的、不徹底的。故其主和與「投日」，乃階級屬性使然。「無產階級」之代表，其屬性則相反，是堅決的、不妥協的、徹底的，故主張「抗戰到底」，視主和為「叛逆」，此亦階級屬性使然。吾輩今日被列為「資本主義」社會之「小資產階級」者，視汪之主和，有其正當之理由。其與「無產階級」者之評價有所不同，亦非偶然。然依余之了解，目前大陸諸友均漸有私產，多有成為「小資產階級」者，吾等「屬性」均已接近矣，此誠可喜之現象。

這次座談會參加的學者雖然不多，但大家都有充分發表意見的機會。討論的議題也是專門性的，所以大家的意見也有交集之處。一方面是暢所欲言，同時得以充分交流。這是一次很有意義的學術討論會。會後，大陸學者劉兵小姐在《抗日戰爭研究》的一九九八年第四期發表這次座談會的〈綜述〉，其中說道：

> 在會上，有幾個議題成為與會討論的熱點，其中包括汪精衛集團投敵的成因，對汪精衛等人發起的「和平運動」的評價，汪偽政權性質等。其他諸如汪偽政府人事結構、汪偽政權內部的國民黨地下工作者等問題，與會者也進行了深入廣泛的交流。

劉兵小姐在其〈綜述〉中首先介紹余之報告並評論之，其文有云：

> 在這次座談會上，有學者對汪精衛投敵的成因也提出獨到的見解。台灣學者蔣永敬在他的論文〈汪精衛的「恐共」與「投日」〉中首先追述了汪氏「恐共」及其與之相關聯制定對日政策的歷史，認為一九三五年後致力於中日德意建立聯合「防共」陣線。在抗戰爆發後，「汪認為中國只能被動作戰而不能主動言和，是受了共產黨的『抗戰到底』的口號所害」。顯然，作者在這裡強調了汪氏「恐共」與其「投日」的

關聯，並引用蔣介石的話：「實犯了『恐共』、『恐日』之病」。作者最後還指出在國民黨內患「恐共」病的人還大有人在，只是沒有和汪精衛一道出走，並舉國民黨在嗣後召開的五屆五中全會上通過的〈防制異黨活動辦法〉，來說明「顯為紓解內部『恐共』心理，出於『自救』的需要」。作者很注意研究汪氏投日動機的一個側面，對於傳統的汪氏出逃動因可以算是一種補充。

劉小姐對拙作的評價十分恰當，對拙作的觀察也十分投入。在我撰寫此文時，只是就事論事，沒有想到「獨到的見解」和對「傳統」說法的挑戰。大陸年輕一代的學者，確是值得吾輩「老者」的注視。

十月一日，主辦單位近史所安排與會學者遊長城慕田峪（上午）及明十三陵之定陵（下午）。是日為中共之國慶日，遊人如織。遊覽券亦昂貴，定陵遊者不下五萬人。登慕田峪，上去乘纜車，下來乘滑車，登城則步行，申曉雲對余負照顧之責，歸時走錯路，久不達纜車站，行苦之。余曰：當可鍛鍊走路，運動量足矣。乘滑車下山，張力在前車，許育銘在後車，對余照顧備至。張、許皆余學生，昨晚在寬溝招待所偕余雀戰，皆初試，一點即通，余反為敗將，誠「青出於藍而勝於藍」。彼等在學業上亦將如是。

十月二日上午與胡春惠、張海鵬同車離寬溝至北京。海鵬回近史所，春惠至西城區其姨父家，余至同區桂馨家。余告春惠曰：余戚呼余為姨父，適與汝相反。桂馨先一日即準備盛餐，其妹夫婦劉治國、黃煥萍、夫婿薛輝及其次女顯紅夫婦、外孫女均在焉。午餐後，治國及桂馨姊妹送余至機場。夜一時半抵家中，文桂候焉。

▲北京寬溝學術研討會（1998年9月28日）
左起1邵銘煌、2許育銘、3林能士、5張海鵬、6永敬、7胡春惠、8張力、9徐輝琪

16 退而不休享受人生（一）

（一）廣西及中越邊境之旅

余自一九九〇年七月首次赴大陸返鄉探親以後，深深體會大陸各地風光，頗足欣賞。一九九二年七月自政大退休而無教學負擔以後，復以筋骨病痛漸愈，體力轉好，正是「退而不休，享受人生」的良機。是以每逢春秋二季氣候良好之際，必赴南京金寶小住，且可借此遊覽名勝。

一九九八年十月，台灣雖甚悶熱，而江南已秋高氣爽，余與文桂乃於是月二十日乘澳門航機自台北至南京小住，並與南京諸友聚會。

十一月二日應廣西方面之約偕南京大學教授崔之清（歷史系主任）、陳紅民及陳母、崔夫人等一行五人，晨自南京乘汽車，中午抵上海虹橋機場，乘飛機赴南寧，經桂林稍停，晚五時到南寧，由其對外聯絡處（外辦）接待。接待人員有張漢隆、張雷、楊夢之。接洽安排者為陳勤，陳為桂林師大副教授，南京大學歷史系博士生。為陳紅民之友。

十一月三日由廣西外辦備汽車遊東興市及防城港。晨由南寧出發南行，經大塘、欽州、防城而達東興市。三百餘公里，經十萬大山，人車不多，路為高速公路，水泥路面。不僅有助經濟開發，且具國防需要。南寧北至桂林之高速公

▲中越交界

路已通至柳州，全程通車將為時不久。廣西原為落後省區，近年交通建設快速發展，全省面積二十三萬平方公里，人口四千四百餘萬。面積約為台灣六點四倍，人口為台灣之二倍。頗多台商來此投資。東興市與越南之芒街僅一河之隔。聞越方填土擴地，河面漸狹。兩岸交通除賴民船外，築有大橋一座，可通汽車。兩邊各設海關，來往人貨隨時辦理登記通關。往彼岸觀光亦甚便捷。余等以時間不足，遙望對岸而已。在河邊露天午餐，當地土產魚蝦，新鮮而已。小販兜售水果，絡繹不絕，有來自對岸者，相處融洽，已歷有年所矣。聞此地亦為走私之大本營，酒家生意鼎盛。下午參觀防城港，至其碼頭，港口遼闊，停萬噸級以上輪船多艘，裝卸貨物以礦砂、飼料為多。防城、東興原屬廣東省，中共劃歸廣西，對廣西之開發至為重要，更有助於西南之繁榮。

四日上午遊青秀公園（閱圖名白龍公園）。下午五時廣西政協主席陳輝光在政協辦公大樓接見，六時晚宴，白先經作陪。白為白崇禧之族侄，原任廣西民政廳長。現退休，給以名譽職政協常委。陳原為廣西省委書記，退休後任政協主席。大陸領導階層有所謂「四套班子」，即黨委、政府、人大、政協。黨委最有權，指揮一切。政府次之，人大又次之，政協更次之，皆受共黨之領導及監督。從中央到地方鄉鎮，皆有此「四套班子」之組織。據云全國政協委員由中央到地方約有八十萬名，網羅各「黨派」人士，乃國內之「統戰」組織，加以人大代表人數，應有一五〇萬左右，如古代之「養士」。此亦中共維繫其政權之設計。

▲參觀廣西大學（1998年11月5日）
左起1余瑾，2永敬，3崔之清

五日上午遊人民公園。下午參觀廣西大學，校區廣闊，此校首任校長馬君武，民國名人。參加辛亥革命，史籍載記其事跡至多。新近將廣西農業大學併入之，規模更大。由校之黨委書記余瑾女士接待，有教授袁少芬等陪吾等座談。余女士畢業於南京大學中文系，原籍上海，文革時下放至廣西，與一傜族男士結婚，其夫為廣西民族學院黨委書記。大陸制度，黨委書記權在校長之上。余女士作簡報時，對其領導成就頗為自負與自信，人很精幹。引導吾等參觀學校展覽，云為其一手之策劃。用中共之術語形容之，曰「幹勁十足」。晚，招待吾等在其校之餐廳用餐。

六日晨，離南寧，乘火車赴桂林。車行八小時始達。住桂林大酒店，屬二星級。晚應廣西師範大學副校長江佑霖、歷史系主任李剛之約，在其學校招待所晚餐。識教授鍾文典（研究太平天國）。李剛為崔之清之友，之清謂予曰：李之為人極爽直，無客套，可交之友也。

七日遊漓江，乘車約一小時至大圩登船，此為新開碼頭。一九九〇年余遊漓江時，由市區碼頭登船。後以上游水淺，故新建碼頭。沿途風光依舊，美不勝收。至陽朔下船，步行江邊，多攤販。換乘汽車回桂林。

八日上午遊穿山岩，下午遊蘆笛岩，至為壯觀。過去雖遊一次，仍值再遊。晚應李剛之約，至其家吃狗肉。李善烹飪，惟嘗其狗肉，味平平也。

九日上午遊象鼻山，余未登山，與崔之清在公園坐談，忽內急，廁甚遠，之清陪予往，久行不達，一如年前遊昆明湖之舊事重演，「黃禍」來矣。下午應廣西師大之講演，題為〈從兩次國共之合作省思兩岸問題〉。

十日上午赴廣西師大出版社參觀，由其社長蕭啟明接待。下午三時自桂林起飛，晚六時抵金寶花園寓所。

十二日晚應南京大學歷史系教授茅家琦之約，於夫子廟劉長興晚餐。晤呂芳上所長，彼應邀來南大演講。十四日晚，余約呂芳上及南大茅家琦、崔之清、陳謙平、陳紅民、朱寶琴、申曉雲及崔、陳等夫人在農貿食街晚餐。

十九日，南京海峽研究會王小南招待余與文桂遊無錫太湖。當晚返南京。二十二日，世安自台北來，接余及文桂回台北。二十三日，南大民國史研究中心邀余演講，題為〈從兩次國共合作：省思兩岸問題〉，崔之清主持之，張憲文自日本歸，聽者數十人。崔謂余之演講超越黨派觀念，從高處看問題。然一稿兩用，至愧。

二十四日，偕世安遊中山陵及天文台，計程車女司機充導遊講解，有多種古代天文儀器，頗有可觀之處。

二十六日，偕世安遊玄武湖。晚，申曉雲約余及文桂至其新居聚會，張憲文、陳謙平、陳紅民均與焉。曉雲新居裝修甫畢，缺乏經驗，品質不良，紅民等頗貶之。二十九日回台北。

（二）旅遊歸來忙撰稿

自一九九八年十一月末回台北後，備感忙碌，十二月份每週二上午、各日至政大歷史所授課三小時，博士班《民國

史專題研究》，陳存恭開，余分擔三分之一時數。選修者兩名研究生。年來研究生選課，均須繳學分費，故不若過去選課之踴躍。各大專之中國近現代史多改為選修，而以台灣史為主，研究所之《中近》、《中現》課程，選者甚少。時代之變化，經濟之衰退，財政之困難，對教育之影響，極為顯著。余謂史研所長林能士曰，余不願再任課矣。

十二月十日上午至第二殯館弔荊知仁。彼以心藏衰竭去世。遇老友多人，不勝感慨。知仁戰時參加青年軍二〇七師，與余同師不同團。戰後入東北大學，來台入政大政治研究所，由講師而至教授，精研憲法。任國民黨之不分區國大代表，參與修憲，先曾列名反對，頗為輿論所肯定。繼而支持修憲，為學界所不諒。彼甚不自安。遽而去世，不無遺憾。見其訃文所附傳略，將已成憲法書稿，自行焚之。蓋其支持修憲與其所學適相反也。

十七日上午，至書田醫院秘尿科檢查攝護線，主治醫師為院長陳明村，以手探有硬塊，良性、惡性未知，越日照超音波，結果無症狀，心甚慰。查明無狀況後，醫師乃開始用口服之葯。一月後，小便較暢，夜間不須如廁，醫師亦為之欣慰。

回台數月，完成文稿多篇，可得而記者，有：為國史館撰《共產國際，聯共與中國革命檔案資料叢書》（一九一七～一九二五）兩卷介述，約一萬五千字。依此資料，撰文兩篇：〈孫中山與越飛聯合聲明前之談判〉，發表於《近代中國》（八十八年四月號）、〈孫中山與越飛「談」張作霖〉，發表於《傳記文學》四月號。為《歷史月刊》撰〈由「華盛頓」變為「拿破崙」的袁世凱〉（六月份刊出）。為《國是評論》撰〈當年中華民國退出聯合國是否為了「漢賊不兩立」？〉復撰〈從中國近代的分合看兩岸未來〉及〈建立共信互信促進中國和平統一〉，前者學術意味較濃，擬留作南大之講稿；後者供和統會梁會長在香港召開之「中國和平統一研討會」（七月九日至十一日）之報告詞。此外，遠東圖書公司新出吳相湘著《現代史事論叢》，收其近年論文及講詞五十餘篇，六十萬言，吳自美來電話，囑為書評送《聯合報》之《讀書人》專欄。撰千餘字，寄其總編輯蘇偉貞女士。五月十日，文刊出。是日余由台北飛南京，在飛機見《聯合報》。

〈由「華盛頓」變為「拿破崙」的袁世凱〉一文，係閱王作榮自傳《壯志未酬》有感而發。王對李登輝由期望而失望，作嚴厲之批評，頗受社會注視。一時有「洛陽紙貴」之勢。其初將李比之為「華盛頓」，此與當年袁世凱當選總統時，亦有比之為「華盛頓」者，結果則變為「拿破崙」。余以此為題，李、袁相比，頗有類似。分八點以論之：（1）中國的「華盛頓」。（2）缺乏「誠信」何以號令天下。（3）忌才除宋難容骨鯁之善類。（4）進步黨「助紂為虐」。（5）開選舉「綁票」之先例。（6）修憲廢去內閣制。（7）「公投」投出「拿破崙」。（8）士大夫道德一落千丈。此文收入拙著《國民黨興衰史》增訂本，題改為〈民主憲政摧殘者：袁世凱與李登輝〉。

以上文稿多在民國八十八年（一九九九）一至四月間完成之。其間一月十五日曾至國史館演講，題為〈研究辛亥革命的微觀與宏觀〉。講稿於《國史館館刊》發表之。

(三) 新同盟會訪問大陸

一九九九年四月二日至十日隨新同盟會大陸參訪團赴南京、上海、北京參觀訪問。由新同盟會副會長陳志奇任團長，邀學者張麟徵（台大）、王曉波（台大）、楊開煌（東吳）、蔡瑋、周玉山、楊泰順（均政大）、劉端琪（科大）、曾祥鐸（中興）及余共九人。另團員陳應琮等十四人，均為新同盟會執、監委或分會負責人。原定四月二日上午十時乘澳門航機經澳門達南京。以飛機故障，候至下午七時始由公司另備長榮航機飛澳門。當晚已無飛機飛南京，加以出關誤時，至夜十二時始出拱北關，宿珠海機場飯店，車行一時許，夜二時始入眠。三日上午至珠海機場候機。機場遼闊，距市區頗遠，設備新式。規模可適應十年或二十年以後發展之需要。

四月三日午後二時抵南京，即謁中山陵，五時入住國際會議中心大酒店（孝陵衛附近）。六時，應江蘇台辦晚宴。在夫子廟秦淮人家。南京市委副書記張治宗、市台辦趙大平、丁德厚招待。

四月四日乘上午八時四十分火車自南京去上海，十一時五十分準時到達。住海倉賓館（上海南京路）。下午遊豫園，此係三度來遊。五日上午參加座談會（在上海市圖書館）。上海方面出席者有陳祥元（台研會）、周建明（社科院亞太所）、楊潔勉（國際所美國室）、郭隆隆（國際所編輯室）、唐榮智（華東政法學院）、周忠菲（社科院世經所）、嚴安林（台研會）、周凌偉（東亞所）。我方參加者除王曉波（直接去北京）外，為全體人員。座談重點為中（大陸）美關係與兩岸問題。彼方最關切者為美國之戰區飛彈防禦系統（TMD）以及台灣之加入問題，美國態度及島內選舉民意反應與台獨之消長。下午二時，參訪團全體人員會晤大陸海協會會長汪道涵先生。國之「大老」，有「國師」之稱。地位崇高，聲望卓著。汪先生八十餘高齡，謙沖和藹，關懷兩岸問題及中國前途。就此問題，滔滔不絕暢談一小時餘。余等稱之為「汪老」。陳志奇即請「汪老」就「一個中國」定義作一說明。「汪老」即以備好之八十六個字囑幕僚人員書寫之。內容如下：

> 世上只有一個中國，台灣是中國的一部分，目前尚未統一，雙方應該共同努力，在一個中國的原則下，平等協商，共議統一；一個國家的主權和領土是不可分割的，台灣的政治地位應該在一個中國的前提下進行討論。

重點在「平等協商，共議統一」八個字。不提「中華人民共和國」及「中華民國」，而以「中國」一詞代之。「汪老」且提及台方所謂「一個分治的中國」，應以「中國

的分治」研究之。余以為此一陳述頗有新意，即向「汪老」表達余之意見。大意謂台獨勢力之消長，與大陸對台之政策有密切之關係。政策愈寬大，台獨之空間愈狹小，其號召力愈弱。大陸一成不變之用詞如「一國兩制」，頗為台民所不樂聞，視為片面之規定，使台民有被擺佈支配之感受，不免有反感。余以為「一國兩制」及「和平統一」為大陸方面所提出者，亦應顧及台灣方面之立場，故余認為「一個中國」原則之外，應有四個方針，即「一國兩制、分治合作；和平統一，互不動武」。就「分治」言，除內政、司法、財政、軍事等現狀不變外，外交方面可予台灣方面以領事權，國際組織應有台灣代表之名額，港、澳亦可照此辦法，此與中國主權之完整無礙。「汪老」傾聽余之發言，偶筆記之。彼對「分治」所作說明，云係「研究」。余問「汪老」要收回「分治」之說否？答曰：否。談畢，「汪老」與余敘鄉情，余告以余原籍安徽定遠人，彼云光明人，相距八十華里。「分治」之說，迅即傳至台北，引起各方之討論。陸委會有肯定之者，總統府「高層」則反駁之。余告大陸學者曰：大陸學者立於政府方面發言，為政府當局所認可，亦可代表官方意見。吾等則被政府當局視為反對派，對吾等意見視為唱反調。縱吾等雙方意見相「統」，亦不能統一兩岸。何況意見不「統」乎。如大陸學者對吾等意見更持異議，兩岸更難統一矣。

　四月六日上午九時許自上海飛北京，中午十二時到，住西苑飯店。下午參訪團人員遊盧溝橋，參觀抗戰紀念館。

▼左：與汪老道涵（右）合影（1999年4月5日）　▼右：上海豫園（1999年4月4日）

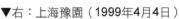

七日上午參觀恭王府，原為太監和珅宅，仿皇宮。觀其浮華享受，不愧為貪污腐化之尤，頗得乾隆皇帝之恩寵。清代由盛而衰，而以和珅之貪腐為轉捩點。此府新近開放，供人參觀，門票至昂，作為貪官污吏之教材，兩得也。

下午，參加海峽兩岸研究中心座談會，彼方有李家泉、穆懷閣、程金中、楊親華等。座談內容新同盟會有紀錄，已在《國是評論》發表。八日上午至社科院台研所（海淀區頤和路），參加座談會。彼方出席者有許世銓（所長）、姜殿銘（台研會副會長）、周志懷（副所長）、劉映仙、朱衛東、楊立憲（均室主任）、王在希（戰略研究員）、蘇格（外交學院教授）、楊毅周（台聯），水準至高。午由台研所宴請。下午至釣魚台會其國台辦陳雲林及海協會副會長唐樹備。晚應唐之晚宴（釣魚台酒店）。陳、唐之會，談及兩岸會談波折之經過及原因，頗多過去未曾公開之訊息。大陸對兩岸統一之迫切感，足資台方之警惕。內容經過《國是評論》有紀錄之發表。

此次北京訪談之綜合印象：大陸方面對台獨至為憂心；對美之態度，極為注意；和平有誠心，統一有決心，而此決心絕難動搖。楊開煌曾謂：「統一有機會，和平無把握」。

（四）金寶小住旅遊名勝

一九九九年五月十日偕文桂自台北經香港飛南京。六月十三日偕文桂自南京飛瀋陽，六月二十一日由瀋陽回台北。居金寶寓所，深感氣候適宜，生活安適。報紙、電視均無甚可觀。每日反覆播報「反美」，情緒熱烈，北約五月七日轟炸中國駐南斯拉夫大使館事，實以美之飛彈為之，死三人，傷多人，中國強烈抗議，青年學生有反美示威，情勢激昂。中共方面似有所收斂，宣傳口號「要化悲憤為力量」，加緊建設，顯在轉移群眾目標。是年六月，為天安門「六四」事件十周年，「五四」運動八十周年，之前曾發生「法輪功」萬人以上靜坐中南海事件，大陸當局頗為緊張，遇此使館被炸事件而發動有限度之反美，正可培養「愛國」情緒而轉移目標。

五月二十四日，農曆四月初十日，為余七十七歲生日，虛齡七十有八。世安及正安、佳宏、佳芸皆來電話祝余生日快樂。銘淑、銘潔自瀋陽寄來生日賀卡。余向不過生日，文桂為余特別加菜而已。二十五日，約南京大學歷史系友人茅家琦、張憲文、陳謙平、陳紅民夫婦及朱寶琴、申曉雲及余夫婦共十二人在健康路瑤家村餐館（近夫子廟）小酌。二十六日上午九時，南大民國史研究中心邀余演講，講題為〈民國以來中國的分與合〉，要點為：

（1）分裂的類型有四：1.一國兩國或多國，2.一國兩府或多府，3.一國多國及多府之併存，4.一國兩軍或多軍。

（2）統合的方式有二：1.武力統合，2.和平統合。

（3）未來的展望：和平統合，應由一國兩國而至一國兩府，再由一國兩府而至一國兩黨或多黨。

二十七日，南大歷史系邀約各大學指導博士生（稱博導）之教授來校座談，藉以提升南大歷史系學術層次。晚在南大南園餐廳宴會，南大蔣校長及歷史系同仁均與焉。余應邀參加，見楊樹標、金普森、桑兵、吳景平、劉熙平等多人。

二十八日晚六時，江蘇民革副主席兼秘書長，范毓虎在江蘇飯店約宴。毓虎為烈孫之胞弟，客人多為范氏家門。毓虎云：原擬六月二十日在南京舉行孫中山奉安七十周年紀念會，因故展至七月二日，邀余參加。余告毓虎：余將自六月十三日以後離寧去瀋陽，將不克參加。毓虎云：余等之受邀，為江蘇「民革」請北京方面批准者。展期原因，聞為配合秦孝儀來會之時間。然秦並未來寧參加。此會亦無聞焉。

二十九日，朱寶琴備車兩部，偕張憲文及余等共四人遊宜興，另有江蘇電視台任桐同行。任為南大歷史系畢業，寶琴之學生，主管江蘇各地方之電視站。至宜興，即由宜興站負責人接待。宜興紫砂磁器馳名中外，歷史悠久，首參觀其博物館，陳列名家作品，至為精美。再至磁器市場，門面多家集中一處，陳設相同。可講價還價，余僅觀賞而已。午餐後，遊竹海，入竹林，一望無際，山泉清澈，空氣涼爽，車行久之，遇修路，下車步行，路旁村婦有售筍乾多處，為此地之特產，每斤索價十六元，文桂購十斤，備贈親友，回金寶以五花肉煮之，味美可口。竹海遊畢，遊慕蠡洞，此為近年新發現之岩洞，遊人不多，此處尚有其他岩洞，較桂林者遜色多矣。洞中步行久之，至一地下河流，登划船出洞，有百餘磁器攤位，競售磁器。下午四時左右回南京。

▲宜興之旅（1999年5月29日，宜興磁器博物館）
永敬（左），張憲文（右）

六月八日，應江蘇省海峽兩岸關係研究會王小南之安排，遊滁州醉翁亭及琅琊寺。自南京乘車一小時半即達滁州市。在此之前，余曾兩度回鄉經過滁州，且有一次來此，均未曾遊覽。一九三七年夏，余就讀滁州中學時，曾遊醉翁亭及琅琊寺，迄已六十二年矣。此次重遊，與當年之記憶，頗不相同。當年「優雅」之印象，似未重現。至「歐陽修解醉處」飲茶，及琅琊寺吃素齋，商業氣味濃。下午回南京，經勞山，盛產勞山桃，香甜可口，每斤一元。文桂購二十斤，分贈友人。至江浦，遊珍珠泉，泉水濆出如珍珠狀，擊掌有聲，噴出愈多，亦奇觀也。

（五）瀋陽參觀

六月十三日下午四時偕文桂乘北方航機自南京起飛，六時許抵瀋陽，市台辦主任黃凱來接，住迎賓館。此次來瀋，係應和統會會長梁肅戎先生之約，組團參加「海峽兩岸科技發展研討會」，受到「高層次」之接待，據其「代表名錄」，台灣來者四十多人，和統會參加者十餘人，餘皆各大學及研究機構之學者，尚有商業人士。和統會邀約者有郭俊次、湯紹成、葉萬安（經濟學者）、梁大夫、余德培（東吳大學經濟系主任）、郎萬法（會計師）、黃惠英（會計師）、楊高雄（電腦公司）等，餘者當係彼方直接邀請。重要者有施建生（經濟學者）、田君美（中華經研院）、夏鑄九（台大）、石齊平（商業周刊）等。大陸方面參加者近四十人，頗多學有專長者，如王景耀（黑龍江管研院）、董新保（清華大學）、陳志誠（北科大）、張今聲（遼寧大學）、劉映仙（台研經濟室）、劉積仁（東北大學）等。有論文三十六篇，台灣及大陸各十八篇。實際在會上報告者二十九篇，各篇各有評論人，雙方交叉報告及評論。大陸學者對台灣科技之成就與進步，頗為肯定，對台灣經驗，至為重視。此種虛心態度，是其進步動力，其全國上下，全力經濟建設，實不可等閒視之。而台灣方面，則全力忙於政治鬥爭，殊可警惕。

六月十四日晨，在園中散步，遇吳天威，云偕其子吳錫碩來瀋，亦住迎賓館。十五日晨七時由迎賓館出發，車行約半小時至瀋陽綠島森林公園（瀋陽市南），瀋陽市長慕綏新約晤，陪同者有副市長孫祥劍等。遂即在此早餐，繼在此處國際會議廳舉行開幕式。午由慕市長招待全體人員酒會。北京要員來者有國務院台辦副主任王永海、副局長戴蕭峰等。遼寧及瀋陽方面者有王維夫（遼台辦主任、遼政協常委）、徐文才（瀋市委書記）、王揚（瀋市委副書記）等。下午參觀高新技術產業開發區及電腦軟體城。晚由遼寧政協主席孫奇約宴，參加者為和統會之成員。十六、十七兩日為研討會，余全程參加，雖未發言，然有心得焉。副省長高國珠、省委書記聞世震分別晚宴。聞，遼寧省第一號人物。海城人。

六月十八日上午，參觀瀋陽海峽兩岸科技工業園及遼寧瀋陽台商投資區，前者於一九九五年九月成立，位於瀋陽城南，開發面積為五平方公里，現累計進入台資、外資企業五十七家。後者成立於一九九四年十月，位於瀋陽城西，

面積四點一平方公里，現累計進入台資、外資六十九家。參觀台商區，見有鼎新、統一兩家。至統一參觀，據其東北地區總經理周景茂向研討會提出之論文〈探討兩岸科技產業發展的前景：統一企業公司在東北的投資經驗〉，謂統一自一九九二年開始向大陸投資，初沿長江流域往沿海地區設廠，再往內陸延伸。瀋陽統一於一九九五年建廠，投資總額三千萬美元，註冊資本一千五百萬元。建廠房面積四萬平方米，六條生產線，月產方便麵二五〇萬箱，年產值九八年為三點五億人民幣，九九年預估四億元。業績蒸蒸日上，大連、哈爾濱、長春相繼成立分公司。哈廠已建，投資二千五百萬美元。東北地區人口一億左右，市場廣大，幅面將可達俄羅斯及北朝鮮。據其簡報，自九八年後已有盈餘，瀋陽廠員工千餘人，台灣派來之幹部僅八人，將來僅留二人，將以本地幹部為主。余等參觀其生產線，由投入原料而至完成成品包裝入箱，為一貫作業，有數十道過程，每一過程各有工人操作，人數多寡視需要而定。大陸原料豐富，工資低廉（通常每一工人月工資六百元人民幣，合台幣二千餘元，約為台灣工資十分之一），土地及原料價格遠較台灣低廉，故其成本低。加以社會安定，市場廣大，正是投資良機。對台商吸引力至大，並對台商採取優惠引誘政策，台商多趨之若鶩。

十八日下午參觀張學良故居，面積二萬多平方米，參觀老虎廳，有槍殺楊宇霆、常蔭槐之塑像，對張學良之行為是褒是貶？難言也。參觀帥府畢，往瀋陽故宮參觀。此為清王朝入主北京前的皇宮，為努爾哈赤及皇太極營造和使用，始建於一六二五年。正殿面對廣場，兩邊為十王亭。中間廣場可容數千人之活動，是日表演皇太極完成努爾哈赤實錄大典及皇太極女公主（十六歲）出嫁蒙古王子之典禮。隆重壯觀。前者表示滿清之武功外，重視文治；後者滿蒙和親，團結他族，有志中原，其能統治中國二百六十餘年（一六四四～一九一一），自非偶然。參觀表演畢，即參觀皇宮，中為正宮，東西兩邊各有偏宮二，外表建築、內部陳設，與今日一般民居相較，稱不上豪華。宮外街道經過當局整理，亦具特色，一方面為發展觀光，同時可為發揚傳統文化。就瀋陽之整體規劃視之，街道整潔，污染管制，均較過去有進步。

十九日上午，遊昭陵（俗稱北陵），此為清太宗皇太極和孝端文皇后之墓，始建於一六四三年，占地面積三三〇萬平方米，為瀋陽之名勝。一九四六～一九四七年余就讀東北大學時，校址即在北陵，余與文桂及友好常來此遊玩，並在石雕前留影，今尚保存之。一九九〇年至今年（一九九九）四度來瀋，每次均來此重遊並留影。實可紀念之地也。繼參觀「九一八」紀念館，正整建中，逕在館外觀賞。一九九一年已建館，此為改建，規模大為不同，周圍環境更大有改進。大陸當局對歷史文物之重視，顯示其國勢之蒸蒸日上。繼參觀怪坡，位於瀋陽之北，經高速公路，半時許可達，一九九〇年發現，長八十米，寬十五米，為西高東低的仰角斜坡，車輛熄火自動向坡上滑行，向下行則須加油。騎腳車下行時須用力踏之，上行不須腳踏，則自動向上滑行。此一反自然規律特徵，尚無科學的解釋。可能為視覺之誤導。午至

老邊餃子館用餐，品嘗十多種不同口味之水餃。此為瀋陽之特產，為數百年之老店，清代即有之。

十日為與會人員離瀋之日，是日因無香港班機，乃多留一天。中午，文桂在潮州餐廳宴其晚輩，到白銘淑、銘潔、于世仁、祝平、黃桂根、桂茂等夫婦，桂馨及余等共十五人。白家姊妹與于家兄妹之間，多年無交往。黃家兄弟近年為子女就業多請銘淑幫助，來往較密。桂馨自北京來，為與文桂相會，並探視其兩弟，在瀋停留十日。白家為文桂長姐之女，黃家為文桂二姐之子女，于家為文桂胞兄之子女，其三姐富家之子女憲臣、憲智對母不孝，文桂疏遠之。然亦多有餽贈。飯後至世仁長子志學商店探視，彼代理中國奧林匹克運動鞋及休閒鞋，營業尚佳，在鬧市購置門面新店一處，兩層二百餘平米，值人民幣百萬元。文桂對志學之成就，深為欣慰。對世仁過去之錯誤觀念，曾予糾正，以後頗見改善，雖嫌迂腐，但亦體諒之。

二十一日，離瀋陽經香港，晚八時半到桃園中正機場。晚十時抵家，結束四十餘日這次大陸之行。

（六）香港和平統一大會

一九九九年七月十日，和統會在香港舉辦「和平統一研討會」。出席兩岸及海外各地華人近二百人，聲勢浩大，余亦與焉。

出席會議者台灣地區五十七人，以梁肅戎居首，其要者有林洋港、許歷農等。林在開幕式中作主題演講，題為〈和平統一、兩岸雙制〉，提出兩岸國號、國旗、國歌之統一問題，主張「台灣自治邦」。大陸地區十五人，重要者有萬國權、張克輝（大陸之和統會會長，政協副主席）、唐樹備（海峽會常務副會長）、張金城（海峽會副會長兼秘書長），學者十一人中均為大陸對台「智囊」人士。海外地區一〇八人，日本四，港澳四十六，東南亞十三，美洲三十六，歐洲七，澳洲二。論文六十一篇，列為政治議題者三十三篇，經濟者十一篇，文化者十七篇。余之論文題目為〈從中國近代的分合展望兩岸統一的途徑〉（與在南京大學講詞略同，略）。

適於此時，李登輝突於七月九日向一德國記者發表談話（七月十日台灣及國外報紙均刊載）將兩岸關係變為「國與國關係」或「特殊的國與國關係」，通稱「兩國論」。行政院大陸委員會英譯為「一族兩國」（Two States in one Nation），亦有譯為「一中兩國」（Two States in one China）。

李之「兩國論」引起中外極大之震撼，大陸方面之反應尤為強烈，指李為「玩火自焚」，警告「懸崖勒馬」，其國防部長遲浩田聲明「解放軍」待命，決心保護領土主權，措詞嚴厲。美、日方面深知事態嚴重，重申堅持「一個中國」之政策。島內民進黨完全支持李之「兩國論」，認為此乃彼黨素來之主張，此為純屬投機，在此之前尚主張「中間路線」。國民黨當權派則為李之論調而辯護，新黨雖有不同意見，而反對之聲則顯微弱。惟台北股市連日狂跌，七月十

▲瀋陽新建之九一八紀念館（1999年6月17日）
左1永敬，2梁肅戎，3文桂。

二、十三、十四日連跌六百多點，十六日，再跌五百多點。李為何在此時提出此一論調？有謂為總統選舉而封殺宋楚瑜者；有謂為阻汪道涵於十月間來台訪問者；有謂為其下台後定型兩岸政策者；有謂進一步顯現其台獨政策者。總之，此舉確使兩岸情勢趨於緊張。十六日晚，吳相湘教授自美國來電話，告知美方輿論不直李之言論，謂中共宣稱中子彈已發展成功，實對台而發。

「和平統一研討會」進行之時，朱高正向余言，此會閉會前應有一「共同聲明」，以表明此會之意義與成就。余將此意轉達梁會長，彼頗贊同，隨請耿榮水執筆。耿旋持稿來，略過目，即付打印，閉幕式時由大會秘書長湯紹成宣讀，當獲熱烈之掌聲。事後陳志奇告余曰：宣讀前刻彼偶閱此聲明，見有不妥詞句，即向郭俊次建議應立即修正之，其中有謂「台灣問題應採用港澳和平方式解決」云云，如此文一出，必將引起台灣方面撻伐之聲。故當時即將「港澳」二字刪去。至「台灣問題」用字並不妥，未及修正。會後散發之正文，則改為「統一問題」。另有「台灣的政治地位應在一個中國原則下求得雙方能接受的特殊安排」。陳並認為「特殊安排」欠妥，故此句在發稿時塗去。

原稿中有「不動武」之主張，大陸方面認為既云「和平統一」，實已包含「不動武」之意，故建議刪去。至於其中所謂「特殊安排」字句，恐引起誤解，似為多慮。如聯邦、邦聯等，在研討會中，曾有人提出之，蓋指此而言。惟聲明中不提「一國兩制」，免與中共同調。

17 退而不休享受人生（二）

（一）寧波、合肥、皖南之旅

1、寧波之旅

一九九九年十月三日偕文桂由台北至南京金寶花園寓所，預定至十一月二十八日回台北。時值深秋，氣候涼爽，蓋被而眠，深感舒暢。蓋台北氣溫既高，九二一地震後每日停電兩次，殊覺不適。六日下午至烈孫家晚餐，吃大閘蟹，味鮮美，其婿袁汝華新自泰州帶來。晚十時，白銘淑長子陳杰夫婦偕女菲菲來訪，彼等為菲菲明年二月間出國留學，特遊覽江南以為獎勵。談至十二時離去，次日回瀋陽。七日上午偕文桂至古籍書店購《資治通鑑》一部（精裝四冊）。

十月十四日，赴寧波參加河姆渡文化學術研討會，文桂偕行，此會為海峽兩岸學者而舉行。余之被邀，由復旦大學余子道教授之推薦，余非習考古，列為特邀者。是日晨八時五十分自南京車站乘特一次快車經上海至杭州，下午二時許到達，轉搭汽車赴寧波，車行高速公路二小時即達，乘計程車至國際大酒店（五星級）報到。晚六時，應寧波政協晚宴，到約三十人，除主人外，客人為台、港學者。台灣到者十四人，眷二人，為文桂及鄧元忠夫人。台灣與會者有黃大受、胡春惠、鄧元忠及中研院陳仲玉，台大曾美倉，中興大學莊作權，范念慈、顏正平，台南師院管志明，輔大趙振績，台博物館阮昌銳等。

十五日上午八時半，河姆渡文化研討會舉行開幕式，由寧波大學校長張鈞澄主持之。台上列坐者十餘人，由主持人分別介紹之，多屬「領導」要員，並一一致詞。繼合影留念，「領導」坐前排，與會學者皆後立。此在大陸之「學術」會議習以為常。首次「大會報告」由浙大教授毛昭晰主持，報告論文者為劉軍、黃大受、管敏義。下午分三場進行之。晚宴遇毛昭晰教授，與之交談，風趣幽默。年「古稀」而風度翩翩，乃考古學之專家。浙江諸考古專家學者多出其門。彼之另一職銜為全國人大常委。此職為代表浙省學術界。彼乃「書生本色」，不以此職為榮。好發議論，口無遮攔，頗與余同味。獨特作風，有「一見如故」之感。

十六日，參觀河姆渡遺址，此在寧波、餘姚之間，首參觀其博物館，陳列發掘文物之模型。有七千年前的栽培稻穀，最厚處近一米。伴隨出土的農具，有骨耜一七〇餘件。遺址發掘數量眾多的為木柱及木構件。據考證為「幹欄式」建築遺址，此為我國南方傳統木構建築的來源。尤其榫卯技術的運用，使中國榫卯技術史推前了二千多年。考古學家

稱之為七千多年的奇跡。出土的八支舟楫木槳，此為目前所知世界上最早的水上交通工具。出土的大量水生動物骨骸，證明河姆渡先民已憑借舟楫活動于江河及近海。出土的大量藝術品中以「雙鳥朝陽」象牙雕刻最為精緻。毛教授為余解說，雙鳥間之太陽圓圈中心有一點，即象形文之「日」字。證明先民已觀察出太陽中心之黑點。從出土文物中且已表明河姆渡先民已開始紡織、髹漆、挖水井，發明彩陶。此足證明長江、黃河流域皆為中華民族遠古文化之發源地，而不限於黃河流域。中華文化五千年之說，應改寫為七千年矣。溯源工作，亦為考古學者繼續努力之目標，有謂可能超過七千年甚或萬年。余非習考古，經此參觀，對古文化深有興趣。聽學者之研究報告，考古學之研究方法，至為科學，微觀與宏觀並重，非僅「鑽牛角尖」之工作。

參觀河姆渡文化遺址畢，至餘姚市午餐，餘姚人文薈萃，名人輩出，現已成為現代化城市。午後參觀王陽明故居，為明代之大思想家，觀其文物，書法甚佳。詢其管理人員，有無書法集之出版，管理者取出之，要價人民幣八十元。余翻閱之，謂字跡不清，未購而去。至寧波大學休息室，毛教授忽贈余《王陽明書法集》一本，另一冊《餘姚名城名賢論文集》。云書法雖有印刷不清者，然經多方搜求而集成者。余愧而感之，悔當時未能即購。

晚應寧波大學之接待，校長張鈞澄報告校史及現況。此校由寧波在香港之資本家包玉剛捐款建設，寧波在台之圍棋大家應其昌亦有捐贈。參觀其建築，設計特出，氣魄雄偉。台灣之寧波同鄉會有十餘萬會眾，有資財者多，投資寧波者亦多。寧波大學師生曾組團至台灣訪問，由張校長率領，曾訪台灣多所大學，集成一套照片展覽之。對台灣風土人情，頗多讚賞。充分顯示對台灣印象之良好。

十七日上午仍分三場討論，下午「大會交流」（綜合報告及討論）後，即行閉幕式，由黃大受主持之。十八日赴奉化溪口參觀蔣介石故居，先至雪竇寺，為建於宋代之古剎，西安事變後張學良曾囚禁於此。繼登千層岩。遂往溪口武嶺參觀蔣氏故居及「小洋房」（原蔣經國所居），經蔣母墓大門，須登高，未往。下午原擬參觀天一閣，浙大教授陳橋驛夫人建議主辦人員安排部分台灣學者往妙高台。余等十人乃搭另一小型巴士往此台參觀，遠眺前方，風景絕佳，堪稱人間「仙境」。在車中，余問導遊小姐，奉化人民對蔣介石及其家族印象如何？彼答皆感念蔣氏，因蔣有恩於奉化之人民；今因蔣氏而闢為遊覽勝地，帶來當地人民之財富，尤多感念之。民間有一順口溜：「靠共產黨翻身，靠國民黨發財」。

十八日晚參觀寧波國際服裝節（第三屆）開幕式，在寧波體育場舉行，據云觀眾有四萬餘人，場面浩大。開幕及閉幕時，均放煙火，聲振遐邇，光射雲霄，驚心動魄，至為壯觀。台上有歌舞之表演，各國服裝模特之展示，台前廣場有數百人之隊形及數十舟船之排列及變換。較精采者為二十餘匹馬隊由騎士乘之，馳場一周，表演邊疆民族馬術。八時許開始，十時半結束，觀眾雖多，集散有序而迅速。此項展

▲蔣介石故居妙高臺

▲訪寧波大學（1999年10月15日）
左永敬，中文桂，右張鈞澄（寧波大學校長）

示，亦顯示寧波經濟之活力。寧波市人口有五三〇萬，面積九〇〇〇方公里。境內有良港、有河流，交通便利，人民善於經商，散於世界各地，團結力亦強，有「寧波幫」之稱。一九七三年有河姆渡文化遺址之發現，益足使寧波人之自豪。

寧波面積為浙江省之十一分之一，人口為五分之一弱。人才與財富，有其歷史淵源。中國如此城市，不勝枚舉。如經營有道，國家之富強，自可預期。而近代之積弱不振，實因人謀不臧。近年改革開放，迅有起色。然官員弄權貪污，積弊難改，中共當局亦具整頓之決心，余甫至寧波之日，即聞寧波之第一號官員以下者有十五人因貪污被捕。此類案情，其他地區，時有發生，如不從制度上設法，儘管嚴刑峻法，仍難根絕。

由寧波回南京有三種交通工具可用，一為火車，一為飛機，一為直達巴士。余以為巴士較便，正常六小時又半可達。每天上、下午各一班，上午票已售完，乃乘下午二時之班次。杭州至蘇州段乃非高速公車，經嘉興大塞車，至晚十時半始達南京中央門車站，回金寶，近十一時矣。深悔不如乘火車之便捷舒適。惟此次寧波之行，為余與文桂首次寧波之遊。訪奉化蔣氏故居，亦早有此意，得如所願，不虛此行。

2、合肥之旅

回南京後，張憲文來電話，云將去合肥參加安徽大學

歷史系建系四十周年（十月三十日）之活動。余對此亦有興趣，願偕往。越日，安大歷史系主任周乾來電話，邀余往訪。十月二十八日上午至合肥，安大歷史系主任周乾在汽車站迎接。下榻安大外賓招待所。下午由安大歷史系副教授張偉領余與張憲文參觀李鴻章故居及合肥經濟開發區。二十九日上午，安大歷史系安排余與張憲文向該系師生作學術演講，余之講題為〈兩岸分裂五十年的歷史教訓：國共的分合與和戰〉，張憲文繼之，題為〈五十年來的中國近現代史學〉。余演講畢，學生紛來求余簽名，複印余之講稿。下午由安大歷史系教授俞承倫及沈寂陪同余與張憲文參觀安徽省博物館，適舉行字畫展，首參觀名人字畫，多真跡，有齊白石、張大千等作。次參觀一般作品，館內人員告知，其中頗多仿作，非外行人所能知。現代作品以西南師大一教授所繪「葡萄」為精，標價人民幣六千元。繼參觀出土古代之文物，有繁昌出土之二、三萬年前人頭骨，（原物存北京博物館，此為模型），陶、銅器多種，皖南古代建築模型，余對此無研究，走馬看花而已。

十月三十日上午，參加安大歷史系建系四十周年紀念會，致詞者有復旦、南京大學及安徽師大等校歷史系主任、校友代表等，繼由安大黨委書記孫君致復旦歷史系教授朱維錚及南大張憲文之兼任教授聘書。朱授中國傳統文化，張授民國史。安大歷史系為提升其水準，訂有發展計畫。其教師有來自復旦及北大者，其畢業生入南大民國史研究中心修碩士、博士學位。

3、皖南之旅

十月三十日下午，由安大派一中型巴士赴黃山地區遊覽，歷史系副教授陸發春隨行照料，同行者有張憲文、朱瀛泉（南大歷史系副主任）、朱維錚、吳景平（復旦歷史系主任）、沈寂及余等共七人，經銅陵長江大橋及太平湖大橋，至黃山區。原擬宿黃山市（屯溪），至黃山之東門，已屆晚間六時，此去屯溪尚有兩小時車程。乃就地晚餐及宿夜。次晨（三十一日）由此出發西行，至黟縣，（黟讀易，有讀黑多者，謂山多黑石）。參觀西遞及宏村，此兩處近被聯合國承認為國際性古代建築物。先至西遞，據其介紹：西遞原名西川，後因徽州府于村之附近古驛道處設「鋪遞所」，而改稱今名。村中保存完好的一，二四四幢明清時代民居，大多為三間與四合院格局的磚木結構樓房，馬頭牆、小青瓦，其布局之工，結構之巧，為國內所罕見。余行走其間，多為巷道，狹窄僅可容兩人並行，據云此村計有九十九條巷道。各戶建築格局大同小異，牆高數仞，庭院如大天窗，屋為樓房式，高三層。居民多售仿製古品，以石硯及石雕品為多，已成商業化。「古」之色彩為之失色。

繼至宏村，此村居民多為汪姓後代，民初名人汪大燮（研究系要人）曾在此村家塾受啟蒙教育。據其介紹，宏村是全國罕見的具有獨特造型的「牛形村落」，村中現存有明代民居一幢，清代民居一三二幢，「承志堂」規模宏大，結構完整，雕刻精巧，飛金溢彩，是宏村民居的典型代表。宏

村勝景有以文家塾、南湖春曉、月沼風荷、雷崗夕照、雉山木雕樓等。余行走其間，亦如西遞，多為狹窄巷道，建築格局亦相仿，惟每條巷道均有溝渠，流水不息，地為石板，保持清潔。古之特色較西遞為純。余參觀承志堂，確屬精巧，為一鹽商所建，有對聯多幅，頗具傳統商人處世及致富哲理。實為研究中國傳統商人之最佳史料。

西遞、宏村參觀畢，已至下午三時半，即往屯溪。下午六時，有安大歷史系校友吳斌來賓館邀余等至附近新安江上停泊之船晚餐，菜肴頗佳。吳君人頗精幹，學校畢業後，分派至黟縣人民銀行任職員，數年後升至行長，辭職轉業經商，現為安徽外貿國際旅遊黃山分社負責人，年僅三十一歲。餐後，張憲文等往逛屯溪老街，余甚困乏，回賓館休息。因是日下雨未停，外濕內汗，行路甚久，至感疲乏。

十一月一日晨七時許由屯溪出發回合肥，車行約八小時許，中間午餐及中途遊情人谷（又名翡翠谷），下午五時許始達合肥。此次訪安大，識安大歷史系退休教授張珊（暾），原安大歷史系一九四七年畢業，一九四三年入安徽學院，後轉安大。入皖院較余晚一年，五河人，與余同齡，余所識之皖院同學，彼皆熟悉，問其情況，皆已作古矣。

4、南京中山陵面目全非

十一月九日余與文桂偕烈孫夫婦遊中山陵，至則面目全非，陵前空地變為觀光商店多家，陵前廣場為店所遮蔽，售票口改在場外，即入廣場亦須憑票，此與過去不同。過去廣場開放，登陵須購票，商業氣味濃厚，自然景觀為之破壞。余等至音樂台遊覽，台在林中，有噴水池，音樂響時，泉即噴出，台上棲滿鴿群，遊人購飼料餵之，鴿即飛來搶食。鴿通人性，甚可愛。（其後中山陵商店拆除）

午餐後至南京博物院參觀，新建之展覽廳名曰「物華天寶」，地下、地上層有展覽廳多間，展品豐盛，各廳分類，多為精品，余等至地下層僅參觀三廳，一為陶器展，由遠古五千五百年前至近代明清，以江蘇出土者多。一為鐵銅器，以戰國時代最為可觀。一為珍寶品，為一收藏家謝子好所「獻」。以金製佛像最為醒目，身高尺許，陳列在單獨空間。其他珍品甚多，美不勝收。參觀此三廳畢，已覺勞累，至走廊休息，列有陶瓷器、金屬各器、書畫集出版物多種，供人選購。

5、南大演講

十一月十五日下午應張憲文之邀，至南京大學民國史研究中心作學術演講，講題為〈談中國近代革命史的研究〉，聽者為有關教授及博、碩士研究生約四、五十人。要點含：範圍、史料、方法、舉例。重點在方法與舉例。方法為微觀與宏觀，前者重分析，後者重綜合。

十一月十八日晚，南大錢教授主持之各院系同學講座邀余講兩岸問題。講題為〈隔離五十年的台灣〉。要點有六：（1）隔離的歷史。（2）台灣面積與人口。（3）民心趨向，主張獨立、統一者均占極少數。主張維持現狀者多，此

又有三種不同趨向，一為反對獨立者，一為反對統一者，一為贊成統一者，大致以國民黨、民進黨、新黨區分之。（4）趨向原因的分析。（5）李登輝的「兩國論」及其反應。（6）台灣的未來。余謂台灣人民不願戰爭，故不願獨；不願被鬥爭，故不願統。即所謂不獨不統以維持現狀。且台方所謂之「一個中國」，即中華民國，非中華人民共和國。中國人民皆願和平統一，台民亦不應例外，因兩岸人民無文化、種族、經濟方面之矛盾與衝突，僅為政治問題而造成分離。聽者動容，講堂內外擠滿聽眾，有立有坐在台階者，後至者不得入。大陸青年關心時局，較台灣青年為多。此次演講，可能事涉「敏感」，其後未再約余演講。

十一月二十八日下午五時離寧，氣候零度，晚抵台北。

（二）台灣大選之旁觀

二〇〇〇年三月十八日為中華民國第十屆總統選舉投票之日。中華民國雖處台灣一隅，但關係兩岸與亞洲之安危，至為重要。是以這次選舉結果，對台灣前途與兩岸關係，均有影響。兩岸以及國際方面無不注視此一選舉。登記參加總統競選者有五組：國民黨為連戰，副為蕭萬長。脫黨為宋楚瑜，以張昭雄為副。民進黨為陳水扁，副為呂秀蓮。脫黨者為許信良，以新黨之立委朱惠良副之。新黨為李敖，副為馮滬祥。李敖非新黨，朱惠良脫離新黨。連、陳、李分別代表國民、民進、新三黨，宋、許則為獨立派（無黨）之參選者。

余對五組候選人之觀感：連戰出身富豪，求學、從政，一帆風順，寬厚、保守，為李登輝所倚重，由行政院長而至副總統。李氏作惡多端，連尚無劣跡，不似他人「助紂為虐」或作「走狗」。間有與李不同表現。以其性格、背景而論，謂其當選後，不致走李登輝路線。余亦同意此種觀察。余且以為今後處理兩岸問題，走向和解，連之條件較其他各組為優，或不致追隨李之路線。但亦有謂連氏一向懦弱，難以擺脫李之控制，故其當選，亦如李之續任。所謂換湯不換葯，此為連之最大障礙。而其副手蕭萬長為李氏一手安排，決非連之本意。李且聲稱彼卸任總統後，仍任國民黨主席，一般認為是「垂簾聽政」，作「太上皇」之角色。連之民調一直居於宋、陳之後而為第三，與此不無關係。台灣近年政治，黑金充斥，黑道橫行，責任實在李氏。李之扶連，稱為「李連體制」，成為反對者之藉口，此乃連之最大不利。然連之另一希望，則為國民黨在台省數十年歷史，有組織、動員之基礎，經費尤為充足。選舉勝負並非完全決於民意，金錢亦可左右之。

陳水扁之台獨色彩濃厚，陳如當選，即為台獨勝利。其副手呂秀蓮，更為偏激之台獨。陳本人虛偽多變，如當選得勢，必與李登輝之舊勢力結合，兩岸關係將趨險惡，對台灣，對中國，均大不利。亦有謂陳之急獨，到時將引起中共之攤牌，加速兩岸之統一。此又一說，姑妄聽之。

宋楚瑜精明幹練，勤政愛民，任台省主席及省長六年，政績至佳，深得民心，以一外省籍人士有此成就，殊為難

得。惟與李登輝未決裂前助李排除異己，擁李獨裁，人多惡之。迨李修憲、凍省、除宋，宋乃反彈，人多同情於宋而非李。宋脫黨參選，對李挑戰，擁宋者眾。其民調一直領先，在陳、連之上，而居第一。李為打擊宋之聲望，乃利用公權力揭發其黑金，即所謂「興票案」，指中興票券所存之公款，被宋侵吞。此款實即宋在民國八十年初承李之命辦理不可告人之事。宋雖指出奉李之命而行，然真象難明，此對宋之打擊至重，民調為之下落；然仍居優勢。反之，連之民調未見上升，反使陳得其利。宋之脫黨參選，實係國民黨之再次分裂，對國民黨衝擊至大。國民黨明智之士，深知黨之危機，力圖挽救，極力促成連、宋合作，即連正、宋副，所謂「連宋配」，以與民進黨競爭。連、宋原無反對合作之意。如此，國民黨之勝選，當無困難。乃以李之固執，造成騎虎。有謂此亦李之陰謀，以逞其台獨理念。

許信良、李敖兩組民調一直偏低，不及百分之一。因無得失之顧忌，發表者皆為真話，人雖欣賞之，但支持者不多，足證台灣民意，並非以是非為標準。同時亦因選民知彼等當選無望，而不願意浪費選票，投其有希望當選者。

胡春惠電話告余，彼有在美之台籍友人，自美回台南，辦理脫產手續，因確知陳水扁有當選可能，謂台南方面支持陳者十之六，支持宋者十之三，其餘十之一無定。是則連在南部似已出局。北部宋佔優勢。近日盛傳李將棄連保扁，以阻止宋之當選。余與春惠以兩岸關係為重，原傾向於連。如變為宋、扁對決之局，吾人勢將變計，手中之選票，以阻台獨為考量。此不過杯水車薪耳。

三月十八日台灣地區投票選舉結果，陳水扁以得票居首，當選中華民國第十屆總統。宋楚瑜以次高票落選，連居第三，視為「慘敗」。各組得票數及比率如下：

（1）陳、呂：四，九七七，七三七。三九・三〇%。
（2）宋、張：四，六六四，九三二。三六・八四%。
（3）連、蕭：二，九二五，五一三。二三・一〇%。
（4）許、朱：七九，四二九。〇・六三%。
（5）李、馮：一六，七八二。〇・一三%。

連、蕭之落選，代表國民黨歷史之大改變，五十年前（一九四九）失去大陸政權。堅持五十年後之今日，又失去台灣政權，國民黨百餘年來之歷史從此終結乎？李登輝真乃亡黨罪魁。宋雖敗猶榮，次日即行宣布組黨，利用支持者之基礎，期成為最大之反對黨。然宋之背景具有國民黨之傳統，可能吸收國民黨中有中國意識者。國民黨中有台獨意識者將流入民進黨。

民進黨之勝選，實因國民黨之分裂，國民黨之選敗，實自敗也。此種分裂之形成，實李登輝一手所造成，國民黨人被其玩弄者，雖先後有所覺醒，但為時已晚。宋為覺悟較早者。連系人士亦顯有覺悟，然陷溺較深，跳出不易。自三月十九日下午三時左右，有忿怒之國民黨人，集於國民黨中央黨部門前，示威抗議，要求國民黨主席李登輝下台。此時

國民黨正擬召開臨時中常會，由於群眾阻塞，部分委員不得入內參加會議，亦有座車被擊者。中常委徐立德被襲擊，未傷。王金平倉皇逃脫，王又曾跳牆而逃，均極狼狽。連戰未能到會，電傳請辭副主席，馬英九請辭中常委並提議所有中常委均應請辭，由黨員直選黨主席，為李登輝所阻。李允至九月間召開國民黨臨全大會，彼將率全體委員請辭，以便改選。門外群眾抗議不散，國民黨中央置之不理。調警驅散，散而又集，持續五日（二十三日）之久，漸有擴大至各地之勢。國民黨籍之立委有二十餘人連署要求李主席立即下台。有主張李於五月二十日交卸總統時，同時辭去黨主席。黨內遂有擁連、護李兩派。擁連派過去頗多主張連、宋配者，護李派實為親近民進黨之獨派。

護李派把持中央及龐大之黨產不放，擁連者亦在爭奪黨中央及黨產。此兩派如決鬥，連所缺者，為宋之智與李之狠，李所缺者為理與勢，民進黨可能支持李氏，亦如過去李之栽培民進黨。如此，則台灣之政爭將蔓延下去。

二十二日下午六時，電視新聞播出宋楚瑜宣布組黨，將定名為「新台灣人民黨」。「新台灣人」一詞出自李登輝為馬英九競選台北市長所用，宋競選時亦用「新台灣人團隊」。今如用為黨名，具有投機性，不免成為「新台獨」！其後乃定名為親民黨。晚八時新聞，週五（二十四日）國民黨召開臨時中常會，李登輝辭去黨主席，由連戰代理，黨之改造工作亦由連負責。群眾抗議亦散。

李之迅速辭退原因，除群眾抗議之效力外，可能來自黨內擁連派之逼宮。王爾敏電話告余，與美國之作用有關。

李登輝宣布辭退後，出現鬥爭現象，趙守博攻訐馬英九。且有提出「清黨」者，意即李氏過去之「整肅」尚不徹底，須作進一步之整肅。更有提議要限制「外省人」而進一步「本土化」者。

三月二十九日下午，陳水扁之「國政顧問團」開會，推定閣揆人選，由陳宣布以唐飛為行政院長。咸出各方意料，肯定多於否定。肯定者謂可穩定軍心，融合族群，超越黨派，緩和兩岸緊張關係。因唐為現任國防部長，國民黨人，外省（江蘇）籍，不主張台獨。否定者認為是權謀性質，亦如李登輝之利用郝柏村，一旦權力鞏固，即行棄之，且有削弱國民黨之作用。余以為陳既能主動化解統獨，調和族群，淡化黨見，縱屬迫於情勢出於權謀，亦較僵持下去為佳。

陳水扁政府自五二〇就職後，表現不佳，初尚節制，稍後台獨真面目則難遮掩，其副呂秀蓮謂「一個中國」乃國共內戰之產物，國民黨政權既失，「一中」立論基礎即不復存在矣。言論激烈，煽動反華，有謂與扁之低調演唱「雙簧」。呂亦承認之。

唐飛內閣穩定扁之政權，扁為顯示其台獨意識，聲言停建核電第四廠。此不僅須賠大量款項與信譽，且將使工商業自危而出走。唐主張緩進，核四續建，核一、二、三相繼除役，代以其他能源，最後核四除役，以達「非核」政策。以此向扁磋商，扁不允，立即解其行政院長之職，乃以張俊雄接唐之職。張乃扁之秘書長，完全以扁之馬首是瞻。為平息

各方反彈，扁分別進行政黨協商，由親民黨之宋楚瑜而至新黨之郝龍斌，親、新雖有建議而無共識，惟尚保持禮貌與和諧。十月二十七日上午與國民黨連戰在總統府協商，全程當場公開，連提各項建議，扁多反駁之，其不能容人之意見，表露無遺。連剛出總統府，張俊雄即宣布停建核四廠。此一驚人之舉，不下解唐之職，有謂等於給連戰一記耳光。其行為之粗暴，實出一般人之想像。

核四問題吵鬧已久，如須停建，依法須向立法院提議完成法律程序，今由行政院逕行宣布，事涉違憲。有謂此乃扁之權謀，逼立法院倒閣，而由扁宣布解散立法院，使之重新選舉，因國民黨立委在立法院為多數，改選對國民黨大不利。故扁吃定國民黨不敢倒閣。國民黨則發動罷免總統、副總統案，此乃憲法所付與立法院之職權。規定有全額立委四分之一之提議，經三分之二之通過，罷免案即成立，再行公民之投票，決定正副總統之去留。按立法院現有立委二二〇名，三分之二須一四七名，民進黨立委僅六十七名，不足三分之一，無法阻止罷免案之提出，而國民、親民、新三黨結合達一四一名，餘為無黨籍，成為關鍵少數，乃為雙方爭取之對象。扁之轡幹，促國、親、新三黨之合作，實出民進黨之意料。有謂李登輝十餘年來分化之功，為扁數月所破壞。然國民黨內尚多李之黨羽，罷免案能否成立，尚不可知。鬧了很久，終於不了了之。

（三）撰文、評文、出書之忙

一九九九年十一月二十八日，余自南京小住月餘回台北後，始覺環境新鮮，百事待舉。感覺新鮮者，為台灣選舉競爭之熱烈，兩岸問題報導之頻繁，電視、報紙、雜誌之應接不暇，此與在大陸之最大不同。百事待舉者，除參加學術研討會外，即為撰文。首一工作，應《海峽評論》總編輯王曉波教授之約，為該刊二〇〇〇年元月號撰一紀念文，題為〈宏觀二十世紀中國的分裂與統一〉（一〇九期），從近代歷史上的分合省思兩岸問題。此文係就余在香港之和平統一研討會（七月十一日）發表之〈從中國近代的分合展望兩岸統一的途徑〉一文，補充修正之。

十二月九、十日，參加近代史學會在中研院舉行之「一九四九年的中國」學術研討會。評王良卿、林能士合撰〈國民黨之改革運動〉。十六日至十八日三天，參加國史館舉辦之「民國史專題」研討會，評張玉法〈民初山東與中央之關係〉及邵銘煌之〈汪偽南京政府與北平偽組織之關係〉。

二〇〇〇年一月開始，為國史館撰書評：《聯共（布）、共產國際與中國國民革命運動》一九二六～一九二七）（兩冊）。文約二萬言，重在介紹新史料與新問題。可供研究之新專題甚多，俟有時間當逐漸為之。

一月四日，《孫中山與中國革命》書稿編竣，寄國史館朱副館長重聖，轉請館長潘振球先生，請由國史館出版。集過去有關此類論文二十一篇，三十餘萬言，並撰〈自序〉。

一月六日，出席中研院近史所舉辦之「二十一世紀國際學術研討會」。下午主持會議一次。次日續會，未去參加。十一日，參加國父紀念館舉辦之「第三屆孫中山與現代中國學術研討會」，評論武昌華中師大教授吳劍杰論文〈孫中山的公僕意識與廉政風範〉，余借題發揮，言自孫中山提倡「公僕」與「廉政」以來，迄有九十年，而兩岸中國官吏仍無「公僕」意識；「廉政」更不可期，此乃制度與當權者心態所使然。吳文指中山辛亥革命為「資產階級革命」，此乃大陸學者之習慣。余依中山本人解釋，彼之革命為「國民革命」，〈同盟會軍政府宣言〉已有明確之說明；其〈遺囑〉亦謂「致力國民革命凡四十年」。自由發言時，有一大陸學者廣東社科院歷史所方君謂余排斥不同意見，不能包容相反之意見。其發言火藥味至濃。討論畢，會議主席戴國煇請余說明，余謂學術討論正須多元化，鼓勵正反不同意見，余之表達不同意見根據史料，何能謂為「排斥」、「不容」？某君之言，正是排斥余之不同意見也。陳鵬仁說明時，則指方君有欠學術研討風範。蓋余評論吳文時，借題發揮，批評大陸官僚及貪污之風，可能引其不快之故。

三月十日中午，蘇燈基約楊奎松在金山南路銀翼午餐，有劉維開、李雲漢等。余將最近完成之〈蔣中正先生赴俄考察記〉一文交維開送《近代中國》發表。彼等正需要具有新史料之文稿。文分五點：（1）赴俄考察報告迄無下落。（2）尚有「第二」考察報告待尋。（3）蒙古獨立問題的爭論。（4）「西圖」戰略構想的破滅。（5）意識形態的差異。

十五日下午，中山文化基金會開會，余應邀出席，朱匯森先生主持，出席者有李雲漢、朱堅章、曾濟群、呂實強、陳鵬仁等。此會已出《中山先生研究叢書》多種，計畫一百冊，據云已出九十餘冊。今年計畫出數種，書名及內容請與會者提出商討之。朱堅章提《孫中山與法治》。余建議《孫中山與莫斯科》，因近年俄羅斯有關孫中山革命之檔案大量刊布，為過去中文資料所不及。最近余曾用此資料撰文數篇：〈孫中山先生與越飛聯合聲明前的談判〉《近代中國》，（民八十八年四月號）、〈孫中山與越飛「談」張作霖〉《傳記文學》，八十八年四月，及近撰〈蔣中正先生赴俄考察記〉。可續用此種資料多撰數篇專文，彙為一書，內容必可推陳出新。雲漢對此早有了解，對余建議極力支持，並以為由余主持完成此書最為適宜。因決定由余主持之，並可覓人合撰。余推薦熟悉俄檔之楊奎松與余合作，明年三月以前完成之。全書十萬字左右。事後告知奎松請彼分擔一半或較多部分，彼欣然同意。余除以前兩文為基礎外，再撰〈馬林與國共合作〉、〈鮑羅廷與國民黨之改組〉。奎松已在中研院近史所特刊發表〈孫中山西北軍事計畫之挫折〉，只用部分俄檔資料，余建議增補之，並另撰他文。

此書定名為《中山先生與莫斯科》，以符中山文化基金會之計畫，由台灣書店於民國九十年（二〇〇一）五月出版。

六月十五日上午中研院近史所余敏玲作研究報告，題為〈蔣介石聯俄容共政策之省思〉，重點在對俄考察印象與其

聯俄容共態度問題，邀余評論。余評三十分鐘，謂本文重點為蔣在俄考察所得印象，考察之主要目的在交涉軍事合作，實現「西北計畫」，目的未能達成，頗為失望。蔣之聯俄容共政策，可與孫中山、汪精衛作比較，皆欲「操之在我」。操於己者則行之，操於彼者則拒之。三二〇事件，為拒「操之在汪」，四一二事件為拒「操之在鮑」，如「操之在蔣」則不拒矣。陳永發頗欣賞余之「操之在我」之論。

撰〈從第一、二次國共分合看兩岸問題〉，文約六千字，傳真中研院近史所，備作七月七日「國共問題與兩岸關係：歷史的觀察」學術座談會之引言。作引言者尚有陳存恭、王成勉、楊奎松、吳安家等。主辦單位為中國近代史學會，中正文教基金會贊助之。余之引言要點為：（1）國共歷史關係～分合和戰，（2）是分是合評價不同，（3）第一次合作為「一黨兩制」，（4）第一次分裂造成「兩國戰爭」，（5）第二次合作為「一國分治」，（6）第二次分裂形成「兩岸分治」，（7）前事不忘後事之師。此與過去類此之作，多所修正。

七月七日晨，林桶法開車，余與楊奎松同往南港中研院近史所之學術座談會，九時開會，第一場由秦孝儀主持，余列第一報告人，陳存恭次之，各二十分鐘，對余報告發言者有劉鳳翰、陳鵬仁、蘇雲峰、莊焜明等。莊對中國統一問題提出疑義，詢「統一對台灣有何利益」？余未正面作答，蓋余之報告對統獨未作評價。第二場由陳三井主持之，報告者為王成勉、楊奎松、吳安家，吳為「兩國論」辯護，李恩涵發言反駁之。吳因引余文中共之製造「兩國」，余因發言，余對中共之製造「兩國」並無肯定之意，且須付出戰爭代價，最後則由中共自行撤消之，可謂迷途知返。

（四）舊金山中日關係會議

二〇〇〇年三月一日晚九時四十五分乘華航飛舊金山，飛行十小時十五分，以時差故，於當地三月一日下午四時半到達，同行者梁肅戎、梁大夫、郭俊次，為參加第六屆中日關係學術研討會。到機場來接者有吳天威等當地華人多人，均梁之舊友。由李競芬女士開車送余及梁至飯店Crowne Pleza, Foster Ciry。會場即在此。三月三日報到，四至五日開會。吾等先到兩日。晚餐由大會招待，在附近之福林餐廳，華人經營，吃海鮮。二日晚，戴錡約餐，日本料理，頗高級。此店為戴銳經營，戴錡之弟也。為梁之東北同鄉。打聽老友金湘泉情況及臧廣恩師之後代。謂金去世已一年，臧師之長子大化及其夫人呂建琳女士均為會議之贊助人，三日下午報到均得見面。大化夫婦在美事業有成，此次會議及舊金山華人成立之抗日戰爭史實維護會，建有紀念館，得其支援。出錢出力。大化生於一九四二年，余與文桂一九四七年在東北大學就學，至臧師家（瀋陽）上課時，彼方五歲。一九四九至五〇年，臧師在台北師院（後改師大）任教，住和平東路師大宿舍，余與文桂常至其家，彼云有深刻印象，其後臧師全家遷東京，任東京中華學校校長及拓殖大學教授，尚常通信，五九年余與臧師合著《日本華僑教育》一書。後

遷居舊金山，臧師去世多年，臧師母在洛杉磯，中風行動不便，大化尚有兩弟，一為醫生，以照顧之。

三日晚，周仁章、王琳娜夫婦開車來飯店接余至其家Palo Alto晚餐。見瑋玲（琳娜之妹）。琳娜、瑋玲之父母王慶咸夫婦在四十年前余住南投中興新村時，與朱雲霞等為余之好友。後遷台北市住興隆路，三家為鄰居，慶咸夫婦均以癌病先後去世，雲霞亦以血癌去世。仁章原任中山科學院核子物理所所長，其因副所長張憲義為美情報案被調職，以國科會代表名義駐舊金山。琳娜、瑋玲均隨往定居，其女文穎、文欣均在美讀大學。其弟王西彥亦舉家遷美東就業定居，事業各有所成，回憶四十年前往事，不勝唏噓。談至十一時，仁章夫婦送余返旅邸，見瑋玲孤影相送，心中不免一陣酸痛。

四日上午九時，第六屆中日關係學術研討會開幕，由朱永德主持，首由梁肅戎致詞，題為〈孫中山與日本及其對日的忠告〉。繼由史丹福大學教授杜斯（Peter Duus）演講。十時半貴賓講話，由吳天威主持。首列大陸之白介夫，未到，乃輪余講話。昨日下午報到時，余始見議程表，列余講話，故在開幕時準備簡短講稿。其中有云：

> 中日近百餘年的關係，愉快的事不多，最不幸的是兩次戰爭，中國人視之，此為日本對中國之侵略。中國何以召致侵略？我們過去對這方面的檢討、反省的功夫不夠。我願在此引用兩句成語：「內鬨必召外侮」，「內亂必召外患」。這是中國人所犯的毛病。譴責日本之侵略固屬必要，然今後中國人（特別是兩岸）如何反省、合作，避免內鬨，實為不可忽略之事。對內有和平，對外始能有和平；對內無戰爭，外人始不敢輕於發動侵略。希望兩岸中國人能切實反省之。

講話畢，白介夫已到會場，繼余講話，肯定余之「反省」之說。

三月四日下午及五日全天，為分組（三組）討論。薛君度又談黃興並批孫中山「賣國」，謂日本向袁世凱提二十一條要求時，孫曾允日本之條件較之二十一條為優。吳天威駁之，謂此文件乃日本人之偽造，非孫之筆跡。薛反駁之，謂孫從無反對二十一條之表示，並向會場申言有人能提出孫之反對證據乎？余曰證據甚多，即如一九二四年孫北上答日本記者談話時，即明確指出要日本取消對中國之不平等條約。其他類似之文獻亦不勝枚舉，何得無證據乎？

六日無會，梁大夫開車，余與梁會長沿港灣觀光風景，有農莊、市場。至一購物商場參觀。晚，東北同鄉會宴與會兩岸學者，飯後，大夫開車送余及梁至機場，七日零時五分起飛，飛行十三餘小時，到桃園中正機場，時間為三月八日晨六時許。

（五）柏林和平統一大會

二〇〇〇年八月二十六日至二十七日在柏林舉行「全球華僑華人推動中國和平統一大會」。事前和統會會長梁肅戎接得此會之發起人張曼新（匈牙利僑商、該地和統會會長）函，希台灣方面能有百人參加。初估計能有一、二十人已屬不易，結果竟達一百一十餘人。然以順便觀光者多。代表團體有和統會、新同盟會、統一聯盟、商工統一促進會、中華文化協會等，曰「台灣代表團」。團長梁肅戎，許歷農為最高顧問，副團長四人，余代表和統會，另三者為吳瓊恩（統聯），雷渝齊（商工），范光陵（文協）。餘皆團員，重要者有：郭俊次、張麟徵、王曉波、姜新立、曾祥鐸、朱高正、陸潤康、路國華、伊竑、周玉山、卜幼夫、郭冠英、湯紹成、毛鑄倫、劉文超，名歌星楊燕等。

大陸方面約八十餘人，重要者有萬國權、張金城、李贛騮、余克禮、辛旗、王暉、劉澤彭、李祖沛等。海外地區有亞洲、美洲、澳洲、非洲及歐洲約計六十餘國。與會總人數為六〇八人。

台灣與會人員以乘華航班機為多，直飛法蘭克福，轉機至柏林，適遇颱風，延誤五小時。余與耿榮水，張麟徵、王曉波、姜思章等五人乘荷航，經曼谷停留半小時，飛阿姆斯特丹，轉機至柏林。未延誤時間。八月二十三日晚八時自中正機場起飛，飛行約十五小時，以時差六小時，二十四日上午八時許抵柏林，到機場時，無人來接，可見會務有欠周到。乃乘計程車至飯店（柏林洲際大飯店Hotel Inter-Continental Berlin Budapester Strasse 2, 10787 Berlin）。住定房間後，遇劉文超（曾留德，綽號「文抄公」，在台北作環保運動，導余等四人（耿、王、姜）至泰東中餐館午餐。乘地下捷運，以時計價，二小時一馬克（合台幣十五元），往觀柏林圍牆遺址，已拆除，闢為街道，有圍牆博物館，展示當年東西柏林之隔絕，東德人之偷渡奔自由之過程，余等僅在館外觀之，逛近兩小時，回宿處附近，在露天道旁飲啤酒，往來行人，悠閒自在，街道整潔。柏林物價與台北相當，啤酒一杯約台幣一百元，捷運則較台北為便宜，計程車費略貴（行半小時三十餘馬克）。近來馬克貶值，原與台幣二〇比一，跌至一四・六比一，回台北時，聞又跌至一三・八比一。

二十五日無活動，有參加一日遊者，余未參加。下午三時北京中央電視台訪問梁肅戎，余作陪。二十六日上午九時大會開幕，主席張曼新，普通商人，生意致富，支持此會。昨日下午為會場布置事，因掛孫中山像，與大陸方面發生爭執，幾致決裂，經梁調解，僅掛大會標誌，乃平息。大會主題演講，大陸為萬國權，台灣為梁肅戎，貴賓致詞有十二人，首為北京駐德大使盧秋田，次為許歷農（新同盟會會長），餘有大陸方面劉澤彭、張金城。張麟徵致辭最為精采，全場鼓掌者再。主張「一國兩區」，與大陸方面有別。下午一時半至六時半為研討大會第一議題：「在一個中國原則下推進兩岸關係發展」，提論文者發言五分鐘（原為八分

▲參觀柏林圍牆遺址（2000年8月24日）
永敬（左），王曉波（右）

鐘〉，登記發言者為三分鐘。余提論文〈從兩次國共分合看兩岸問題〉。

此次六百人大會，號稱來自全球華僑華人，均為支持中國「和平統一」者，良莠不齊，即以台灣來者而言，其中頗多「混混」型人物，爭搶發言，不知所云，雜入此類之人，似成群眾大會矣。大陸代表發言口徑一致，僵化不變，對台一手經貿，一手武力。海外代表中之發言，有不乏公正客觀者，以為中國之分裂，似非一方面之責任，希望中國之和平統一，乃中國人之榮耀，國人之幸。

（六）香港渡中秋品嘗「一國兩制」

二○○○年九月十二日為陰曆八月十五日中秋節，應和統會會長梁肅戎之約，赴香港渡中秋，此行係應香港和統會之邀，余等一行計八人，梁肅戎及其公子大夫，姜新立（中山大學中山研究所所長）、曾祥鐸、雷渝齊、王津平（統聯）、周玉山及余等。

十二日午飯後與姜新立、王津平及吾等三人乘計程車到九龍紅磡乘火車去羅湖，車行三十分鐘到達，出關即為深圳，屬中國界，進出皆經海關及邊防，與進出外國同樣手續，此為保持「一國兩制」故也。至深圳書城。深圳有小香港之稱，物價較港便宜百分之三十，房地產尤較香港為低，故有甚多港人在深圳置屋，工作在香港，生活在深圳。此亦「一國兩制」之利。

十二日晚參加梁大夫公司與其他單位合辦之中秋月光晚

會，貴賓雲集，港府特首董健華亦到。備茶點月餅、水果。大陸、港、澳、台均有歌星演唱，大陸有「國家一級」之演員，水準至高，余最欣賞一女星二胡表演，音調優美動人，有飄飄欲仙之感。

（七）翠亨、廣州之會與演講

二〇〇〇年十一月十九日下午，乘澳門航機赴澳門入珠海轉翠亨。三時五十分到澳門，同行者陳在俊、林德政。參加「孫中山與二十世紀中國社會變革學術討論會」。會期為十一月二十日至二十三日，地點為廣東中山翠亨。一九九〇年余曾來此出席會議，今為第二次，所住賓館亦同。大會主辦單位為孫中山基金會及翠亨孫中山故居紀念館。紀念館為新建，經費充足，賴觀光收入。

大會組委會主任為歐初，副陳錫祺、張磊、黃彥，委員丁身尊等十人，秘書長林家有，副蕭潤君、王杰。歐長余一歲，中山人，抗戰時為中共之中山縣游擊司令。中共當政後，任廣州市長，現已離休，為中山基金會會長，自謙高中未畢業。惟學有基礎，擅書畫、鑑定專家，多才多藝。無「老幹部」之習氣。

二十日上午九時半行開幕式，主持人張磊，歐初致開幕詞，姚杰彬（中山市副市長、生化學者）致歡迎詞，無官方氣息，與十年前大不相同。隨即合影留念，前排座位列名，歐初列中，余與章開沅列歐之左右，余之右為姚杰彬，章之左為張磊，其後宴會安排皆如此。影後參觀孫中山故居。

下午二時半至六時有兩場全體會議，第一場二時半至四時，主持人章開沅，學術報告人陳錫祺、余及戴逸等五人。陳因病未到，由人代讀報告後，即由余報告。因見議程後始知之，幸身邊帶有其他近作，余乃報告〈從「百年老店」的興衰看國民黨的改造自救〉，為時十五分鐘，事後多位與會學者向余索稿複印。第二場主持人黃彥，報告人有章開沅等五人。六時歡迎宴會。

此次會議，頗多大陸各地之著名學者，北京十八人，廣東最多，四十七人，台灣十餘人，有胡春惠、魏萼、莊政、陳在俊等。總計約一二〇人。

二十一日上午分組會議，分兩場各三組，第二場A組，余報告〈辛亥革命與中國社會變革：變英雄革命為國民革命〉。下午參觀中山大學珠海校區，規模宏大，可容學生二萬人，據云為目前中國最美之校區，位於珠海市唐家灣（唐紹儀故鄉），經京珠高速公路，距廣州約一小時半車程，三面環山，一面臨海，面積三點四平方公里，建築現代化，設備先進。目前一、二年級在此上課，與廣州中山大學本部有交通車往返，每小時一班，甚方便。遊珠海海濱，繼往中山市，至中山國際酒店旋轉廳晚餐。餐畢逛步行街。余因困乏，乘三輪車至停車處（中山紀念堂）登車，大會服務人員派一護士隨行照顧。服務周到，可感也。

十一月二十二日全日分A、B、C三組討論，二十三日上午不分組全體會議二場，各場有五人報告，下午全會一場後，閉幕。二十三日中午中山市中共市委副書記兼組織部長

▲廣州中山大學之會（2000年11月26日）
左起1陳勝鄰，3李文海，4張豈之，5李萍，6永敬，7金冲及，8龔書鐸，9林家有，10王玉璞。後排右2林德政

李啟紅女士約午宴（中山市國際大酒店），同約者有歐初、章開沅、張豈之、張磊、黃彥、李華興及余等七人，有中山市文化局長鄭集思作陪，菜肴精緻豐盛，李啟紅乃中山市二號人物，四十許，健談，宴後各贈修剪指甲刀一套（十餘件），很精美。二十四日離會。此次會議安排有序，與者有受尊重之感，均有充分發言之機會。

二十四日上午離翠亨，應林家有教授之邀，赴廣州中山大學訪問，賀其「近代中國研究中心」成立十週年，並邀北京方面學者金冲及、張豈之、龔書鐸、戴逸等。下午往中大醫院探視陳錫祺教授之病，晚應中大校長黃達人之宴，二十五日應陳勝鄰教授之宴。陳患血癌，精神尚佳，李守孔曾患此病，氣功治愈，亦有人傳授陳教授。二十六日上午，為祝「近代中國研究中心」十年慶，由中大副校長李萍女士主持，學術演講由余及金冲及任之，各一小時半，原排余先金後，金要求先，云彼拙余巧，故先之，乃自謙也。余之講題為〈從「百年老店」的興衰看國民黨的改造自救〉，此原在翠亨學術研討會大會時作十五分鐘之演講，反應尚佳，至中山大學原準備有他題，林家有云：即講此題必受歡迎，應之。聽者有員生二百人，無倦容。

此次翠亨、廣州之行，與余相處最近者，為成功大學歷史系副教授林德政，沿途對余亦多照護。德政在政大、師大歷史系所，均曾修余之課。興趣在軍史研究。近年研究台灣人在大陸，搜集資料至勤。在一次學術討論中，彼報告論文謂抗戰時期台人在大陸者，不受政府當局之信任。余曾就此

發言，謂地方人士不受當局之信任者，並非限於台人，對各省地方人士皆然。例如吾皖人，軍閥時期統治者，多為「本土」軍閥；而國府時期，多為桂系矣。張學良與蔣中正之關係，可謂「情同父子」，其身旁且充滿「特務」。如此，何得謂之信任？吾人研究問題，應擴大視野，注意比較，方不致為狹隘所困。德政對余之意見，雖示尊重，似亦不無「統獨」之情結。在翠亨及廣州，聽余講演，私謂余曰：「老師（指余）不像統派」。彼曰：成大頗多同人，將你列為梁肅戎、馮滬祥一類之「統派」（指「急統」），有輕蔑之意）。

18 退而不休享受人生（三）

（一）南京建設與長江二橋

二〇〇一年五月十一日偕文桂自台北乘澳門航機經澳門到南京，住金寶花園寓所。未到南京，已一年有半，上次離寧，係一九九九年十二月初，去年因世安視網膜手術及文桂膝部關節手術，致未遠行。一年多來，南京亦有變化。

到寧之日，適南京師範大學舉行「南京大屠殺」研討會，聞吳天威來參加，十四日上午余偕陳謙平至南師大，至校門，校警不准計程車入，而前部之轎車則放行之，余等則繞至另一門，行久之，路亦曲折。校警之態度，則是因人而異。到會場，美國地區來者有邵子平、呂建琳、熊瑋、戴琦等。閉幕式時，安排余至主席台並發言，余述台獨人士最近為日本右翼作家小林善紀之《台灣論》對慰安婦之誣蔑，無視人道，至為可議。午餐時，有一來自日本之女士向余表示，彼與台方王清峰女士為慰安婦之不平而向日本當局控訴。

五月二十一日晚張憲文教授約余及文桂至其新居。下午五時半陳紅民夫人畢剛來接，至龍江小區。此區為新社區，社區廣闊，新建高樓十棟，每棟三十層，每層八戶，其中兩戶面積較小，九十平米，合約二十七坪（三、三平米合一坪），餘皆一百平米以上。張憲文家為一百二十餘平米（近四十坪）。南京大學購三棟，配售教職員，按年資計價，年資愈高者付款愈少。張付人民幣約五萬元，不及實際價格十分之一，裝修六萬餘元（人民幣），連同新置家具為十餘萬元。皆自付。以居住而言，大陸公教生活水準已急驟提高，薪水亦大有改進，重點大學教師待遇中央有補助，分為等級，高者每人每年五萬，亦更有十萬者。低者二萬以上，除原有待遇外，實際增加一倍以上。

此次到南京之感受，政府忙於建設。發展經濟，為其奮鬥目標；受人民之支持，可謂朝野同心，人民生活大有改善（農村尚落後）。有奮鬥目標，有自信心，不若台灣忙於政治鬥爭。

五月二十七日下午五時陳紅民之姐丈郭上校（軍醫）備一軍車（中型麵包車）參觀長江二橋，同往者陳紅民夫婦、李盈慧、郭上校及其女公子、余及文桂計七人。郭小姐就讀南京師大外語系一年級，校之分部設於馬群附近，搭車返校，車經南師大分部校區，附近新開社區，建有別墅及公寓多幢，美輪美奐，聞別墅原售價每平方米為人民幣九百元，今已漲至三千元。車行不久，至橋端，橋標長為三千六百餘公尺，即三・六多公里。橋越八卦洲，洲之面積相當一個鄉鎮，有村落、有農田、有居民，乃一觀光遊覽區，有停車場

▲長江二橋下之八卦洲（2001年5月27日）
左起1李盈慧，2、3永敬、文桂，4陳紅民

及服務站，余等至站眺望拍照，再登車越橋，橋通六合、揚州、大廠。余等至大廠晚餐，吃龍蝦，陳紅民作東。餐畢約九時返南京，橋上燈光至美。此橋建築之負責監工者，為南京之某一副市長，工程進度提前完成，未曾增加預算，品質符合標準。此副市長聲譽鵲起，南京之地鐵工程乃由其負責。

查閱新出之南京地圖，余等參觀長江二橋之行程由市區經富貴山隧道，沿紫金山之北麓向東行，沿途正忙開發，經仙岔公路（仙鶴門）至南師大分校，曰南京亞東新城區，有亞東花園城，近棲霞鎮，鄰近有多處風景區，曰紫金山風景區、湯山風景區、寶華山風景區、棲霞山風景區、燕子磯風景區。南京方面為配合經濟發展，大力開發旅游事業。

（二）珠海座談會－「一中」我見

二〇〇一年六月二十八日上午九時許自桃園中正機場飛澳門。同行者有吳瓊恩、湯紹成、王津平、徐承宗及余等共五人，十一時許到澳門，出關有人來接，住珠海新華苑。當地台辦接待。晚餐時曾祥鐸、丁庭宇、雷渝齊已到。另有香港邵君，頭銜為「一國兩制研究中心主任」。晚九時後，北京海協會李亞飛、王小兵等一行六、七人自北京到新華苑，至余房間問候。

二十九日上午九時開會，李亞飛主持，云為內部會議，可以知無不言。首請余發言，內容留稿〈解決「一中」問題之我見〉。謂因應台灣之變，陳水扁是「以拖待變」，大陸

方面似在「坐以待變」，此皆消極之法。余言中共有八十年歷史，統戰經驗豐富，不敵台獨李登輝、陳水扁，中共之統戰未見高明。引起與會者一笑。

此次會議目的，似在確認台灣民調對「一國兩制」認同升高之原因，丁庭宇為民調專家，有正確之說明。近來多處民調結果，認同「一國兩制」者，初由百分之三升為百分之十六，近又升至百分之三十以上，此實大可注意之事。據專家之研判，百分比之高低，雖受問卷方式之影響，但百分之二十左右比率，應較可靠。主要原因，與台灣內部之變化有關，如經濟衰退，失業率增高、社會不安等因素。但大陸方面之影響，亦不容忽視。余認為陳水扁政權之本質為「台獨」，不論台灣政情如何變化，對兩岸關係之改善，殊無可能，「一中」問題無可解。李亞飛自作紀錄，云作轉達或供參考。大陸方面無發言者，僅在聽取余等之意見。

〈解決「一中」問題之我見〉要義如下：

解決海峽兩岸分裂問題之方針，大陸方面多年來所主張的「一個中國」原則及「和平統一、一國兩制」。台灣方面的民情及政黨，是否接受「一個中國」原則的問題，至為分歧。大致可區分正反兩方面，反的方面，以民進黨為代表，對「和平」及「兩制」或可接受，但拒絕「統一」及「一國」；正的方面，以在野聯盟（國民黨、親民黨、新黨）為代表，則主張「一中各表」、「九二共識」。其解決之道，不能脫離歷史事實和面對現實，就歷史事實而言，中共據有大陸，建立中華人民共和國；國民黨退守台灣，仍保持中華民國的國號及其制度，這都是無可否認的歷史事實。五〇到七〇年代，雙方處於強烈的對抗和勢不兩立的形勢，中共要以武力「解放台灣」，國民黨要以武力「光復大陸」。兩者的目標和手段，可謂相同，都是「武力統一」，來達成「一國一制」，但都沒有成功。中共方面首先提出「和平統一」和「一國兩制」。初在國民黨方面看來，這似乎是中國傳統的所謂「不戰而屈人之兵」的「上上之策」。儘管如此，國民黨方面尚能面對現實，做了一些相對的回應，如取消「戒嚴令」，開放對大陸探親，結束「戡亂條款」，成立「國統會」等。雙方也都堅持「一個中國」原則。但雙方都不承認對方的國號和政權。這對獨派而言，正是他們製造「台獨」的藉口和理由。因此獨派聲稱要承認「中華人民共和國」，同時也要消滅「中華民國」國號，但中共反而反對之，這是一種很矛盾的現象。統派最大的堅持是捍衛「中華民國」國號及其憲政制度，而不承認「中華人民共和國」，這又與中共和台獨的主張相反，這又是一種很矛盾的現象。

如何解決這種困境和矛盾，不外以下幾種方式：一是兩者存其一。廢除「中華民國」國號。此在獨派方面，實歡迎之不暇。不過在廢除之後要使台灣

人民和各黨派來接受「中華人民共和國」的國號，此不但增強獨派的聲勢，即所有主張「和平統一」者，也將為之消聲匿跡矣！反之，統一後如用「中華民國」國號，亦屬不可思議。因此，二存一的辦法，勢不可能。

其次是兩者並存，兩岸都叫「中國」，不相干涉，則又陷入「兩個中國」的困境。

其三是兩者聯合或統合，用「中華國協」、「邦聯」或「聯邦」等類的形式以統合之。「國協」或「邦聯」可以受到台灣絕大多數人民及黨派的支持；但中共方面曾已表示拒絕。如用「聯邦」形式，台方過去也曾有人主張，共方反應冷淡。實際言之，此制與「一國兩制」較為接近，如須尊重歷史事實，面對現實，此制並非不可解決「一中」問題。

(三) 東京和平統一大會

二〇〇一年七月十五日赴東京參加「全球華僑華人推動中國和平統一」大會，與會者五百餘人，來自歐美各地之華人，各處有「和統會」組織者有八十餘個。是日下午余自台北到東京羽田機場。

十六日上午九時，大會開幕，主席團數十人，座位列台上，余為其一，依次發言，均贊同「和平統一、一國兩制」。下午二至三時輪余發言，即以前在珠海會議時之〈解決「一中問題」之我見〉應之。

此次大會中發言較受注視者為馮滬祥，彼謂彼所委辦之台灣民調，贊成「一國兩制」者已達「百分之四十七」。惟此項民調頗值懷疑。大會對馮之發言，報以熱烈之掌聲，似乎「統一」在望。彼之表現，堪稱「急統」。

來自大陸學者劉迪（東京明治大學研究員）撰有〈聯邦制〉一文，頗與余同調，經龔忠武介紹認識，贈以〈我見〉一文。返臺後，彼自東京來電話，言閱余文未及詳談為憾。

(四) 南京瀋陽之會冷暖有別

1、南京之會

二〇〇一年十月為辛亥革命九十周年，大陸方面之紀念活動多於台灣，且多為官方支持。全國性而籌備已久者有十月間武昌之會，由金沖及、章開沅領銜邀國內外學者參加。南京大學、北京大學均在九月間舉行學術討論會。香港浸會大學十一月十二、十三日有會。台灣由中正文教基金會主辦，秦孝儀出面邀請兩岸三地學者參加，十月七、八日在圓山大飯店舉行。余不克參加，請張力代讀論文〈辛亥革命究竟是什麼革命〉。以上各會，余均接到邀請函。南京及香港之會邀余作主題演講。

九月八日南京社科聯在山西路鳳凰大廈舉行「辛亥革命九十周年」學術研討會，上午為主題演講，余繼茅家琦演講，題為〈辛亥革命究竟是什麼革命〉，結論謂辛亥革命

非資產階級民主革命，而是「具有中國特色的」國民革命。此與台北之會，不免「一稿兩用」，然以精力所限，不得不「以老賣老」矣。九日上午參加其分組討論及閉幕式，張憲文致詞，前段為公式之言，後段為學術之言。且言前段代表大會，後段係其個人意見。南京大學學術研究風氣確實邁向開放，學術意味重於政治意味。下午由大會安排參觀。首參觀朝天宮，佔地甚廣，修復一新，陳列六朝文物，為南京觀光景點之一。次參觀閱江樓，在南京獅子山上，登樓遠眺，長江一覽無遺，為明代所建，近由下關區政府整修，煥然一新。宋濂作有〈閱江樓〉一文，余幼年讀《古文觀止》讀之，印象深刻。余與文桂拾級登山，頗感吃力，南大年輕師生扶余及文桂上下，照護備至。最後參觀諮議局舊址。兩層樓建築，一九〇九年建，一度用為國民黨中央黨部。今駐軍，未入室內參觀，僅留院中眺望而已。余著之《百年老店國民黨滄桑史》封面即用此建築圖片。

2、瀋陽之會

九月十六日由南京赴上海，應和統會會長梁肅戎先生之約，同往瀋陽參加「九一八事變七十週年紀念」學術討論會。

十七日下午二時由浦東機場飛瀋陽，下午四時到達，台辦黃凱等來接，住迎賓館。黃凱向余表達歉意，謂余所提論文〈從團結禦侮到共赴國難〉因承辦人員有意見，未能排入議程。余曰：「可以理解」。蓋文對張學良及中共有所批評。十八日上午九時開幕式，台上座者均「要人」並致詞，台方來者除梁肅戎外，有馮滬祥（副團長之一，另一為王天競），「次要」者台下首排座位均有名牌。餘則後排自覓座位，余即其一也。大會介紹貴賓時忽點余名，未能注意，有人推余，台上有人注視，余即揮手而回應之，似尷尬。此舉亦不無巧合之處，正可藉此向大會對余冷淡而表示不悅。集體照像時，列首排者均有名牌，余無名，乃後站，黃凱極不安，要余前坐，堅辭不獲，始就座。大會議程余皆空白，梁見之，似不安，要梁大夫請余代尹章義（因颱風未能來瀋）為論文評論人，允之。屆時會議則以林憲同代之。會後遇梁大夫，余告由林代之，亦甚得也。十九日上午有尹之主持人議程，梁要余代，仍允之，此事梁可能提出警告，屆時始由余主持之。余首先聲明余原提有論文，似未違反大會宗旨，但未獲列入議程，表示遺憾。主持時，論者評者，各說各話，余曰：此乃「一個中國，各自表述」。引起鬨堂大笑。與會者對余始有了解。此次會議，馮滬祥大出風頭，開幕、閉幕、酒會均被安排演講，馮表現積極，大講「三個代表」（江澤民所倡之政策），引用大陸國歌中詞句，「冒著敵人的炮火」來為反對台獨及實現「一國兩制」而衝鋒，頗受大陸方面之喝采，與余之全被「封殺」成為強烈對比。同來之樂炳南教授謂余曰：「你之『修養』特『佳』，如為張玉法，早拂袖而去矣！」余曰：余對「反智主義」者，不予計較。清閒自由，求之不得。此種場合，有何爭焉。其「反智主義」之另一表現，為新建之「九一八」事變紀念館，至為宏偉，其中有一塑像館，塑張學良、蔣介石在石家莊火車廂

中會談，標誌說明此為一九三一年九月十二日兩人會談時蔣命張「不抵抗」。此真「牛頭不對馬尾」，識者觀之，自屬笑話。余問當地一史學教授：此何所據？彼答據何柱國（東北軍將領）之回憶錄。

瀋陽之會，有一來自台灣之商界代表謂余曰：彼提之論文參考余之著作撰寫而成，余表示歡迎。迨閱此君論文，乃百分之百、一字不改而抄余之著作。此人外型酷似「宋楚瑜」，在政商關係中，甚顯活躍。總之，此次瀋陽之行，極不愉快。

十月九日下午三時，先烈范鴻仙史料由其家屬范烈孫捐贈南京檔案館，舉行捐贈儀式，邀余參加儀式並致詞。四時赴中山大廈，應江蘇紀念辛亥革命九十周年學術討論會之約作專題演講。演講者有張磊，茅家琦，余繼之。題為〈從三個名詞透視辛亥革命〉，聲明此為香港浸會大學辛亥革命討論會所準備之主題講稿，今借用之，問主持人時間，答以一小時。足以充分發揮矣。約一小時結束，與會者為江蘇各大學教師及研究機構人員，水準較高，對余之演講反應至佳。

（五）武漢之會名流雲集

二〇〇一年十月十五日上午九時與茅家琦教授夫婦乘南京航機飛武漢，十時到達武漢天河機場，參加武漢辛亥革命九十周年國際學術討論會，機場距會址武昌東湖二十餘公里，車經漢口，須四十分鐘。大會準備周全，房間、資料均已備妥。下午各地與會學者紛紛到達，台灣到者有張玉法、劉鳳翰（均夫婦）、陳三井、黃自進、朱浤源、劉維開、邵銘煌、李朝津、唐啟華及余等十人。總計與會者一百二十餘人，日、美、法、俄、韓等國均有學者來會。知名學者至多，可謂高水準的學術會議。十六日上午九時舉行開幕式。十一時大會發言，報告人二，一為李文海之〈走向現代化的必經之路〉，一為汪敬虞之〈中國現代化黎明期西方科技的民間引進〉。李、汪兩人均為大陸之資深學者。下午及十七日上午分四組討論，每組論文六至七篇。十七日下午大會發言（不分組）計七人，張豈之，巴斯蒂（法）、章開沅、張玉法、狹間直樹（日、改野澤豐）、霍啟昌（澳門）、虞和平。張玉法發言謂辛亥革命研究有隨政治變化而變化之趨向，需要革命時，則肯定革命，否定改革；需要改革時，則肯定改革，貶抑革命（告別革命）。其所安排之報告人，皆有代表性。

十八日上午參觀武昌起義之鄂軍都督府，即清季之湖北省諮議局舊址，兩邊房屋為史蹟陳列館，正房為會議廳，廳前為廣場，整潔有序，數年前余曾來此參觀，今已面貌一新矣。十九日上午分組討論。下午全體大會自由發言，會議主持人茅家琦。首讀陳錫祺（廣州中山大學資深教授）之賀電，繼由廈門大學歷史系教授陳詩啟讀其講稿。余繼陳發言，大要如下：

（1）對大會之感謝，以八字形容之：「賓至如歸、備受尊重」。

（2）辛亥革命討論會二十年來兩岸交流之變化：

1、七十周年（一九八一）流而不交，是年兩岸皆「流」至日本，一在東京，一在橫濱，兩不交集。

2、八十周年（一九九一）交而不流，是年在武昌，台灣學者至武昌，大陸學者不能去台灣，交而不流。

3、九十周年（二〇〇一）亦交亦流。今年之會，大陸學者十餘人至台北，此次武昌之會，亦有台灣學者十餘人來會，亦交亦流也。

（3）對此次討論會的感受有二：

1、大陸方面肯定辛亥革命之精神，強調中共之革命與建國是竟辛亥革命未竟之功。

2、辛亥革命之目的為建設，破壞僅是手段，建設實重於破壞，否則，不必破壞矣。

以上兩點認知，實因時代之變化與印證，回歸了辛亥革命史的原貌，也是辛亥革命史的真正意義。對於張玉法先生前日（十七日）所言，因政治變化而有不同之趨向，即需要革命時，則否定改革（建設），需要改革時則貶抑革命（告別革命）之論，不以為然。

（二十日上午座談會中，張豈之教授謂余與張玉法之言，實殊途而同歸。玉法頗為得意，謂余批人者實自批也。）

此次會議，頗多精闢論文，如陳三井之〈故宮清檔中所見的辛亥革命〉，至為精采，顯示報告者之才華。劉維開之〈中國國民黨對辛亥革命史料的徵集與運用〉，頗有深度。胡繩武的〈辛亥革命時期的思想解放〉以及張笛的以四川路潮為例民眾利用「祭祀文化」作「政治活動」等論文，均有新意。

▲武漢學術會議留影（2001年10月16日）
左起1狹間直樹（日），2金冲及，3永敬，4陳三井。

二十日上午舉行兩岸三地關於辛亥革命研究座談會，參加者三十餘人，討論熱烈。談及辛亥革命「資產階級革命」問題時，楊天石就此問題之來源有所說明，謂最早照列寧之說，國人未加分析，照本宣科，愈演愈烈，由「資產階級革命」而至所謂「資產階級領導革命」，再至所謂「領導資產階級革命」，至如何「領導」，則不詳也。語多詼諧。

（六）南大演講發問踴躍

十月二十四日下午四時南京大學浦口分校負責人朱寶琴教授邀余至其分校向學生演講，邀請茅家琦教授主持演講會。先參觀其天文台，全校遠景在望，占地五千畝，有山有水，風景秀麗。目前在校學生七千人，為一、二、三年級，四年級及研究生則在市區校本部。晚餐後，六時半至八時半演講，座為之滿，約六百人，講題為〈台灣政黨現況〉。講一小時半，留半小時供發問，問者極踴躍，其中有一學生問余對國民黨在台選敗失去政權有何感想？余答：站在國民黨立場自甚失望，站在民進黨（勝選者）立場，自甚高興；如站在超黨派立場，無所謂失望與高興，政黨選勝選敗，乃為民主政治之正常現象。余之不悅民進黨者，以其不承認為「中國人」故也。國民黨雖有缺點，尚不致此。今之民進黨凡國民黨之劣點彼皆有之，優點則無。又一學生問兩岸迄未統一，原因何在？余曰：兩岸不能統一，雙方皆有責任，雙方皆堅持意識形態，缺乏互信，不夠務實。余以為應以務實態度先解決直接「三通」問題，雙方人民、文化、經貿大量開放交流，水到渠成，不統而自統矣。發問者多，茅教授宣布時間已到，散會。尚有學生隨至休息室求問者。大陸青年學生思想之活潑，亦隨市場經濟之開放而開放，實為可喜之現象。回來途中，茅教授贈余一書《焚膏補拙》，係其學生、友人為祝其七十歲之文，述其治學、為人，指導學生研究之情形，皆言之有物而非虛譽之作。

十一月一日下午應張憲文教授之約，至南京大學中華民國史研究中心演講，題為〈關於胡漢民的研究〉，此為針對南大歷史系陳紅民教授新近完成之博士論文《胡漢民的人際網路，反蔣抗日活動及其他》。（紅民之博士論文將於二○○三年由南京大學出版社出版，此次講稿紅民列為該書之序。見後。）

（七）香港之會主題演講

二○○一年十一月十一日下午二時自南京飛香港，胡春惠及北大教授徐萬民至機場來接，下榻京華國際酒店，晚浸會大學林啟彥、李金強約宴，明日之會三位主講人，章開沅、顏清湟及余。章因行程誤時，未到。十二日上午九時「辛亥革命，孫中山與廿一世紀中國」學術研討會開幕，此會由浸會大學歷史系、孫中山文教福利基金會、香港中國近代史學會、珠海書院亞研中心、香港中華文化中心等五單位主辦，實際主持者為浸大歷史系教授林啟彥博士，開幕典禮由浸大副校長曾憲博、歷史系主任周佳榮及林啟彥等致詞。十時至十二時主題演講，章開沅講〈珍惜辛亥革命歷史遺

▲香港之會主題演講（2001年11月12日）

產—以世紀意識為例〉。余講〈從三個名詞的微觀角度透視辛亥革命〉（此文收入拙著《國民黨興衰史》增訂本），顏清湟講〈孫中山與廿一世紀中國〉。下午分組討論。晚陳福霖約宴，參加者有章開沅、桑兵、趙令揚、胡春惠及余與文桂。福霖夫人特來陪伴文桂。是日，春惠邀珠海講師楊小姐陪文桂逛街，下午任小姐亦陪之。十三日下午最後一次討論會分為兩組，由章開沅及余分別主持之，余組報告者為王杰（廣東社科院）、蔡樂蘇（清華大學）、莫世祥（深圳大學）、彭南生（華中師大）、田子瑜（湖北大學）。晚宴在中華文化中心。飯後參觀維多利亞港景。

此次與會學者七十餘人，台灣方面者有曾濟群（法鼓）、李西潭（政大）、胡春惠（實為珠海）、夏誠華（玄奘）、高純淑（國民黨黨史館）、許育銘（東華）、許稚棠（法鼓）、湯熙勇（中研院）及余計九人。閻沁恒教授在珠海書院講學，亦參加之。

（八）為周美華新著作序

國史館助修（後升協修）周美華小姐新著《中國抗日政策的形成》：從九一八到七七，於民國八十九年（二〇〇〇）十二月出版。美華是我退休後最後指導的碩士論文，於一九九八年師大歷史研究所畢業後至國史館任職。利用國史館的檔案資料，將此論文補充修訂，於兩年後出版，足以顯示美華之勤敏。出版前要余為之作序，不勝欣慰。其中說到：

歷史上的重大事件，影響於人類命運或時代改變者，不乏其例。九一八事變是中國人的大災難，繼以一二八戰役、長城戰役、華北事件，以及七七事變，都是九一八事變的延伸，中國人災難的加劇。中國人面臨這一連串的刺激和災難，能無反應？所以舉國之人，無不以「救亡圖存」為訴求。儘管南京中央借「攘外」以「安內」，地方勢力以及中共借「抗日」以「反蔣」，但「安內」與「反蔣」皆無市場，「攘外」與「抗日」則為全民的需求。在舉國「抗日救亡」的潮流中，中國抗日政策的形成、也就水到渠成了。其間周轉曲折，著者美華小姐用了五個層次和四個環節來處理之。即是本書二至五章所排列的四個章次：從不抵抗到局部抵抗，從局部抵抗到困守待援，從困守待援到最後關頭，從最後關頭到全面抗戰。可謂層層相因，環環相扣。其間變化，都與國內政局的變化有密切的關係。著者在結論中以「南京政府抗日政策與國內政局關係圖」表示之。此為研究者的心得所在。

本書重要特色之一，是充分利用了國史館的檔案，特別是開放未久的蔣中正總統檔案，一般稱之為「大溪檔案」，這是以往中外學者羨慕已久而難接觸的珍藏。在本書中，很多資料是首次被使用。使這本新著有新的內容，確是值得一讀的佳作。

19 八十初度友好祝之

（一）台北及大陸友好之祝

二〇〇一年五月二日，為舊曆四月初十日，為余八十歲初度，張力等為籌備祝賀，約曾受余指導論文之同學出一論文集，並將刊載余之著作目錄。民國八十年以前之著作目錄政大《歷史學報》第九期（民國八十一年元月）為余出《七秩嵩壽專刊》曾有刊載。計自民國五十二年至八十年列有專著十一種、合著四種，編著四種，論文六十八篇，書評九篇。今由編者張力等之整理八十一年以後之著作目錄，又專著四，合著一，編著一，論文五十四篇，書評十一，其中亦有八十年以前未列之論文及書評而增入者。總計：專著十五種、合著五種、編著五種、論文一一二篇、書評二十篇。

四月八日晚，政大歷史系同仁在台北市仁愛路上海鄉村餐廳為余祝八十之壽，席開兩桌，較年長者一桌，年輕者一桌。年長者一桌有閻沁恒、王壽南、張哲郎、胡春惠、孫鐵剛、吳圳義、周惠民、林能士、張玉法、及余夫婦十人。年輕者一桌有陳鴻瑜、彭明輝、劉祥光、毛知礪、薛化元、李素瓊等。亦有因余已離系多年，新進者多。玉法特要求參加，春惠甫自北京歸來。北京社科院近史所所長張海鵬因知是日系中同仁為余祝壽，特來電子郵件祝之。文曰：

欣逢尊敬的蔣永敬教授八秩大壽之際，謹代表中國社會科學院近代史研究所並以我個人的名義，敬祝蔣教授福如東海，壽比南山。蔣教授對于中國近代史、中國國民黨歷史的研究成就，對于海峽兩岸學術交流推動，令人感佩與崇敬。謹以此北國之禮，遙致南天之雲。敬祝蔣教授壽誕快樂。

中國社會科學院近代史研究所所長張海鵬。二〇〇一年四月七日

系中同仁之祝賀，海鵬先生之賀電，皆余之殊榮。余內心有無限之感謝。

四月二十八日由張力等發起在政大中餐廳為余祝八十壽宴，凡余指導之碩、博士論文者均自由參加。原計畫十餘人足矣，結果聞訊參加者達二十六人，除政大史研所畢業者外，尚有政大三研所及師大史研所，政戰政研所者，並有攜眷者，名單如下：

張力　邵銘煌　劉維開　許育銘　陳進金　陳曉慧
林桶法　蘇啟明　易正義　李盈慧　詹瑋　周美華
唐玉禮　樊中原　黃邦印　吳蕙芳　陳謙平　朱寶琴

莊義芳　吳淑鳳　黃芙蓉　王正華　莊宏誼　李昌華
郭伶芬　管美蓉

其中陳謙平、朱寶琴，為南京大學歷史系教授，應東吳大學教授楊開煌大陸研究基金會之邀，來台訪問。余對參加者各贈新近出版之《孫中山與中國革命》一冊。此書封底面為藍色，余致詞時以為同學離校十餘年後，在學術研究及事業上均有成就，與余相較，可謂「青出於藍、而甚於藍」。贈各位此書，至為相得。

楊奎松自北京來電話，賀余生日快樂。

五月十一日以後，偕文桂去南京小住。六月一日下午四時，南京大學歷史系師生約四十人為余祝八十生日，在南大招待所交誼廳備茶點、蛋糕及自助餐，教授張憲文、茅家琦、崔之清、朱寶琴、陳紅民、陳謙平、申曉雲及學生中博士生等多人致詞，對余之學術研究多所美譽，余感愧之。南大歷史系民國史研究在改革開放之初，即注意余之著作。當時尚不能公開，有複印以為參考者。武漢之洪小夏云：余之《鮑羅廷與武漢政權》一書，其時亦有複印作研究參考。去年余在廣州時，亦聞此說。余之研究能受大陸學者關注，亦為一大快慰。

台灣學者對大陸學者之研究著作，亦同樣重視而有複印參考之。可見兩岸學術交流，實為學者迫切之需求。

（二）李雲漢「戲筆」之祝

吾友李雲漢兄偕夫人韓榮貞嫂致余賀卡。書曰：

謹以俚句以賀永敬學兄八秩華誕
我友永敬蔣公，民國史界先鋒；
當年說幹就幹，如今道冠群英。
譽著臺海兩岸，庭滿桃李春風；
欣賀八秩華誕，喜頌松柏長青。
雲漢戲筆，九十、十二、廿七、台北文山，
李雲漢　韓榮貞敬賀

雲漢自民國四十四年（一九五五）秋與余同讀政大教研所相識，四十六年（一九五七）八月同入國民黨黨史會工作，兩人在南投鄉間之草屯荔園同一辦公室有九年（一九五七～一九六六）之久。對面而坐，余常向雲漢吹牛，說余之做事有幹勁，「講幹就幹」。借三國曹操倒楣遇到蔣幹。「講幹」即蔣幹之諧音。余亦蔣姓，以「幹」名之。因此余自名「蔣（講）幹，字「就幹」。雲漢賀卡中所書「說幹就幹」，乃「講幹就幹」之誤。榮貞嫂自教職退休後習畫有成就，舉行多次畫展。余常向之索畫，不吝贈之。余貪得無饜，收藏及懸掛其畫，不下六幅之多。畫中多由雲漢題字，可謂珠聯璧合。余八十之壽，榮貞嫂特繪大畫一幅，並裝裱之，由雲漢題「木棉花開紅滿天」。畫之寫實也。

（三）祝賀論文集《史學的傳承》

張力、劉維開、許育銘、陳進金等負責編輯之祝壽論文集《史學的傳承－蔣永敬教授八秩榮慶論文集》，由近代中國出版社出版，內容與外形均稱精美，實余之最大榮幸。籌劃經過，該集〈序〉文有記述之。見附錄（一）。

附錄（一）：論文集序

公元二〇〇〇年九月，幾位曾經追隨蔣永敬教授撰寫博、碩士論文的政治大學歷史研究所畢業學生，鑒於二〇〇一年為蔣教授八秩嵩壽，於是構思舉辦一場祝壽餐會，並出版一冊祝壽論文集。祝壽餐會經由林桶法教授聯絡，二〇〇一年四月二十八日在政治大學餐廳隆重舉行。曾經受教於蔣教授的各校弟子及其眷屬約三十人，與老師、師母歡聚一堂，場面至為溫馨。數日之後蔣教授來到南京，當地友人也舉辦一場餐會，熱烈慶祝。

祝壽論文集的編輯由張力、劉維開、許育銘、陳進金負責，蔣教授不願驚動學界友人，因此約稿對象僅及於其所指導的學生，並力邀三位與蔣教授熟稔的大陸年輕學者撰稿。經過半年的集稿，共收到兩岸學者論文十篇，均為各人之最新研究成果。書名定為《史學的傳承》，以示每位作者曾在學術研究方面深獲蔣教授之啟發，書末所附之〈作者與蔣教授因緣〉，可見一斑。蔣教授的學術成就和影響，則可從〈永敬蔣公〉一文和〈蔣永敬教授著作目錄〉得窺全貌。

此一論文集之編輯完成，首先得自於每位作者的主動撰稿；蔣教授的兩位學生周美華、吳淑鳳小姐，在編輯和相關資料蒐集方面，出力甚多。由於蔣教授的學術研究生涯，起自中國國民黨黨史委員會服務時期，因此曾獲蔣教授指導論文的邵銘煌教授，現為中國國民黨中央文化傳播委員會黨史館主任，願意藉由《近代中國》雜誌社的支持，協助論文集順利出版。

正如本論文集多位作者所言，蔣教授豐富學養，不僅使其成為中國現代史研究領域的重要史家，也引導年輕一輩學子開拓了各自的研究方向。如今八十歲的蔣教授依然活躍，不時發表頗具創見的學術論文。曾經獲得蔣教授啟發的後輩弟子，今日以論文集為老師祝壽，將來更當以豐碩的研究成果，彰顯老師永遠的教誨。

附錄（二）：論文集目錄

楊奎松　八路軍平型關戰鬥史實之考證
陳謙平　戰後英國對西藏政策的轉變及其原因
張　力　陳紹寬與民國海軍
劉維開　從〈談話紀錄〉看南京撤守前後的蔣李關係
林桶法　國共內戰時期的研究概況分析（一九四五～一九四九）

附錄（三）：論文集之蔣傳

在國內史學界有「永敬蔣公」雅號之稱的政治大學歷史研究所退休教授蔣永敬，是一位研究範圍既深且廣的中國現代史學者。蔣教授早年攻讀教育，後投身軍旅，三十五歲始入史學界，浸淫史料多年，三十八歲左右發表首篇學術著作，此後佳作不斷，無論專書或論文，均受到國內外現代史學者的重視。

蔣教授於民國十一年四月生於安徽省定遠縣，幼年時期曾入私塾多年，接受傳統之古文教育。就讀高等小學一年後，升入安徽省滁州中學；抗戰初期於安徽省第十一臨時中學師範科繼續求學。三十一年夏考入安徽師範專科學校（不久改名為安徽學院）教育科。三十三年秋蔣教授響應蔣委員長「十萬青年十萬軍」之號召，加入青年軍第二〇七師，遠赴雲南昆明受訓，任少尉幹事、連訓導員。日本投降後，二〇七師奉命經湖南、武漢至上海，搭乘美軍船艦赴東北接收。三十六年蔣教授自二〇七師復員，分發進入瀋陽東北大學教育系，一年後完成大學學業。先入瀋陽之師範專科學校任教，一學期後因東北局勢吃緊，旋再回二〇七師參與政工業務。不久又離開部隊，偕新婚夫人于文桂女士至北平（按至上海後結婚），輾轉抵達上海，得昔日同事介紹，加入京滬杭警備總司令部政治部。三十八年五月上海失守，蔣教授經舟山轉往臺灣，初時任職於臺灣省警備總司令部政工處（後改任職東南軍政長官公署政治部），辦理海員訓練班業務，繼而轉入中國國民黨海員黨部。後因民航局招考人員，蔣教授以優異的成績考入。民國四十四年國立政治大學教育研究所第二期招生，蔣教授深感顛沛流離多年，應再加充實自我，遂考入教育研究所就讀。

政大教育研究所原名公民訓育研究所，所長陳雪屏，該所成立之主要目的，為培養大專院校的三民主義課程師資。當時所內有羅家倫講授「民族主義研究」，邱昌渭講授「民權主義研究」，黃季陸講授「民生主義研究」。民國四十六年蔣教授以《中小學教師薪給標準之研究》論文，獲碩士學位。教研所畢業後，蔣教授本有機會從事教育行政工作，但因羅家倫主持之中國國民黨黨史委員會需要新血輪，蔣教授本已仔細讀過羅先生之主編之《革命文獻》多種，對歷史研究產生濃厚興趣，遂於是年八月與李雲漢先生同赴南投草屯荔園史庫，參與黨史會工作。

初到黨史會時，蔣教授在典藏室負責管理百餘箱北伐前後黨史史料，並趁重新整理編目之時，熟悉各種史料內容。自四十八年起，黨史會奉命對新編之《國父年譜》再行考訂，俾就各方所提之疑問，加以修正。在此長達十年的考

訂過程中，羅家倫嚴格要求參與工作人員應憑藉原始史料解決問題，甚至進一步針對問題，再作深入研究。這段期間蔣教授無形之中學習到正確的史學方法，並充分掌握有關國父的大量史料。因此國父生平之言論與事蹟，以及辛亥革命史的研究，成為蔣教授日後兩個重要的研究方向。其後蔣教授參與黨史會《國父全集》編輯工作，以最審慎的態度逐一校對原始文件內容，並註明出處，該套全集於民國六十二年出版。在一九八〇年代中期，大陸和臺灣分別開始出版增訂本以前，該套全集仍是最詳盡的《國父全集》本。

蔣教授在黨史會的整理和調閱史料工作，使他經常接觸到郭廷以、張貴永、吳相湘、王德昭等史學名家。當時吳相湘先生就曾鼓勵蔣、李兩位黨史會年輕學者，利用所藏檔案，先進行黨史人物年譜撰寫工作。蔣教授遂參考「漢口檔案」，發表《胡漢民先生年譜稿》（刊於《中國現代史叢刊》第三冊，民國五十年八月臺北正中書局出版）。其後並與前來黨史會查閱資料的美國哥倫比亞大學教授韋慕庭（C. Martin Wilbur）相互討論，韋氏對北伐時期歷史研究頗深。蔣教授得閱讀「漢口檔案」之便，及韋慕庭教授之鼓勵，撰成《鮑羅廷與武漢政權》一書，由中國學術著作獎助會列為第一批獎助出版。本書對於伊羅生（Harold R. Isaacs）持托派觀點所著*The Tragedy of the Chinese Revolution*一書的若干論點，提出不同的看法，特別指出陳獨秀之機會主義是受鮑羅廷的影響。國內外史學界透過本書，瞭解到黨史會藏有大量有關鮑羅廷的史料，以後投入研究者，頗不乏人，蔣教授可說是開風氣之先。憑藉武漢政權的研究基礎，蔣教授陸續開展了北伐史、清黨問題，以及國共關係史的研究方向。

《鮑羅廷與武漢政權》出版後，蔣教授開始接觸抗戰時期史料。當時正值越戰高峰，不少外國學者紛紛以越南作為研究主題；蔣教授則注意到抗日戰爭期間的中越關係，遂以胡志明作為研究對象，於蒐集國內資料告一段落後，民國五十五年趁赴美訪問研究一年期間，閱讀哥倫比亞大學、康乃爾大學圖書館所藏有關資料。其後出版另一本重要著作《胡志明在中國》。本書特別考證出越盟成立時間為一九三五年，而非國外學者所認為的一九四一年。蔣教授不僅以此書成為世界上研究近代中越關係史的權威學者之一，其本身的研究領域，也開始觸及抗戰歷史。其後幾年，蔣教授對抗戰前安內攘外問題及戰時持久戰略構想等，也曾發表多篇論文探討。

此外，蔣教授隨時留意新發現的史料，為自己曾作過的研究再作補充，以求不斷突破。如中共一向聲稱國父曾提出「聯俄、聯共、扶助農工」三大政策，但據蔣教授多年考訂，已可確定「三大政策」為中共所製造的口號。至於民國十五年「中山艦事件」這個歷史之謎，也是蔣教授極有興趣探索的問題，並已為其中若干疑點，如李之龍是否接獲命令的問題，提出解答。

蔣教授自民國四十六年八月起服務於黨史會，歷任編審、專門委員、總幹事、秘書、纂修等職，曾大力促成《革命文獻》之改成專輯出版，創刊《革命人物誌》，以及影印

出版《中華民國史料叢編》。是時黨史會業務較為單純，蔣教授得有餘裕從事研究。此外蔣教授於五十八年至六十八年之間，相繼在東海大學、輔仁大學、政治大學歷史系，兼授中國現代史相關課程，並指導研究生撰寫碩士論文。六十八年六月蔣教授自黨史會退休，應政治大學之聘，為該校歷史研究所專任副教授兼所長，兩年後升為專任教授兼所長，至七十四年所長任期屆滿，始專任教職，不再負責行政工作。民國八十一年七月榮退，改聘為兼任教授。

蔣教授除教學、研究與指導學生作研究之外，對於國內外史學界相關活動，都熱心參與，經常應邀擔任各種學術研討會主持人或評論人，也參加史料編纂及史籍撰寫工作。此外，到大陸旅遊是蔣教授退休後最為愉悅的事，因為大陸不但地方大、資源豐富，而且風景優美。蔣教授趁遊覽之便，不時與大陸史學界交流，並於各項學術會議發表論文、擔任主席或評論，也使「永敬蔣公」之名，廣為彼岸學界人士所知曉。近年來大陸學者戮力於史學研究，除利用大量原始史料外，見解亦有所突破，蔣教授認為這些傑出學者的研究成績，頗值臺灣學者學習，故而致力於促進兩岸年輕學者交往與合作。

細讀蔣教授的史學論著，可以感覺其文筆流暢，一氣呵成。而蔣教授思想敏銳，對於研究範圍內之史料瞭如指掌，經常不假思索即可徵引史料解答問題。由於蔣教授熟悉現代史實史料，他常毫不吝嗇地指點學生許多研究方向，同時也能從學生或讀者的反應中，為自己發掘更多值得探討的新問題。蔣教授學術研究的活力至今依然充沛，且不時為促進海峽兩岸的和平，奔走各地。我們期待蔣教授以其豐富的經驗，繼續為中國現代史的研究，開創幾個新的方向，也盼望蔣教授以史家的識見，終能為兩岸百姓指引出一個理性的未來。

本文主要依據以下兩種資料整理完成：

1. 張力，〈蔣永敬〉，《近代中國史研究通訊》，期八（民國七十八年九月），頁五二～六〇。
2. 林桶法，〈蔣永敬教授專訪〉，《近代史學會通訊》，期三（民國八十五年四月），頁六〇～六七。

附錄（四）：蔣永敬教授著作目錄

一、專著

1. 《鮑羅廷與武漢政權》。臺北：中國學術著作獎助委員會，民國五二年十二月初版；傳記文學出版社，民國六一年再版，四五三頁。
2. 《胡志明在中國》。臺北：傳記文學出版社，民國六一年三月，二九一頁。
3. 《國父革命運動史要及其思想之演進》。臺北：正中書局，民國六四年三月，一七〇頁。
4. 《國民革命與中國統一運動》。臺北：正中書局，民國六五年一月，一五八頁。
5. 《現代史料論集》。臺北：臺灣商務印書館，民國六七年

十二月，二〇〇頁。

6.《近代人物史事》。臺北：臺灣商務印書館，民國六八年十月，二〇五頁。

7.《革命與抗戰史事》。臺北：臺灣商務印書館，民國六八年十月，二三六頁。

8.《中國思想家（50）－孫中山》。臺北：臺灣商務印書館，民國六七年六月初版；民國六八年二版，一四六頁。

9.《胡漢民先生年譜》。臺北：中國國民黨中央黨史委員會，民國六七年十一月出版，五八四頁。（民國七〇年一月臺北臺灣商務印書館將此書收入「新編中國名人年譜集成」第十二輯，書名改為《民國胡展堂先生漢民年譜》）。

10.《中國對日抗戰史》（海外華人青少年叢書）。臺北：正中書局，民國八〇年，一一三頁。

11.《蔣中正先生與抗日戰爭》。臺北：黎明文化出版公司，民國八〇年，五七頁。

12.《百年老店國民黨滄桑史》。臺北：傳記文學出版社，民國八二年五月，三三四頁。

13.《抗戰史論》。臺北：東大圖書公司，民國八四年十月，六二七頁。

14.《范鴻仙年譜》。臺北：國史館，民國八五年六月，一八二頁。

15.《孫中山與中國革命》。臺北：國史館，民國八九年十二月，六四七頁。

二、合著

1.《日本華僑教育》。臺北海外出版社，民國四八年九月，一六七頁（與臧廣恩合著）。

2.《民國史二十講》。臺北：幼獅書店，民國六三年三月，三九〇頁。

第九講：中國國民黨的改組與建軍，頁一五五～一七七。

第十講：中共的成長與滲透陰謀，頁一七九～一九四。

第十一講：北方政局的混亂，頁一九五～二一三。

第十二講：蔣中正先生繼承革命大業，頁二一五～二三七。

3.教育部主編，《中華民國建國史》，第一篇，革命開國。臺北：國立編譯館，民七四年四月。

第二章，孫中山先生的革命思想，頁一二五～一三七。

4.教育部主編，《中華民國建國史》，第三篇，統一與建設。臺北：國立編譯館，民國七八年一月。

導言，頁一～七〇。

第二章第一節：中國國民黨之改組，頁二〇五～二三五。

第二章第二節：黃埔建軍，頁二三六～－二七八。

第四章第一節：聯俄容共之由來與形成，頁四六一～－四九九。

第四章第二節：容共政策的分歧與意見的衝突，頁五〇〇～五三八。

第四章第三節：東南清黨與武漢分共，頁五三九～五八三。

第五章第一節：北伐時期的對外交涉（與閻沁恒合撰），

頁六五七～六八四。

5.《中山先生與莫斯科》（與楊奎松合著）。臺北：臺灣書店，民國九〇年五月。頁一～一二〇。

三、編著

1.《華僑開國革命史料》。臺北：正中書局，民國六六年十一月，四三五頁。

2.《濟南五三慘案》。臺北：正中書局，民國六七年二月，三六七頁。

3.《北伐時期的政治史料－一九二七年的中國》。臺北：正中書局，民國七十年十月。五三八頁。

4.《楊亮功先生年譜》。臺北：聯經出版公司，民國七七年十月，六三一頁（與李雲漢、許師慎合編）。

5.《1925至1950年之中國：陳立夫回憶錄討論會論文集》。臺北：國史館，民國八六年六月，三〇四頁。

四、論文

1.〈九一八事變中國方面的反應〉，《新時代》，卷五期十二（民國五四年十二月），頁三〇～三四。

2.〈Ho Chi-minh and China（1940-1945）〉New York, Columbia University Seminar on Modern East Asia: China, February 1967。

3.〈羅易與武漢政權的反帝國主義運動〉，《傳記文學》，卷十二期一（民國五七年一月），頁二六～二九。

4.〈朱芾煌與辛亥南北議和〉，《傳記文學》，卷十九期二（民國六〇年十二月），頁六〇～六四。

5.〈辛亥革命前十次起義經費之研究〉，《新知雜誌》，卷一期六（民六〇年十二月），頁二八～六四。

6.〈抗戰期間中法在越南的關係〉，《中國現代史專題研究報告》，輯一（民國六〇年十二月），頁一六一～一七九。

7.〈戴季陶的事略和思想〉（原題〈戴傳賢〉），《中國文化綜合研究》（民國六〇年十二月）。

8.〈越共與中共（1925-1945）〉，《第一屆中美「大陸問題研討會專輯」》，（民國五九年）頁九一～一〇八。

9.〈胡志明在中國：一個越南民族主義偽裝者〉，《傳記文學》，卷二〇期一、二、三（民國六一年一、二、三月）。

10.〈國父全集的編輯與校訂芻議〉，《中華學報》，卷一期一（民國六三年一月），頁一五五～一八五。

11.〈興中會時期革命言論之演進〉，《中華學報》，卷一期二（民國六三年七月），頁一五五～一八五。

12.〈南京時期的國史館〉，《中華文化復興月刊》，卷七期十（民國六三年十月），頁二九～三五。

13.〈中共問題研究及其有關資料〉，《人與社會》，卷二期五（民國六三年十二月），頁二九～三五。

14.〈羅家倫先生的生平及其對中國近代史研究的貢獻〉，《中央研究院近代史研究所集刊》，期四下冊（民國六三年十二月），頁四六一～四九五。

15. 〈從吳稚暉《留英日記》來補正國父幾次旅英日程的缺誤〉，《傳記文學》，卷二六期三（民國六四年三月），頁九～一五。

16. 〈新四軍事件的前因〉，《中國大陸》，期九七（民國六四年九月），頁三四～三七。

17. 〈《國父全集》諸本的比較及新編本的介紹〉，《研究中山先生的史料與史學》。臺北：中華民國史料研究中心，（民國六四年十一月），頁一二五～一六一。

18. 〈《軍政府公報》中的國父護法新資料〉，《研究中山先生的史料與史學》，頁二三七～二六三。

19. 〈胡漢民先生重要事蹟及其影響〉，《傳記文學》，卷二八期六（民國六五年六月），頁一六～一九。

20. 〈中國國民黨第一次全國代表大會〉，《中華學報》，卷四期一（民國六六年一月），頁三～一八。

21. 〈Hu Han-min's Ideas on Women's Rights and His Achievements〉, New York, Chinese Studies in History, Summer, 1977。

22. 〈鮑羅廷使華始末記〉，《傳記文學》，卷三二期五（民國六七年五月），頁一五～二二；卷三二期六（民國六七年六月），頁一二四～一二八。

23. 〈對日抗戰的持久戰略〉，《中國論壇》，卷六期七（民國六七年七月），頁一〇～一三。

24. 〈胡漢民先生提倡女權的思想及其成就〉，《食貨月刊》，復刊卷八期七（民國六七年十月），頁一～一三。

25. 〈同盟會民報的言論與辛亥革命〉，《中華文化復興月刊》，卷一二期一（民國六八年一月），頁四〇～四四。

26. 〈歐事研究會的由來與活動〉，《傳記文學》，卷三四期五（民國六八年五月），頁六四～七二。

27. 〈胡漢民與清黨運動〉，《中華民國史料研究中心十週年論文集》臺北：中華民國史料研究中心，（民國六八年十一月），頁四五一～四八五。

28. 〈中國國民黨歷次全國代表大會之回顧〉（上），《近代中國》，期二一（民國七〇年二月），頁一三一～一四八。

29. 〈南洋華僑與辛亥革命〉，《傳記文學》，卷三九期二（民國七〇年八月），頁二六～三一。

30. 〈鮑羅廷與中國國民黨之改組〉，《中華民國建國史討論集》第三冊，北伐統一與訓政建設史。臺北：中華民國建國史討論集編輯委員會，（民國七〇年十月），頁六八～九三。

31. 〈革命黨對清季立憲運動的批評－民報與新民叢報關於立憲論戰之分析〉，《中國近代的維新運動－變法與立憲研討會論文集》。臺北：中央研究院近代史研究所，（民國七一年四月），頁一二五～一三四。

32. 〈對日八年抗戰之經過〉，張玉法主編，《中國現代史論文集》，第九輯：八年抗戰。臺北：聯經出版公司，（民國七一年四月）頁三五～六五。

33. 〈辛亥革命運動與香港〉，《珠海學報》，期一三（民國七一年十一月），頁三一一～三二二。

34.〈辛亥革命時期孫中山先生的民權思想〉，《辛亥革命研討會論文集》。臺北：中央研究院近代史研究所，民國七二年六月，頁一～一六。
35.〈從護法到北伐〉，《國立政治大學歷史學報》，期二（民國七三年三月），頁一三七～一六四。
36.〈三月二十日事件之研究〉，《中華民國初期歷史研討會論文集，1912-1927》。臺北：中央研究院近代史研究所，（民國七三年四月），頁一五九～一八一。
37.〈黃埔軍校創辦的時代意義與背景〉，《黃埔建校六十週年論文集》。臺北：國防部史政編譯局，（民國七三年六月），頁五一～六九。
38.〈從九一八事變到一二八事變中國對日政策之爭議〉，《抗戰前十年國家建設史研討會論文集》。臺北：中央研究院近代史研究所，（民國七三年十二月），頁三五五～三七九。
39.〈中國國民黨改組的意義與歷史背景〉，《中華民國歷史與文化學術研究討論集》，第一冊，國民革命史，臺北：中華民國歷史與文化討論集編輯委員會，（民國七三年六月），頁二九〇～三〇七。
40.〈同盟會成立的時代意義〉，《近代中國》，期四九（民國七四年十月），頁二一二～二一六。
41.〈日本南進與中國抗戰之危機與轉機〉，《抗戰建國史研討會論文集1937-1945》。臺北：中央研究院近代史研究所，（民國七四年十二月），頁一五～二八。
42.〈孔祥熙與戰時財政：法幣政策與田賦徵實〉，《孫中山先生與近代中國學術討論集》，第四冊，抗戰勝利與台灣光復史。臺北：孫中山先生與近代中國學術討論集編輯委員會，（民國七四年十二月），頁一三八～一五七。
43.〈辛亥前南洋華人對孫中山先生革命運動之支援〉，辛亥革命與南洋華人研討會，（民國七五年二月）。
44.〈蔣中正先生領導對日抗戰的基本方針：抗戰到底〉，《蔣中正先生與現代中國學術討論集》，第二冊，蔣中正先生與國民革命。臺北：蔣中正先生與現代中國學術討論集編輯委員會，（民國七五年十二月），頁四九九～五一九。
45.〈暹華蕭佛成與民初革命〉，兩次世界大戰期間在亞洲之海外華人國際研討會（一九八七年），香港。
46.〈北伐時期的對外交涉〉（與閻沁恆合撰），《國立政治大學歷史學報》，期五（民國七六年五月），頁九七～一二三。
47.〈對日抗戰之政略－就蔣公中正思想言論之分析〉，《近代中國》，期六〇（民國七六年八月）頁四一～五六。
48.〈孫中山先生與「三大政策」〉，《珠海學報》，期一五（民國七六年十月），頁五二～六七。
49.〈張學良與中原戰爭資料舉要〉，《傳記文學》，卷五一期五（民國七六年十一月），頁九〇～九四。
50.〈國民政府奠都南京前後〉，《中國現代史專題研究報告》，輯一二（民國七六年十二月），頁三四四～三五三。

51.〈Kuomintang and Democratic Movements in Early Republican China〉二十世紀中國民主運動史研討會，紐約，（一九八八年五月）。

52.〈早期國共關係之研究〉，《六十年來的中國近代史研究》，上冊。臺北：中央研究院近代史研究所，（民國七七年六月），頁三六七～四〇〇。

53.〈臨城劫案和文獻〉，《傳記文學》，卷五三期二（民國七七年八月），頁八九～九五；卷五三期三（民國七七年九月），頁五六～六六。

54.〈王世杰與中蘇友好條約的簽訂〉，《傳記文學》，卷五三期三（民國七七年九月），頁一〇九～一一〇。

55.〈論北伐時期的一個口號：「三大政策」〉，《北伐統一六十週年學術討論集》。臺北：北伐統一六十週年學術討論集編輯委員會，（民國七七年十月），頁四三八～四四六。

56.〈汪精衛「舉一個例」所涉抗戰「機密」之真象〉，《珠海學報》，期一六（民國七七年十月），頁五九五～六一二。

57.〈宋子文史達林中蘇條約談判紀實〉，《傳記文學》，卷五三期四（民國七七年十月），頁七六～八二；卷五三期五（民國七七年十一月），頁七九～八六；卷五三期六（民國七七年十二月），頁七二～八〇；卷五四期一（民國七八年一月），頁一二〇～一二八。

58.〈蔣中正「第一次下野」的原因〉，《傳記文學》，卷五四期二（民國七八年二月），頁四四～四六。

59.〈「三大政策」探源〉，《傳記文學》，卷五四期三（民國七八年三月），頁六〇～六五。

60.〈「以德報怨」還是「以怨報德」？〉，《歷史月刊》，期一五（民國七八年四月），頁六〇～六五。

61.〈同盟會民報中的革命起義之理論與方法〉，《中央研究院第二屆國際漢學會議論文集－明清與近代史組》，上冊。臺北：中央研究院編印，（民國七八年六月），頁七八三～七九六。

62.〈對中國近代革命運動的觀察〉，在中國歷史學會七八年年會的演講，《中外雜誌》，卷四六期二（民國七八年八月），頁二一～二三。

63.〈中山艦事件原因的考察〉，《歷史月刊》，期二一（民國七八年十月），頁二四～三七。

64.〈謝持先生的革命事業〉，《中國現代史專題研究報告》，輯一三（民國七八年十一月），頁三四三～三七四。

65.〈從「七七」盧溝橋事變到「八七」決定全面抗戰〉，《傳記文學》，卷五七期二（民國七九年八月），頁二二～二四。

66.〈胡適與國民黨〉，《胡適與近代中國》。臺北：時報文化出版公司，（民國八〇年五月），頁六七～九五。

67.〈關於孫中山「三大政策」問題－兩岸學者解釋的比較〉，「紀念辛亥革命八十週年國際學術研討會」，（一九九一年八月）夏威夷。

68.〈「九一八」事變後的熱河防守問題〉，《中國歷史學會史學集刊》，期二四（民國八一年七月），頁二〇一～二一四。

69.〈中國國民黨九十五年來的奮鬥－先內後外〉，《中國現代史專題研究報告》，輯一四（民國八一年十一月），頁九～一九。

70.〈國民政府實施訓政的背景及挫折〉，（民國十七年至二十六年），《中華民國史專題論文集－第一屆討論會》。臺北：國史館，（民國八一年十二月），頁三三七～三五六。

71.〈玩火自焚的國民黨接班人：汪精衛〉，《國是評論》，期三（民國八一年九月），頁五七～六一。

72.〈孫中山對中國統一的主張〉，《近代中國》，期九一（民國八一年十月），頁二五～三〇。

73.〈國民黨的分合與興衰〉，《國是評論》，期五（民國八一年十一月），頁二九～三二。

74.〈胡漢民與民國創建〉，《中國現代史專題研究報告》，輯一四（民國八一年十一月），頁一九二～一九七。

75.〈胡漢民筆下的黃克強先生〉，胡春惠、張哲郎主編，《黃興與近代中國學術討論會論文集》。臺北：國立政治大學歷史研究所，（民國八二年三月），頁七～一六。

76.〈論李登輝與汪精衛「世代交替」之比較〉，《國是評論》，期九（民國八二年三月），頁六〇～六五。

77.〈從《徐永昌日記》看台兒莊會戰〉，「紀念台兒莊戰役五十五週年討論會」論文，一九九三年四月。

78.〈張群與調整中日關係〉，北京：《抗日戰爭研究》，一九九三年期二（一九九三年五月），頁八六～一〇一。

79.〈三民主義青年團與抗戰建國〉，《中國現代史專題研究報告》，輯一五（民國八二年四月），頁五〇八～五三七。

80.〈鮑羅廷傳〉，《國史擬傳》，輯四（民國八二年六月），頁三一八～三三八。

81.〈《徐永昌日記》中有關「安內攘外」史料介述〉，《中華民國史專題論文集－第二屆討論會》。臺北：國史館，（民國八二年十二月），頁一～一六。

82.〈南京失陷前後陶德曼之調停中日戰爭－據《徐永昌日記》資料〉，《國立政治大學歷史學報》，期一一（民國八三年一月），頁七七～八八。

83.〈從盧溝橋事變到上海撤守－據《徐永昌日記》的資料〉，《近代中國》，期九九（民國八三年三月），頁一三六～一四六。

84.〈范鴻仙年譜（簡編）〉，《近代中國》，期一〇二（民國八三年八月），頁一八四～二一一。

85.〈顧維鈞與九一八事變〉，中國抗日戰爭史學會編，《抗日戰爭與中國歷史－九一八事變六十週年國際學術研討會論文集》。瀋陽：遼寧人民出版社，一九九四年九月，頁三七九～三八八。

86.〈民國以來政權統合的方式與主張（1912-1949）〉（與陳進金合撰），《中國歷史上的分與合學術研討會論

文集》。臺北：聯合報系文化基金會，（民國八四年九月），頁四一五～四二八。

87. 〈張學良、周恩來延安會談與西安事變之前因〉。《郭廷以先生九秩誕辰紀念論文集》，上冊。臺北：中央研究院近代史研究所特刊（二），（民國八四年二月），頁二三九～二六二。

88. 〈西安事變前張學良與中共之關係：兼介楊奎松新著《西安事變新探》稿〉，《國父建黨革命一百週年學術討論集－抗戰建國史》（民國八四年三月），冊三，頁二～三三五。

89. 〈九龍屯門青山農場與辛亥革命運動〉，《近代中國》期一〇六（民國八四年四月），頁一一二～一一八。

90. 〈楊亮功傳〉，《國史擬傳》，輯五（民國八四年六月），頁二〇五～二二二。

91. 〈從團結禦侮到共赴國難〉，《中華民國史專題論文集－第三屆討論會》。臺北：國史館，民國八五年三月，頁一～一四。

92. 〈北伐期間「迎汪復職」問題〉，《近代中國》，期一一四（民國八五年八月），頁五〇～六九。

93. 〈論中共抗日統戰初期的「抗日反蔣」方針〉，《慶祝抗戰勝利五十週年兩岸學術研討會論文集》。臺北：中國近代史學會、聯合報系文化基金會，（民國八五年九月），頁八三七～八九五。

94. 〈西安事變前張學良諫蔣的背景與經過〉，《中國現代史專題研究報告》，輯一九（民國八六年八月），頁六～三六。

95. 〈「百年老店」國民黨是否將成為歷史名詞？〉，《歷史月刊》，期一二〇（民國八七年一月），頁六二～六六。

96. 〈胡適與抗戰〉，李又寧主編，《胡適與國民黨》。紐約，天外出版社，（一九九八年一月），頁九一～一二四。

97. 〈胡適與汪精衛：抗戰前後對中日問題的討論〉，李又寧主編。《胡適與國民黨》。紐約，天外出版社，（一九九八年一月），頁一二七～二〇四。

98. 〈關於「三大政策」的爭論問題－為紀念黃季陸先生百年冥壽而作〉，《近代中國》，期一二四（民國八七年四月），頁六～一六。

99. 〈黨史會學徒和赴美研究〉，《傳記文學》，卷七二期五（民國八七年五月），頁五五～六二。

100. 〈從兩次國共「合作」省思兩岸問題〉，《歷史月刊》，期一二九（民國八七年十月），頁六八～七四。

101. 〈汪精衛的「恐共」與「投日」〉，《近代中國》，期一二八（民國八七年十二月），頁六七～七〇。

102. 〈孫中山先生與越飛聯合聲明前的談判〉，《近代中國》，期一三〇（民國八八年四月），頁八二～一〇〇。

103. 〈孫中山與越飛「談」張作霖〉，《傳記文學》，卷七四期四（民國八八年四月），頁八九～九四。

104. 〈由「華盛頓」變為「拿破崙」的袁世凱〉，《歷史月刊》，期一三七（民國八八年六月），頁五五～六三。

105.〈研究辛亥革命的微觀與宏觀〉，《國史館館刊》，復刊期二六（民國八八年六月），頁一～一一。

106.〈兩岸分裂五十年的歷史教訓〉，《海峽評論》，期一〇六（民國八八年十月），頁八～一〇。

107.〈宏觀二十世紀中國的分裂與統一〉，《海峽評論》，期一〇九（民國八九年一月），頁二五～二七。

108.〈王世杰傳〉，《國史擬傳》，輯八（民國八九年三月），頁三七～六四。

109.〈汪兆銘傳〉，《國史擬傳》，輯八（民國八九年三月），頁八五～一一一。

110.〈蔣中正先生赴俄考察記〉，《近代中國》，期一三六（民國八九年四月），頁三九～五二。

111.〈馬林與國共合作（1921-1923）〉，《近代中國》，期一三七（民國八九年六月），頁一四四～一六一。

112.〈鮑羅廷與改組國民黨〉，《歷史月刊》，期一五〇（民國八九年六月），頁一四四～一六一。

113.〈從第一、二次國共分合看兩岸關係〉，《近代中國》，期一三八（民國八九年八月），頁六～一二。

114.〈從「百年老店」的興衰看國民黨的改造「自救」〉，《海峽評論》，期一一八（民國八九年十月），頁四四～四八。

115.〈變英雄革命為國民革命的辛亥革命〉，「孫中山與二十世紀中國的社會變革」學術研討會論文，（二〇〇〇年十一月），翠亨。

116.〈黃金十年與抗日救亡：周美華《中國抗日政策的形成》書序〉，《近代中國》，期一四〇（民國八九年十二月），頁一四三～一四五。

117.〈國共合作的回顧與展望－從國民黨副主席吳伯雄訪問大陸談起〉，《海峽評論》，期一二一（民國九〇年一月），頁一九～二一。

118.〈千古功罪，誰予評說：蔣介石的歷史地位問題〉，《海峽評論》，期一二三（民國九〇年三月），頁五五～五九。

119.〈大陸學界重評蔣公中正（介石）歷史地位〉，《近代中國》，期一四二（民國九〇年四月），頁二〇二～二一一。

120.〈孫中山與聯治〉，為胡春惠教授著《民初地方主義與聯省自治》大陸簡體字版〈代序〉，北京：中國社會科學出版社，（二〇〇一年五月），頁一～五。

121.〈辛亥革命究竟是什麼革命？〉，臺北：辛亥革命九十週年國際學術討論會論文。（民國九〇年十月）。七頁。

122.〈從三個名詞的微觀透視辛亥革命〉，香港：辛亥革命、孫中山21世紀的中國學術研討會主題演講。（二〇〇一年十一月）。

五、書評

1.〈張著《清季革命團體》評介〉，《傳記文學》，卷二七期四（民國六四年十月），頁一〇〇～一〇四。

2.〈韋著《孫逸仙》評介〉，《中央研究院近代史研究所集刊》，期一一（民國七一年七月），頁三八九～四〇四。

3.〈吳著《孫逸仙先生傳》評介〉，《中央研究院近代史研究所集刊》，期一二（民國七二年六月），頁三八五～三九五。

4.〈張著《民國初年的政黨》評析〉，《近代中國史研究通訊》，期一（民國七五年三月），頁一〇一～一〇八。

5.〈毛注青編《黃興年譜》〉，《中國現代史書評選輯》，輯一（民國七五年六月），頁一三九～一四五。

6.〈廣東省哲學社會科學研究所歷史研究室等合編《孫中山年譜》《中國現代史書評選輯》，輯二（民國七六年四月），頁一～一八。

7.〈《中國現代政治史論》（張玉法著）評介〉《歷史教學雙月刊》一卷四期（民國七八年一月），頁一四四～一五〇。

8.〈李新、李宗一編《中華民國史》（第二編）〉，《中國現代史書評選輯》，輯五（民國七九年四月），頁三七～五四。

9.〈王金鋙主編《中國現代資產階級民主運動史》〉，《中國現代史書評選輯》，輯六（民國八〇年四月），頁一～二八。

10.〈姜義華著《國民黨左派的旗幟－廖仲愷》－兼論「三大政策」〉，《中國現代史書評選輯》，輯七（民國八〇年六月），頁一六八～一九二。

11.〈秦野風等著《國共合作的過去與未來》〉，《中國現代史書評選輯》，輯一一（民國八二年十二月），頁二〇九～二四四。

12.〈楊樹標著《蔣介石傳》〉，《中國現代史書評選輯》，輯一三（民國八三年十二月），頁三六七～三九四。

13.〈李雲漢著《中國國民黨史述》〉，《近代中國史研究通訊》，期一九（民國八四年三月），頁一一七～一二三。

14.〈李新主編《國民革命的興起》（1923-1926）〉，《中國現代史書評選輯》，輯一五（民國八四年十二月），頁七九～一一八。

15.〈楊奎松著《西安事變新探》：張學良與中共關係之研究〉，《中國現代史書評選輯》，輯一七（民國八五年十二月），頁三九～六六。

16.〈楊天石主編《中華民國史》第二編第五卷－北伐戰爭與北洋軍閥的覆滅〉，《中國現代史書評選輯》，輯一八（民國八六年六月），頁二九～五一。

17.〈王秀鑫、郭德宏主編《中華民族抗日戰爭史，1931-1945》〉，《中國現代史書評選輯》，輯二一（民國八七年十二月），頁一〇一～一一九。

18.〈中共中央黨史研究室編譯《共產國際、聯共（布）與中國革命檔案資料叢書》（一、二卷）〉，《中國現代史書評選輯》，輯二二（民國八八年二六月），頁一二五～一六一。

19.〈中共中央黨史研究室第一研究部譯《聯共（布）、共產國際與中國國民革命運動》（1926-1927）〉，《中國現代史書評選輯》，輯二四（民國八九年十二月），頁六三

～九六。

20.〈陳錫祺主編《孫中山先生年譜長編》〉，《中國現代史書評選輯》，輯二六。

附錄（五）：蔣永敬教授指導之博、碩士論文目錄

一、博士論文

樊中原，《孫中山與梁啟超民族主義之比較研究》。國立政治大學三民主義研究所，民國八一年。

劉維開，《國難期間應變圖存問題之研究：從九一八到七七》。國立政治大學歷史研究所，民國八二年。

蘇啟明，《近代中國軍事主義興起及發展》（一九二四～一九三二）。國立政治大學歷史研究所博士論文，民國八三年。

林桶法，《戰後國民政府平津區的接收與復員》。國立政治大學歷史研究所博士論文，民國八三年。

張力，《國際聯盟與中國的現代化》。國立政治大學歷史研究所博士論文，民國八六年。

王玉，《救國會之研究》，國立政治大學歷史研究所博士論文，（與張玉法合作指導）。

二、碩士論文

陳哲三，《蔡元培與大學院》，東海大學歷史系，民國六二年。

郭芳美，《居正與中國革命（一九〇五～一九一六）》。臺北：國立政治大學歷史研究所，民國六八年。

郭伶芬，《陳其美參與中國革命之經過及其貢獻》。臺北：國立政治大學歷史研究所，民國六八年。

邵銘煌，《抗戰前北方學人與「獨立評論」（一九三二～一九三七）》。臺北：國立政治大學歷史研究所，民國六八年。（與閻沁恆教授共同指導）。

柯惠珠，《辛亥前湖南地區革命運動之研究》（一九〇三～一九一一）》。臺北：國立政治大學歷史研究所，民國七〇年。

黃芙蓉，《袁世凱與進步黨》。臺北：國立政治大學歷史研究所，民國七〇年。

吳松薰，《陳果夫的革命事業之研究》。臺北：國立政治大學歷史研究所，民國七一年。

吳永芳，《國民參政會之研究》。臺北：國立政治大學歷史研究所，民國七二年。

李盈慧，《抗戰前三種刊物對中日問題言論之分析：東方雜誌、國聞週報、獨立評論之比較研究》。臺北：國立政治大學歷史研究所，民國七二年。（與閻沁恆教授共同指導）。

劉永國，《胡漢民對於三民主義理論闡揚之研究》。臺北：國立政治大學三民主義研究所，民國七二年。

呂明章，《民初革命之研究（民二～民五）》。臺北：國立政治大學三民主義研究所，民國七三年。

黃邦印，《國民參政會功能之研究，民國二十七年至三十四年》。臺北：政治作戰學校政治研究所，民國七三年。

沈道立，《南京臨時政府》，國立政治大學政治研究所，民國七三年。

詹瑋，《吳稚暉與國語運動》。臺北：國立政治大學歷史研究所，民國七四年。

朱容德，《戴季陶反共思想之研究》。臺北：國立政治大學三民主義研究所，民國七四年。

唐玉禮，《中俄革命理論與策略之比較研究：孫中山先生對俄國革命之評析》。臺北：國立政治大學三民主義研究所，民國七五年。

林澤震，《新生活運動：理論與實踐之分析，一九三四~一九三七》。臺北：國立政治大學歷史研究所，民國七五年。

朱中和，《清末民初憲政思想之演進（光緒二十四年－民國五年）》。國立政治大學三民主義研究所，民國七七年。

易正義，《中國國民黨第三次全國代表大會之研究》。國立政治大學歷史研究所，民國七七年。

蘇啟明，《北伐期間工運之研究》。國立政治大學歷史研究所，民國七八年。

陳曉慧，《閻錫山與抗戰》。國立政治大學歷史研究所，民國七八年。

張順良，《陳公博在北伐前後的政治活動》。國立政治大學歷史研究所，民國八〇年。

陳進金，《抗戰前教育政策之研究（1928－1937）》。國立政治大學歷史研究所，民國八一年。

黃振涼，《黃埔軍校之成立及其初期發展》。國立臺灣師範大學三民主義研究所，民國八二年。

許育銘，《汪兆銘與國民政府（一九三一~一九三六）》。國立政治大學歷史研究所，民國八三年。

周美華，《從九一八到七七中國抗日政策的演變》。國立臺灣師範大學歷史研究所，民國八七年。

附錄（六）：論文集作者與蔣教授因緣

林桶法　屏東縣人，著有《民國八年之南北議和》、《從接收到淪陷：戰後平津地區接收工作之檢討》等專書及〈戰後國民政府高等教育復員的困境〉、〈戰後國民政府接收人員之探討－以平津區為例〉、〈抗戰時期國民政府的復員準備工作－以京滬地區為例〉、〈一九四九年中共接管北平經緯〉、〈戰後的中央與地方軍系－蔣李關係之探討〉等專文。目前在輔仁大學人文教育中心及歷史系任教，並兼政大歷史系大一歷史課程。專心、簡單、理想化是我個性的寫照，一九八一年參加第二次的研究所考試，幸運的同時考上師大與政大，最後選擇了政大，進政大不論是選擇或被選擇，蔣永敬老師確實對我的影響很深。

進政大歷史研究所就讀時，所長即是蔣永敬老師，剛開始覺得老師雖然謙沖和善，但也不苟言笑，因此很少敢於當面請教，一直到要選碩士論文，當時覺得徐世昌雖是文人，

卻能在軍閥時期當選上總統，也深覺得在軍閥對峙時期，除了戰爭之外，好像還可以選擇和平，因此打算以《民國八年的南北議和》為題，本擬找蔣老師指導，不曉得老師是嫌我能力不足，還是自謙，最後老師幫我推薦給沈雲龍教授。我與沈教授素未謀面，只因蔣老師的介紹，得以受其指導，自感師恩浩瀚。較常受益於蔣老師，則是一九八九～一九九三年博士班就讀時期，一方面可能年紀稍長，再方面再度深入史學研究的確是自己的興趣與選擇，當時再修老師的課時，記得老師說：「你們這些在碩士班修過我的課，恐怕會失望，因為有許多會重複」。但不曉得是碩士班不用功，還是年紀大了，體悟較深，總覺得老師的課題既新又有見解，無形中受薰陶，對現代史課題的研究也更加不敢懈怠。老師看我真誠，最後終於答應指導我博士論文，雖然不是常到蔣師家中請益，但每次總會從討論中獲益。

博士畢業後因為沒有任何壓力，反而到老師家的次數增多，參加學術討論會時，藉著接送老師的方便，與老師討論現代人物的問題，每次聽其獨到的見解，總覺獲益甚多。最感激的是有大陸學者來臺，老師總會藉機引介，有時吃燒餅油條，有時吃餐館，重要的是獲得一些史學現況的了解。最佩服的是老師至今還不斷有大作出版，使年輕的我更不敢懈怠。

郭伶芬　屏東市人，政大歷史研究所畢業，目前任教於台中靜宜大學，為人文科副教授，專長中國現代史、清代臺灣史。

與蔣永敬老師淵源甚深，不僅是蔣師的指導學生，而且自大學到研究所皆受教於蔣老師，蔣師為人謙沖和善，即使是自己的入室弟子也不會疾言厲色，所以與老師討論文章時更不會有戰戰兢兢之感。還記得拿著論文草稿到蔣師家中請益時，老師拿出生活照片一一解說，還指著一張玩笑的說像毛澤東。此情此景，彷如昨日。

蔣師對中國現代史沉浸頗深，尤其人物部分更有其獨到的見解，可說是這方面的專家，對史學界貢獻甚大，弟子因緣際會不能堅守在現代史的領域內，但是蔣老師所授之研究方法轉於臺灣史之領域，期待能有些微的成果，以不負老師教誨。

陳紅民　山東泰安人。南京大學歷史系、南京大學中華民國史研究中心教授。研究領域為中國現代史、中華民國史，目前重點在哈佛：燕京圖書館藏「胡漢民往來函電稿」之整理研究。

碩士學位論文以晚年胡漢民為題，拜讀蔣老師大作，宏論灑脫，欽佩無已，惜無緣聆聽教誨。兩岸關係冰融雪化，老師還鄉之際，約見於南京，由此得忝列學生之列，耳提面命十餘載矣。傳道解惑，指點人生之餘，間或宴請，師生情誼，非長篇無以盡道。兩岸隔絕已久，史學理念與史料處理稍異，拙文斗膽有與老師商榷處，老師不以為忤，時加鼓勵。贈以精書《師說》墨寶，許以「同為研究胡漢民」者。謹以與胡漢民相關論文為老師祝壽。

陳謙平　籍貫江蘇江都，一九五五年二月生於南京市。一九八二年一月畢業於南京大學歷史系。現任南京大學歷史系教授、南京大學中華民國史研究中心副主任。研究領域為中國近代史、中華民國史。近幾年專注於民國時期中英關係研究。

初仰蔣先生大名是在一九八一年秋，當時兩岸關係有所鬆動，臺灣方面的資料得以進入大陸的高等學府，因撰寫畢業論文，參閱過蔣先生大作《鮑羅廷與武漢政權》，受益匪淺。以後陸續讀過蔣先生的一系列著作和論文，從中學到很多治史的方法，自此以蔣先生的門外弟子自詡。第一次見到蔣先生是在一九九〇年盛夏，蔣先生偕師母回鄉省親，路過南京，下榻南京飯店，承蒙召見，得以一睹先生神采英姿，從此結下公私因緣。十一年來，幾乎每年能夠見到蔣先生，切磋學術，針砭時政，並得到人生教誨。今逢蔣先生八十壽辰，能夠受命撰文，結集祝壽，實乃幸甚。

陳進金　臺灣嘉義人，國立政治大學歷史系博士，曾任國立政治大學歷史系、國立空中大學兼任講師，現任國史館協修。研究領域為中國現代史、檔案與民國史研究，目前著重於利用《蔣中正總統檔案》（大溪檔案）、《閻錫山檔案》，探討地方實力派與中原大戰的關係。

一九八二年考入國立政治大學歷史系，在大學部、碩士班、博士班三度跟著蔣老師研修有關中國現代史的課程；並於一九九二年六月，在蔣老師指導下完成碩士論文，已由近代中國出版社出版成專書《抗戰前教育政策之研究，民國十七～二十六年》。此外，我於博士班肄業期，承蒙老師的提攜與愛護，有機會與老師合撰〈民國以來政權統合的方式與主張（1912-1949）〉一文，發表於「中國歷史上的分與合學術研討會」，對於檔案資料的蒐集運用，以及研究論文的撰述，均蒙老師的教導與鼓勵，使我個人獲益良多。今後當以老師為榜樣，時時自我惕勵，期能無忝於恩師的訓誨。

張力　原籍山東省惠民縣，一九五二年生於臺灣左營。國立政治大學西洋語文學系畢業，政治大學歷史研究所碩士、博士。現為中央研究院近代史研究所研究員，借調為國立東華大學歷史系副教授兼系主任，著有《國際合作在中國：國際聯盟角色的考察，1919－1946》（一九九九）。研究領域包括近代陝甘地區史、中外關係史、海軍史，並從事口述歷史訪問工作。

一九七六年初春，距離大學畢業只剩四個月，我臨時決定報考即將成立的政治大學歷史研究所碩士班。報完名後，我找個時間旁聽蔣師在歷史系開設的「中國現代史」課程，以便臨時抱佛腳；然而一個小時之中，蔣師深入分析某一問題，我感覺若依此進度，自己無法全面準備考試，於是決定不再旁聽。進入碩士班後，選修蔣師講授的「中國現代史研究」，當時因為自己未經歷史本科訓練，總是無法確定能否投身於史學研究。此一課程之學期報告，蔣師建議我從《民報》和《新民叢報》的言論比較著手，從史料分析問題。於

▲政大祝壽會（2001年4月28日）
左起1朱寶琴，2、3永敬、文桂，4周美華

是我在政大社會科學資料中心翻閱兩報影本，抄錄資料，之後懷著惶恐的心情，繳交了〈民報與新民叢報對「革命可召內亂」問題之駁論〉一文。我清楚記得蔣老師在發還報告時一句鼓勵的話：「看不出你西語系畢業的，還蠻有歷史觀念」。碩士班畢業後，歷經服役、出版、新聞等不同工作，才又走上歷史研究的路上，後來更在不同場合以及博士班就讀期間，領略蔣老師淵博的學識。個人認為，蔣師最大特色在於隨時能以新資料和新解釋來檢討歷史問題，且主動引導學生進行研究，這些特色也是我在研究和教學方面，力求仿效的典範。

許育銘　一九六五年七月三十日生，臺灣客家人。國立政治大學歷史研究所碩士，日本立命館大學文學博士。研究領域為中日關係史、中國現代史、近現代日本史等。著有專書《汪兆銘與國民政府：1931至1936對日政策下的政治變動》及論文〈孫中山先生與日本歷史記憶的探討〉等。曾任國立交通大學共同科兼任助理教授、國立政治大學歷史學系助理教授等，現任國立東華大學歷史學系助理教授。

育銘在進政大歷史研究所前，並沒有聽過蔣老師的大名，當時一心想從事臺灣史研究，並到臺大、師大旁聽臺灣史的課程。一次陰錯陽差的機會，讓我留在現代史的研究領域。當時蔣老師在所上開中國現代史，有一次我寫了一篇有關汪精衛的報告，蔣老師覺得不錯，鼓勵我碩士論文便寫有關汪精衛的部分，並允肯指導。在老師如此看重之下，便

▲政大祝壽會諸學弟學妹（2001年4月28日）
前排左起周美華、朱寶琴、黃芙蓉、文桂、永敬、郭伶芬、李盈慧、王正華、樊中原夫人。後排左起劉維開、蘇啟明、莊義芳、陳曉慧、管美蓉、吳淑鳳、詹瑋、吳蕙芳、許育銘、唐玉禮、易正義、李昌華、莊宏誼、邵銘煌、黃邦印及失人、林桶法、樊中原、張力、陳謙平、陳進金。

投入了「蔣公」門下。老師非常熱心地將大綱、方向、資料來源都告訴了我，我便一步一腳印地撰寫論文。在此期間並非順利，我休學不告而別到東瀛留學，甚至打算放棄在臺的學業，聽說蔣老師還問起同學我的下落，聞此消息更不敢與老師聯絡。進入東京大學後，重新又拾起研究的企圖心，又再繼續寫論文，其實真正最大的原因是休學期將屆滿，再不交論文就畢不了業。因此便硬著頭皮與蔣老師聯絡，並且在每完成論文的部分，就帶回台北與老師討論。幾度往返兩地的奔波，終於交出了論文。在此期間，蔣老師提供了很多意見，也讓我感受到老師的和藹可親，讓我有能力在學界繼續奮鬥下去，令我始終感念在心。除了課業之外，蔣老師的國粹研究更是名揚四海，在北京有幸與蔣老師同桌，首次真正地打十三張，並經老師的指點與說明，體會十六張與十三張的差異，也印證了「一桌兩制」的複雜，但聽說還有十二張的打法，如此又變成了「一桌三制」。總之，希望仍然有機會受到蔣老師的指導，不管是那一個方面，對育銘來說都是獲益匪淺。謹祝蔣老師身體健康、永遠健康。

楊奎松　初聞蔣公大名，大概是一九八一年，當時我在人民大學讀書，因為要寫共產國際與中共關係畢業論文，無意間在圖書館讀到劉紹唐所編《傳記文學》上連載的蔣公的《鮑羅廷與武漢政權》一文。由於蔣公的文章比大陸已有的研究深入多多，讓身為學生的我感佩莫名。畢業後，我做過編輯，當過講師，同時抓緊一切時間繼續研究中共史。照

▲南大民國史研究中心祝壽會
左起1張憲文，2、3永敬、文桂，5姜良芹，6朱寶琴。

理說，我的研究與蔣公並不完全在一個領域。而我這個人性格上也不習慣主動與人交往，哪怕是向前輩請益。何況當年兩岸間學術交流的機會還很少，蔣公縱使能來大陸，迎來送往的也注定是那些領導和權威。以我的資格，要見到蔣公都很少可能。但我與蔣公終歸有緣。一九九〇年我剛調入社科院近史所，就接到任務要參加第二年在瀋陽舉行「九一八」事變六十周年學術研討會。我當時完全是鬼使神差般地選擇了一個我過去從未做過，以後也再不曾繼續的研究題目：〈七七事變前中國自由主義知識份子在抗日問題上的態度變化〉。結果，正是由於寫了這篇論文，熟悉胡適、丁文江、傅斯年等人歷史的蔣公才會被會議指定為我的論文的主評人，我也因此才有機會直接與蔣公「切磋」學術。當然，坦率地說，除了會議上就我的論文所進行的討論外，我在那個會上其實也並未與蔣公講過話。因為當年蔣公這些由海外來的「大老」們多被奉為上賓，我縱然有幸得到蔣公的點評，卻還是那個脾氣，不願主動與這樣的「大老」去「套磁」。不過，一年後，我的《中間地帶的革命》一書得以出版。由於其中的許多觀點和整個的寫法與大陸流行的模式差別較大，一時很難找到知音，遂想到是否可以聽聽海外的學術同行的評價。考慮到我研究的這個問題與蔣公當年的研究有些接近的地方，蔣公又為我的論文做過評論，故而冒昧地寄給蔣公，請其批評指正。不料，蔣公很快來信予以肯定，且很快寫了一篇頗為讚許的書評。蔣公甚至把我和已經功成名就的楊天石教授相提並論，大力推介。而正是由於蔣公對該書

▲南大宴會之祝，左起張憲文、永敬、文桂、朱寶琴。

中介紹張學良與中共關係一點的高度重視和對我的持續鼓勵，再加上法老（張玉法）的全力引薦和幫助，才有了我這樣一個大陸年輕歷史學者在臺灣接連出版《西安事變新探》、《中共與莫斯科》兩本書的經歷。

如今，我已幾度訪問過臺灣，結識了更多臺灣學者，也有了更多的臺灣朋友，這其中最多的大概就是蔣公門下那些出色的學生了。我雖然無緣直接就教於蔣公門下，但卻很榮幸能和臺灣的朋友們一起為蔣公祝壽，因為和蔣公交往十載，耳濡目染，我早已自認是蔣公的學生。畢竟，在十年中，蔣公的學問和為人對我教益良多。無論在北京、在臺北，每當和蔣公在一起的時候，我都會由衷地感受到蔣公的人格魅力所在。如今我已學蔣公的榜樣，到北京大學去做教授。希望我也能像蔣公那樣，有桃李芬芳的一天。

詹瑋　廣東饒平人，政大歷史系研究部博士班肄業。目前任教於私立東南技術學院，擔任講師。以前研究範圍為中國現代史，目前轉為以臺灣史與文山地方史研究為重心。

我在就讀碩士班的時候，所長就是蔣永敬老師，當時我的碩士論文題目為《吳稚暉與國語運動》，當時因為找不到指導老師，承蒙蔣老師不棄，而收留了我。在我們碩士班快要畢業的時候，東南工專有一位歷史老師出缺，希望政大推薦一位老師前往任教，蔣老師以我有教學經驗，決定推薦我去。這兩件事至今一直使我感激在心。希望能夠加強自己的研究，才不致辜負老師以往對我的照顧。

劉維開 國立政治大學歷史研究所博士，曾任中國國民黨中央黨史委員會總幹事、私立逢甲大學歷史人文教學組兼任副教授、國立中正大學歷史系兼任副教授；現任中國國民黨中央文化傳播委員會黨史館副主任、國立政治大學歷史系兼任副教授。研究領域為中國現代政治史、中國國民黨史、中國現代史史料學，目前除了日常工作上的事務外，正進行政府遷臺初期的蔣中正先生研究。

我自從進入政治大學歷史研究所後，即追隨蔣老師學習。我的博士論文：《國難期間應變圖存問題》，請蔣老師擔任指導教授；我的碩士論文：《編遣會議的實施與影響》，原本請蔣老師擔任指導教授，但是老師認為我所要參考的資料在國史館，所以請當時擔任國史館館長的黃季陸師擔任我的指導教授，不過黃老師事情忙，不便時常打擾，論文的每一章，我仍然是送請蔣老師過目修正後定稿，因此我的碩士論文，事實上也是蔣老師指導的。這兩本論文在蔣老師的指導下，有一定成績，先後獲得中國歷史學會補助出版。

蔣老師是一位與時俱進的學者，不斷吸收新的資料，修正舊的觀點。每次探望老師、師母時，都會聽到老師講述最近閱讀新資料的心得，我從老師身上真正看到了「活到老，學到老」的精神。

蔣老師對於國事也有高度的關懷，有一段時間常對時政發表評論。與其他人不同的地方，在於老師對於中國現代史與中國國民黨史有著精深的研究，使他在評論時政時多了一份「觀察入微」的深度。老師的評論，今天重讀一遍，當時的許多問題，他在多年前就已經預見到了。

祝蔣老師身體健康，福壽綿長！十年之後，我們這些學生再集合起來，為老師慶祝九十大壽！

永敬按：諸友之祝，感而愧之，忝為「師生」之誼，乃余生平最大之榮幸。

20 諸友對《浮生憶往》之反應

陶英惠、陳三井、金以林之言

余之回憶錄《浮生憶往》寫至民國九十年（二〇〇一）余之八十歲初度為止。二〇〇二年十二月由《近代中國》雜誌社出版。並分贈友好多人。余亦接到甚多友人鼓勵之電話或函件。吾友陶英惠告余，全部閱完，並有更正意見，云書中插圖一群史學之友合照，係一九九一年五月八日為余七十歲生日諸友慶賀宴會之留影。原註「一九九〇年左右」，應誤。又記劉鳳翰當年曾服務於國民黨「郵電黨部，應為產業黨部」之誤。余因數次電話鳳翰向其致意，均無接應。迨後始知鳳翰伉儷女公子劉海若小姐因在倫敦車禍受傷嚴重，住北京宣武門醫院觀察。鳳翰伉儷亦長住北京照顧之。劉小姐為香港鳳凰電視台名記者，所製及播放節目，至為精采，收視率極高。其時尚不知為鳳翰之女公子。近來劉小姐傷勢大有好轉，視為奇蹟，真不幸中之大幸。

吾友陳三井謂書中所記「東京之會有火藥味」一事，極為有趣，亦頗真實。彼亦決定寫回憶錄，且將各事各物詳細交代。

大陸年輕學者金以林在新加坡大學讀博士學位，吾友金冲及之公子。至國民黨黨史館參閱資料，告余夜曾不寐而閱《浮生憶往》。其後有函對余之「三權論」極有興趣，但亦有不同意見。此在李雲漢為商務印書館《商務書訊》創刊號（二〇〇三年五月一日）評介拙著《國民黨興衰史》文中特別引述以林對余「三權論」的見解。

其他諸友對拙著《浮生憶往》謬獎或指正者至多。不論如何，能獲諸友一閱，亦足欣慰。

錄金以林二〇〇三年一月二十二日來函的片段：

> 讀了您的回憶錄，更增多了對您的崇敬。您的書寫得實在是瀟灑、風趣，經常會忍不住大笑（特別是寫雀戰的故事）。可惜沒有機會陪您「戰鬥」一番。以前讀您的書，「三權論」給我的啟發最大，我覺得國民政府時代很多政治問題都可以用這一理論去解釋，但有時又感到某些問題很難準確說清楚，特別是黨權和軍權的區別，就常感到很難劃清。個人獨裁，一黨獨裁，民主憲政，孰好孰劣，恐怕也要放在那個時代去評判，以現在的眼光來批評獨裁，似乎有欠公平。但蔣（介石）胡（漢民）是否就能分別代表軍權和黨權，我時常感到困惑。蔣之軍權坐大，實在是胡在南京近三年抬起來的，難道胡就不明白自己所作所為

嗎？胡自一九三二年反蔣，個人權力之爭恐怕超過黨權的範圍，雖說閩變時他沒有支援陳銘樞，但是否可以解釋為如果支援陳就可能背上反黨的罪名，而喪失了他原很可憐的力量，是否就是他所稱的黨權，亦即黨國正統的位置。儘管我心中想不通，但還是被您的三權論所「籠罩」著，就這段史實而言，仍脫不出三權論的解釋範圍。——再有五全大會後蔣汪開始疏遠而蔣胡似乎又有可能走近，您的著作解釋為蔣因要抗日容共而同汪的反共和日矛盾所致，也是暫不能解釋我心中的一個困惑。

以林所提問題，至為深刻而難解答，原擬詳加思考後解答之，未意拖了半年之久，仍未處理，今重讀其函，深感對此好學深思之青年學者之歉疚。

軍權、黨權、民權三者自辛亥革命建立民國以後，所發生之衝突與矛盾，實為引起政局動盪或權力鬥爭之原因，三者確常發生混淆不清之現象。例如袁世凱的統治，應是不折不扣的軍權統治，他也何嘗不是滿口「民主」或「民治」；他也詆毀「政黨」，而其本人則在國會中組織御用的「公民黨」，並與梁啟超之進步黨相接納。其後之北洋軍閥段祺瑞、曹錕、吳佩孚等皆如是也。

三者雖有混淆之處，但有主從之分。依據史實，中國近代之國家領導人，最強者如袁世凱、蔣介石、毛澤東等，其次如曹錕、張作霖等，無不持有軍權，即所謂「槍桿子出政政權」是也。

至於民權與軍權之鬥爭，以孫中山之護法時期（一九一七～一九二三）為例，以維護約法（憲法）及國會為號召，來反對軍閥毀法，乃民權對軍權之鬥爭也。

談起「雀戰」，憶及一極有趣之掌故。一九八〇年代，余為楊亮功師編寫《年譜》時，與楊師經常晤談，楊師謂其一九二九年任上海公學副校長，胡適為校長，週末常聚四人「雀戰」。某次散局後，胡乘黃包車回寓，有一騎腳踏車之人，緊追不捨。胡以為是被「特務」盯稍，至感不安。迨其接近，摘其所戴之大禮帽而逃，乃是一名小偷。胡雖有損失，卻為之慶幸。

楊師又云：馬君武（民國名人，辛亥革命時期加入同盟會，後任廣西大學校長）「牌品」不佳，贏時照拿，輸時不付，友人均不願與之「雀戰」。

21 「國士」陳隆志之「胡吹亂蓋」

從《王世杰日記》看當年中華民國退出聯合國之經緯

二〇〇二年春秋兩季，偕內子文桂赴南京小住，春季為四月三十日至六月十七日。秋季為十月二十一日至十二月五日。五月十七日應張憲文教授之約至南京大學民國史研究中心演講，題為《民國政局之三權：軍權、黨權、民權》。

七月二十三日下午因新聞局郭冠英之約應英國記者Fenby訪談，述蔣中正抗戰活動。二十四日《聯合報》報導有誤，請其更正，記者似甚緊張，由郭冠英、王震邦與余聯絡，由郭另撰文更正之。余見《聯合報》連日刊載一九七一年中華民國退出聯合國事，陸以正、章孝嚴駁陳隆志（總統府國策顧問）七月二十二日在總統府紀念月會中之演講，述當年蔣中正堅持「漢賊不兩立」退出聯合國，害了台灣。余告知王震邦當年王世杰《日記》對此事之處理經過有詳細記述，可證陳說之非。王震邦要余據此《日記》撰文澄清之。文於七月二十六日刊出。內容如下：

從《王世杰日記》看當年多方努力全盤皆輸——奈何賊立漢不立

總統府國策顧問陳隆志二十二日在總統府國父紀念月會上專題報告〈台灣與聯合國〉，批評故總統蔣中正當年（民國六十年）處理中華民國在聯合國的席位問題，因堅持「漢賊不兩立」，最後變成「賊立漢不立」。今天台灣不能進入聯合國的一切問題，都是蔣介石造成的。

蔣中正是當年的中華民國總統，處理中華民國在聯合國的席位問題，總統府必定留有檔案資料，陳教授既為總統府的「顧問」，當有查閱檔案之便。就筆者所知，當年處理聯合國的席位問題時，總統府設有宣傳外交綜合研究組（簡稱宣外組），其重要成員有黃少谷、谷正綱、王世杰以及當時的外交部長周書楷等。筆者雖無特權能看到這種檔案、紀錄，幸而從王世杰的《日記》中可以清楚地瞭解當年處理的過程。大致可分為三個層次：一是「漢立賊不立」，就是要能保住自己的席位，而不讓中共加入，這是最高的層次。如此層辦不到，只好「賊立漢亦立」，也就是一般所說的「兩個中國」或「一中一台」。但當時我方並不使用此類名詞，稱之為「一國兩席」或「雙重代表權」。結果這個層次雖經多方努力，還是「全盤皆輸」，落得「賊立漢不立」。決不是「漢賊不兩立」

所造成的。

首先我們來看第一個層次，如何來處理「漢立賊不立」。引王氏《日記》數則如下：

「頃悉美國政府向我政府表示，主張（1）准共匪政權入聯合國，並取得安全理事會中國席位。余（王世杰自稱）向外部當局及黃少谷說：如不獲已，我政府或可要將安理會中國席位暫行停止至能獲得解決辦法為止。彼等均以為現在做不到。」（民國六十年七月二十七日記）

「午後總統府宣外組會議後，余（王）與黃少谷商量如何答覆美方提以安理會為中國常務理事席讓給共匪之議。依現時判斷，共匪將可得到必需要票數，我之拒絕將歸失敗。余謂我不妨提議將安理會中國席位暫行停止一、二年。少谷似以為做不到。蔣先生（中正）對此無明白之指示。」（七月三十日記）

「宣傳外交綜合組討論聯合國中國代表權問題。據外部報告，美方曾邀約二十位駐聯大代表團團長商討保留中國（中華民國）席位提案，但無多反應。前途形勢顯然於我不利。」（八月十三日記）

如上所記，不但「漢立賊不立」有困難，就是「漢立賊亦立」也有問題，但亦不能不做最大努力。因此，當外交部長周書楷定於九月十五日赴紐約出席聯合國大會前，王雲五、黃少谷及王世杰等請其注意兩事：（1）要求美國務卿應允，於彼所提保留中國（中華民國）普通會員籍一則，如不能在大會通過，美將在安理會使用否定權，以否定大會之決議。（2）我在安全理事會常任理事如絕對無法保持，可試探修正美案，將此席位缺席，使中共不能入安理會。（九月十五日記）

此不過一廂情願耳。乃不得不退而求次，進入第二個層次，試圖「漢立賊亦立」了。王氏《日記》云：

「今日午後總統府宣傳外交綜合組開會，討論我對聯合國態度。余（王）以為我只能保留大會席位，而共匪政權被選入聯合國及其安全理事會常任理事，我不宜退出或完全缺席，而仍應出席聯大大會，但嚴厲抗議其決定之違憲。谷正綱、黃少谷等均支持余之主張。至於最後決定，自需最高當局為之。」（九月二十四日記）

「最高當局」當指蔣公而言，以後照此進行，未見蔣公反對，應是默認。在試圖進行「漢立賊亦立」時，美國確曾幫忙，但不敵阿爾巴尼亞的「排我納匪案」。王氏在《日記》中不勝感慨曰：

「最近聯合國會員對中國代表權問題，趨炎附勢者日眾。支持美國所提的第二案（原注：保留中華民國普通席位）似亦較支持阿爾巴尼亞排我納匪案者為少。最可恥者如印度、英國、馬來西亞等國。……」（十月二日記）

縱然聯大通過阿案，我方仍打算賴著不走。王

記云：

「總統府宣外組午後開會，余（王）力主倘聯大決議通過阿爾巴尼亞排我納匪案，我絕不宣告退出，不承認聯大決議，未先經依聯大憲章第六條程式，由安理會議決，不能生效，我在聯合國地位仍存在。該組多數委員同意余之意見。」（十月二十二日記）

十月二十六日聯大通過阿爾巴尼亞排我納匪案，所謂「賊立漢不立」大勢已定。王乃草擬「宣布我在聯合國之會籍，因聯合國未依憲章（尤其第六條）通過阿爾巴尼亞案，在法律上依然保持著——」之提案。經過大家的討論，似乎覺得無濟於事。為了面子，發表「嚴正」聲明。事後內部檢討，此乃美國背棄中華民國之故也。迫於現勢只好打落牙齒和血吞。

王之《日記》云：

「今日（十一月五日）午後，宣傳外交綜合研究組在總統府舉行例會，除由周部長（書楷）報告此次聯大會議，中國（中華民國）被排除之經過外，發言人俱對未來我方應有之措施說話，共達兩小時。眾對美國益多失去信任，周部長亦然。但在策略上彼仍勸告宣傳方面，不可造成我朝野反美之印象。咸謂此議甚是。惟沈大使（劍虹）之反美言論，外部亦當指示糾正。」（十一月五日記）

宣外組是故總統蔣中正的幕僚機構，其所作之決策，當然稟承蔣公之意旨而行。我們從王氏《日記》中看了這段的經過以後，再來對證陳隆志那天在「廟堂」之上的報告，從電視的畫面上，看到國家「元首」（陳水扁）率領「文武百官」正襟危坐，聆聽這位「國士」在那「胡吹亂蓋」，誠不知「袞袞諸公」作何感想！

文刊出後，迅有反應，來信支持者有章孝嚴（蔣經國之子，立法委員）、葛彰台（函稱研究國際問題）。章函有云：

頃拜讀本日（二十六）《聯合報》民意論壇版上之大作，內中詳述當年我國退出聯合國之過程，並佐以史料，駁斥誤謬。先生本知識分子風骨，不避政治紛擾，忠於學術良知，深感敬佩。

中山科學院來電話，邀余演講，問何故？答以看到《聯合報》之文。告以年紀大，不克勞動，謝之。

陳隆志（一九三五～），一九五八年臺灣大學法律系第一名畢業，留美獲耶魯大學法學博士，著有《國際法與臺灣》，主張制定臺灣憲法，國家正名。

九月四日，國史館公佈雷震史料，以突顯國民黨當年之「白色恐怖」。《聯合報》記者郭乃日電話訪余意見，是日此報刊余談話，題為「蔣永敬認應還原史實」。指不應有政治目的。

22 《國民黨興衰史》之出版

吾友李雲漢的評語

二〇〇二年七月在一次餐會中遇王壽南教授，問其政大退休後生活。云在商務印書館任總編輯，談及國民黨近年頻遭不幸，此一具有百餘年歷史之黨，殊為可惜。余曾寫過多篇該黨黨史之論文，擬選出若干篇修正補充，構成有系統之國民黨史，名曰《國民黨興衰史》。壽南對此極有興趣，希儘速完成之。余對此已有準備，數年前即已著手集中有關論文，並作補充修正，集有數十篇，加以近年新作，選出論文二十三篇，依文之性質分為六編：1、三次大結合。2、聯俄與容共。3、軍權、黨權與民權。4、分裂與整合。5、世代交替。6、回顧與展望。

作一〈自序〉，商務編者從〈自序〉中摘出數言刊於書之封面曰：

> 國民黨自孫中山一八九四年創黨以來，迄今有百餘年之歷史，其間有興有衰已非一次。前期（一八九四～一九四九）在大陸，雖敗於中共，仍在台灣生存發展。後期（一九五〇～二〇〇二）在台灣五十三年。然而在二〇〇〇年失去政權，留下殘局。如今國民黨面臨多難之秋，能否再創生機而復興，此不僅關係台灣前途，亦關係中國之命運。本書之問世，即供思考與研究國民黨之興衰存廢問題。

由劉維開博士就國民黨黨史館所藏照片選出多幅，作為插圖，以曾任國民黨之領導人孫中山、楊衢雲、宋教仁、胡漢民、汪精衛、張靜江、蔣中正、蔣經國、李登輝、連戰十人之半身照片，最具代表意義，排列為封面之設計。二〇〇三年二月出版，正值臺北書展，商務櫥窗亦以醒目圖片展示。經壽南之策劃，五月一日創刊《商務書訊》，以專文刊載李雲漢對《國民黨興衰史》之評介，其標題及內容如下：

> **蔣永敬的研究精神與著述風格——讀過《國民黨興衰史》後的感想**
>
> 一九四九年中華民國政府遷台以來五十多年間，有關孫中山與中國國民黨史的研究，雖非顯學，雖曾出現過頗足稱道的興盛時期。以人才論，自羅家倫、張其昀至陳鵬仁、莊政，有學術論著問世者近二十人，其中卓然成家，享譽中外之泰斗級學者，愚意為吳相湘、蔣永敬兩位先生。吳先生之代表作為《孫逸

仙先生傳》，蔣先生的代表作則為下開四書：

《鮑羅廷與武漢政權》

《百年老店國民黨滄桑史》

《孫中山與中國革命》

《國民黨興衰史》

吳、蔣均為我的同道好友，對兩位之著作均讀之甚稔，體會亦多。尤以蔣先生的著作，不僅熟知其內容，且明瞭著作過程與風格，於頻頻閱讀時，頗得心領神會之樂。上開四書中，《國民黨興衰史》係甫於二〇〇三年二月由台灣商務印書館出版之新著，所含二十三篇論文，以前雖大半讀過，現在再讀起來仍覺興致盎然，覺得有不少新精神與新見解。

首先，我認定也很欽佩蔣先生的新精神之一，是對國民黨黨史之研究，能突破傳統，甚至能突破黨界。傳統的國民黨黨史著作多偏重於正面的論述，注重黨統，強調成就，而少談派系，缺失與衰敗，蔣先生卻能從傳統中走出新蹊徑，不忽視正面，卻突破舊框架，舊思維，而將正與邪，合與分，成與敗，興與衰，內與外，作等量齊觀，以期重見歷史的真相與原貌。《國民黨興衰史》封面列有國民黨建黨以來十位領導人的相片，卷首圖像欄內則依十位領導人的貢獻與時序，予以排列並簡記其黨職，給予讀者以「既公平，又合史實」的印象。我想，著者這一安排，目的在於建立並推廣正確而全面的史識，也顯示出他開闊豁達的治史風格。其次，蔣先生的著作中，不時顯示出新史料與新見解，因而能對若干具有爭議性的事件揭出「謎底」。也對民國建國史的發展提出新觀點與新論斷。舉例言之，他以民權、黨權與軍權相互影響的「三權論」，來分析國民黨在大陸執政時期的政情變化，即不失為發前人所未發的創見，令史界朋友們為之讚賞。當然，訓政時期的政象非常複雜，也非「三權論」所能完全涵蓋。最近，接到大陸青年歷史學者金以林來信提到他的看法，很值得參考：

以前讀蔣老師（指蔣永敬先生）的書，他的「三權論」給我的啟發最大，我覺得國民政府時代很多政治問題可以用這一理論去解釋，但有時又感到某些問題很難準確說清楚，特別是黨權和軍權的區別就常感到很難劃清。

我深深瞭解，蔣先生是愛國學界白眉，也是服膺國民黨建黨理想的有識之士。十多年前，當國民黨在李登輝的主持之下走向衰微道路時，他異常忿憤，曾以「國民黨遺老」自居，放言批李。今日觀之，不能不佩服蔣有先見之明，《國民黨興衰史》的〈自序〉中，蔣先生重申他對國民黨歷史地位的評價，認為國民黨的興衰存廢，不僅為國民黨一黨之命運，實亦為

中國一國之命運所關。他有幾句語重心長的話：

國民黨經李（登輝）氏十餘年之分化，黨勢衰退，而於二〇〇〇年失去政權，留下殘局，由連戰領導，進行改造。能否再創生機，衰而復興，不僅關係台灣前途，亦關係中國之命運也。著者有感於此，思以本書《國民黨興衰史》之問世，作為此一問題之思考與參考。

「以史為鑑」，不僅當政者應視為圭臬，亦應為廣大知識階層的共同體察，更應為今日之中國國民黨人痛切領會而全體服膺。際此國家存亡與人民幸福繫於國人一念之間的關鍵時刻，深盼蔣氏此書能收振聾發聵之功。

此書出版後半年結帳（九月），售出一〇五〇餘冊，以臺灣之市場，可謂暢銷。

23 「國民會議」名詞之由來

由評論田子瑜教授的論文而起

二〇〇二月十月十八日至二十日，由中正文教基金會舉辦之「廢除不平等條約六十週年」學術研討會在金山溫泉開會兩天，余提論文〈孫中山晚年北上與廢約運動〉。參考莫斯科近年新出之檔案資料及廣州李吉奎《孫中山與日本》引用之日文資料，對常見之中文資料賦予新的解釋與意義，此文收入《國民黨興衰史》，改題為〈孫中山晚年北上與最後的奮鬥〉，列該書第五編「世代交替」，作為孫中山「交棒」之文。二〇〇三年三月二十九日國父紀念館舉辦「第六屆孫中山與現代中國」學術研討會，邀余評論湖北大學教授田子瑜之論文〈孫中山一九二五年北上若干問題論評〉（大會第一篇論文），其文完成雖在余文之後，未能參閱拙作，且指出台灣方面過去對此問題研究不足，且有「積非成是」之誤。余見田文對俄檔資料略有引用，然不深入，對李吉奎書所用大量日文資料亦未參考。余評田文固有新問題之提出，對前人著作則有忽略。余之評論不免較苛。田文論及中共由反對孫中山北上轉為支持之主要原因，是接受了中共召開國民會議的主張。此說亦頗見大陸學者之著作。認為中共早在一九二三年六月曾提出此主張，並建議孫中山召開之。因此以為「國民會議」乃為中共所倡導。余過去亦認同此說。迨余撰寫〈孫中山晚年北上與廢約運動〉時，對國民會議之由來加以追蹤，發現最早提出此會議名詞者為一九一一年十二月辛亥南北議和時，南方民軍代表伍廷芳提出「召開國民會議以解決國體問題」，與北方代表唐紹儀達成協議，後為清廷國務大臣袁世凱所拒。袁氏推行帝制時，亦曾一度擬召開國民會議解決國體問題，後以國民代表會議行之。吳佩孚在直皖戰爭勝利後，以「民黨」自任，主張召開國民會議以解決國是。一九二三年六月北京發生總統黎元洪被逐事件，中共因共產國際代表馬林（Maring）之建議，要求孫中山「棄粵北上」，到上海號召召開國民會議，為孫所拒。中共機關刊物《嚮導》對孫中山有所批評，中山警告馬林，要將陳獨秀之國民黨籍「開除」之。而中山在〈北上宣言〉中謂召開國民會議原因，乃因過去國會已「違反全國民意」。余以為「國民」二字乃國民黨之「專有」，其革命曰「國民革命」，其黨曰「國民黨」，其政府曰「國民政府」（國民政府建國大綱），其軍隊曰「國民革命軍」。會議曰「國民會議」，亦有所本也。如謂由於中共所主張或倡導，而為中山所接受，有待商確。

田教授以其論文有創意而「自豪」，余不免為之「澆冷

水」。對年輕學者要求「過苛」，不免「自疚」。以後應戒之。

按「國民會議」一詞較早之出現，見於一九一一年十一月十五日汪精衛與楊度在北京發起「國事共濟會」的聲明中。汪早年在《民報》發表〈民族的國民〉，常用「國民主義」。故〈北上宣言〉中之「國民會議」一詞，應為汪所提出。國民黨黨史館藏有孫中山〈北上宣言〉原稿，為汪手筆，亦可證實。

24 為茅家琦教授新著作序

準確度、深度與廣度

二〇〇二年十月至南京小住，時值秋高氣爽，盛產大閘蟹，味美價廉，適政大歷史系林能士教授休假來南京大學民國史研究中心訪問，二十五日，約其來金寶品蟹小酌，在市場購蟹五支，余與能士各分享二隻，文桂一隻足矣。數日後，再約能士品蟹小酌，仍各二隻。酌後雀戰，其樂難忘。

十二月五日離寧回臺北，行前，吾友茅家琦教授送來蔣經國傳「徵求意見稿」《蔣經國的一生和他的思想演變》，並囑為序。攜回臺北細讀之。與王壽南教授聯絡，希能由商務出版，壽南欣然諾之。余為撰〈序〉三千餘言，其中有云：

> 吾友茅家琦教授，傑出資深史學家也。大學時代主修經濟學，畢生從事史學的研究和教學，著作等身，享譽士林，對台灣問題的研究，亦有成就，早在八〇年代，在南京大學歷史系成立台灣研究所，率領一群青年學者，先後完成《台灣三十年（一九四九—一九七九）》及《八〇年代的台灣》，開大陸方面研究台灣風氣之先，亦為兩岸學界所推重。今者以其學養和經驗，從事蔣經國的研究，可謂駕輕就熟，舉重若輕。因此，他所完成的這本《蔣經國的一生和他的思想演變》，必會受到各方矚目。
>
> 這本新著重要特色之一，是它充分利用了傳主蔣經國本人的大量著述：《蔣經國先生全集》（二十四冊）。這一大部頭的書和豐富的資料，實在是研究蔣經國和其傳記最重要的資料。在著者茅教授著手寫這本傳記時，發現已往有關蔣經國的傳記有一普遍現象，就是沒有充分利用已經公開出版的他的言論和著作。這個「大漏洞」被著者捉到了，使他有這個大好機會和條件來寫這本傳記，自會與一般傳記有所不同。加上他史學的功力，這本著作所表現的特色至少有三方面，就是準確度、深度和廣度。
>
> 就準確度言，這本著作對於過去一般傳記中若干爭議性或模糊不清的問題，做了準確的研判或澄清。即以蔣經國留蘇十二年的經歷而言，有的傳記雖曾參考他的言論及著作，但不免段章取義，偏導事實；有的則忽略利用，對於發現的問題，缺乏驗證，以致模糊不清。例如有記蔣經國一九三三年被莫斯科當局送到西伯利亞「勞改」，在阿爾泰（Alta）金礦作礦工，是度著「飢寒交迫」的「集中營」生活。其後至

烏拉（Ural）重型機械廠任副廠長兼《重工業日報》主筆，仍受中共駐國際代表陳紹禹（王明）的打壓，且一度失業，賴妻子芬娜（蔣方良）微薄工資，度過飢餓邊緣的日子。但據陶涵所作的傳記對此段經歷的記述，則不相同。認為莫斯科當局送他到阿爾泰地區不是懲處他，而是替他的健康著想，使他遠離污染環境，得以養病。至於他在烏拉的生活，有月薪七百盧布，相當可觀；「小倆口」分配到一戶「相當好」的公寓。每逢假日，不時招待賓客。這兩種不同的記述，哪一種是正確的？關於阿爾泰方面，著者認為陶的「假設」是「合理的」；烏拉方面，陶著雖無資料出處，經過著者驗證，陶說是「可信的」。由此而衍生值得注視的問題，蔣經國之被送到西伯利亞，既非「勞改」，則其原因何在呢？經過追蹤考查，證實蔣經國在蘇聯的一切，實由史達林一手安排，乃其手中的一顆「棋子」也。因此斯、蔣兩人關係的研究在本著作中，雖嫌資料不足，但也有所「斬獲」，提出了一個新的研究課題。

就深度而言，這本著作對蔣經國研究的範圍，包括兩方面，一是他的生平活動，一是他的思想形成及演變。兩者皆受時代環境的影響。欲求深入瞭解，必須追根溯源，理出脈絡，明其因果關係。以蔣經國上海「打虎」而言，表面觀之，似為一時衝動，憑藉其父權勢，敢作敢為。經過著者追根溯源，顯與蘇聯經驗有關：「正是模仿蘇聯的統制經濟」；與其馬列主義之薰陶，「階級鬥爭」的觀念，大有影響也。故其「打虎」時，公開提出「打倒豪門資本」；與人談話時，經常以「大資產階級」來稱呼孔祥熙、宋子文。他在蘇聯，也接受民粹派「到民間去」的思想，他深入民間訪貧問苦，同情貧苦的人民大眾，對於富人和窮人有截然不同的思想感情。這種思想觀念，也表現在贛南時期的「蔣青天」，一直到他的晚年仍然沒有根本的變化。著者因舉郝柏村的一段回憶以證之：「他沒有企業界私交，但是鄉下老百姓擺攤的、賣麵的朋友他有，像澎湖呂九屏，是開飯館、做海鮮的，是經國先生很好的朋友。他非常重視社會基層，特別是貧困的，比較困難的。」這一驗證，足以顯示他的行為活動，實出自他的思維模式，發自內心，非如一般所謂的「作秀」也。

就廣度而言，以著者分析蔣經國「推動民主憲政改革的內外因素」為例，把這個多層面的問題，做了系統的處理。首先以大陸方面的觀點，肯定中共的「和平統一、一國兩制」方針，緩和了台海形勢，給蔣經國帶來機運，其一是改善了台灣的投資環境，提高了國外企業和華僑企業對台投資的興趣，從而推動台灣經濟的快速發展；其二是使蔣經國得到了一個放手在島內進行民主憲政改革的和平環境。再就內外因素而言，內在因素是島內一連串的政治衝擊，有如黨

外勢力發展，江南命案，「十信」弊案等；外在因素是東亞兩個獨裁政權垮臺的殷鑑，一為韓國全斗煥的垮臺，一是菲律賓的「人民起義」趕走馬可仕（著者用馬科斯）。更為重要的，則是蔣經國的主觀因素，其一是他與時俱進，清晰地覺察到時代潮流，民主憲政不可阻撓；其次是他的健康，使他推動民主憲政改革比他的同僚顯得更加迫切。

這一宏觀分析，所見之廣，對於一個由馬列主義者轉變為民主憲政改革的推動者，由一黨專政獨裁轉型為競爭政黨的肯定，富有啟發性和前瞻性。

著者茅教授對於蔣經國去世後台灣政情出現的「岔子」，亦至關切，而有中肯的評析，語重心長，發人深省。筆者因建議此書應在台灣出版。為適應台灣讀者的習慣，書稿中一些名詞有加引號者，或一些用詞與此間有異者，亦建議省略或替換。均承著者虛心接納。但如因此而致本書失色者，乃余之過也。

商務效率至高，二〇〇三年一月交稿，五月出書。此〈序〉在《近代中國》（二〇〇三年六月）刊出。遇陳三井、王壽南於三民書局五十週年慶祝酒會（七月七日），三井謂壽南曰，擬為茅著撰文介紹之。可見茅教授這本蔣經國傳，已得學界的肯定和欣賞。壽南曰：能為商務出了幾種好書，尚堪告慰，意指茅教授的著作，或亦包括拙著《國民黨興衰史》也。

25 為林桶法博士新著作序

流產的「和平統一」

總統府蔣中正檔案（一般稱「大溪檔案」）移至國史館開放後，對學者的研究，提供極大的便利。加以政治禁忌的解除，許多「極機密」的史料，得以充分利用，而有新的發現。惜余年邁力衰，無此利用機會。幸有年輕學者的繼起，亦足慰也。林桶法博士今年（二〇〇三）完成《戰後中國的變局（一九四五－一九四九）－以國民黨為中心的探討》。除了充分利用「蔣檔」外，還充分利用南京第二歷史檔案館所藏。此一著作實開研究戰後中國變局風氣之先。余在十年後著有《蔣介石與國共和戰》（與劉維開合著，商務印書館出版，二〇一三年）及《蔣介石毛澤東的談打與決戰》（商務印書館出版，二〇一四年），即受林著的啟發，且多引用其資料。即如韓愈〈師說〉，所謂「弟子不必不如師，師不必賢於弟子，聞道有先後，術業有專精，如是而已。」

林著撰寫期間，與余交換多次意見。稿成，囑余為序。余告桶法曰：余對此問題極有興趣，但無精力從事研究，願為作一長序，以示對此研究之欣賞。序之內容為戰後政治協商會議之意義與目的。其主要觀點為「和比戰難」，此胡適在太平洋戰爭發生前之名言。序之題目為〈流產的「和平統一」〉，要點有六：1、代序。2、「和平統一」的呼聲。3、鷹派的杯葛。4、蔣（中正）馬（歇爾）歧見與周（恩來）之「胡纏」。5、討價還價，一席之爭。6、流產多年，「陰魂」不散。其文較長，今日閱之，殊覺「老生長談」，節錄最後一段之論曰：

政治協商會議所達成之協議，雖不滿意，但可接受；既接受矣，應即履行。且所謂政治民主化，軍隊國家化，黨派平等合法諸原則，規模宏遠，理想崇高，誠可使中國成為文明進步之國家，蔣氏誠可成為歷史不朽之人物，奈何缺乏寬容精神，視異黨為奸敵，而敵益多，抓權不放，錙銖必較，為一席之爭，致壞全局。真乃以小失大，殊不值得也。

此一「和平統一」工作之流產，已達半個世紀之久，然其「陰魂」，仍散布於今之台海兩岸。「和平統一」口號，當年國民黨之呼聲高於中共，今則中共高於國民黨矣。惟有其名而無其實耳。台灣所行之《中華民國憲法》，係根據當年政治協商會議之原則而制定，曾為蔣中正「反攻大陸」的張本。雖經李登輝之修毀，仍無替代之物。政協組織在大陸，從

中央到地方，機關不下數千，人員數十萬，質與量皆與當年不可同日而語。毛澤東為倒蔣，改了兩次國號（一九三一年及一九四九年）。凡此均為台獨效顰的榜樣。

就歷史的發展而言，辛亥革命為中國第一次大革命，北伐統一為中國第二次大革命，戰後國共內戰亦可名之為中國「第三次大革命」。這三次大革命，革命者與被革命者皆高唱「和平統一」，而「和平統一」終不可期，此誠值得吾人研究之問題。

林桶法博士這本新著，乃「第三次大革命」之研究也，第一次、第二次研究者多，第三次則相對不足，乃因時間較近，資料少而禁忌多之故。近因國方檔案資料大量開放，禁忌亦除，加以林博士之功力，在此條件下完成的《林著》，殊有可觀焉。

26 為《三民書局成立五十年》撰文

孫中山的一個願望實現在三民

二〇〇三年七月十日，三民書局舉行創立五十週年之慶，出版《三民書局五十年》文集，均為三民出書作者的文章，計一二一篇，另有文集編者逯耀東、周玉山的〈編輯報告〉及三民書局董事長劉振強自述〈書的園丁〉各一篇。編者〈報告〉首先指出：

> 今年（民國九十二年）七月十日，是三民書局創立五十週年大慶。五十年來，三民書局在劉振強先生艱苦的經營下，由小小書局變成龐大現代化的文化事業機構，由一株幼苗成長為綠蔭滿園的巨樹。但不論世局怎樣變，出版的初衷始終未改，從開創到現在半個世紀，三民書局已出版了六千多種各類的書籍。

五十年來，在台灣創立文化事業有成者，不乏其例，劉振強之三民書局，成舍我之《世界新聞大學》，劉紹唐之《傳記文學》等皆其著者。台灣面積狹小，人口不多，市場不大，拓展不易。五十年代以及其以後之台灣社會，有稱之為「白色恐怖」者，《自由中國》及《文星》曾遭查禁，而其他之私人文化事業如王惕吾之《聯合報》、余紀忠之《中國時期》等，仍有生存發展空間。如果社會安定，政治干預減少，以國人之智慧及文化背景，必可大有發展。國民黨之《中央日報》與《正中書局》，雖有特權，不敵私人企業，可見社會仍有公平的選擇。

三民劉振強先生以一介平民，受到大批「碩學鴻儒」的支持，著書立說，可見事在人為。余忝列三民著作者之一，《五十年》編者逯耀東、周玉山先生向余徵文，欣然為之，題為〈孫中山的一個願望實現在三民〉。文曰：

> 記得第一次逛臺北市重慶南路三民書局，大約是在三民開創不久之後。那時的重慶南路，是臺北市最繁華的街道之一，也是大書店集中之地，有商務、中華、世界、正中、幼獅等多家。這些書局都有雄厚的基礎，三民聽說是由三位「小市民」開設的，取名為「三民」。要想在此開創一片天地，實在不容易。在我走進三民時，就有不同的感受，別家書局好像有些「官氣」，這家卻充滿「民氣」，對顧客的禮貌和服務，非常周到，使人有難忘的印象。覺得三民的幾位年輕店員頗能敬業樂群，事業前途必甚光明。後來三

民的規模越來越大，名氣也就越來越大了。在一次聚會中，認識了劉董事長振強先生（以下簡稱劉董），不禁使我回想多年前幾位年輕店員中必有劉董在內，內心竊喜頗有「先見之明」。三民經營之成功，劉董在學界中有至佳的口碑，尊重學者，信譽卓著，出了很多碩學鴻儒的著作，兩者相得益彰。我也曾蒙劉董的厚愛，希望我有著作能給三民出版，可惜我手中沒有「存貨」，未能膺命，一直耿耿於懷。

民國八十四年，是我國對日抗戰勝利五十週年，兩岸學界為了紀念這個日子，有學術討論會的舉辦。我便趁這個時機，就過去有關研究抗戰的論文，經過修正補充，一方面是為了「應景」；同時也為「自糾前失」，完成《抗戰史論》一書，由三民的關係企業東大圖書公司，列入張玉法先生主編的《中國現代史叢書》。頗為欣慰的，此書還獲得行政院新聞局的「重要學術專門著作補助」。劉董能出這套叢書，是基於學術的關懷對兩岸學術的交流，至有貢獻。就我所見這套叢書已出的十五種中，有七種來自大陸學者，其中不乏高水準的學術著作。筆者有幸，曾為本叢書介紹兩種著作，即大陸一位年輕學者楊奎松先生的《西安事變新探》和《中共與莫斯科》。這兩本書對這位學者來說，極為重要。他在一篇文章中說：「有了我這樣一個大陸年輕歷史學者在台灣接連出版《西安事變新探》、《中共與莫斯科》兩本書的經驗」；使「我已幾度訪問過台灣，結識了更多台灣學者，也有更多的台灣朋友」。更為可喜的，楊先生也因而被第一流的北京大學羅致為教授。

出版事業，不是單純的商業行為，對文化的保存與發揚有更大的責任。「五四」新文化運動，孫中山先生歸功於出版界，他說：「此種新文化運動，在我國今日，誠思想界空前之大變動，推其原始，不過由於出版界之一二覺悟者從事提倡，遂至大放異彩，學潮瀰漫全國，人皆激發天良，誓死為愛國之運動」，又說：「試觀日本一國，印書館大者何止十數，小者正不可勝計，其營業之發達，乃與文化之進步為正比例。今者我國因新文化之趨勢，一時受直接影響者，如全國各學校之改良教科書，編印講義，碩學鴻儒之發憤著作等等，均有待於印刷事業之擴張」。

其時孫中山先生也在積極地推動新文化運動，民國八、九年間，他和胡漢民、廖仲愷、朱執信、戴季陶等在上海辦《建設》雜誌外，更忙於著作，先後完成《實業計畫》和《孫文學說》兩大重要著作。尤其《孫文學說》的第八章〈有志竟成〉篇，是記述他從立志革命而至推翻滿清、建立民國的過程。僅就歷史文獻來看，這一著作，堪稱「無價之寶」。孫先生很希望由國內規模宏大的商務印書館為之出版。照理說，應是該館求之不得的事。但該館囿於偏見，欠缺眼光，竟拒絕為之出版。孫先生很不高興地說：「我

國印刷機關，惟商務印書館號稱宏大，而其在營業上有壟斷性質，固無論矣；且為保皇黨之餘孽所把持，故其所出一切書籍，均帶保皇黨氣味，而又陳腐不堪讀。不特此也，又且壓抑新出版物，凡屬吾黨印刷件及外界與新思想有關之著作，彼皆拒不代印。即如《孫文學說》一書，曾經其拒絕，不得已自行印刷」。

《孫文學說》初版，是在民國八年六月五日由上海華強書局發行。一提到商務，必定會聯想到中國最著名的出版家王雲五先生。但王先生此時，尚未進入商務，他在民國十年九月以後，始由商務聘為編譯所長，大事改革，商務作風，為之改觀。

孫中山先生為了救國事業，有「愛國儲金」的舉辦，即如目前的一些「基金會」，由海外華僑同志集資支持。他認為此項「儲金」，應作最有實效的用途，莫如設立一個大規模的出版機關，來出版各種新式教科書和有益於新思想的著作，仿有限公司辦法，募股集資。他告訴海外同志說：「此誠久遠宏大之事，望諸同志極力贊助，俾得早日成事為幸。」

孫中山先生這一願望，經過一番努力，在上海辦了一個民智書局。但其規模始終宏大不起來，較之劉董今日之三民，實不可同日而語矣！劉董之書局曰「三民」，與孫中山先生的「三民」及其願望，似乎不謀而合。如謂孫中山的一個願望實現在三民，亦不為過，此歷史偶合乎？亦劉董之志乎？

27 健康檢查與臺灣發生SARS

（一）健康檢查

余與文桂皆年逾八十，如欲生活無痛苦，健康極為重要。文桂近年骨質疏鬆，行動勉可維持。余之脊椎宿疾，近年無礙。春秋可赴南京小住，調劑生活。年老病痛，乃必然現象。惟忌特殊之病耳。二〇〇二年六月自南京歸來，文桂腹瀉兩日，可能在飛機上（大陸）飲食之故。忽一時心痛，瞬間即癒，乃心臟病危險之警訊。安排在萬芳醫院作徹底之檢查，經過六次檢查，最後為心導管檢查，幸無大礙，用藥即可。又其近年用餐食物下嚥時，偶有劇痛感覺。十一月間在南京時，又有此現象，時白銘淑、黃桂馨外甥女在南京，陪往鼓樓醫院檢查，雖用藥物，仍無效果，彼等憂之，由范烈孫夫婦安排至市府診所作胃鏡檢查。彼等心情均甚緊張，文桂則甚坦然，以為有病治病，無病高興。檢查醫師為一富有經驗之女士，曾任鼓樓醫院院長，已退休。檢查時，醫師要余在旁觀察銀幕（彩色）每一部位現象，均作詳細說明，無特殊症狀，乃潰瘍也。用藥而癒。余與銘淑、桂馨、烈孫等如釋重負，心情大為舒暢。

（二）SARS

二〇〇三年四月下旬，台灣發生ＳＡＲＳ（非典型肺炎）病例，首在臺北和平醫院出現。初則行政院衛生署掉以輕心，繼知事態嚴重，由臺北市政府宣布和平醫院封院，數百病患及醫護人員禁止出入，內部續有感染現象。群情激憤，向外求援，政府乃指定專責醫院隔離治療。至七月初，台灣始解除疫區。當疫情緊張時，文桂忽高燒不退，如受感染，則全戶須受隔離，余以為「是禍躲不過」，乃陪往萬芳醫院急診。經過檢驗，非ＳＡＲＳ也，須住院治療，三日後出院，深深體驗「平安即是福」。

以往數年，余每年均至萬芳醫院作例行健康檢查，雖有老人一般疾病，如高血壓、攝護腺等，用藥即可。近年檢查較少，明知體檢極為重要，然疏懶成性。今年（二〇〇三）下定決心，至吉林路輝雄診所作詳細檢查，因張哲郎、賀允宜教授等均在此檢查，云設備先進，服務認真。三月十日全天檢查，檢查結果，判定症狀有二十四項之多，較重要者為其第十項「左肝結節（30.4×20.7mm）」。至萬芳醫院進一步做核磁共振精密檢查（ＭＲＩ）」。檢查醫師詢予患過肝炎否？使余憶及一九四〇年在壽縣隱賢集就學時，曾發生高燒

不退，同班同學凃福如約同學數人，用擔架抬至其家（距學校約十餘公里），經其祖父中醫診治，用藥而癒。其祖父非專業醫師，僅為義診，乃名醫也。戰時醫藥缺乏，校醫有名無實，有學養之中醫，乃國粹也。

經檢查醫師陳輝雄之介紹，至萬芳醫院做磁振檢查，結果正常，余心大慰。

SARS，初發生於廣東，繼傳至香港、北京、新加坡等地，台灣尚未受感染，當局頗為自豪，並斥北京隱瞞疫情。迨台灣自四月二十日後亦發生此病例，當局初不注意，行政院衛生署長涂醒哲責臺北市防疫不力，並言此病源自大陸，大陸名之曰「非典型肺炎」，當局譏之曰來自大陸的「匪諜」。繼而傳染至台灣各縣市，乃知事態嚴重，防治不及，而事先亦未取法香港、新加坡之防治經驗，屆時口罩亦發生缺貨之恐慌，原因有二：一為進口之大量口罩，被阻於海關，不僅課以重稅，且藉口「避稅」罰款；二為美國華人捐贈之口罩不得提貨，因捐贈在野黨泛藍陣營之故。執政當局借SARS而搞政治鬥爭，此亦台灣特有現象。

七月以後，SARS恐慌解除，決赴南京小住，十一月二十日至香港停留六天，因胡春惠約至珠海書院客座講課，余準備講題為〈近代革命史研究的方法－微觀、宏觀、舉例〉。

28 陳紅民博士的書序

胡漢民研究

陳紅民教授的新著《函電裡的人際關係與政治——談哈佛燕京圖書館藏「胡漢民往來函電稿」》，由生活、讀書、新知三聯書店出版（二〇〇三年九月），送余一冊，由張力教授轉來。翻閱後，有余為序。曾記去年劉維開電話轉告，紅民之書，將以余在二〇〇一年十一月在南京大學中華民國史研究中心評紅民之博士論文《胡漢民的人際關係——反蔣抗日活動及其他》的講稿為序，當時不過隨手寫來，以之為序，自嫌草率，既經採用，任之而已。今再讀之，尚不刻板。而紅民之新著，雖以博士論文為基礎，已多修改，堪稱學術水準至高之佳作。其序稍長，節錄如下：

一、

關於胡漢民的研究，自一九六〇年代以來，已有不少中外學者的著作及論文出版。陳紅民博士的《函電裡的人際關係與政治——談哈佛燕京圖書館藏「胡漢民往來函電稿」》，應是該領域最新的一本學術著作，它充分利用了哈佛燕京圖書館收藏的「胡漢民往來函電稿」二千六百餘件。這一大批原始文件首次被利用，諸多新史事的發現，自是不難想像。這一成就，可謂開創了「胡學」研究的新境界、新風氣。

「胡學」的研究的重要性，最少有四項：（1）近代政治人物的代表性與特殊性；（2）國民黨史的重要部分；（3）國民黨內權力派系鬥爭的模式；（4）中央與地方勢力的關係與矛盾。

就研究的資料而言，胡氏珍惜其歷史地位，生前注重保存史料，其著述即為豐富史料。國民黨黨史會之開創（一九三〇年五月一日）實由胡氏所倡，收藏豐富。近年復有（臺北）「國史館」開放蔣介石檔案，台灣所藏已極可觀，南京第二歷史檔案館以及莫斯科新近所刊佈之檔案資料《共產國際、聯共（布）與中國國民革命運動》（一九二〇～一九二七），復以陳紅民博士充分發掘的哈佛燕京圖書館大量的胡之往來函電，「胡學」的研究資料，算是相當充分了。今後繼起研究者，可能更多，成果亦將更可觀。有了充分的資料，要提高研究的品質，方法至為重要。史學研究的基本方法，不外微觀與宏觀、考訂、分析、綜合、比較諸法。運用熟練，即能生巧。

二、

理論架構亦為吾等研究史學者老生常談之物。陳紅民新著中強調天時、地利、人和（主、客觀因素）對蔣（介石）胡（漢民）鬥爭成敗與得失，有決定性的影響。筆者曾用「三權論」（軍權、黨權、民權）研究寫作〈胡（漢民）汪（精衛）蔣（介石）分合關係之演變〉，亦從近代革命鬥爭經驗中求取其理論四大架構：主義（思想理論）、組織（立黨結派）、宣傳（辦報刊）、行動（起義），來涵蓋革命鬥爭的方式。此非筆者之創作，乃孫中山之經驗也。其在《中國革命史》已曾言之。胡漢民與蔣介石鬥爭之方式，也不外用此四大法寶。

搞政治鬥爭，須有韌性，始可進退攻守自如，不可孤注一擲，有進無退，一蹶不振。陳紅民新著對胡鬥爭策略之老練，經驗之豐富，頗多提及。否則，即易成為野心家之工具作為他人犧牲品。張學良此道經驗不足，兩度為蔣介石賣力，得不償失：一為踏入中原大戰之混水，率兵入關，助蔣反汪。所謂「螳螂捕蟬，黃雀在後」，丟了東北老家。汪、蔣合作，反而受汪之氣；一為熱河失陷代蔣受過，交出華北軍政大權，還要為蔣賣命（剿共），備受同夥責難。胡與中共雖是死敵，卻對張曾以「抗日反蔣」相聯。張被送上火爐，急不可耐，做了反蔣（劫蔣）的急先鋒。其鬥爭技術之劣，較其盟友閻錫山差之遠矣。閻有中原大戰失敗之教訓，在日本人幫助下回到山西，亦曾參與「抗日反蔣」行列，步步為營，八面玲瓏，保住老本，成為華北舉足輕重之人物。

三、

胡漢民離開南京進行反蔣鬥爭，國民黨中央為蔣所控制，做其政治工具。胡為何不另組政黨，而仍以「黨統」自居，反蔣而愛黨？陳紅民著作中引胡之言論，頗為精采：「黨好似一座祠堂，守祠堂者若不盡職，驅之可也，斷不可放火將祠堂燒毀」。此雖「茶壺內的風波」，但亦為歷史的經驗。以往國民黨內「西山會議派」在上海另立中央，成了「非主流派」。胡之理念與人際關係，均與此派接近，但胡拒入此派，不願淪為「非主流」也。一九二七年國民黨人之「四・一二」及「七・一五」事件，中共亦不離開國民黨，反指國民黨人為「叛黨」。中共「八一」暴動，仍用「國民黨革命委員會」的名義。馮玉祥、李宗仁等反蔣之戰（一九二九），以「護黨救國」為號召。中原大戰北平組府（一九三〇），寧粵分裂廣州組府（一九三一），甚至抗日戰爭時南京之汪偽政權（一九四〇），均掛國民黨和國民政府的招牌。「閩變」改國號廢黨名，迅即瓦解。

試看今日台灣，李登輝利用國民黨主席及「中華民國總統」之名大搞「台獨」；民進黨陳水扁以「中

華民國」為護符，時而高呼「三民主義萬歲」，以穩定「台獨」政權。李、扁兩人堪稱鬥爭能手。兩人皆要焚毀祠堂，一焚國民黨，一焚「中華民國」。前者視國民黨為「外來政權」，後者不承認自己是中國人。所謂「皮之不存，毛將焉附」，失敗後果，可預料也。

鬥爭為人性的一面，亦為動物的共性，人為動物的一種，自不例外。動物中以公雞的好鬥最具代表性。有人稱李登輝為「好鬥的公雞」。人之異於禽獸者幾希！所不同者，人之鬥爭須有格調。黃季陸在國民黨內屬胡派，與桂系接近，在黨內鬥爭打滾數十年，對胡、汪、蔣三人之性格有一妙論。謂胡與人談話時，多由胡講，而無對方插話機會；汪與人談話時，汪、客各講一半；蔣與人談話時，全由客講，蔣聽之，聽得不耐煩時，以手抹面，客知趣而退。胡只講不聽，不能做領袖；汪講聽（實際未聽，裝做傾聽）各半，只能作半個領袖；蔣只聽不講，做了完整領袖。黃季陸在國民黨算是「非主流」，常有牢騷，曾云：「不死，不走，看你把我如何，讓你討厭，看誰能熬下去」。胡死汪走，蔣熬得下去。胡為書生，有原則，有所為有所不為；汪不擇手段，不惜淪為漢奸，做日本軍閥之工具，幾無格調之可言。不論鬥爭技術如何高明，終有技窮之時。鬥人者，人恆鬥之。孫中山畢生革命，其名言曰：「人生以服務為目的，不以奪取為目的」。乃大徹大悟也。

陳紅民新著《函電裡的人際關係與政治——談哈佛燕京圖書館藏「胡漢民往來函電稿」》，利用第一手資料，用微觀精密考訂、分析之法，發前人之未發，諸多創新。筆者研究胡氏，起步雖早，以宏觀角度來談此道，不免海闊天空，不著邊際。而陳紅民博士研究胡漢民也有多年，論著頗多，「後來居上」。此一傑出成就，是其努力的結果，也是其指導教授張憲文的光榮。

余對陳紅民的研究成就，雖極肯定，然而，學無止境，尚望「百尺竿頭，更進一步」。

29 台灣二〇〇四年大選之鬧劇

（一）陳水扁的公投綁大選

每日報紙及電視，均為明年（二〇〇四）三月二十日之總統選舉事爭吵，陳水扁執意辦公投，純係綁票性質，其公投目的要在二〇〇六年制憲，二〇〇八年實施，此即完成台獨之時間表也。國、親藍陣營之在野黨窮於應付，如反對公投，即被指為反民主、賣台灣。民進黨立委蔡同榮更倡台獨公投，向立法院提案，民進黨人以為在野黨藍營必阻之，如此可使藍營被「反民主」及「賣台」之名。而藍營立委不予阻止，讓蔡案列入議程，表決時，綠營立委竟棄權。此案反為綠營所阻，揭穿了台獨之騙局。蔡及綠營從此不談台獨公投提案矣。而立法院十一月間通過之公投法，可謂發自民間，門檻至高，有一定之程式，限於公共政策，不涉統獨主權；惟遇緊急情況，國家主權有變更之虞時，總統可令行政院舉辦防禦性公投（即公投法第十七條）。此一條文，適為扁利用之，謂中共在對岸佈有四百多枚飛彈威脅台灣，可適用公投法十七條，命行政院於二〇〇四年「三二〇」選舉日合併舉行防禦性公投。美國立即作出強烈之反對，以為破壞現狀，引起動亂。獨派則辯稱正是維持現狀。美方則不斷提出警告。陳水扁又改變公投議案，一為購置反飛彈；一為建立兩岸和平架構。兩題皆為應付美方。前者購置反飛彈者，即向美國購買，美國自無反對之理；後者亦為美國之主張兩岸用和平談判協商兩岸問題。此在島內亦不成問題之問題，亦無異議，公投與否，皆無必需。實際上，此種公投與公投法十七條無關。扁政府已令「三二〇」選舉日同時辦理，認係「深化民主」：反對之者，即是「反民主」。藍方不敢公開反對，綠方咄咄逼之，要藍營舉出「反方」代表與「正方」（官方）辯論，必欲將「反公投」即為「反民主」，「中共之同路人」之名加諸藍方，以糾纏藍方。藍方遇此無賴，顯已束手無策。此時適有飛碟電視台趙少康以民間代表組織「反方」，參加者除趙本人外，尚有陳文茜、李敖、丁庭宇諸人，皆「名嘴」也，登記時，每題須有一五〇〇人至三〇〇〇人之簽署。

兩日之間，簽署者竟達二十萬人，官方緊張，臨時更換正方辯論人，也急找出「名嘴」如謝長廷、蔡英文等，此外又冒出二十個「反方」之代表組織，向趙等攪局。

為「三二〇」公投問題，臺北《聯合報》於二月十一日舉辦「防禦性公投對台灣民主憲政的影響」座談會。此會由中國政治學會、台大政治系政府與公共事務中心，以及聯合報特別邀請中研院院士，前大法官與法學教授，從制度、法

理與憲政主義等層面，深入分析防禦性公投對台灣民主憲政的影響。座談會的結論有下列五點：

（1）強調公投制憲，等於廢憲。

（2）公投法十七條的通過，在野黨（泛藍）不能無責。

（3）「三二〇」公投，不符「緊急」要件，且會影響祕密投票。

（4）公投綁大選，影響選舉公平。

（5）惡例若開，沒完沒了。

此種公投，除臺獨基本教義派人士無條件支持外，能明是非而有良知者，類多持以異議。有一台籍人士黃益盟在《聯合報》刊登一文，題曰：〈獨裁蠻幹還需要公投幹嘛！〉。

自陳水扁執意搞公投後，美國一直不斷的對台方施壓和反對，原因是怕台灣借公投向大陸挑釁，引起兩岸衝突，破壞現狀。摘錄《聯合報》數則報導，以明美國方面對扁執意公投之態度：

（1）史文：扁辦公投是立即危險

美國卡內基國際和平基金會資深研究員史文（Michael D. Swaine）在三／四月號「外交事務」雙月刊發表專文指出，中共不願因台灣問題而開戰，但這不表示中共不準備為台灣問題而戰。

這篇文章題為「台灣的問題」（Trouble in Taiwan）。文中還說，陳水扁總統舉辦公投是為了選舉，美國勸阻有理，美國必須糾正台灣誤認美國會在任何情況都會保護台灣的想法，並向北京保證統一還是選項。

（2）阿米塔吉：台公投動機令人質疑

美國副國務卿阿米塔吉三十日抨擊台灣就台海兩岸關係進行公投的計畫，他表示公投推動者的動機令人質疑。

阿米塔吉說，美國尊重台灣的民主，但台灣的公投計畫「令人質疑」。他說：「據我瞭解，公投通常是針對非常分歧或困難的問題，可是我看到的公投文字，既不分歧，也不困難」。

（3）鮑爾：看不出需要三二〇公投

美國國務卿鮑爾十一日在國會對台灣三二〇辦理的兩項公投題目表示，民主的台灣可以舉行公投，但美國實在看不出臺灣有舉行這兩項公投的需要，美國也不支持這兩項公投。

扁政府對美方之反對及警告加以曲解，民進黨團說是美為台灣公投「背書」。呂秀蓮認為：一句給北京聽，一句給台灣聽。外交部表示，美國不為台灣的公投背書，不影響我國總統大選，對三二〇公投題目採取不表支持也不反對的立場。

扁政府搞公投，不僅要把選舉與公投綁在三二〇同日舉行，而且要把領票、圈票、投票綁在一起，迫使人民非公投不可，最堪注意者，亦將開票綁在一起，如選舉票誤投入公投票匭，仍為有效票，即兩票同時開完，始能確定選舉結果。藍營認為企圖作票，不但容易出錯，且將引起糾紛，甚至可能造成暴動，因此主張領、圈、投分開，不可絞在一起。兩方爭執不下，有所謂「麻花」、「甘蔗」之爭，《聯合報》有如下之社論（摘錄）：

> 投開票所動線如今出現兩種規劃：一種是中央選委會奉行政院之命所作規劃；另一種是臺北市及花蓮縣選委會的提案。中選會的動線是「領、領、圈、投、投」，而北花案則是「領、圈、投、領、圈、投」。兩案最大的差異在於，中選會將「大選」與「公投」兩條動線像「麻花」一般綁在一起；而北花案則是將「大選」與「公投」規劃成同一條動線的兩個階段，一節接一節，可稱「甘蔗案」。至於「麻花案」與「甘蔗案」在執行技術上的差異，只須移動一張桌子而已。
>
> 「甘蔗案」的優點是有目共睹的。至少，不至於發生將總統選票誤投公投票匭的風險。僅此一點，行政院就沒有反對「甘蔗案」的理由。
>
> 反過來說，行政院堅持的「麻花案」，則由於兩類選票在動線中未作區隔，極易發生投錯票匭的事。於是，為解決誤投的問題，竟致一錯再錯，又強令「誤投票匭者有效」，但此一行政命令根本是違法的；接下來，又由於主張投錯票匭有效，於是再將「大選開票」與「公投開票」綁在一起，又是一錯再錯。再接下來，由於「大選」與「公投」開票綁在一起，如何開票，竟又出現兩種說法。一說是要先開公投票匭，將總統選票撿出；另一說是開完總統票後，再開公投票匭，撿出總統選票後，接著再開總統選票。更是一錯、再錯、又錯！
>
> 輿論批評「麻花案」是：「說一個謊，用十個謊來圓。」可謂一針見血。

選舉、公投之領、圈、投、開票綁在一起，引起暴動之說，為中外所注意，扁政府似有所懼，不得不有所放手，故二月二十五日（二〇〇四）中選會通過「兩階段領、圈、投票」流程，即臺北市、花蓮縣所主張者。意即「麻花案」變成「甘蔗案」。

中選會之反反覆覆，扁政府之作為，台灣人民能忍受之，亦奇事也。只要扁出個主意，弄得中外人士群起爭吵，

逗得大家「人仰馬翻」。扁之「玩弄術」，實不可小覷。

（二）「三一九」槍擊案

二〇〇四年三月二十日，台灣地區舉行大選，選舉第十一屆中華民國總統副總統，僅兩組人馬競選，不似上屆二〇〇〇年之五組人馬也。此兩組一為民進黨之正副候選人陳水扁、呂秀蓮，一為國民黨、親民黨聯盟之連戰、宋楚瑜。國、親聯合以對陳、呂，別於上屆連、宋之分裂以對陳。國、親聯合之促成，新同盟會會長許歷農及黨之大老李煥等厥功至偉。雙方競爭至烈，高潮疊起，扁四年來之施政頗多失敗，造成民怨，頗利連、宋之取勝。然以扁方利用行政資源及民粹方式，如公投綁票，挑撥族群，形成是非不分，非以政策為導向。雖然如此，連、宋民調始終領先，尤以接近投票之前，連、宋聲勢更盛。綠方發動「二二八牽手護台灣」運動，由李登輝發起，全台參加者約一五〇至二〇〇萬人，綠方氣勢為之一振。兩週後，藍方發動「三一三」救台灣大遊行，參加者約三〇〇萬人，加以台灣富商陳由豪爆出陳水扁集團及其夫人吳淑珍之收受「黑金」，揭發陳之諸多謊言，雙方勝負顯成定局。不意投票之前一日、即三月十九日下午一時四十五分突發生陳、呂受到槍擊事件，致選情大變。此時陳、呂共乘一輛吉普車在台南市區拜票，忽見呂在車上云膝部中彈，繼而陳之腹部亦謂中彈，乃駛往當地奇美醫院救治。陳係下車走入醫院急診室。經救治後，宣稱傷不嚴重。陳之肚臍下腹有約十一公分長、二公分寬之裂傷。呂僅右膝蓋而未及骨之傷痕。診治後，即出院回臺北，聲稱為「台灣人擋子彈」，意指「外省人」或「中國人」所為。陳之傷口縫合後，當晚八時出院即返臺北。此即所謂「槍擊案」之大致情形。案發生後，扁政府方面之處置：中央選舉委員會當日下午三時開會宣布選舉照常舉行，總統府秘書長邱義仁、行政院長游錫堃宣布啟動「國安機制」，軍警加強戒備。藍方宣布預定之造勢晚會一律停止；綠方則改為「祈福會」，其地下電台播出「外省人行刺阿扁」，「連、宋聯合中共刺陳、呂」。次日投票照常進行，下午四時截止，即行開票。六時以前，連、宋一直領先，六時以後，情勢逆轉，陳、呂領先，結果以二萬九千五百一十八票些微差距，連、宋居後，其得票數為六百四十四萬兩千四百五十二張，四九・九〇％。陳、呂六百四十七萬一千九百七十票，五〇・一〇％。另廢票三十三萬多張。至於公投方面，因領票未過半，否決。選舉結果揭曉，藍方選民大譁，連、宋旋即提出三項訴求：一、全面公開集中驗票。二、調查槍擊真相。三、不當啟動「國安機制」。後兩者影響選舉，因提出選舉無效之訴。

（三）群眾抗爭

二〇〇四年三月二十日選舉結果公佈後，次晨一時三十分，連、宋競選總部（臺北市八德路）聚集三千名支持者吶喊聲、氣笛聲，畫破臺北夜空。四時許，群眾進軍總統府前凱達格蘭大道上，吶喊「驗票」、「阿扁下臺」。六時

半天大亮，總統府舉行升旗，連、宋帶領群眾唱國歌、國旗歌、行禮，南部群眾不斷抵達，從凌晨的三、四千人，增加至深夜的三萬人。群眾在總統府牆壁上打出「立即驗票」，「全面驗票」、「阿扁下臺」的雷射光。國、親立委洪秀柱等往最高檢察署要求檢查總長盧仁發立即驗票，未果，在現場靜坐。台中方面：群眾向地方法院抗爭，地檢署大門被砸，直至凌晨六時散去。高雄方面當天深夜群眾推擠地院柵門，凌晨散去，傍晚又聚集。此外桃園、新竹、彰化、花蓮等地藍營支持者均有抗爭行動。

凱達格蘭大道群眾連日不分晝夜聚集不散，民眾自動分班輪替，白天多為年長者及婦女，下班以後多為公教人員及年輕者。據《聯合報》三月二十四日報導，標題：「第四天了」、「你們回去，我們來啦，補給湧入，接力抗議」，「府前廣場人氣不散」：「不同社會階層的人，二十四小時不間斷替換」。不僅年輕人很多，也多了不少自製的英文標語，訴求國際媒體注意。一位女孩把標語帶在頭上，寫著「重新計票」、「我們需要真相」的訴求。（RECOUNT BALLOT, WE NEED TRUTH。）

群眾抗爭持續到第七天（三月二十七日），進入最高潮，是日，總統府前聚集五十萬人。

「三二七」的五十萬人府前大會師後，國、親轉申請中正紀念堂集結，期限至四月三日夜晚十一時五十九分鐘截止。四月三日為最後一日，聚集五萬民眾，是日下午二時雨勢漸停，群眾又逐漸湧入，要求政府盡速成立槍擊事件調查委員會，只要真相一日不白，抗爭一日不止，「四年跟你沒完沒了」，相約「四一〇」重回凱達格蘭大道。

扁政權一面「封官拜爵」，一面「緊鑼密鼓」籌備「五二〇」之「就職大典」。藍方將否認「就職」之合法，聲稱重回凱格大道（府前）。臺北市長馬英九聲明不參加「五二〇」之「大典」，綠方攻訐之。雙方壁壘分明。粉墨登場，非光彩也。

大陸當局於「五二〇」前發表聲明，指出兩條路供扁選擇，一為承認「一中」，一切好談；一為走向「台獨」，將玩火自焚。臺北股市應聲而倒，一天跌二九四點。美艦隊出動，有航母兩艘，局勢至為嚴峻。

陳水扁及其民進黨氣焰至盛，似亦外強中乾。其所表現於外者忙於封官拜爵，以忠誠度（對扁）及意識型態為考量之標準，如外交部長陳唐山，乃激進之獨派；教育部長杜正勝，乃「去中國化」之御用學者；內政部長蘇嘉全，乃其選舉之樁腳。較有專業能力者如國防部長湯耀明，行政院副院長林信義皆堅決求去，原教育部長黃榮村，既無大過而因助選無功，被撤換。新任行政院副院長葉菊蘭，一無所長，乃因「客家人」輔選有功而升官，其得意之形充滿詞色之間。內部其他派系（新潮流），未封官者，頗有異言。驗票訴訟，法院裁定不准影印選舉人名冊，對藍方大為不利；槍擊案之不破案，拒絕成立真相調查委員會，對四名親民黨立委邱毅、李慶華、馮定國、林惠官等，因向中選會抗議而提出告訴，其速度之快（一週三次偵查庭），前所少見。而

對槍擊案則不聞不問，兩相對照，皆難使人信服。執政當局既不守法而玩法，對不平抗議者置之不理，且科之以罪，而憤怒之人民，有非理性之反應，桃園有一平民賴注醒（雲林人），宣稱成立「革命黨」，將追殺陳水扁及李登輝；亦有謠傳青幫份子在「五二〇」發動暴亂者。扁、李宣稱有「軍事政變」之預謀。

30 蔣介石的「先安關內、再圖關外」

憶當年隨軍之出關

劉維開贈余彼之近編《總統蔣公大事長編初稿》卷十（民國四十年記事）。閱蔣追述其一九四六年誤信馬歇爾之主張，改變「先安關內再圖關外」計畫，致一著錯全盤皆輸。此書記載蔣有兩度重複此事。使余產生一項觀念，戰後國民政府在大陸之崩潰，可能為其關鍵所在，頗可以此為題，循其脈絡，探討戰後國共和戰之歷史。乃商諸維開，以〈戰後蔣中正「先安關內再圖關外」問題〉為題，合撰一論文，備於今年（二〇〇四）十月紀念蔣公之學術研討會提出之。維開同意。余就手邊既有資料，就其要點所需，隨閱隨錄一部分，供維開選擇並補充之。閱及有關關外部分，其時余正在關外服役於二〇七師（屬新六軍），勾起余之諸多回憶，尤其對時間之結合，更為有助，然在當時，只知其然而不知其所以然，今閱資料，明之矣。

馬歇爾未來中國前，蔣以接收東北受阻，乃行「先安關內再圖關外」之策，即關外與蘇聯妥協，行政治接收，重兵不在關外，而用於先安關內，是以新六軍、新一軍等美械裝備及訓練精良之軍隊，均在不調至關外之列。迨馬歇爾來華調停國共和解，於一九四六年一月十日之停戰協定，關外政府軍之調動不受限制，關內則凍結軍事行動，是將「先安關內（軍事）再圖關外」之策，倒轉為「先圖關外」矣。關外接收原計畫之五個軍（實際開出者三個軍），再增加五個軍，包括新一軍及新六軍。余隨新六軍之二〇七師出關，乘美軍登陸艦由上海至秦皇島登陸，據郭廷以編《中華民國史事日誌》記：一九四六年一月二十日新六軍開始登陸秦皇島，二十六日登陸完畢。憶登陸後乘火車（敞車無蓋）至白旗堡下車，駐一釀酒之家，隨部開往盤山之鄉間，在營口之北。據我方資料，營口在一月二十四日受中共軍攻擊，有蘇俄軍助戰。二月二十四日盤山東沙嶺附近中共軍攻擊我軍，發現俄軍官在內指揮。余隨部隊駐盤山鄉間時，某夜有共軍騷擾，發信號彈，火光滿天，未見共軍。余駐盤山鄉間農家，經常移動，憶駐一農家時，不見婦孺，僅一中年男主人，應係地主，與余相處甚得，彼有留聲機一架，用轉盤、磁針、喇叭，欣賞京劇，余不懂詞，而悅其調，某日，余聽畢將一磁盤置於坑上，再用時，盤已不平不堪使用矣。因東北寒冷，坑與竈連，竈生火而坑即熱，磁盤受熱即不平，余不知也。裝入袋中，佯作無事，主人亦不過問。然余之「不光明」的愧疚，永難忘也。

盤山屬遼南地區，今閱史料，中共軍李運昌部在此地

區，首先出關，僅兩千人，收編當地民眾，迅擴至八萬人。惟訓練不足，戰鬥力弱。李運昌即中共創始人之一李大釗之子。戰鬥力強者為出關之山東新四軍與冀東之八路軍，合約三十餘萬人，林彪任總司令，稱東北人民自治軍。余隨軍出關後，林彪已成軍，得蘇俄軍之扶植，接收日本關東軍之大量武器裝備均移交之。余隨部至溝幫子登火車開至瀋陽，夜間入城，經小西門，滿街漆黑，此應為三月十二日，即蘇軍撤出瀋陽之日。郭廷以《史事日誌》指為第二十五師是日進駐，似誤。按在此之前，第二十五師（屬五十二軍）已進駐瀋陽之鐵西區。據當地人云：此軍紀律至佳，初到時，天寒留室外，不入民家。人民視吾等為「王師」，購物、上餐廳，備受歡迎。余初駐二女高，即張學良創辦同澤女中之前身，大理石地板，光耀奪目，文桂曾在此校就讀。余連駐防城南小河沿，渾河北岸，中有橋，對岸為中共軍，余在戰壕中命一士兵瞄準對岸橋頭站崗之中共軍，竟一擊而中，對岸之中共軍向南逃去，余登橋至對岸，已無敵蹤矣。郭廷以《史事日誌》記三月十五日之「瀋陽國軍接收渾河南岸之變電所，將共軍驅走」。可能即為余命士兵一槍中的效果。

三月十六日，蘇軍撤出四平街，四月十三日自長春撤盡，中共軍隨之入據，擊退政府之守軍。此時重慶中央應否以武力接收東北問題，頗為躊躇。四月二十一日蔣中正在林園官邸會商，軍令部長徐永昌之《日記》（一九四六年四月二十一日）有如下之記述：

> 九時半去林園蔣先生處，蔚文（林蔚）、為章（劉斐）及俞大維已先到，為章報告東北情形，擬一舉攻佔四平街；如攻佔順利，並進佔長春。然後轉移有力一部南下，消滅張學詩部（因我精銳部隊聚集，共軍雖得蘇助，尚非我敵）。余（徐永昌）謂國軍既受運輸限制（無問〔論〕軍隊，糧彈尤然），更防蘇聯破臉助共，我孤軍深入，今已為甚；奈何再進！……蔣先生一一首肯。

四平街經過一個月之激戰，共方總指揮為林彪，我方為杜聿明，新一軍、新六軍、七十一軍，乃國軍之精銳，均用之於此役。五月十九日克四平街，二十三日蔣主席偕夫人飛臨瀋陽，停留至三十日。時二〇七師駐防瀋陽，余駐鐵西區，聞蔣來瀋巡視，經過醫大，余特在人群中瞻其風采。蔣經國亦隨來訪，二〇七師政工人員中上級皆其門生，聞約見。余雖政工，乃低級雜牌軍，自無份。

隨即奉命出發至鐵嶺，轉向遼西法庫，康平一帶，未見敵蹤。再轉昌圖去西豐（原名西安，改稱），此在四平街之東。遇共軍來攻，夜間砲聲隆隆，共軍退。吾團團長（二〇七師六二一團）劉少峰吹牛曰：吾以平射炮嚇退共軍。此炮用以打戰車，用之打人，割雞用牛刀，夜間盲射而已。吾營第二連訓導員孫燦作戰陣亡。孫，南京浦口人，無兄弟姊妹，父歿，僅寡母一人。

國軍收復長春後，本擬乘勝追擊至哈爾濱，以馬歇爾

之堅決反對，自六月七日起東北開始停戰，再延至六月三十日，以與共方言和。未成。七月以後，關內、關外戰爭再起。重大戰役，尤以關內為甚。九、十月間，余隨部隊由四平街乘火車開往北平，編為「快速部隊」，參加熱河戰役，余在北平及居庸關均有停留，然未實際作戰。今據資料，乃配合收復張家口之戰。張家口於十月十一日為來自察哈爾傅作義部所收復。任務完畢，余隨部隊回瀋陽，時已深秋、初冬矣。二〇七師開始復員，余入東北大學繼續學業。

上述經過史實，乃余與維開所擬撰寫〈先安關內再圖關外〉倒轉為「先圖關外再安關內」之段落。亦余前次為林桶法《戰後變局的中國》代序之〈流產的「和平統一」〉（一九四六年一月至十月）之時段。適余由出關而至復員之時期。當時身臨其境，糊裡糊塗。參謀總長陳誠一九四六年六月二十五日之軍事報告有云：

華北東北青年決不與後方一樣（按後方青年鬧學潮），以東北講，四平街一役，表現得最好的是二〇七師，兩個最英勇的青年，一個父親是共產黨，一個是王立明（可能是指王明）的親戚。

又十月二十三日報告云：

東北，我們沒有動，他們（共軍）在瀋海路攻我們西豐，那裡是我們青年軍二〇七師，因為退伍調動，他們就打我們，青年軍不願意退伍和他們打。（在國防最高委員會之報告）

以上兩項報告，顯與事實不符，四平街之役二〇七師並未參加。共軍攻西豐時，與二〇七師戰，孫燦陣亡，余不知其他師正忙退伍，談不到「願不願意」。其後調熱河編為「快速部隊」。所謂「不願意退伍」，可能是上級的意思，余等延後退伍（規定六月三日復原），乃有「特殊任務」，非出自從軍青年之意願。可知引用史料必須慎重。

31 《郭廷以先生門生故舊憶往錄》

當年史學界的恩怨

中研院近史所張玉法院士贈余《郭廷以先生門生故舊憶往錄》（二〇〇四年四月，中央研究院近代史研究所出版）。收訪問紀錄二十二篇、回憶錄七篇，均為對郭廷以先生教學、研究及創辦中研院近代史研究所之憶述，而以關於近代史所者為主。對一九六〇年代台灣史學發展記述尤多。當年史學界鬥爭之內幕，亦歷歷在目。其時亦正余在國民黨黨史會「學徒」時期，其中涉及之人與事，亦與余有直接或間接關係。如首篇之〈王聿均先生訪問紀錄〉，記其民國四十三年至四十四年（一九五四～一九五五）為助羅家倫先生編撰《國父年譜》在南投草屯荔園史庫參閱資料。《年譜初稿》於一九五八年出版，其後發生羅剛對此書「糾謬」，羅家倫先生頗為所困。余與雲漢於一九五七年八月始入黨史會工作，一九六一年羅先生命余等就此書作全盤（初為「糾謬」部分）之校訂，而於一九六五年出版《增訂本》。王聿均先生對此書之《初稿》頗有「自責」，謂其「感到十分慚愧，深覺有負羅先生的期許」；「後來這部年譜由黨史會重加修正，參加修訂工作者有李雲漢先生、蔣永敬先生等人」。王亦自謙，謂其「學力還差的很遠。後來蔣永敬和李雲漢兩位先生辛勤努力，他們找資料比我（王）細心，用的功夫也比我深，所以寫出來的著作都十分有價值」（該書三四～三五頁）。王先生編寫此大書，初奠其基，十分不易。當年史料尚無整理，用之不易，加以停留史庫時間不過二、三個月，較之余等常住其間，自有不同。王先生長余數歲，民國二十七年（一九三八）入中央大學歷史學系，三十一年畢業，受業名師，文學尤佳。三十一年（一九四二年）余剛入安徽師專教育科（三年制），旋改安徽學院，遜於王先生遠矣。在台相識數十年，余對彼之印象，為「謙沖君子」，對人客氣而謙虛。某次在中央圖書館參加學術會議，取錯彼之皮包（會議同一形式），彼對余大發雷霆，完全變為「暴君」。余致歉再三，彼仍不諒，似疑余有意偵其「祕密」。從此余乃敬而遠之。其在近代史所資格最老，同仁呼之為「三公」（另兩公為黃嘉謨與李毓澍，皆中大）。書中多人對之頗有微詞。

《憶往錄》第二篇為〈張玉法先生訪問紀錄〉，其中涉及與余的一段，謂其「去政大和台大歷史研究所開課，政大是蔣永敬先生請我去的。過去我在黨史會蒐集資料時，就認識蔣永敬先生，但彼此沒有什麼往來。後來我寫《中國現代史》引起警備總部的關切，蔣先生負責來瞭解我寫這本書的

動機，經過交談後，他充分瞭解這只是單純的學術著作，並沒有什麼政治目的。以後他就請我到政大教書」。（該書第六三頁）

余接此書時，當即翻閱，見此記述，當即指其有誤。玉法的《中國現代史》，一九七七年由東華書局出版，有人檢舉該書不用民國年號，而用西元記年，孫中山不稱「國父」，且不抬頭或空格；稱中共而不稱「匪」或「共匪」。其時余尚在黨史會任職，黨史會主任委員秦孝儀根據轉來之案，召集黨史會許朗軒副主委及行政院新聞局長宋楚瑜開會研究，余與雲漢亦與焉。秦提出後，宋首先即言所舉三點，均無關宏旨，不應陷人以罪，不必「審查」云云。秦曰即照宋之意見。遂散會。宋，蔣經國身邊之紅人也。其後玉法曾說余曾在一餐廳約宴，向彼轉達以上意見。余實無印象，可能受秦之囑而轉告。果而，亦為秦之善意，在使玉法安心也。玉法所記「蔣先生負責瞭解」云云。余謂之曰：「實高估余之地位矣」。余告之曰：余與雲漢在黨史會一度尚被列為「審查」對象，豈有權「瞭解」他人乎？余嘗謂玉法曰：汝不免有「傲氣」。對他人著作，能「欣賞」者不多。余告之曰：「汝未用功讀余之文，有欠瞭解也」。然余對玉法著作，至為欣賞。彼之《中華民國史稿》，大部頭之作，聯經公司出版。劉國瑞及王震邦要余作評介。稿送《聯合報》，未刊，代以王震邦之介。蓋余指出「中華民國」有被滅亡之虞，李登輝乃罪魁禍首。

〈周道瞻先生訪問紀錄〉，周為安徽來安人，余之安徽學院同學。在近代史所任管理員，管事務及人事業務。閱其紀錄，始知此君頗有「一套」，其中有一段所記與余有關者：「民國三十八年（一九四九）我（周）由舟山到台灣後，住在「七洋大樓」，這是個招待流亡學生的機構，……當時這個招待所歸保安司令部管轄，必須先辦理登記才能進住。負責登記的是蔣永敬上尉，他是安徽學院從軍的，是我的學長，彼此都認識，我去找他開條子，住到七洋大樓」。（該書第四七〇頁）其時余已官拜「少校」，任該部政工處秘書。負責登記安置流亡學生的是同事陳匀字海萍，余為周介紹而已。不久，機關改組，余轉職東南長官公署，任「署員」，閒員也。周任職近史所後，常晤面，偶談余籍安徽定遠縣，彼云其伯父周某曾任定遠縣長。余一聞此名，憶其在吾縣政聲至劣，即不願再談其伯父矣。閱其紀錄，彼乃來安世家也。

呂實強撰〈郭廷以所長筆路藍縷創所與辭職風波〉。內述郭先生陸續遭受國內人士的誤解與指責，其中尤以引用吳相湘、王德昭聯名於民國四十八年（一九五九）三月十八日致中央研究院院長胡適之函之全文為最詳。吳、王致胡函自稱「受業」，當係北京大學出身。郭出身東南大學（後改稱中央大學），南高北大素有門戶之見。函中認為郭之聲望不足以擔任近代史所籌備主任（其時尚未正式成所），應由蔣廷黼出任為宜。呂以長篇幅論吳、王致胡函之不當。呂云：

「兩位教授（吳、王）的這封長信，儘管表面上看起來是冠冕堂皇，實際上都是所陳理由既不真實，所作的建議，也不可能實現，我（呂）個人的感受是，吳相湘先生在學術成就方面，一直是我敬佩的，他的《第二次中日戰爭史》與《孫逸仙先生傳》，自出版以來，我就購買來閱讀，直到現在，仍然是我置放於書桌旁最近的書架上，時常參閱的書。王德昭先生則是我在師大求學時十分佩服的老師，他文章好，口才好，為我們班上同學公認的一位非常出色的教授。在當時，不論動機如何，這封信怎麼能這樣寫呢？」呂對吳、王兩位教授在學術上成就的評價，亦至公平而恰當，對郭之維護，亦有其理由。惟吳、王不能為郭羅致加入近史所研究行列，而獲外國基金之補助，顯為對郭不諒之原因。郭籌備近史所與羅致研究人員，亦不能說無瑕疵。余對吳知之甚深，王雖不深，但其學術成就，為余所欽佩。余入黨史會時，吳、王亦常住史庫研究，吳當時研究宋教仁與民初政治，王研究同盟會與知識份子；其後吳撰〈陳炯明與中俄共之關係〉，為學界所推重。郭之不能羅致吳、王入列，不無氣量不足之嫌。至其所羅致的青年學子如呂實強、張朋園、李國祁、張玉法、王樹槐、陳三井、王爾敏、張存武、陸保千、蘇雲峰、李恩涵、陳存恭、劉鳳翰等，人才輩出，大有成就，則是經過多年磨練與郭之指導之功，而吳、王較之近代史所「三公」絕不遜色，未能羅致之，召致指責，此乃文人相輕之故也。

32 故鄉《定遠縣誌》

（一）定遠故鄉之歷史、地理、文化與自然

二○○四年六月十日偕文桂赴南京小住，得有充分時間閱讀故鄉《定遠縣誌》，摘其有意義者隨閱隨錄。

《定遠縣誌》摘要：

閱讀《定遠縣誌》，對余故鄉之歷史、地理、人文、自然等，始有概括之瞭解。就歷史言，定遠古為淮夷之地，戰國時屬楚地，秦、漢時境內曾置陰陵、東城二縣和曲陽侯國，屬九江郡。南北朝時為南北爭奪之地，梁武帝普通五年（五二四）收復淮南失地置定遠縣。縣名「定遠」，含有安定邊界，收復淮南失地之意。唐玄宗天保四年（七四五）縣治遷至今地。歷時一二○○餘年。建治後一直是全縣政治、經濟、文化中心。明朝時市政設施頗具規模，市井繁榮興盛，成為中都的重要拱衛之城。後幾經兵燹劫難，城圮頹毀，尤其是一九三八年日本之侵略轟炸，城內完好建築所剩無幾，名勝古蹟蕩然無存。中共建國後，恢復生機，市區面積擴大五倍，達六・九平方公里，人口四・二萬。自來水、電力、通訊等基礎設施齊全。

就地理環境言，定遠處於安徽省中部，位於江淮分水嶺北側，東與嘉山、滁州市毗鄰，南與合肥縣接壤，西南跟長豐縣交界，西同淮南市隔水相望，北和鳳陽縣相連。全縣總面積二，八九一平方公里，人口七八・六萬（一九九○），有漢、回、苗、藏等三十三個民族，漢族占九七・七二％，回族占二・二％。

國民政府時期，無長豐縣及淮南市之設。故定遠西部與壽縣交界。定遠回族有穆、馬、金等姓氏，不乏優秀人才，不與漢族通婚。

就人文言，歷代不乏名人，東吳名將魯肅，佐孫權定聯劉（備）抗曹（操）之大計，大破曹軍於赤壁。南宋名相董槐明大義，敢直言，察民情，善斷獄。朱元璋起兵於定遠而建明王朝，定遠籍王公侯爵三百餘人，著名者有左丞相李善長、胡惟庸，大將軍馮勝、藍玉，黔王沐英，東川侯胡海等，抗倭英雄戚繼光。清朝陳、凌、何、方四族文墨嘉譽天下。定遠人民素有抗暴傳統，東漢的馬勉、許風，南宋的寇宏，元末的郭子興、沈仁，清之陸遐齡父子，均曾震撼一方。定遠人亦素具革命傳統，辛亥革命有方紹舟之淮上軍，首克定遠，繼克滁州、全椒、來安、天

長、盱眙等縣以及皖東。一九一四年響應孫中山組織討袁軍。「五四」運動，定遠縣城師生有六次遊行示威。北伐時期，定遠人民自發組織「紅槍會」反抗北洋軍閥，一九二六年七月，軍閥張宗昌部潰敗擾民，朱灣、定城、齋郎（定城北）的「紅槍會」兩次擊敗張部，並佔據縣城，其後又助國民革命軍奪取鳳陽。

按：余在童年，常聞父輩言及北軍紀律之壞，受到人民之攻擊，使北軍棄械而逃，兵敗如山倒，民間奪得大量槍械。

就自然環境言，定遠地勢東北高、西南低，低山丘陵區面積三四三平方公里，占總面積約十二%。最高山峰岱山，海拔三四七米。按：此山在吾鄉池河之東，余童年時隨家人入山拜佛廟，其後常為土匪出沒之地。

境內分池河、窯河兩大水系，共有大小河流七十二條。池河為最大河流，發源於鳳陽山脈，流入嘉山縣女山湖。由於風季影響，四季雨量分配不均，時有旱澇災害。按：此余童年最深刻之印象。

（二）《定遠縣誌》大事記

秦胡亥元年（西元前二〇九年）陳勝、吳廣起兵，令部屬葛嬰率師占鐘離（今臨淮關東），直取東城（今定遠縣東南三官集），立襄疆為楚王。

西漢高祖五年（西元前二〇二年）項羽兵敗垓下，逃至陰陵（今定遠西北靠山鄉古城村），迷途，僅剩二十八騎，逃至東城西境四隤山（今二龍鄉譚村，境內有歎虞墩，即虞姬塚），被灌嬰千騎包圍，突圍向南逃至烏江（今和縣烏江鎮），自刎。

東漢建寧五年（一七二）：魯肅於東城（今定遠東南三官集）出生。

建安二年（一九七）：魯肅率百餘人隨周瑜到江南投奔孫權。

西晉太元八年（三八三）：符堅伐晉，遣兵五萬入洛澗（今爐橋鎮西北洛河口一帶），晉派兵五千襲之，大破秦兵，斬其將梁城。

南北朝梁普通五年（五二四）：十月，定遠將軍曹世宗攻破北魏西曲陽城，設置定遠郡暨定遠縣。

唐天寶四年（七四五）：定遠縣治所由東城遷至定城。

乾符三年（八七六）：王仙芝、黃巢，會師槎枒山（今定遠西北）。

宋天聖七年（一〇二九）：合肥人包拯任定遠縣知事。

紹興十年（一一四〇）：金兵陷濠州，韓世忠戰不利而退，岳飛率兵進駐定遠，金兵退。

元至正十四年（一三五四）：朱元璋起兵略地定遠，敗元軍於橫澗山，收降卒二萬，集結定遠人李善長，進攻滁州。

明弘治十一年（一四九八）：湖廣麻城進士曾大有任定遠知縣，修《定遠縣誌》。十三年，縣人黃金致仕歸，始蒐

集定遠縣誌稿。

嘉靖十四年（一五三五）：池河集設演武場。

三十八年（一五五九）：知縣高鶴主修《定遠縣誌》。

崇禎八年（一六三五）：李自成、張獻忠率眾從鳳陽經定遠南下。十年，李自成攻下定遠縣城。

清康熙三年（一六六六）：蓬萊人徐杆任定遠知縣，重修《定遠縣誌》。

二十九年（一六九〇）：知事曲震重修《定遠縣誌》。

乾隆二十五年（一七六〇）：知縣鄭基重建書院於學宮之左，改名為曲陽書院。

道光十九年（一八三九）：知縣饒元英創建試院。

咸豐九年（一八五九）：捻軍張樂行、太平軍吳如孝攻陷定遠城，為淮南捻軍根據地。十年，清將袁保恆、張得勝攻佔定遠。

同治二年（一八六三）：斗米千錢，太平軍李秀成、捻軍張宗禹率軍至城下。

計戶口，得一二〇〇二八口。

光緒三十一年（一九〇五）：貢生楊炳坤、穆鍾琨等倡新學，興辦小學堂。三十二年，縣紳陳驤在曲陽書院創立高等小學。（余父民初就讀此校）

宣統三年（一九一一）：十一月八日，方紹舟率淮上軍光復定遠。

民國元年（一九一二）：三月，安徽都督孫毓筠任命朱金堂為定遠知事。

民國三年（一九一四）：三月二十九日，革命黨人李三甲、魏冕齋率眾進攻定遠縣署，知縣趙鏡源逃走，倪嗣沖派兵鎮壓，李、魏被殺。

九年（一九二〇）：知事袁麗雲創立縣圖書館，倡修縣志，初設女校。

十五年（一九二六）：民間紅槍會抗擊直魯軍。次年，直魯軍趙憲堂部駐定遠，到朱灣搶掠，被紅槍會擊退。

十六年（一九二七）；四月十七日，國民革命軍第七軍尾追張宗昌殘部路過定遠。

（此時余方五歲，革命軍曾至余鄉四戶蔣，軍紀優良，鄉人多助之。）

二十年（一九三一）：縣人楊炳坤撰寫《新編定遠縣誌、大事記、地輿志》。

二十七年（一九三八）：一月二十八日，日軍飛機在池河、清洛澗等地猛炸，日軍佔池河鎮，五月十三日撤退。

（日軍侵入吾鄉池河時，余親眼目睹，國軍（廣西軍）與之作戰兩日，余家距池河至定遠公路甚近，當晚逃難，舉家扶老攜幼向南約十華里壩面毛村逃去。日軍撤出池河，余回故居，池河鎮房舍焚燬無存，人民搭建臨時居所，市面漸恢復。）

二十八年（一九三九）：九月，中共新四軍第四支隊，以藕塘為津浦路西之根據地。

（藕塘距吾村約二十華裏，此時吾村即不時出現中共宣傳人員。）

二十九年（一九四〇）：三月四日，新四軍進佔定遠縣城。

（此時余已入安徽第十一臨時中學，校址在吳家圩，距縣城約五十華里，余於夜間隨校西遷，有廣西軍同行，旅長龍炎武呢質戎裝革履，配左輪槍，頗威風。撤至壽縣城。旋遷鄉間假民宅上課。半年後，再遷壽縣之隱賢集。）

三十四年（一九四五）：八月十四日，新四軍進佔定遠縣城。時適日本投降抗戰結束，國共內戰再起，十二月，國軍收復縣城。

三十七年（一九四八）：三月，中共軍攻下藕塘，成立定滁縣委、縣政府，謝捷三任副縣長、縣長。

（謝原名謝傑三，一九三六年至一九三七年，余就讀池河小學時，任吾級之自然及音樂課。抗戰時期入新四軍打遊擊。余於一九九三年至合肥聞其在蕪湖師大任副校長，已退休，特往訪之，已八十餘歲。）

（三）池河鎮「帶來窮」

明朝，定遠縣池河鎮有一窮書生，天天過著「今日有酒今日醉，明日無酒再想方」的生活，因姓戴，人們送以「帶來窮」綽號。但具小聰明，擅長對對子，常有絕妙詞句，語驚四座，人們奉之為「對書生」。某年，有一楊姓主考官前往南京，路過池河住宿，「對書生」要考主考官，主考官不屑一顧，「對書生」說出上聯：「池河無水也可」。主考官竟為之考倒，苦思一夜，仍是對不出。一個堂堂大明的主考官，竟被窮書生難住，頗失顏面。三年後，有一李姓主考官路過池河，聽說窮書生考倒楊姓主考官，乃微服私訪之，談及「池河無水也可」上聯，窮書生請李主考官賜教，李即對以「杯桁去木不行」。原來池河鎮西邊河上有一木橋，原名「杯桁橋」（後名太平橋）。書生一聽，真絕對也。

「窮書生」自以為掌握天下一絕，頗欲藉此一顯身手，謀取一官半職。機會終於到來，明成祖永樂元年正月，成祖奪取皇位後，帶領文武百官從南京去鳳陽皇陵祭祖，路過池河，家家門前懸鏡，戶戶台缸盛水，表示大明天子明如鏡、清如水，惟窮書生門無鏡，台無缸，成祖正要派人追拿，忽見「對書生」手捧對聯迎面跪拜，上聯是「日明月明大明一統」，下聯是「君樂民樂永樂萬年」，龍顏大悅，立即賞金錢賜布帛，帶到鳳陽授官。

按：此一故事，對逢迎拍馬者之諷刺也。吾鄉池河鎮戴姓係鎮上之大姓，書香世家。余入池河小學前，曾從一戴姓教師補習算術。在隱賢集十一臨中時，西隱賢集（屬霍邱）小學有一池河籍戴姓教師，余逃難至西隱賢集，賴戴介紹至其友人家避難，此友乃當地之「龍頭」，其後知為共黨。

（四）定遠的人物

《定遠縣誌》第三十二章〈人物〉及〈人物傳〉二十七篇。三國時期有魯肅、董槐傳，明朝有李善長、戚繼光傳，清朝有凌泰封傳。餘皆民國以後人物傳，有凌毅、武焜南、李三傑、方紹舟、方國華、馬甲三、楊炳坤等。有國民黨人

物，亦有中共人物。〈人物表〉分〈明、清軍政人物表〉、〈建國後參加工作的縣（市）師級以上幹部人物表〉、〈社會名人表〉等。

其「建國」前的老幹部有九十七人，是在國民黨統治時期參加中共，可見中共早期在吾鄉之發展。其中在童年時期與余相識者，有劉傑其人，彼為池河鎮高劉人，與吾家相距約一華里，兩村相望。表中記云：「劉傑，男，定遠縣池河鎮人，民國十二年（一九二三）生，民國三十一年（一九四二）五月參加工作，歷任縣青抗主任、副鄉長、鄉長、模範隊長、合肥市文化館館長、市體委主委、安徽中醫學院總務長等職」。彼出身地主家庭，一九三七年肄業鳳陽花布廊小學，未升學。一九四八年余在津浦路管店與之相晤，知彼已加入中共，彼謊稱已脫離，且稱如不脫離，必為中共之「大官」。此時正值國共徐蚌大戰，中共勝利在握，故彼有此自誇。孫鐵民自台去合肥時，云與相會，謂在安徽大學醫學院任總務長，已離休。其後余訪安大，託安大武菁向安大醫學院查詢，謂無其人。孫誤以安徽中醫學院為安大醫學院。「老幹部」尚有謝捷三，未見其列，何也？聞謝在中共退出定遠後，一度向國民黨方面「自首」。〈社會名人表〉之中陳天佑，乃余安徽學院同學，一九四九年安大英語系畢業後，歷任蚌埠、蕪湖師專教師。表中記其曾主編《英語語法摘要》，由華東師大出版。同表列余為「蔣永隆」，乃小學、初中所用之名，學歷書為「黃埔軍校畢業」。誤。

（五）大饑荒的死亡人數

一九五九～一九六〇大饑荒，《縣誌》記有死亡率，一九五九為二〇％以上，六〇年為三一・三％。據記述：一九五九～一九六〇年「因工作上失誤和自然災害原因，出現大量非正常死亡，人口銳減」。一九五九年人口為六四二，九八四人，一九六〇年減為四六八，八〇七人，實際減少一七四，一七七人。

《縣誌》記述「對四類分子管制改造」。「四類」分子係指地主分子、富農分子、反革命分子和壞分子（有違法犯罪行為尚不夠逮捕判刑的為壞分子）。中共建國後，經過鎮壓反革命和土改運動，除對少數罪行嚴重的反革命分子和不法地主「依法」懲處外，對絕大多數地主分子、富農分子、反革命分子，實行靠人民群眾就地監管，勞動改造。對「四類」分子的表現，實行月查、季查、年終評辦法，對表現良好，摘掉帽子，對表現壞的適時批鬥，加強管理。一九七九年二月，根據中共中央有關決定，對全縣「四類」分子進行全面清理，將三，四三〇名「四類」分子中定性錯誤的九八五人加以糾正。其中屬於錯定地主分子三五九人，富農分子三〇八人，反革命分子一二〇人，壞分子一九八人，同時，將經過長期勞動改造，奉公守法的二，三七二名「四類」分子，依照政策摘掉帽子，還有解除管制的十二人。就一般所知，中共有「黑五類」之分，其中有海外關係者，即列其中的一類。

一九五九至一九六〇年的大饑荒，定遠一縣，竟減少十七萬四千多人。根據中共官方的統計：大饑荒全國死亡人數為四千三百萬到四千六百萬之間。定遠人口死亡率，約為全國之二七〇分之一，可謂災情嚴重的縣。改革開放後，吾戚孫鐵民回鄉探親，得知家鄉大饑荒慘狀，謂當時飢民瘦得只剩下皮骨，倒下即死，其姨母即余之舅母無物可食，鐵民之女在公社耕作時，竊取落花生十數粒，夜晚供其姨祖母充飢，為共幹所知，鬥爭要其賠償，但無物可賠，乃將其家大門拆去一扇作賠。人民真是「敢怒而不敢言」。

33 參加廣州學術研討會

發表〈鮑羅廷對國民黨的「左運」工作〉

二〇〇四年七月十五日至廣州，入住珠江賓館，參加廣州中山大學孫中山研究所及廣州近代史博物館舉辦之「孫中山與世界（含共產國際）」國際學術研討會。大會負責人為林家有秘書長（中山大學孫中山研究所所長）。十六日上午開幕式及「有關孫中山研究的綜合報告」，報告依次為張豈之（北京清華大學）、章開沅（武昌華中師大）、余及張磊（廣東社科院）、巴斯蒂（法），主持人龔書鐸、胡春惠。與會學者約一四〇人，台灣來的學者尚有陳三井、陳家輝（高雄中山大學）、謝政諭（東吳大學）。下午參觀中山大學新校址與黃埔軍校舊址。十七日上下午分組討論，計四場，各場四組，計十六組，每組論文五篇，計六十篇。晚間為珠江夜遊。十八日上午參觀中山紀念堂、南越王墓（西漢時期）博物館、陳氏書院。下午自由活動。十九日下午有五場報告，不分組，每場五篇報告，閉幕為邱捷會議綜述，林家有致閉幕詞。

晚宴在廣州金滿城酒家，海鮮席，位於珠江之畔，風景至佳，下為珠江游泳場，有闔家游泳者，其樂融融。參觀時，見各處大興土木，新而大的建築物至多，郊區馬路開闊，一片欣欣向榮。閱報：廣東今年上半年經濟成長率為一五%。

晚宴由中山大學副校長李萍女士致謝詞，一如開幕式之致詞，簡短而無政治意味，較之一九九〇年廣州中山大學孫中山之研討會大有不同。

余之綜合報告題為〈鮑羅廷對國民黨的「左運」工作〉。除前言、結論外，要點為：聯俄與反帝、聯（容）共與反右、農工與反資。（此文收入拙著《國民黨興衰史》增訂本）。

此次廣州之會，晤多年未見之舊友，亦識新起之年輕學者。舊友中如龔書鐸、耿雲志、李玉貞、徐萬民、李華興、魏宏運、俞辛焞、章開沅、謝本書、黃彥、段雲章、李吉奎、狹間直樹、水野明（後兩者為日籍學者）等，年輕者如桑兵、徐勇、郭世佑等，此外年長者尚有張豈之、沈渭濱等，在學界均有聲譽。大會秘書長林家有屬中生代，充滿活力。年輕一代學者均能認真治學，所發表之著作，多具學術水準，表現大陸學界亦隨經濟起飛而不斷進步。

會中遇一可喜之事，老友俞辛焞之恢復健康，彼於數年前腦病不省，頻臨絕望之境。新年接其賀年卡，告以恢復知覺，且能工作，不勝欣喜。此次與之晤面，倍感驚喜，其發

表之論文〈日本對孫中山與金玉均之比較〉，余傾聽之，頗具水準。其贈余之新著《躬耕集》（二〇〇三年六月北京中華書局出版），閱其書中〈孫中山的「滿洲借款」和「中日盟約」考釋〉一文，對年來中日學者爭論不決之問題，有澄清之作用。

同年十月末余至北京，電話天津大學，知俞舊病復犯，住醫院。其後無訊，以為不在人間。二〇一六年十二月在臺北一次學術會議中，遇一天津大學教授，為俞之學生，謂俞仍健在，尚住醫院，有意識，惟不能言語。

▲初晤俞辛焞（一九八七年在香港）

34 和統會梁會長之去世

鞠躬盡瘁「和平統一」的正義強者

二〇〇四年八月二十七日晨二時許，海峽兩岸和平統一促進會會長梁肅戎先生以心臟衰竭逝世於臺北市國泰醫院，先一日晚，劉鳳翰來電話，謂梁因病住院插管，病情嚴重。次日晨九時許電話和統會詢梁會長住院病況，謂清晨去世矣！既而電視播出新聞，越日報紙多有報導，評其堅持「和平統一」，共鳴者少，然其堅守原則，與當權者抗，始終如一，堪稱正義強者。

一九九八年四月和統會成立，迄有六年，以余為副會長之一（計三人，另二人為郭俊次及馮滬祥）。實際參與活動較多者為郭俊次，余僅參加香港、柏林、東京幾次大會及訪問北京、瀋陽數次，亦曾為梁起草大會講詞數篇。最後一篇為這年九月十八日將在北京舉行之「戰爭遺留問題暨中日關係展望國際學術研討會」論文，題為〈九一八事變與中華民族的覺醒〉（提要）。稿傳真和統會後，未再過問，時梁赴香港出席和平統一大會，歸來後給余電話，云八月十五日有日本人來訪，約余陪同，余對此無興趣，婉謝之。以後數日無聯絡，後知十六日入醫院，中間尚抱病出院訪連戰，余不知也。迨知之，已過世矣。二十八日上午余赴潮州街梁寓拜弔，見有員警守衛，此卸任立法院院長之禮遇也，來弔者不多，此亦反映政治之現實。晚閱電視，陳水扁及連戰、宋楚瑜、王作榮、許水德等皆往梁府弔唁，對梁生前行事頗多肯定與讚揚。大陸方面汪道涵、陳雲林及其海協會亦有電致弔。梁生前在台頗受冷落及獨派之忌恨，死後則受讚譽，此乃表面文章也。

九月二日在國民黨中央黨部開梁肅戎先生治喪委員會，湯紹成通知同往參加，定於十月八日安葬。屆時余將赴武漢參加學術研討會，不克參加其喪禮。《海峽評論》將刊載其事跡，湯紹成要余撰文一篇。題為〈為「和平統一」鞠躬盡瘁敬悼梁肅戎先生〉。留稿附錄如下：

為「和平統一」鞠躬盡瘁敬悼梁肅戎先生（節略）

梁先生畢生行事做人，始終站在正義的一方，為維護正義，大有奮不顧身，「雖千萬人吾往矣」的氣概！他是不折不扣的忠貞國民黨人，日本佔據東北時期，梁先生受的是日本教育，擔任偽滿首都長春法院檢察官，有不錯的待遇，但他反對日本的統治，參加國民黨的地下抗日工作，被日本人捉去判刑十二年，由於抗戰勝利，受了一年的牢獄之災。到台灣後，不

惜向蔣介石的「權威統治」挑戰，做政治異議人士雷震、彭明敏等的辯護律師，彭在當時卻是打著「爭民主」的招牌。

一九九八年四月十九日梁先生在臺北成立和統會，等於是向李登輝總統的「戒急用忍」政策挑戰，李也是國民黨的主席，曾支持梁先生出任立法院院長，可以說有「知遇之恩」。立法院長卸任後，被任為總統府資政，享有院長級的待遇。在和統會成立的第二天，李派人來威脅他。梁先生不予理會。李以梁不附己，取消了他的資政待遇和職位。李之怨仇必報，梁先生不以為意。

梁先生為什麼如此的執著和平統一呢？這可從積極和消極的兩個層面來看。

從積極層面來看，梁先生認為台灣的前途，在於中國和平統一。因為相對於台灣和世界經濟蕭條，中國大陸的經濟保持了高度的成長，展望今後也是一片欣欣向榮。因此，他對中國的前途充滿信心，對中國和平統一的前景充滿信心。為了兩岸關係的發展，應有三大共識：政治方面，在「一個中國」原則下，儘速結束敵對狀態，進行政治談判。經濟方面，加強兩岸經濟交流，儘速開放三通，兩岸直航，為兩岸經貿轉型創造更有利的條件。文化方面，加強兩岸學術文化交流，減少敵對意識，反對以「本土化」為藉口，陰謀進行分裂中國的文教政策。。

就消極層面來看，我們如果誤判情勢，認為大陸高度期望和平，就是示弱或陰謀，反而是搞台獨的良機或必然，就會迫使對方無可選擇而必須用武解決了。如今少數台獨份子及「一人決策」的陳水扁政府，執意行其台獨路線，操控全台灣人民的命運，迫使全體人民來承擔後果，這太不公平了。

梁先生的和平統一工作，雖然遭遇很多困難和障礙，但也有其一定的成就和貢獻。其中最為顯著的是梁先生的和統會成立之後，得到全球華人的共鳴，數年之間，先後有七十個國家和地區的華人，相繼成立了一二六個和平統一促進會，都與梁先生主持的和統會互通聲氣，密切聯繫，共同為中國和平統一而奮鬥。更為重要的，以梁先生的信譽，獲得大陸最高領導階層的肯定，可以坦誠交換意見，對兩岸意見的溝通，非常重要。

在一九九八年九月十四日江（澤民）、梁會談後的當天，大陸海協會立即致函台北海基會，表示願與海基會「進行一切有利於和平統一，有利發展兩岸關係的政治對話」。當天的臺北《中國時報》記者李建榮即有報導指出：

「梁肅戎說，他很高興大陸海協會正式邀請海基會董事長辜振甫率團到大陸參訪，他也希望辜振甫此行順利。和統會此次大陸之行，對於停止三年的辜汪會晤起了催化作用」。

「不久之後，幸有大陸之行，受到相當的禮遇。同時，汪之回訪台灣，也在準備之中，不過高深莫測的李登輝，就在一九九九年七月十日梁先生在香港參加和平統一研討會時，向德國報界發表其〔兩國論〕。這突如其來的消息，使兩岸漸趨和緩的形勢，頓時緊張起來。」

梁先生雖然氣憤，但他並不完全絕望，他希望國民黨能振作起來，力主開除李登輝的國民黨籍，清除李的陰影。他和國民黨一些大老許歷農、李煥、郝柏村、王作榮等力促國、親、新三黨合作聯盟。二〇〇四年選舉的連宋配本有勝算，使「和平統一」重現曙光。但陳水扁不惜使用一切非法手段，霸住政權，和平統一又受到一大挫折！

和統會自一九九八年四月成立以來，已超過六年的時間，梁先生也和獨派兩大當權者的李登輝、陳水扁奮戰了六年多，彼等皆握有雄厚的行政資源和金錢實力，梁先生是一介平民，手無寸鐵，以不屈不撓的精神，和他們奮戰不已，如非大智大勇，何堪任此！

梁先生近年以心臟宿疾，體力漸衰，但有堅強的意志力，相信還可支持下去。二〇〇四年八月六日參加香港和統會大會回來以後，即感體力透支，和筆者幾次電話聯絡，說他將去北京出席九月十八到十九日的「戰爭遺留問題暨中日關係展望國際學術研討會」，打算發表論文，談戰爭遺留下的「台獨問題」，甫經完稿，沒有想到未及發表，梁先生就住進醫院而去世了。

綜觀梁先生六年多來對和平統一工作的執著，可謂「鞠躬盡瘁」。

（《海峽評論》，二〇〇四年十月一日，第一六六期）

梁會長去世後，郭俊次自升會長。余正欲藉此擺脫此會，即不再與之聯絡矣。曾記梁會長生前某日謂余曰：彼在電視畫面上，忽見郭俊次出現在陳水扁「五二〇」就任大典之行列，事先彼無所悉。似有不以為然之意。

35 參加武漢學術會議及遊長江三峽

（一）學術會議及參觀

二〇〇四年十月八日赴武昌，參加「孫中山與中國現代化」學術研討會。此會由國父紀念館與湖北大學法學院、大陸民革中央孫中山研究學會、湖北省社會科學院合辦。負責承辦者為湖北大學法學院。主辦人員為臺北國父紀念館劉碧蓉小姐及湖北大學田子瑜教授。余之參加，係兩年前國父紀念館舉辦孫中山學術研討會時，受邀為田子瑜教授之論文評論人，其後田又至臺北國民黨黨史館參閱資料，希余能參加將在武漢之孫中山學術研討會。

是日晨乘華航班機飛香港，再轉南方航機飛武漢，田子瑜教授在機場迎接。出機場時，有攝影記者隨余錄像，不知何故，問是為余而錄。蓋北京中央電視台約定余到達武漢後，向余專訪抗戰史事。

到機場時，田子瑜告余：徐乃力及吳應銧亦來武漢出席會議。在往武昌車中。見吳應銧。徐、吳均於一九六六年在紐約哥倫比亞大學相識，與吳近四十年未見，如非彼之自我介紹，幾不識矣。徐、吳兩夫人均同來，與文桂相處甚得。

晚應田子瑜之宴，彼與湖北社科院院長曾成貴同作東，主人有田、曾兩夫婦，客人徐、吳及余夫婦、張瑞濱（紀念館長）、陳鵬仁、周陽山、劉碧蓉等十餘人。飯後應北京中央電視訪問談抗日史事，要點為訪余對西安事變張學良之看法及中共之「百團大戰」事，余對後者目前之一般研究，尚嫌資料不足，情況尚非清楚，顯然並非彼等需要之答案，彼等能否照播，吾不知也。

十月九日上午參觀武漢國民政府舊址紀念館及「孫中山生平事蹟展覽」開幕式。該館即一九二七年武漢國民政府所在地，原為漢口南洋大樓，當年鮑羅廷及國共兩黨要員開會之所。其展覽中有余著《鮑羅廷與武漢政權》一書，係余贈其館長徐莉君之物。

下午三時行開幕式，四時三十分至六時大會報告。由徐乃力及田子瑜主持之，報告人為章開沅、次為余，繼為陳鵬仁、尚明軒、林家有（未到）。余之講題即為〈關於孫中山革命運動兩大爭論問題平議〉。

此次會議台灣方面張瑞濱、林國章、梁竹生、劉淨洵、高立範、劉碧蓉（以上均為國父紀念館人員），余及邵宗海（政大）、吳儀（淡江）、詹惠宇（湖北文獻社）、黃城（師大）、陳鵬仁、周陽山、唐彥博（文化）、賀力行（中華）、謝政諭（東吳）、劉向榮（中央）、曾育裕（台灣護理）。吳儀最特別，每次集體行動均遲到，同行者須候之。

十月十日上、下午及十一日上午為分場討論，每場分三組，計九個組，余於十日上午聽周陽山〈孫中山思想與兩岸統和〉及毛磊等報告，下午聽姚金果〈孫中山與莫斯科〉報告。

此次會議除來自台灣及美加地區外（日本一人），餘多來自大陸國內各大學，計有九十餘人。較遠地區有寧夏社科院吳忠禮，內蒙古大學張敬秀，雲南師大鄭祚堯，北京、天津、南京、上海、廣州、重慶、長沙等地均有學者來會，而以武漢地區為多。有來自三峽大學者，此乃大會之特別安排以備吾人訪問三峽之便。

情意濃厚者，華中師範大學中國近代史研究所之邀約。該所致余請柬書曰：「蔣公永敬伉儷午宴。二○○四年十月十日十二時，華中師範大學桂花賓館」。此乃吾友章開沅之安排，應邀者尚有臺北與會學者，主人章開沅，馬敏（校長）、羅福惠、嚴昌洪，朱英。皆章之學生，今均為師大重要負責人。章開沅夫人之與宴，乃陪文桂也。

十二日上午參觀武漢博物館及中山艦，中午由中南財經法政大學招待自助餐。下午遊東湖。博物館展示者為武漢市發展之歷史及其文物，初有武昌，繼有漢口、漢陽。而漢口之發展，則有後來居上之勢。中山艦停於武漢附近之金口，原為永豐艦，因歷史事件而著名。一九二二年六月十六日陳炯明叛，孫中山登永豐艦避難，留在艦上五十多天，以待詔關之北伐軍回師，無望離艦去上海。孫於一九二五年去世後改名為「中山艦」以紀念之。另一歷史事件，為一九二六年三月二十日之「中山艦事件」，又名「三月二十日事件」。

東湖面積至廣，乘車繞沿湖大道回至入口處，約一小時，實一大公園。園內有電動車可搭遊覽一週，有特定景點多處，隨時下車觀之，女司機兼導遊講解歷史故事，不免「張冠李戴」，知余等為習歷史者，自認「班門弄斧」。十二日上午分組討論，下午綜合討論後閉幕。

（二）遊長江三峽及神農架

十三日晨由湖北大學出發，分乘兩部旅遊車，共約四十人，中午抵荊州，午餐後入古城，登城參觀後，往博物館參觀保存的最早軟體濕屍及出土二千多年前之絲綢及其器物。下午五時抵宜昌，三峽大學接待，首由其校長報告其校之概況，為當地四所高等院校合併而成，目前有學生兩萬餘名，目標將為四萬名，教學方向在配合此一地區之經濟、文化發展，如水利、電力、觀光等。繼參觀校區，校區遼闊，車行久之，青年學子，絡繹不絕，富有活力。晚宴在其學校餐廳，接待者為其校之黨委書記（教授）陳少嵐、國際文化交流學院院長田祥斌。飯前主客相繼致詞，余致詞時，就余到宜昌之感觸言之。謂抗戰時期日軍由一九四○年六月佔據宜昌，直至日本投降，為時五年餘，中國方面當時無力消滅之。此次親臨此地，見地理形勢之險要，加以當前之建設，縱有更強大之敵人，亦難入侵。就三峽大學之規模而言，抗戰初期全國大專學生數，不過三萬八千人，而三峽大學一校學生數，已超過其時一半矣。

▲上：登中山艦（二〇〇四年十月十一日）
右為徐乃力，左為永敬。
下：長江三峽大壩（二〇〇四年十月十四日）
左起：吳應銧、永敬、田子瑜、徐乃力。

三峽大學晚餐後，即往三峽工程大酒店投宿，經過隧道多處，最長者有三公里許，工程浩大。大酒店為四星級，為建壩時所建，數年前，尚無人煙之崇山峻嶺，今已開發為水力及觀光之勝地矣。

十四日晨參觀大壩，先參觀其模型，全景在望，目前工程尚未全部完成。兩年完工後，將可發揮經濟效益，遊其江岸，實一大公園，攔壩噴出水柱，至為壯觀，洗刷江中之泥沙。但亦有人擔心帶來生態環境之改變。

三峽大壩壩址在秭歸，西陵峽，由此往神農架，屬興山縣。自秭歸沿香溪北行，沿途有屈原祠、王昭君故里，至興山午餐，繼往木魚鎮，沿途高山峻嶺，為原始森林區。導遊者云：解放後濫墾濫伐，消耗至甚，其後列為保護區，一面嚴禁砍伐，一面獎勵植林，漸復舊觀。然沿途及人可到之處，已無古森林矣。近年修築公路，人口突增，民間居所，原為簡單木屋，今多變為樓宇，此不過建壩後兩、三年之事耳。十四日晚宿木魚鎮神農架山莊，參觀民俗表演，棚蓋場地，寒意甚濃，散場後往商店購置外套一件，索價人民幣二六〇元，田教授夫人為之還價，一五〇元可之。稍後周陽山、謝政論再購，還價一〇〇元亦可之，此為觀光地區小販之陋習。

十四、十五兩日，車行深山中，或沿溪而行。導遊者云：大壩積水完成後，溪之水位升高，臨溪住戶均將遷移，小溪將成大河。行經若干景點，余與文桂以體力原因，下車眺望而已。車至神農頂，海拔三一〇五米，余行至瞭望處，深壑無底，一望無際，空氣稀薄。余感呼吸困難，步行維艱，張瑞濱館長及張同新教授扶余下坡，始覺舒暢。十六日回武漢。

▲登神農頂（二〇〇四年十月十五日）

36 台灣及兩岸一連串的「首領會」

（一）台灣扁宋會

二○○四年十二月十一日，臺灣舉行立法委員選舉。選戰激烈，不僅藍、綠兩派競爭，即兩派內部亦有競爭。陳水扁之民進黨與李登輝之台聯黨競相比獨，高呼制憲、正名、公投口號，陳且提出二○○六年制憲，二○○八年公投。行政院長游錫堃則發布「正名」運動，即駐外機構、國營企業應即「正名」，名稱凡有「中國」或「中華」字樣者，均須改之。藍方反對聲音微弱，甚至有主張不排除「台獨亦為選項」（如王金平），所謂「台灣優先」原為獨派論調，藍方亦高呼之。藍方較明確之政見為反軍購（六一○八億），選後國、親合併，反對兩岸對抗等。大陸方面則有制訂「反分裂國家法」之宣示，將於二○○五年三月之人代會列入議程。綠方既堅決反對，藍方之馬英九亦反對之，真是藍綠不分！大陸方面立即還以顏色，其申請赴香港訪問被拒。

台灣人民所畏懼者為現狀之破壞；所厭惡者為政黨惡鬥，政局不安。民進黨則指破壞現狀者為大陸方面；指政黨惡鬥，政局不安為「朝小野大」，在野黨（藍方）之搗亂，如民進黨過半，「朝大野小」，政局即安矣。

十二月十一日選舉結果，則為藍方過半。議席總計二二五（含不分區），過半為一一三，藍方超過此數，國民黨七十九席，親民黨三十四席，新黨（金門）一席，計一一四席。次年二月一日立法院正副院長選舉，藍方協議之院長候選人為國民黨王金平、副院長為親民黨鍾榮吉。開票結果：王得一二三票，：鍾得一一二票。綠方，正一○一票，副一○二票。藍方大勝，且獲無黨派十票之支持。藍方士氣大振，扁政府低調以應，提出「政黨和解」，意在裂解藍營。

國、親合作雖佔議院多數，但兩黨之間仍有矛盾，選後立委席次國增親減，親方認係國方搶票。綠營亦有此情況，即民增聯減，台聯認係民方搶票。選後藍方選民期待親方合併之承諾，其主席宋楚瑜則批評國方待其不公，一方面拒與合併，同時回應民進黨之和解，聲稱不藍不綠，要走自己的路。民進黨與親民黨均有危機感，民進黨之危機感在選後仍是「朝小野大」，選前諸多激進言論，造成兩岸緊張，美國壓力。宋及親民黨之危機感與困境，乃藍方民意壓力期待國親合併。綠方盛唱「民、親和」，「扁宋會」，竟成事實矣。

「扁宋會」由扁宣布於二月二十四日舉行，聲稱「開啟一個協商對話的安定局面」，也是他追求兩岸和平穩定互動及關係正常化的基本立場，同時表示將強化台灣自我防衛能

力的提升，避免台海現狀被「片面改變」。說得明白一點，所謂「安定局面」，就是使其「總統」的質疑性成為合法性；提升「自我防衛能力」，即龐大軍購案能過關，對美有所交代。

「扁宋會」反彈最烈者，為新黨及國民黨方面，新黨主席郁慕明表示：「親民黨美其名是為兩岸和平，國家安定，但泛藍立委已過半，在野黨即可修法解決的事，親民黨卻要去和執政黨合作，當初國、親、新三黨一起打出汎藍旗幟，獲得選民認同，才形成過半的局面，只是看到親民黨現在的作為，支持者內心在滴血」。

國民黨「大老」王作榮發表〈著著算，步步錯，回回輪〉一文警告宋「應自政壇引退，多少留一點美好的背景」；「爭名位，鬧意氣，做玩偶，都是不成氣候的政客行為，必為選民唾棄」。

有的學者認為「扁宋會」的目的，是扁「裂解泛藍，拉宋打馬（英九），長期執政，歷史留名」；是宋「換得兩岸揮灑舞臺，蓄積下波衝刺能量」。亦有質疑扁為「監委、軍購過關」，兩岸持續敵對，裂解了反對黨，宋將何去何從？

就國、親、民三黨方面對「扁宋會」整體立場而言，據《聯合報》之觀察，認為親民黨方面「期待又怕受傷害」；國民黨方面「不期待也不看好」；民進黨方面「部分支持者反彈，但看結果再說」，基本上則普遍樂觀其成。大陸方面，亦有期待之表示。但可確定乃美國幕後之安排。

「扁宋會」終於在二月二十四日上午十時半於臺北賓館揭幕，由扁、宋兩人先後致詞，繼以閉室密談，再發表「十點聯合聲明」，最後接受記者訪問。二十五日，《聯合報》首條報導，標題及內容如下：

「扁宋會：中華民國是最大公約數：總統重申四不一沒有，兩人發表十點共識、主張推動兩岸和平機制法制化、全面三通」。其中有云：

> 四年多前的扁宋會，兩人達成「朝野攜手，共創雙贏，政黨合作，造福全民」的十六字共識；昨天的扁宋會則達成十項共識，並以兩岸關係作為會談主軸。
>
> 共識中，陳總統重提「四不一沒有」，兩人共同主張推動兩岸和平機制法制化，並主張逐步推動貨運便捷化，乃至於全面三通。
>
> 不過，對於一中各表的「九二共識」，雙方會後則是各自表述。宋楚瑜會後表示，扁宋會雖未提「九二共識」幾個字，但是陳總統認同中華民國的憲法法理，認同中華民國是最大公約數，這與「九二共識」何異？但陳總統面對媒體詢問是否認同憲法一中的概念，則未正面回應。
>
> 十點聯合聲明：
>
> 一、依照中華民國憲法所揭櫫的國家定位，即為兩岸目前在事實和法理上的現況，此一中華民國主權現況，必須受到兩岸和國際的承認和尊重。
>
> 二、現階段的兩岸關係的最高原則，遵守憲法、維持

現況、共創和平。在兩岸和平前提下，陳總統承諾，在其任期之內，不宣布獨立、不會更改國號、不推動兩國論入憲、不會推動改變現況的統獨公投、也沒有廢除國統綱領和國統會的問題，宋楚瑜對此表示同意與支持。

三、為提升國家競爭力與政府效能，有必要凝聚朝野共識，進行憲政改革，兩人共同承諾憲政改革的推動不涉及國家主權、領土及台海現況改變，並依憲法所規定的程序進行修改。

四、為促進兩岸關係正常化，建立和平穩定的互動架構，雙方將凝聚朝野共識，共同推動兩岸和平的機制與法制化。

五、加強推動兩岸經貿等交流，並以春節包機模式，透過協商與談判，逐步推動貨運便捷化，乃至於全面三通。落實三年前經發會共識。

六、任何台海現況的改變，必須獲得二千三百萬台灣人民同意，並在兩岸善意的基礎上，不排除兩岸之間未來發展任何關係模式的可能。

七、在國家安全、台海穩定、區域和平戰略目標下，全面充實符合我國國防戰備所需的武器裝備。

八、積極推動兩岸軍事緩衝區及建構台海軍事安全互信機制。

九、任何對族群具有歧視或攻擊性的語言和行為，均應受法律制裁和約束，共同推動保障族群權益及促進和諧的基礎法制。

十、政府應在經濟、社會、教育、文化和考試領域，確保各族群享有公平的權利與地位。（二〇〇五年二月二十五日，《聯合報》）

扁宋會的十點聲明，國民黨方面的反應，除了有些「酸酸」之味而有被宋所棄之感覺，以及對扁的誠信有所懷疑外，對於聲明的內容大致多予肯定。國民黨主席連戰表示：他看了這十項聲明後，以為這是國民黨要發布宣言，後來才發現是扁宋會的結論，如果所談的都是老生常談或一談再談的事，就相當諷刺，實在大可不必。這十項聲明除了「四不一沒有」外，其他包括族群及通航等議題，沒有一項不需要立法院通過，只要國親緊密合作，這些事都要立法通過，不必急著找以意識形態領導國家的民進黨。扁之言行不一，誠信大有問題，他和宋都吃過扁的暗虧，上過當，相信宋不會走入大家都不願看到的方向。國民黨內其他要員的看法與連大致相同，只是擔心扁的誠信，宋、連應有協商，對扁之分化藍軍應有所警惕，泛藍應更加團結。

民進黨方面的反應趨於兩極，有人鼓掌，有人嘆息。其黨主席蘇貞昌指扁用心良苦，扁宋會有助舒緩朝野對立，開啟和解大門，符合主流民意的期待。其立委柯建銘、林濁水、李文忠等對扁宋會表示肯定。但急獨的立委如蔡同榮、陳幸男頗為失望。更有獨派「大老」表示憤慨，辜寬敏辭總統府資政，並要退出民進黨，經過安撫不退黨而堅辭資政。

表示要辭資政者尚有吳澧培，要辭國策顧問者有黃昭堂、金美齡等。擺擺姿態而已。

反對扁宋會最激烈者為李登輝及台聯黨。李指「總統和小黨主席弄得像國與國簽訂聲明，『笑死人』」。他要繼續推動「正名制憲，建立新國家」。李如此火爆，據《聯合報》〈社論〉分析，是扁之結盟對象以宋代李，其文有云：

> 二〇〇〇年，李登輝輔選連戰競選總統，大敗，且因政治路線背馳而被逐出國民黨；當年，陳水扁若對李登輝落井下石，李登輝必將面對「黑金教父，毀憲元兇」的罪名，甚至可能因國安會帳目而身繫牢獄。然而，陳水扁一把將李登輝從政治死亡邊緣救起。
>
> 陳水扁救李登輝，是想要型塑「陳水扁加李登輝」的選票結構，並寄望李登輝能裂解國民黨而在立法院組成「國家安定聯盟」，形成國會多數。但是，事態發展卻南轅北轍。李登輝非但未為陳水扁開發右翼選票，反而組建台聯，侵吞了民進黨的左翼，甚至將陳水扁帶上「正名、制憲」的道路。如今，陳水扁雖以「正名、制憲」及「兩顆子彈」而慘勝連任，卻已陷於內窮外絕的境地。陳水扁如今由李登輝轉向宋楚瑜，是為了自救；但扁李關係亦形同漸漸走向了盡頭。
>
> 宋楚瑜及親民黨在這次立委選舉中重挫，使宋的政治生命出現重大危機。陳水扁為裂解泛藍，相中「走自己的路」的宋楚瑜；雙方竟是乾柴烈火，一拍即合。至此，陳水扁所規劃的政治盟友架構，由宋楚瑜取代了李登輝，由親民黨取代了台聯，由「民親真誠合作」取代了「國家安定聯盟」，由「承認中華民國、遵守中華民國憲政」取代了「正名、制憲」。何況，當年民進黨加台聯，在立院並未過半；如今民進黨（八十九席）加親民黨（三十四席），已經穩穩過半。因而，陳水扁總統一再祝福扁宋會「只是開始，不是結束」，顯然有王子公主自此過著幸福日子的甜蜜憧憬。

以上藍綠之爭，有演成綠營內部之爭的趨勢，扁對李之指責，亦有反駁，關於改國號問題，扁云：他自己任內做不到改國號，「相信李登輝前總統過去十二年任期沒有做到，縱使今天總統給他（李）做，他也做不到」。台聯方面表示，扁的話，讓人覺得「無情無義」。民進黨內急進份子王幸男說：扁既然做不到獨立建國，第一任就該講，早說做不到，第二任乾脆選別人。台聯決定三月六日在高雄舉辦「捍衛台灣反併吞」誓師大會，雖是針對中共之〈反分裂國家法〉，實為對扁施壓。

朝野、黨派和解，皆因彼此有衝突而思解決之。近代以來屢見不鮮，能有良好結局者實不多見。扁宋會結局如何？目前尚難定論。余擬就近代史上的朝野、黨派和解來看扁宋會，為《國是評論》（二〇〇五年四月，一四二號）撰文評論之。另有長文〈從民初的袁孫會看扁宋會〉由《近代中

國》發表之。（二〇〇五年三月，一六〇號）。後文六點，節略如下：

1、曇花一現的領袖會

近代以來，每當政局動盪不安，朝野衝突對抗之際，為謀求妥協與安定，而有所謂朝野和或領袖會之類的活動。其中最受矚目而具代表性者，一為辛亥南北議和（一九一一年十二月至一九一二年二月）及其後續的袁（世凱）孫（中山）會（一九一二年八月至九月）；一為抗戰後的蔣（中正）毛（澤東）會（一九四五年八至十月）及其後續的國共政治協商（一九四六年一月）。這兩次領袖會、朝野和所達成的協議，均似曇花一現，化為泡影。以此為鑑，來看二〇〇五年二月的扁（陳水扁）宋（楚瑜）會及其「十點共識」，雖有時空之別、人物全非，但在某種意義上，頗有一些相類之處。前二會之結局，已見諸史實，後一會的結局如何，如須以史為鑑，殊有探討之必要。

以民初之袁孫會來看今之扁宋會。雖不免有抬高扁宋地位之嫌，然以問題之重要，不因時空、人物之不同，而有輕重之別。至於蔣毛會之經驗與教訓，有無足資扁宋會之借鏡，俟諸異日再作探討。

2、兩位短命的唐內閣

民國元年（一九一二年），中華民國北京臨時政府首任國務總理唐紹儀係代表同盟會出任閣揆，在職不到三個月，以抗議總統袁世凱侵犯閣權而去職。民國八十九年（二〇〇〇）中華民國的台灣民進黨政府閣揆行政院長唐飛因與總統陳水扁意見不合而被免職。唐飛是以國民黨員個人資格入閣，也是一位短命（一三七天）的閣揆。兩唐之去職，皆引起朝野政爭，皆有朝野領袖會的一幕。前唐去職而有袁孫會，後唐去職而有扁宋（楚瑜，親民黨主席）會、扁郝（龍斌，新黨主席）會、扁連（戰，國民黨主席）會。孫與袁會，備受尊重；連與扁會，則備受羞辱。足見扁之氣量較袁差之遠矣。至二〇〇五年二月之扁宋會，乃是扁宋第二次之會，扁之信用已告破產，故各方對於此會之未來，均持以懷疑的態度。

3、袁孫會與「八大政綱」

孫袁會之「八大政綱」，就當時情況而言，可謂面面俱到，各取所需。在某種意義上，與扁宋會之「十點共識」及當前兩岸問題，有異曲同工之味。例如「政綱」之「立國取統一制度」（第一條）及「暫時收束武備」（第三條），頗有「和平統一」「不獨不武」之意味：「開放門戶，輸入外資，興辦鐵路鑛山、建置鋼鐵工廠」（第四條）及「提倡資助國民實業」（第五條），實為迎合孫之鐵路計畫、振興實業之理想，亦如推動所謂「全面三通」、落實「經發會共識」（扁宋會第五點共識）及「拼經濟」、「改革開放」等意味；「主持是非善惡之真公道」（第二條），意在停止朝野惡鬥，亦如「推動保障族群權益及促進和諧」（共識第九

點）的意味；「軍事、外交、財政、司法、交通皆取中央集權主義」（第六條）及「迅速整理財政」（第七條），實為滿足袁之需要，亦如「全面充實符合我國國防戰備」（共識第七點）以滿足扁之需要。「斟酌各省情形，兼採地方分權主義」（第六條），乃為敷衍地方軍政首長。「竭力調和黨見，維持秩序，為承認之根本」（第八條），此乃袁之真正需要，頗類扁之「三一九」槍擊案的「竊國」嫌疑，需要扁宋會為之洗刷。

4、槍擊案與綁大選

一九一三年初，正式國會參、眾兩院議員選舉揭曉，國民黨議席佔兩院的多數。宋教仁以多數黨黨魁地位，力倡政黨內閣，準備組閣，大招袁氏之忌，乃有「三二〇」槍擊案的發生。這天晚間，宋自上海準備乘車北上，突在火車站入口處身中一彈，兩日後死去。

一九一三年「三二〇」槍擊案，與二〇〇四年「三一九」槍擊情況相似者，其嫌犯均紛紛死亡。所不同者，「三二〇」之兇犯及證據藏於租界，為袁政府勢力所不及，故能迅速破案。而「三一九」案則因檢警均在扁政府控制之下，迄難破案。另一不同之處，則是「三二〇」的兇手是擊斃對方，「三一九」的兇手是擊傷己方，嫁禍對方。

扁之綁票法與袁亦有不同，袁以數千人「公民團」包圍數百名選舉人（國會議員），其法笨拙而粗暴。扁以「民粹」捆綁千萬選民；其綁票與槍擊案同時並用，袁則先擊後綁。效果相同，皆竊得大位。

5、公投變國體與「四不一沒有」

袁為擁己，大搞「公投」，行帝制，變國體。但又不願背負罪名，一再否認有志於此。就像扁一再執意公投制憲、改國號，但又一再承諾「四不一沒有」。

梁啟超對於袁氏當政四年的評語是：

> 明誓數日，口血未乾，一旦而所行盡反於其所言，後此將何以號令天下！四年以來，北京政府，曷嘗有所謂政治，惟有此二物（白刃，黃金）之魂影縱橫披猖。

意思是說，袁之當政四年，只有威脅利誘，那有什麼所謂政治？這很像扁執政五年來的情況。

6、對扁宋會之期望

有謂扁宋會之「十點共識」，乃扁之兩手策略，綠營鷹、鴿兩派之表演雙簧。扁之一群扮演鴿派，乃為扭轉其「朝小野大」之頹勢，爭取中間選民，分化、削弱藍營，紓解外來的壓力（美及大陸），以穩定其政權。其另一群鷹派唱反調，乃為防止台聯之搶票，鞏固其基本盤面。如此鷹、鴿相輔，使選舉立於不敗之地，此可能乎？

如就袁之善變經驗觀之，偶而為之，尚可見效，重複使用，則不免陷入困境而難自拔矣。例如辛亥南北議和，袁

充兩面人物，扮演鴿之角色，與民軍和好，即著著得利；最大之利，為取得總統之位；次為得到各方勢力的支持，聲勢極盛。迨其由鴿變鷹，侵犯閣權，即失去中間黨派的支持，朝野對抗，政局不安，袁即「陷於可悲之境遇」，乃又改採低調，唱「調和黨見」。袁孫會後，解其困境，則又故態復萌，如搞槍擊案、綁票、解散國會、制憲、公投、變國體等，不一而足，使之原來支持他的勢力，均遠離之而去。結成反袁、倒袁聯合陣線，擊垮袁氏。袁，乃一代梟雄也，起伏之快速，非事先所能預料。扁利用民粹主義，挑戰強大的大陸民族主義，雖外有美助，在此內有民主意識高漲時代，能為所欲為，一意孤行乎？

回顧國共兩次合作，第一次合作，中共支持國民黨反軍閥割據，幫助國民黨反帝、反右。第二次合作，中共支持國民黨對日抗戰，堅持「抗戰到底」，反妥協、反投降。前者完成中國統一，後者取得抗戰勝利，兩黨也都受益。今之民、親合作，親民黨如能扮演當年中共的角色，支持扁及其民進黨做到「十點共識」，去獨保中，促進兩岸和平，使中國邁向統一之路，乃吾人求之不得的事。而且這「十點共識」，正是國民黨主席連戰所說的：「這是國民黨要發布」的「宣言」。既然如此，國民黨應該支持民、親合，做親民黨的後盾，堅定扁之決心，防其再變，以收裡應外合之功。此乃救扁、救臺、救中、救亞之「天下為公」偉業也。

惟就會後的情勢觀之，扁仍反覆多變，前途未可樂觀，「曇花一現」的局面，似乎仍不可免。

（二）兩岸江陳會

二○○五年二月，陳水扁總統與親民黨主席宋楚瑜發表〈十點共識〉後，大多期望能帶來兩岸關係的改善，緩和臺灣內部的不安。但此期望，迅有幻滅之虞。尤其臺灣內部的變化，對執政之民進黨至為不利。其最大的衝擊，為三月二十六日有「台獨之母」奇美集團創辦人許文龍〈退職感言〉的發表，這天，正是綠營發動「反反分裂法」大遊行，許之〈感言〉對此大遊行無異是當頭一棒。其中最重要的話有：「台灣、大陸同屬一個中國」；「搞台獨只會把台灣引向戰爭，把人民拖向災難」；「最近胡錦濤主席的講話和『反分裂國家法』的出臺，我們都很關注。我覺得有了這個講話和法律，我們心裡踏實了許多」。〈感言〉全文如下：

退休感言　許文龍

我是一生意人，出生在台灣，祖籍在福建海澄，一九九一年我到大陸福建尋根，我認為台灣、大陸同屬一個中國，兩岸人民都是同胞姐妹。

一九九一年我在福建捐款建校舍，並在福建舉辦塑膠染色培訓班，後因效果不佳，即於同年到丹陽、蘇州等地投資建染色廠，獲得相當好的成果，現在塑膠料的染色技術，已在大陸普遍運用，也提升塑膠加工技術。

奇美在大陸投資，一是看上大陸改革開放的商

機，二是想通過兩岸經濟交往縮小兩岸的經濟差距，讓兩岸同胞都儘快的富裕起來。我常想，只有兩岸民眾都富裕了，才是中國人的富裕，只有兩岸民眾都幸福了，才是中國人的幸福。

多年來，我一直呼籲海峽兩岸要儘早實現「三通」，因為只有實現了「三通」，才能使兩岸資源互補，才能加速兩岸經濟的同步發展，今年春節台灣、大陸實現包機直飛，這是一種進步，我感到很高興。

兩千年台灣大選，我支持民進黨支持陳水扁，緣於我對國民黨的黑金政治的不滿，但我支持陳水扁並不是支持台獨，我認為台灣的經濟發展離不開大陸，搞台獨只會把台灣引向戰爭，把人民拖向災難。我不希望兩岸人民再受到戰爭的創傷，也不希望奇美同仁因此而流離失所。

兩千年大選後，我已逐步淡出政治，今年初我已向長官兩次提出辭去「資政」職務，這些都是足以說明我對台灣政治已經毫無興趣。

最近胡錦濤主席的講話和「反分裂國家法」的出臺，我們都很關注。我覺得有了這個講話和法律，我們心裡踏實了許多，因為敢到大陸投資，就是我們不搞「台獨」，因為不搞「台獨」，所以奇美在大陸的發展就一定會更加興旺。

現在，我已從奇美董事長的位置退下了，將近一年，我寄望奇美在新董事長廖錦祥先生的帶領下，能夠作更好的發展，能夠為國家、為社會、為兩岸人民的幸福做更進一步的貢獻。

另一對扁政府及其民進黨政府衝擊最大者，為國民黨副主席江丙坤代表國民黨與中共中央台辦主任陳雲林於三月三十日達成〈國共兩黨十點共識〉。

江率代表團三十餘人於三月二十八日抵達廣州，次日（二十九日）祭拜黃花崗七十二烈士墓，其祭文使用中華民國年號。當日下午轉往南京，拜謁中山陵。三十日下午抵北京，即往香山拜謁孫中山衣冠塚。當晚與陳雲林會晤，達成〈十點共識〉。內容如下：

一、關於兩岸節日包機常態化，以及貨運包機便捷化，大陸持積極態度推動，國民黨將繼續派團磋商。

二、大陸願幫助台灣產品銷往大陸，國民黨將繼續派團磋商。

三、有關兩岸農業合作，大陸願協助台灣農民到大陸發展，並保障台灣農民權益；國民黨願促成兩岸農業合作。

四、大陸同意跟台灣簽署台商權益保障協議。

五、大陸願為開放大陸民眾赴台旅遊做準備。

六、大陸正面回應，願進一步研究開放台灣保險金融醫療運輸業問題，以及資訊產業標準化問題的研究及制定。

七、大陸願促成兩岸媒體互派常駐。

八、關於大陸對台漁工輸出勞務問題，就漁工保險工資休息場所等，與台灣民間行業進行磋商。

九、兩岸民間可進行縣市鄉鎮間交流。

十、大陸願對台灣學生在大陸求學收取與大陸學生相同學費標準，並設獎學金。

大陸並提出打擊犯罪議題及便利臺胞往來大陸措施。

綠營對於江、陳〈十點共識〉與許文龍〈感言〉所作的反應完全不同。對於江、陳〈共識〉，扁政府於四月五日召開會議，達成七點決定，其中有所謂「對於未經授權與對岸舉行訂約者，相關單位應『依法處理』」。如何『依法處理』江案？當局表示：「相關單位依法處理的第一步是由法務部認定國民黨副主席江丙坤訪中訂約究竟是否違法，如司法機關認定違反刑法第一一三條，依法為公訴罪，將由政府依法定程式處理。」此即「外患罪」。所謂「訪中」是指訪問中國，以中國為「外國」，把江之〈共識〉指為「訂約」。此為曲解。

至於對許文龍〈感言〉的反應，總統府秘書長游錫堃表示：台灣是民主社會，尊重多元意見表達，總統府沒有任何意見。按許文龍是總統府的資政，其地位具有官方資格；江丙坤為在野黨的副主席，不具官方地位。扁政府之雙重標準與輕重倒置，實難使人信服。其實扁政府最懼怕者乃江、陳〈共識〉，是針對台灣人民的利益，亦為順應民意，確為一項對扁沉重的打擊。許文龍的〈感言〉，所謂出於中共「所迫」，那也是為其企業利益之故。許之好友李登輝也只能說：「許文龍犧牲了個人的名譽及作為，為了大陸幾十萬員工生計，是不得已；『作為一個朋友，我（李）可以瞭解他（許）的立場』」。綠營人士對許之〈感言〉同情、惋惜者多，攻擊、責難者少，不若對江之痛批與威嚇。

江丙坤訪問大陸與對岸發表的〈「十點共識〉，是否違法，四月七日在立法院司法委員會成為泛藍立委質詢的焦點。政府官員對於中國大陸屬於本國或外國，支吾其詞。立委賴士葆問最高檢查總長吳英昭刑法對外患罪的規定？吳答：刑法第一一三條規定「未受允許，私與外國政府或其他派遣之人為約定者，處無期徒刑或七年以上有期徒刑」。賴問：「大陸算不算外國」？吳答：「我沒有辦法回答，這牽涉政治學的定義」。賴以為這個問題非常嚴重，如果答案是「是」，大陸算是外國，那麼去大陸投資的台商，包括長榮集團的張榮發和奇美集團的許文龍都有與對方的地方政府簽約，都屬違法，都要查辦，非說個清楚不可。法務部次長湯金全表示，這個問題「見仁見智」；案子檢察官在辦，他不能講。法務部長施茂林表示，該案在四月五日府院黨高層會議前，即已分案偵辦，純為法律案件，是否觸犯刑法一一三條，由檢察官深入調查及認定。

四月八日，臺北《聯合報》社論，題為〈難道要讓懲治判亂條例復活〉？副標題為「主政者對國民羅織叛亂罪名是民主法治之恥」。節錄一段如下：

任何國家皆定有內亂、外患罪，這是必要的防線。但主政者卻絕對不可以為了箝制在野黨的政治活動，就任意羅織賣國、叛亂等罪名。

正如有些新聞分析指出，很多台獨周邊團體，至今仍活躍於海外，不時進行對他國政府的遊說工作，甚至將與他國的互動紀錄要求登錄於正式檔。這些行徑，並未接受中華民國政府授權，甚至其活動的宗旨皆在顛覆中華民國，卻從未見政府提出「私與外國為約定」的指控。相形之下，江丙坤等協商團隊所簽共識，多為「大陸願協助」、「國民黨願促成」等表達意向的字眼，無一代表中華民國政府作出承諾之語，更無簽約強制執行的法定效力，則何來「應經政府允許」卻「私為協定」的疑義？法務部欲羅織成罪，自不能免「甘為政治打手」之譏，且一旦有民眾對獨派的海外遊說行為提出檢舉，又當何以善後？

扁政府基於何種原因，如此強烈反擊江丙坤之訪問大陸及其〈十點共識〉？國民黨方面認為：意在阻嚇國民黨主席連戰之訪問大陸。國民黨方面表示：連戰行程絕不動搖，將依原訂計畫在最快時間內出訪。其秘書長林豐正說：「我們不是被嚇長大的」。其副主席王金平指出：國民黨這次訪問大陸帶回來相當成果，但政府好像有一點吃味，好像國民黨得了分，「反正我做不到也不能由你來做」。連戰指扁等「作威作福」，說「今天很多不認同中華民國的人，在中華民國保護傘下作威作福。事實上，因為有中華民國存在，他們才有今天的享受和權力」。民進黨方面除端出「法律」外，一付「統治者」的姿態，滿口「國家與人民福祉高於個人或政黨利益」，視訪問大陸為「爭寵」。

(三) 兩岸連胡會

繼國民黨副主席江丙坤訪問大陸之後，國民黨主席連戰及親民黨主席宋楚瑜又緊接訪問大陸，大陸方面似乎「來者不拘」，均受到中共最高領導人胡錦濤之接待與禮遇，並發表共同聲明。尤其連戰之訪問，對執政之民進黨及陳水扁形成極大之壓力，對兩岸關係之變化，將有重大之影響。新同盟會之《國是評論》（二〇〇五年六月）特出《連戰、宋楚瑜訪問大陸專輯》，刊出兩人訪問大陸有關資料，殊有歷史文獻之價值。

專輯　第一部分：

國民黨主席連戰「和平之旅」：二〇〇五年四月二十六日至五月六日。目錄：

連胡會議新聞公報全文。

連胡會開場：胡錦濤提「九二共識」，連戰申「一中各表」。

連胡會後記者會：連戰與記者對話。

連戰北大演講全文。

連戰北大師生問答記錄。

連戰晤汪道涵談話內容。

連戰在上海與台商餐敘演講。

連戰上海記者會談話。
連戰大陸行前中外記者會答問。
連胡會國際政局解讀。
讀港澳輿論。
連胡會民調。

第二部分：
親民黨主席宋楚瑜「搭橋之旅」：二〇〇五年五月五日至五月十三日。目錄：
宋胡會議公報全文。
宋胡會致詞全文。
宋楚瑜清華大學演講全文。
第三部分：輿論精選。

台北《中央日報》、《聯合報》、《中國時報》等報導及社論數篇。

連、宋這次訪問大陸，對於兩岸人民的「價值觀」，發生一定的作用。對台灣人民而言，過去凡與中共交往或主張兩岸和解者，皆被斥為「中共同路人」、「台奸」、「賣台」之類的言論。對大陸人民而言，中共多年來的宣傳，國民黨的「醜化」、「妖魔化」，深植人心。尤其這次連戰代表國民黨訪問團之行，公開而光明正大的活動，所表現的形象，可謂「耳目一新」。連在北大的演講，尤為成功。有謂是其一生中最傑出的表現，為其一生政治生涯帶至最高峰。其夫人連方瑀女士在記述這次大陸之旅〈感子故意長〉一文中，對其北大演講的描述，頗能使人同有此感。其文有云：

> 二十九日上午九點，我們抵達北大。北大的師生早已擠滿了大禮堂。戰哥在四十分鐘演講裡，總結了中國近百年來的政治思想大趨勢。條理分明，言辭清晰，風趣幽默。演講完畢掌聲如雷。但我毫不驚奇，因為這才是他，真正的他，和我相知、相守、相隨四十年的伴侶。別人不瞭解，因為他從未有這樣表現的機會。他是個嚴守分際的人，在副總統任內，不會僭越總統，而近年來都是對基層的選舉語言，今日台灣處處耍民粹，以目前激情的選舉文化，這樣的演講內容，可能沒有很多展現的機會。我不自禁上前親吻他，表達我的驕傲。

尤其最後幾句，含意頗深，大意是說，在一群沒有文化水準的社會中，對於有文化素養的人，的確是很難被認同的。像陳水扁這種低格調的人，才能譁眾取寵。這也是台灣的悲哀。

連胡會發表的新聞公報：兩岸和平發展共同願景，符合兩岸中國人的利益，必會受到人民的歡迎，民進黨的台獨人士雖然百般阻撓，恐亦無能無力。〈公報〉內容如下：

連胡會新聞公報：兩岸和平發展共同願景

五十六年來，兩岸在不同的道路上，發展出不同的社會制度與生活方式。十多年前，雙方本著善意，在求同存異的基礎上，開啟協商、對話與民間交流，讓兩岸關係充滿和平的希望與合作的生機。但近年來，兩岸互信基礎迭遭破壞，兩岸關係形勢持續惡化。

目前兩岸關係正處在歷史發展的關鍵點上，兩岸不應陷入對抗的惡性循環，而應步入合作的良性循環，共同謀求兩岸關係和平穩定發展的機會，互信互助，再造和平雙贏的新局面，為中華民族實現光明燦爛的願景。

兩黨共同體認到：

堅持九二共識，反對台獨，謀求台海和平穩定，促進兩岸關係發展，維護兩岸同胞利益，是兩黨的共同主張。

促進兩岸同胞的交流與往來，共同發揚中華文化，有助於消弭隔閡增進互信，累積共識。

和平與發展是二十一世紀的潮流，兩岸關係和平發展符合兩岸同胞的共同利益，也符合亞太地區和世界的利益。

兩黨基於上述體認，共同促進以下工作：

一、促進盡速恢復兩岸談判，共謀兩岸人民福祉。促進兩岸在九二共識的基礎上盡速恢復平等協商，就雙方共同關心和各自關心的問題進行討論，推進兩岸關係良性健康發展。

二、促進終止敵對狀態，達成和平協議。促進正式結束兩岸敵對狀態，達成和平協議，建構兩岸關係和平穩定發展的架構，包括建立軍事互信機制，避免兩岸軍事衝突。

三、促進兩岸經濟全面交流，建立兩岸經濟合作機制。促進兩岸展開全面的經濟合作，建立密切的經貿合作關係，包括全面、直接、雙向三通，開放海空直航，加強投資與貿易的往來與保障，進行農漁業合作，解決台灣農產品在大陸的銷售問題，改善交流秩序，共同打擊犯罪，進而建立穩定的經濟合作機制，並促進恢復兩岸協商後優先討論兩岸共同市場問題。

四、促進協商台灣民眾關心的參與國際活動的問題。促進恢復兩岸協商之後，討論台灣民眾關心的參與國際活動的問題，包括優先討論參與世界衛生組織活動的問題。雙方共同努力，創造條件，逐步尋求最終解決辦法。

五、建立黨對黨定期溝通平臺。建立兩黨定期溝通平臺，包括開展不同層級的黨務人員互訪，進行有關改善兩岸關係議題的研討，舉行有關兩岸同胞切身利益議題的磋商，邀請各界人士參加，組織商討密切兩岸交流的措施等。

兩黨希望，這次訪問及會談的結果，有助於增進兩岸同胞的福祉，開闢兩岸關係新的前景，開創中華民族的未來。

此一重要歷史文獻，可圈可點。三年後（二〇〇八），國民黨馬英九當選中華民國總統後，所進行的兩岸政策，與〈連胡公報〉適相吻合。

宋之胡宋會聲明，扁否認之，其無誠信再次顯現無遺。

37 國民黨主席選舉之爭

（一）馬王爭

依國民黨黨章規定，黨之主席四年改選一次，二〇〇五年八月國民黨十七次全大會應改選黨主席。現任主席連戰已決定不連任，有志參選者為王金平（立法院長）與馬英九（臺北市長）。黨之主席即二〇〇八年總統選舉時，即黨之提名候選人，故兩人在黨主席選舉前已開始部署。王在春節已在家鄉高雄大事宴客，席開近五百桌，馬亦起步佈局。各有支持者。王之支持者多為國民黨籍之立法委員，馬之支持者則為黨籍之縣市長，兩人爭執之焦點為黨員之選舉權以有無繳黨費為準，馬以須繳黨費者始有選舉權，以防人頭黨員。王則以為凡屬黨員者皆有選舉權。前者黨之中央常會已有規定，後者則須修改規定。雙方相持不下。中央開會討論尚無決定以何方為準。有人以為以黨費問題為爭，而非以政見為爭，殊顯黨之沒落；亦有以為不能因人而改規定；亦有以為未繳黨費並未停其權利，而不應拔奪之。惟一般擔心兩人之爭而影響團結。問題之癥結，在二〇〇八年之總統候選人之提名問題。兩人各有長短，馬年輕、形象良好，得年輕一代之支持，然為「外省人」，易受「本土派」之挑剔。王為「本土派」，在南部有支持之選民，年事較高（現年六十五歲，三年後近七十歲），與李登輝有瓜葛，政客型。兩人各有優劣勢，如能協調合作，取長補短，對國民黨尚有利。然與親民黨之關係迄無改善，藍營不協，黨之內部不協，二〇〇八年之選舉仍難樂觀。余對此頗有所感，乃撰〈從國民黨黨史看國民黨主席之爭〉一文，於《國是評論》二〇〇五年三月號發表之。節略如下：

附錄：從國民黨黨史看國民黨主席之爭（節略）

近來國民黨為黨主席的人選問題，發生爭議。其爭議之點不外如下：（1）連戰續任。（2）連退由王金平或馬英九「接班」。（3）王、馬接班，即有擁王、擁馬之爭，弄的不好，可能引起國民黨再一次的分裂。因此，擁連續任者可以維持黨的團結，有利於國民黨整合，藍營的合作，甚或有國、親「合併」的希望。但也有人認為「世代交替」乃勢所必然，連兩次敗選，年事較高，二〇〇八年不會再競選總統，此時「交棒」，正其時也。王、馬競爭，乃民主常軌，彼此保持君子之爭，不致造成黨之分裂；至於藍營合作，國、親「合併」，因宋楚瑜與陳水扁之妥協，此局已破。縱連續任，亦難挽救。

上述困境，在國民黨分合歷史經驗中，也曾屢見不鮮，特別是黨之領袖問題，如處理不當，即易造成分裂；反之，更可促成團結合作。百餘年來的「百年老店」，不斷經過大風大浪，經過「軍政」（革命）、「訓政」（專政）、「憲政」（民主）三個時期，都曾扮演過在野，割據一方、執政階段，屢落屢起。能衰而復興者，因其具有「三大法寶」，就是歷史、主義、領袖。這「三大法寶」在一九二四年國民黨一全大會時，中共代表李大釗即予肯定，認為：「我們環顧國中，有歷史、有主義、有領袖（孫中山的品格）的革命黨，只有國民黨；只有國民黨可以造成一個偉大而普遍的國民革命，能負起解放民族，恢復民權，奠定民生的重任」。而且這「三大法寶」密不可分，黨之領袖的品格必須是歷史、主義的化身；否則，像李登輝那樣的「領袖」，否定和排斥黨的歷史和主義，加上品格的惡劣，國民黨焉有不分裂之理！

講到黨的領袖，自創黨（一八九四）以來，即有競爭問題，一八八五年興中會總會成立於香港，準備廣州首次起義之前，依照會章，要由會員大會投票選舉「總辦」（會長），即「伯理璽天德」（President），此職即起事後合眾政府的大總統，當時即有孫中山和楊衢雲兩派之爭，選舉時，楊要當會長，孫派陳少白、鄭士良反對之，鄭不服氣，要將楊「除之」，孫不允，認為大事未成，首戒內訌，力示謙讓。楊當選會長，孫則深入廣州，擔任起義的危險工作。失敗後，仍然努力革命運動，遇到倫敦蒙難一幕，震驚國際。一九〇〇年之初，準備第二次起義，各方人馬（包括日本志士）一致擁孫為興漢會會長，楊以人心所趨，辭興中會會長，薦孫自代，楊本人仍是積極努力革命，而且犧牲了生命。這次起義，雖未成功，但革命聲勢，為之大振，奠定了五年以後中國同盟會成立的基礎和孫的革命領袖地位。

一九〇五年八月，中國同盟會成立於日本東京，雖是一個流亡的團體，卻集合「全國之英俊」，各路英雄豪傑，咸集於此，具有實力和聲望者，不乏其人，尤以華興會會長黃興亦為眾望所歸之人，爭取領袖的條件，不亞於孫。但他抱持「成功不必在我」的胸懷，主持同盟會成立大會時，宣讀會章，討論通過。會章規定：「本會設總理一人，由全體會員投票公舉，四年更選一次；但得連選連任。」黃即席提議：「公推孫中山先生為本會總理，不必經過選舉手續」。眾皆舉手贊成。事先顯有默契，也唯有黃之提議，始能服眾。由於孫、黃的合作，故有辛亥革命之成功。

辛亥革命後，同盟會開始分裂，革命政權讓之袁世凱。在宋教仁的運作下，改同盟會為國民黨，便於政黨政治，國民黨選出理事長後，仍有黃興等推孫中山為理事長。孫此時一心要搞「鐵路計畫」，不欲與袁

爭政權，故將理事長一職委宋代理，如此保持了黨內各派的和諧合作。國會兩院議員選舉結果，國民黨成了多數黨，宋即滿懷希望和信心，準備組閣。不意袁氏饗以子彈。一九一三年「三二〇」這天，宋自上海北上出席國會，突在火車站入口處中了一彈，兩天後死去。蓋此彈為制式手槍所發，非改造的土製手槍。所以較之陳水扁的「三一九」槍擊案大不相同。前者致命，後者竊得大位。

一九一三年「三二〇」槍擊案，也成了孫、黃分裂的重大關鍵。因為此案兇手迅被捕拿，查出真相，幕後主使者乃袁氏及其黨羽趙秉鈞（國務總理）所為。國民黨對此案的主張，分為兩派，一派主張武力解決，一派主張法律解決。前者以孫中山為代表，認為與袁談法律，不啻「與虎謀皮」；後者以黃興為代表，認為武力不敵袁氏，難以制勝。

當年的「三二〇」槍擊案分武力、法律解決兩派，猶之陳水扁的「三一九」槍擊案之有群眾抗爭和選舉訴訟兩途，最後停止抗爭而取訴訟，雖是「與虎謀皮」，尚可維持藍營的合作。但自親民黨主席宋楚瑜與扁和解，不僅支持扁之軍購，更是放棄了法律解決（真相調查和上訴法院）。似乎是當年「三二〇」槍擊案事故的重演。當年對袁妥協，既未能阻止內戰，使袁「割喉」成功。袁則更為囂張，不惜賣國求榮，一方面接受了日本二十一條的亡國條件，一方面搞公投、行帝制、改國號。袁雖自敗身亡，但以孫、黃分裂（孫主中華革命黨、黃主歐事研究會），兩派明爭暗鬥之故，造成「漁翁得利」，而由袁氏餘孽北洋軍閥取而代之。

以上所舉，只是國民黨歷史的早期經驗，以後的歷史分合成敗之局，仍是不斷重演，拙著《國民黨與袁史》已有所記，茲不贅述。

目前國民黨方面所面臨的領導人的爭議問題，如不記取歷史教訓，演成惡性競爭，個人成敗得失尚是次要問題，如造成「亡黨」之局，不論是國民黨或是出自國民黨的親民黨負責「諸公」，都難逃歷史的斧鉞！

在王金平與馬英九競選黨主席的過程中，王的氣勢一直超過馬。且黨內「大老」及有名望之人，多傾向王金平。此種情勢一如當年之國民黨「大老」之支持李登輝，認為李為「本土人」，利於族群融和。即馬之父親馬鶴凌亦不主張其子馬英九出面競選主席，力挺連戰續任。當連戰決定不續任後，王以連之「繼承」者的姿態（連亦傾向王），出面競選。馬強調「改革」，卻被形容為「不沾鍋」。即如《聯合報》所指的：「馬英九過去被稱譽的所有的優點和長處，如今幾乎都出現了負面的評價」。

但二〇〇五年七月十六日選舉結果，馬英九得票率七二・三六％，王金平為二七・六四％，國民黨黨員有一〇四

五四六七名，投票率為五〇・一七%，馬得三七五〇五六票，王得一四三二六八票。此一結果，實出一般預料之外。有人認為這是「一場傳統與現代對決的主席選舉，意外地為百年國民黨老店引來國人的注目並引出新的領導人」。（陳陸輝〈蛻變的契機，吸收新人，活化傳統基層〉，二〇〇五年七月十七日《聯合報》）

這雖是國民黨主席的選舉，對於今後台灣政局必有影響。顯示國民黨基層黨員的自覺，以及對民進黨五年來執政的失望，寄望於國民黨馬英九在今後能為台灣帶來新局面。今後兩年將有如下的幾項選舉：（1）二〇〇五年年底的縣市長選舉；（2）二〇〇六年年底的臺北、高雄兩直轄市市長選舉；（3）二〇〇七年年底修憲後的首次單一席次的立法委員選舉；（4）二〇〇八年三月總統選舉。這不僅關係國民黨和馬英九的前途，也關係台灣的前途，以及兩岸關係的變化。

（二）馬英九接任黨主席後首戰成功

馬英九於二〇〇五年七月由國民黨黨員直接選舉以高票當選國民黨主席後，於八月十九日國民黨第十七次全國代表大會中接任黨主席。旋即面臨縣市長選舉的輔選工作。執政的民進黨在衡量對其有利條件下，行「三合一選舉」，即縣市長、縣市議員、鄉鎮市長的選舉同時舉行。雙方展開激烈的競選活動，互相攻訐、抹黑，無所不用其極，陳水扁的輔選行為，幾近瘋狂。適於此時，高雄捷運弊案發生，涉及陳水扁及謝長廷（原高雄市長，現行政院長）。電視台TVBS的「二一〇〇」節目連日揭發其弊端，對民進黨的選情大為不利。十二月三日投票結果，民進黨慘敗，國民黨狂勝。十二月四日《聯合報》首條的報導：

> 三合一選舉結果，昨天揭曉，國民黨狂勝，拿下十四個縣市長，民進黨慘敗，僅保住六縣市。臺北縣、宜蘭縣，嘉義市等指標縣市變天，藍軍改寫二十多年來地方版圖。
>
> 國民黨主席馬英九選前喊出「未過半就請辭」，結果創下近年難見佳績，馬英九地位更加鞏固，增添競逐二〇〇八年總統大選的氣勢。
>
> 鄉鎮市長、縣市議員選舉結果，依然是國民黨天下。國民黨在三一九鄉鎮中拿下過半的一七三個鄉鎮，民進黨三十五個；縣市議員九〇一席，國民黨四〇九席，民進黨一九二席，親民黨三十一席，台聯十一席。

此一選舉結果，將帶來台灣政局的變化及影響如何？錄《聯合報》〈社論〉指出：

> 這次選舉最重大的意義，在於「台灣憧憬」及「台灣價值」的旗手易人。陳水扁的慘敗，形同被人民摘掉了「台灣之子」的冠冕，其主政成績及政治風

格已遭人民否定，被他操弄得出神入化的統獨、族群、仇恨，及「愛台灣」等手法，亦遭人民唾棄；馬英九則儼然已成「台灣憧憬」及「台灣價值」的新旗手，人民對其樸素、清朗、愉悅的政治風格，開始欣賞、肯定與嚮往。

不僅如此，民進黨在道德形象上的嚴重破相，亦將影響它在意識形態上的訴求能力。如今，陳水扁主政能力的拙劣，政治風格的粗鄙，及「貪汙、腐敗、掏空」的政風，非但未能光耀台獨路線，反而在玷汙了台獨的形象。人民必會質疑：無能腐敗若此，還憑什麼代表所謂的「本土」與「台灣價值」？

這次選舉，當然可視為馬英九的大勝。他的風格與形象受到多數民眾的肯定，這無疑是國民黨致勝的主要原因之一。然而，與其說是民眾對馬英九及國民黨的具體表現有什麼正面評價，不如說其實是因為對民進黨太過失望，而對馬英九與國民黨寄以想像及憧憬。所以，如今當民意的鐘擺擺向國民黨之際，馬英九必須努力將民眾的此種想像及憧憬，轉化為事實。

選後，台灣政局立即出現顯著的變化，一為國民黨與親民黨之亟謀整合（擬由合作而至合併）；一為民進黨內部之派系衝突，陳水扁與呂秀蓮之相互責罵。惟扁不致甘於失敗，必有後續動作。

38 奉化溪口與上海、廣州、中山之行

（一）溪口之行

二〇〇六年有兩次大陸之行，參加學術會議四次。七月二十七日至八月一日至奉化溪口參加南京大學中華民國史研究中心舉辦之「民國史」研討會。十月二十七日去上海，參加上海中山學社舉辦之「紀念孫中山誕辰一四〇周年」學術研討會；十一月三日赴廣州，應廣州中山大學之邀，出席「孫中山與中國的未來」高峰論壇；五日由廣州至中山市，參加「紀念孫中山先生一四〇周年」學術討論會。

七月二十七日，偕南京大學諸友張憲文、崔之清等往奉化，由南大備大巴經嘉興、杭州、寧波等地，車行約四小時到達，沿途高速公路經過城鎮、鄉村，多為新的建築，環境整潔，農村房舍多為別墅式數層樓房，每戶一棟。都市均已工業化，且重文化遺產之保存，歷史名人故居甚多，其著者如王陽明、魯迅、蔡元培、章太炎等。奉化溪口蔣介石故居規劃為觀光地區。余在溪口時，溪口之民國史研究室（實為蔣介石研究室）要余題字留念，余撰題一聯曰：「地大物博，國強民富（上）；山明水秀，人傑地靈（下）」，上聯形容全國，下聯形容浙江或奉化。

二十八、二十九兩日舉行民國史學術研討會，台灣學者來參加者有張玉法（夫婦）、陳三井、張力、劉維開、林桶法、王正華、孫若怡等，蔣經國兒媳蔣方智怡女士及宋子文兒媳陸瑜蓉，陳誠之婿余傳韜（原中央大學校長）亦來參加。美國來者有李又寧等，大陸學者有金冲及、章開沅、林家有、楊天石、吳景平、金普森等多人。會場在溪口賓館，由溪口旅遊社接待。開幕式後為首場大會演講，余為演講者之一，題為〈蔣介石研究在兩岸〉，要義蔣介石的研究，實為研究民國史極重要的部分。近年兩岸對蔣之歷史地位評價，有微妙的變化。一九五〇至七〇年代，兩岸對蔣之歷史地位評價，均為絕對性的一元化，台灣方面是絕對性的正面一元化，大陸方面是絕對性的負面一元化，前者只是講其「好」，而不能講其「壞」，後者相反，只能講其「壞」，而不能講其「好」。一九八〇年代以後，兩岸均走向相對性的多元化，前者可正面，亦可負面；後者可負面，亦可正面。但台灣方面的負面愈來愈多於正面，大陸方面的正面愈來愈多於負面，前者情緒多於理性，後者理性多於情緒。此兩者變化趨勢大為不同也。

三十日遊舟山，先至寧波乘船，欣賞海上風光，島嶼多處，此為一九五〇年代初國、共兩軍之戰場。一九四九年國民黨撤出大陸後，尚保有金馬及舟山群島，前者屬福建省，

後者屬浙江省，前者面積較小，後者面積較大，從大陸後續流亡台灣者，多先到舟山，然後來台。兩處都經過血戰，前者得以保存至今，後者則棄守，今已闢為觀光勝地。登岸後，主要景點為普陀山，須步行登高，余與文桂及李又寧以體力不濟，在林道休息，後隨眾步行至海邊觀賞，紫竹林寺前留影。

（二）上海之行

八月二十七日下午偕文桂自南京乘火車赴上海，車行二小時到上海，入住肇家濱路青松城大酒店，出席上海中山學社舉辦之「紀念孫中山誕辰一四〇周年」國際學術研討會。二十八日上午九時開幕式，馬克烈社長主持之，十時大會主題演講，李華興教授主持之。演講人次序如下：

蔣永敬〈孫中山晚年北上致力和平統一的途徑〉。
李玉貞〈孫中山與列寧關係的幾個問題〉。
丁鳳麟〈論孫中山的博愛觀〉。

出席會議學者分海外、外地、上海三類，海外者有來自美國十三人、日本二人、台灣七人、港澳四人，計二十六人。外地含廣東、北京、江蘇、浙江、安徽等地，計十六人。上海本市四十九人。總計九十一人。下午分組討論，分A、B、C三組。二十九日參觀，上午參觀東海大橋、洋山深水港、滴水湖。東海大橋長達三十二餘公里，六線道。由浦東碼頭起程至洋山島。此島成為深水港碼頭，停靠巨輪，航行世界各地。滴水湖成為一人工湖，觀光、供水兩用。中午在浦東鷗鳳飯店午餐，十道魚餐，味極鮮美，不可多得品嘗之味。餐後至浦東機場乘磁懸浮列車，全程三十八餘公里，時速四三〇公里。全程需時七分鐘。旋至香山路參觀孫中山故居。

三十日上午，分組討論，仍分三組二場。下午大會演講，陳絳（復旦大學教授）主持之，次序為：

戴鴻超〈從新近公佈的《蔣介石日記》看孫蔣關係〉。
張　磊〈孫中山思想在新世界的理論與實際意義〉。
劉學照〈略論孫中山的文化中國思想〉。

戴鴻超來自美國，底特律大學教授。與余有同年同窗之誼。一九五〇年同屆高考及格，彼為外交領事人員，余為教育行政人員。一九五六年政大外交研究所畢業，至美國任領事。退休後，從事研究、教學。彼之報告亦提及宋子文日記（胡佛研究所藏），述西安事變時，蔣之態度的轉變（由決心犧牲而變同意和解）一事。

十月三十日下午學術研討會閉幕後，繼即舉行《宋慶齡年譜長編》（一八九三～一九八一）發表儀式，由主編盛永華女士介紹年譜主要內容。與會者均贈得年譜一部（二冊）。全書一三五萬字。回臺北閱之，引用資料至為豐富，其中重要者有宋慶齡自傳、書信等。頗多可供研究之問題，

如與孫中山婚後之生活，孫去世後至一九四九年與國民黨及中共之關係，宋與其家族、親屬（宋子文、孔祥熙夫婦、蔣介石夫婦等）之關係，宋與親密友人之交往，中共反右、文革時期所受之衝擊等。在此年譜中，提供頗多可供研究之線索及資料。

十一月一日下午南京大學中華民國史研究中心為余舉行贈書儀式，先由張憲文教授導余及文桂參觀余所贈之藏書，有兩間陳列室，書已上架。儀式由南大負責人（黨委副書記）主持之，贈余箔金匾額一方。參加儀式者有研究中心之師生數十人。儀式後，余作專題演講，題為《國共關係之回顧與展望》，分理論基礎、歷史經驗、情勢趨向三點。約三十分鐘，文桂在旁提示時間已到，乃結束演講。

(三) 廣州、中山之行

十一月三日自南京赴廣州，住半島遊艇俱樂部酒店，面臨珠江，景觀至美。四日上午在中山大學懷士堂舉行「孫中山與中國的未來」高峰論壇。九時舉行開幕式，主持人李萍教授（中山大學黨委副書記、副校長）。繼即舉行學術演講，主持人李延保教授（原中山大學黨委書記），演講人依次為李贛騮、金冲及、蔣永敬、黃世興、林家有。余之講題為《國共合作的回顧與展望》。原在南大講之，此處略有補充。（收入拙著《國民黨興衰史》）

下午大會安排參觀黃埔軍校舊址及孫中山大元帥府舊址。余以黃埔軍校舊址曾已參觀，利用此段時間拜訪老友陳錫祺教授。陳教授長余十歲，一九一二年生，今年九十五歲，戲稱「九五」之尊，道德、學問為士林所重。為廣州中山大學孫中山研究拓荒者，亦為大陸「孫學」研究之大師。廣州中山大學及廣東社會科學院均設有孫中山研究所，人才輩出，成就亦多，大多為陳教授之門生，傑出者有如陳勝粦（已故）、林家有、周興樑、段雲章、邱捷、李吉奎、黃彥、王杰、桑兵等。

拜訪陳教授安排在下午四時，金冲及教授亦同訪，金為中國孫中山研究會會長，中山市之會實由其負責籌劃。上次（二〇〇一）余訪陳教授時，係在醫院，相距五年。年邁而精神尚佳。記憶力似不如上次之見面，然思路尚清晰。坐談約半小時，余等離去時，依依不捨。離陳府，逕往孫大元帥府舊址，此為余之首次參觀。兩棟三層樓房，一棟為孫之辦公處，內有孫及胡漢民、廖仲愷、蔣介石等幕僚之塑像。另一棟為侍衛人員所用。史料記載，孫於一九二三年十月六日與鮑羅廷初晤時，即在此樓，鮑有詳細描述，曾形容之為「小克裏米宮」。今此觀之，庭園不廣，建築普通。門前擴建馬路，面積大為縮小。

參觀孫大元帥府畢，即往大沙碼頭登船珠江夜遊，並晚餐。觀賞珠江兩岸，燈火輝煌，多為高大建築。諸多史蹟名勝，已為過往煙雲矣。

五日上午，全體與會人員參觀中大珠海校區、梅溪牌坊。珠海校區係二度來此參觀。梅溪牌坊為一華僑富商所建，面積廣闊。午餐後，往翠亨孫中山故居，參加「紀念孫

▲上：奉化溪口學術會議學者之一（二〇〇六年八月一日）
左起：1張玉法，2永敬，3章開沅。
下：奉化溪口學術會議學者之二（二〇〇六年八月一日）
左起：1陳紅民，2林桶法，3張力，4永敬，5孫若怡，6劉維開。

▲上：舟山紫竹林（二〇〇六年七月三十日）
下：洋山深水港（二〇〇六年八月二十九日）
左起：1林德政，2韋玉華，3永敬。

中山誕辰一四〇周年」學術研討會。會場在中山市香格里拉大酒店。一切準備就緒，可謂賓至如歸。觀此會「組織委員會」名錄，成員為中國社科院、中國孫中山研究會、中國社科院近代史研究所、廣東社科院、中山市人民政府、華中師大、上海社科院、中山大學孫中山研究所、中山市文化廣電新聞出版局等九個單位。

這次研討會的主題為「孫中山與振興中華」，計論文七十二篇，其中大會報告六篇，分組報告六十六篇。與會中外學者一〇三人，其中來自港臺者八人，美、日、韓、法、俄、澳計十六人。來自大陸各地者七十九人。

大會開幕式於十一月六日上午九時在翠亨孫中山故居紀念館舉行，金沖及主持之。下午在中山市香格里拉大酒店宴會廳進行大會報告，主持人李文海，報告人姓名及題目如下：

王　杰：〈跨世紀的孫中山研究（一九九七～二〇〇六）〉。

陳三井：〈孫中山與列強關係：六十年來台灣學界研究之回顧〉。

狹間直樹：〈孫文研究在日本〉。

巴斯蒂：〈歐洲孫中山研究回顧〉。

野澤豐：〈王恆與議員的關係〉。

蔣永敬：〈孫中山晚年北上致力和平統一的途徑〉。

前四篇報告，似為大會事先約定題目，代表大陸、台灣、日本、歐洲對孫中山研究的回顧。後二篇余與野澤豐（日本學者）之列入，似為對年長學者之尊重。

王杰的報告，介述大陸十年來（一九九七～二〇〇六）研究孫中山的情況，計研究著作七十二部，論文一，四七三篇。著作以地區分，廣東三十五部最多，北京九部次之；出版單位地區，廣東二十四部（內有中山大學十一部），北京十八部次之。可見「孫學」研究以廣東（廣州）為首，北京次之。論文方面，思想佔五七%，事功佔二七%，綜合佔一四%，原著解讀佔二%。文中提出四點「顯學危言」，對大陸「孫學」研究的評論：1、趨時傾向。2、趨新傾向。3、「比較」濫行。4、重複堪虞。

陳三井的報告，以對台灣六十年來一九四九～二〇〇六）研究「孫學」的回顧為重點，列舉總論、分論兩篇：

總論篇：重要的研究學者有黃季陸、符滌宗、王朝枝、史振鼎、陳驥、朱文原、張忠正、宋越倫、陳固亭、陳鵬仁、羅香林、張玉法、黃自進、劉維開、張家鳳等。

分論篇：孫中山與列強關係，分：1、英國。2、美國。3、日本。4、蘇俄。5、法國。6、德國。

英國方面，研究學者以王曾才、黃宇和的成就為多。美

國方面，研究者多，有楊日旭、陳福霖、李本京、王綱領、洪桂已、張水木、呂士朋、陳其藩、陳驥、吳翎君、李雲漢、張忠正、王聿均、呂方上、陳三井等。

日本方面，有彭澤周（伊原澤周）、林明德、陳鵬仁、陳在俊、李雲漢等。

蘇俄方面，重要的研究者有郭華倫、王健民、鄭學稼、沈雲龍、郭廷以、吳相湘、蔣介石、崔書琴、李雲漢、黃季陸、謝信堯、王聿均、郭恆鈺、周谷等。陳教授特別介紹余對此方面所作的研究，頗多獎飾，愧不敢當。其文云：

> 最值得一提的是蔣永敬教授。蔣氏專研中國近代史，著作宏富，代表作有《鮑羅廷與武漢政權》、《胡志明在中國》、《抗戰史論》、《百年老店國民黨滄桑史》、《孫中山與中國革命》等為數繁多，不及備載，而其所下的功夫最深者，厥為早期國共關係和中俄接觸，特別是孫中山與共產國際代表和俄國顧問之間的錯綜複雜關係，專文甚多。最近蔣氏將其最具代表性的三篇論文：〈孫中山先生與越飛聯合聲明前的談判〉、〈馬林與國共合作〉、〈鮑羅廷與改組國民黨〉與楊奎松的三篇同性質的論文：〈莫斯科決定聯合孫中山之經過〉、〈孫中山的西北軍事計畫及其夭折〉、〈孫中山、莫斯科與國共糾紛的緣起〉，合為《中山先生與莫斯科》一書，從不同的角度對孫中山的聯俄容共政策以及與蘇俄及共產國際的關係，提出若干新的觀點和詮釋。

法國方面，陳教授除介述其新著《中山先生與法國》一書外，並舉出一些研究有成的學者如張馥蕊、陳驥、鄭彥棻、許文堂等。

德國方面，重要的研究學者有周惠民、李國祁成就最多。

三井此文，參考台灣方面此類著作，堪稱詳盡，全文小註有一二〇條之多，堪稱台灣六十年來之史學史一大貢獻。

分組報告之六十六篇論文，分為三組六場報告及討論之。六十六篇論文中不乏佳作。亦有部分「重複堪虞」者。七日下午參觀中山市民國以前之舊式商店及古鎮燈飾展示館。晚間參加孫中山故居紀念館建館五十周年「嶺南樂奏」音樂會，演奏國樂。音樂廳建築雄偉，面積廣闊，顯示雄厚經濟實力與高尚文化品質。以一市級而有此建設，「中國崛起」之說，似非虛語。

▲訪陳錫祺教授（二〇〇六年十一月四日）
左起：1金沖及，2陳錫祺，3永敬，4文桂。

39 台灣倒扁運動

（一）無效的罷免案

扁政權自二〇〇五年底縣市長選舉慘敗後，愈趨墮落，大有「暴虎憑河」之勢。除夕宣布兩岸政策之「積極開放，有效管理」倒轉為「積極管理，有效開放」，實際為「管理」而不「開放」。農曆春節除夕，又宣布「廢統」（廢止國統綱領及國統會），引起美國當局之干涉，乃將「廢統」改為「終統」，對外解釋為「終止適用國統會及國統綱領」，對內則稱「廢除」與「終止」無別。激起統、獨鬥爭，目的在轉移其一連串弊案的焦點。

扁政府自二〇〇五年八月高雄捷運弊案（圍標、外勞回扣等）爆光後，激起社會公憤，其直接的反應，為年底縣市長選舉民進黨的慘敗。繼以總統府副秘書長陳哲男涉貪汙案（炒股票、關說索賄）被法院收押禁見。一波未平，一波又起，又發生台灣土地開發公司弊案，涉及扁婿趙建銘，亦被收押，涉及扁之家庭。社會之公憤，甚於高捷弊案。民進黨內部惶恐不安，將動亂責任歸諸在野黨，且以馬英九為鬥爭目標。

六月十三日，立法院通過國民黨、親民黨提出罷免陳水扁議案，依規定，陳須於限期（六月二十日）前答辯，陳拒之，乃向「人民報告」，反駁立法院提出回應罷免案之十大理由。內容要點如下：

國親罷扁十大理由與扁回應

國親理由	**扁回應**
違憲亂政	國親杯葛監院人事，才是違憲亂政
經濟不振	國親不參加經發會，才是經濟不振的原因
貪汙腐敗	國民黨時代更嚴重。對親家、女婿涉案表歉意
用人失當	沒有國王人馬、總統人馬，點名肯定國親認為有爭議官員的表現
外交挫敗	堅持台灣尊嚴，替台灣找出路，終統事件是與美國「喬」好的
兩岸關係緊張	兩岸關係比過去更好，經貿往來更密切
挑撥族群對立	是族群對立的受害者，反擊催討黨產就是族群對立
操弄金融改革	未介入金控合併案，金改是成功的
戕害媒體自由	如果戕害，會如此悽慘落魄嗎？台灣新聞自由排名逐年進步

施政毫無誠信　兩岸、財經重大政策從未改變（二〇〇六年六月二十一日《聯合報》）

罷免案之通過，須經全體立法委員三分之二同意票，並經全民投票（投票人半數以上之多數票），兩者均難過關。扁明知此案不可能通過，故取強硬態度，將十大弊政說成十大政績。視立法院為無物。

藍、綠雙方均發動群眾集會，形成「罷扁」「挺扁」之爭。綠方聲稱保衛「本土政權」，意即對抗「外來政權」。基本上仍是族群分化策略。

六月二十七日，立法院立法委員投票罷免陳水扁案，贊成罷免案一一九票，（國、親一一二票，無黨七票），廢票十四票（台聯十二票，無黨二票）。民進黨全體立委不領票，不投票。故無反對票，以示不承認罷免案。此案未能通過，亦意料中之事。

（二）聲勢浩大的紅杉軍

立法院之罷免案未過關，扁及民進黨以為得計，其實難關接踵而至，七月十五日親綠學者多人發表聲明，要扁下臺，扁置之不理。適有在澳洲經商之台商李慧芬女士揭露扁政府利用彼之消費發票報銷公費（國務機要費），八月十二日林女士回台向法院作證，引起社會之轟動。這天，又有民進黨前主席施明德發起百萬人倒扁運動，以每人捐款一百元為支持之表示，七日之間，捐款數達一億三二六萬餘元，支持者已超過百萬人次。決定在總統府前大道開始靜坐，要扁下臺。扁方則發起「挺扁」運動，以反制之。扁且於九月三日出訪帛琉，以避倒扁運動。

施明德成立倒扁總部，施為總指揮，下設副總指揮多人，實際策劃者為「廣告奇才」范可欽，范為副總指揮之一，且為發言人。諸多策劃，頗有創意。經過多日的準備，九月九日倒扁運動正式展開。《聯合報》報導這天的情況如下：

陳水扁總統爆發貪腐疑案以來，台灣最大規模的「阿扁下臺」活動，昨天（九月九日）在總統府前的凱達格蘭大道展開。數十萬人不懼大雨滂沱，時晴時雨，在凱道前開出一朵人民組成的紅花，展現要扁下臺的強烈熱情。

民進黨前主席施明德昨天多次向陳總統嗆聲，「陳總統，你的政令所及，已經出不了這個地方（總統府），你是要下臺，當一個自由人，還是要繼續當總統府的囚犯？」施明德說，我們有決心，阿扁不下臺，絕對不結束這個抗爭。

倒扁開始以後，扁到之處，即有倒扁之聲。九月十日，扁到花蓮，倒扁手勢一路隨之。

十四日，扁到高雄，同樣受到倒扁群眾的「嗆聲」，迫扁車隊改繞小巷。

十六日及十七日，扁到澎湖及南投，同樣受到倒扁群眾的「嗆聲」，要扁下臺呼聲不斷。扁的日子，似乎不大好過。但扁仍是表面鎮靜。此人堪稱「處變不驚」矣。

倒扁運動，而以九月十五日「圍城之夜」到達最高潮，據《聯合報》十六日之形容：

> 這場圍城遊行，人潮不斷湧入，人數超出警方和總部的預估。從總部開始估計的二十萬人，到五十萬人，再衝到七十五萬人。
>
> 儘管珊珊颱風來襲、雨勢不斷，昨晚圍城之夜仍順利進行。由於參與人數太多，遊行提前從下午六點開始，一直到晚上十點總指揮施明德到達臺北車站為止。沿路人潮不斷加入，博愛特區周圍宛如紅河谷，民眾像紅色浪潮般一波波前進。

陳水扁及其民進黨為了反制倒扁運動，除竭盡所能抹黑施明德外，並將矛頭指向馬英九。九月十六日挺扁民眾在凱道集會，舉旗高喊「台灣國加油」，攻擊矛頭指向臺北市長馬英九及發動倒扁的施明德。台灣社（挺扁）原計畫發動十五萬人，但據警方估計到場人數最多時約五萬人，唯台灣社方面宣布有二十五萬人參與。兩者估計的人數，不但懸殊，群眾的表現亦不相同，倒扁者多為自動自發，理性和平；挺扁者多被動而來，且有暴力行為。在凱道廣場，中天、東森二電視台的主播遭受群眾的攻擊。民進黨的所謂「四大天王」呂、蘇、謝三人均未參加，只有唯一「天王」游錫堃高喊「台灣國萬歲」。

儘管倒扁運動聲勢浩大，但扁堅不下臺。施則宣布十月十日「天下圍攻」計畫，決定國慶日號召倒扁群眾包圍總統府。在此之前，施號召倒扁運動由北而南，輪流至各縣市，所謂「遍地開花」。扁方亦發動反制，形成倒扁與挺扁之爭。挺扁一方則有暴力行動，台南市有一女士開一紅色轎車，經過挺扁附近時，突遭數名男性暴力攻擊，砸毀其汽車，至為恐怖。以致開紅色汽車者或著紅色衣衫者，往往被視為「倒扁」者，不敢單獨行動。

十月十日國慶，扁方原擬停辦紀念儀式，但以大會籌備主任委員王金平之堅持，依例舉行。是日扁雖出席，但其席位以帷障隔之，以策安全。來賓座位，亦經精心安排，綠者座位與扁席接近，藍者隔遠。屆時仍有藍方立法委員李慶華等舉出倒扁標語及手式，綠方立委立即向之推擠，場面一度紊亂。至於倒扁總部之「天下圍攻」計畫，可能經過協調，改在市區大遊行，晚間至總統府前大道撤離解散。施明德旋亦離台去泰國，說是考察泰國反貪運動。十二月五日返台，決定「自我囚禁」，以待扁之下臺。扁則不理。節錄施明德的〈自囚說明〉，顯示施之無奈：

> 在一個正常的民主國家，九一五螢光圍城，百萬名沒有政黨、沒有組織動員的公民上街次日，陳水扁先生就應該下臺了。但他沒有。十月十日國慶，陳水

扁先生已經把兒女、金孫都支遣到日本，躲在旅館中三天足不出戶；國慶破相，百萬紅衫軍一天之內兩次大遊行，晚上凱道內的鎮暴部隊傳來不會阻擋群眾的訊息，反貪腐倒扁總部仍然做出撤離的決定。十月十日天下圍攻次日，以常理推斷，陳水扁先生也應該下臺。可是他沒有。十一月三日陳瑞仁檢察官正式起訴吳淑珍等人，陳水扁是共同正犯，大勢底定，全台灣都已經放起鞭炮了，總該下臺了吧！可是他還是沒有。

這不是一個正常的人（違論是總統），他寧可混淆是非，也不讓人民有清白做人的權利。他寧可讓國家空轉兩年，民進黨覆敗沉淪，也不願放棄虛妄的自我。（二〇〇六年十二月五日《聯合報》）

扁以弊案連連，扁及其民進黨之聲譽，陷於谷底。倒扁及罷免，對扁既無可奈何，唯有寄望於選票。二〇〇六年十二月九日，臺北、高雄兩市市長及議員之選舉，民調及輿論對民進黨均為不利。認為國民黨在北、高兩市選舉，均可獲勝。然而選舉結果大為失望，臺北市長國民黨郝龍斌雖然勝選，但其得票率少於上屆馬英九之一〇・三〇%，民進黨謝長廷雖落選，但其得票率多於上屆李應元，增加五%，高雄市長國民黨黃俊英以一一一四票些微之差敗於民進黨陳菊。市議員部分：台北市國民黨席次增一一・五五%，民進黨增二・二七%，而親民黨則減一〇・六二%，台聯增一・四二%。高雄方面，國民黨增一〇・五%，民進黨則增五・四九%，親民黨減五・一二%，台聯減〇・九六%。是以藍綠雙方得票率與上屆比較，變化不大。顯示扁之弊案對選舉結果似無影響。但國際媒體的觀察，以日本《共同社》較為準確，認為民進黨雖然守住了高雄市，但其惡化的形象並未因此改變。其明年的立委選舉和二〇〇八年大選，尚非容易。

這次選舉最大的傷害，是宋楚瑜及其親民黨的失敗，宋不滿馬英九而思競爭藍營「盟主」，出來參選臺北市長，一般認為他是攪局，成事不足，敗事有餘。但其得票率僅為四・一四%，「敗事有餘」亦未能作到。

40 石牌新居與幼孫佳佑之出生

（一）石牌新居

二〇〇五年余之「欣喜」，為四月二十日定安喜獲麟兒，取名家佑。余之幼孫也。可喜可愛。定安數年前喪偶，一度消沉，借酒麻醉，余與文桂心痛而愛莫能助。去年與王靜婷小姐結合，實其人生一大轉機。靜婷秀外慧中，性情開朗，今年又生家佑，帶來全家的喜悅，亦余與文桂之最大安慰。為求定安往返學校（淡江大學）之便利，靜婷有意遷居與淡大較近之居所，余與文桂亦支持之。看過多處，決定北投區行義路為適合，將現住之屋（永安街）出售，進行順利，四月初定安遷入新居。

定安、靜婷於攜家佑來木柵寓，距其出生四月餘，見其笑容至為可愛。反應靈敏，健康活潑，人見人愛。余每週一或二次去行義路欣賞家佑。木柵與北投相距非近，但交通方便。余平時極少出外活動，藉此亦可健身活動。文桂亦偶與余同往行義路與家佑玩樂，亦覺行義路環境甚佳。適附近有新建房屋銷售，商諸文桂，吾等生活應作調整，彼每日耗於廚房時間甚久，余亦深感陪往市場買菜為苦，如能遷至行義路定安住處附近，對吾等養老生活甚為便利。文桂同意焉，定安、靜婷亦甚希望此一決定儘速完成。適其對面松青超市三樓有房屋出售，約二十五坪，屋齡十二年，裝潢良好。有電梯，一樓為超市，生活必需品齊全，二樓大廳公共使用。開價八九〇萬元，七五〇萬元成交，付現一五〇萬元，銀行貸款六〇〇萬元，二十年期，前二年僅付利息，二・〇五%，月付萬餘元。略經整修，於二〇〇六年四月四日遷入。原有書籍、衣物仍放木柵舊寓，室雖小於木柵舊居，但不覺擁擠。雲漢夫人韓榮貞女士贈畫一幅，懸於臥室。新居環境優良，位當天母北路、石碑路、行義路交會之處，形成自然廣場，附近有丘陵、森林，小河流曰磺溪。有小公園兩處，一在住處樓下，一在對面，百步可達。公園內置有老人運動器材多具。與定安住處一巷之隔，相距數十步，午、晚餐至定安處，菲傭代勞，家佑亦樂。

木柵舊居仍由世安居之，余與文桂每週末回木柵舊居，週日或週一返行義路。

余與文桂之醫療，由萬芳醫院移至榮民總醫院，由行義路居所至榮總，較之木柵舊居所去萬芳，便捷多矣。公車班次密集，距離亦近，榮總之設備及醫師水準，均居先進。

（二）佳佑的出生

二〇〇七年四月二十日是幼孫家佑滿二周歲。回憶兩

年（二〇〇五）前四月二十日那天，我和文桂一早從木柵家中趕到仁愛路中山醫院時，大概早晨八時不到，家佑的媽媽王靜婷已進入產房待產。我們在醫院遇到家佑的爸爸定安，和太外祖母一家，以及靜婷的朋友金小姐，都在等著家佑的降生。八時一過，產房護士出來告知我們，母子平安，十分順利。我們為之慶幸不已。一會，家佑的大、二伯父世安、正安等也來到醫院。再一會，家佑被送到育嬰房，我們隔著玻璃窗爭相探視。育嬰房中一排列的嬰兒睡在搖籃中，家佑正在熟睡中，兩眼閉著，一雙小手裹著紗布，不時擺動，十分有趣。直等到中午，家佑被送到媽媽的房間。等到被送回育嬰房，我們才離開醫院。在醫院停留一星期，我和文桂每天都到醫院去欣賞家佑。一週後，他們回到行義路的家中。我大約每週都要到行義路去探看一番。有時文桂也一同去。七月以後，我和文桂去了南京，九月一日回臺北，六日，定安、靜婷攜家佑來木柵家中，再見家佑，像是生龍活虎，趴在床上，昂起頭來，兩目炯炯有神，十分可愛。

家佑出生前，靜婷要我們給家佑起個名字，我想「家」字輩已定無可更改。佳宏、佳芸以「佳」代「家」，是其母親夏起瑛聽信命理師的主意。家立是我起的名字，「立」字是我的乳名，故曰家立。我想以文桂的「文」命名「家文」。定安、靜婷和一些朋友研究，想了很多，有主張「家旭」的，一聽不雅，音同「家畜」，最後決定取名家佑。我和文桂也覺得很好。就叫佳佑好了。其後，靜婷依命理師之言，佳佑改名杬櫂，余不贊同，亦無如之何，乃以其英文名Josh呼之。

靜婷懷孕家佑時，經常嘔吐不已，十分辛苦，有時須住醫院治療。胎兒六個月後，好像就有靈感，醫生照相時，面孔向下，醫生說：「寶寶面向外」，果然面孔向外。醫生大為驚奇。靜婷談起，真是樂不可支。我們看著胎兒照片，不禁笑樂。出生後，比一般嬰兒發展為快，三個月後，溫水浴時，就會游水了。不到一周歲，就會發音學話了，嘀嘀咕咕，不知所云。有次在木柵家中，手持剪刀不放，定安奪之，向之嘀嘀咕咕，似在抗議。我趴樓梯，亦隨之趴，我累要菲阿姨照顧之，彼則拒之，欲自行趴上趴下。獨立性至強，吃飯要自行拿筷拿叉取食，拒人餵食。有錯，靜婷罰之自閉室中，似成習慣。偶犯錯，余假怒，彼即自動入室自閉。見余一人至，必問「奶奶」，見奶奶一人至，必問「爺爺」。為之拍照，則站立不動。待照畢，取余相機，亦能啟開按鈕，為余拍照。蓋余拍照時，已注意余如何開、閉按鈕矣。

家佑七個月後，即習趴行，十個月後，習串走，並習說話，發出聲音，不知所云。愛玩新奇物品，拿到不放。手持新物（如遙控器、手機等），迅即逃走，防大人奪取之故。彼欲玩取某物，取之不得，則亦不了了之；如取到手而奪之，則必反抗。余與文桂乘其不注意時，開門離去，彼即迅來奪門而出，要余攜之同行。有時將之抱回屋中，則自玩如故；有時攜往室外，則大樂。某次，余見其蹲地不動，面有用力狀，余告靜婷，似在大便，視之果然。

余與文桂遷至行義路新居後，一巷之隔，午、晚餐相聚，習以為常，當飯畢開門離去時，家佑必奪門而出，要余攜之同行，有時余與文桂趁其在他室時，輕聲離去，未待開門，迅即追來，聽覺之靈，不可想像。有次，隨余外出，跑之極快，形同「脫兔」，追之不及，距馬路甚近，菲傭阿姨迅即追趕，抱之而回。周歲以後，話語亦多，與菲阿姨英語對話，聽英語教學影視，集中注意力，顯示興趣濃厚，英文字母均能識別。某日，余偶放一屁，佳佑即曰：「爺爺嘟嘟」。

家佑在十歲時，學校智力測驗，智商（ＩＱ）平均一五三。屬資優級。

▲幼孫佳佑九個月

41 同盟會一百週年學術研討會

（一）台北之會

二〇〇五年，為中國同盟會成立一百週年，亦為抗戰勝利及台灣光復六十週年，大陸方面均有紀念活動。台灣當局由於意識形態，至為冷淡，民間則有在野人士或民間團體舉行紀念活動。秦孝儀主持之中正文教基金會於十月二十九日至三十日在國民黨中央黨部大樓舉行「抗戰勝利及台灣光復六十周年」學術討論會。首場討論會原列秦孝儀主持，秦要余代為主持之。第二場之討論會，余任評論人，報告論文者有楊天石、藤井志津枝、邵銘煌。余之評論重點則為楊之論文〈「論恢復盧溝橋事變前原狀」與蔣介石「抗戰到底」之「底」〉。楊認為此底有四個層面，即四「底」。余則認為只有兩「底」，即盧溝橋事變「底」與珍珠港事變「底」。前者為不徹底之「底」，後者為徹底之「底」。

（二）上海之會

上海及南京之同盟會一百週年學術討論會，余均為文記述之。刊於《近代中國》，節略如下：

上海的「紀念中國同盟會成立一百週年」國際學術研討會由上海中山學社主辦。該社成立於一九八七年十月，是由研究孫中山工作者和熱心人士組成的學術團體，社址設於上海陝西北路一二八號民主黨派大廈，亦即這次研討會的所在地。中山學社為推動孫中山的研究和中外學術交流，曾邀集中外學者舉行過多次學術討論會，並出刊《近代中國》，刊載有關研究論文，迄今已出版十五輯。該社現任社長為厲無畏，常務副社長兼秘書長為馬克烈。尚有副社長、副秘書長及顧問多人。

研討會為二〇〇五年七月二十九日至三十一日連續三天。與會學者七十五人，來自臺灣者五人，港澳四人，美國五人，韓國及日本各二人，其餘均來自大陸各省市。論文有六十八篇。二十九日上午開幕式由過傳忠（中山學社副社長）主持之。大會發言主持人為李華興教授，發言者如下：

蔣永敬〈孫中山革命希望的新紀元——中國同盟會的成立〉。

林家有〈孫中山民生史觀研究的回顧與思考——從同盟會對孫中山民生主義分歧談起〉。

劉學照〈共和革命先覺秦力山及其立黨救國論〉。

朱宗震〈孫中山三民主義理論的困局〉。

▲評楊天石論文（二〇〇五年十月二十九日）

苑書義〈孫黃自由觀的碰撞〉。

下午　分組交流

晚間　逛南京路步行街

三十日上午　分組交流

下午　大會發言　主持：沈渭濱

普萊斯〈同盟會之成立與革命策略〉。

胡國樞〈兄弟鬩牆，百年沉怨——同盟會與光復會「窩裡鬥」的歷史教訓〉。

潘君祥〈同盟會組織的公開革命團體——中國國民總會〉。

史全生〈同盟會革命綱領的形成〉。

湯志鈞〈光復會與上海光復〉。

會後瞻仰上海中山故居

三十一日　上午　大會發言　主持：劉學照

朴明熙〈辛亥革命時期的韓中互助運動〉。

張　磊〈中國同盟會的歷史地位和作用——紀念同盟會創建一百周年〉。

沈渭濱〈孫中山「民生主義」再研究〉。

周興樑〈孫中山與中國同盟會的成立〉。

黃　彥〈編纂孫中山著作工作中的一些感想〉。

閉幕式：主持　過傳忠

上午

1.各組匯報交流情況：

2.感受與展望。

3.上海中山學社項斯文副社長致閉幕詞。

下午　參觀東方明珠、上海城市規劃館

大會發言和論文舉要

上海的研討會六十八篇論文中，來自海外學者的有十八篇，大陸國內學者的五十篇。筆者的論文〈孫中山革命希望的新紀元——中國同盟會的成立〉，列為大會報告的首篇。算是論文的「開場白」。要義如下：

孫中山在其所著《孫文學說》第八章有云：「自革命同盟會成立之後，予之希望則為之開一新紀元」。這是因為「集合全國之英俊」而成立的革命團體，故其自信「革命大業可及身而成」。六年以後，而有辛亥革命的成功。

為了迎接這一新紀元，孫中山提出了三大劃時代的名詞：中華民國、三大主義、國民革命。以國民革命來實現三大主義，以三大主義作為中華民國建國的內容。故其關鍵，則在如何進行國民革命？概括言之，不外立黨、宣傳、起義三大工作要項。

就立黨言，同盟會是一個全國性的革命團體，它的分支機關遍及國內各省及海外所有華人地區，會員眾多、人才濟濟，包括士、農、工、商以及軍人各階層。武昌起義，各省紛紛響應，實源於此。

就宣傳言，有同盟會員的地區，即有宣傳報刊，影響所及，同情革命者日多。其中尤以東京《民報》與保皇派之《新民叢報》的論戰影響最大。雙方論戰經年，都是圍繞著民族、民權、民生三大問題。論戰結果，《民報》全勝，創造了三民主義光輝時代。

就起義言，與中會時期的十一年，僅有二次，同盟會時期的六年則有八次（不含武昌起義）。就參與人員來看，前者以會黨為主；後者則含社會各階層；就起義經費來源來看，前者僅有夏威夷華僑及香港同志的捐助，後者則遍及海外各地區華僑的捐助，尤其「三二九」最後一役的捐款佔十次起義總額的三分之一。此足顯示同盟會團結了海內外所有的愛國志士，有錢出錢，有力出力，人數愈來愈多，表現中華民族的大覺醒。

同盟會的成立，開創了中國革命的新紀元，創造了三民主義的光輝時代，表現了中華民族的大覺醒。

這次研討會頗多精湛的論文，例如來自美國佛蘭克林學院凌渝郎教授以政治學的角度來分析〈中山先生革命理論與當代政治思潮密切關係〉，條理清晰，析論精闢。要義如下：

革命成功的要素很多，最基本的是：革命理念加

革命人群。

有革命理論而無信仰的追隨者，有如秀才造反，一定不成；有反政府的人群而無革命理論的目標，是群龍無首，成為亂民。

辛亥革命的成功是基於中山先生明確的三民主義革命理論，再加上反清的人民。三民主義是中山領導革命的理論基礎，民族主義追求各民族一律平等，如此使中華民族，站起來與世界其他民族平起平坐的地位。這主義恢復了中華民族的自信心。

民權主義使主權在民，讓人民做主人，如此人民享受政權（選舉、罷免、創制、複決）督導政府之權，這理論和西方民主觀念是一樣的。

民生主義則是解決人民物資以及精神生活的需求問題（衣、食、住、行、育、樂）。這解決了人民物資安全的問題。在這革命理論，中國人恢復了信心和自尊，中國人民可以享受所謂幸福的日子。

當今二十一世紀，不論是那一民族，那一國家，所追求的亦即是民族自尊和過好日子。本文即是將中山的革命理論與當今政治思潮的密切關係加以進一步的分析。

上海復旦大學沈渭濱教授〈孫中山「民生主義」再研究〉，認為：

1.「民生主義」本質上是一項社會改造方案，目的在於培育和造成社會的「中產階級」。

（1）「平均地權」和「耕者有其田」的主張。是要使占全國人口絕大多數的農民，成為具有獨立經濟的地位和獨立人格的自耕農，隨著農村經濟的發展，形成農村的中產階級。

（2）「節制資本」是要避免私人大資本，大企業操縱國計民生，消除貧富兩極分化，培育和支持中小資本，在振興實業中形成城市的中產階級；同時要大力發展國家資本，使社會資源合理分配，讓包括工人在內的全民共用。

（3）孫中山的「民生史觀」不僅是一種社會經濟史觀，而且也是一種社會史觀，更確切地說是一項社會改造史觀。他重視衣、食、住、行等民生的物質方面，重視生產和實業發展，本質上是為了改造中國的社會結構。這在近代中國的社會轉型中，具有前瞻性和先進性。

2.「民生主義」無法實現的原因：

（1）民生主義理論上的缺陷：在土地所有制問題上與農民迫切要求不相適應；在資本問題上既要節制私人大資本，又要扶植中小資本，不符合資本發展的規律；發達國家資本後如

何防止其蛻化為國家壟斷資本即官僚資本，缺乏應對措施；國有企業獲利後能否真正與民共用，無切實辦法；國家階級性與國有經濟關係等等。

（2）沒有得以實施的必要條件：民主革命派沒有真正掌握政權，社會改造無法推行。

（3）民生主義目標與民權主義建政方案自相矛盾：「大政府小社會」的模式不可能培育社會中產階級。

此一解釋，對於孫中山革命為「資產階級革命」之說，付予新意。沈老行文，一如其人，閱歷豐富，風度瀟灑，處理問題，舉重若輕，予人有「一見如故」之感。

上海大學李堅〈孫中山、中山裝與寧波籍紅幫裁縫〉一文，可謂「特出心裁」，很能引人入勝，其文要義如下：

「中山裝」號稱中國的「國服」，民國初年由孫中山先生倡議製作，是蘊含中華民族文化內涵和時代文化理念的新服飾。中山裝的誕生與寧波籍紅幫裁縫密切相關，並且最後由奉化人王才運開辦的上海榮昌祥西服號縫製而成的。

上海開埠後，專門縫製西服的裁縫師傅傳人稱「紅幫裁縫」。在上海謀生的鄞縣、奉化等地「洋廣農業」師傅，被稱為「寧幫裁縫」，成為紅幫裁縫的中堅力量。

經過辛亥革命的洗禮，人們的思想觀念和衣著方式漸趨開放，孫中山也想通過變更冠服章制來衝擊舊習俗，振奮民心，他在一九一二年二月四日〈復中華國貨維持會函〉中提及他設想的服制時說：「此等衣式，其要點在適於衛生，便於動作，宜於經濟，壯於觀瞻」。

十九世紀末二十世紀初，孫中山將創制中國新服制的希望託付給張方誠等日本服裝界的華僑，鄞縣人張方誠的祖父張尚文被稱為「紅幫裁縫的創始人」，其子張有松、孫子張方誠等繼承祖業，也是日本手藝精湛的西裝裁縫，張方誠等人根據孫中山的改革思路，參照日本學生裝、士官服，採用西裝造型和製作技術，再考慮中國人的體型、氣質和社會生活的新需求，試製了初期的中山裝。當時的中山裝是直翻領、胸前七粒鈕扣、四個口袋、袖口四粒鈕扣，每個細部都有其特定的新文化內涵。

奉化人王才運創設的上海榮昌祥是第一家呢絨西服號，也成為第一套中山裝的誕生地。一九一六年，王才運根據孫中山先生的要求與設計，在早期中山裝的基礎上加以改制，孫先生又進一步提出將前襟七粒鈕扣改為五粒鈕扣，以象徵「五權憲法」；改上貼袋蓋為倒山字形筆架式，稱為「筆架蓋」，象徵中國民主革命要重用知識份子；袖口四粒鈕扣改為三粒，象

徵三民主義。這套方便大方、體現著時代特點的新式服飾，經孫中山穿著後，很快得以推廣。因係孫中山先生倡導設計，故定名為「中山裝」。

中山裝的製成是中國服飾史上的一次重大變革，以寧波人為主的紅幫裁縫完成中山裝的創製、推廣的歷史使命，這是他們值得驕傲的一大歷史功績。

廣州方面，是研究「孫學」的重鎮，人才輩出，研究著作，質量均豐。經過多年的磨練，漸趨成熟。廣州中山大學林家有教授〈孫中山民生史觀研究的回顧與思考—從同盟會孫中山民生主義分歧談起〉一文，可以顯示這方面研究的成熟。節要如下：

> 學術界對孫中山的民生史觀有過爭論，長期以來，中國大陸學術界對孫中山的民生史觀持否定者居多數，他們就孫中山關於民生是「社會進化的原動力」的理論，關於階級和階級鬥爭的觀點，關於國家與革命的思想，關於「先知先覺」和人民群眾的歷史作用的觀點給予批評，認為孫中山用求生存或生存鬥爭來解釋人類的發展，是不科學的、不符合客觀實際的，因而「陷入歷史唯心主義」，說孫中山是在人們的頭腦中尋找社會歷史變化的原因，是一種不正確的唯心史觀。也有人認為，孫中山的民生史觀既是唯物的，又是唯心的，不是一元的，應該肯定。現在在唯心唯物上糾纏的現象不多了，但看法不見得一致。我們應該堅持歷史唯物主義，但也不要否定唯心主義。民生與民生主義，民生主義與民生史觀是一個既有聯繫又有區別的不同概念，但無論如何不能將民生史觀與民生主義視為兩種不同的物件，將孫中山民生問題才是社會生存和原動力的觀點，說成是一種精神的東西，這實際上是對孫中山思想的誤解。民生主義既是現實問題，又是一種理想。由對民生問題形成的孫中山的民生史觀，就是通過發展經濟解決社會問題，實現均富和大同。這種觀點是以人為本，是他的人學的理論基礎，不僅符合中國當時的實際，也有創新。社會的主體是民生，不是泛政治化。生計問題是人生最重要的問題。「以人為本」，首先就是要想到人的生計。我們講人權，重要的是人的生存權、發展權，人為生存而鬥爭，為建立美好和諧社會和享受人間的美好生活而努力奮鬥，這是社會發展的基本動力。我們應從孫中山的教育不要從學理上糾纏，應從社會實踐來檢驗其思想和主張的正誤。

總之，參與上海這次研討會學者的論文頗多，精闢之作，不遑一一列舉。

(三) 南京之會

在南京舉行的「紀念中國同盟會成立一百周年暨孫中山

先生逝世八十周年」國際學術討論會，於二〇〇五年八月二十一日、二十二日兩天在風景優美的中山陵園區國際會議中心大酒店召開。是由中山陵園管理局、孫中山紀念館和南京大學中華民國史研究中心合辦。與會學者九十八人，其中來自臺灣的六人、香港四人、日本五人，新加坡、韓國、美國各一人，大陸各省市八十人。論文八十五篇。

八月二十日上午：

會議開幕式主持人：張憲文

大會報告主持人：張憲文

報告人：

茅家琦〈關於同盟會宗旨的一些思考〉。

張玉法〈孫中山與一九二四年的北伐〉。

橫山宏章〈池亨吉與中國革命〉。

蔣永敬〈關於孫中山革命運動兩大爭論問題平議——資產階級革命與三大政策問題〉。

黃　彥《孫文全集》的編纂。

下午及二十一日上午分場討論（各場論文報告人及評論人。

二十一日　上午　大會報告　主持人：崔之清

報告人：

李國祁〈同盟會時期親密摯友、政爭時期生死之敵：汪精衛、胡漢民比較析論〉

胡春惠〈孫中山與聯省自治運動〉

中村哲夫〈中國同盟會與華僑〉

下午參觀。

大會報告和論文舉要

大會開幕式有兩位貴賓致詞，一為中共中央文獻研究室副主任金冲及教授，一為中國國民黨黨史會前主任委員李雲漢教授；一為中共黨史專家，一為國民黨黨史專家。此一巧合的安排，顯示「國共合作」的意味。南京大學中華民國史研究中心主任張憲文教授是這大會的主角，從學者的邀約、議程的安排，盡力為多。

余之報告的論文〈關於孫中山革命運動兩大爭論問題平議——資產階級革命與三大政策問題〉，為針對兩岸學者多年來兩大爭論問題，作出「平議」。認為這兩大爭論問題隨著兩岸學者多年來的交流，分歧現象，已漸消失，要義如下：

> 孫中山革命運動重要歷程，前期為辛亥革命，後期為改組國民黨實行「聯俄容（聯）共」政策。前期效法歐美，後期「以俄為師」。大陸學者以前期為「資產階級民主革命」，後期為實行「聯俄、聯共、扶助農工」之「三大政策」。臺灣學者不以為然，一度成為兩岸學者爭論的問題。
>
> 關於前期革命性質問題，早在一九〇五年中國同盟會成立初期，革命、立憲兩派即有所爭論。立憲派

梁啟超於這年在《新民叢報》發表〈中國歷史上革命之研究〉長文，認為中國歷史上的革命，只有野心家的革命，而無自衛的革命，只有上下等社會的革命，而無中等社會（中產階級）革命。對於孫中山當時的革命，梁啟超認為不脫離中國歷史的窠臼。

革命黨人陳天華同年亦在《民報》發表〈中國革命史論〉長文，認為中國歷史上的革命，多為「英雄革命」，為「帝制自為」的革命。西方則為「國民革命」，在爭平等自由。中國今後革命，應變「英雄革命」為「國民革命」，變帝制為民主共和。取西方之長。《同盟會革命方略》之〈軍政府宣言〉即定中國革命為「國民革命」。〈宣言〉中所謂「一國之人」「無有貴賤之分，貧富之別」。實含上、中、下三等社會之人。「資產階級」當在其內。論者認為是「資產階級革命」（大陸方面）或「全民革命」（臺灣方面），皆有所本也。

關於「三大政策」問題，自一九五〇年代兩岸分裂之後，即有分歧。八〇年代兩岸開始交流之後，分歧漸合。

這次學術討論會的論文，值得欣賞的，比比皆是。舉其要者，有如北京師大朱漢國教授的〈孫中山關於中國政黨政治模式的探索〉，對於孫中山在革命過程中，三種政黨政治模式的嘗試，作了系統的分析和比較。要義如下：

孫中山在探索中國政黨政治模式的過程中，嘗試和實踐了三種政黨政治模式，這就是西方的兩黨政治模式、「一黨治國」模式和國共合作治國模式。

孫中山關於中國政黨體制三種模式漸次否定的發展過程，既代表了他對中國政黨體制的探索過程，也反映了他政治思想的發展過程。孫中山對政黨體制的認識發展，與他的政黨觀念以及三民主義的發展都是一致的。

安陽師範學院張華騰教授〈對立中的統一：辛亥革命前後同盟會、北洋集團關係述論〉，對北洋軍人集團在辛亥革命中的評價，頗能突破傳統之論。論文指出同盟會與北洋集團均在一九〇五年崛起於中國政治舞臺，這兩支力量是互相對立的，前者以推翻滿清為志，後者以維護清廷為責；前者代表中國社會進步的勢力，後者代表清廷官僚中的改革派，是清廷統治的支柱，但又給清廷以威脅，受到滿清貴族的打擊，使之離心分化，武昌起義後，非為清廷效命，反與同盟會結為反清同盟，以和平方式推翻清廷，使同盟會建立民國的理想為之實現。通過和平方式解決政治問題，使中國由專制走向民主共和，具有重大歷史意義，亦為高度政治智慧的結晶。

日本學者中村哲夫〈中國同盟會與「華僑」〉，對於「華僑」一詞的來源和普遍使用，做了深入的考查。指出「華僑」一詞是十九世紀末出現的新名詞，到二十世紀之初

已相當普遍。同盟會的《民報》到了二十一期（一九〇八年六月）有〈美洲華僑致公堂宣言書〉的介紹，這是《民報》最早出現「華僑」一詞。其後易本義在《民報》二十五、二十六期連續刊載〈南洋華僑史略〉，是中國人最早的華僑史著。中村指出，此著是深受章炳麟的影響。

在這次討論會中，有多篇來自南京大學中華民國史研究中心學者的論文，素質整齊，準備有素，無論就選題、內容而言，都具有一定的水準。以崔之清教授的〈民主政治：從理想到現實的艱難求索：同盟會領導體制的政治學分析〉為例，頗能推陳出新。此君平時「吊兒郎當」，口無遮攔。今閱其文，知其治學認真，毫不馬虎，予人「耳目一新」之感。

在這次討論會中，也發現南大民國史研究中心一群「新秀」的論文，頗足欣賞。例如李玉的〈試析民初國民黨上層拉人入黨現象〉，陳蘊茜的〈時間、儀式維度中的孫中山：以「總理紀念周」為中心的考察〉，熊良秋的〈同盟會財政狀況管窺〉等文，均足展現其優越的研究能力。此一成就應追溯南大民國史研究中心多年來經營的效果。

▲紀念同盟會一百週年學術研討會在南京（二〇〇五年八月二十日）
左起：1張憲文，2茅家琦，3永敬，4張玉法，5黃彥。

42 「以文會友」

（一）南京、上海之行

二〇〇七年六月二十二日余與文桂有南京之行，到金寶寓所，首先欣賞水蜜桃，無錫產，美味、價亦貴。惟近來水災，菜漲約九〇%。台灣水災，菜價漲幅更大，約漲三至四倍。

七月十三日下午與文桂乘火車赴上海，入住中山學社（陝西北路一二八號）參加中山學社主辦之「清末新政與辛亥革命」國際學術研討會，十四日開幕，項斯文主持之，馬克烈致開幕詞。遂即放映「孫中山與上海」資料片。繼為主題演講，李華興主持之，演講人為沈渭濱、郭緒印、邱遠猷、陶士和等四人。下午分組討論。十五日上午討論會，莊淑紅代余宣讀論文，題為〈「督撫革命」與「督撫式的革命」〉（收入拙著《國民黨興衰史》（增訂本））。十五日下午閉幕式，復旦大學教授戴鞍鋼總結發言，對余論文有所肯定。余因聽力不濟，未能知其所言內容。閉幕式「學者感言」，安排余與張憲文教授發言。十六日上午參觀嘉定區安亭上海汽車博物館，館之面積甚廣，陳列一九〇〇年以來各國各式汽車之型式及演進。余尋一九二二年（余之生年）汽車未得，只有一九二一年及一九二三者。下午參觀科舉博物館，陳列自隋代至清代科舉之資料，有試卷、榜示、考場。試卷八股，不知所云。考場狹小，一人一間，僅容坐臥，虐待考生，於斯可見。

閱上海市全圖，面積六三四〇・五平方公里，人口一六七〇餘萬。轄十八區一縣（崇明），過去附近之縣皆劃為區，如嘉定、寶山、浦東、松江、金山、奉賢、閔行、南滙等，皆改名為區。區下為鎮。至嘉定區安亭鎮，見鎮之人民政府辦公大廈之建築，雄偉輝煌，區政府更無論矣。通往各區之捷運（上海稱軌道），正興建中。

八月六日下午與文桂離寧返台。

文桂云：聽廣播，吳相湘在美去世（九月二十一日），享年九十五歲。老友又去一位。十一月十一日，知劉鳳翰又去世，老友凋謝，不勝感慨。

（二）應約撰文

二〇〇七年五月三日，廣州中山大學歷史系及社科院孫中山研究所來函約稿，將創辦《孫中山學刊》。以書刊方式，一年一輯，作為《孫中山基金會叢書》的一種，第一輯定於今年十一月出版，約請該會的理事及國內外有關孫中山研究的專家、學者，提供關於孫中山政治、經濟、社會、

文化等方面的思想與實踐研究的成果，以及國內外高水準的孫中山研究成果的譯稿、資料等。其第一輯邀請對孫中山研究有素的老學者為《創刊》筆談、心得、評論、展望、勉勵等，每篇千字左右。余應約撰〈參與考訂《國父年譜》「糾繆」的一段回憶〉一文，電傳廣東社科院孫中山研究所所長王杰。

五月八日，楊天石自北京來電話，云將出版《楊天石近代史文存》五卷本，約余為序，並傳來《文存》目錄。余完成〈以文會友－天石與我〉一文以代序，六千餘言。楊雨菁（天石之女）來台研究，六月九日，約雨菁至木柵寓，序由其電傳天石。

六月赴南京前，應范烈孫之請，為其祖父范鴻仙烈士撰一紀念文，題為〈范鴻仙與宋教仁之交往與友誼〉，約七千言。

應呂芳上教授之約，囑撰「孫中山領導風格」，將於這年十二月在東海大學舉行「近代中國國家型塑：領導人物與領導風格」國際學術研討會中發表。赴南京後，即在南京思考文之要義，題為〈孫中山三大領導風格〉：（1）交遊廣眾，有志一同。（2）滔滔雄辯，聽者悅服。（3）樂觀奮鬥，百折不撓。此三大風格，與其革命運動之三大工作要項：立黨、宣傳、起義，有密切之關係。十二月十五至十七日東海之會，因文桂病，余不克參加，請林桶法代讀。（此文收入拙著《孫中山與辛亥革命》）

（三）以文會友—天石與我

我對楊天石先生（以下稱天石）的神往，是讀到他在一九八八年第二期《歷史研究》的〈中山艦事件之謎〉一文。以後凡是天石發表的文章，祇要能見到，我都仔細的閱讀。一九九一年九月，我到北京初次與天石見面，我們是一見如故。交往久了，我們總是有談不完的話題。說也奇怪，近年由於聽力衰退，與別人談話，總覺聽力不行；但和天石談話，則仍正常。我問過天石，為何如此？天石說：大概也是因為他的聽力較差，說話聲音較大之故吧。同樣情形，別人和我談話，雖然大聲，我還是聽不大清楚。我想：我與天石應是「心靈相通」的原因。

自從認識天石以後，他每有新的著作問世，必定儘快送我一份。重要者有如《蔣氏秘檔與蔣介石真相》，《從帝制走向共和》—辛亥前後史事發微，《民國掌故》等。總計有一二〇多篇天石的作品，我大部分都讀過。此外還有天石主編的《中華民國史》第二編第五卷（北伐戰爭與北洋軍閥的覆滅）。曾為此書作過〈評介〉。這次《楊天石近代史文存》五卷即將出版，將天石歷年來的著作，有系統的整理、收存起來，對於讀者提供極大的便利。天石的著作，每篇都是精心之作，有新資料、新見解，富有啟發性。這部《文存》的出版，對於近代史學，也是一大貢獻。天石由北京來電話，並傳來《文存》的目錄，囑我為之作序，興奮之餘，愧不敢當。但也不願放棄這一大好機會，來表白我對天石才

華的欽佩。故願藉此機會來談談天石與我在史料、史學研究方面一些瑣事，題為〈以文會友—天石與我〉，以代序焉。

天石的年齡和我相比，差了一大截。但其出道很早。一九五八年從事南社的研究，觀其搜集和運用資料的方法，就已十分內行。文革期間，不忘潛修，一旦開放，便脫穎而出。加入《中華民國史》編寫行列，以其文學的底子，哲學的素養，加上科學的方法，求真的精神，以鍥而不捨的毅力，追求難得的史料，思考問題，故其發表的文章，引起同道的重視和欣賞，非偶然也。

天石參與民國史的工作，涉獵的範圍，從辛亥革命，北伐戰爭，抗日戰爭，國民黨派系鬥爭等，特別對蔣介石的研究，都下過很深的工夫，有很多的發現和創見。由於彼此的行道不謀而合，所以我對天石的發現和創見，體會較深，受益更多。因此，能與天石「以文會友」，是我生平最大的樂趣。《楊天石近代史文存》的出版，不僅可以展現他五十年來努力的成就；更重要的意義，能為繼起研究者，提供寶貴的經驗，這是我的期待與祝賀。

《楊天石近代史文存》五卷，二〇〇七年由中國人民大學出版社出版。各卷為《晚清史事》、《國民黨人與前期中華民國》、《蔣介石與南京國民政府》、《抗戰與戰後中國》、《哲人與文士》。每卷均列入三人之〈序〉，即金沖及、山田辰雄和我的序〈以文會友—天石與我〉。

(四) 評介陳紅民教授的新作

八月三日，在南京，陳紅民約晚餐，中研院近史所之林美莉、張寧來南京二檔參閱史料，亦同席。紅民要余為其《胡漢民未刊函電稿》之出版作一評介。應之。次日，紅民來寓取去文稿。題為〈胡漢民未刊函電稿出版的學術價值〉。內容如下：

> 一九三〇年代，中國自「九一八」事變到「七七」盧溝橋事變的一段時期，是中國政局變動最複雜的階段。內有各派系的紛爭，中央與地方的矛盾，各方應付國難的爭議。外有日本侵略的急迫，國際姑息氣氛的彌漫，中華民族救亡圖存問題，面臨嚴重考驗，因此，這段歷史的研究，便成一項繁重的工作。史料的發掘，尤為重要。一九八〇年代以前，政治禁忌較多，這種工作，雖有多方面的努力，但成就不彰，尤其像胡漢民這樣的一個政治人物，其畢生的事蹟，可用一個「反」字形容之，其「反滿」、「反軍閥」、「反共」、「反蔣」一系列的活動，均曾扮演重要角色，也留下豐富的史料，已有許多學者的研究和著作。但眾所注視的「反蔣」資料，較嫌不足，以致這段研究，幾成空白。一九八〇年代以後，陳紅民教授的《九一八事變後的胡漢民》（一九八五年碩士論文）和《哈佛—燕京圖書館藏「胡漢民往來函電稿」

研究》（二〇〇三年博士論文），彌補了這段空白。前者對胡漢民的「三反」（反日、反蔣、反共），作了具體的分析，後者利用哈佛燕京圖書館所藏胡氏之大量原始資料，作了深入的研究，尤對中國從「九一八」到「七七」這段政局最複雜的難題，作了一些新的解答。以此為基礎，陳教授花了近十年的時間，整理出《胡漢民未刊函電稿》十五巨冊，由廣西師範大學出版社出版，其中最艱鉅的工作，是函電中大量涉及人物的注解。陳教授為搜集史料，足跡遍及海內外，鍥而不捨的精神，充分顯示學者治學的執著。筆者有幸早在一九六〇年代初起，對胡氏研究有所涉獵，故對陳紅民教授的傑出成就和發現，深有體會。所謂「後來居上」，信哉斯言！

43 二〇〇八年台灣大選前之鬧劇

(一)國、民兩黨之競獨

二〇〇七年雙十國慶，誠如「一國兩制」。民進黨之「國慶」，不見中華民國，而曰「台灣國慶」，在陳水扁之總統府內外舉行，招牌為「台灣入聯合國」。國民黨在臺北縣市舉行，由國民黨之縣市長郝龍斌、周錫瑋分別主持，馬英九趕場參加之。高舉中華民國旗幟。總統府高度戒備，如臨大敵，府屋頂置機槍，對準人民，充分顯示其內心之恐懼。其總統候選人謝長廷自九月二十八日藉「憂憤成疾」，「閉關」不出，已十餘日矣。外界推測各種原因，當係內部矛盾嚴重之故。扁於十月十一日宣布任黨主席，謝於十二日露面，首先以「入聯辯論」向馬挑戰；而以馬之「拼經濟」為末節，比之「豬狗雞」在求飽食。輿論評謝失言。所謂「民以食為天」，「衣食足然後知榮辱」，謝之言論，失態之至！

中共十七大胡錦濤政治報告對台政策，仍以和平為基調，要以最大努力，求取兩岸和平，籲請簽訂兩案和平協議。台灣藍、綠兩方評價不一。藍方為正面之肯定，綠方則為負面之否定。中共以「一中原則」為談判基礎。馬英九釋「一中」為「一中各表」、「九二共識」，共方似可接受。謝長廷強調「以台灣為主體」，語較含糊。陳水扁則明確反對「一中」，要中共撤除對台瞄準之飛彈，堅持入聯公投，邁向急獨路線。郵局加蓋「台灣入聯」，英文為「UN for Taiwan」，一外國人之信件被蓋上此戳，指為侵犯言論自由，且英文文法錯誤。成為國際笑話，此亦行政院新聞局長謝志偉之「傑作」。在野國民黨在立法院雖佔多數，無能為力。執政蠻橫，在野無能，人民失望。

十月三十一日，國民黨中常會決議「中心任務」，刪除國統綱領及「九二共識」。此舉係隨扁「入聯」而唱「返聯」(返回聯合國)。「廢統」與去「九二共識」，皆為扁及民進黨的口號。今為選舉，竟摭拾扁之牙慧而隨之，可謂完全失去立場與自信。國民黨主席吳伯雄則企求藍營諒解，無異自認錯誤。民進黨之台獨、去中，在鞏固綠票之基本盤。國民黨隨之，實動搖藍票之基本盤。此種「假獨」，明確示人在騙選票。立即受到扁之諷刺與藍營之強烈反彈。國民黨榮譽主席連戰為之大怒，迅即發表聲明，其文如下(節略)：

> 九二共識的形成，有其歷史淵源、政治深意；長期以來，不但是國民黨堅持的兩岸政策，更是全黨與

支持者堅定的理念，奮鬥的目標，因為這完全有利於台灣民眾的福祉和台海安全。

歷來，國民黨都是以國統綱領作為最高指導依據，並以九二共識作為推動兩岸交流協商的基礎，這已明確載入黨的政綱。

今天，兩岸人民的主流民意歸納起來就是「化解敵意，降低緊張，邁向和平，共創繁榮」，任何人、任何政黨，如果不能順應民意，順應潮流，則勢將受到人民的唾棄。

國民黨要在立委、總統大選中勝選，是全體國民黨人的期盼，但在過程中，不能隨人起舞，自己失了方寸，甚至為勝選而寧可放棄主張、放棄堅持，則這和民進黨有何不同。（二〇〇七年十一月二日《聯合報》）

當時藍方人士亦有不以連戰之表示為然者。如陳長文以為「九二共識」無關重要，應以經濟議題為主軸。國民黨主席吳伯雄即忙滅火，認其事前不知，未看文件。馬英九亦否認有此主張。均說是工作人員提出年度（二〇〇八）「中心任務」文件，中常會無異議通過的。將在下週常會討論云云。

立委選舉，國民黨與親民黨合併提名，兩黨無形合併。台聯立委及縣市議員紛紛出走，投向民進黨。李登輝進退失據，向馬及國民黨示好，馬亦表示和好，政客投機，醜態畢露。

民進黨之總統參選及立法委員參選活動，只見陳水扁一人到處亂撞，而不見參選本人。幾成扁之「競選」。其黨以公投綁大選，立委方面，以「討黨（國民黨）產」為公投；總統方面，以「台灣入聯」為公投。亦引起國際輿論之注意與報導。節錄《聯合報》二〇〇七年十一月二十七日〈社論〉如下：

陳水扁的「公投綁大選」，鬧到這種地步，已經變成「公投亂大選」、「公投鬧大選」、「公投毀大選」。

陳水扁說，關於「一階段」、「兩階段」的問題，他正在思考四種方案：一、宣布戒嚴，二、延期選舉，三、選舉無效，四、撤換縣市選委會主委。

綠營人士分析，陳水扁如此瘋狂，主因是民進黨的選情太差，有人甚至估計區域立委最壞可能僅得十九席。正因「公投綁大選」已不能挽救民進黨的頹勢，陳水扁現在腦中正在盤算的已是如何能毀了這場選舉，於是出現戒嚴、延選及選舉無效等邪念。

上帝要毀滅一個人，必先使其瘋狂。上述「選情太差，想要戒嚴」之說，出自綠營，格外令人驚悚。

（二）教育部長之「囚蔣」

十二月五至七日，教育部長杜正勝宣布封閉中正紀念堂三天，以拆除「中正紀念堂」招牌，改掛「台灣民主紀念

館」；大門之「大中至正」拆除，改為「自由廣場」。臺北市長郝龍斌以為教育部之行動為非法，制止無效。因建築物之改建為市政府之管轄，且「台灣民主紀念館」組織法未經立法院通過，擅改名稱，亦為違法。民眾有支持及反對者，地方不敵中央，兩匾被拆。

八月以來，美方第六次警告台方。一般認為美之反對公投逐次升高，不可掉以輕心。民進黨方面則將一切責任推向「中國」。指反對公投是幫「中國」欺台灣人。

扁政權對「蔣」（蔣介石）加緊「鞭屍」。教育部長繼改中正紀念堂名稱後，擬將大廳蔣之銅像以鋼架圍之，曰「囚蔣」。圍欄展以「二二八」受難人之影像，仿猶太人耶路撒冷之哭牆。

二〇〇八年元旦，扁政府由其教育部重開「中正紀念堂」蔣之銅像大廳。教育部長事先說是「一新耳目」。結果是天花板上懸掛了花花綠綠的風箏，還有其他各物，真是不堪入目。節錄《聯合報》二〇〇八年一月二日〈社論〉的一段：

> 主事者原想拆去蔣介石的銅像，或將之「禁錮」，但怕民進黨失去「中間選民」的選票；又想用二二八死難者圍住銅像，但家屬公開表示反對這種政治操作；再想改用「白色恐怖」死難者圍住銅像，但又不宜公然將其中真正的「匪諜」奉為「民主烈士」……於是就布置成現在這副雜貨店、海報攤的怪樣；不能激發觀眾「紀念民主」的莊嚴心緒，只是令人看穿了操作者的野蠻與淺薄而啼笑皆非。現場布置的錯亂，反映了當權者對「台灣民主」認知與操弄的錯亂。

台灣選舉的鬧劇，真是不堪入目。

44 文桂之病與去世

（一）病住榮總

二〇〇七年十月，文桂近來腹脹，偶而陣痛，即往榮總看腸胃科。醫生給藥，一週無效。十月十八日，在榮總胃鏡透視及超音波，胃無恙，超音波未看。二十四日文桂感不適，起立不穩，因榮總急診無空位，乃以救護車送至振興醫院，醫師看榮總超音波，云黃膽素，胰臟疑似腫瘤，因病歷在榮總，即由定安聯絡轉榮總急診，決定住院。檢查結果，斷定為膽道阻塞。經過再掃描，原定十一月一日穿刺，因發燒，延後，俟燒退為之。

白天上午，余至醫院陪文桂。下午正安來院，晚，世安來。靜婷、定安常攜家佑來。家佑為奶奶輕輕按摩，問奶奶好了沒？見護士則安靜不動（怕打針）。

十一月十二日，文桂檢查結果，係胰腫瘤，決定化療。十四日上午，文桂開始注射，反應良好。

文桂這次因病住醫院二十二天（十月二十四日至十一月十四日）。兒輩勤至醫院，孝心可慰。親友多人（呂凱夫婦、雲漢夫婦、增智夫婦、莊淑紅小姐、美國韋玉華、上海馬克烈、瀋陽白銘淑、北京黃桂馨、南京許明等）關切，來院探望或來電話，感激良多。醫院醫師、護士服務周到，工作認真，醫療設備及技術均稱先進。

文桂於十一月十四日出院一週後，二十一日赴榮總作第二次化療。二十八日第三次化療。十二月五日擬第四次化療時，驗血結果，醫師診斷疑膽管不通，須住院。十一日檢查，認腦部有問題。上午掃描（C、T），定安、靜婷來陪同。下午與靜婷去榮總，問情況，靜婷默然。云媽媽中風，真如晴天霹靂！至院見到文桂，不禁流淚。當晚世安留院陪伴。次晨（十二日）看護工鄭小姐云：昨夜奶奶（文桂）摔跤，頭部有包。問何如此，云奶奶如廁，世安要陪，奶奶不允，而致摔倒。真是禍不單行！

在榮總餐廳，靜婷向余告知文桂病情真相，云自十月二十四日在振興醫院檢查後，即知媽媽胰臟癌已達後期，畏余焦慮，故守密。其實余早有疑慮，增智曾對余暗示，要作最壞打算。文桂右腦輕微中風，係失語中風，不能語言，惟意識清楚，口乾喉痛，進食困難。先以打點滴補充營養，繼而進食流質。文桂對其病情，似已明瞭，仍對我放心不下。睡眠頗多思慮，忽憶數月前，曾夢文桂「去世」，醒來以為是夢，不足介意。

十二月二十九日，文桂出院回寓休養。排定時間赴醫院門診及復健。中風後，化療停止，兩病皆須「長期抗戰」。

文桂有時不免悲觀，余告以吳芷素（文桂景美女中時同事）中風半身不遂，已維持將近十年，吳天威、梁肅戎之夫人亦皆如此。腫瘤問題，老人細胞增生較慢，此病比比皆是，精神治療尤為重要。

（二）病情不穩與去世

二〇〇八年元旦，憂心如焚。文桂病情變化不定，自去年（二〇〇七）十二月二十九日出院回寓休養後，時好時壞。自其病情惡化後，余逐日有日記。摘其要者如次：

二〇〇八年一月二日。文桂可看報、看電視。惟食物仍限流質，賴人餵之，精神不振，體亦虛弱。

一月四日。晨起，文桂已先坐客廳，鄭小姐為之按摩。上午，余在看報，文桂忽寫一紙條云：「活著不如一死算了」。余甚驚異，問之何故？筆寫云：要定安問神經科醫師有無藥方可治（指中風）；「不好，我就放棄了」。余告以神經內科是診治腦輕微中風，須賴復健，此病患者普遍；重者尤多，中風多年，行動不便，維持將近十年。文桂聽余解釋，漸能瞭解而平靜。

一月五日。文桂今日精神尚佳，上午看報後即小睡。白銘淑自瀋陽來電話，要「老姨多休息」。其申請來台，定安為之辦理中。（以後請准，以大陸方面只限十五天，恐難如期來看老姨，放棄不辦。）

接閱范烈孫去年十二月二十四日自南京來信，詞情懇切。余恐文桂閱之傷心，暫密。

一月八日上午，文桂赴榮總語言復健，有進步，夜未發燒，余心較安。

一月九日上午，陪文桂至二樓大客廳靜坐半小時，定安買來輪椅，供文桂使用。

一月十日上午，文桂赴榮總腸胃科複診，驗血正常，惟營養不足，食慾不振。

一月十二日，今日為第七屆立法委員選舉投票日。下午一時半，余與文桂、定安、靜婷前往投票。文桂坐輪椅，由定安、佳宏推之。開票結果，國民黨狂勝，得八十席，民進黨慘敗，得二十席。其他五席，接近泛藍。連同國民黨，泛藍有八十五席，佔立法院四分之三（總名額為一一三席）。

一月十四日，晚飯後，文桂臥床休息，佳佑為奶奶按摩，並拿水瓶給奶奶，持小凳坐於奶奶旁，關上房門，其動作之自然，余甚奇之。

一月二十日，文桂連日自行進食，面部稍潤，氣色亦佳，可以發聲，表達簡單字句。

一月二十一日，中午，雲漢伉儷來視文桂，帶來豐盛午餐共用。今日文桂精神尚佳，飲食正常。

一月二十三日午睡時，定安、靜婷皆來，知文桂發燒，即送榮總急診，當晚住院。

一月二十四日，晨赴榮總，文桂燒退。醫云：文桂腸胃出血，須胃鏡透視，文桂有數次痛苦經驗，不願透視，定安來，決定暫緩。

一月二十八日下午五時，文桂出院回寓。

一月三十一日至二月三日。文桂平順，在家休養。

二月四日上午，余至榮總家庭醫師看診。十一時回寓，鄭小姐已送文桂去榮總，靜婷來電話，告知媽媽在榮總輸血，須住院。後知乃大便出血，右手、足無力，為二次中風。

二月五日晨赴榮總，文桂知病加重流淚，余慰之，稍安。今日為文桂生日（農曆十二月二十九日，初度八十七歲）。晚七時，備蛋糕，在病房為其慶生（余及世安、正安、定安夫婦及佳佑、莊淑紅、鄭小姐、菲傭共九人）。

今日數起電話來慰問文桂及賀年，計上海馬克烈、瀋陽白銘淑及劉維開、王震邦、李雲漢等。

二月六日。舊曆春節除夕，文桂病重住院，與往年心情大不同。

兩日來，文桂心情不佳，晚自醫院請假四小時回家過年。全家在定安家過春節除夕，文桂給孫兒孫女壓歲錢（佳宏、佳芸、家立、佳佑，每人各一萬元）。文桂精神極不佳，實際只留二小時，即送回醫院。

二月七日。今日為春節初一。上午去榮總，文桂精神極差。春節三天，鄭小姐看護工資加倍。

二月十一日下午去醫院。醫生云：抽血檢驗鈉離子偏低，依其經驗，文桂能維持下去，恐不及一月。聞之悲慟！文桂已知其病情嚴重，似有心理準備，反而對我放心不下，畏我知其病情，頻囑我留寓多休息。

下午去榮總，文桂昏睡，醒來握其左手，緊握多時不放，意識清楚，唯不能言語，余亦不能聽。

二月十七日。晨六時，余方起身，忽接鄭小姐電話，云文桂腸胃出血，病危。未及洗面刷牙，準備奔赴醫院，定安即候門外，靜婷開車。到文桂病房，已裝上氧氣罩，云急救之法，須穿刺胃鏡止血，余問痛否？曰很痛。余問能救命否？曰只能延長時間。余曰上次要穿胃鏡，文桂即反對。決定不使患者增加痛苦為原則。愈時，世安、正安、起瑛、佳宏、佳芸均到。家立亦來。

上午，以手機與白銘淑、黃桂馨、范烈孫聯絡，均與文桂通話，得以最後一次講話。

余到院時，文桂意識清楚，與之講話，雖不能答，則有淚痕。余一再告之余將永遠與你在一起，我們都已累了，需要休息。早休晚休，都是一樣，有時睜開眼睛，余摸其面，謂如須休息，則合上眼睛，果然。世安、正安、定安均分別向媽媽有所交代，使之安心。延至下午五時五十五分，心臟跳動停止，定安忽來，心臟又跳，至六時四分完全停止。

文桂離去時，雙目合閉，安詳如生，知其無牽無掛，安然而去。即由定安聯絡其同學劉正安，決由金寶山負責一切。劉為金寶山負責人之一。越時，金寶山派人車來醫院運送文桂往第二殯儀館，全家跪送入冰庫，以佛教儀式供之。拜畢離館回寓，將近十一時矣。

是晚悽風苦雨，益增傷感！「生離死別」，親身體驗，尚屬第一次。剛到家，桂馨、銘淑即來電話，告以老姨平安去世。

回寓覓得文桂最美照片（連底片），以為放大。似有感

應使之。

二月十八日。昨夜至十二時後始就寢，惟夜不成寐，迷迷糊糊，晨五時醒來，一直在想，一直流淚。下午二時，靜婷開車去民權東路金寶山公司。世安、正安、定安同去，商談文桂喪葬事宜，決定二月二十六日下午大殮火化，二十七日送金寶山靈骨塔安置。選好棺材、骨罐、壽衣。五時回。

二月十九日上午，金寶山公司派車接送金寶山，選骨灰存放之處。行經陽明山公園，車程一小時，到達金寶山，風景之美，出乎意料，先參觀各處，定安同學劉正安陪同，有藝術館、佛教堂、基督教堂、天主教堂、餐飲部、公園等。下午看骨罐保存放位置，選一豪華級家族式連理樓五樓「5Aa523」。可放四位。中為小客廳，有沙發，四壁為靈骨位置，計五層。各有佛像之門，似一裝飾之客廳。所選之位定價一百一十萬元，加管理費六萬元，牌位六萬元，三項加起來計為一百二十二萬元，由定安負責與之議價，約百萬元。

晚在定安家，家佑向我找奶奶，為之心酸流淚。

決定不發訃文，電話通知至親好友，以不超過二十人為原則。參觀金寶山佛教堂後，決定二月二十六日下午在第二殯儀館大殮、家祭、瞻仰遺容、火化。二月二十七日上午在金寶山觀音堂行追思式。

二月二十三日下午，張力、陳進金、許育銘、劉維開、林桶法、莊義芳、王正華、吳淑鳳、高純淑等來寓，向文桂遺像行禮。彼等余之學生。

二月二十六日下午一時許到第二殯儀館，兒輩去看媽媽更衣，入棺。靈停追仁堂，唸佛後，家祭。來弔者：李雲漢伉儷、張玉法伉儷、呂凱伉儷、閻沁恒伉儷、莊惠鼎伉儷、汪增智伉儷、朱太太李邦貞偕女婿黃士炎、女朱雅苓。文桂同事谷美英、周良亭、王美珍。又劉世景、吳純瑜、遲景德、林能士、林養志、葉有廣、呂淑靜等。花圈、花藍、輓聯、奠儀一概辭謝。禮堂布置簡單，文桂照片外，余及兒輩輓聯如下：

文桂吾妻　　永敬泣輓

相聚一甲子，形影相隨，我偷閒，您勞累；我匱乏，您克難，心中永存歉疚。

分離兩世界，恩情難捨，您先走，我後來；您走遠，我呼喚，耳邊再無回音。

敬愛的媽媽

敬愛的媽媽，您一生勞累，撫養我們，教導我們，臨終還不放心我們，孩兒錐心泣血；您的教訓，我們永遠銘記。請您放心！

敬愛的媽媽，您一生堅強、果斷，教我們自立自強，我們有時使您傷心、失望，實在對不起您，您的寬大、原諒，我們對您太多虧欠。

敬愛的媽媽，您勞苦一生，都是為了我們，我們

雖已長大成家，但沒有報答您的大恩大德，您從來也不計較；反而不斷的幫助我們，我們既感且愧。

敬愛的媽媽，您離開塵世，不再勞累，不再操心，不再為我們擔心，我們想感謝您，您已離開我們。兒欲養，而親不在。我們誠懇地向您懺悔。

敬愛的媽媽，我們對您有說不完的虧欠、懺悔，還不了您的恩惠，您已離開我們了，我們無處向您請求原諒。故請您在天之靈，原諒我們的不孝。

媽媽，您聽到我們的聲音嗎？

兒　世安　正安　定安叩輓

家祭開始，余首先上香，致祭，瞻仰文桂照片，不禁淚下。繼由兒輩跪祭，世安讀〈紀念媽媽文〉（輓聯）。隨後來賓親友一同致祭，雲漢主祭。家屬、來賓瞻仰遺容，多有流淚者。禮畢，送火化場，家屬、來賓同送之。來賓離去，余至休息室休息。下午四時許撿骨灰入罐，全家送至金寶山公司暫存。事竣回寓，百感交集。

二月二十七日上午，送文桂骨灰至金寶山。世安捧媽媽骨灰，全家一同登車，另一車為來賓。到金寶山，家佑見奶奶相片，甚興奮，拉余向靈後去找奶奶，余心酸不已。上午十時在金寶山觀音堂舉行追思式。家祭開始余先上香致祭，繼由兒孫輩跪祭，世安讀紀念媽媽文。繼由司儀宣讀南京范烈孫、瀋陽白銘淑等、北京黃桂馨等、北京楊天石唁電。來賓六十餘人分別致祭。首由張家宜（淡江大學校長）致祭，繼致祭者有呂凱教授夫婦、胡春惠夫人高秀長，劉維開、林桶法、王正華、陳立文、毛知礪、譚桂戀、蔡淑瑄、周美華、王良卿、陳曉慧、楊明哲、高純淑等，皆余學生。另黃士炎、朱大雄、朱薇芩、朱雅芩，靜婷叔叔、姑母及後母等。餘皆淡大定安同事。十一時半禮畢，送別來賓。世安捧媽媽骨灰到靈骨塔入位。下午一時返抵石牌寓。晚，美國韋玉華來電話致問。

二月二十八日晨八時，上海馬克烈來電話致問。馬，昨晚自澳洲返回上海，十一時來電話，余已入睡。今晨再電話。

一切過去，開始料理善後各事。

附錄：黃桂馨致余及文桂的信（二〇〇七年十二月四日，節略）：

從我懂事起，就非常崇拜老姨，在青少年時期，我是以老姨為榜樣對待學習和工作的，而我以一個不太用功的孩子轉變為刻苦學習的學生，從學習一般到名列前茅，從表現平常到爭強進取，其轉折點也是老姨帶給我的。我曾多次說起，剛上初中一年級時，由於老姨為我寫的講稿優秀，使我在全縣的中學生演講比賽中得了第一名，從此調動了我的自尊心，此後銳意進取，不甘落後的自尊心伴隨了我的一生。

到了老年，我和老姨又意外的久別重逢，夢境變成了現實，喜悅、激動的心情，難以復加，每次和姨父、老姨的團聚都讓我飽嚐和重溫親情的溫暖，以老

姨為軸心，我和表姐妹們幾乎中斷了的親情也重又恢復，而且愈來愈濃烈。

十幾年前，我因為腰間盤突骨和根袖囊腫，壓迫神經，由於求治心切，治療不當，病情擴展，疼痛難忍，只能臥床。生病和住院期間因為我不能正確對待疾病，心情憂鬱、焦慮，對治癒疾病失去信心，甚至痛不欲生。是在姨父和老姨的關懷和醫生的治療下逐漸好轉，姨父和老姨來北京看我，寫信鼓勵、指導我，是老姨和姨父的身教、言教，使我逐漸轉變了態度，慢慢地堅強起來，快樂起來，所以，在對待疾病問題上，我也是以老姨和姨父為榜樣，樹立堅強的治病觀，既來之則安之。對待疾病，老姨一貫是堅強的，這次對待疾病也是一樣，心情達觀，從和老姨的通話中能夠體會得到。

敬祝安好

甥女　桂馨　敬上

〇七、十二、〇四

(三) 文桂去世後百日記

二〇〇八年三月十九日，今日為「三一九」四週年，四年前（二〇〇四）陳水扁製造槍擊案而當選總統。謠言、惡言滿天飛。謠言，「刺馬（英九）」之聲不絕於耳；惡言，藝人分藍綠，綠色藝人江霞罵由大陸回台「挺馬」者，「不是台灣人」。教育部主任秘書莊國榮辱馬父馬鶴凌（已故）「每日嫖妓」、「乾女兒變為X女兒」。不堪入耳之惡言，受到各方指責，辭職回政大任教。政大有人反對之。這兩天國、民兩黨競選總統進入白熱化。國方為馬英九、蕭萬長，民方為謝長廷、蘇貞昌。大家甚擔心出事，人心惶惶。

三月二十二日，星期六。總統選舉，入聯（綠方）、返聯（藍方）公投與總統選舉同時投票。下午，余與定安、靜婷、佳宏同往投票所投票。此為扁政府以「公投綁大選」也。余與定安等均未領入聯、返聯之票。下午四時開票，馬英九一直領先。晚八時前，開票完成，馬英九得票七六五八七二四張，占投票率五八・四％。民進黨謝長廷得票五四四五二三九張，占四一・六％。馬狂勝，謝慘敗。八年來抑鬱心情為之大爽。

三月二十八日上午，與世安去金寶山為文桂安裝靈位。余向之致敬，不禁流淚。數月前，神采奕奕之文桂，遽而永別，思之不覺悲從衷來。

四月十三日，出席在政大之「蔣介石學術研討會」，遇山田辰雄，一九六六～一九六七在美相識。北京社科院近史所步平及金以林等亦參加此會。晚餐在金山南路銀翼餐廳。十四日，應陳鵬仁之約在喜來登晚宴，有李又寧、步平、金以林、張玉法、陳三井、李雲漢等。

四月二十三日，乘華航赴南京，到金寶寓，烈孫在候。晚餐已由楊楊備妥。飯後、烈孫之婿袁汝華、女璐璐來訪。大家相聚，獨缺文桂，不禁流淚。

四月二十五日，桂馨自北京來，銘淑自瀋陽來。見之即思文桂，不禁淚下。即將文桂一九四七年四月十五日至一

九四八年十一月三日之日記影本及余與世安所記文桂病逝經過，分別交給銘淑及桂馨。

五月一日下午，南大歷史系教授崔之清來電話，謂陳志奇到寧，約明晚聚會。南大歷史系教授朱寶琴來訪，請晚餐，有教授申曉雲作陪，銘淑、桂馨同去，即在附近餐廳。

五月二日上午，浙大歷史系教授陳紅民約往其家，在南京四條巷三樓，設備、裝潢俱佳。午餐在南京師大教師樓，紅民夫婦作東，約有南大教授茅家琦（茅夫人今年三月去世）及崔之清夫婦。晚赴麗晶酒店，江蘇台辦張煥發作東，有陳志奇、崔之清、陳紅民共八人。

五月四日晚八時，南大歷史系教授張憲文來訪，約與南大民國史研究中心諸友於明晚在張生記聚會。五日晚，同座者張憲文、茅家琦、崔之清、陳謙平、張生、申曉雲、呂晶等。

五月七日晚，銘淑、桂馨返瀋陽及北京。彼等自四月二十五日來寧，為時十二天，對余照顧備至。

五月十一日上午，明明開車偕楊楊參觀南京長江第三大橋，行經寧蕪高速公路至板橋汽渡，橋即在此。至為壯觀。過橋即為繞城公路，向浦口方向回程，經長江一橋，沿途開發，一片繁榮，充分顯示國力強大。晚閱北京中央四台「海峽兩岸」報導台灣新聞，陳水扁又有重大貪汙案，借「建外交」侵吞三千萬美元，捐客商人某被收押，供出貪官姓名七人，有行政院副院長邱義仁、外交部長黃志芳，國防部副部長柯承恩等，成為國際重大醜聞。

五月十二日，下午午睡時，明明來電話，聲至緊急，耳沉聽不清楚，只知要我下樓。至三樓明明寓所，無人。楊楊急來謂有地震，趕快下樓。迨至樓下，街巷站滿人潮。四川汶川發生七．八強烈大地震。室中不敢留，明明開車在外逗留。

五月十三日回台北。廖風德亦突於今日因心臟病去世。廖在選舉時，任國民黨組工會主任，輔選有功，內定為內政部長，未及就任遽然去世。廖於政大歷史所修博士學位，畢業後任歷史系副教授，與當時總統及國民黨主席李登輝之婿賴國洲係政大新聞研究所碩士班同學，亦為摯交。李為建立自己班底，物色親信可靠之人。由賴介紹廖至國民黨文化工作會任秘書。廖就任前曾與余言之，余謂學者從政，勿忘書生本色。其後余對李之作風頗有批評，廖與余漸行漸遠。廖在文工會升遷至快，由秘書而至副主任、組織工作會副主任、主任，辦理選舉，連番得勝，被稱為「福將」。馬之當選，廖之身價更高。組閣前內定為內政部長，似亦順理成章。

五月十四日，今日為舊曆四月初十日，為余生日，與世安、正安、佳宏、佳芸、家立晚餐聚於興隆路日酩樓。

五月二十六日，今日為文桂去世一百天，上午與世安、正安及朱太太、朱薇玲等去金寶山，定安、靜婷亦到。余自南京回台後留木柵寓，佳佑對余甚思念，要余回石牌寓，余亦思念佳佑。

（四）香港之行

七月十一日中午，靜婷開車送余赴桃園機場，李雲漢及張存武已先到，候余一同辦理登機手續。下午四時到香港，珠海書院任小姐來接。住九龍青年會酒店，胡春惠在候。此行為莊淑紅博士論文口試。莊亦住此酒店。十二日上午，張存武去珠海口試另一博士論文。午餐時見陳福霖、趙令揚及珠海歷史研究所長何沛文。彼等上午口試之論文為胡春惠所指導，未通過。下午莊之論文口試五人，余與春惠為指導教授為當然委員外，其他三人為李雲漢、陳福霖、何沛文。結果五票通過。雲漢、福霖建議之修改意見限二個月內完成後，由余核可之。

七月十三日中午，陳福霖在鹿鳴春邀余及雲漢，客人有春惠夫婦、趙令揚等十一人，菜肴至佳。飯後回台。到桃園機場，定安、靜婷來接，佳佑亦來，活潑快樂，沿途一面零食，一面唱歌（有自編的）。余每見佳佑，心情即樂。

（五）佳佑入歐校

九月一日，佳佑新入歐洲學校。余陪同之，此校學童、教師來自各國，佳佑欣然進入教室，即與同學打成一片。

九月二日，陪佳佑上歐洲學校，靜婷留在車中，余與佳佑同往教室，中途拒往。菲傭抱之而去。次晨再陪佳佑上學，甫至校門，佳佑即哭鬧而拒上學，余與菲傭送至教室，似拒而不拒，外籍男教師抱之進入教室，並未拒絕。余問靜婷何故，謂語言有障礙。

九月四日，晨陪佳佑上學，未示拒絕，余以英語問Are you going to European School?彼點頭。迨到歐校進入教室，不似昨日之勉強矣。

九月八日，晨陪佳佑上學，甫至校門即哭而拒之。余謂靜婷如此繼續下去，不是辦法，允與定安商量之。九日晨仍陪佳佑上學，仍不願入教室。菲傭抱而勉強之，彼亦從之。傍晚佳佑在樓下見余大樂。真是一條生龍活虎。

八月八日，今日為爸爸節，世安、定安、靜婷、佳佑於晚間六時同去山上溫泉餐廳，為余慶祝。

九月十二日，今晨陪佳佑上學前，有耍賴之意。菲傭勸說，勉強同意。到校門及教室，已不拒絕

九月十六日，晨送佳佑上學，彼已快快樂樂而從之。誠如靜婷所言：兩週後即可適應。十七日晨陪其上學，牽余之手欣然走入校門及教室。晚餐時，佳佑換座位面對客廳之門，說：「這是奶奶的位子」。余聞之心酸不已。文桂去世已七個月，佳佑仍惦念之。十八日，晨陪佳佑上學，至校門下車，即直奔教室，余追趕不及。

九月二十一日，晚，黃彥自廣州來電話，云廣東社科院歷史研究所五十週年慶出一論文集，希余提一篇並本人照片。余覆可用二〇〇四年在廣州發表之〈鮑羅廷對國民黨之「左運」工作〉。黃回應手邊已有此文。（此文收入拙著《國民黨興衰史》增訂本）

九月二十三日，晨陪佳佑上學，彼已準備就緒，正要出

門。其自動而積極，對學校已有濃厚興趣矣。晚餐後，余向佳佑good night，彼不允，即將門鎖扣上，防余離去。菲傭與之情商，始允余回寓。

45 馬英九就任總統後之政局

（一）兩岸「雨過天晴」

馬英九五月二十日就任總統後，兩岸關係急遽好轉。國民黨主席吳伯雄率團訪大陸，二十六日首站抵達南京，二十七日到北京，二十八日下午會晤中共總書記胡錦濤，三十一日回台，成果卓著，達成兩岸直航、陸客來台觀光及海基、海協兩會恢復談判等。十年來兩岸凍結為之解除。被形容為「雨過天晴」。最使余快慰者，增加南京直航航點，此為吳氏此行所爭取而得之。對余今後往返南京、臺北，大為方便。原擬航點無南京，吳氏以為南京乃中山陵所在地，與國民黨有密切之關係。實際原為國民政府之首都，不便明言。

六月二日，定安來電話，謂佳佑要我回石牌寓。晚餐見到佳佑，極高興，飯後不允余回寓，商之良久，始允。

六月十一日，海基會董事長江丙坤率領代表團十六人赴北京與大陸海協會會長陳雲林商談兩岸週末包機直航及大陸觀光客來台事。十二日順利達成協議。直航五個航點，為上海、南京、北京、廣州、廈門。兩岸關係之進展，撥雲見日。自七月四日起開始直航，臺北松山機場為航點之一。一般估計，初期可能客源不足，而有虧損，余則以為不致如此。惟尚有限制，未能截彎取直，留此尾巴，實多此一舉！

（二）經濟不振，天災不斷

馬英九就任以來，除積極開放兩岸交流為大家希望所寄外，其他則遇極大困難，如物價飛漲，南部水災，股票大跌，用人不當，藍、綠兩方對之均無好評。介入政大莊國榮續聘之爭議，對莊示惠，似為「以德報怨」，實則干預校政。媒體譏馬總統變為「馬總管」。提名考試、監察兩院委員及正副院長，反對之聲非在黨外，而在黨內。馬之聲望大有江河日下之勢。蓋選民寄望於馬英九者為撥亂反正，馬在此一關鍵問題上，使選民失望。

七月四日，兩岸直航包機今日開始，上海、南京、北京、廣州、廈門與台灣（松山、桃園、台中、高雄）之間均有包機對飛。此為政黨輪替後第一「德政」。

股票繼續下跌中。兩岸直航對台灣經濟效應尚未彰顯。綠營人士對直航多作負面批評。彼黨執政八年，毫無所成，然多數民眾無不期待直航，綠唱反調，實違民情。

監察委員及正副院長提名，今日由立法委員投同意票，院長王建煊以七十四對三十六票當選，副院長沈富雄以五十一對五十四票落選，監察委員二十七名有三名落選。國民黨籍立法委員居國會絕對多數，對同黨執政者未予支持，實對

馬英九之不滿。

七月八日，前監察院長王作榮今日在《聯合報》發表〈馬總統的異想世界〉一文，指責馬之作為諸多失當。文中舉列馬之失當有七：

（1）用一台獨人物（賴幸媛）擔任兩岸關係的決策與執行人。

（2）一勝選就公開宣布某些職位用非國民黨人。

（3）對助選功臣雖非殺絕，卻可趕盡。

（4）對那個養他、育他、扶他的國民黨，摔掉，口號是黨政分離。

（5）侍衛官不用外省人，外省人就是原罪。

（6）國民黨、國民黨員、外省人全靠他。

（7）吃定深藍，討好深綠，拉攏淺綠，爭取中間，通吃。

王之批評雖嫌過火，亦可能是一般人之感受。但余認為較之陳水扁尚勝一籌。

七月十六日，股票續跌至六，七一〇點（五二〇馬就任時為九千多點）。當局心慌，以加速兩岸交流為解救。

七月二十八日。鳳凰颱風來臨，風強雨大，東部災情嚴重。下午由彰化出海。物價漲，天災多，馬政府忙得不可開交，經驗不足，惟誠心求好。大陸方面充分配合，深懼台獨政權再起，奧運名義大陸稱之為「中國臺北」，台方則名「中華臺北」。大陸迅即更正。「外交休兵」，雙方亦有默契。台獨不免吃味，惟恐兩岸關係改善。

馬英九註銷陳水扁核定之「永久保密」之「絕對機密」的貪汙證據，算是遲來的正義。民進黨為扁「護航」，曲解為對扁之「清算」、「鬥爭」。

北京奧運晚八時八分開幕，世界重要各國美、日、俄、法等八十多國首領齊集北京出席開幕儀式。國民黨及親民黨首領連戰、吳伯雄、宋楚瑜亦受到領袖之優遇。中國之崛起，實為不爭之事實。

八月十五日，台灣報刊及電視大肆報導陳水扁貪汙洗錢新聞。扁初否認，旋以無法抵賴，承認「犯錯」，將責任推及其妻吳淑珍，且反咬連戰、宋楚瑜、李登輝、馬英九、蕭萬長等皆有不實申報財產。《聯合報》報導標題為「扁家爆九．三億瑞士洗錢：扁坦承海外有帳戶，吳淑珍匯出選舉剩餘款，做了法律不許可的事」。

八月二十三日，今日為金門八二三砲戰五十週年，《聯合報》社論五十年來兩岸大變化，頗有歷史意義。回憶五十年前砲戰之日，余到黨史會工作甫滿一年，不久接到南投縣政府兵役課預備軍人召集令，至成功嶺入營服役。為時三個月，後駐彰化八卦山。有台大醫學院畢業生同在服役，似乎心不甘、情不願。夜間偶聞槍聲，營中軍官大為緊張。十二月十九日定安出生，余請假到產科診所陪伴文桂。

46 南、北兩京之行

（一）南京之行

二〇〇八年九月二十六日下午六時半自松山機場飛南京，九時十分到達南京祿口機場。飛行時間為二小時又四十分。十時許到金寶寓。氣候涼爽，夜眠舒適。此為余首次體驗兩岸直航之便。

九月二十八日下午，張憲文教授來訪，約於十月下旬至南大民國史研究中心作一次演講，題為《談民國史研究的一些經驗》。晚五時電視報導，大陸之神州七號太空人步出太空艙，今日順利在內蒙四子王旗降落。大陸人心為之大振。

十月一日，今日為中共國慶，放假至七日止。烈孫女婿袁汝華開車領余逛南京河西地區，烈孫、璐璐同車，參觀其新購之屋，在奧運場附近，通捷運，地區廣濶，公寓、大廈、學校林立，均為新建。整齊清潔，道路寬直。奧運場之建築，尤為宏偉。繼至汝華之河海大學，有學生三萬餘名，教職員三千人左右。

閱南京地圖，河西地區在秦淮河之西，南京西南方，近長江岸，捷運通市區。有沿江大道。地區遼濶，正大興土木，拆舊建新，二號捷運亦將完成。

十月二日下午，高明敏忽來電話，云在江寧，要來晤談，五時由其年輕友人方德廣（汽車公司經理）及方之外甥女同來金寶寓。六時至張生記晚餐，余原擬作東。方君堅持請客。餐後送余回寓。高政大教研所高余一年，曾任亞東專科學校校長，已退休。彼為郝龍斌之岳父。

十月七日，今日為重陽節，上午九時明明開車至南京天文臺登高，烈孫、玉華、楊楊同行。遊人眾多，余等未登臺，轉往六合龍袍，以美食聞名。車行一時許，過長江二橋，沿途工廠及樓宇林立，道路寬平，汙染嚴重，綠化尚佳。蘇北原為落後地區，今已一片繁榮。地方遼濶，天然條件良好，發展至速。在龍袍品嘗特產蟹黃包子，味美。下午一時回南京，經長江一橋。浦口與南京一江之隔，江底隧道及捷運正在興建中。

十月九日，午與楊楊、玉華乘捷運（當地人曰地鐵）由白下站至邁皋橋，票價不分段，一律二元。未見殘障設施；上行有電梯，下行則無；洗手間甚少，且不清潔；車上無到站字幕；車與地面不平，空隙大。較之臺北捷運水準，差之遠矣。

（二）北京之行

十月十日，晚由南京乘臥車赴北京，次晨（十一日）抵達北京站，車行九小時二十分。薛輝、桂馨在車外等候，其婿趙海波開車至其寓所，有電梯。晚，楊天石約宴，桂馨陪往，沿途塞車誤時，至其社科院近史所，同往一新開豪華餐廳，天石伉儷及其女雨菁母子全家四人陪同。

十月十二日上午，與薛輝、桂馨遊奧運公園，參觀鳥巢及水立方。前者為奧運開、閉幕及表演之場所，後者為游泳場地。場地遼濶，行苦之。回程乘地鐵，為奧運新建，較南京為佳，仍不及臺北之水準。車站面積甚廣，轉車步行不便，上下電梯不多，未見殘障設施；乘客搶座位，無禮讓老弱之習慣。衛生間簡陋，不夠清潔。此種現象如在台灣，政府要被罵死，大陸則不然。

十月十三日上午，偕桂馨夫婦逛東安市場，重溫數年前舊遊之地，尋找清末、民初馳名之商號及商品，不復見矣。失望而回。

十月十四日下午，與桂馨夫婦參觀北京大戲院，依其外觀俗稱「大鍋蓋」。面積至大，上下五層，遊人眾多。歸乘一號地鐵至復興門出站。此行大開眼界。

十月十五日上午，與桂馨夫婦乘公交車赴香山（西山）一遊，以紅葉著稱，十月底十一月初始到季節。晚在和平門全聚德吃烤鴨，桂馨、煥萍全家族計十二人，余作東，價為數年前之倍。全店五樓，滿座，食客須排隊候位。全球經濟

▲北京鳥巢（二〇〇八年十月十二日）
左桂馨，右永敬。

蕭條，大陸獨顯繁榮。

（三）為陳紅民新著作序

十月十六日下午，自北京飛南京。機場極大，分一、二、三航道，有路標指示，不覺擁擠。

十月十九日上午，陳紅民來寓，約午餐。至一日本料理：大江戶。以人計價，每人一百元。樣品繁多，自由選擇。清酒不限量。紅民要余為其所著《蔣介石在台灣》一書作序。

十月二十二日。為陳紅民《蔣介石在台灣》書序完成，約四千言。陳書為其舊著《蔣家王朝（二）——台灣風雲》之修訂。舊著二〇〇一年出版時余曾作序。閱其舊著，對蔣評價負面多於正面，希其新著修正補充後，正負平衡。稿交南大姜良芹轉致之（留稿）。下午三時，姜良芹、呂晶來寓接余去南大民國史研究中心演講，題為〈談民國史研究的一些經驗〉。在余之前有邱進益講兩岸關係。邱曾任台灣海基會秘書長。

附錄：陳紅民《蔣介石在台灣》（一九四九至一九七五）序

陳紅民教授從事中國近現代史和國民黨史，以及民國史的研究工作，歷有年所，卓有成就。發表的著作，質量均豐。陳教授研究的途徑，是以研究國民黨人胡漢民著手，進而擴及更多的相關人物和史事。其所表現的成就，是精於資料考訂和分析，來探求歷史的真相。故其發表的著作，深受國內外學者的重視和肯定。在史學界中，陳教授屬于年輕的一代，所負的任務，至為重大。現任浙江大學人文學院教授和浙大中國近現代史研究所所長、蔣介石與近代中國研究中心主任，可謂任重道遠。江浙文風至盛，歷代皆然；於今亦然。由於近年中國國勢蒸蒸日上，社會經濟欣欣向榮之際，人文學科的研究發展，更顯得重要而特出。本人兩年前在奉化溪口參加民國史研討會時，深有所感，曾應當地民國史研究所之囑，留一題詞：「山明水秀，地靈人傑；地大物博，民富國強」。意思是說，要使富強可大可久，地靈人傑至為必要。然要地靈人傑，就要重視人文學科的研究發展。陳教授以浙大人文學院教授之職，來推動這兩大研究（中國近現代史、蔣介石與近代中國）工作，必可大展宏圖；尤其是蔣介石的研究，有地理、人文與資料之便。

陳教授在南京大學時期，曾經參與《蔣介石全傳》和《台灣三十年》（一九四九～一九七九），以及《八〇年代的台灣》編寫工作，對蔣在台灣二十六年（一九四九～一九七五）的歷史，至為熟悉。現在出版《蔣介石在台灣》，這是陳教授的「拿手好戲」。陳教授告訴我：這本書是就他二〇〇一年的《蔣家王朝（二）：台灣風雲》的原著，加以補充修訂，對原著有相當的增補，這是因為新資料（如蔣的《日記》）的出現，和對蔣歷史地位的確認。

陳教授的原著《蔣家王朝（二）：台灣風雲》是記述和評論蔣氏統治台灣二十六年的經過，及其所面對的問題。這本書我曾閱讀過，並曾為之作序。這段期間，正是我在台灣充當國民黨的「小卒」，對這段史事，雖然身歷其境，只是「身在廬山中，不識廬山真面目」。讀了陳教授這本原著以後，恍然有悟。但也覺得蔣對台灣和中國文化，也有相當的貢獻。例如隨蔣和國民黨從大陸撤退到台灣的一批專家和知識份子，使台灣從一九六〇年代到八〇年代走上現代化，實在功不可沒。尤其台灣回歸中國，正是蔣氏領導對日抗戰的結果。過去由於政治的原因，對歷史人物的評價，往往兩極化，即如我在陳教授原著的序言所言：

「就近年來個人的感受所及，兩岸對蔣氏的歷史評價，似有逆轉的趨勢，台灣方面過去的著作，對蔣氏能褒而不能貶；近年來則以貶蔣為時尚，影響所及，毀其銅像者此起彼落，大有『文革』的批鬥意味。大陸方面過去對蔣則是能貶而不能褒，近年已漸趨理性，雖然不免毀多於譽，但亦不乏實事求是較為客觀的評價。這是對近代人物研究的態度一大進步，是忠於近代史研究的可喜現象」。

台灣方面過去十餘年間對蔣氏的「文革」批鬥，最近因政治環境的改變，勢將告一段落。復以蔣氏檔案資料的公開，今後兩岸對蔣氏的研究和評價，必將趨於客觀。陳教授對原著的修訂和補充，正是不斷與時俱進的表現。

▲南大民國史研究中心演講（二〇〇八年十月二十二日）
前排左起：1崔之清，2永敬，3張憲文。

47 二〇〇九年生活記要

（一）一年的回顧

二〇〇九年元旦，回顧二〇〇八年的一年，變化至大：（1）全球經濟衰退，失業率增，惟大陸例外。（2）大陸四川汶川發生一大地震。（3）美國選出黑人總統。（4）台灣政黨輪替，民進黨陳水扁執政八年，貪贓枉法，被關入監獄。馬英九執政後，雖困難重重，但兩岸關係大有進展，開放直接三通，帶來兩岸和平曙光。（5）個人方面，與余相伴六十年之文桂於二月十七日去世，頓失所依，深感孤單。

政黨輪替後，馬英九與陳水扁最大之差別：馬清廉，陳貪腐；馬溫讓，陳蠻橫；陳做盡壞事不做好事，馬不敢做壞事，想做好事而無能為力。

一月十五日，政大歷史系周惠民教授約午宴，接待南京大學教授張憲文等。南大有張憲文、陳謙平、朱慶葆（南大校長助理）、姜良芹。作陪者有李雲漢、張哲郎、唐啟華等。

一月十七日，近來早醒，臥閱《中山先生行誼》（三冊，中山文化基金編），雖多舊作，過去閱讀不詳，今詳讀之，頗多啟發，有「溫故知新」之感。因應三井之約為撰《孫中山與華僑》尋找資料故也。有「沙裏淘金」之難。

一月十八日，晚，陳謙平、姜良芹來石牌（張憲文、朱慶葆提前回南京）。即由定安開車，同至船老大吃自助餐，靜婷、佳佑同去。家庭式聚會，倍感溫馨。

一月二十四日，今日為舊曆十二月二十九日，文桂八十八冥壽，世安、正安、夏起瑛、佳宏、佳芸均來石牌寓，在定安寓晚餐後，點燃臘燭、水果祭文桂，世、正、定全家依次點香拜祭，余不禁傷感流淚，佳佑似有察覺，對余注視。

二月八日，形象一向良好之國民黨籍立法委員李慶安因具雙重國籍，由中央選舉委員會決議撤銷其十三年民代（市議員、立委）資格，法院並將追索其十餘年來一億多元之薪資。此為藍綠政治鬥爭下之犧牲者。如為民進黨，其黨之人必群起聲援之。而國民黨人則有幸災樂禍者，彼之選區為臺北市大安區，國民黨數名男女政客爭相補選，互不相讓。余在電視畫面上見此輩政客之表演，面目可憎。

二月十七日，今日為文桂逝世週年，上午由定安開車赴金寶山。向文桂靈位祭拜，余又不禁傷感流淚。

二月二十八日，今日為台灣「二二八」紀念日，馬英九主持追悼會，台獨羞辱之。陳水扁在看守所中製造謠言，謂馬英九與一黑人「同性戀」，民進黨政客如謝長廷暗示附和之。《聯合報》短評斥為「下流」。台灣社會縱容此等醜惡，名曰「言論自由」。

三月二日，上午至商務印書館晤主編李俊男，擬再版拙著《國民黨興衰史》，余亦正有此意。決定增加數篇新的論文，出增訂本。

三月三日，《國民黨興衰史》增訂五篇論文：（1）〈從三個名詞的微觀角度透視辛亥革命〉，（2）〈「督撫革命」與「督撫式」的革命〉，（3）〈鮑羅廷對國民黨的「左運」工作〉，（4）〈孫中山晚年北上致力和平統一的途徑〉，（5）《戰後蔣中正「先安關內再圖關外」問題之研究〉。最後一篇係與劉維開合撰，徵其同意。

(二)「范蘭欽」事件

友人郭冠英以「范蘭欽」筆名為文稱台灣人為「台巴子」，被民進黨人抓到「小辮子」，說是「汙辱台灣人」，挑撥族群。馬為息事寧人，撤免郭之新聞局職，並予處分。有謂民進黨人辱罵外省人為「中國豬」、「清國奴」者而無事，較郭之文嚴重多矣。

三月二十四日《聯合報》有兩篇讀者投書，為「范蘭欽」抱不平，其一為謝大寧之文指出：

> 民進黨的邏輯就是要把郭冠英和馬總統掛鉤，藉此在馬總統的「省籍傷口」上不斷撒鹽。今天郭冠英解決了，明天還會找到第二個乃至第N個郭冠英，因為這不過是最廉價的仇恨動員工具而已，馬可能因為這個作為（撤免郭之職）而向綠營交心嗎？綠營又會因此而領情嗎？反過來說，有多少人不會因此而認為馬只會討好綠營？尤其「中國豬」之類說法仍滿天飛，他們會怎樣想？

另一讀者鄭鑑揮投書指出：

> 客家人稱外省人為「阿山子」，早期我們所認識的外省人大都住在破爛的眷村，鄉音重，嗓門大，「阿山子」多少帶有輕視之意，反過來大陸失守撤退來台的高級官員、知識份子，看沒受教育、粗俗的台灣低下層是「台巴子」。我的外省國文老師曾說過，他們抗戰的時候撤退到四川，四川人呼他們為「江下人」或「腳底下人」。現在綠營抓到小辮子就窮追猛打，擴大族群分裂，好獲取年底縣市長選舉資源。

鄭文也提到：

> 金美齡連中華民國都不願承認，卻還敢厚著臉皮當中華民國的國策顧問，直到阿扁居滿，所有看不順眼的台灣人，都很有風度忍氣吞聲的直到她卸任。

鄭君為道地的台灣人，有此言論，可知民進黨自認代表所有的台灣人，非事實也。李慶安之雙重國籍被民進黨人窮追猛打，對金美齡則一聲不響。

（三）兩次南京之行

三月三十日，下午乘七時東方航空班機赴南京，八時三十五分到碌口機場。南京氣候正佳，與臺北同，夜眠良好。

三月三十一日，下午四時半張憲文教授來訪，謂六月一日為孫中山移靈八十週年，南大舉辦學術討論會，邀台灣及國外學者來會，約余參加。

四月十三日，閱茅家琦教授一週前贈余之《江蘇文史研究》（六十一期，二〇〇九年一月出版）各篇論文，極有深度，尤以茅文為佳。惟其中郭代習之〈順勢而為：朱培德與江西「分共」事件的較量〉一文，雖為用力之作，但主觀意識極強。胡阿祥〈源遠流長的「漢」國號〉一文，可讀性亦高。閱其〈學術動態〉，介紹大陸當局有修《中國地區文化通覽》之龐大計畫，各省市亦修地方文化通覽，如江蘇有《江蘇卷》，安徽有《安徽卷》等。值此盛世，有此工程，極具遠圖。

四月十七日，電話姜良芹請其代購《江蘇文史研究》一至六十期合訂本（張憲文教授云此為內部刊物，無售）。姜聯絡後，承贈全套。

四月二十五日，海基、海協兩會負責人在寧會談三項議題：（1）金融合作。（2）共同打擊罪犯。（3）定期航班。此皆民之所欲。唯台獨反對之。

五月一日，下午回台北。

五月九日，午，世安、正安、佳芸、定安全家至天母一家法式西餐廳為余慶生。餐後回定安寓切蛋糕，佳佑最樂。

五月十五日，報載兩岸人士在福建舉行「海峽論壇」，台灣有八千多人參加，且有民進黨人。中共國務院公佈「關於支持福建省加快建設海峽兩岸經濟區的若干意見」。台灣之陸委會保持低調。懼大陸經濟統戰。十七日民進黨發動「五一七」南北大遊行，口號為反傾中、救台灣、護主權、救經濟。意在反馬、挺扁。十八日遊行未散，晚在總統府前大道靜坐。十時散去。

五月二十五日，高雄市長陳菊（人稱「鐵桿台獨」）訪北京、上海歸來，聲譽鵲起。

南韓前總統盧武鉉貪汙被傳訊羞愧自殺，輿論比照陳水扁之貪汙諸多相同；不同者，一為知恥，一為無恥。

五月二十九日赴南京，三十日下午至中山陵四方城國際會議大酒店，參加「孫中山移靈八十週年紀念」討論會，胡春惠、張玉法夫婦、呂芳上先後到。

五月三十一日，上午赴中山書院，參觀孫中山奉安展，停留時許。繼參觀抗戰紀念館（空軍烈士墓），正建築中。登高行久之。回中山陵，應二檔館馬振犢午宴。下午，「傳統中山思想、弘揚中山精神」學術報告大會開始，江蘇孫中山研究會會長卜承祖主持，報告人依次為張玉法、胡春惠、呂芳上、陳蘊茜、張憲文。四時半分組討論，余至第三組，主持人朱寶琴要余首先發言，余就孫中山遺囑中的「國民革命」與「國民會議」二事發言，指出與大陸學界瞭解相異之處及其來源，引起與會人員之討論。

六月一日，回金寶寓，張玉法夫婦同來住此。午餐後，偕玉法伉儷乘地鐵至奧運體育中心參觀，登高望遠，全景在目。下午五時返金寶寓，陳紅民來接吾等至長江路粵菜館晚餐，張憲文亦到。菜肴精美。餐後步行瀏覽街道，此處原為國民政府時期所建，現為美食街。

六月十九日，回台北。

(四)《國民黨興衰史》增訂本之出版

七月二十五日，收到商務寄來新出《國民黨興衰史》增訂本十冊。內容較初版約增四分之一，初版為三五一頁，增為四七七頁。初版收文二十三篇，增五篇，計二十八篇。初版各文小註均略，增版五篇保留，另序一篇（附錄一）。

附錄一：《國民黨興衰史》增訂本自序

拙著《國民黨興衰史》二〇〇三年出版前後，正是「百年老店」國民黨衰落時期而高唱「改革」之際。面對氣勢高漲而長於鬥爭的陳水扁及其民進黨，相形見絀。但拙著亦曾指出：「扁及其政權恐亦不免『自敗』也」。二〇〇八年台灣大選的結果，似乎印證了拙著的「預言」。這並非拙著有先見之明，而是根據國民黨在歷史上幾次「自敗」的經驗，而作出的判斷。同時拙著亦指出「百年老店」有四次「自敗」的紀錄，也有四次「自救」成功的經驗。至於當時的「改造」能否成功而得「自救」，要看客觀的情況和

▲孫中山移靈八十週年（二〇〇九年五月三十一日）
左起：1申曉雲，2張玉法，3永敬，4謝俊美，5呂芳上，6朱寶琴。

主觀的條件而定。就客觀情況而言，過去取代國民黨政權的對手，較之國民黨更為惡劣，如袁世凱和北洋軍閥之類，亦走上「自敗」之路，國民黨才有翻身的機會。如就國民黨這次敗於民進黨的客觀情況而言，亦非沒有翻身的機會。所謂歷史經驗，並不一定重演，但其鑑往知來的功能，仍不可忽視也。陳水扁政權及其民進黨二〇〇八年「自敗」之慘，適可印證拙著的判斷。

隨著時勢的變遷，國民黨的興衰，在歷史上扮演的角色，逾顯重要。近年大陸學界對國民黨史的研究，正是方興未艾，亦有可觀的成就。六年前出版的拙著，商務印書館有意再版，作者近年亦有多篇新的論文發表，對拙著多有補充之處，正可作為再版的增訂。篩選了五篇，都是探討有關國民黨興衰的問題。增訂五篇是：

一、〈從三個名詞的微觀角度透視辛亥革命〉。

二、〈「督撫革命」與「督撫式的革命」〉。

三、〈鮑羅廷對國民黨的「左運」工作〉。

四、〈孫中山晚年北上致力和平統一的途徑〉。

五、〈戰後蔣中正「先安關內再圖關外」問題之研究〉。（中略）

百餘年來的國民黨，曾有四次由衰而興的歷史，二〇〇八年政黨轉替，國民黨再度執政，應是第五次由衰而興的契機。如何掌握這一契機？還是一句老話：記取歷史的經驗與教訓，至為必要也。

七月二十六日，馬英九今日由黨員投票當選國民黨主席，一人候選無競選者，得票率為九三%強，廢票一萬七千多張，北部各縣市黨員投票率不及五〇%。顯然對馬不滿。

七月二十八日，陳水扁貪汙案自本年一月起訴以來，今日審訊完畢。法院定於九月十一日下午四時宣判。次日《聯合報》社論《陳水扁的性格決定扁案的判決》。摘錄一段如下：

陳水扁昨日在言詞辯論及最後陳述中仍不認罪。這是中華民國司法史上的重大時刻。曾任總統八年的陳水扁，以貪汙罪被告的身分從看守所被解送出庭，他雖用盡各種「干擾司法」的手段堅不認罪，但檢察官及法官終於將審理程式推進至最後階段；現在，陳水扁有罪無罪已由不得他自說自話，且看九月十一日的一審宣判。

社論認為陳水扁如能誠實認罪或向社會道歉，或可獲得減刑並爭取特赦。但其不此之圖而堅不認罪，挾持民進黨，撕裂社會。其所以致此，乃其性格使然；一是極端又偏激，二是不計後果及代價。此種性格已呈病態，最後可能失去社會同情，而不能特赦的下場。

七月三十日，晚餐後與佳佑Good night。彼模仿日本人

（對門鄰居）向余鞠躬行禮，極為神似。

八月四日，中午，劉維開、林桶法來訪，林帶來其新著《大撤退：蔣介石暨政府機關與人民遷台之探析》（輔仁大學出版社出版）。以此著在輔大升等教授。另帶來陳進金新著《機變巧詐：兩湖事變前後軍系互動的分析》（輔大出版社出版）。林、劉、陳皆在政大歷史研究所得博士學位，均在大學任教，繼續研究，成就卓著。劉、林應北京社科院近史所之邀，將赴北京出席學術討論會，余託維開攜余新出之《國民黨興衰史》增訂本轉贈北京友人金冲及、楊天石。旋赴天母時時樂午餐，桶法作東，慶其升等。

八月七至八日，連日颱風豪雨，南部災情尤為嚴重。路斷、橋毀、人死，高雄有全村人被土石流活埋者。此次天災稱為「八八」水災。五十年前（一九五九）「八七」水災，余在南投草屯史庫，記憶猶新。但不及此次之嚴重。

八月十日，報導高雄甲仙鄉小林村遭埋沒，該村千餘人今日救出百餘人，其餘下落不明。

八月十二日，晨赴臺北第一殯儀館弔劉紹唐夫人王愛生女士之喪。劉夫人於七月十八日的夜眠中無疾而終，余被列為治喪委員之一。《傳記文學》創辦人劉紹唐於二〇〇〇年去世後，劉夫人接辦了數期，即交由世新大學成露茜女士接辦。《傳記文學》自一九六二年六月創刊後，余即獲其贈閱，亦為其作者之一。成女士接辦後，仍獲贈閱。

八月十三日，臺北《自由時報》（台獨報紙）頭條新聞為成功大學副校長某聲稱水災應「先淹總統府」，攻訐馬英九救災不力。連日報導此次水災死亡及失蹤人數不斷增加。政府官員成為災民、民代出氣的對象。綠色立法委員固藉此指責馬英九及行政院長劉兆玄無能，國民黨籍立委亦有隨之者。馬、劉被指責一無是處，稍一解釋，而指責聲音更大，只好頻頻認錯、致歉。則又被譏為只會道歉。連日來中外輿論一面倒，指責馬政府救災不力。官員動輒得咎。

八月二十四日，台灣南部水災搶救工作已半月有餘，仍是滿目瘡痍，高雄甲仙鄉小林村滅村，有四百餘人失蹤，應被活埋，其狀至慘。馬政府成為出氣對象，焦頭爛額。大陸方面不斷表達善意，捐款贈物，獨派則斥為「統戰」，對其捐贈之二百套組合屋說有「毒素」，佳冬鄉長拒收。經過檢驗無毒，乃又改口否認拒收。八月二十七日，台灣南部民進黨七縣市縣市長陳菊等聯名邀請西藏流亡領袖達賴喇嘛來台為災民「祈福」，預定八月三十日抵台，停留四天，在南、北部演講。此實故意觸怒大陸當局，馬英九竟批准之。馬之表現，顯已六神無主，畏首畏尾，只見鞠躬道歉。《聯合報》有一報導，云一大陸人士認為台灣「刁民難治，幸未統一」。跡近戲謔。二十日《聯合報》社論題為《潢池弄兵看成珍珠港偷襲》，認為馬英九在此次決策中，戰略及戰術全盤盡墨。就戰術言，竟將民進黨的動作放大成千古經典的「珍珠港偷襲」。民進黨撒一泡尿，潢池弄兵，馬政府居然視作「珍珠港偷襲」，何至荒唐離譜至此地步？就戰略言，兩岸關係是馬政府的命脈，民進黨此舉就是要從根本摧毀馬英九的兩岸政策論述。馬之同意達賴來台，重創了一年多來

建立起來的兩岸新論述及互信關係。但《聯合報》八月三十日的報導對馬英九允許達賴來台似有肯定之意。有一則新聞標題是「偷襲珍珠港能否變成逆轉中途島」，要點是說馬英九剛被八八水災的政治土石流沖得遍體鱗傷，綠營又邀請達賴來台。乍看很像是「珍珠港事變」，但危機有時也是轉機，就看馬政府能否妥善因應，把偷襲珍珠港改成扭轉頹勢的中途島海戰。因為「本來救災遍體鱗傷，焦點轉到達賴反解套，馬迅速批准，不當兒皇帝，陳菊反落得趁火打劫之譏」。同時也報導馬英九就讀哈佛的老師孔傑榮（Jerome Cohen）對馬處理此事的讚許，認為馬對民進黨的讓步可使兩岸關係往前推進一點。顯有「挾獨制陸」之意，與美「挾台制中」有異曲同工之處。大陸雖有反彈，只是針對民進黨而不及馬。有謂胡錦濤「含淚護馬」。

九月十一日下午四時法院宣布陳水扁及其妻吳淑珍均判無期徒刑，陳罰款二億，吳三億。其子陳致中判二年六個月，媳黃睿靚判一年八個月，各罰一・五億。秘書室主任馬永成判二十年，副主任陳德訓十六年。二審、三審上訴尚有時間可拖。其中只有扁在押。

九月十四日上午，至南港中研院，參加「蔣介石學術研討會」。入近史所檔案室會場，會已開始矣。與會者日本友人有山田辰雄、西村成雄、伊原澤周等，大陸方面有楊天石、步平、金以林、汪朝光等，台灣年輕者多，長者有呂實強（衰老甚）、張玉法、張朋園、李雲漢等，余及伊原之年齡可能最長。余對伊原論文〈抗戰終了前後蔣介石對外關係的苦惱與掙扎：以蘇軍撤退東北為中心〉發言，指出一九四六年一月十日馬歇爾調停下的停戰令，東北不在停戰範圍之內，且派軍艦輸送美式裝備之政府軍入東北，引起蘇俄的立即報復，原與蘇方協議諸事，迅被破壞，如延不撤軍，助中共軍阻止政府軍接收，撤退時交中共軍接收等。此為蔣在東北失敗一大關鍵，惜在伊原論文中未提。伊原對余意見頗為同意。

（五）南京金寶寓的出售

二〇〇九年九月二十二日至十月十七日在南京。可得而記者，為金寶寓的出售。自文桂去世後，復以年邁，來寧興趣減低，金寶寓即擬出售。且以此處環境不佳，附近垃圾處理廠有臭味。近年管理不善，住戶複雜。三部電梯只啟用一部。南京房價近年雖漲，但此處不漲。估計每平方約八千元（人民幣）左右。余寓為九十一平方，預定底價七十五萬元，交由明明辦理，結果以八十五萬成交。余大滿意。但不到半年，漲至百萬元以上。但以幣制計算，一九九六年購進時，約合美元六萬元，出售時人民幣升值，約合美元十二萬元，賺百分之百，亦堪告慰矣。買主為一大陸人士。十年前，列為「商品屋」，本地人無此購買力也。今之購者，皆為大陸本地之人。

十月十三日，茅家琦教授來訪，贈余螃蟹一盒（十五支）。楊楊在備午餐，煮蟹二支，與茅老各享一支。茅老談馬英九擺脫地方派系問題，詢余看法。余謂此乃社會因素有

其歷史性，擺脫或防止恐不可能。要結合所謂「形像良好」之人，何嘗不是搞派系？

（六）羅家倫師逝世四十週年感言

二〇〇九年十二月二十五日上午，至臺北市中山南路十一號張榮發基金會參加羅家倫先生逝世四十週年紀念會。陳鵬仁主持，到會講話者有總統府秘書長廖了以代表馬英九總統致詞，依次報告羅先生事跡者有羅久芳、馮滬祥（因著作《新人生觀研究》）、吳思華（政大校長）、李雲漢、張朋園。列自由發言者為梅可望（東海大學校長）、林滿紅（國史館長）及余三人。以時間所限，余準備之講稿未用。只講兩點：一、羅先生為創造歷史、研究歷史及歷史人物，創造歷史是羅先生在「五四」運動中所扮演的腳色，「五四」這一歷史名詞，便是創自羅先生。研究歷史是羅先生對民國史、黨史的研究，使之學術化、國際化，及其對中國近代史研究貢獻的科學化。羅先生是歷史人物，要研究「五四」、新文化、新史學，就必須研究羅先生。二、羅先生是近代中國「體制內」的知識分子，最近大陸出版兩本博士論文，一為北京大學馮夏根的《羅家倫文化思想研究：以新人生觀、新民族觀、新歷史觀為中心》（二〇〇八年出版），一為北京人民大學張曉京的《羅家倫評傳：近代中國的「歧路人」》（二〇〇九年出版）。張著結論定位羅先生為「近代中國體制內的知識分子」。余認為此一定位尚屬恰當。因為在「體制內」完成理想比較容易實現。例如梁敬錞在一九六〇代初期在香港出版的《九一八事變史述》一書，不合國民黨的「口味」，當時此書不得進口，羅先生力持不可，認為反對進口這些「愚忠」之人，「不識大體」。結果梁書得以解禁。這是羅先生以「體制內」之便維護學術研究自由。羅師當年亦反共，他是理智的反共，中印發生邊境衝突，羅先生說：中共此舉，實為中華民族之光榮。他說印度甫經脫離英國殖民統治，即效英帝國主義之行為，而尤過之，至為可鄙！稱中共為「匪」，無知也。（嗣檢閱羅先生著述，亦常見其「共匪」之用詞。一笑。）

附錄二：紀念羅家倫先生逝世四十週年感言（節略）

羅師是「五四」時代風雲人物，堪稱「才子」。「五四」這個劃時代的歷史名詞，便是創自羅師。周策縱的名著《五四運動》一書，對羅師在「五四」運動中的活躍，多所描述。他不但是研究歷史的大師，也是創造歷史的中心人物。羅師對清華大學和中央大學學術地位的奠定，史籍已有記載。在他主持黨史會時期（一九五〇～一九六九），不斷提升黨史學術研究水準。一九四九年卸任駐印度大使來到台灣後，主持黨史會，首先把黨史會史料分類編目，便利研究。我之認識羅師進而追隨羅師，是他在一九五五年在政治大學教育研究所講授民族主義研究，我和李雲漢有幸得其教誨，一九五七年在我和雲漢政大教研所畢業後，羅師說：要輸入黨史會「新血輪」。要教研所講

師沈宗藝先生為他物色三位同學去充「新血輪」。我和雲漢還有一位梁尚勇被推薦。羅師對我們三人的興趣卻與年齡之大小成反比，我們三人中我的年齡最大，雲漢次之，梁最小，他不願去南投草屯鄉下（史庫所在地）當「和尚」，所以沒去。當時羅師有點失望，說年輕人怕吃苦。我和雲漢在羅師多年鞭策下，雖然吃點苦，但也嘗到無窮的甘味。

羅師對黨史的貢獻，不僅使黨史學術化，而且是國際學術化。當年黨史會史庫雖然在偏僻的草屯鄉間，已是「國際化」了，經常到南投草屯史庫訪問研究的中外學者，可謂盛極一時，如紐約哥倫比亞大學韋慕庭（C.Martin Wilbur）教授，便是經常的訪客之一，西雅圖華盛頓大學鄭憲《同盟會經費研究》的博士論文，便是利用黨史會資料完成的。香港全漢昇教授利用黨史會資料完成《鐵路國有與辛亥革命》，國內學者郭廷以、張貴永、沈雲龍、吳相湘、王德昭等，都是草屯史庫的常客，以吳相湘在史庫的時間最久，成就也最大。我和雲漢當年充當學徒，在史庫「行走」，在羅師啟迪下，也做些研究工作。受益最大的，是在羅師直接指導下，修訂《國父年譜》所獲得的治學方法和經驗，羅師除當面傳授我們一些「功夫」外，還經常寫信叮嚀我們。

那時羅師也有一項計畫，要將黨史會同人的研究著作，出一套《叢刊》，他自己也在著手修訂補充《中山先生倫敦蒙難史料考訂》。後來因為傅啟學（黨史會副主委）事件（傅與台大同學合撰《監察院研究》受到監察委員向蔣總裁控訴，被免職。）羅師可能受到一點衝擊，心情不佳，腦力逐漸衰退，提筆忘字，提人忘名，吾為之心痛！以後健康一直不佳。羅師母和今天在座的羅久芳小姐為免影響公務，主張羅師自黨史會和國史館長退休。今天我們有這個機會來紀念這位經師人師，真是不勝感念之至！

48 二〇一〇年生活記要

（一）參加杭州學術研討會

二〇一〇年四月九日，上午赴桃園機場去杭州，出席杭州「蔣介石與近代中國」國際學術研討會，同行者有陳鵬仁、陳三井、蔣方智怡、邵銘煌、張力、劉維開、林桶法及余等八人，下午二時十分抵浙江蕭山機場，浙江大學陳紅民教授來接，住杭州市靈峰山莊。報到時收到大會資料，其中有此次大會論文集及陳紅民新著《蔣介石的後半生》（浙江大學出版社，二〇一〇年三月），有余及楊天石之序。

四月十日，上午八時半開幕式，首由主辦代表陳紅民報告，繼有浙大副校長羅衛東致詞，來賓講話有張憲文、胡春惠、蔣方智怡、楊樹標、張克夫。楊樹標講話時特別提及當年（一九八六）彼著《蔣介石傳》受到當局之批判，因余《書評》而獲「解救」。意在說明當年研究之困難也。十時大會報告，依次為蔣永敬、王建朗（北京社科院近史所副所長）、宋曹琍璇（宋子文兒媳）、斐京漢（韓國學者）、川島真（日本學者）。余之報告題為《蔣介石「抗戰到底」之「底」的問題再研究》。下午分場報告。晚餐在樓外樓享美食。確實很美，名不虛傳。

四月十一日，分場報告。下午與會人員赴奉化溪口，宿溪口賓館。

四月十二日，上午在溪口武嶺學校大禮堂綜合討論，主席為陳鵬仁、胡春惠，討論主題：蔣介石研究的未來：做什麼？怎麼做？引言人為王建朗、鄭會欣、陳三井、徐秀麗、宋曹琍璇、劉維開。余因聽力不濟，請蔣嘯琴小姐（香港珠海書院博士生）為余記彼等發言要點。自由發言時余謂這次研討會為兩岸研究蔣介石邁進一大步，浙大成立蔣介石與近代中國研究中心，實為中國大陸自改革開放以來之創舉，向學術研究邁進一大步。這次大會論文三十二篇幾乎都引用了《蔣介石日記》，對還原蔣介石歷史真象極有幫助，這是蔣家後代蔣方智怡女士公開了《蔣介石日記》，勇敢地接受史學家的挑戰與考驗，今已大見其功效。會後參觀蔣氏故居。下午遊溪口名勝。晚宴在溪口賓館。數日來享受美食，余之體重似有增加。有得有失也。

四月十三日，晨六時半自溪口乘車赴蕭山機場搭九時三十分飛機回台。同行者有陳三井、邵銘煌、劉維開、林桶法及余等五人。途中遇一車禍，延誤行程約半小時，至機場約九時一刻，飛機尚未起飛，不允登機。交涉無效。如乘另班飛機，須另買票，原票不能延用或轉機，實即作廢。真是無理可說！決定由香港乘港龍轉國泰班機回台。各付票錢人

民幣四二〇〇元，合台幣約二萬元。平時往返雙程不過萬餘元。如此折騰，下午四時半始抵桃園機場。原來直航上午十一時二十分可達。此為此行唯一不爽之事。

（二）外甥女自瀋陽、北京來

四月十八日，白銘淑姐妹、黃桂馨・黃煥萍夫婦等六人於今日上午自北京到達台北，下午遊淡水，晚六時半住入淡水飯店。偕世安由定安開車同至飯店與彼等會晤。明日上午彼等參觀故宮即往中南部。

四月二十四日，白銘淑姐妹、黃桂馨姐妹及薛輝、劉治國等六人，上午由世安、正安備車至飯店接彼等赴金寶山謁文桂之靈。午十二時半，彼等到石牌，同聚附近磺溪小館。餐後聚會寓中。晚乘捷運赴天廚。

四月二十五日，汐止到基隆路發生土石流，有人車被埋。距昨日世安陪銘淑等去金寶山，僅一日之隔，可云幸矣！晚，桂馨來電話已安抵北京。

（三）參加北京社科院近史所學術研討會

五月二十一日，晨赴桃園國際機場，李雲漢夫婦、陳進金、王正華亦到。乘華航八時〇五分起飛，十一時十分到北京機場，機場至大，乘地鐵到出口處，北京社科院近史所呂文浩女士來接，到達香山飯店，已下午三時矣。報到者絡繹不絕，見章開沅、金沖及、姜義華、龔書鐸諸友。台灣續到者張玉法、陳三井、劉維開、陳立文等。晚，桂馨、薛輝來

▲四位外甥女來台（二〇一〇年四月十八日）
左起：1黃煥萍，2白銘淑，3黃桂馨，4白銘潔。

晤，帶來水蜜桃等水果。

五月二十二日，上午八時半，北京社科院近史所第三屆「近代中國與世界」（近史所六十周年）國際學術研討會開幕，近史所所長步平主持之。各分場報告，余偶往聽之而已。

五日二十三日下午一場後閉幕，張海鵬總結。晚宴。全程結束。

五月二十四日晨，桂馨、薛輝來接。午，桂馨在郭林餐廳為余補慶生日（昨日為余八十八晉九生日）。晚：楊天石約宴，兩桌，均台灣之友張玉法等，余由桂馨陪同。

五月二十五至三十各日，桂馨夫婦陪余逛街或小吃。三十日晚乘臥車赴南京。

五月三十一日，返抵南京。烈孫示其先祖父范鴻仙傳稿《碧血共和》（黃慧英撰）要余為之寫序。

六月十二日，回台北

（四）評「姜美女」的論文

八月二十五日，晨，世安陪余至建國南路文大城區部，參加蔣介石與抗戰研討會，開幕式由郭岱君講〈《蔣介石研究的過去現在與未來〉，尚精闢。第一場由李雲漢主持之，三位報告人：李玉、朱玖琳、姜良芹，三位評論人：張力、呂士朋及余。姜文題為〈蔣介石、國民政府之政戰略選擇與日軍在南京的暴行〉。余之評論要點如下：

美女姜教授之論文（引起閧堂大笑）要義有二：一為南京之防守；一為南京居民之共同問題。此兩大問題實為戰爭時所有城防及居民之共同問題；亦為研究抗戰之重要問題。可作縱橫之比較研究。橫的比較，上海、南京之防守均為內線作戰，而無外線的支援，上海雖守三個月，國軍精銳盡失。防守南京已無精銳，撤退混亂，軍民死傷慘重，被屠殺者號稱三十萬人。以唐生智為總指揮，更是用人不當，吳福、錫澄兩大防線毫無利用，致無抵抗而南京失陷。其後台兒莊之役，孫連仲部守內線，湯恩伯、王仲廉等部打外線，殲滅日軍兩個精銳師團。且台兒莊序戰前，龐炳勳軍（實際兩團）守臨沂，張自忠打外線，使龐守住臨沂。武漢會戰純為外線作戰，打了四個多月，內有戰幹團員生組織民眾，支援前線；調查戶口，安定後方。最後有計畫有秩序的撤退。後來長沙三次會戰、常德會戰、衡陽保衛戰（四十七天）諸役，都是內外線作戰。日軍三次攻長沙，無功而退；尤其第三次的慘敗。最近大陸有一以個人之力，製作《血戰孤城》（常德）影片，描述國軍第七十四軍八千餘名將士死守常德，事先疏散居民，壯烈犧牲。全軍只剩下數十名受傷戰士。情節感人。就縱的方面比較，上海保衛戰未能記取歷史教訓，一二八戰役（一九三二年）內線作戰，日軍在我軍後方七丫口登陸，我軍不得不撤退。八一三滬戰（一九三七年）日軍在金山衛登陸，

我軍不得不倉皇撤退。事實上，上海地區無外線作戰之條件，但應作後備守衛，惜吳福、錫澄兩線未能後備守衛，致南京迅告失陷。南京為歷史名城，太平天國攻守十年；辛亥清軍（張勳）尚能安全撤退；北伐統一戰爭，北軍亦能退走；抗戰我軍無路可退，主帥先逃，致遭日軍大肆屠殺。國共之戰，南京更是不戰而失。

關於居民避難問題，本人頗有經驗，童年逃軍閥（張宗昌直魯軍）之難（難童），青年逃日軍之難（難民），壯年逃共軍之難（難軍）。難童時不過三、四歲，印象最深而不忘者，難後回家時，余之「好友」狗不見了，蓋被狗肉將軍張宗昌之兵烹食矣。難民時印象最深而不忘者，余之故鄉小鎮居民千餘人在打仗前均逃避一空，未聞有傷亡者；日軍掃蕩前一日，鄉民皆能預測之，設法躲避。難軍時，余離瀋陽一個月以後，瀋陽「解放」；余離南京一天後，南京「解放」；余離上海之當天，上海「解放」。故人民逃難、避難之法，不待政府保護即能自動自發。余評美女姜教授之文，似乎扯得太遠了。最後「言歸正傳」，姜文記一九三七年六月政府統計南京居民一〇七萬多人，日據後僅十七萬多人，除去被日軍屠殺者三十萬人（含軍人）外，最少還有六十萬人那裡去了？

（按此「姜美女」之雅號，為李盈慧教授所命）

▲評「姜美女」論文（二〇〇八年十月在南京）左永敬，右姜良芹。

（五）遷居水世紀

十月一日，余隨定安遷居至竹圍附近之民權路水世紀，A、B、C、D、E、F六棟大樓連在一起，四百餘戶，定安居C棟八樓，余租居E棟九樓之一套房。此一社區有各種公用設施，如交誼廳、健身房、游泳池、溫泉浴、視聽室、媽媽教堂、兒童遊樂室、咖啡屋等，管理完善，服務週到。安身休養之所也。

在《傳記文學》繼〈蔣介石「抗戰到底」之「底」的問題再研究〉一文發表（七月）後，續有〈一箸失全盤敗：戰後蔣介石處理東北問題「一盤好棋攪成一盤歹棋」〉（九月）及〈「先圖關外」不成，回頭「再安關內」〉（十一

月）兩文，與劉維開聯名發表之。維開提供蔣介石日記（民國三十五年），使文之內容頗有修正補充。

商務印書館主編李俊男，希余之《孫中山與辛亥革命》及《中越革命關係》（彼改名為《孫中山與胡志明》）兩書均由商務出版。原來只願出版《孫中山與辛亥革命》一書，余將兩書稿均撤回。彼既改變初衷，余亦同意。其間兩書內容均有修正、調整，前者充實，後者精簡。此乃延後之得也。

（六）北京中央電視台沈芳來訪

十一月十四日，北京中央電視台沈芳女士偕其工作人員八人於上午十時到水世紀向余訪談，製作辛亥革命一百週年紀錄片，訪談主題為：（1）鮑羅廷與孫中山。（2）胡漢民對辛亥革命的貢獻。（3）國民黨興衰與國共的分合。（4）孫中山與中國革命。沈女士之來訪，係楊天石之介紹，事先有email給余。所提問題，就余曾有專著之範圍。約兩小時訪談畢，至石牌招待其一行吃牛肉麵。鮑、孫內容簡述如下：

> 鮑羅廷為孫中山最欣賞之政治顧問，助孫改組國民黨，使國民黨由衰而興，功不可沒，其為國民黨製造左派，亦造成國民黨內左右衝突、國共衝突。在孫中山處此兩種衝突時，中間偏左，右派固不滿意，共派亦有不滿。孫、鮑兩人雖合作無間，同遭左右夾攻。孫中山曾向共派韓麟符指責陳獨秀破壞國民黨之信譽，說列寧本來要他（孫）領導共產黨的，結果被陳獨秀所領導。為處理左右、國共衝突，在孫、鮑的協議下，國民黨中央一九二四年八月通過的「國際聯絡委員會」，對外與第三國際聯絡，加入反帝統一戰線；對內約束加入國民黨的共派，實際即為領導中共。引起陳獨秀的中共中央大力反對。孫、鮑（背後有加拉罕、史大林）的意圖至為明確，國共能統一，中國也就統一了。事實證明，國共分裂，也使中國分裂。

49 二〇一一年生活記要

(一) 呂芳上接任國史館長大展宏圖

二〇一一年三月三十一日，上午到國史館，呂芳上館長導余入其辦公室。汪榮祖、王壽南、張朋園、閻沁恆、李雲漢相繼到。參觀文物展後即開會。見其準備資料，頗有新的改革，座談國史館今後工作計畫，余見計畫中有創刊《國史館研究通訊》一項，建議略去「館」字，呂館長納之。余已十年未與國史館接觸矣。原青潭館址作為典藏史料，新址長沙街展覽及辦公，對外開放，非如過去之封閉。人員一一三人，實大有可為。

呂接任後，僅五年時間，即以國史館所藏之大量檔案資料，出版大量叢書，並結合國內史學家，完成多種巨著，重要者如下：

蔣中正總統檔案《事略稿本》之出版，自二〇一一年六月至二〇一三年，從四十八冊到八十二冊，計為三十四冊。

《蔣中正五記》：《困勉記》上、下、《學記》、《省克記》、《愛記》、《游記》六冊（二〇一一年）。

《蔣中正先生年譜長編》十二冊（二〇一四至二〇一五年）。

《中國抗日戰爭史新編》六冊：和戰抉擇，軍事作戰，全民抗戰，戰時社會，中外關係，戰後中國。據主編呂芳上〈序〉言：這套書有以下特色：新格局、新方向、新史料、新成果、新議題、新領域、新觀點、新詮釋。總計「八大新」。這套書由國內史學家數十人分題撰寫，新固有之，舊亦難免也。

此外經常邀請中外著名史學家，作學術演講或座談。

二〇一六年台灣民進黨執政後，國史館長亦隨之易人矣。作風為之一變，所謂「人存政舉，人亡政息」。信哉斯言！

(二) 九十之壽諸友賀之

二〇一一年六月四日，在南京，南京市政協倪君安排余參觀抗戰時期空軍烈士公墓，午在名滿天下酒店午宴，並為余九十歲慶生，盛情可感。

六月五日下午三時，姜良芹接余至南大南苑，備茶點，為余九十慶生座談，南大校長助理朱慶葆教授代表南大為余祝壽。南大民國史研究中心諸友張憲文、茅家琦、崔之清、

朱寶琴、申曉雲、張生、李玉、呂晶等及歷史系黨委書記皆講話，江蘇社科院孫宅巍、南師大張連紅、二檔馬振犢、郭必強、小戚等皆到。各贈壽幛及紀念品，盛情至感。

茅老給我的賀詞如下：

蔣老：

十分高興地在南京祝賀您老九十大壽！

我們結交近三十年，有許多難以忘懷的記憶。

我十分感激您老介紹我的兩本小書在台北商務印書館出版，並為這兩本小書寫了序言。

我以您老贈送我的大作中得到許多教益。下面舉三篇論文為例。一是〈從中國同盟會成立初期之會員名冊探討幾個問題〉；二是〈朱芾煌與南北議和〉；三是〈變英雄革命為國民革命的辛亥革命〉。

從支加哥會議以來，辛亥革命的性質問題，成為兩岸近代史專家爭論的一大問題。您老是不贊成「資產階級革命說的」。我沒有參加支加哥會議，也沒有寫過文章討論。我只是從中國資產階級形成的歷史角度考察，不贊成「資產階級革命說」。讀您老的三篇文章以後，我更堅持自己的觀點。您老根據黨史會所藏同盟會成立初期的會員名冊，得出同盟會的參加人員「都是青年人，年齡以二十至二十五歲占絕大多數」的結論。您老還具體論證，武昌起義以後，同盟

▲蔣（右）、茅（左）二老言歡（2008年5月2日，南大）

會主要成員，包括孫中山本人在內，以及紳商立憲派人士、新軍等，都贊成「南北議和」；贊成如袁世凱反正、清帝退位，選舉袁世凱為民國大總統，和平統一全國。

正是這種「合力」的作用，使辛亥革命成為中國歷史上一次付出代價最小的全國性政權的更迭，一次最具理性、最具人道精神的「改朝換代」。

您老將辛亥革命稱之為「國民革命」。您老還提出一個很值得深思的問題：「歷史上英雄革命無良果」，但是「國民革命」式辛亥革命，在勝利以後，又「長期內亂」。您老提出「率由舊章容易，突破傳統困難。」這正是歷史學家應解的一個難題。

敬祝

鶴壽頻添！

弟　茅家琦上

二〇一一年六月七日（茅家琦圖章）

吾友茅老之獎飾，真是愧不敢當！

六月九日回台北。打開信箱，收到雲漢來函，賀余九十，其詞曰：

賀蔣永敬兄九秩華誕

我與蔣教授永敬兄於民國四十四年（一九五五）相識於國立政治大學教育研究所，迄今已居五十六年矣；為同學、同志、同事、同道之「四同老友」。永敬兄生於民國十一年（一九二二），今歲已居九秩大壽之慶，精神體力猶健壯如恆，椽筆亦勤，殊堪喜賀。念及十年前永敬兄八秩華誕之慶，我曾撰俚詩以賀；今擬依前例，草就五律一首，用表竭誠祝嘏之心意。詩曰：

相識逾半紀，平生樂四同；剛柔曾相濟，切磋見真誠。

雪泥已留痕，志豪心長明，相約期頤宴，為兄譜新聲。

中華民國一百年（二〇一一）五月二十六日，八十五歲叟李雲漢隨筆於台北市文山區木柵路「仁普世家」寓所。

雲漢豪情誠懇，永誌銘感，次晨電話答謝，並擬約聚。彼已先定本（六）月十四日中午在天厨聚宴矣。試作打油詩二則答和：

一

吾有老友八五叟，直諒多聞在咱上；曾憶當年成胡譜，向友炫耀被責狂。從此自我多約束，修身養性永不忘；九十佔了五十六，誰說機緣不夠長。

二

黃下杜上遭打壓，你去我留被冷藏；孝公挖你當

副手，我和榮趙靠一旁。心中不免酸酸味，深慶得人好眼光。學術素養帶牛勁，國民黨史放光芒。

六月十四日，應雲漢伉儷之約在天廚午餐，並為余九十慶生，到張玉法、張存武伉儷。唱生日快樂歌，余朗讀呈雲漢打油詩並傳閱之。

南京諸友贈余慶生之紀念品由南大寄到。一大紙盒，尤以南大民國史研究中心之雲錦壽幛為精緻。

六月三十日，上午至政大，接受諸友為余慶生茶會。到者殊多，美國李又寧教授（並贈十五年Johnnie Walker）、日本山田辰雄、大陸陳紅民、金以林、羅敏等，國史館長呂芳上等多人（呂並贈壽桃一二〇個，象徵至一二〇歲），政大閻沁恆，王壽南、孫鐵剛、張哲郎、林能士、唐啟華、吳圳義、周惠民等多人，過去授課之同學楊翠華、劉維開、王正華、陳進金、許育銘、蘇啟明、李盈慧、莊義芳等數十人。約計百人左右，致送盆花者有北京社科院近史所、黃克武（中研院近史所長）、黃邦印（指導之政戰同學、現為國防部政戰局少將副局長）、張建俅、樊中原等多人。盛情可感。十時由余專題演講《談辛亥革命史的研究》，講三十分鐘，發言致賀者有山田辰雄、李又寧、閻沁恆、呂芳上、陳紅民、楊翠華。余答謝後，為余唱生日快樂歌、切蛋糕。茶會交談。

七月七日，北京中央電視台沈芳來訊，謂向余請教，「不恥下問」，一笑。

（三）水世紀的新居

七月十一日，定安告知，本社區水世紀二十二樓之新居（二十七坪），價巳談妥。一年前余隨定安遷居水世紀，係租單人套房，約十五坪，在此同棟之九樓，殊嫌狹隘。

七月十七日，下午三時看新居，景觀優美，裝潢精緻，適合休養。

七月二十三日，金以林來訊，其父金冲及受書局之托，編《辛亥革命》文庫，要收入余之《卒亥革命前十次起義經費之研究》一文，徵余同意。

八月一日，劉維開來電話，云國史館王正華故去。真是晴天霹靂，不勝惋惜。深感人之生命脆弱。

國史館高純淑來訊，《國史研究通訊》將於十二月出刊，祝辛亥革命一百年專號，呂芳上館長希余之講稿〈談辛亥革命史的研究〉作該號之首篇。補充修正後予之。

八月九日，e-mail劉維開，請其代查孫中山上書李鴻章時對陳少白言中央革命較之地方革命可事半功倍，迅即查覆，謂在馮自由《中國革命運動二十六年組織史》；陳錫祺主編《孫中山年譜長編》亦曾引用。余前轉引沈渭濱之文，曾憶何處見過，總是想不起來。幸得維開之助。《國民黨興衰史》（增訂本）註據陳少白《興中會革命史要別錄》，誤。

水世紀之新居於今晚接收，景觀至美，淡水河岸燈火輝煌。

八月二十八日，晚，劉維開來訊及為馮自由之《中華民

國開國前革命史》重印作序，請余過目。提十點意見供其參考。

八月二十九日，開始遷入新居，菲傭Kris由服務台借用兩台手推車，余與Kris各用一台，將書籍衣物由九樓運至二十二樓，往返約十次，大致運畢，雖不用力，但滿身出汗。

新居景觀至佳，作打油一首以記之曰：

淡水河邊住，居高可遠眺。晨起觀山景，夕陽看日落；夜晚庭間步，抬頭望明月。窗下玩電腦，案上練書法。心中無所欲，夢裏有煩惱；到處尋方便，醒來解放了（余因攝護腺宿疾而內急）。

遷至新居後，空間較寬大，設備亦全，乃開始練字。接北京黃煥萍電話，云其姐桂馨病重住醫院，乃舊病之復發，過去亦曾有此現象，因余與文桂之慰勉，而致康復。乃以楷書致函桂馨曰：

桂馨：

聽說您病了，老姨父我心痛不已，我們全家祝您早日康復。假如老姨還在的話，我們會立即飛北京來看您。記得一九九一年九月，老姨聽說您病了，我們即刻到北京和您相聚，並約瀋陽白姐來到北京，那時我的病痛，比您還要嚴重，走路困難，以雨傘代替手杖。我們同遊盧溝橋，我一時興奮，隨著抗戰紀念館播放「國歌」唱起〈義勇軍進行曲〉，那是我一九三〇年代讀中學時早晚點名的抗戰歌曲，而我唱的實在難聽，老姨說唱的她全身起雞皮疙瘩，而我照唱不停，逗得您們大笑不已。從那時以後，您的病情，大為好轉，我們都為您高興。一轉眼二十年過去了。這二十年來，我們有多次歡聚，度過美好的時光。但是月有陰陽圓缺，人有悲歡離合，一切運轉，都有自然法則。老姨走了將有四年光陰，我也年到九十，回想過去的美好時光，忘掉所有煩惱。生老病死，人人有分，有什麼好煩惱。桂馨：您對我的「重點保護」，我永遠忘不了。您要堅強勇敢，保住健康，我們還有再聚北京和台北的時光。祝您早日康復。

您的老姨父蔣永敬

二〇一一、九、六，燈下。

靜婷帶來工人為余安裝有線電視。從此每日大忙，看電視、練字、打電腦，至大廳看報，欣賞佳佑（Josh）動作，一天很快過去。又作打油以記之曰：

住在水世紀，不覺日子長，天天是假期，只有三餐忙。

九月十日，晚，家立來，兩年多未見，備感興奮，身材細長，高一八六。留學加拿大，讀大一。生於一九九一年十月十日，再過一月，整二十歲。

▲次孫家立自加歸來（十一歲的照片，2002年5月5日）

九月二十一日，晨赴中山南路十一號，參加「九一八與抗日戰爭」學術討論會，此會為中正文教基金會與北京抗日戰爭紀念館合辦。

（四）參加武漢、南京學術研討會

十月六日（星期四），上午到南京，住九華鈑店。

十一日，上午十一時半與張憲文乘高鐵赴武漢，識揚州大學副校長周新國。下午近五時到達，住東湖賓館。晤老友多人，有章開沅、謝本書、黃彥、林家有、金沖及、張海鵬、楊天石、胡春惠等。台灣與會者有張玉法、陳鵬仁、陳三井、陳進金、林桶法等。

十二日，上午八時五十分「紀念辛亥革命一百周年國際學術研討會」在武昌東湖賓館開幕，張海鵬致開幕詞，金沖及、陳鵬仁、濱下武志、巴斯蒂分別代表大陸、台、日、法學者致詞。大會報告者為章開沅、張玉法（台）、狹間直樹（日）、周錫瑞（美）、張海鵬。下午分組討論。

十四日下午閉幕式，大會秘書長王建朗安排余自由發言。

十五日午，乘高鐵回南京，同行者張玉法等多人，下午二時半到，南大有車來接，住雙門樓賓館。

十六日，「辛亥革命暨南京臨時政府成立國際學術研討會」上午八時半開幕，揚州大學副校長周新國主持之。大會報告者為余及張玉法、山田辰雄及劉學照。下午至十七日上午分組討論。台灣來會學者有張玉法、張力、潘光哲、吳啟訥、鍾淑敏、孫若怡、卓遵宏、張瑞德、陳進金、吳翎君、

李盈慧、楊維真、林桶法、劉文賓、楊明哲、陳英杰、管美蓉等多人。

（五）訪定遠故鄉

十月十九日上午十時自南京乘高鐵赴定遠（距南京一五〇公里）。車在滁州停留稍久，十一時一刻始達。站距縣城二十五公里，汽車半小時到縣城。此站在定遠之牛舖，距池河鎮八公里，距余故鄉四戶蔣三公里。下午由縣台辦陪同繞縣城一週，舊市區雜亂，新市區整潔遼闊，多新式建築。此縣原為落後地區，戰前全縣僅有小學數所，現全縣有中學七十一所。余參觀其博物館後，七時二十分乘高鐵回南京，三十四分鐘即達。

十月二十日，回台北。

（六）研究《孫中山》問題兩書出版之自序

十月二十一日，維開云：政大書城已見余之新出兩書：《孫中山與辛亥革命》、《孫中山與胡志明》。錄兩書之〈自序〉如下：

1、《孫中山與辛亥革命》自序

今年（二〇一一）是辛亥革命一百週年。回顧一百年前的中國，究竟是怎樣情形的國家？正如孫中山在開始革命成立檀香山興中會所言：「近之辱國喪師，強藩壓境，堂堂華夏，不齒於鄰邦；文物衣冠，被輕於異族。」一百年後的今日中國，又是如何情形？亦如孫中山一百年前所言：「環視歐美，彼且瞠乎其後也。」

何以有此重大的改變？毫無疑問，應是辛亥革命所帶來的影響。

辛亥革命帶來何等影響？胡適早在七十多年前（一九三四）指出：中華民國成立以來，固然有許多地方不能滿意，其中也有許多的進步，如帝制的推翻、新法典的頒行、婦女的解放等。這些進步，大部分都是辛亥革命以來革命風潮的影響。

近年中外學者研究孫中山的著作，可謂汗牛充棟；大陸學界對此研究，更是方興未艾。孫中山對中國甚至對亞洲變化的重大影響，可謂已成定論。兩岸中國人以及海外華人，無不以中國有位孫中山而自豪。革命思想家陳天華在一百多年前（一九〇五）就說：孫君逸仙者，「是吾四萬萬人（現將近十四萬萬）之代表也」。這句話拿今天來說，也最恰當不過！

為了紀念歷史這一重大節日，著者特將十年前（二〇〇〇）由國史館出版的《孫中山與中國革命》修訂補充。初版原收入論文二十一篇，今略去八篇，保留十三篇，新增三篇，合為十六篇。分為兩大部分：一為思想與理論；一為領導與參與。每部分各為八篇。新增的三篇是：〈孫中山的世界觀記註〉、〈孫中山三大領導風格〉、〈同盟會河內指揮中心的

西南六次起義〉。其中有兩篇是新撰，一篇是二〇〇八年發表的論文。（本序較原序略有精簡）

2、《孫中山與胡志明》自序

越南毗鄰中國西南粵、桂、滇三省地區，中越歷史關係久遠，越人吸收中國文化最深，雙方人民交往頻繁。一八八五年中法戰敗，越南淪為法之「保護國」，孫中山深受衝擊，「始決志傾覆清廷，創建民國之志」。越人抗法革命與中國反清革命，可謂同時並進。在空間方面，辛亥（一九一一）革命前孫中山除以日本為活動據點外，並以越南作為粵、桂、滇三省活動的基地。與此同時，越南革命領袖潘佩珠亦以日本作為活動的據點，也以粵、桂、滇三省作為對越活動的途徑。一九〇五年，潘、孫在東京開始交往以後，中越革命黨人頻有接觸。一直到一九二五年潘在中國上海被法越殖民當局逮捕，解回越南監禁。此時胡志明（阮愛國）已在廣州，利用潘之革命基礎，一直到一九四五年二次大戰前，胡與越南革命黨人大部分時間，都是留在中國，繼續對越進行活動。

越南革命黨人與中國之關係，筆者曾在一九六〇年代利用國民黨黨史會之越南革命檔案資料，撰有《胡志明在中國》一書，一九七二年由《傳記文學社》出版。一九九〇年撰〈孫中山與潘佩珠〉一文，在廣東翠亨孫中山的故鄉學術研討會發表。前者涵蓋的時間為一九二五年到一九四五年，後者為一九〇五年到一九二五年，正好銜接四十年。

《胡志明在中國》的出版，將近四十年，絕版已久，所用檔案資料，至為珍貴，值得研究者的參考。今修訂補充，改題為《越南革命黨人在中國》（惟商務編者擅改為《孫中山與胡志明》，至歉）。

十一月十一日，「孫中山思想與國家發展國際學術研討會」在國父紀念館舉行，台大副校長呂亞力教授主講，繼由學者韋玉華（留美華人）、高福祿（河北師大副校長）、步平（北京社科院近史所所長）致詞。繼即開始「學術高峰論壇：一百年來中山思想的理論建構、實踐成果與發展趨勢」，余繼王曉波教授發言之後，即以〈孫中山的世界觀〉為其理論建構：改革的世界觀、革命的世界觀、建設的世界觀，將「孫道一以貫之」。

十一月十二日，下午赴國父紀念館參觀北京中央電視台沈芳製作之《一九一一年的槍聲》。

十一月二十八日，赴南港中研院出席李又寧主辦之「民國肇建與美國華人」國際學術研討會，余之報告《孫中山的世界觀》列為首篇報告。此會原邀之大陸學者均拒來會，其原因，是此會議冠以「民國肇建」之故。大會不免冷場。中共之意識型態至濃，正是台獨的需求。晚李又寧留宴，為余九十之慶，並備壽麵、壽桃。

50 二〇一二年生活記要

(一) 去年一年之回顧

回顧去年一年之事，較為重要者有以下二端：

（1）出版四本書：

1、《孫中山與辛亥革命》，由二〇〇一年國史館出版之《孫中山與中國革命》修訂而來。

2、《孫中山與胡志明》，舊著《胡志明在中國》之修正及論文《孫中山與潘佩珠》合組而成。

3、《國民黨興衰史》增訂本之再版。

4、《蔣介石與國共和戰》，（與劉維開合著）。

（2）六月及十月兩度去南京，六月南京之行，為南大民國史研究中心做一次演講，題為《談辛亥革命史的研究》。六月七日研究中心為余舉行九十之壽茶會。十月七日南京之行，十一日去武漢，參加辛亥革命一百週年紀念研討會，規模宏大。十五日回南京，參加江蘇舉辦之辛亥革命一百週年紀念會（南大主辦），余作大會演講，題為〈辛亥革命與國民革命〉。

(二) 馬英九當選連任

一月十四日，星期六。今日為台灣大選。午後四時開票，馬英九一直領先，九時後，馬之勝選，已成定局。十時開票畢，馬當選，得票率五一・六〇%，六八九萬一千一三九票；民進黨蔡英文得票率四五・六三%，六〇九萬三千五七八票；親民黨宋楚瑜得票率二・七七%，三六萬九千五八八票。立法院總席次一一三席（過半數五七席），國民黨獲區域立委四四席，原住民立委四席，加上不分區獲十六席，計六四席。民進黨獲區域立委二七席，不分區獲十三席，共四十席。台聯黨（不分區）獲三席。親民黨三席（不分區二席、原住民一席）。無黨聯盟區域立委獲二席。其他一席。馬這次得票多於民進黨八十萬，上次（二〇〇八）多於民進黨二二一萬。馬之勝選主要原因，為兩岸政策：堅持九二共識。蔡則否之。蔡在選敗後，宣布辭去黨主席，並謂「民進黨必須再對兩岸政策整體好好反省」。蔡落選表現風度至佳，咸謂台灣民主有進步。大陸網路亦稱讚之。

一月十九日至二十一日，星期四至六。撰〈戰後國共和談之經緯〉，劉維開提供之《周恩來一九四六談判文選》大得其助，增加新內容不少。

一月三十一日，星期二。政大歷史系教授崔國瑜來訊，擬將余之新著三書：《孫中山與辛亥革命》、《孫中山與胡志明》及《蔣介石與國共和戰》簡介刊登電子報。

（三）《中華民國學術發展史》對現代史研究的介紹

五月二十二日，星期二。上午到政大，羅久芳、李雲漢亦到，羅為設獎學金事，與政大（周惠民）洽談，在政大、中大各以五十萬美元，及在密西根大學以一百萬美元為兩校留學生之獎學金。由周惠民陪同參觀其主持的政大人文研究發展中心。贈余一套《中華民國一百年發展史》（十二冊）。此套巨著據其編纂說明：

> 民國九十八年十月，……本校（政治大學）首先邀請學界耆老于宗先、孫震、李亦園、張玉法與胡佛等人，組成諮詢委員會，共商編纂內容綱要。委員會決議以「學術發展」、「政治與法制」、「經濟發展」、「社會發展」、「文學與藝術」與「教育與文化」等六大主軸為核心，分項紀事。為符學術發聲與全民參與兩大目標，諮詢委員會敦聘王汎森、劉翠溶、趙永茂、漢德賓、陳芳明、章英華、周濟、林惺岳、呂芳上等人擔任各組召集人，邀請一四九位學者專家，就上述六大主軸，分擬一三〇個議題，撰寫論文。

這部巨著於二〇一一年十月出版，亦即為紀念中華民國一百週年而發行。其中許倬雲撰〈百年歷史發展〉，對現代史方面的紀述指出：

> 在現代化的課題，李國祁等人分別從不同地區的現代化，分工合作，提出不少論文。劉廣京也注意清末民國的人際網絡，討論當時菁英群的功能。張朋園研究梁啟超；張玉法研究中華民國史，都是洛陽紙貴之作。李雲漢和蔣永敬也在現代史研究貢獻至鉅。（《中華民國發展史》學術發展上冊九八頁）

（四）與張玉法唱和

六月十二日，星期二。近來與玉法唱和打油多首，抄寫成冊，寄給玉法，錄之如下：

1、吟玉法：

髮稀而白人非老（余平時呼玉法為「髮老」），酷嫂（余稱其夫人〔似龍應台〕為酷嫂）馭駕（玉法外出均由夫人開車）真逍遙。雀戰只求胡大胡，屢敗屢戰不計較（當年吾等雀戰時，彼之習性）。獨立特行被讒陷，我行我素改不了（其著作曾被人檢舉有問題）。老友聚會話往事，咱是一句聽不到（余聽力不濟）。

2、玉法吟余南京歸來：

九十一老翁，跨海去西征。贏得親友歡，歸來身猶輕。

3、余和答：

舊地又重遊，看看老朋友。故國變客地，一切我無有。江山難美好，可惜不能留。老家是何處？兩岸的行走。

4、玉法伉儷來訪水世紀後來賦：

遠望淡水河，彩雲布滿天，賢者能自樂，處處似神仙。有耳不需聽，有目不需觀，但憑一寸心，海闊已無邊。

5、吟四叟會

聚會以小酌，雲漢和玉法，還有張存武，四叟髮皆白。都是搞史學，求證先假設。緣者去中化，拿他沒辦法。

6、詠金陵

舊都換新貌，茅廬不見了。人民為國號，主人是官倒。富而不好禮，貧者不樂道。一切向前（錢）看，沒鈔休談搞。

7、淡水居

淡水河邊住，居高可遠眺，晨起觀山景，夕陽看日落。夜晚庭間步，舉頭望明月。窗下玩電腦，案上練書法。平靜無煩惱，閱報就不樂，面目可憎者，作秀的政客。

8、玉法來賦

俗事終隨流水去，宦海沉浮不關心。此身暫寄閒雲外，俯視萬物猶會新。

六月十九日，星期二。赴南京，住南京大學南苑。

六月二十日，星期三。晨至馬群參加范鴻仙一三〇誕辰紀念會，首由余致詞，繼張憲文等多人致詞，繞墓一週，儀式完畢。

六月二十五日，星期一。上午偕烈孫至南京近代史博物館（原國民政府）。由館長接待。見其研究人員。邀余為其題字：「行政院文物史料陳列」九個字。晚南大民國史研究中心在南苑約宴，有張憲文、崔之清、朱寶琴、申曉雲、姜

良芹等。

六月二十六日，星期二。回台北。

六月二十七日，星期三。玉法收到余前寄去之「打油詩抄」，今來打油一首曰：

手腦能並用，詩書並傳神。易媒不徑走，省卻奔波情。

余答之曰：

金陵歸來兮，來回坐飛機，座位無虛席，都是觀光客，賺錢去享樂，誰說沒感覺。是非與好歹，大家隨便說。

八月七日，星期二。晨至榮總，正安陪同看牙，決定上額三顆牙齒（二假一真）拔去。

八月十三日，星期一。致張玉法打油詩一首曰：

金陵歸來後，拔了兩次牙，上額已光光，無恥（齒）之徒耳！（引章開沅自喻句）

評張玉法論文及打油

九月十三日，星期四。上午赴國史館出席「近代國家型塑」國際學術討論會，到有美、英、日、韓、澳、港、大陸各國學者近二百人、總統馬英九到會致詞，美國Brookling東北亞政策研究中心主任卜睿哲（前在台協會代表）專題演講，主張民進黨應認同中華民國，台灣始能安全。次日民進黨人反駁之。

首場論文由張玉法報告〈近代中國早期國家建制（一五〇〇～一八四〇）〉，由余評論之。評畢，以打油兩首結束之。

1、大塊文章好，做為開場白。咱家來評論，實在沒話說。奉上打油作，尚祈多裁酌。

2、異哉國體也！問題真複雜。辛亥革命後，君主變民國。短暫內閣制，民國換帝國。南北鬧分裂，各方皆軍國。北伐統一後，軍國易黨國。有個蘇維埃，說它是匪國。日本侵中華，造些傀儡國。政治協商會，決議聯合國。國共打內戰，打出人民國。統獨起爭論，一國抑兩國。

（五）與楊天石唱和

九月三日，晨閱電腦，楊天石來詩數首，係記金門之行。答和之。記曰：

二〇一二年八月三十一日，歲次壬辰七月十五日，吾友北京楊天石氏伉儷駕臨台北淡水水世紀余之寓所。誠所謂有朋自遠方來，不亦樂乎！余不揣淺陋，示以

打油近作。次日，楊傳來其訪金門律作五首。捧讀之，頗有杜甫之風（亦有統戰意味）。一時興感，乃模其風格答和之。玆記與楊來往唱答各五首如次焉。

1、楊題金門行自廈門渡海舟中口占

當年萬砲擊金門，彈雨硝煙覓戰塵。但願從玆兄弟好，虹橋永架不相分。

余答憶一九八一年訪金門

三十年前訪金門，馬山巨砲已封塵。遙望彼岸風光好，咫尺天涯兩處分。

2、楊登金門島（古絕）

入境難辨外地身，初逢每覺對故人。一水雖分兩世界，中華血脈總相親。

余答憶九零年（五十年後）返鄉探親

少小離鄉孑然身，晚年歸來成老人。敢問客從何處來，談次方知是至親。

3、楊賦金門晚起

晚起傳來子規啼，山溪緩緩水聲低。當年砲戰隆隆處，煦煦清風舞柳絲。

余答耳聾夜眠不佳

竟夜耳中有蟬啼，歲月增長志趣低。當年雄心勃勃處，如今夢裡無粉絲。

4、楊題乳山蔣經國紀念館

鳳凰浴火慶重生，百難千災玉汝成。敬禮人民尊最大，金門我自弔先生。

余答百年老店改造

高唱改造為重生，百孔千創難有成。抑制邪毒（獨）尚有力，一馬當先獲新生。

5、楊賦參觀金門民防坑道

世上常多蝸角爭，相仇相殺禍民生。人間倘使皆親愛，何須建此地下城。

余答人性好鬥

> 人之本性好鬥爭，相砍相滅殃民生。古今中外稱霸者，殺人盈野再屠城。

（六）河北電視台記者來訪

八月二十日，星期一。下午二時，大陸河北電視台張軍鋒為製作《中國的轉折：1947-1949》，專程來台訪談，此為南京大學張憲文教授之推介。此片是為其中央電視台而制。來談要點為（1）戰後國共政治的分歧，為何談判破裂而致戰爭。（2）中共土改的目的與方式，對其土改之評價。（3）民心向背是否為國共成敗的關鍵。（4）國民黨金圓券改革失敗的原因和影響。（5）國府在軍事上為何迅速失敗。（6）評析蔣、毛之功過。

以上問題皆余在《蔣介石與國共和戰（1945-1949）》範圍之內，故可暢所欲言，抓其要點。河北電視台張君訪前準備充分，相當內行，故能融洽相談。余之所言，彼亦頗能體會。

▲三十年前（1981年5月27日）訪金門古寧頭

51 二〇一三年生活記要

（一）北京金以林來訪

一年又過去了。去年一年成就不大，只撰戰後國共和談約五萬餘言，在國史館《館刊》第三十期發表前段：〈從重慶會談到整軍方案〉。商務印書館前年（二〇一一）出版之《蔣介石與國共和戰》決定再版，修正數章，經過自校，改正原書錯字不少。

一月五日，星期一。政大歷史系電子報第十期主編黃福得教授來訊，催去年允撰專訪，此事已忘，深感歉疚，乃於一日之間撰二千餘言寄去，題曰〈退休後的生活片段〉。

接北京金以林來訊，將於一月十六日來台北，留至二十五日，要余「墨寶」，余覆能為之「塗鴉」，亦榮幸也。

一月二十日，星期日。下午二時，金以林來訪，同來者為劉維開、林桶法。金帶來贈書二冊，一為其父金冲及著《決戰——毛澤東、蔣介石是如何應對三大戰役的》；一為汪朝光、王奇生、金以林合著《天下得失——蔣介石的人生》。以林帶來題字冊頁，要余法書，即以打油及附言書之。其文如下：

> 台北是我居，朋自北京來。談笑有鴻儒，不亦樂乎哉！縱談天下事，南北與西東。客是忘年友，後來居上也。二十年前事，歷歷在心頭。
>
> 以林余之忘年友也，余知以林二十年前瀋陽「九一八」六十週年紀念學術討論會，旅美史學家唐德剛謂余曰：彼閱以林之文，初以為必係資深年長學者之作，不意竟一青少年。歷經二十餘年之磨練，以林乃吾史學界之明星。今以林駕臨陋室台北淡水水世紀來訪，蓬蓽為之生輝。特塗打油一首，以贈以林仁弟玩索之。自署九二叟兄蔣永敬
>
> 二〇一三年一月二十日於台北淡水水世紀

（二）閱稿及打油

一月二十八日，星期一。一週來甚忙。國史館籌劃出版《近代國家的型塑國際學術討論會論文集》，有四篇論文要余審查，（1）張玉法〈近代中國早期的國家建制〉（一五〇〇～一八四〇）。（2）桑兵〈民國開國的歧見、新說與本相〉。（3）劉曉原〈從「五族共和」到五域統合：辛亥革命和中國國家形態近代轉型〉。（4）川島真〈近代中國的型塑與「傳統」——以對冊封朝貢之解釋為中心〉。張之論文評論時已詳閱。桑文閱完，極佳。劉文閱一半，

亦佳。

玉法收到余之《和戰》，今來email謝，並附詩二首：

1、莫笑年紀高，治史有門道。學海人茫茫，知音卻不少。

2、那天吃過飯，邀你摸八圈。想贏你的錢，怕也很困難。

即答和之：

1、我年比你高，而你出道早。向你學習多，受益真不少

2、麻將摸八圈，現在不玩了。你想贏我錢，恐怕辦不到。

二月四日，星期一。寫致桂馨函，小楷三頁，鼓勵樂觀，向余看齊。內有打油一首（鍥入薛輝、桂馨之名）：

薛家大將名仁貴，輝煌勛業是東征。桂英穆氏巾幗女，馨芬千古稱英雄。

email許璐，為其母范烈孫賀年，致打油一首曰：

相知二十載，遠隔兩岸邊。年年來聚會，天天打八圈。會後又別去，期待下次來。來了就高興，走了又想念。

楊天石來email賀年，並附詩二首曰：

1、歲暮雜感

歲盡冬殘又望春，猶拋心力作文人。何曾禿筆闖天下，聊為鴻飛記爪痕。

2、除夜方作〈赫爾利調停國共關係〉

閉戶辭聞響砲聲，煙花朵朵上青雲。堪笑書生無所事，故結陳編解舊棼。

余即答和之曰：

1、馬齒徒增

一年過去又逢春，馬齒徒增乃廢人（九二之人）。閣下文譽滿天下，不朽之作自爪痕。

2、研究馬歇爾調停國共

兩耳終日了無聲（聾），靜坐窗前看浮雲。想起老馬

調停事，奔走經年治益棼。

二月，對劉曉原教授論文〈從「五族共和」到五域整合——辛亥革命和中國國家形態近代轉型〉之意見：

> 本文內涵及觀點，富有創意。引證析理，亦至精彩。對弘揚中山革命思想理論之研究者，具有顛覆性及挑戰性。對立憲派多所肯定，對革命派則否之，堪稱極其高明的「告別革命」之論。這是一篇高「水平」可讀性之文也。
>
> 惟其中亦不無有待商榷之處。如本文對孫中山〈支那保全分割合論〉指出「孫中山認為『無可保全』的是蒙古、新疆等邊疆地區，其為列強的俎上肉，『天下亦若視為固然矣』。」（劉文，頁一四）孫中山之〈支那保全分割合論〉原文為：「將來露（俄）之收蒙古，舉新疆，天下亦視為固然矣。」乃是指責清廷「甘於棄地日就削亡者，清國今日之趨勢也。」似與劉文上述不同。（對照孫中山之《支那地圖現勢》及說明，證劉文有誤）

劉文對國民黨〈一大宣言〉中的「承認中國以內各民族之自決權，……組織自由統一的（各民族自由聯合的）中華民國。」「是獲取莫斯科……的認可」。有分裂中國之嫌。據俄檔資料（《聯共（布）、共產國際與中國國民革命運動》（一九二〇～一九二五），卷一，頁三四三）鮑羅廷於一九二三年十二月三十日在上海接得此一決議文後，即擬出一個草案（按為KMT一大宣言稿），由瞿秋白譯成中文，交給汪精衛。汪加工改寫後，又譯為俄文。鮑有異議，對於「自決權」，鮑認為：

> 「統一的」或者「自由的」中華民國的提法，不完全符合共產國際關於聯邦制原則的提綱，……不能說在統一的或自由的中華民國範圍的自決。

顯然，汪氏以「刀筆」之手。加工、改寫的一大宣言，既符合孫中山反對「聯邦」之意，也將「民族自決」規範於「自由統一」之下，此與孫中山主張的「和平統一」相合。而作者以為：「當中國的新型政黨以這種姿態登上中國族群政治舞台的時候，中國的大分裂早已成事實。」（頁一六）似欠「全面」。

二月，數年前，陳紅民索余「墨寶」，始終未忘。然無適當之詞。夜眠不佳，想到打油一首，晨起書之曰：

> 紅起東方亮，漢興儒道宏。民族覺醒日，國運大昌隆。

紅民由研究胡漢民而至民國史，乃將「紅」、「漢」、「民」三字契入之。

二月二十八日，星期三。連日按南京諸友名氏作聯語多

首，並以小楷書之，以備到寧聚會時贈之。錄之如下：

1、茅家琦：家學淵源出鴻儒，琦寶珍藏萬卷書。

2、張憲文：憲章平天下，世界和平；文武興邦家，中華振興。

3、崔之清：之乎也者矣焉哉，清談無為最開懷。

4、陳謙平：謙恭君子學問大，平步青雲才志高。

5、姜良芹：良藥苦口利于病，芹香潤齒益養生。

6、朱寶琴：寶刀深藏永不老，琴瑟和諧兒女肖。

7、申曉雲：曉月高懸明如鏡，雲淡風輕早逢春。

（申單身，希其逢春）

8、呂晶：呂尚輔周成王業，晶華兵學傳六韜。

9、方勇（呂晶夫婿）：方圓成規矩，勇者乃無懼。君子寵四方，天下之大勇。

（崔之清教授善吹牛，語多幽默，口無遮攔，故以「之乎也者」形容之。）

茅教授賦〈晚年孫中山〉以示余曰：

一大年初壯志牛，先生歲底出新謀。天津公布小綱領，神戶宣傳大亞洲。放棄西南思一統，單騎北上顯真求。和平奮鬥救中國，遺囑喃喃語不休。

余答和曰：

犧牲奉獻作馬牛，為國為民有遠謀。上海發表新政見，天津走訪舊軍酋。北京臥病終不起，和平統一是追求。瀆武軍閥真禍國，干戈擾攘不肯休。

姜良芹聯語「芹香潤齒益養生」句，後從李覯〈袁州學記〉，見「芹」字用語：「芹藻之屬禮先師」。據此改之。良芹要余為其夫婿全先成及子全家樂作聯語，並楷書之。應之如下：

1、全先成：

先知先覺覺後覺，成功成業業大成。

2、全家樂

家齊國治平天下，樂群敬業十項全。

三月一日，星期四。兩日前桂馨來訊，云已收到余之長函，謂因余之鼓勵，決定振作起來。余覆勉之，並附打油詩一首，題曰〈憶往〉：

憶在瀋陽識桂馨，一個甲子又五春。我和老姨到您家，您還是個小嬌娃。四十年後再相聚，膝下兒孫已成群。銘桂萍潔大聚會，來和老姨樂天倫。共享此樂念餘載，筵席那有不散時。如今老姨獨歸去，空留美

> 夢供思念。

三月二十三日，星期六。赴南京，住南大專家樓。

三月二十四日，星期日。至新紀元飯店訪胡春惠。為春惠、高秀長（胡太太）撰打油句：

> 春風化雨多俊秀，惠及桃李恩澤長。

三月二十九日，星期五。晨，姜良芹來接，至南大民國史研究中心，九時開始演講，張憲文主持。座為之滿。張致詞介紹後，余向在座作一順口溜曰：

> 舊地又重遊，看看老朋友，南大真美好，我願到此留。研究民國史，今天來吹牛（哄堂大笑），大家莫要笑，還請多指教。

十時五十分結束。有網路公司錄影、錄音。

四月二日，星期二。回台北。

四月十二日，星期五。赴金寶山，補四月四日清明節也。先瞻文桂之靈位，再祭拜。口占打油一首：

> 今登金寶山，雙眼淚未乾。離別已五載，想到就心酸。只在夢中見，醒來即杳然。唯希夢勿醒，才能相聚歡。

四月二十七日，星期六。午，李雲漢在台北市寧波街真北平約宴，為紀念黨史會成立八十三週年。余贈雲漢打油一首曰：

> 欣逢吾友八七叟，把酒話舊樂無愁。五八年前在政大，你說我像老油條。一起進入黨史會，充當學徒管史料。同時待了念餘載，各有豐收皆出道。

（三）林美莉編校《王世杰日記》排印本之出版

五月一日，星期三。收到兩包書，一為國史館寄來之《館刊》（三十五期）及《研究通訊》（第三期）及論文集。一為中研院近史所寄來之《王世杰日記》排印本二巨冊。此書由林美莉女士編校，其在〈編者序〉有如下一段：

> 我（林）在就讀博士班（師大）時，修習蔣永敬先生的《北伐至抗戰時期專題研究》（上學期講北伐，下學期講抗戰），在課堂上聽永敬蔣公分析《王世杰日記》的各項記事原委，時為一九九二年的春天。基於好奇，我到近代史研究所扛了一部《王世杰日記》回家「苦讀」（襲用蔣公閱讀辛苦之語），也引用其中與租借法案的有關記事，撰寫討論「戰時生產局」活動的學期報告。這是我與《王世杰日記》結緣之始。

▲師大歷史研究所博士班課堂（1992年5日2日）
前排左起1永敬，2孫若怡，3林美莉。後排左起1李宇平，2劉惠璇，3黃秀瑗，4陳鈍瑩，5林建發，6劉熙明。

和一般研究生一樣，我把日記視為一種史料來源，閱讀目的是為研究題目找尋論據佐證。此時我對《王世杰日記》的研讀，只限於抗戰時期。一九九二年十一月，蔣永敬先生把在課堂上講述的精彩內容，整理成篇，分期發表，並且提到希望排印出版。作為史學界的晚輩，我很佩服蔣公的學力，期待這部日記在蔣公的努力之下，不久之後應該能會有排印本。我萬萬沒有想到，這個工作最後居然會落到自己的手上。

二十一年前的事，我早已忘了。讀了林女士這段話，非常欣慰。故在此書出版時，收到林女士的來訊，她要贈我這部書。林女士治學有成，已為知名學者。長江後浪推前浪，信哉！

（四）《蔣介石與國共和戰》在大陸出版

劉維開於四月三日來訊，彼與余合著之《蔣介石與國共和戰》決定出大陸版。二十二日，維開來訊，大陸版之《和戰》封面，須數句總括，要余為之。乃撰「戰後國共由和而戰，蔣介石、毛澤東、馬歇爾（美）三人的策略，各有堅持，蔣是以戰逼和，毛是以和備戰，馬是以和避戰。蔣、馬策略失效，毛之策略成功。」

五月十四日，金以林昨日來訊，云《國共和戰》大陸版開始銷售，須簽約，為求迅捷，由以林代之。

（五）與金冲及論國共關係

五月二十五日，星期六。晨到國史館，參加「抗戰中國」學術座談會，議程如下：

一場，張玉法〈抗戰時期的整體情勢〉。

二場，金冲及〈抗戰時期的國共關係〉。（以上上午）

三場，齊錫生〈抗戰時期的外交〉。

四場，吳景平〈抗戰時期國統區的財經〉。

五場，黃道炫，〈中共抗戰初期在華北的發展〉。（以上下午）

余對金冲及教授報告之發言。大意云：抗戰時期的國共關係，即中共所謂「第二次國共合作」。又謂「既聯合又鬥爭」。茲就「聯合」、「鬥爭」兩詞，來談國共關係之演變。第一，聯合重於鬥爭（一九三七～一九四〇）。第二，鬥爭重於聯合（一九四一～一九四五）。第三，只鬥爭不聯合（一九四六～一九四九）。「第一次國共合作」演變之趨勢亦如此，目前所謂第三次，則有逆轉趨勢，李登輝時期，鬥爭重於聯合（一九九二～二〇〇〇）。連戰及目前時期（二〇〇五～二〇一三），只聯合無鬥爭。此乃樂觀之現象。聽者大為鼓掌。

五月三十一日，星期五。午至天廚應雲漢夫婦之約，為余慶生。到張玉法夫婦及張存武。以小楷抄舊作打油十六首贈玉法，彼於六月四日來email，云仿胡適詩體作打油一首：

九二非老翁，走路一身輕。講話口懸河，聲音如洪鐘。閒來勤寫字，常伴竹與松。

余答玉法打油曰：

九二非老翁，八十更年輕。咱家如暮鼓，閣下乃晨鐘。聲音兩相和，心靈自然通。多聞與直諒，歲寒竹梅松。

（六）訪六十八年前戰友

七月十六日，星期二。至內湖訪王成德。多年未見，相談甚歡。

王成德之女王嘉樂女士忽於七月三日晚來電話，謂其父居美二十三年，已回台定居。約往訪之。

余與王相識，是在一九四五年春，在雲南曲靖軍中。同在青年軍二〇七師六二一團第一營。彼為該營機槍連訓導員，余為步兵第一連訓導員。彼為北平輔仁大學畢業，入蔣經國之中央幹校研究部，派至二〇七師，少校級。余自安徽學院從軍，由士兵挑選為連訓導幹事，繼代理訓導員，由少尉至中尉級。住同一樓層（二樓，一樓為連部）。兩人相處融洽。至東北復員，余就讀東北大學，彼留軍中，任二〇七師政治部上校科長，主管組訓。一九四八年初，東北局危，余回二〇七師，王邀余在其科中，以少校教官名義助其工作。旋調二〇七師第一旅政治部主任，余隨之。到台灣後，

彼官至少將。余則為平民矣。

作打油一首，記述與王成德之交遊，詩曰：

六八年前在曲靖，從軍報國同一營。朝夕相處最融洽，志同道合且精誠。隨軍出關到東北，我軍士氣壯如虹。內戰打了三年久，軍心鬥志漸消沉。戰局我方大不利，離別關外各西東。保衛京滬再相遇，赴湯蹈火志一同。大廈傾塌又分散，避秦寶島待反攻。壯志未酬蔣公歿，經國繼起仍未成。毛死鄧繼搞開放，兩岸交流得和平。當年戰友多作古，老哥和咱幸健存。如今相逢皆白首，話舊往事意難盡。

七日二十日，星期六。劉維開寄來梁敬錞譯註《馬歇爾使華報告書箋註》一厚冊，對《蔣介石與國共和戰》之補充修正，大有裨益。維開建議：修訂後之《和戰》應單獨出版，乃定名為《蔣介石、毛澤東的談打與決戰》。

（七）北京座談「國共和戰」

八月二十六日，星期日。劉維開來訊，北京方面已為余安排八月三十一日及九月一日兩個下午各二小時的座談。八月三十一日的座談題為〈大決戰：蔣介石、毛澤東是如何應付三大決戰的〉，對談者為金沖及。九月一日題為〈天下得失：蔣介石如何檢討敗走大陸〉。對談者為陳鐵健、黃道炫（主持人）。

八月二十七日，星期二。至南京。

八月三十日，星期五。乘十時九分高鐵赴北京，三小時五十分即到，桂馨及趙海波（桂馨女婿）到車門接。入站後，薛輝、煥萍接。住桂馨家。

八月三十一日，星期六。下午一時半，金以林開車來接，由桂馨之女小宏及其外孫女趙千一陪同。車行久之始達一書店，金沖及、楊天石在座，沈芳亦到，聽者滿座。首由金發言，余及楊繼之。問者踴躍。

金以林謂大陸版《蔣介石與國共和戰》一萬冊已售完，再印五千冊。

九月一日，星期日。下午三至五時，座談於王府井大街三聯書店，楊天石、陳鐵健、黃道炫同座，聽者更多。蓋三聯較昨日會場交通為方便。會後楊天石、沈芳合請餐會（日程緊湊之故）。

九月二日，星期一。上午十時五分乘高鐵回南京，桂馨、煥萍兩夫婦送行，下午二時到南京，仍住南大專家樓。

九月五日，星期四。回台北。

（八）國史館修《中國抗日戰爭史新編》

九月十一日，星期三。午應國史館長呂芳上之約，在大三元餐會，商討修撰《中國對日抗戰史新編》。到李雲漢、張玉法、陳三井、齊錫生、劉維開、林桶法、張力等，史分六編。各編首章總論由年長者執筆，並為各編審稿人。呂館長要余審第一編及任第一編第一章總論。為此會作一打油曰：

聚會大三元，修史先求賢：壯者任執筆，長者做評鑑；老中青結合。治史乃成篇。世局多幻變，留此供立言。

十月四日，星期五。收到桂馨寄來墨畫三幅。一為寫竹，曰竹報平安；一為壽桃，曰延年益壽；一為雄雞，曰健康快樂。

管美蓉轉來河北衛視張軍鋒製作之《大決戰》磁碟，紀錄一九四八年之國共戰爭，有美、俄人士之訪問談話，台灣接受訪問者有余及張玉法、劉維開三人，另為大陸多人，如章百家、張憲文等。台方訪問者只言蔣介石失敗之原因。其他多為肯定毛澤東之成功。

（九）關說有理偵察有罪

十月六日，星期日。上（九）月以來，台灣發生之政潮，是非不分，黑白顛倒，深感此一黑暗社會，實為自趨沒落。起因為立法院長王金平為民進黨之黨鞭柯建銘貪汙案，向法務部長關說，不予上訴，經特別偵察總長黃世銘監聽錄音，並取得被關說不予上訴檢察官之證詞。黃向馬英九密報後，馬即宣布王之關說，並公布王之關說錄音，經由國民黨考紀會決議停止王之黨權。因王為國民黨提名之不分區立法委員。王之黨權既失，其立委及立法院長之資格亦應隨之失去。此皆法有明文及成例。故選委會函知立法院依法辦理。王則向法院申訴保留黨權。竟由法官裁定接受。國民黨提出抗告，則被駁回。民進黨乃就此事件，對馬進行政治鬥爭，聲援王金平，轉移為柯之關說與柯之貪汙事。反而攻訐馬英九毀亂憲政與黃世銘監聽違法。電視名嘴跟著起訌，非馬而助王。「民調」亦多同情於王。惟有少數論者認為馬之堅持大是大非反受排斥。國民黨籍立法委員羅淑蕾斥馬不遺餘力，說「大是大非不能當飯吃」。民進黨人能為陳水扁之貪汙而辯護，國民黨人則無為馬之大是大非挺身而出。國民黨大老連戰、吳伯雄、高育仁亦多非馬，連戰之子連勝文更批馬為「東廠」，使人困惑不明。《聯合報》有黎建南一則投書，評馬遭此結局，乃係不明台人之習性。意指台人只重人情世故，息事寧人，而不重是非也。

柯更以黃所偵察之紀錄，向馬密報為「洩密」，偵察監聽為「違法」，向法院控訴，法官判為「違法」，迫黃辭去特偵總長之職。柯之貪汙案與王之關說案則無下文，真是「關說有理偵察有罪」。

52 二〇一四年生活記要

（一）《蔣介石毛澤東的談打與決戰》出版

二〇一四年一月四日，星期六。商務印書館寄來《蔣介石毛澤東的談打與決戰》（以下簡稱《決戰》），由商務印書館出版，今日收到。

三月八日，星期六。下午二時半在西門紅樓參加阮大仁之《蔣介石日記中的當代人物》新書發表座談會（學生書店舉辦）。到者張友驊、劉維開。阮、張皆初次會面。會開始，邀余首先發言。言畢，贈阮大仁打油曰：

> 大是大非品人物，仁心仁術治古今。二史堂主步史聖，學貫中西大仁兄。

（二）台北學生霸佔立法、行政兩院

三月十八日，星期二。為反對馬政府兩岸服務貿易協定，一群學生包圍立法院，且已闖入院中，佔據會場，員警多人受傷，聲言要馬總統道歉，江宜樺行政院長下台，服貿退回，逐條重審。民進黨人聲援之。

三月十九日，星期三。學生續據立法院。此事恐難善了。

三月二十日，星期四。學生仍霸占立法院不退，電視台同情學生者多，惟中天則異，一些「名嘴」之批馬，純為台獨張目。

三月二十一日，星期五。學潮愈演愈烈，各方皆在鼓動，唯恐天下不亂。立法院長王金平落井下石，民進黨乘機煽動。馬甚孤立。

三月二十三日，星期日。立法院仍在學生佔據中。晚六時許，學生攻佔行政院，侵入辦公室，有破壞之行動。

三月二十四日，星期一。攻佔行政院之學生，昨夜被警力驅離回立法院。呼籲全面罷課、罷工。有部分學校響應之。

三月二十五日，星期二。立院仍在學生霸佔中。馬願在無預設條件下，與學生在總統府對話。但學生方面仍有條件，表示暫拒對話。而聚眾人數已由四萬人降為千人。

三月三十日，星期日。學潮未停，學生仍據立院不退。更發動群眾在總統府前大道靜坐。今日靜坐人數，有報導三十至五十萬不等，警方云為十一萬六千人。數亦非少。學生要求條件不斷增加，由二項至三項，今則四項。馬同意三項，只有「退回服貿」一項不能讓。學生仍不允。

四月十日，星期四。立法院長王金平宣布先制訂〈兩岸關係監督條例〉，後審服貿，即為接收學生之條件。學生同

意於今晚六時退出立法院。王之宣布先與民進黨立委商妥，國民黨立委全無所知。對馬尤為難堪。

（三）國民黨檔案安全問題

四月二十二日，星期二。上午至政大社資中心參加羅家倫先生文物展，及其藏書萬餘冊由羅久芳女士捐贈政大。羅先生座談會由劉維開主持，座談者為余與李雲漢、邵銘煌等，余先發言，建議國民黨黨史館保存之珍貴史料，因臺灣政局之特殊，前途堪虞，希由政大設法接管，以策安全，且可使政大成為研究民國史之重鎮。政大校長吳思華在座，極是余之意見，表示將全力爭取。

（四）南京、北京、杭州之行

四月二十六日，星期六。赴南京，住南大西苑。

四月二十九日，星期二。上午至南大民國史研究中心演講，題為〈蔣介石應變國難三大方針〉，張憲文教授主持。

五月一日，星期四。上午袁汝華開車至其河海大學江寧部對六位學生講國共關係。汝華之女佳怡（土木系，大一）就余之演講撰寫報告，得校方之獎。

五月二日，星期五。上午十時八分乘高鐵赴北京，下午一時四十八分到北京南站，未見人來接，隨眾出站，煥萍急來，未久，桂馨、薛輝、劉治國、小宏均到，知塞車誤時，同往停車場，小宏開車。豪華新車。

五月三日，星期六。上午與桂馨夫婦、小宏遊北海，趙海波開車。煥萍夫婦亦來。晚，楊天石約宴在東安市場，桂馨陪同，天石全家楊夫人、楊雨菁均到。

五月五日，星期一。上午十時登車回南京，桂馨、煥萍兩夫婦送至登車。下午一時四十八分到南京南站，仍住南大西苑。此次去北京，桂、煥兩家全体動員。

五月八日，星期四。上午，與李繼鋒教授同往杭州。住西湖之濱三台山莊。陳紅民接待，至周。

五月九日，星期五。上午九時浙大「蔣介石與抗日戰爭工作坊」開始，程序如下：

主持人：陳紅民

蔣永敬（政治大學榮退教授）

講題：〈蔣介石應變國難三大方針〉。

圭德（Guido Samarni）意大利威尼斯大學教授（未到）

講題：〈抗日戰爭時期的蔣介石中國與意大利關係（一九三七～一九四五）〉。

邱燕凌（Emily Hill）加拿大女王大學教授

講題：〈抗戰期間西方是如何看待蔣介石〉。

傅衣華（Yee-Wah Foo）英國林肯大學講師

講題：〈傅秉常大使在莫斯科的努力：通過蘇聯的中亞地區向中國輸送援助（一九四三～一九四五）〉。

李繼鋒（江蘇行政學院教授）

講題：〈遷都重慶的經緯：抗日持久戰略背後的政治博奕〉。

講時余為四十分鐘，餘皆二十分鐘。

下午五人皆為「浙大蔣介石研究中心」之人，余與李教授回南京。

五月十日，星期六。回台北。

（五）國史館編《蔣中正先生年譜長編》

五月十九日，星期一。收到國史館寄來《蔣中正先生年譜長編》稿（民國二十五年至三十年），審查。

六月三日，星期二。《蔣中正年譜》審畢，提意見多條。寫一評語如下：

> 本譜集過去蔣公年譜、《大事長編》、《事略稿本》等之大成，去蕪存精，撮其要義，允當適中。引用大量蔣公日記及其處理軍政文件，大有助於還原歷史真相；其每週、每月、每年反省錄，檢討得失，評人論事，顯露真情，足以呈現蔣公人生修養、性格情感真實的一面。以上諸端，構成本譜一大特色，具有永恆價值。

（六）《傅秉常日記》對《決戰》有重要之補充

七月十五日，星期二。收到國史館寄來《國史研究通訊》，刊出余撰陶涵《蔣介石現代中國的奮鬥》書評。知《傅秉常日記》已由中研院近史所出版，張力校註。即email張力代訂購。覆云贈送（全部三冊）。此書對余最大之收穫，為一九四五年十二月三十日晚，蔣經國在莫斯科與史達林晤談之內容，傅之《日記》，有詳細的記述。據傅記述，蔣經國與史達林這次晤談結果：

> 尚稱完滿。……經國則表示十分滿意，余（傅）亦抱樂觀，蓋彼（經國）此來，正在美、蘇獲得諒解之後，空氣較佳之時。

此對余著《蔣介石、毛澤東的談打與決戰》之補充，至為重要。因此書原著最缺者，即為此一重要資料。其時國共內戰，對國民黨絕對不利，蘇聯之調解，至為有效。旋因美方馬歇爾之斡旋，一盤「好棋」，卻攪成一盤「歹棋」了。余在《決戰》一書中已有記述。

十一月十七日，星期一。為時一月，疏於日記。茲就要事，補記如下：

（一）國史館送來之《蔣中正年譜》稿（一九八七～一九二九）審查完畢。

（二）李雲漢約在天廚聚會，未能赴約。事後彼來電話，耳聾，聽不清楚，張玉法來email，始明白，並附來打油一首曰：

> 貴客久不至，六人癡癡等，原是忘記了，還得送菜來。

（越日，雲漢寄來佳肴）

余和答曰：

未知邀約何能至，歉蒙老友殷殷等，原備老酒來共享，只好留在下次了。

十一月二十二日，星期六。收到張力寄來《徐乃力八十自述：大時代的小人物》。

十一月二十三日，星期日。閱畢《徐乃力八十自述》，甚佳。作打油一首曰：

自謙小人物，實乃大丈夫。才華高北斗，學問貫中西。待人夠義氣，接物有妙方。尊翁是韓信，閣下乃子房。

（七）台灣六都市長選舉國民黨慘敗

十一月二十九日，星期六。晨往投票。下午四時開票，即不樂觀，藍方一直不振，六時大勢已定，民進黨大勝，六大都市民進黨佔其五（高雄、台南、台中、台北、桃園），國民黨失去台中、台北，僅有新北一市，朱立倫當選，僅勝民進黨之游錫堃二萬六千多票。而國民黨之敗，台北、台中在二十萬票以上，高雄、台南更至五十萬票以上。國民黨之基隆亦失。此次選舉，國民黨大敗，獨派得勢，對兩岸形勢之變化，必有影響。

國民黨內出現嗆馬之聲，謂其用人不當而無反省。行政院長江宜樺請辭，被接受。晚八時半，馬宣布辭黨主席。

十二月四日，星期四。上午抵南京，住ibis賓館。此行為參加薇薇（烈孫孫女）婚禮。

十二月六日，星期六。晚薇薇婚禮，場面熱烈。余為女方證婚人。

十二月七日，星期日。回台北。

十二月八日至十七日，南京歸來後，集中精力審查《抗戰史》稿，其中周美華之第五章〈輿論救亡之和戰抉擇〉需要大修，經與周往返討論，彼感困難，希去掉此章。十六日電郵呂館長，請其決定之。呂覆仍要周美華偕同《抗戰史》總聯絡人許瑞浩於下週二上午來此研究。

十一月二十三日，星期二。上午國史館許瑞浩同周美華來，商討周美華《抗戰史》第一部第五章修改問題，余提出此章要點供其參考。

（八）本年完成的大事

十二月三十一日。一年結束。本年完成大事為：

1、《蔣介石、毛澤東的談打與決戰》之修訂，增加第八章〈蔣毛功過比較研究〉。

2、為《抗戰史》第一部第一編撰第一章總論，題為〈應變國難三大方針〉。

《蔣介石、毛澤東的談打與決戰》，目次如下：

〈應變國難三大方針〉綱要：一、前言。二、對日：一面抵抗，一面交涉。三、對內：團結禦侮，安內攘外。四、對外：國際路線，公理戰勝。五、結語。

53 二〇一五年生活記要

（一）《蔣介石毛澤東的談打與決戰》修訂本簡介

商務印書館寄來《決戰》改正後的紙本，費三日之功校畢，並由世安校對一次，改正諸多之誤。寄回商務責任編輯黃馨慧小姐，黃頗仔細、負責，寄來內容簡介，經修改寄回，附錄如下：

《蔣介石、毛澤東的談打與決戰》簡介

美、蘇兩大強權介入，產生何種影響？

美、蘇兩強起初亦希國共和解，但以中國接收東北問題，美、蘇發生利益衝突，美藉門戶開放，助蔣「先圖關外」，染指東北；蘇為獨霸東北，助共阻止政府接收，加劇國共衝突，和解無望。

民國史專家蔣永敬教授重新解釋蔣介石、毛澤東的歷史功過是非。

探討戰後國共內戰期間瞬息變化及其中外情勢。大量運用原始資料，客觀的論述，精密的分析，是研究民國史必讀之作。

內容說明

如何看待蔣毛二氏之爭雄？

自一九二〇年代中期到一九七〇年代中期，蔣、毛二氏長達半個世紀的交鋒，其功過是非，利弊得失，論者至多，評價兩極。近年由於局勢變遷，資料開放，客觀的研究，較易出現。本著乃應此一時代而作也。

蔣、毛二氏的爭雄，可分前後兩大時期，前期在大陸，為時二十二年（一九二七至一九四九），其間前後兩次內戰，戰前十年勦共內戰和戰後四年內戰。中間八年對日抗戰，雖云合作，實則不斷摩擦，鬥爭未止。

後期分隔台海兩岸，對抗二十六年（一九四九至一九七五），蔣要反攻大陸，毛要解放台灣，兩人均未如願，齎志以歿。

戰後蔣毛一度握手言歡，何以瞬間消逝？

中國抗戰八年，國力消耗至大，人民流離失所，無不渴望和平，休養生息，厭惡內戰。蔣氏順應民情，邀毛重慶會談，雖是握手言歡，惜以各不相讓，與起戰火，一發而不可收拾。

內戰為何失去大陸？

戰後內戰，對蔣絕對不利，毛則志在奪取政權，

堅持武裝革命，內戰對他有利。蔣在被動形勢下，以戰逼和，毛則戰而不和，蔣之戰略目標為之落空。內戰進至第三年（一九四九），蔣已支持不住，經過遼瀋、淮海、平津三大戰役，國軍精銳盡失，無力再戰，加以經濟崩潰，通貨膨脹，人民痛苦已達極限，反蔣、倒蔣聲浪風起雲湧，蔣氏下野已成必然。

綜觀蔣、毛之戰，就天時、地利、人和三大要素而言，蔣氏皆不具備，其敗固然也，非偶然也。

非以成敗論英雄，蔣毛各有功過。

蔣、毛二氏交鋒半世紀，歷經內戰、抗戰，以及分隔兩岸的對抗，留下的歷史紀錄，有功也有過。兩人最大之功，先後打倒軍閥和帝國侵略主義，同為中國將在二十一世紀成為超級大國做了鋪路工作，但其不同的，蔣是開路先鋒，毛則步其後塵。但就整體而言，以及事實的對比，顯然蔣氏功大於過，毛則過大於功，至於定論，尚有待也。

（二）《孫中山北上與逝世》紀錄影片推薦

三月十二日，星期四。晨至國父紀念館出席國史館舉辦之孫中山逝世九十週年紀念會。十時開會。由中山文教基金會董事長許水德、國史館館長呂芳上、國父紀念館館長王福林分別致詞後，即放映孫中山一九二四年北上紀錄影片《永不放棄——孫中山北上與逝世》。余與黃克武（中央研究院近史所所長）為學者推薦。余致詞十餘分鐘，要意如下：

孫中山第三次北上（一九二四年十一月至一九二五年三月），是以國民黨總理的名義，而非廣州軍政府的大元帥的名義，如此可以自由發表政治主張。此舉頗有歷史啟發性，如近年國民黨主席連戰、榮譽主席吳伯雄、新黨主席郁慕明（在座）、親民黨主席宋楚瑜等之北上，與大陸國家領導人談國是，皆孫中山之一脈相承也。如民進黨主席亦能步各黨主席之後塵而北上，則台灣有救矣！

孫中山第三次北上最重要的主張，是謀中國之和平統一，早年兩蔣時代均主張之。如今成為中共的旗幟，台灣方面則視為「洪水猛獸」，不敢接招，此乃忘本之道也。孫中山當年之和平統一，是以全國為大舞台，要在全國各地有組黨、宣傳的自由，即是主張開放黨禁、報禁。當時北京方面並無反對的表示，所以國民黨的組織和宣傳，可以在全國各地活動，深獲人民的同情。今之中共倡言和平統一，又搞改革開放，並且尊崇孫中山。如此敞開大門，台灣方面即不應迴避，正可正本清源，理直氣壯，高舉孫中山的旗幟，來與大陸當局談和平統一。中共如能遵照孫中山之主張，實乃國人之幸，豈非大好！今之台灣資源有限，大家為爭此有限資源，鬥的頭破血流。如此小鼻小眼，內鬥自耗，遠景可悲。實應效法孫中山的廣大胸襟，以全中國為大舞台，分享大陸資源，大家才有前途！尤其希望在座的年輕朋友們，不可有「關門主

義」。因此，國史館這套《永不放棄》的紀錄片，值得大大的推廣。

在座新黨主席郁慕明對余演講大為欣賞，會畢向余握手者再。

三月二十八日，星期六。收到國史館寄來《蔣中正先生年譜長編》十二巨冊，精裝，極精美。

四月二日，星期四。上午赴國史館參加《蔣中正先生年譜長編》發表會，邀余推薦演講，題為〈從歷史資料看蔣中正改變時代〉。

四月二十日，星期日。楊天石來訪，盤桓竟日。下午同去泡湯後，至頂樓咖啡屋，閒談大陸史學界人士，大陸方面深受黨之影響。

四月二十四日，星期五。商務寄來《蔣介石、毛澤東的談打與決戰》增訂本。此版已無錯字，印刷、紙質均較以前為佳。

五日二日，星期五。國史館寄來周美華〈輿論救亡〉一文（約七萬字），較上次為進步，可用。美華之才華，可嘉。修正後，堪稱佳作。

五月十三日，收到南京大學呂晶寄來之博士論文《宋美齡後半生研究》，約四十萬字。利用國史館檔案資料，有新內容，擬介紹商務印書館出版。

五月二十四日，星期日。張玉法收到余贈之《決戰》，來函附打油二則：

1、毛蔣爭天下，大小不對等。美蘇爭天下，起落不同途。

2、蔣經國改革開放得民主，鄧小平改革開放致富強。

答和張玉法打油二首：

1、澤東羽未豐，逼蔣打外戰；介石上了當，以戰逼和平。

2、經國搞改造，專制變民主；小平弄開放，富足脫貧困。

(三)《抗日戰爭史新編》出版及研討會

七月三日，星期五。國史館之《中國抗日戰爭史新編》六冊出版，館長呂芳上邀請各編審查人在衡陽路極品軒午餐。除其館內各編聯絡人員（六編）外，到者余（一、和戰抉擇）、李雲漢（三、全民抗戰）、齊錫生（五、對外關係）、張玉法（六、戰後社會），其他二部分（二、四）張力、胡平生未到。餐後由國史館派車送余（連同抗戰史六冊）回寓。

七月七日，星期二。抗戰勝利七十週年學術討論會在圓山大飯店舉行，到者約三百人，大陸學者有楊天石、楊奎松、汪朝光、王奇生、陳紅民等，外國學者有美、英、日、印度等九國學者。馬總統到會致詞。下午第一場余評陳紅民論文：〈談判與抉擇——蔣介石與毛澤東在抗戰勝利前

後〉。此正余近來所著《蔣介石、毛澤東談打與決戰》之範圍。結論打油一首：

戰前澤東羽未豐，逼蔣抗日打外戰（借刀殺人）。
戰後介石上毛當，被動以戰逼和平（操刀自殺）。

（四）李敖贈書：《北京法源寺》

七月八日，星期三。上午到圓山大飯店出席討論會，劉維開介紹李敖之子李戡認識，持余舊著《鮑羅廷與武漢政權》請簽名，適攜有《決戰》贈之。越日，李戡攜其父李敖贈其所著《北京法源寺》給余，此日余未到會，書由維開轉來。此書曾為提名諾貝爾文學獎之候選作。書之封底有如下之簡介：

《北京法源寺》是李敖第一部長篇小說。這麼多年來，你以思想家、歷史家看李敖，你錯了，其實他更是文學家。

李敖才華出眾，著作等身，亦為此一時代的「怪傑」。白色恐怖時期，向權威挑戰，飽嘗牢獄生涯，據其〈我寫北京法源寺〉自述：

我被國民黨政府關過兩次，第一次十足關了五年八個月；第二次十足關了六個月，一共十足關了六年兩個月，再加上被在家中軟禁十四個月，一共是七年四個月。

一九七九年復出文壇，在寫作方面，一寫十二年，出書一百二十種，被查禁九十六種，被查扣十一萬七千六百冊。

（五）感於時局詩興又起

七月二十二日，星期三。張玉法來訊，謝余「墨寶」之打油曰：

交遊滿天下，往來無白丁。詩字傳心意，史界享名聲。治學不言老，舉重猶若輕，古今多少事，盡在心目中。

答和玉法打油曰：

閣下乃鴻儒，鄙人如白丁。人生之意義，為道不為名。寶刀永不老，八十猶年輕。天天無所事，蒙蒙在夢中。

八月三日，星期一。以蔡英文勝選有望，致玉法打油二首：

1、小妞挑大樑，人民要遭殃。老共翻了臉，看你怎

麼樣。

2、談起鬥爭術，老共最內行。老美非對手，菜鳥怎能當。

玉法回打油：

亞陸連歐陸，相連陸更寬。萬里齊奔騰，塵飛西海邊。島孤波濤湧，懦夫難揚帆。蝸居斗室中，雲散不見天。閉戶本尊大，只求半日閒。他日為牛馬，只怪無人憐。

蔡、洪二妞代表民、國兩黨參選大總統，打油致玉法：

蔡鳥升了天，陰霾佈人間；有獨而無偶，文過而飾非。
洪流大泛濫，秀才來造反；無獨又無偶，柱定不能成。

宋楚瑜宣布參選二〇一六大位，有感再致玉法：

奄奄尚一息，偏偏來送命。橘黃染泛綠，成為變色龍。人性不可測，國事不可聞。

十一月十四日，星期六。兩月來最忙之事，為修改呂晶《宋美齡的後半生》之文。迄昨日止，已完成，可交商務出版矣。並為此書撰序一篇。

近兩月來發生要事有：

1、國民黨原提名洪秀柱為總統候選人，與蔡英文競選，有如「以卵擊石」，國民黨臨全會「換柱」，改提朱立倫。

2、馬英九於十一月七日在新加坡會晤中共領導人習近平，所謂「馬習會」，各界視為大事，多加肯定，對和平有益。惟民進黨反對之。余作一打油致玉法曰：

坐井觀天際，對著太陽叫。好心來解套，反而被牠咬。
孤島的孤鳥，自覺不得了。兩眼不外看，一心搞內耗。

玉法答和：

生在小島上，自甘做島民，空撐保護傘，白費一片心。
數典已忘祖，享福不報恩。虛擲七十年，令人淚滿襟。

(六) 評李玉貞女士的孫中山民族國際

十一月十二日，為孫中山一五〇誕辰，國父紀念館舉行國際學術研討會，余評李玉貞女士〈孫中山晚年的國際藍圖：民族國際〉。茲附錄之：

附錄：評李玉貞女士〈孫中山晚年的國際藍圖——民族國際〉

李女士的大作首先提出孫中山民族國際問題的背景與由來，一為一次大戰時期孫中山即試圖建立民族國際統一戰線；次為胡漢民、戴季陶在國民黨改組時的建議，為孫中山所採納。三為孫中山聯俄容共時期的政策。李女士特別引述孫中山在聯俄容共時期的一段話：

「世界上有兩種人，一種是十二萬萬五千萬人，一種是二萬萬五千萬人；這十二萬萬五千萬人，是受那二萬萬五千萬人的壓迫。那些壓迫的人是逆天行道，不是順天行道；我們去抵抗強權，才是順天行道。我們要能夠抵抗強權，就要……和十二萬萬五千萬人聯合起來。」

這聯合十二萬萬五千萬人去抵抗強權，即為孫中山的民族國際。按孫中山的上段話，見於他的〈民族主義〉第三講，時間是一九二四年二月十日。是轉述「昨日有一位俄國人說列寧」的話。此位「俄國人」，應即鮑羅廷（Mikhail Borodin）其人也。所謂「昨日」，應是一九二四年二月九日。

孫中山雖然欣賞這段話，但他並不同意即去實行，所以在同講中說道：

「自己先聯合起來，推己及人，再把各弱小民族都聯合起來，共同去打破十二萬萬五千萬人，共同用公理去打破強權。」

意思是說先搞自己的，然後才去聯合各弱小民族，而且是用「公理」，不是暴力。這在國民黨一全大會宣言中也有同樣規定：「自當隨國內革命勢力之伸張，而漸與諸民族為有組織的聯絡。」鮑羅廷對此並不滿意，他說：

「孫同意為國民黨制訂的革命綱領，迎合了我們：但是不同意公開說將同我們建立統一戰線。為此，他對我們不完全信任。」

孫中山認為這在策略上不合時機，此為妨害英國在印度、法國在安南的利益，必將引起英、法的仇視。因為中國尚未統一，沒有聚結足夠的力量來反對帝國主義。鮑羅廷卻是鍥而不捨地要使孫中山接受他的反帝統一戰線。由於孫不接受，鮑批評孫說：

「有時我（鮑）覺得無論給這頭老狼（指孫）餵多少東西，他還是盯著『自由民族』。」

意思是說孫中山「老奸巨滑」。

由於加入國民黨的中共黨員在國民黨內搞「黨團」活動；鮑羅廷認為國民黨已經「死亡」，引起一些國民黨人的不滿。一九二四年六月國民黨監察委員張繼等提出彈劾案，要與中共「分立」，國民黨中執會連續開會討論此案。在一九二四年七月三日的國民黨第四十次中執會會議討論孫中山提出邀鮑羅廷為國民黨中央政治委員會高等顧問時，張繼表示異議，說鮑說國民黨已經死亡，不能當我黨顧問。譚平山反駁之，兩人辯論達兩小時之久。會議主席胡漢民建議召集專門會議來研究國共關係問題。

儘管張繼持以異議，在七月十一日成立的國民黨中央政治委員會，仍以鮑為高等顧問。此會由孫中山指派委員六人，即胡漢民、汪精衛、廖仲愷、譚平山（旋易瞿秋白）、伍朝樞、邵元沖六人，鮑為高等顧同，孫自任主席。

八月十三日，國民黨中央政治委員會第五次會議決議：關於在中央設立聯絡部方法，由國民黨、中共、第三國際各舉代表一人，協同商議後，向孫中山報告，然後向中執會全會陳述。

這三方面代表，國方應為胡漢民，共方應為瞿秋白，第三國際應為鮑羅廷。其協同商議的結果如下：

在國民黨中央政治委員會內設立國際聯絡委員會，其任務為：

1、與世界各國平民革命運動聯絡。

2、與世界各國內被壓迫民族革命運動聯絡。

3、與第三國際聯絡，方法為：

（1）協商國民革命運動與無產階級革命的聯絡。

（2）協商中共與國民黨的聯絡。

國民黨中央政治委員會根據上項協議結果，於八月二十日的第六次會議議決：「國民黨內之共產派問題」及「國民黨與世界革命運動之聯絡問題」兩草案通過，作為政治委員會之意見，向中央執行委員會全體會議提出。次日（八月二十一日）中央全體委員會議決議接受中央政治委員會所提兩草案。

這兩個草案正是建立反帝統一戰線，亦即所謂的「世界革命」，是鮑羅廷夢寐以求之物。這是中共的革命目標，今由國民黨取而代之，等於把中共交給國民黨來領導。孫中山一時高興，向中共黨員韓麟符說：

「列寧本來是想要他（孫）當共產黨的創始人的，因為陳獨秀在民眾中沒有多大的影響力，而他（孫）過去和現在都有很大的影響。可是中國共產黨破壞了國民黨的威信，結果陳獨秀成了共產黨的創始人。」

鮑羅廷把中共交給孫中山領導，是和蘇聯駐北京大使加拉罕（Lev M. Karakhan）直接商量，根本不甩陳獨秀，所以陳獨秀大加反彈，即召瞿秋白到上海，責其「擅稱代表」。並在其中央決議（八月二十七日）：拒絕承認國民黨下屬的國際聯絡委員會。並向國際代表維辛斯基（G.N.Voitinsky）告狀，說孫中山利用右派來壓迫他們，把中共置於國民黨領導之下，鮑羅廷不出來反對，反而建議設立國際聯絡委員會；鮑上了孫中山的圈套，他要向國際控告鮑羅廷。

同樣，孫中山這一措施，也引起國民黨右派的反彈，八月三十日。孫在中全會中講述民生主義和共產主義之間沒有任何差別時，警告右派說：

「如果在全會以後還有同志不瞭解我的主義，再無端挑起是非，我們就將採取對馮自由的方法（按開

除黨籍）來對待他們。」

會中張繼突然打斷孫中山的講話，說道：

「開除馮自由您有這個權力，但是不瞭解民權（生）主義的黨員大有人在；而且國外華僑都不瞭解。……過去主席（孫）您宣傳的思想，是先統一中國，在此之後才開始實現三民主義。現在我們反對民生主義，正是基於這個思想。」

孫動怒，說「如果所有國民黨員都不服從他，他將拋棄國民黨去加入共產黨。」張說：「那麼我們大家都是共產黨員了」。全會在沉悶的氣氛中閉幕。

▲俄文專家李玉貞女士（2000年11月21日，珠海）

李玉貞女士精通俄文，譯有俄文著作，對共產國際富有研究，與余在學術研討會中多次相聚。

（七）為呂晶新著《宋美齡的後半生》作序

十二月，呂晶新著《宋美齡的後半生》即將由商務印書館出版，呂晶屬余為序。茲附錄之：

附錄：呂著《宋美齡的後半生》序

宋美齡，中華民國「第一夫人」，由於戰後國共內戰，國民黨的潰敗，於一九五〇年一月離開美國來到臺灣，與蔣中正共度時艱，開始她後半生的生涯，至二〇〇三年在美國去世，享年一〇六歲。從一九五〇年到二〇〇三年，計為時五十三年，正是她享年一〇六歲的一半。

她的後半生活動和工作，可從她在臺灣主持的婦女聯合會名稱的改變顯示之。婦聯會初名「中華婦女反共抗俄聯合會」，創辦於一九五〇年四月，其任務是「反共抗俄」。一九六四年略去「抗俄」字樣，改名為「中華婦女反共聯合會」，僅是「反共」而不「抗俄」了。一九九六年又略去「反共」而加上「民國」字樣，改名為「中華民國婦女聯合會」，即不「反共」而是捍衛「中華民國」了。

「反共抗俄」及「反共」，是為配合蔣中正的政策。捍衛「中華民國」的工作，她早在一九五〇年代

即結合美國的反共人士所組成的「百萬人委員會」以阻止中共進入聯合國，頗具成效。到了一九六五年，中華民國在聯合國的地位發生動搖，尤其一九六八年尼克森（Richard Nixon）當選為美國第三十七居總統後，亟謀與中共建交，尼氏為了「聯中（共）制蘇」而拋棄中華民國，一九七一年十月二十六日，使中共取代中華民國在聯合國的席位。此乃尼氏對其「老友」的「背叛」也。尼氏原與蔣、宋關係友好，一九五三年十一月，時任美國的副總統尼氏偕夫人訪問台灣，受到蔣、宋熱忱的接待。彼與蔣、宋關係的惡化，本書著者呂晶博士在書中引有蔣的兩則日記，至為精彩。錄之如下：

1、一九七一年九月二十八日的日記：

尼丑昔年（按為一九六七年）在慈湖晤談時，視為其可厭之政客，以輕薄待之，並未允其助選。

2、一九七一年十二月十四日的日記：

尼丑未當選以前，來臺北相訪，彼滿懷我協助其選舉資本，應（因）其未先提，而我亦未提也。此等政客，成事不足，敗事有餘，此乃吾妻（宋）專聽（孔）令侃一面之詞所致。今國患至此，令侃之罪不小也。

這是悔不當初。中華民國之被逐出聯合國，蔣氏頗怨「尼丑」之「背叛」，以及宋與孔令侃的誤判。

在國民黨二〇〇〇年失去臺灣政權而由民進黨當政後，一度進行「去中」、「去蔣」化，二〇〇二年七月二十二日，陳水扁之「總統府國策顧問」陳隆志在該府紀念月會上之演講，詆毀蔣中正一九七一年堅持「漢賊不兩立」退出聯合國，害了台灣。對於陳隆志之言，曾有當年參與其事的外交官陸以正及蔣經國之子蔣孝嚴提出反駁之文。筆者亦「不甘寂寞」，以為反駁之文證據不足，乃根據當年參與其事的王世杰之日記撰一短文，於七月二十六由《聯合報》刊登之，該報標題為：〈從《王世杰日記》看當年多方努力全盤皆輸：奈何賊立漢不立〉，可證陳隆志所言非實。此文內容如下：（略）

宋美齡在蔣中正一九七五年四月五日去世後，即於九月赴美國隱居，到一九八六年十月為紀念蔣中正百年冥壽離美回臺，這段時間為十一年一個月。一九八八年一月蔣經國去世三年後，即於一九九一年九月離台赴美定居，到二〇〇三年十月去世，居留時間為十二年一個月。加上一九五二年、一九五四年、一九五八年、一九六五年的四次赴美，總共留美時間為時二十六年半，正是佔其後半生五十三年的一半。為何如此之久？著者呂晶博士在書中已有分析。至其晚年定居美國，筆者認為其中主要原因之一，美國是一個民主自由的國家，是其安身立命的理想環境；反之，

▲《宋美齡的後半生》著者呂晶（2008年10月，南京）

如果是一個專制的國家，或是缺乏正義的社會，就會使人避之惟恐不及了。

呂晶博士這部《宋美齡的後半生》，具有高度的學術水準，充分利用中外檔案資料，特別是臺北國史館「蔣檔」文獻，可信度極高，是研究宋美齡的傑作之一，值得欣賞。

（八）評二張主編《中華民國專題史》

十二月，應張憲文教授之約，為其與張玉法合編之《中華民國專題史》撰一書評，備在《光明日報》專欄刊載。錄之如下：

一、

兩岸史學界兩大巨擘張憲文、張玉法合作主編的《中華民國專題史》（以下稱本著）共十八卷，已於今年（二〇一五）三月由南京大學出版社出版。各卷封面標籤題示：「七十位專家、十八個專題、兩岸四地歷史學者首次合作完成」

張憲文教授是南京大學中華民國史研究中心的主任，張玉法先生是臺灣中研院的院士，事有巧合，一是兩位主編人都姓張，原籍同為山東省；二為今年是抗戰勝利七十年，正好有七十位專家來完成這部巨著。這七十位專家，大陸方面是三十五位，臺灣三十位，港澳五位，後者兩地相加，也是三十五位。就人數分配而言，頗具代表性。更值得重視的，誠如本著〈總序〉結語所云：「兩岸四地歷史學者是第一次進行大型的學術合作」。

這一巨著的完成，實有重大意義，就臺灣方面而言，三十位臺灣歷史學者，均為史學界之菁英，除張院士為史學界的前輩外，其他絕大多數學者均為戰後的新生代，沒有政治包袱，獨立自主性很強，大陸及港澳學者亦然。因此，他們所完成的這一巨著，很少有意識型態。實為今後兩岸學術合作樹立良好的規模。

這一學術合作，筆者認為它的價值絕對高於政治性或軍事性的合作。即以過去兩次國共合作來說，第一次國共合作的目標是打倒軍閥，是政治合作，待軍閥即將打倒，合作基礎即形動搖，致有第一次國共十年（一九二七～一九三六）內戰。第二次國共合作

的目標是抗日，是軍事合作，待抗戰勝利，合作基礎即告消失，而有第二次國共五年（一九四五～一九四九）內戰。

學術研究是為追求真理，是人類永久共同追求的目標。真理無止境，學術研究亦無止境。因此，學術研究合作的基礎可以永久鞏固。本著是一部高水平的學術著作，絕大部分持論客觀，是為追求真理。相信兩岸今後學術研究合作，可大可久而無止境。

二、

關於近代史中的詮釋或論述，兩岸過去分歧較為重大的，一為一九二〇年代國共分合問題，二為抗戰問題，三為戰後國共內戰問題。本著對這三大問題的處理，一為本著第四卷的《國民革命與北伐戰爭》，二為第十一卷的《抗日戰爭與戰時體制》，三為第十六卷的《國共內戰》。這三卷的主稿人，均有大陸和臺灣學者參與合作。

關於國共分合問題，有該卷第二章的〈聯俄與容共〉、第六章的〈國民革命的頓挫〉。對於過去的分歧，做了很公正的解釋，例如一九二四年的國民黨改組對孫中山三民主義的詮釋，過去樣板之說，認為孫把舊三民主義，發展為新三民主義，而新三民主義，即為聯俄、聯共、扶助農工的「三大政策」。該章的論述，並不採取過去樣板之說，認為「孫中山的三民主義思想經歷從不完整到逐漸發展深化的過程，將其籠統概括為從「舊三民主義」到「三大政策」為特徵的「新三民主義」，是不符合其（孫中山）原意的。」這一論述，是中外學者可以接受的。

關於一九二七年武漢「分共」問題，過去常見的論述，認為是「汪精衛集團的叛變」。但本卷第六章對於武漢「分共」，著者作了完整的分析，認為共產國際、中共及汪精衛等三方面均有其責任。共產國際方面，著者認為「把誰定位為左派，卻一直模糊不清或錯誤頻出。」中共方面，著者認為「不可否認，工農運動確實存在一些（過火）行為，其中部分責任確實源於中共的領導不力和指導不當。」至於汪精衛方面，著者認為「汪精衛實質上就是一個權力至上的政治人物」，「並不認同共產國際的革命政策，也不願意聽從其指揮。」著者此種分析，相當準確，值得欣賞。

三、

關於抗戰問題，屬本著第十一卷《抗日戰爭與戰時體制》。就本卷內容來看，純屬就事論事，沒有政治偏見。大陸學者主稿部分為本卷的緒論及第七至第九章，分別為戰時財政、徵兵、徵糧。關於財政方面，著者認為：學界對於戰時國民政府的財政金融政策，二十世紀五十年代至七十年代末，予以全盤否定，

基本結論是財政搜刮、惡性通貨膨脹、金融壟斷。二十世紀八十年代以來，學界對國民政府財政金融政策的研究在評價方面有較大的突破。學界排除「左」的干擾，開始對其給予實事求是的評價。

筆者瀏覽了本卷關於戰時財政、徵兵、徵糧等方面的評價，也確實做到了實事求是的境界。

關於戰後國共內戰問題，本著第十六卷《國共內戰》，實際討論內戰部分，為本卷第三章的〈國共戰略與全面內戰的展開〉及第四章的〈國共激戰與國軍全面撤退〉。觀其論述，所得印象，似乎是國方主戰，共方主和，例如該卷第三章認為「由於國共和談正在進行中，蔣介石為使自己處於有利的地位，不惜代價奪占四平、長春、吉林等東北更多的地區。」又認為「由於國民黨單方面召開國大，將政協協議破壞無遺，和談之門已被關閉，……中共仍為挽救時局，重開談判作了最後的努力。」等等。類此描述，似乎不夠全面。按照當時的情況，戰對國民黨絕對不利，和亦不易。毛澤東在重慶會談後回到延安說：「史大林同志的話很正確，中國的革命，是革命的武裝，反對武裝的反革命。」因此，究竟何方主戰？何方主和？尚有待於進一步的研究。但就總體而言，本著的學術性，是可以肯定的。

54 二〇一六年生活記要

(一) 去年一年之回顧

一月二十五日，星期日。新的一年開始，又增一歲，按虛齡，今年余為「九五之尊」。回顧去年重要之事如下：

1、《蔣介石毛澤東的談打與決戰》增訂本出版。

2、為呂晶修改《宋美齡的後半生》，介紹商務印書館出版，已在今年一月出書。並為之作序，《國史研究通訊》第九期刊登。

(二) 有感時局再打油

一月十六日，台灣選舉，國民黨慘敗，民進黨大勝。民進黨總統候選人蔡英文得票六八〇餘萬張，得票率五六・一%，當選為中華民國第十四任總統。國民黨總統候選人朱立倫得票三八〇餘萬張，得票率三一・〇%；親民黨宋楚瑜得票率十二・九%，均落選。立法委員民進黨六十八席（連同不分區），佔立法院絕對多數。國民黨三十五席，成為在野黨。其他十席，亦多傾向民進黨。

余有感時局之變，作打油二首致張玉法曰：

1、詠民進黨

一群暴徒上了陣，摩拳擦掌搞鬥爭。瓦釜雷鳴聲勢大，鐘鼎毀棄杳無聲。

2、詠馬英九：

小馬在位八年久，唯一成就兩岸通。上任之初漲物價，從此失去人民心。倒楣遇上王金平，國會杯葛令不行。任期屆滿下了台，回顧往事一場空。

三月七日，星期一。再作打油二首致張玉法曰：

1、小馬太不行，把黨去送命。百年老店倒，罪過真不小。臺獨來當家，要去中國化。介石被鞭尸，中山亦遭殃。（詠小馬）

2、孔老夫子曰，鄉愿德之賊，做事無是非，處世沒善惡。待人很周到，大家說他好。為人最圓滑，滑頭又奸巧。（詠老王）

三月十九日，星期日。胡春惠是日下午七時去世。不勝唏噓。

三月二十日，星期一。雲漢來賦：

吾友蔣公永敬兄，生平知己樂四同；油詩白眉擅文采，書法名家稱大宗。

中華民國百〇五年三月二十日興起，隨筆俚詩以賀永敬學兄九五大慶。四同者，同學．同事．同志．同道也。九十小弟李雲漢。

三月二十六日，星期六。洪秀柱當選國民黨主席。三三七，三五一黨員有投票資格，洪得票七八八二九票，得票率五六．四八%。黃敏惠得四六三四一票。

（三）冰天雪地南京行

一月二十日赴南京，世安陪同，出席二十一日南京大學成立「中國對日抗戰研究協同和創新中心」談話會，地址在南京中山北路江蘇會議飯店。台灣出席者有邱進益、楊維真、陳英傑、張瑞德、吳啟訥等。

一月二十二日擬看茅家琦教授，南大安排中午在飯店餐會。茅正在撰歷史理論方面之作。

一月二十四日回台北。此次南京之行，正值嚴冬，雖甚寒冷，得以欣賞多年不遇冰天雪地之景，心情大為舒暢。

（四）《和戰書評》

一月，中研院近史所《集刊》第九十期，載北京大學教授王奇生評蔣永敬《蔣介石毛澤東的談打與決戰》、金沖及《轉折年代：中國的一九四七年》及《毛澤東蔣介石是如何應對三大決戰的》。文中首將余與金教授作一比較云：

兩位史家年輕時均經歷了國共內戰，中年時期分別在國、共最高黨史機構（中國國民黨中央黨史委員會、中共中央文獻研究室）從事國、共黨史研究，到晚年又不約而同地撰寫國共內戰的歷史著作。兩位史家晚年的學術關懷，顯然與各自早年的經歷、情結有關。

又云：

兩位史家盡力以求真務實的態度，廣泛搜羅國、共以及局外各方之原始文獻，條分縷析，精心重構當時的歷史情境，表現出極高的史學素養與史家技術。

最後指出：

近數年來因為相關資料的大量開放，海峽兩岸有關國共內戰的研究形成學術焦點，蔣永敬和金沖及正是這一學術潮流的先驅。

大體而言，金著略偏重共方；蔣著略偏重國方。金著內容翔實，文筆酣暢，筆端稍帶感情；蔣著之表述更顯冷靜與克制。總體而言，兩位史家均能秉持客

觀公允之立場。

其中特別指出余之「洞見」，認為拙著對於蔣介石本來確定「先安關內，再圖關外」之策，不失為一盤好棋；但由於美國之干預，馬歇爾來華調停，助蔣先圖關外，放棄了先安關內，結果關外既未圖成，關內更不能安。一盤好棋攪成了一盤歹棋；馬歇爾讓蔣先圖關外，名義上是為助國府接收東北主權，實際是為美國勢力插足東北，招致蘇方採取針鋒相對的報復措施，幫助共軍控制東北，阻止國軍接收；另一方面，馬歇爾希望中共脫離蘇聯而傾向美國，有意拉攏中共，對共採取「懷柔」政策。最終，在美、蘇兩強的角力下，不僅國共和解未成，反而加劇了國共的衝突。蔣著中諸如此類洞見，令人印象深刻。

三月三十日，星期六。商務經理高珊前次來訊，擬再版《國民黨興衰史》增訂本，並希增加一文為國民黨敗選後未來之影響，乃撰〈扁馬執政期間兩岸關係之比較〉以應之。

四月十三日，星期三。午在天廚約雲漢、玉法、存武夫婦聚會。世安準備蛋糕，為祝雲漢九十之壽。

（五）互動與新局：兩岸學術交流之回顧

四月十四日，星期四。出席國史館「互動與新局」：兩岸學術交流三十年之回顧討論會，會址原定國史館，因大陸學者限其政府禁令，乃改在延平南路文化大學城區部。大陸到者張憲文、張海鵬、楊天石、王建朗、陳紅民、桑兵等。

此次討論會各篇論文，多為追述過去三十年兩岸學者交流之經驗，生動活潑。大陸學者對余溢美或談交往者，亦有數篇，其中如楊天石、張憲文、章開沅（未到，羅敏代讀論文）。

天石之文提到「以蔣永敬教授為例，他一面為拙著喝彩，一面也批評拙著有缺點，提出不同意見。」天石之文最有趣的一段，談到「土匪史觀」，他說：

> 一九九五年應邀到臺北參加紀念抗戰勝利五十周年學術討論會，中研院的一位年輕朋友與奮地在樓道中高喊：「共匪來了」！我聽到後，感慨良多，在會議閉幕式上即席發言說：「當年國共兩黨彼此互罵為匪，現在看來，誰也不是匪。」蔣永敬教授當時就在會上，我以蔣公為例說：「蔣永敬教授當年在國民黨軍隊中當過〔訓導員〕，又在國民黨黨史會工作多年，也許可以稱為標準的〔蔣匪〕了吧？但是，相識之後，我發現蔣教授溫文爾雅，知識淵博，一絲一毫匪氣也沒有。在我發言之後，張玉法院士總結當年這種互罵為「匪」的狀況，戲稱為「土匪史觀」。我覺得玉法院士的這個「戲稱」很生動，很有趣，很有意思，歸國之後，廣東一家報紙訪問我，我介紹了閉幕式上的這幕趣談。

張憲文教授在其論文〈三十年來兩岸民國史學術交流的

回顧與前景：以南京地區為例〉說道：

蔣老師不僅學問做得好，是兩岸學者們的榜樣，而且道德人品深受學子們的崇敬和喜愛。……蔣老師將其畢生的圖書收藏捐贈南大。他老人家是我們兩岸學界崇高的典範。

張教授之溢美，更是愧不敢當！

陳紅民教授在其論文〈兩岸民國人物研究的交流回顧展望：個人的經歷與淺見〉，提到「與蔣教授因緣」，寫道：

碩士學位論文以晚年胡漢民為題，拜讀蔣老師大作，宏論灑脫，欽佩無已，惜無緣聆聽教誨。兩岸關係冰融雪化，老師還鄉之際，見於南京，由此得忝列學生行列，面提耳命十餘載矣。……兩岸隔絕已久，史學理念與史料處理稍異，拙文斗膽有與老師商榷處，老師不以為忤，時加鼓勵，贈以〔師說〕墨寶，許以「同為研究胡漢民」。

紅民太客氣了，尊余為「老師」，愧不敢當。張憲文教授之學生，視余與張教授同為其師，余亦樂受之。紅民「胡學」研究，余評為「後來居上」。大陸年輕一代學者，余認為「後生可畏」。余曾與張玉法院士談及，以大陸之人力物力，大陸學者必將執民國史研究之牛耳。

十五日，綜合討論時，首場由張憲文教授報告，余為主持人。談到兩岸學術研究合作問題，余認為：台灣政局雖變，未來前景，仍抱樂觀，大陸中國必將變為民主自由政體，屆時兩岸不統而自統。理由在余新近出版《國民黨興衰史》（增訂本再版）增訂第五章〈扁馬執政期間兩岸關係之比較〉已有所論。休會時，有些青年朋友，紛來與余合照，亦有持余之著作《孫中山與辛亥革命》要余簽名，彼等可能為大陸學生。

（六）吾友李、張賀九五

五月一日，星期日。收到雲漢兄寄來的《雲漢悠悠九十年》，是其九十歲自傳，五萬餘言，亦其《史學圈裏四十年》之續。並有賀余「九五」打油四首八十句，文筆奇妙。余將其來賦以楷書抄錄之。雲漢八十句來賦如下：

一

在下生平慕英傑，由衷崇敬兩蔣公：老蔣介公真英雄，小蔣我友永敬兄。一浙一皖不同籍，T.K.卻說是弟兄：親見老美瞪眼聽，抵掌問好笑吟吟。憶及民國四四冬，指南山下大餐廳，初見瀟灑西裝客，驚歎鶴立雞群中。竊想此公來頭大，像貌堂堂大福星。始知君為青年從，走南闖北經歷豐。分級聽課不同堂，首會有賴杜奎英；記否建中那一晚，課前傾談十分鐘。

二

木柵兩年匆匆過，結伴同進羅師門；受命下放去荔園，充當學徒多苦辛。兄臺年資高於我，因而同職不同薪。歲攻道業君居首，蔣先李後在人心。新進人員受歧視，機關歪風貫古今；所幸兄富尖銳氣，詞嚴義正帶頭拼。總座大軍非惡人，只緣軍旅老病根；專委振寬門戶深，獨霸史庫不容人。我等非為爭權位，故紙堆中找黃金；小風小雨不理會，默默耕耘領會深。

三

同室共案面對面，各有標的存心中，大筆雄健初驚世，雲龍沈公發讚聲。胡譜牛刀乃小試，巨著當推鮑羅廷，教部授名著大獎，哥大邀訪問學人。愚鈍小弟隨君後，默默自慚不須驚，兄謂我有牛脾氣，力拖牛步往前行，所幸未負初來願，勉與臺駕稱二公。荔園十年寒窗苦，今日回眸卻津津。拙荊賢淑多勵勉，終亦負笈紐約城，哥大伴隨再一年，情摯意濃樂無窮。

四

歸後執掌編輯室，羅黃兩公授權柄，胸中經綸初展布，全面創新好名聲。只惜世態受變化，史會人事吹歪風，兄歎無奈冷歲月，纂修三老自崢嶸。政大邀兄主史所，我再回會佐孝公。分途共進各有責，正道論史無西東，十載耕耘人才盛，國史恢宏多菁英。年登遐齡筆獨健，光昭遐邇月長明，九五大慶齊獻觴，嶽呼連連有新聲，迎兄期頤成百句，默禱心願不落空。

又記：

四同老友蔣永敬兄年居九秩晉五，雄風不減當年，值得大賀特賀。已於本年三月二十日草擬〈敬賀永敬老友九五大慶〉俚詩八句進獻，惟覺語意未盡，再書打油體八十句以申心思。深誼已逾一甲子，彼此相知，盡在不言中也。九十小弟李雲漢敬書，中華民國一〇五年四月二十一日，臺北文山蝸居。

余答和五言十六句：

年高德劭友，有為又有守，才高齊北斗，勳業大大有。治史有牛勁，在下追不上。著作之等身，小弟形見絀。老兄修養好，到處有人要；我的脾氣差，只有政大邀。如今想學你，時間沒有了。交遊六十載，知心唯雲老。

五月十六日，星期一。午，雲漢在天廚約宴，並備蛋糕，慶余九五生日，張玉法、張存武夫婦均到，玉法贈石硯

一方。玉法伉儷又來賦，賀余九五生日曰：

> 九五之尊下塵凡，回顧往事青如天。莫怨春風不識我，輕棹已過萬重山。

五月十八日，星期三。李國祁教授今日去世，享年九十歲。老友又走了一位。傷哉！六月二十四日上午至第一殯儀館弔祭。張瑞德教授贈其所著《山河動：抗戰時期國民政府的軍隊戰力》（北京社會科學文獻出版社，二〇一五）。余回寓後，回贈《蔣介石毛澤東的談打與決戰》。七月二日接其謝函，其中有云：「生二七餘年前申請教育部公費留學，口試時承蒙老師玉成，得以赴美進修一年。……近來研究侍從室，獲得老師著作啟發甚大，拙著現已接近完稿階段。」張教授研究軍史有成，史學界後起之秀也。

（七）《國民黨興衰史》增訂本修訂再版

五月二十七日，星期五。收到商務寄來《國民黨興衰史》增訂再版，較原增訂本改進多矣。〈增訂本再版自序〉曰：

> 二〇一六年一月，台灣大選，國民黨慘敗，民進黨主席蔡英文以高票率當選中華民國第十四任總統。商務印書館經理高珊先生謂余曰：「國民黨選舉之失敗，對國家前途與國民黨未來影響如何？實為眾所關注之問題。大著《國民黨興衰史》（增訂本）已無庫存，準備再版，希就國民黨之未來以及對海峽兩岸關係之影響作一增述，以為再版增訂本之需。」爰就高先生美意，撰就〈扁馬執政期間兩岸關係之比較〉一文以應之。
>
> 拙著《國民黨興衰史》（增訂本）自二〇一一年一刷以來，為時六年，台灣政局變化至速，對台灣安危影響最大者，莫若兩岸關係是也。中共所倡導之「和平統一」與國民黨主張的「終極統一」能否實現？筆者文中大膽假設：當中共政權去專制變民主，去極權變自由時，兩岸不統而自統。中共政權能否變為民主自由？筆者亦大膽假設：「不無可能」。在此假設前提下，國民黨應如何自處？答曰。應恢復孫中山當年北上之精神，收回「和平統一」旗幟，以與大陸「同胞」同為民主自由而奮鬥。國民黨之光輝，不難再現也。

（八）《張學良年譜》和呂秀蓮的回憶錄

是月，收到呂晶自南京寄來兩本大書，一為張友坤等編著《張學良年譜》（北京：社會科學文獻出版社，二〇〇九年），一為茅家琦著《歷史與思想論集》（南京大學出版社，二〇一六年四月）。前者一，二四〇頁，一，七四六千字。後者七三三頁，七〇七千字。茅著引拙著《孫中山與中國革命》論孫中山思想有兩頁之多（頁五四二～五四四）。此亦「以文會友」之道也。

張編《張學良年譜》取材豐富，內容翔實，惟對「九一八」事變之註釋，仍持護張詆蔣「樣板」之說，其中有云：

> 筆（編）者認為，綜合蔣介石在「九一八」事變前的一些講話，而當時的外交權直屬中央，張學良請示中央乃是必然的，張學良怎敢自行其事。公平的說，蔣介石是不抵抗的發明者。丟失東北張學良難辭其咎，但把責任都推都推給張學良，是不公平的。（原注：詳見張友坤著《偉大的愛國者張學良》

共方此一「樣板」之說，原非如此，在張未通共之前，攻訐張「不抵抗」者，以中共為最強烈。

六月十二日，星期日。午應譚桂戀之約，至復興南路榮榮園午餐，到林能士夫婦及同學十餘人（皆女生）。高純淑帶來國史館新出版之呂秀蓮著《非典型副總統》三巨冊，係呂任副總統八年（二〇〇〇至二〇〇八年）的回憶錄。對扁執政八年情況之了解，尚有助益，對台灣政情，頗有透露，舉例如下：

揭露民進黨「天王」爭寵，呂著云：

> 蘇（貞昌）蔡（英文）游（錫堃）葉（菊蘭）爭攏阿扁。
>
> 葉菊蘭因夫婿鄭南榕為言論自由……引火自焚的悲壯，使她曾被崇拜者以「國母」尊稱，阿扁對她也禮遇愛護有加，在我們八年執政期間，她從交通部長一路扶搖直升到行政院副院長。
>
> 游錫堃和阿扁交情甚深，蔡英文相形之下，資歷較淺，她在李登輝時代，擔任國安會諮詢委員，李登輝交代她研究國民黨從「一個中國」如何轉化為「兩國論」的法理問題。政黨輪替後，李登輝透過張榮豐將她引介給阿扁。……府中有人，蔡英文因此獲得阿扁的高度倚重，派系對她刮目相待。（上冊，三五一頁）

美國的影響，呂著云：

> 由於民進黨屬於本土政黨，台灣主權獨立的主張，竟成民進黨的原罪，北京當局對我們簡直窮凶惡極。其實上任之初，阿扁滿懷善意期待，接受華府及李登輝的囑咐，宣示「四不一沒有」。
>
> 二〇〇四年三月十九日的兩顆子彈，正、副總統雙雙中彈，傷而未亡，有驚無險，卻掀起漫天疑雲，撕裂台灣社會。藍營甚至暗中醞釀柔性政變，我（呂）透過AIT向白宮要求道賀信，才讓藍營結束抗爭。（上冊，九至一一頁）

國民黨鷸蚌相爭，民進黨漁翁得利，呂著云：

民進黨要靠選舉打敗國民黨，等於赤手空拳，與虎搏鬥，勝負懸殊。殊不料國民黨內訌，實力相當的宋楚瑜與連戰互不相讓，甚至捉對廝殺，讓民進黨趁勢而起，陳、呂終於脫穎而出，擊潰連戰，實現台灣第一次政黨輪替。

看了呂秀蓮女士的回憶錄，國民黨的「自敗」，真是不勝感慨！呂女士雖有其政治成見，堪稱民進黨中的才智之士。當年曾遭「白色恐怖」之害，留下政治恩怨，不易化解，乃時代之不幸也。

（九）急獨的「台灣民政府」

近來新聞大肆報導高雄有一女士名洪素珠者，自稱為「台灣民政府」之公民記者，公然辱罵一位王姓老榮民，說他是「中國難民」、「啃臺灣骨」、「滾回中國去」等不堪入耳之暴力語言。受到綠營人士之譴責，說她「分裂族群」。國民黨主席洪秀柱呼籲結束對抗，政府方面包括總統蔡英文、行政院長林全等均有正面之表示。民進黨有一立法委員主張立反歧視法。此為「難能可貴」之一表現。可惜迅即消逝。

按此等暴力語言，過去在民進黨方面屢見不鮮，習以為常。陳水扁任總統時，亦曾說「太平洋沒加蓋，可以游回去。」意思即是說外省人「滾回中國去」。

台獨《自由時報》則為洪素珠羞辱榮民而辯護，說是國民黨的支持者，只剩下老兵，洪之罵老兵，似乎也是「正義」。該報對於蔡政府不准馬英九赴港演講，多所肯定。甚至把它比喻蔣介石當年之監禁張學良，說是「還有個經典笑話，張學良本屬泛泛之輩，多虧蔣介石把他監禁一生，反而成就了張學良的傳奇。馬英九這個人，讓他待在台灣享受禮遇，少出國去揮灑促統激情，或許他還有機會讓人懷念。」此一比喻，雖屬不倫不類，但其「仇馬」、「仇中」心態，可謂激於言表。最為激情者，該報社論（二○一六年六月十八日）將此事件標示為〈這個人（馬）的臉被打得比豬八戒還要腫〉，把馬形容為「豬八戒」，亦即台獨人士貫罵「外省人」為「中國豬」的意思，其中說道：「此人（馬）吃台灣米，喝台灣水，卻一心一意要把台灣鎖進專制中國。」此種暴力言論，與洪素珠無異，藍方人士固然忍氣吞聲，綠方人士似亦習以為常。

世新大學教授王健壯則有一項公正的評論，認為蔡政府禁馬赴港演講，是懷疑馬有洩密之虞。蔡之幕僚事前審查馬之講稿主要動機，事後也確實成為禁馬赴港的理由。王教授認為：馬再爛再笨，也不會爛到笨到大搖大擺去香港洩露國家的機密，這不但讓他自己違法，也讓天下人唾罵；而且真要洩密，天下之大，何處不可洩密？何需在一場公開演講為之。蔡團隊太低估了馬，羞辱了馬。低估可以，但羞辱自己國家卸任的總統，絕對不應為之。蔡英文應作出與她國安幕僚們的不同的決定；但她應為而未為，失去了她執政初期就留下正面憲政的機會。（二○一六年六月十九日《聯合報》

〈民意論壇〉）

王教授之評論，仍有保留，將責任歸之「國安幕僚」。如蔡不點頭，幕僚何能為之。如此，寄望民進黨「轉型正義」，恐成幻想。國家領導人須有恢宏氣度，蔡在這方面，顯然不足。而其根本原因，實為台獨意識所支配，如其七月一日之訪問巴拿馬，是以中華民國總統之身分，而其在巴國，卻自署為「台灣總統」（President of Taiwan），心態可知。

（十）蔡政府的「轉型正義」

民進黨控制的立法院，於二〇一六年七月二十五日通過「不當黨產條例」，要對國民黨進行清算，條例要點為：民國三十四年（一九四五）八月十五日日本離開台灣後，國民黨、隨附組織接收財產或無償或交易時不相當之對價取得之財產。全推定為「不當」。其返還黨產的機構由行政院設立「不當黨產處理委員會」，司調查、返還、追徵、權利回復。

此案通過後，國民黨主席洪秀柱表示：這不是黨產問題，而是民進黨想透過惡法，清算、追殺最大反對黨的鬥爭問題。但民進黨主席蔡英文卻認為：「這是臺灣民主政治邁向成熟發展的里程碑，也是轉型正義的初步落實，為臺灣寫下新頁。」

看來民進黨真是硬幹了。新到任的民進黨國史館長吳密察迅即修改檔案調閱規定，自八月一日起，拒絕大陸港澳學者調閱館藏，並將國內學者申請預約時間拉長為十五天，一改過去之到館「隨借隨看」方式。

國史館此一改變，迅即引起各方強烈反應，有位學者王浩致書吳館長，其中說道：

> 過去一年來，我看到，到國史館讀檔案的人，有近一半是大陸來的學者，他們多半不是中共官方派來，而是和吳館長一樣，是愛好歷史，追求真相的學者。貴館的新規定，不但使他們無法研究，妨礙學術自由，也與臺灣社會的民主自由化和信息公開化趨勢，逆向背道而馳。

此一「反中」措施，乃民進黨一貫的政策，王氏的勸告，能有效乎？

Facebook反應頗多支持王氏的意見，節略數則如下：

傅月俺：地沒中國大，心可別跟中共比小，小鼻子小眼睛就算真能成就了，無非鼻屎一樣的的國家。難怪蔣家要把日記送到史丹福去，先見之明啊！

田竹君：逢迎巴結長官的政策。

蘇珠兒：公開解密檔案是當今文明國家的趨勢，國史館落後世界潮流。是歧視啊。

薛維中：台灣本來就是主權獨立國家，和對岸政權有無共識，可以依主流民意決定（台獨之言）。

戴有恆：島國心態不改，世界觀只是放屁。

Wesly Wang：國史館許多都是國民黨的東西，既然這個政府這麼mean，大家就算清楚，把該還國民黨的都歸還。反正這個政府也不愛跟中國有關的東西，不是嗎？

文史交流，是增加國家軟實力與增益彼此了解降低敵對關係的最佳學術活動。自甘放棄文史詮釋權，要與人家硬碰硬，先去惦惦我們的國防力量行不行。我知道主張獨的朋友不愛聽。

看來，自蔡英文就任以來，其「反中」、「趨獨」之作為，較之陳水扁更為急進。即以處理所謂「不當黨產」而言，志在消滅國民黨，目的是在斬斷兩岸關係。即如《聯合報》刊載桑品載的投書〈蔡拒「九二共識」把兩岸關係一刀切〉指出：

蔡把「九二共識」活招牌蘇起從海基會董監事名單中逐出，形同與「九二共識」決裂。北京把不滿反應在某些作為上，如梵蒂岡可能與北京建交等。蔡則表示「沒有在怕」，透過立法院優勢，使勁打國民黨，且明言溯及既往。如今將國民黨往死裡打，還在行政院設個新機構叫「不當黨產處理委員會」，派反國民黨的悍將又是外省籍的顧立雄擔任主委，暗藏打國民黨就是打中國的項莊舞劍的功能，國民黨完了，在台作用少了，北京籍國民黨操作「兩岸一家親」戰術效果必然大減。（二〇一六年八月十二日《聯合報》〈民意論壇〉）。

行政院長林全亦在配合蔡英文積極打壓國民黨的計畫，林亦外省籍。這是蔡效法日本「以華制華」策略。國民黨固為台獨之障礙，實亦兩岸關係的緩衝劑，如無此劑，兩岸硬撞，對台絕對不利。民進黨不作此想，殊為不智。

蔡英文就任以來，已百餘日，其民調下降，較之扁馬就任後同時間為甚。其最大問題，為兩岸、勞工、衛服、金革，而以兩岸問題為嚴重，大陸旅遊客銳減，有一大旅行社倒閉，百餘員工因之失業，此為開端，後應亦將不免。二千餘輛遊覽車停擺，其中二百餘輛向交通部請願。金改將殃及公教及退役軍人利益，決定走上街頭。最可議者，過去馬政府所為，綠方認為不合理而反對之，至蔡就任後，同樣之事，則變為合理而行之。以桃園機場捷運為例。在馬政府時期，民進黨認為不可行，至蔡政府變為可行矣。《聯合報》〈黑白集〉有一短評，題為〈不會錯的政黨〉。節錄一段如下：

最近，交長賀陳旦和桃園市長鄭文燦（皆民進黨）共同宣布了機場捷運的「好消息」，說要「先通車，後改善」。先讓捷運上路，再慢慢改善車速太慢的問題。事實上，五個月前馬政府也曾提出同樣的方案，卻遭鄭文燦和挑捷董事長何煖軒（蔡政府升為華航董

事長）以不符合約為由打槍；如今，鄭文燦面不改色地把「紅燈」切換成「綠燈」，這一副「作功德」模樣，如此厚顏，能不教人折服！

嗣聞國史館蔣檔重行開放，但願如此。

蔡政府之「轉型正義」，損及被「轉型」者的利益，其中「年金改革」，是要削減軍公教人員的退休月俸和優息存款（所謂十八趴），引起九月三日十四萬七千名軍公教人員在總統府前凱道示威遊行，口號是「反汙名」、「要尊嚴」。同時，由於兩岸關係之凍結，大陸來台觀光客銳減，台灣旅行業（導遊人員、遊覽車、飯店、餐飲業、特產品等）大受影響，發動萬人大遊行，要向蔡英文「討飯吃」。其黨內獨派大老（吳澧培、辜寬敏等）對蔡有異議，攻訐蔡用人不當，說行政院長林全「不下台」，蔡無「明天」。凡此內外夾攻，「轉型正義」後果如何？吾將拭目以待之。

軍公教人員待遇之改善，乃蔣經國自一九七〇至八〇年代發展台灣經濟之成果。九〇年代以後，台灣政爭不斷，經濟有退無進，財政因之困難。蔡英文之「新南向政策」，實為「脫中」之變相。

蔡政府的「轉型正義」是為「除弊」，「年金改革」名為「節流」，實際則是政治目的鬥爭、清算，但「除弊」必需「興利」，「節流」必需「開源」，但其就任幾個月來的表現，而是弊不能除，利不能興；流不能節，源不能開。一般輿論，對蔡政府之前途，均不看好。

血歷史71 PC0642

新銳文創
INDEPENDENT & UNIQUE

九五獨白：
一位民國史學者的自述

作　　者　蔣永敬
責任編輯　洪仕翰
圖文排版　楊家齊
封面設計　蔡瑋筠

出版策劃　新銳文創
發 行 人　宋政坤
法律顧問　毛國樑　律師
製作發行　秀威資訊科技股份有限公司
114 台北市內湖區瑞光路76巷65號1樓
電話：+886-2-2796-3638　傳真：+886-2-2796-1377
服務信箱：service@showwe.com.tw
http://www.showwe.com.tw
郵政劃撥　19563868　戶名：秀威資訊科技股份有限公司
展售門市　國家書店【松江門市】
104 台北市中山區松江路209號1樓
電話：+886-2-2518-0207　傳真：+886-2-2518-0778
網路訂購　秀威網路書店：http://www.bodbooks.com.tw
國家網路書店：http://www.govbooks.com.tw

出版日期　2017年3月　BOD一版
定　　價　750元

國家圖書館出版品預行編目

九五獨白：一位民國史學者的自述 / 蔣永敬著.
-- 一版. -- 臺北市：新銳文創, 2017.03
面；　公分. -- (血歷史；71)
BOD版
ISBN 978-986-5716-88-2(平裝)

1. 蔣永敬 2. 回憶錄 3. 民國史

783.3886　　106000020

讀者回函卡

感謝您購買本書，為提升服務品質，請填妥以下資料，將讀者回函卡直接寄回或傳真本公司，收到您的寶貴意見後，我們會收藏記錄及檢討，謝謝！
如您需要了解本公司最新出版書目、購書優惠或企劃活動，歡迎您上網查詢或下載相關資料：http:// www.showwe.com.tw

您購買的書名：______________________________

出生日期：________年________月________日

學歷：□高中（含）以下　□大專　□研究所（含）以上

職業：□製造業　□金融業　□資訊業　□軍警　□傳播業　□自由業
　　　□服務業　□公務員　□教職　□學生　□家管　□其它_____

購書地點：□網路書店　□實體書店　□書展　□郵購　□贈閱　□其他

您從何得知本書的消息？
　□網路書店　□實體書店　□網路搜尋　□電子報　□書訊　□雜誌
　□傳播媒體　□親友推薦　□網站推薦　□部落格　□其他__________

您對本書的評價：（請填代號　1.非常滿意　2.滿意　3.尚可　4.再改進）
　封面設計____　版面編排____　內容____　文／譯筆____　價格____

讀完書後您覺得：
　□很有收穫　□有收穫　□收穫不多　□沒收穫

對我們的建議：______________________________

____

____

____

請貼
郵票

11466
台北市內湖區瑞光路 76 巷 65 號 1 樓
秀威資訊科技股份有限公司 收
BOD 數位出版事業部

（請沿線對折寄回，謝謝！）

姓　　名：＿＿＿＿＿＿＿＿　年齡：＿＿＿＿　性別：□女　□男

郵遞區號：□□□□□

地　　址：＿＿＿＿＿＿＿＿＿＿＿＿＿＿＿＿

聯絡電話：(日) ＿＿＿＿＿＿＿＿　(夜) ＿＿＿＿＿＿＿＿

E-mail：＿＿＿＿＿＿＿＿＿＿＿＿＿＿＿＿